BAPTIST SYSTEMATIC THEOLOGY
침례교 신학총서

BAPTIST SYSTEMATIC THEOLOGY

# 침례교 신학총서

제1판 1쇄 발행 2016년 9월 15일
제1판 2쇄 발행 2019년 4월 1일
제1판 3쇄 발행 2024년 9월 2일

| | |
|---|---|
| **대표저자** | 조동선(침례교 신학총서 집필위원회 대표) |
| **편집총괄** | 유영식(제71대 총회장) |
| **발행인** | 김용성 |
| **발행처** | 요단출판사 |
| | 07238 서울특별시 영등포구 국회대로 76길 10 |
| **기획** | 김병제 · 류정선 |
| | |
| **기획** | (02)2643-9155 |
| **영업** | (02)2643-7290~1  Fax. (02)2643-1877 |
| **등록** | 1973. 8. 23. 제13-10호 |
| | ⓒ 2016. 기독교한국침례회총회 / 유영식 all right reserved. |

값 33,000원
ISBN 978-89-350-1618-1  03230

이 책의 저작권은 기독교한국침례회총회와 유영식 목사(105차 총회, 제71대 총회장)에게 있습니다.
저작권자의 사전 승인 없이 책의 내용이나 표지 등을 복제, 인용할 수 없습니다.

---

**일러두기**

본 서는 각 저자의 독특한 표기법을 유지했다. 예를 들어 일반 침례교회 창시자는 존 스마이드(John Smyth)와 존 스미스(John Smith), Soul Competency는 '영혼의 능력' 또는 '영혼의 유능성'으로 번역한 것을 그대로 사용했다. 기타 신학 용어와 인명은 통일했으며, 저자의 요청에 따라 성경역본을 표기했다.

# BAPTIST SYSTEMATIC THEOLOGY

# 침례교 신학총서

조동선 · 조용수 · 김인허 · 김승진

| 서문 |

유영식 목사 (105차 총회, 제71대 총회장)

우리 교단에서 목회를 시작한 이래로 줄곧 소망하던 일이 하나 있었는데, 그것은 바로 우리 침례 교단의 신학적 토대가 굳건하게 되는 것입니다. 그 이유는 신학적 토대는 철저하게 목회 현실과 관련된 문제이기 때문입니다. 혹자는 침례교는 신학이 없다는 말을 하곤 합니다. 실제로 우리는 그런 말을 심심치 않게 듣고 있습니다. 그러나 침례교가 하나의 교단으로 엄연히 존재하고 있는 현실에서 침례교에 신학이 없다는 말은 결코 동의할 수 없는 주장입니다. 침례교는 분명한 역사적 기원이 있고, 이를 바탕으로 발전해 왔습니다. 그 결과 오늘날 전 세계에서 가장 큰 개신교파로 성장하였습니다. 한국에서도 침례교라는 명칭과 역사적 정체성을 가지고 어엿한 교단으로 자리 잡고 있습니다.

그러므로 현시점에서 한국 침례교회의 조직신학을 정리해 보는 것은 대단히 중요한 의미가있다고 하겠습니다. 조직신학은 단순히 하나님 말씀인 성경을 체계적으로 정리하는 것이 아닙니다. 우리 삶의 시공간에서 발생하는 수많은 질문에 답하면서 침례교 공동체의 정체성을 확인하는 소중한 신앙고백입니다. 즉, 조직신학 작업은 현재 우리가 사는 조국의 현실에서 직면하는 삶의 문제에 관한 성경적인 답변을 체계화한다는 측면에서 대단히 큰 의미를 갖습니다.

지금까지 우리에게는 한국 침례교 신학자들에 의해서 집필된 조직신학 관련 책이 없었습니다. 대신에 우리 손에 주어진 침례교 조직신학 저서로는 에드가 Y. 멀린스의 『조직신학원론』, 그리고 최근에 밀라드 에릭슨의 『복음주의 조직신학』과 스탠리 그렌츠의 『조직신학』 등 과 같은 번역 도서였습니다.

저는 목회를 하면서 이 점을 늘 아쉽게 생각해 왔습니다. 성도들의 삶과 결부된 조직신학 주제를 설교와 목회에서 다루다 보면 한국 상황에 부합하는 한국 침례교인만을 위한 조직신학 책의 필요성을 절감했기 때문입니다. 미국 사우스웨스턴 침례신학교의 조동선 박사(조직신학)는 이와 같은 필요에 응답하여 안식년을 조직신학 저술에 드리기로 하고, 다른 한국인 조직신학 교수들과 함께 이처럼 훌륭한 『침례교 신학총서』를 출간하게 되었습니다. 이 책의 가장 큰 특징은 목회 현장에서 마주하게 되는 여러 신학적 주제들을 침례교 입장에서 자세하고 명쾌하게 언급하고 있어서 침례교 목회자에게는 필독서라는 점입니다. 게다가 이 책은 우리 글로 쓰여서 읽기 쉽습니다. 그래서 목회자뿐만 아니라 평신도도 그리 어렵지 않게 접할 수 있다는 장점이 있습니다.

이 책은 한국인 침례교 조직·역사 신학자들에 의해서 최초로 저술된 성경 중심의 조직신학 책입니다. 이 책이 한국 침례교 신학의 토대를 굳건히 하는 데 크게 이바지하게 되리라고 확신합니다. 그리고 이 책의 뒤를 이어 더 많은 관련 도서가 출간되어 한국 침례교 신학의 풍성함을 더욱더 드러낼 수 있기를 소망합니다. 그런 의미에서 본서의 출간은 침례교 역사의 한 획을 긋는 주요한 사건이라 할 수 있을 것입니다. 이 책의 출판을 위해 미력하나마 출판 재정을 담당하게 된 것에 감사드립니다. 그리고 이를 위해 함께 협력한 제105차 총회 임원들에게도 감사드립니다.

이 모든 일은 그 시작과 마지막이 모두 하나님의 은혜입니다.

| 차례 |

■ 서문
유영식 목사(105차 총회, 제71대 총회장) •4


1장 _ **조직신학 방법론** / 조동선 •11

   Ⅰ. 서론 •13
   Ⅱ. 기독교 신학에 대한 정의 •15
   Ⅲ. 기독교 신학에 대한 바람직한 접근법 •16
   Ⅳ. 조직신학의 본질 •25
   Ⅴ. 조직신학이 필요한 이유들 •28
   Ⅵ. 조직신학의 자료들 •34
   Ⅶ. 조직신학의 과정에서 필요한 소양들 •39
   Ⅷ. 고유한 신학적 체계로서의 침례교 조직신학 •44


2장 _ **계시론** / 조용수 •61

   Ⅰ. 서론 •63
   Ⅱ. 두 가지 방식의 계시 •69
   Ⅲ. 구속 계시로서 성경 •81

## 3장 _ 신론(하나님의 존재와 활동) / 조용수 • 99

Ⅰ. 전체 개요 • 101
Ⅱ. 하나님의 존재와 본성 • 102
Ⅲ. 삼위일체 하나님 • 118
Ⅳ. 하나님의 사역 • 135
Ⅴ. 특별한 피조물: 천사 • 142
Ⅵ. 창조세계에 대한 하나님의 섭리 • 145
Ⅶ. 실천적 적용 • 152

## 4장 _ 인간론 / 김인허 • 159

Ⅰ. 인간론의 중요성 • 161
Ⅱ. 하나님의 형상으로서 인간 • 173
Ⅲ. 하나님의 형상 교리의 교회적 교훈과 적용들 • 205

## 5장 _ 기독론 / 조용수 • 217

Ⅰ. 연구 방법 • 220
Ⅱ. 그리스도와 하나님의 관계 • 227
Ⅲ. 그리스도와 사람의 관계 • 233
Ⅳ. 성육신적 연합 • 240
Ⅴ. 그리스도의 사역 • 241
Ⅵ. 실천적 적용 • 262

## 6장 _ 성령론 / 조동선 •265

Ⅰ. 서론 •267
Ⅱ. 구약과 신약에 나타난 성령론의 관계 •269
Ⅲ. 성령의 본성 •274
Ⅳ. 성령과 예수 그리스도 •286
Ⅴ. 성령과 그리스도인의 삶 •290
Ⅵ. 성령과 교회 •296
Ⅶ. 실천적 적용 •307


## 7장 _ 구원론 / 조동선 •317

Ⅰ. 서론 •319
Ⅱ. 구원의 예비 •320
Ⅲ. 구원의 시작 •332
Ⅳ. 구원의 지속과 완성 •351
Ⅴ. 실천적 적용 •360


## 8장 _ 교회론 / 조동선 •369

Ⅰ. 교회론의 중요성 •371
Ⅱ. 교회의 본질 •372
Ⅲ. 교회의 직분과 정치 구조 •390
Ⅳ. 교회의 의식 •409
Ⅴ. 실천적 적용 •423

## 9장 _ 종말론 / 김인허 • 431

Ⅰ. 종말론의 중요성 • 433
Ⅱ. 기독교 종말론 • 445
Ⅲ. 종말론 교리의 교회를 위한 적용 • 479

## 10장 _ 침례교회의 신학적 정체성 / 조동선 • 485

Ⅰ. 성경의 권위 • 487
Ⅱ. 신앙고백주의 • 498
Ⅲ. 언약 공동체로서의 교회 • 514
Ⅳ. 교회의 능력과 전신자 제사장 직분 • 525
Ⅴ. 지역 교회의 자치성과 협력주의 • 536

## 11장 _ 침례교회의 기원과 영·미·한 침례교회 역사 / 김승진 • 549

Ⅰ. 프롤로그 • 551
Ⅱ. 침례교 기원에 관한 학설들 • 552
Ⅲ. 자유교회 전통 속에 있는 침례교회 • 566
Ⅳ. 영국침례교회 약사 • 575
Ⅴ. 미국침례교회 약사 • 588
Ⅵ. 한국침례교회 약사 • 603
Ⅶ. 에필로그 • 636

# 1장
# 조직신학 방법론

BAPTIST
SYSTEMATIC
THEOLOGY

# 1장. 조직신학 방법론

조동선

## I. 서론

이 책에 있는 조직신학은 몇 가지 특징을 가지고 있다. 첫째, 이 책의 조직신학은 바쁜 한국 침례교 목회자들과 평신도 리더들의 말씀 사역을 돕기 위해 주요 신학적 이슈들에 대한 간략하지만 성경적인 답변들을 제시하고자 했다. 저자들은 모든 침례교 사역자들에게 이 책이 편리한 조직신학 참고서처럼 사용되기를 바란다. 이 책의 특별한 목적과 지면 관계상 대표적인 조직신학 교과서들처럼 방대한 주제를 심오하게 다루지는 못했다. 그런 종류의 전문 조직신학 교과서로서 침례교 신학자들의 작품이 필요하다면 밀라드 에릭슨(Millard J. Erickson), 스탠리 그렌즈(Stanley Grenz), 웨인 그루뎀(Wayne Grudem), 루이스와 데머리스트(Gordon R. Lewis and Bruce A. Demarest)의 작품을 추천한다.[1] 이 책에 쓰인 조직신학의 목적상 저자들은 목회자와 평신도 리더들의 일상적인 사역과 그리 밀접한 관계가 없는 현대 신학자들의 철학적인 이해보다는 성경적 교리에 대한 이해를 추구하였다. 그럼에도 불구하고 이 글의 저자들이 현대 신학자들을 사용했다면 현대 신학이 침례교

---

1) 그루뎀은 침례교회에서 안수 받고 오랫동안 침례교 신학자로 활동했다. 그러나 저자가 몇 년 전 Evangelical Theological Society National Conference 에서 그루뎀에게 그의 신학적 정체성에 대해 질문했을 때, 그는 자신이 침례교회의 교회론을 지지하는 독립 기독교인(independent Christian)이 되었다고 말했다. 그럼에도 불구하고 그루뎀의 조직신학 책 자체는 침례교 신학자로 활동할 당시 쓰여진 것이기 때문에 침례교 신학자의 리스트에 포함시켰다.

회의 신학에 실제로 영향을 미쳤기 때문이거나 이미 일반적으로 수용된 현대 신학자들의 견해에 대한 성경적 평가가 필요했기 때문이었다.

둘째, 이 책은 조직신학적 이슈에 대한 침례교 신학자들의 입장을 소개하려고 노력했다. 이 목적을 달성하기 위해 이 책의 저자들은 자신들에게 맡겨진 주제들을 다룰 때 가능한 한 침례교 신학자들과 신앙고백서의 내용들을 사용해 보려고 노력했다. 많은 한국의 침례교인들이 400년 침례교회의 전통 안에 있는 풍성한 신학적 유산에 대하여 익숙하지 못한 것이 사실이다. 현재 한국에서는 초교파적으로 앞서 언급한 미국 침례교 신학자들의 조직신학 책들을 사용하고 있다. 물론 이런 책들이 교회론에서는 침례교회의 교회론을 소개하고는 있지만 조직신학 전반에 걸친 침례교 신학자들의 견해를 소개하기보다는 복음주의 안에서 수용될 수 있는 공동의 신학 유산을 제시하려고 했다.[2] 그러나 침례교회의 신학적 유산이라고 해서 침례교회가 역사적 정통주의 신학과 개신교의 종교개혁사적 유산과 복음주의의 전통들과는 전혀 다른 신학을 가지고 있다는 것을 의미하지는 않는다. 다만 침례교회 신학자들은 성경의 권위에 대한 철저한 순종이 지상명령의 완수에 필수적인 조건 중 하나로 보았기 때문에 교회론뿐만 아니라 신학 방법론과 구원론 등을 침례교 유산에서만 발견될 수 있는 창조적이며 역동적인 방식으로 제시해 왔다. 이런 침례교 신학의 유산을 복음주의 조직신학 안에 의미 있는 방식으로 접목시킨 작품들은 아직 한국어로 번역되지는 않았지만 미국 침례교회에서는 사용되어 온 개릿(James Leo Garrett)의 『조직신학』(Systematic Theology)

---

[2] 복음주의(Evangelicalism)의 정의에 대하여 여러가지 의견들이 있지만 이 글의 저자는 패커(J. I. Packer)가 정의했고 존 스토트(John Stott)와 알리스터 맥그래스(Alister McGrath)가 동의한 복음주의를 언급하고 있다. 복음주의의 특징은 다음과 같다. 첫째, 성경의 최고의 권위에 대한 헌신을 요구한다. 성경이 교회와 그 어떤 전통보다 더 높은 최고의 권위를 가진다. 둘째, 하나님이시며 인간이셨고 죄인의 구세주이신 예수 그리스도에 대한 신앙의 필요성. 셋째, 성령님의 주권에 대한 신앙. 넷째, 성례전적 구원이 아니라 개인의 회심의 필요성을 강조한다. 다섯째, 개인과 교회에게 있어서 전도의 우선적 사명을 강조한다. 여섯째, 영적 자양분과 교제와 성장을 위해 필요한 교회 공동체의 중요성을 강조한다. Alister E. McGrath, *Evangelicalism and the Future of Christianity* (Leicester: IVP, 1995), 51.

과 여러 남침례교 신학자들이 함께 쓴 『교회를 위한 신학』(Theology for the Church)일 것이다.

셋째, 이 책은 한국 침례교회를 위해 한인 침례교 조직신학자들에 의해 쓰여진 첫 작품이다. 조직신학을 한 명 이상의 저자들이 함께 저술하는 것은 이미 루이스와 데머리스트가 시도했었고 훌륭한 작품을 내놓았다. 저자들은 이 책이 침례교회의 성경적 신앙을 보존하고 다음 세대에 전달하기 위해 침례교회의 신학자들이 함께 협력하는 공동체 신학을 위한 첫 걸음이 되기를 소망한다. 이 조직신학을 저술한 저자들은 성경의 무오성과 침례교회의 역사적 유산에 헌신되어 있다. 또한 저자들은 기독교 조직신학은 교회가 세상의 문화에 휩쓸리지 않고 교회의 모든 삶의 정황에서 성경적이어야 함을 다시 한 번 강조하고자 했다. 그런 의미에서 『교회를 위한 신학』이라는 작품이 저자들에게 방법론 측면에서 좋은 모델이 되었다. 모든 저자들은 역사적으로 보존되어 온 정통 신학과 침례교회가 발전시켜 온 신학적 유산을 나타내기 위해 노력했다. 그렇다고 이 조직신학 편이 저자들이 목적으로 했던 것들을 유감없이 달성했다고 말하는 것은 아니다. 저자들이 바라는 것은 이 작은 시도가 밑거름이 되어 한국인들에 의한 한국 침례교회를 위한 더 많은 조직신학 책들이 나오길 바란다.

## II. 기독교 신학에 대한 정의

신학이라는 영어 단어 '띠알러지'(theology)는 하나님을 뜻하는 떼오스(theos)와 이성, 말, 담화, 체계화된 연구 등을 뜻하는 로고스(logos)라는 두 헬라어 단어들에서 나왔다. 즉 신학은 하나님에 대한 의미 있고 체계적인 진술들을 만들어 내려는 연구이다. 교리(doctrines)는 교회가 성경의 진리라고 믿고 고백해 온 가르침이다. 신학은 성경적 교리들을 논리적으로 설명하고 분석하고 때로는 지금까지 고백된 특정 교리가 성경적인지를 평가한다. 신학은 성경적 교리를 교회와 세상에 선포하기 위한 하나의 조직화된 그리고 조화로운 사고의 시스템이다. 신학에 대한 이런 정의는 모든 그리스도인들이 신학자임을 암시한다. 신학 교육을 공식적으로 받았든 받지 않았든, 모든 그리스도인들은 하나님, 창조, 그리스도, 죄, 구원 등에 대한 자신의 이해를 나름대로 논리적이며 체계적인 사고의 틀 안에서 말로 표현하고자 한다. 정규 신학 교육을 받은 사람들과 그렇지 않은 사람들 사이의 차이는 전자가 신학적 주제들을 보다 논리적이며 체계적인 방법으로 분석하고 평가할 수 있다는 것이다. 그렇지만 정규 신학 교육을 받은 사람들이 그렇지 않은 사람보다 언제나 더 바른 신학적 고백을 하거나 더 큰 믿음을 가지고 있는 것은 아니다. 하나님에 대한 연구로서의 기독교 신학은 넓은 의미에선 하나님의 본성과 삼위일체를 연구하는 신론(the doctrine of God)뿐만 아니라 하나님이 그분의 창조 세계와 가지고 계신 관계도 연구 대상으로 포함한다. 이 책에서 사용하는 기독교 신학은 바로 후자의 의미이다.

## III. 기독교 신학에 대한 바람직한 접근법

기독교 신학에 접근하는 세 가지 주요 접근법들이 제시되어 왔다. 첫째, 명제적 접근법(propositional approach)이 있다. 명제적 접근법은 하나님의 본성과 계획에 대한 계시가 참인지 거짓인지를 증명할 수 있는 진술들로 성경이 기록되었다고 주장한다. 이 견해는 역사적으로 가장 오랫동안 교회사에서 유지되어 왔던 것이지만 19세기 자유주의와 20세기 신정통주의(Neo-Orthodoxy) 신학으로부터 그 정당성에 대한 심각한 도전을 받아 왔다. 명제적 접근법에 따르면 기독교 신학의 일차적인 사명은 마치 과학자가 자연세계의 자료들을 모아서 분석하듯이 특정 주제에 대한 성경의 자료들을 모아 논리적이며 체계적인 분석을 통해 객관적인 진리를 제시하는 것이다.[3] 이 견

---

3) Charles Hodge, *Systematic Theology* (Grand Rapids: Eerdmans, 1993), 21.

해는 기독교 신학에 대해 교리적 접근의 정당성과 필요성을 제시한다. 이 명제적 접근법을 선호하는 사람들은 한 특정 시대와 문화적 한계를 초월하는 영속적이며 모든 사람에게 규범이 될 수 있는 일반적인 진리에 대한 진술문들을 만들어 내려고 한다. 예를 들어, 명제적 접근법을 지지하는 신학자들은 "한 분이신 하나님이 성부와 성자와 성령의 각각 구분되는(분리가 아님) 세 위격으로 존재하신다" 또는 "죄인은 오직 믿음으로만 하나님 앞에서 의롭다고 선언되어진다" 등의 진술은 특정 문화와 시대을 초월한 영속적이며 일반적인 진리에 대한 진술문으로 하나님의 진리를 논리적으로 바르게 표현한 것이라고 믿는다. 19, 20세기 보수주의적인 복음주의 신학자들 중 찰스 핫지(Charles Hodge), 코넬리우스 틸(Cornelius Van Til), 에드워드 카넬(Edward J. Carnell), 패커(J. I. Packer)가 대표적이며, 침례교회 신학자들 중에는 칼 헨리(Carl F. H. Henry), 에릭슨, 루이스, 그루뎀이 대표적이다.[4] 그러나 칼 헨리(Carl Henry)의 경우 명제적 접근법을 가장 엄격하게 신학에 적용했다. 그는 계시가 유비적인(analogical) 언어가 아닌 일의적(univocal) 언어에 더 가깝다고 주장했으며 교리들은 계시의 자명한 이치들로부터 파생된 틀림없는 공식들과 같은 것으로 보았다.[5] 헨리는 성경의 진리가 오직 명제적 진리들에 의해서만 전달될 수 있는 것처럼 인식한 것으로 보인다.[6] 그러나 기독교 신학에 대한 이런 엄격한 명제적 접근법은 에릭슨(Erickson)이나 루이스(Lewis)

---

[4] 이 명제적 접근법을 선호하는 신학자들의 공통점은 성경의 무오성(biblical inerrancy)을 지지한다는 것이다. 침례교 신학자들의 명제적 접근법을 알고자 한다면 다음의 자료를 참조하라. Carl F. H. Henry, *God, Revelation, and Authority: God Who Speaks and Shows* (Wheaton: Crossway, 1999, reprinted), 3:455; Millard J. Erickson, *Christian Theology* (Grand Rapids: Baker, 2013, 3rd. ed), 18, 157-63, 165; Lewis, "Is Propositional Revelation Essential to Evangelical Spiritual Formation?," *JETS 46/2* (2003): 269–98; Wayne Grudem, *Systematic Theology: An Introduction to Biblical Doctrine* (Grand Rapids: Zondervan,1994), chatper on Introduction.

[5] Michael Horton, *The Christian Faith: A Systematic Theology for Pilgrims On the Way* (Grand Rapids: Zondervan, 2011), 206.

[6] Carl F. H. Henry, "Narrative Theology: An Evangelical Appraisal," *Trinity Journal* 8 (1987): 3.

와 같은 보다 현대적 복음주의자들에 의해 완화되었다. 이들은 하나님의 계시가 언제나 참된 진술문 형태로만 주어진 것은 아니며 성경에는 비-명제적 표현들(명령, 비유, 탄원 등)도 있고 하나님의 계시가 객관적 진리에 대한 명제뿐만 아니라 구속사적 사건들을 통해서도 주어졌다고 믿는다. 그러나 이런 문법적으로는 비-명제적 표현들도 그 궁극적 목적에서는 참과 거짓의 구분이 가능한 명제적 진리를 전달한다. "살인하지 말라"는 명령은 "살인은 죄"라는 명제적 진리를 전달한다. 원통함을 토로하는 시편 기자의 탄원은 "하나님은 의로우시다"는 명제적 진리를 전달한다. 그러므로 명제적 접근법을 주장하는 복음주의 신학자들은 하나님의 진리를 알아가는데 있어서 명제적 접근법이 우선성을 가지며 개인의 신앙과 명제적 진리 사이에는 상호 불가분의 관계가 있다고 믿는다.[7]

그러나 이 명제적 접근에 대한 몇 가지 중요한 반론들이 제기되었다. 우선 명제적 접근법, 즉 교리적 접근법은 마치 교리가 어떤 특정 문화와 시대의 한계를 초월하는 절대적 진리를 제시할 수 있다는 환상을 가지고 있다고 주장한다. 맥그래스는 교리의 중요한 목적은 영속적인 진리를 진술하는 것이 아니라 성경의 독자를 계시의 사건으로 인도하는 것이라고 정의하였다.[8] '교리가 영속적이며 일반적인 진리를 제시할 수 없다'는 맥그래스의 생각은 하나님의 계시는 인간의 언어를 통해 객관적으로 진술될 수 없다는 잘못된 신학적 전제 때문이다. 명제적 접근법에 대한 또 다른 반론은 성경의 무오성을 믿는 보수주의자들이 마치 자신들의 신학 방법론이 성경의 진리를 완전하게

---

7) 고전 15:3-5로부터 신약학자 티슬턴(Anthony C. Thiselton)은 신약 성경과 신약 시대의 교회들은 복음에 대한 신앙을 명제적 진술이 포함된 신앙고백으로 제시하고 있음을 주장하였다. Thiselton, *The First Epistle to the Corinthians*, NIGTC (Grand Rapids: Eerdmans, 2000), 1186-88; Erickson, *Christian Theology*, 33, 165; Lewis, "Is Propositional Revelation Essential?," 269-98.
8) 맥그래스는 하나님의 계시란 이야기(narratives) 속에 담겨 있는 것이며 이야기는 교리 전달이 핵심이 아니다는 린백(George Lindbeck)의 이야기식 신학(narrative theologoy)을 배격하였다. 그러나 린백처럼 맥그래스도 교리가 영구한 일반적인 진리를 전달할 수 없다는 주장을 하고 있다. Alister E. McGrath, *The Genesis of Doctrine: A Study in the Foundations of Doctrinal Criticism* (Grand Rapids: Eerdmans, 1997), 74-76

제시할 수 있는 것처럼 주장한다는 것이다. 그렌즈가 그와 같은 비판을 하였다. "성경적인 가르침들을 조직적으로 함께 모음으로써 그들[보수주의자들]의 목적은 하나의 완전한 시간을 초월한 바른 교리들의 총합을 이루어내는 것이 되었다."[9] 그러나 그렌즈의 비판은 성숙하지 못한 신학도의 태도에 대해선 적용될 수 있지만 존경받는 보수주의 신학자나 정통주의 내에 있는 어떤 신학 전통에도 적용될 수 없다. 왜냐하면 책임감 있는 보수주의 신학자나 신학 전통에서 더 이상의 비평이나 추가적 작업이 필요 없는 '하나의 완전한' 교리의 총합을 제시하였다고 주장한 적이 없다. 바르트의 신정통주의에 맞서 싸우며 신학에 대한 명제적 접근법을 가장 강조한 미국 복음주의의 대표자였던 헨리는 성경과 성경에 대한 고백적 반성인 신학 사이에 있는 권위의 차이를 지적하면서 우리의 신학이 아직 '영광의 신학'에 이르지는 못하며 언제나 겸손함을 유지해야 한다고 주장한다.[10]

둘째, 관계적(혹은 인격적) 접근법(relational or personal approach)이 있다. 이 견해는 신정통주의 신학자들에 의해 제시되었다(Karl Barth, William Temple, Emil Brunner). 신정통주의에서 제시한 관계적 혹은 인격적 접근법은 기본적으로 키에르케고르(Kierkegaard)의 객관적/주관적 진리의 구분과 부버(Martin Buber)의 나-당신/나-그것의 구분이라는 철학에 영향을 많이 받았다.[11] 참으로 신적이며 초월적인 진리는 객관적인 진술이나 명제로 표현될 수 없으며 하나님과의 실존적인 관계에 의해서만 계시를 경험할 수 있다고 주장한다. 성경은 하나님의 계시가 아니라 성령을 통해 실존적으로 하나님을 경험하게 될 때 계시가 되는 것이다. 신정통주의에서는 성경의 영감성과 성령의 조명이 분명하게 구분되지 않는다. 성경의 권위는 성경 자체의 영감성에 있다기보다는 성령께서 조명해 주시는 사역에 달려 있다고 본다. 이런

---

9) Stanley J. Grenz and John R. Franke, *Beyond Foundationalism: Shaping Theology in a Postmodern Context* (Louisville, KY: Westminster John Knox Press, 2001), 62.
10) Henry, *God, Revelation, and Authority*, 1: 240, 212.
11) James Leo Garrett, *Systematic Theology: Biblical, Historical, and Evangelical* (North Richland Hills, TX: Bibal, 2011, 4th ed.), 115.

관점은 침례교회 신학자들에게도 상당한 영향을 미쳤다.[12] 그러나 전통적인 침례교회의 신학은 성경의 권위는 성령의 영감에서 비롯된 것이며 성령의 조명은 이미 형성된 성경의 신성한 권위를 받아들이고자 하는 열린 마음을 만들어 낼 뿐이다라고 응답할 것이다.[13] 특별히 그렌즈는 사건으로서의 계시에 대한 바르트의 과도한 강조를 경계했음에도 불구하고 성경 자체가 하나님의 계시임을 부정하며 성령께서 성경을 통해 신앙 공동체에게 말씀하시고 그 공동체가 반응할 때 비로소 계시가 발생한다는 점에서는 바르트와 같은 입장이었다.[14] 한편 성경이 객관적으로 이해될 수 있으며 성경의 특정 텍스트로부터 귀납적 논리를 통해 하나님에 대한 객관적이며 절대적인 지식을 가질 수 있다는 가능성을 부인하는 것은 그렌즈가 철학자 칸트(Kant)의 영향을 받았기 때문이기도 하다.[15] 칸트는 오감을 초월한 신과 같은 형이상학적 존재에 대한 객관적인 절대 지식은 불가능하다고 주장했다. 따라서 하나님에 대한 객관적 지식의 가능성에 관한 한 칸트는 기껏해야 불가지론자였으며 사람들에게 종교적 지식은 주관적일 수밖에 없다는 사상을 가르쳤다. 또한 그렌즈가 성경을 하나님의 계시와 동일시하지 않고 바르트처럼 성령의 조명을 계시로 격상시킨 것은 기독교 신학이 너무나 이론적인 사고의 형성에만 집착하여 살아계신 하나님과의 인격적 교제가 약화되는 것을 우려했기 때문이다.[16] 이런 우려는 정당한 것이다. 확실히 헨리(Henry)의 신학은 하나

---

12) 남침례교회의 대표적 조직신학자이자 침례교 신학의 전문가인 개럿(James Leo Garrett)도 기독교 신학에 대한 명제적 접근에 대한 정당성을 인정하면서도 신정통주의의 영향을 완전히 벗어나지는 못한 것으로 보인다. 그에게 성경의 권위는 성령이 성경의 특별한 텍스트들에 대한 중요성과 적용에 관하여 조명을 비추어 주실 때 비로소 권위적인 것이 된다고 보았다. Garrett, *Systematic Theology*, 209.

13) L. Russ Bush and Tom J. Nettles, *Baptists and the Bible* (Nashville: B&H, 1999), 381.

14) Stanley J. Grenz, *Revisioning Evangelical Theology: A Fresh Agenda for the Twentieth Century* (Downers Grove, IL: InterVarsity, 1993), 124; *Theology for the Community of God* (Nashville: B&H, 1994), 124, 506.

15) Grenz, *Revisioning Evangelical Theology*, 65; Tom J. Nettles, "Review of Stanley Grenz. *Revisioning Evangelical Theology*," *Trinity Journal* 15:1 (1994): 128.

16) Grenz, *Revisioning Evangelical Theology*, 57-58.

님과의 인격적 관계 형성을 신학의 사명으로 강조하지 못했다. 그러나 그렌즈가 제시한 성령의 조명과 영감을 동일시 한 것과 성경이 가지고 있는 영속적이며 우주적 규범성을 지닌 명제적 진리를 부정하는 것 등은 추천할 만한 해결책이 될 수 없다. 루이스(Lewis)가 지적하듯이, 성경의 무오성을 믿는 보수주의 신학자들이 말하고자 한 것은 성경이 기록된 하나님의 계시이며 하나님이 실제로 인간의 글을 통해 의미 있고 온전한 자기 계시를 이루셨다는 신념은 기독교 영성에 필요한 전부는 아니더라도 근본적이며 필수 불가결한 요소라는 점이다.[17] 우리가 실존적으로 어떤 종교적 경험을 했다 하더라도 그 경험이 정말 하나님께로부터 온 것인지를 말해 줄 수 있는 객관적 기준은 성경으로 기록된 하나님의 계시가 없다면 불가능한 것이다. 주님은 도덕적, 신학적 문제가 대두될 때마다 청중들에게 그들이 성경을 어떻게 읽었는지 혹은 성경이 무엇이라 말하고 있는지를 되물으시거나 성경을 논쟁과 가르침의 최종 권위로 사용하셨다. 하나님이 계시한 진리인 성경의 말씀에 근거할 때만 기독교 신학은 그리스도인들을 우상이 아닌 살아계신 하나님과 참된 인격적 관계를 맺도록 도울 것이다.

셋째, 예일 대학의 조지 린백이 주도를 한 이야기 신학에서 말하는 문화적-언어학적 접근법이 있다.[18] 린백의 이야기 신학은 바르트의 계시론과 비트겐슈타인(Wittgenstein)의 언어 게임(language game) 이론에 영향을 받았다.[19] 비트겐슈타인에게 있어 세상은 언어 게임을 하는 곳이다. 언어란 각

---

[17] Lewis, "Is Propositional Revelation Essential?," 272.
[18] 1960년 대에 시작된 이야기 신학은 예일 대학의 한스 프라이(Hans Frei)와 린백에 의해 주도되었다. 이야기 신학은 후기 자유주의 신학(postliberal theology)이라고도 불린다. 후기 자유주의 신학은 보수주의와 자유주의 모두 잘못된 근대적인 신학의 전제를 가지고 있다고 보았다. 그 잘못된 전제란 기독교 교리를 보편적 이성으로부터 파생된 불변의 진리(보수주의)로 보거나 보편적인 경험으로부터 나온 경험(자유주의)으로 이해한 것이다. 후기 자유주의 신학자들에게는 보수주의자들이나 자유주의자들이나 모두 신학에는 어떤 근본적인 보편성을 전제 한다는 오류를 범한 것이다. Horton, *The Christian Faith*, 207.
[19] 비크겐슈타인이 린백에게 미친 영향에 대한 자세한 논의는 다음의 자료를 참조하라. A. B. Caneday, "Is Theological Truth Functional or Propositional? Postconservativism's

문화와 상황에서 각각 다른 의미를 가진다. 각 게임에는 그 게임을 통제하는 규칙의 언어들이 있다. 이 언어들은 그 게임을 하는 공동체 안에서 합의에 의해서만 의미를 가지며 그 공동체를 벗어나면 의미가 달라진다. 즉 게임을 하는 공동체가 언어의 의미와 용례를 규정한다. 린백은 기독교 신앙을 언어 게임으로 보며 교리(신학)를 신앙 공동체인 교회라는 언어 게임의 주체가 정한 문법(grammar)으로 주장한다. 그런데 문법은 어떤 문장이 옳고 그른지에 대해서는 아무것도 규정하지 못하며 단지 그 언어가 그 신앙 공동체인 교회에서 어떻게 사용되어야 하는지에 대해서만 설명할 수 있다. 바르트와 린백이 성경이 하나님의 계시 자체가 아니며 명제적 진술이 아니라 구속 사건에 대한 이야기가 성경의 가치라는 점에서 동의하고 있지만 중요한 차이점이 있다. 바르트에게 있어서는 비록 성경이 무오한 하나님의 계시 자체는 아니라 해도 하나님에 대한 진리는 성령이 성경의 이야기를 통해 교회에게 전달한다. 또한 성경이 교회의 전통에 대하여 우위성을 가진다. 그러므로 교회나 교회의 전통이 아니라 성경이 진리의 매개체가 되는 것이다. 그런데 린백에게 있어서는 진리를 얻게 되는 매개체는 성경이 아니라 교회이며 성경이 전통보다 우위에 있는 것도 아니다.[20] 다시 말하면, 그리스도인이 진리라고 주장하는 근거가 성경이 아니라 공동체가 결정한 실천적 가치이다. 그러므로 그 실천적 가치가 '권위적인' 자리를 차지하게 되는 것은 성경이라는 하나님의 말씀 때문이 아니라 언어 게임을 진행하는 교회가 그 가치를 인정하는 방식으로 성경을 사용했기 때문이다.[21] 린백에게 있어서 교회의 신앙을 설명하는 문법인 교리와 심지어 성경도 교회 공동체를 벗어나서 객관적으로

---

Use of Language Games and Speech-Act Theory," in *Reclaiming the Center: Confronting Evangelical Accommodation in Postmodern Times*, eds. Millard J. Erickson, Paul Kjoss Helseth, Justin Taylor (Wheaton: Crossway, 2004), 137-60.

20) George Hunsinger, *Disruptive Grace: Studies in the Theology of Karl Barth* (Grand Rapids: William B. Eerdmans, 2000), 312-18; Hans W. Frei, *The Identity of Jesus Christ: The Hermeneutical Bases of Dogmatic Theology* (Philadelphia: Fortress Press, 1975), 157.

21) Horton, *The Christian Faith*, 207.

존재하는 진리에 대한 어떤 상응성(correspondence)을 가지고 있지 않다.

이와 유사하게 린백의 영향을 받은 그렌즈도 신학을 신앙 공동체인 교회에게 주시는 하나님의 자기 계시에 대한 연구가 아니라 신앙 공동체가 경험한 하나님에 대한 자기 고백적인 신학적 반성으로 묘사하였다.[22] 그러므로 신학의 출발점은 성경을 통해 주시는 하나님의 객관적인 절대 계시가 아니라 하나님에 대한 교회 공동체의 경험이다. 따라서 신학의 사명은 하나님이 교회에게 전달해 주신 진리가 무엇인지를 밝히는 것이 아니라 교회 공동체가 하나님에 대하여 무엇을 믿고 있는지를 선언하는 것이 된다. 그렌즈의 문제는 성경만이 기독교 신학의 절대적으로 무오한 규범이 아니라 교회 공동체가 살고 있는 문화와 경험이 신학의 내용을 형성할 권위 있는 규범이 될 수 있어야 한다는 것이다.[23] 물론 신학의 과정은 특정 문화 안에서 발생하기 때문에 교회 공동체가 신학을 수행할 때 그 공동체가 속한 문화의 용어와 용례에 적합한 신학을 제시해야 한다. 그러나 신학의 내용은 어디까지나 문화나 경험이 아닌 성경이 결정해야 한다.

우리는 지금까지 기독교 신학의 본질에 대한 명제적 접근법, 인격적 관계 중심의 접근법, 그리고 문화적-언어학적 접근법의 내용들과 문제점들을 살펴 보았다. 결론적으로 저자는 하나의 통합적 접근법이 필요하다고 본다. 그

---

22) Grenz, *Revisioning Evangelical Theology*, 78.
23) 카슨(Carson)은 린백의 한계를 교정했다고 주장하는 그렌즈의 주장을 반박한다. 왜냐하면 린백처럼 그렌즈도 역시 기독교 교리의 규범성이 교리가 하나님에 대한 객관적 진리을 반영하기 때문이 아니라 교회가 그 교리를 수용하기로 결정했기 때문이라고 주장하기 때문이다. 카슨은 고전 15장에 바울이 부활의 교리를 가르친 것은 고린도 교회에서 부활 신앙을 믿도록 규정해서도 아니며 교회 공동체가 부활에 대한 경험을 했기 때문도 아니다. 바울이 부활의 교리를 전파한 것은 고린도 교회를 초월하여 역사 안에서 실제로 그리스도의 부활이 있었고 이 부활 사건은 공동체가 받아들이지 않더라도 영원한 객관적인 진리이기 때문이라고 바르게 지적하였다. D. A. Carson, "Domesticating the Gospel: A Review of Grenz's Renewing the Center," in *Reclaiming the Center: Confronting Evangelical Accommodation in Postmodern Times*, eds. Millard J. Erickson, Paul Kjoss Helseth, Justin Taylor (Wheaton: Crossway, 2004), 50. n. 13.

렇다고 세 접근법이 모두 동등한 권위나 같은 기능을 한다고 주장하는 것은 아니다. 성경에는 하나님과 그분의 창조 세계에 대한 명제적 진술들이 교리의 형태로 존재하며 비교리적인 표현들도 있기 때문에 교리와 하나님의 구속 역사에 대한 이야기들 모두 기독교 신학의 자료가 되어야 한다. 교리만이 기독교 신학의 전부가 아니다. 교리와 그 교리에 근거한 하나님과의 개인적이며 인격적인 관계를 형성하는 것이 기독교 신학의 목적이다. 귀신들은 하나님이 한 분이시며 그분이 실제로 존재한다는 바른 교리가 있었으나 구원받는 믿음을 가지지 못했다(약 2:19). 하나님과 인격적 관계를 가질 수 없었기 때문에 귀신들의 교리는 지식으로 멈추고 참된 믿음이 될 수 없었다. 주님은 부활을 부정하는 사두개인들의 성경적 교리에 대한 무지("성경도 모르고")뿐만 아니라 하나님과의 인격적 관계를 통해서 경험해야 하는 "하나님의 능력"을 알지 못함에 대해서도 책망하셨다(마 22:29). 기독교 신학은 지성과 마음이 함께 연합해야 가능하다(고전 14:15). 그러나 신학의 과정에 있어서는 교리가 우선성을 가져야 한다. 하나님과 만나는 실존적 경험이나 이야기가 제공하려는 그리스도인의 경험을 성경적 교리가 바르게 해석해 주어야 한다. 그렇지 않다면 존 힉(John Hick)이 주장하듯, 타종교와 기독교에서 발견되는 유사한 종교적 경험들은 모두 하나님께 속한 진리로 인정되어야 할 것이다.[24] 교리가 기독교 공동체의 이야기에 대한 문법이라는 측면도 수용할 수 있다. 그러나 성경적 교리는 단순히 교회 공동체에 의해서 결정된 것이 아니라 그 "공동체를 초월하는 실재에 어떤 객관적 근거"를 가지고 있다는 것을 잊어서는 안된다.[25] 교회 공동체는 성경적 교리에 대하여 아멘이라는 고백을 함으로써 그것이 공동체를 향한 규범적 해석의 틀이 되도록 결정해야 한다. 그러나 교회 공동체가 하나님의 계시에 순종하는가를 살피고 안내하는 것은 성경적 교리이다.

---

24) Erickson, *Christian Theology*, 33. 에릭슨은 존 힉의 주장을 인용하고 있다. John Hick, *God Has Many Names* (Philadelphia: Westminster, 1982), 62-7.
25) Erickson, *Christian Theology*, 34.

# Ⅳ. 조직신학의 본질

## 1. 조직신학의 특징

기독교 신학은 교리, 감정, 윤리와 모두 연관되어 있지만 특별히 조직신학은 교리적 측면을 다룬다.[26] 비록 조직신학이 개인이나 교단의 신학자들에 의해 쓰여진다 하더라도 저자 개인의 신앙고백이나 신학자들의 사적인 종교 활동으로만 이해될 수는 없다. 조직신학은 신앙 공동체인 교회가 지금까지 성경적이라고 믿고, 가르쳐왔고, 고백한 것을 체계적으로 제시하는 것이므로 조직신학의 저술자인 신학자(들)뿐만 아니라 교회 공동체가 조직신학의 형성 과정에 포함되어야 한다.[27] 교회 공동체가 함께 성경을 연구하며 성경의 교사들과 신학자들의 의견은 교회 공동체의 검증을 거쳐야 한다. 조직신학은 성경적 교리들에 대한 논리적인 해석을 제시하기 위해 성경적 표현 이외에 철학적이거나 신학적 용어들을 사용하기도 한다. 보이스(James P. Boyce)는 이 성경 외적인 표현들을 조직신학에서 사용하는 정당성을 다음과 같이 설명하고 있다.[28] 첫째, 조직신학에서 사용되는 표현들이 성경에서 발견되지 않을지라도 내용은 성경적일 수 있다. 왜냐하면 삼위일체, 성육신, 분리되지도 않으면서 섞이지도 않은 그리스도의 두 본성(신성과 인성), 그리스도의 형벌 대속적 죽음, 성령의 신성과 같은 용어들은 성경 안에서는 발견되지 않지만 성경이 말하고자 하는 하나님과 그리스도와 성령에 대한 이야기들을 바르게 해석하는데 유익하며 필요한 것들이다. 그것들은 성경적 진리의 핵심을 구체화 한 것들이다.[29] 이런 성경 외적인 표현들 자체에 거부감

---

26) 에릭슨은 교리, 감정, 윤리가 기독교 신앙에서 "상호 보완적(complementary)인 것이지 양자택일(alternatives)의 문제들이 아니다"라고 적절하게 지적하였다. Millard J. Erickson, *Christian Theology* (Grand Rapids: Baker, 2013, 3rd. ed), 8.
27) Garrett, *Systematic Theology*, 4.
28) Boyce, *Abstract of Systematic Theology*, 5.
29) 바질(Basil of Casearea)는 성령의 완전한 신성을 믿고 Eunomians라는 새로운 형태의 아리우스주의자들을 정죄하였지만 성령을 하나님이라고 부르지 않았다. 여러가지 이유가 있었지만 그중 한가지는 성경이 성령을 하나님이라고 직접 부르지 않았다는 것

을 가질 필요가 없다. 왜냐하면 매주 시행되는 주일 설교나 우리의 기도문에 성경 외적인 표현들이 많이 사용되지만 이런 이유로 설교와 기도가 비성경적이었다고 말하지 않기 때문이다. 둘째, 그렇지만 조직신학에서 사용되는 진술들이 성경적이기 위해선 그것들이 성경으로부터 확실하게 추론된 것이거나 성경적 진술들에 대한 자연스런 설명들이어야 한다.[30] 그러나 어떤 성경의 진리에 대하여 직접적으로 반대하는 주장은 필연적으로 비성경적인 것이다. 셋째, 조직신학적 진술들이 모든 신학적 어려움을 다 설명하지 못한다고 해서 의미가 없는 것이 아니다. 이것은 우리의 신학적 진술들이 더 연구가 필요하다는 것을 의미할 뿐이다.

## 2. 조직신학과 다른 신학들과의 비교

### 1) 성서신학(biblical theology)과 조직신학

성서신학은 성경의 사실들(the facts of the Bible)과 성경에 명확하게 표현된 진술들에 대한 정확한 의미를 설명하는 것이 주목적이다. 따라서 성경 저자의 원래 의도를 성경이 쓰인 당시의 문화적 배경과 언어를 통해 추론하며

---

이다. 또한 성경적인 기독교인이라면 성령의 완전한 신성에 대한 교리를 믿지만 그분을 하나님이라고 직접 부르지 않는 것이 좋다고 하였다. 그러나 바질의 동료 그레고리는(Gregory of Nazianzus) 바질과 달리 성경이 성령께서 하나님이심을 신학적으로 명백히 증거하고 있기 때문에 성령을 하나님으로 부르는 것이 옳다고 보았다. Gregory of Nazianzus, *Theological Oration*, 5.31.10. 오늘날의 기독교인들은 성령을 하나님으로 부르는 것에 있어서 그레고리에 동의하고 있다. 에드워즈는 삼위일체라는 단어가 성경에는 없지만 그 단어의 실재는 성경에 있기 때문에 삼위일체라는 말을 사용할 수 있으며 또 사용해야 할 이유가 있다고 보았다. 단순히 성경에 나타나지 않는다는 이유로 삼위일체를 사용하지 않거나 하나의 신성한 본질 안에 세 위격이 있다는 말을 하지 않으면 더 많은 신학적 문제가 생겨난다고 보았다. 한 하나님 그러나 아버지와 아들과 성령에 대한 분명한 위격적 구분을 가르치는 성경의 계시를 삼위일체와 신학적인 표현들이 아니라면 바르게 가르칠 수 없다고 믿었다. 성경에 직접 나타나지 않는 단어라고 해서 성경적 진리를 드러내는데 장애물이 되는 것은 아니라고 보았다. Jonathan Edwards, "Miscellany 94," in *The Works of Jonathan Edwards, Volume 13, The "Miscellanies" (Entry Nos. a-Z, Aa-Zz, 1–500)* (ed. Thomas A. Schafer; New Haven, CT: Yale University Press, 1994), 257.

30) Boyce, *Abstract of Systematic Theology*, 5.

성경의 표현들이 당시 청중들에게 어떻게 이해되었는가에 집중한다. 성서신학은 성경의 전체적인 통일성을 부인하지는 않으면서도 한 주제에 대하여 각 성경 저자가 제시한 독특한 견해와 그 주제의 연대기적 발전에 관심을 가진다.[31] 따라서 요한신학, 바울신학과 같은 주제들은 성서신학에 해당한다. 반면 조직신학은 성서신학을 바탕으로 하여 한 주제에 대한 각 저자의 독특한 이해를 인정하지만 그 주된 관심은 그 주제에 대하여 성경 전체에 나타난 총체적이며 통일성 있는 이해를 제시하는 것이다. 또한 조직신학은 성경의 원래 청중들에게 주어진 불변의 진리가 어떻게 현대 그리스도인의 삶에 적용되어야 하는지 규정하려고 한다.[32] 성서신학은 성경의 한 텍스트, 한 책 또는 한 저자에만 몰두하다 성경 전체에 흐르는 신학적 해석을 놓치는 실수를 범해서는 안되며, 조직신학은 자신의 신학적 입장을 텍스트 안에 집어 넣지 않도록 조심해야 한다.

### 2) 역사신학(Historical Theology)과 조직신학

역사신학은 신약시대 이후 교회가 역사 속에서 어떤 신학자나 신학의 운동들이 제시한 조직신학들에 대한 분석과 각 신학의 주제들이 교회의 역사 속에서 어떻게 발전되어 왔는지를 연구하는 학문이다. 어거스틴의 원죄론, 루터의 칭의론, 칼뱅의 예정론을 연구하는 것은 역사신학의 주제일 것이다. 성서신학이 조직신학으로 하여금 철학적이지 않고 성경적 기반을 갖도록 도와 준다면, 역사신학은 조직신학이 현 시대의 문화적, 철학적 선입견을 벗어나 기독교 신학의 영속적인 요소들을 유지하도록 도와준다.[33] 조직신학은 성서신학처럼 성경을 가장 중요한 신학의 원천으로 사용하면서도 역사신학

---

31) Gordon R. Lewis & Bruce A. Demarest, *Integrative Theology: Historical, Biblical, Systematic, Apologetic, Practical* (Grand Rapids: Zondervan, 1996), 1:23; James P. Boyce, *Abstract of Systematic Theology* (Hanford, CA: the den Dulk Christian Foundation, 1887), 5.
32) Erickson, *Christian Theology*, 11.
33) Erickson, *Christian Theology*, 12.

처럼 교리의 역사적 발전 과정, 즉 교회의 전통(신조들, 신앙고백서들, 위대한 신학자들의 주장들)을 이차적인/상대적인 신학의 원천과 권위로 이해한다. 또한 그리스도인의 이성과 경험을 신학의 자료로도 사용한다. 조직신학은 기독교 신앙에 관계된 성서신학과 역사신학의 자료들을 사용하여 주제별로 연구하게 된다. 계시론, 신론, 인간론, 기독론, 구원론 등이 조직신학의 주제들이다.

조직신학은 하나의 성경적 교리가 다른 성경적 교리들과 어떤 관계에서 서로 영향을 주고 받는지에 대하여 성서신학이나 역사신학보다 더 많은 관심을 가진다. 성서신학에서는 구약에서부터 신약까지 삼위일체에 대한 계시의 점진적 발전에 관심을 가지며, 역사신학은 교부시대부터 지금까지 교회의 전통 안에서 삼위일체론이 어떻게 발전되었는지에 관심을 가진다. 조직신학은 삼위일체에 대한 성경적 자료와 전통적 이해를 바탕으로 현대적 상황에서 삼위일체론이 어떻게 제시되어야 하며 그리고 다른 교리들(계시론, 창조론, 인간론과 교회론…)에 어떤 영향을 미치는지에 많은 관심을 가진다.

## V. 조직신학이 필요한 이유들

첫째, 이성적 존재인 인간성이 지식의 "통합과 체계화"(unification and systematization)를 요구한다.[34] 인간의 이성은 이미 알려진 사실들에 대한 혼란과 명확한 모순을 묵과할 수 없으며 하나님과 인간과 우주에 대한 지식의 단순한 발견만으로 만족할 수 없다.[35] 발견한 지식의 통합과 체계화를 향한 인간 이성의 본성은 지식들 사이에 있는 논리적 관계와 결론을 추구한다. 사람의 이성은 단순한 사물들을 이해하는 정도가 아니라 과거에 대한 분석으

---

34) Henry C. Thiessen, *Lectures in Systematic Theology* (Grand Rapids: Eerdmans, 1979, rev., ed.), 4.
35) A. H. Strong, *Systematic Theology: A Compendium and Common place Book* (Philadelphia: Judson, 1943, reprinted), 1:15-16.

로부터 미래를 계획하며 현재 존재하는 원인들로부터 미래에 발생할 효과들을 예측할 수 있도록 창조되었다. "종교적 동물"로 창조된 사람이 종교적 진리에 대한 탐구를 거절하는 것은 "인간 본성에 거스르는 것이며 자신을 잠시 살다가 멸망하는 짐승들의 수준으로 격하시키는 것이다."[36]

둘째, 그리스도께서 명령하신 지상명령을 수행하는데 조직신학은 필수적인 것이다.[37] 그리스도께 명령하신 것은 전도만이 아니다. 복음을 전해들은 자들이 제자가 되어 그분이 명령하신 모든 것을 지킬 수 있도록 가르쳐야 한다고 명령하셨다(마 28: 20). 신약뿐만 아니라 구약도 그리스도에 대해 증거하고 있는데(요 5:39) 그리스도의 영이 이미 구약의 선지자들 안에서 역사하셨기 때문이다(벧전 1:11). 그렇다면 체계적인 그리고 일관된 해석이 없이 어떻게 성경 전체에 흩어져 있는 그리스도의 명령을 알 수 있겠는가? 또한 성경은 모든 그리스도인들이 자신의 신앙에 대한 답을 제시하라고 명령하고 있다 – "여러분이 가진 희망을 설명하여 주기를 바라는 사람에게는, 언제나 답변할 수 있게 준비를 해 두십시오"(3:15, 새번역). 우리 신앙에 대한 답변을 주기 위해서는 "사고의 조직화된 시스템"(an organized system of thought)이 있어야 우리 신앙에 대한 "일관성 있는 변호"를 할 수 있다.[38] 따라서 조직신학은 성경적 진리들을 매우 정확하게 제시하기 때문에 기독교 신앙에 대하여 부정확하게 혹은 비성경적으로 제시된 진술들과 개념들을 제거한다. 이렇게 함으로써 조직신학은 우리의 답변들이 성경의 전체적인 진리와 조화되며 논리적인 것들이 되도록 돕는다.[39]

셋째, 성경이 진리를 제시하는 방법 자체가 조직신학을 요구하고 있다. 과학자가 조직화되지 않은 사실들로 가득 찬 자연 앞에 서 있는 것처럼, 그리스도인은 하나님의 온갖 진리로 가득찬 그러나 조직화되지 않은 성경의 자

---

36) Dagg, *Manual of Theology*, 17.
37) Grudem, *Systematic Theology*, 26-28.
38) Thiessen, *Lectures in Systematic Theology*, 4. 성경은 철학자들이 오랫동안 고민해온 위대한 질문들에 대한 일관된 세계관을 제시하고 있다.
39) Grudem, *Systematic Theology*, 24.

료 앞에 서 있다. 따라서 그리스도인은 성경 여기저기에 흩어져 있는 특정 주제에 대한 진리들을 모아서 논리적인 시스템을 구성해야 한다.[40] 그러므로 성경은 연구되어야 하는 책("너희가 성경을 상고[연구]하거니와", 요 5:39)이며 하나님의 좋은 성경을 "바르게 다루어야" 한다(rightly handling, 딤후 2:15-ESV). 성경이 특정 주제에 대하여 한 책이나 저자를 통해 완전히 조직화된 설명을 제공하지 않은 이유가 있다. 그것은 성경의 이야기들이 21세기처럼 강의실에서 진행된 세미나 형태로 주어진 것이 아니라 모든 것들이 함께 발생하는 삶의 현장 속에서 주어졌기 때문이다. 그러나 이런 성경의 특징이 성경의 진리를 정리하고 체계화하는 것을 금지하는 것이 아니다. 예를 들어 마태복음 20장에서 예수님과 율법사는 하나님의 계명 중 가장 큰 계명과 두 번째로 큰 계명이 무엇인지에 대하여 일치하였다. 그러나 정작 구약 성경에는 "이것이 가장 큰 계명이다" 혹은 "이것이 두 번째로 큰 계명이다"라는 말은 없다. 그럼에도 불구하고 성경을 체계적으로 읽는 구약의 독자들에게는 무엇이 큰 계명인지 무엇이 그 다음으로 중요한 계명인지 말할 수 있었다. 또한 성경은 어떤 특정 구절들에 대한 논리적이며 신학적 분석을 정당화하고 있다. 앞서 언급된 마태복음 20장에 나타난 부활에 대한 주님의 교훈은 출애굽기 3장 6절에 대한 단순한 묘사가 아니라 그 구절에 대한 논리적, 신학적인 해석이었다. 또한 예수님은 메시야가 다윗의 단순한 자손이 아니라 주님이심을 시편 110편 1절에 대한 논리적 질문으로 증명하셨고 그의 대적들은 그 논리에 굴복하였다. 오늘날 교리적인 설교에 대한 반감이 팽배해 있지만 그 이유는 교리 자체에 있다기보다는 교리를 설교하는 사람의 인격적 문제나 교리 설교가 성경의 바른 해석에 근거하지 않거나 실제적인 적용점을 제시하지 못하기 때문이다. 이미 100여년 전에 스트롱(Strong)이 제시한

---

40) Thiessen, *Lectures in Systematic Theology*, 5. 성경의 어떤 특정 장은 한 가지 주제에 대하여 집중적으로 다루고 있다. 요 1:1-18(그리스도의 신성과 성육신); 고전 15장(부활); 히13(믿음). 그러나 띠이슨(Thiessen)에 따르면, 이런 특정 성경의 부분도 그 각각의 주제들에 대한 완전한 가르침을 다 포함하고 있지 않다. 이런 주제들은 성경 전체를 살펴 보아야 더욱 완전한 가르침을 얻을 수 있다.

교리 설교에 대한 제안들은 오늘날 우리 침례교 목회자들이 실행하기에 매우 유익하다. 스트롱에 따르면, 한 달에 한 번 정도는 기독교의 근본 교리들에 대한 설교를 하도록 권면하고 있다(한달에 한 번이 많다고 생각되면 일년에 정기적으로 핵심 교리에 대한 설교를 하는 것은 가능할 것이다). 이때 교리의 내용은 중고등 학교 학생들이 이해할 정도로 쉽고, 간략한 예화들로 교리가 생동감 있고 흥미롭게 전달되어야 하며, 적어도 설교의 1/3은 전달하고자 하는 교리가 실제 생활에서 어떻게 적용되는지를 보여 주어야 한다고 제안한다.[41]

넷째, 하나님에 대한 우리의 사랑과 헌신이 기독교 신앙에 대한 조직신학적 접근을 요구한다. 우리가 누군가를 사랑한다고 말하면서 그 사람에 대하여 아무것도 알고 싶어 하지 않는다면 그것을 사랑이라고 말할 수 없다. 진정으로 사랑한다면 그들의 특징들, 성취들, 개인적인 역사들, 그들이 좋아하는 것, 좋아하지 않는 것, 그들의 미래의 계획들에 대해 알고 싶어진다. 그렇다면 바른 신학을 떠나 하나님과 인격적인 관계를 갖는 것은 불가능하다. 교리를 아는 것과 그리스도의 삶은 별개이며, 오히려 서로 경쟁적인 관계에 있기 때문에 둘 중 하나를 택해야만 한다고 주장하는 것은 성경의 지지를 받을 수 없다. 홉스(Herschel H. Hobbs)는 남침례교인들의 신앙은 신조적인(creedal) 것이 아니라 살아있는 믿음이라고 주장했다. 그러나 개럿(Garrett)은 "살아있는 믿음의 반대는 죽음 믿음이다. 신조적인 혹 신앙고백적인 믿음의 반대는 희미한 또는 내용 없는 또는 정의되지 않은 믿음이다… 기독교 신앙은 살아있는 것이어야 하며 동시에 신앙고백적인 것이어야 한다!"라고 말하여 홉스가 만들어낸 신앙과 교리의 이분론을 거절하였다.[42] 교회 역사를

---

41) Strong, *Systematic Theology*, 19. Strong은 에드워즈(Jonathan Edwards)가 했던 교리 설교의 중요성을 지지하지만 그 내용이나 형식은 지지하지 않는다. 다른 청교도들처럼 에드워즈의 교리 설교는 너무 형이상학적이며 형태에 있어 학자적이며 예시나 성경의 주석은 거의 없다. 그리고 대상으로 했던 청중이 성인들이었다. 스트롱은 에드워즈의 교리 설교를 자신의 시대에 그대로 적용할 수는 없다고 밝히고 있다. 그는 [교리적] 무지는 하나님의 저주인 반면, [교리적] 지식은 우리로 하늘로 날아가게 하는 날개라는 K. Henry Shakespeare의 말을 인용하고 있다.
42) Garrett, *Systematic Theology*, 1:3.

살펴 보면, 가장 영웅적인 그리스도인의 삶을 살았고 핍박 중에도 하나님에 대한 사랑과 교회를 지킨 사람들 중에 기독교에 대한 진리를 가장 투철하게 깨닫고 전파했던 경건한 신학자들이 많다.[43] 진리에 대한 조직적인 설명으로 인해 약화되거나 힘을 잃게 될 경건이라면 그것은 성경적 경건이라기 보다는 잘못된 신비주의일 것이다.[44] 성경적 진리에 대한 체계적인 이해가 부족한 신학적 무지는 경건이 아니라 미신의 원인이 된다.

다섯째, 기독교 신앙에 대한 조직신학적인 접근은 그리스도인의 성화에 필수적인 것이다. 가장 많은 사도적 교리를 교회에 전달한 바울은 건전한 교리와 성화된 삶 사이에 있는 밀접한 관계를 제시하였다. 바울은 "경건에 부합하는 교훈(교리)"(딤전 6:3-새번역)과 "경건함에 속한 진리의 지식"(딛 1:1)에 대해서 말하고 있을 뿐만 아니라 "모든 종류의 불순종과 부도덕함을 건전한 교훈(교리)에 반하는 것"(딤전 1:10)으로 보았다.[45] 사람이 믿는 것과 그의 인격 사이에는 어떤 관계도 없다고 주장하거나 신학은 영적인 삶에 해를 미친다는 것 만큼 잘못된 생각도 없다.[46] 물론 정통 교리에 지적으로 동의한다고 해서 그 자체로 성경적인 경건한 삶이 자동적으로 산출되는 것은 아니다. 그러나 사람은 단순히 믿는 척하는 것이 아니라 자신이 실제로 믿는 것이 있다면 그 믿는 바에 따라 행동하게 되어있다.[47] 신학이 영적인 삶에 해악을 미치는 것은, 우리가 가지고 있는 신학 자체가 건강하지 못한 것이거나 그 신학이 우리에게 단순한 이론으로 존재할 때 뿐이다. 하나님, 사람, 죄, 그리스도, 성령, 구원, 교회, 종말에 대한 바른 신학은 그리스도인에게 단순히 어떤 삶을 살아야 할지 보여 줄 뿐만 아니라 그런 삶을 살도록 동기와 열정을 부여해 준다.[48] 바울은 고린도 교회로 하여금 예루살렘 교회의 경제적

---

43) Strong, *Systematic Theology*, 16.
44) Ibid.
45) Grudem, *Systematic Theology*, 29.
46) Thiessen, *Lectures in Systematic Theology*, 5.
47) Ibid., 6.
48) Ibid. 그루뎀(Grudem)은 신학적 결론을 실제 삶에 적용하는 것 또한 조직신학의 과제라고 주장하며 자신의 조직신학 책을 읽고도 삶의 변화가 없다면 그것은 저자인 자신

어려움을 도와주도록 촉구하면서 그리스도의 성육신 교리를 사용하였다. 원래 그리스도께서 가장 부요하신 자로서 우리를 구원하시기 위해 가장 가난하게 되셨다. 그분의 자발적인 가난해지심으로 우리는 구원의 부요함을 얻게 되었다(고후 8:9). 바울은 또한 빌립보 교인들에게 겸손함을 가르치기 위해 성육신 교리를 사용하였다. 만일 원래부터 하나님이신 그리스도께서 자기를 비워 종이 되셔서 죽기까지 순종하셨다면, 하나님도 아니고 인간에 불과한 우리들이 약간의 봉사와 희생을 가지고 자기를 자랑해서는 안 된다(빌 2:5-11). 또한 조직신학의 교훈들은 그리스도인들이 각자의 삶 속에서 바른 행동을 하도록 이끌어 준다. 만일 우리 교인들이 남편과 아내의 바람직한 관계나 이혼의 문제와 같이 가정에 대한 신학적 원칙들과 간음과 동성애에 대한 신학적 비평들과 십일조와 기타 재정 사용에 대한 신학적 원리들을 제대로 알게 된다면 우리의 신앙 생활이 달라질 것이다.

여섯째, 교회의 존립과 번성이 건강한 조직신학적 훈련에 달려 있다. 그리스도와 그분의 사도들은 "교리의 설교자들"(the preachers of doctrine)이었다(막 4:2; 행 2:42; 딤후 3:10). 또한 바울은 교회로 하여금 바른 교리를 전파하도록 촉구하였다(딤후 4:2; 딛 1:9). 교회는 "진리의 기둥과 터"이다(딤전 3:15). 따라서 "교회의 안전과 진보는 건전한 말씀의 본(the pattern of sound words, 즉 바른 교리를)을 교회가 준수하느냐에 달려있다."[49] 그러므로 성경적 진리를 요약하고 해석하는 신학적 이해가 부족하거나 왜곡된 신학을 가지고 있는 교회는 조만간 교회의 결정과 운영에 있어 많은 문제들을 발생시킬 것이다. 성경적인 조직신학은 교회 공동체로 하여금 하나님이 기뻐하시는 선택들을 하도록 인도해 줄 것이며 이단적 교리나 비성경적 가르침을 주장하는 움직임들을 차단하여 교회의 진리를 보호할 것이다. 왜냐하면 "하나님의 말씀으로 철저하게 교리 교육이 된 믿는 이들이 효과적인 기독교 사역

---

이 신학을 잘못 제시했거나 아니면 독자가 자신의 책을 올바르게 읽지 않았기 때문이라고 말한다. Grudem, *Systematic Theology*, 23.
49) Strong, *Systematic Theology*, 18.

자들과 신앙의 강력한 방어자들이 될 것이기" 때문이다.[50]

## VI. 조직신학의 자료들

첫째, 성경은 기독교 신학의 자료들 중 유일하게 무오한 신학적 자료이며 우리가 알아야 할 하나님의 모든 계시를 완전하게 전달해 준다. 따라서 성경은 어떠한 신학적 자료의 권위보다 더 높은 최종적 권위를 가진다. 성경은 모든 신학적 자료들을 판단하되 그 어떤 신학적 자료로부터도 판단받지 않는다. 이런 이유로 성경은 모든 것을 규범짓는 유일한 규범(*norma normans*, the rule that rules)으로 불리며 다른 모든 신학의 자료들(교회의 전통, 이성, 경험…)은 성경에 의해 규범지어지는 2차적인 의미에서의 규범(*norma normata*, a rule that is ruled)으로 구분된다. 개신교에서는 이런 성경의 최종권위에 대한 신앙을 "오직 성경으로만"(*sola Scriptura*)이라는 말로 표현한다. "오직 성경으로만"은 성경만이 계시의 근원이기 때문에 성경과 함께 교회의 전통을 계시의 근원으로 제시한 로마 가톨릭 신학을 부정한다. "오직 성경으로만"의 신학을 종교개혁가들만의 것으로 생각할 필요는 없다. 어거스틴도 성경의 권위와 교부들의 권위 사이에 있는 질적 차이를 인지하고 최종 권위는 신구약 정경에게만 있다고 선언했다. 그는 제롬에게 보내는 편지(*Letter* 82, 1:3)에서 다른 저자들과는 달리 "성경의 저자들은 오류들로부터 완벽하게 자유로웠기 때문에" 아무리 경건과 지식에 있어 자신보다 더 뛰어난 교부들의 글이라 해도 그들의 권위 때문에 그들이 말하는 것을 받아들이지는 않겠다고 말했다. 그 대신 그들의 주장이 오직 신구약 정경에 부합하거나 자신에게 이성적으로 합당하게 보일 때에만 동의하겠다고 천명했다.[51]

---

50) Thiessen, *Lectures in Systematic Theology*, 6. Thiessen은 "우리가 믿는 것이 무엇인지 알 수록, 우리는 악한 사탄의 공격을 견디어 낼 수 있으며 그리스도 안에 있는 성도들에게 제시된 승리를 향해 움직여 나갈 수 있게 된다"고 덧붙이고 있다.
51) 제롬은 갈 2장에서 바울이 베드로를 책망한 것은 역사적 사실이 아니라고 말했다. 이

그러나 개신교 안에서 "오직 성경으로만"의 원칙이 종종 오해될 때가 있다. 어떤 개신교인들은 신학의 과정에서 성경 이외의 다른 자료들을 전혀 사용해서는 안된다는 태도를 보인다. 이런 태도는 신학과 계시의 차이를 구분하지 못해서 발생한 것이다. 계시의 근원은 오직 성경을 통해서만 가능하다. 그러나 그 계시에 대한 체계적인 해석의 과정인 신학을 함에 있어서 일차적으로는 성경을, 그리고 이차적으로는 다른 자료들도 사용할 수 있다. 종교개혁가들이 주장한 "오직 성경으로만"은 성경만이 우리가 믿어야 할 신학적 내용을 규정하며 모든 신앙과 행습의 문제에 있어서 최종 권위를 가진다는 뜻이었지 성경을 이해하기 위해서 성경만 사용해야 된다는 뜻은 아니었다. 그들은 초대 교회의 첫 네 가지 회의들(니케아, 콘스탄틴노플, 에베소, 칼세돈)이 내린 결정들을 성경 해석에 바람직한 해석의 틀로 받아들였다. 또한 교부들의 견해를 중세 로마 가톨릭 신학자들의 견해보다 더 중요한 권위로 인정하였다. 따라서 침례교인들에게 필요한 것은 성경책만 읽고 성경책만 공부

---

에 대하여 어거스틴은 제롬을 존경하지만 제롬의 의견이 구약이나 신약의 저자들과는 동등한 권위를 가질 수 없으며 바울이 역사적으로 사실이 아닌 것을 기록했다고 믿어서는 안된다고 편지를 쓰고 있다. 어거스틴은 자신의 다른 글 *Against Faustus*, 11.5 에서도 신구약 정경과 사도 이후 쓰인 교회 교부들의 글들 사이에 있는 권위의 차이를 지적하고 있다. 로마 가톨릭 신학자들은 어거스틴의 이런 정경과 교부들의 글(전통) 사이에 있는 권위의 차이에 대하여 개신교 학자들이 문맥에 어긋나게 해석하고 있다고 항변해 왔다. 그들은 어거스틴이 교회의 권위 또한 신학의 권위로 인정했음을 지적하고 있다. 물론 어거스틴은 교회의 전통을 신학의 권위로 인정했다. 그러나 계시의 전통으로 인정한 것은 아니다. 또한 로마 가톨릭 학자들은 어거스틴의 다른 작품 *Against the Fundamental Epistle of Manichaeus* 5.6에 나오는 "교회의 권위에 감동을 받지 않았다면 나는 복음을 믿지 않았을 것이다"라는 표현을 지적하면서 어거스틴은 교회의 권위에 의존해서 성경에 대한 확신을 갖게 되었다라고 주장한다. 그러나 이것은 문맥을 고려하지 않은 주장이다. 이미 칼뱅이 기독교 강요 1.7.3에서 자세히 설명하였듯이, 어거스틴의 의도는 진정한 복음을 믿지도 않으면서 마니교도들이 자신들의 종교를 선전하기 위해 복음을 이용하고 있으므로 만일 마니교와 어거스틴 둘 다 복음을 믿는다고 주장한다면, 제 삼자이면서 옳고 그름을 행사해 줄 권위자는 교회라는 것이다. 칼뱅은 "이 거룩한 선생[어거스틴]의 의도가 성경에 대한 우리의 믿음을 교회의 동의나 판단에 의존하는 것으로 만들려는 것이 아니었다"라고 주장한다. 존 칼빈, *기독교 강요*, 원광연 역, 상 (서울: 크리스챤다이제스트, 2003), 88.

해야 한다는 "단순히 성경만"(nuda Scriptura)의 원칙이 아니라 성경만이 모든 자료를 판단하는 최종 권위를 가지고 있다는 "성경의 최고 우월성"(suprema Scriptura)의 원칙이다.[52]

둘째, 전통은 성경을 교회가 책임성 있고 신뢰할 만한 방법으로 해석하고자 하는 특별한 방식을 의미한다. 신조(creeds)와 신앙고백서(confessions) 그리고 특정한 신학들(동방 정교회의 전통, 어거스틴주의, 루터주의, 칼뱅주의, 웨슬리안, 앵글리칸, 침례교회의 전통…)이 전통에 속하는 신학적 자료들이다. 전통은 성경에 추가적인 계시의 자료가 아니다. 그러나 바다 위에 떠 있는 지표와 같이 지도에 있는 여러 사인들과 같이 교회가 나아가야 할 바른 방향과 피해야만 하는 신학적 장애물들을 알려 주는 매우 유익한 신학의 자료들이다. 또한 시간의 테스트를 통과하여 수 세대에 걸쳐 하나님의 위대한 성경 교사들에 의해 형성된 교회의 전통은 탁월한 지도력을 갖춘 한 사람만의 통찰력보다 더 유익하며 권위가 있다. 성경의 권위가 최종적이며 성경의 계시만이 무오하다는 것을 고백하는 침례교인들 중에 혹 누군가 어떤 신학적 전통을 무조건 성경의 적으로 보거나 무시해도 되는 것으로 이해한다면 그것은 그가 가지고 있는 신학적 교만 혹은 신학적으로 무지를 나타내는 것이 될 것이다.

그렇다고 전통을 비판이나 개정의 여지가 없는 완전한 해석의 틀로 받아들여야 한다는 것은 아니다. 예수님은 성경과는 배치되지만 오랫동안 유대교 안에서 권위를 가지고 있던 전통들을 비판하셨다. 바리새인들은 자신의 소유 중에서 하나님께 이미 드렸다고 고르반이라 말한 것은 부모를 돌보는 데 사용할 수 없다는 전통을 가지고 있었다. 이는 명백하게 사람의 전통으로 인해 성경의 가르침에 위배되는 것이었다(마 15:2-6; 막 7:11). 또한 율법에 기록되지 않은 손과 그릇들을 씻는 정결법이 장로들의 전통으로 신성한 권위를 누리고 있었다(막 7:3-13). 따라서 전통을 성경과 동일시하는 것도 역시 잘못된 것이다. 로마 가톨릭교회는 트렌트 종교회의(the Council of Trent)

---

52) Garrett, *Systematic Theology*, 1:206-9.

에서 성경과 교회 안에 보전된 전통을 동등한 계시의 두 가지 근원들로 주장했고, 2차 바티칸(the second Council of Vatica) 회의에서는 성경과 전통이 두 가지가 아닌 한 하나님의 말씀에서 파생된 두 흐름들로 묘사하였다. 트렌트와 바티칸 모두 전통을 성경과 동등하게 신성한 계시의 원천으로 본 것이다. 물론 신약 성경에도 초대 교회가 반드시 지켜야 했던 전통들이 있었다. 바울은 주님께로부터 받은 주의 만찬에 대한 전통을 고린도 교회에게 전달한다고 말했다(고전 11:23). 바울은 또한 사도적 가르침들의 "전통을 굳게 지키라"고 교회에 명령하였다(살후 2:15). 교회는 사도들로부터 교리적 가르침뿐만 아니라 거룩한 삶에 대한 전통도 받았고 그것을 지켜야 했다(3:6). 그러나 위에 언급된 전통들은 사도들이 교회에게 직접 전달한 것으로 성경이 완성될 때까지 하나님의 뜻을 보존했던 신성한 권위를 가지게 된 것들이었다. 그러므로 반드시 지켜져야 했고 그것을 지키지 않으면 치리를 받아야 했다. 그러나 로마 가톨릭교회에서 가지고 있는 전통은 사도가 아닌 교회의 전통이다. 사도들의 전통(apostolic tradition)은 사도들이 주님께 직접 받아 교회에 전달한 것이고 교회의 전통(ecclesiastical tradition)은 사도 이후의 교회 지도자들이 유익하다고 판단된 교훈들을 전달한 것이다. 교회의 전통들은 언제나 사도들의 전통이 담겨져 있는 신약 성경의 권위에 복종해야만 한다.[53] 교회의 전통을 사도들의 전통(성경의 자료)과 동일시하는 것은 비단 로마 가톨릭교회만 그런 것은 아니다. 개신교 안에서도 이런 현상은 일어난다. 한 사람의 위대한 영적 지도자의 가르침을 마치 사도나 선지자가 계시를 전달한 것처럼 받아들인다면 이것 또한 전통을 성경과 동일시하는 오류이다. 어거스틴, 루터, 칼뱅, 웨슬리 등은 하나님이 자신의 교회를 위해서 사용하신 훌륭한 신학자이며 목회자들이었다. 우주적 교회는 이들에게 엄청난 신학적 빚을 지고 있다. 그러나 그들이 그리스도는 아니므로 그들의 글이 계시의 원천도 아니며 성경을 무오하게 해석할 수 있었던 것도 아니었다. 그러므로 그

---

53) John R. W. Stott, *The Message of Galatians* (Downers Grove: InterVarsity, 1984), 187.

들에 대한 존경심과 그들의 글들을 신봉하는 것은 전혀 다른 것이다. 존경은 하되 비평적인 자세로 늘 견지해야 한다. 그렇지 않으면 인간의 글을 계시처럼(성경처럼) 무조건 받아들이게 된다. 앞서 어거스틴이 제롬에게 말했듯, 우리는 교회의 전통이나 한 뛰어난 신학자의 견해를 성령의 완전한 영감으로 쓰인 사도들의 가르침처럼 존경하고 복종해서는 안된다. 계시인 성경과 신앙고백인 교회의 전통과 신학 사이에는 엄연한 질적 차이가 존재하고 있다.

셋째, 이성이 성령으로 인해 거룩하게 되고 조명을 받게 되면 성경의 자료를 체계적으로 분석하고 정리하는 데 유익하다. 그러므로 주님은 참된 예배에는 이성적 헌신이 필수적이라고 하셨으며(마 22:38; 고전 14:15-16), 바울과 요한은 교회로 하여금 소위 예언자들의 주장을 성경적인지 아닌지를 판단할 것을 요구하고 있다(고전 14:29; 요일 4:1). 바른 이해가 없는 영성은 신앙이 아니라 미신이며, 지식이 없는 신앙은 성경적 헌신이 아니라 맹목적인 종교를 만들어 낸다.[54] 물론 성화의 과정 중에 있기 때문에 그리스도인의 이성적 사고가 온전할 수는 없다. 그러므로 늘 성경의 계시를 의심없이 받아들이고 순종하는 훈련이 필요하다(고후 10:5). 스트롱은 성경의 증언이 이성적 논리에 맞지 않는다고 거절하는 이성주의의 교만은 우리가 너무나 이성적이어서가 아니라 하나님이 창조하신 이성을 비정상적이며, 왜곡되고, 부적절하게 사용하기 때문에 생겨난다고 보았다.[55]

넷째, 경험은 성경에 계시된 하나님의 진리에 대한 교리적 해석을 검증하는 차원에서 신학의 자료로 사용될 수 있다.[56] 그러나 경험이 신학의 자료가 될 수 있다는 것이 곧 경험이 성경과 동등한 권위를 가진다는 의미는 아니다. 그럼에도 불구하고, 어떤 이들은 "웨슬리안적 사변형"(the Weslyean Quadrilateral)을 언급하면서 경험이 성경과 동등한 신학의 자료가 될 수 있다고 주장한다. "웨슬리안적 사변형"은 웨슬리가 신학 작업을 할 때 성경, 전

---

54) Thor Hall, *A Theology of Christian Devotion* (Nashville: The Upper Room, 1969), 4.
55) Strong, *Systematic Theology*, 30.
56) Ibid., 28.

통, 이성, 경험이라는 네 가지 요소를 사용했다는 의미로 1964년 서던감리 교신학교(Southern Methodist University)의 아우틀러(Albert C. Outler) 교수에 의해 만들어진 말이다. 아우틀러 본인은 자신이 이 용어를 만든 것에 대해 후회하였다. 왜냐하면 사람들이 이 용어를 오용하여 성경의 권위를 약화시킬 수 있었기 때문이었다. 그리고 시간이 지나 실제로 사람들은 성경과 기타 다른 세 가지 요소들을 모두 동등한 것(equallateral)로 보기 시작했다. 그리고 미 연합 감리교단에서 자유주의자들이 동성애자의 안수를 허용시킬 때 성경이 아니라 왜곡된 웨슬리안적 사변형의 원칙에 호소한 것은 이상한 일이 아니었다. 그들의 자유주의적 경험은 동성애자 사역자들이 설교와 목회 활동에 효율적이며 열매가 있기 때문에 인정되어야 한다는 것이었다. 그러나 웨슬리는 성경을 여러 신학적 요소들 중 하나가 아니라 유일하게 완전한 신학적 요소로 보았기 때문에 다른 모든 신학적 요소들이 성경에 의해서 평가되어야 한다고 주장했다.[57] 인간의 종교적 경험은 성령에 의해 성경만큼 완전하게 영감된 것이 아니며 계시의 원천으로 제시된 것이 아니다. 따라서 종교적 경험은 성경과 같이 모든 것을 규정하는 능력과 권한이 결여되어 있다. 스펄전이 지적한대로, 타락 이후에 사람의 본성은 죄로 물들어 있기 때문에 성경이 가지고 있는 무오성을 절대 가질 수 없다. 따라서 그 어떤 경험이라도 하나님의 말씀에 어긋나는 것은 하나님의 목소리가 아니므로 거절되어야 한다.[58]

## VII. 조직신학의 과정에서 필요한 소양들

조직신학을 연구할 때 학습자에게는 몇 가지 기본적 소양이 필요하다. 첫째, 성경적 진리를 더 깊이 알고 우리의 신학적 고백이 하나님께 열납되기 위해선 겸손한 기도가 필요한다. 우리의 기도는 진리를 알기 위한 신성한 도

---

57) David W. Jones, *An Introduction to Biblical Ethics* (Nashville: B&H, 2013), 19.n.51
58) Strong, *Systematic Theology*, 28.

움을 성령님께로부터 얻기 위해서이며 신학의 순례길에서 발생하는 필연적인 죄와 부족함에 대한 용서를 얻기 위해서이다. 성경은 진리의 영이신 성령께서 조명해 주시지 않으면 우리가 하나님에 대한 진리를 알 수 없다는 것을 분명히 하고 있다(시 119:18; 고전 2:14; 엡 1:17-19). 따라서 신학을 공부하는 것은 성령의 도우심이 절대적으로 필요한 "영적인 활동이다."[59] 성경의 말씀에 대해 불순종하는 삶은 우리의 신학 수업을 방해할 뿐만 아니라 우리의 신학 수업이 오히려 우리를 정죄할 것이다(눅 12:47-48; 약 3:1). 조직신학을 연구하면서 죄의 유혹에 빠지지 않도록 늘 경건의 삶에 힘쓰며 성령의 도우심으로 성경을 이해할 수 있도록 기도에 힘써야 한다. 중생한 그리스도인이라 해도 그의 이성, 감성, 의지는 완전한 성화에 이르지 못했다. 따라서 우리가 설교나 성경공부나 개인 간증을 통해 진리를 선포할 때 어떤 진술에서 진리를 잘못 전달할 수 있다. 그러므로 우리는 하나님의 용서가 필요하다. 어거스틴의 저작 중 가장 창조적이라는 평가를 받고 있는 『삼위일체론』(De Trinitate)의 마지막 페이지는 그의 기도문이다.[60] 이 기도문에서 어거스틴은 그토록 오랫동안 삼위일체 하나님의 신비를 추구하는 과정에서 어려운 문제들과 씨름할 수 있었던 것은 바로 하나님이 힘을 주셨기 때문이며 하나님에 대해 알아 갈수록 하나님이 친히 점점 더 자신에 대해 많은 것을 가르쳐 주셨다고 고백하고 있다. 또한 어거스틴은 그 어려운 신학의 여정 속에서 자신의 연약함과 무지함을 용납하시고 치료해 주신 하나님을 찬양하지 않을 수 없었다. 끝으로 어거스틴은 하나님의 용서를 구하며 자신의 기도, 즉 자신의 『삼위일체론』 마지막 부분을 마친다. 어거스틴이 용서받고 싶은 것은

---

[59] Grudem, *Systematic Theology*, 33; Boyce 역시 신학의 과정에서 "신성한 도움을 위한 진지한 기도"가 필요하다가 지적하고 있다. *Abstract of Systematic Theology*, 6.
[60] 어거스틴의 세 가지 탁월한 저작들인 『하나님의 도성』(*The City of God*), 『고백론』(*The Confessions*), 그리고 『삼위일체론』(*The Trinity*) 중에서 『삼위일체론』이 "가장 천재적이며 독창적인" 작품으로 평가받고 있다. Edmund Hill, "Introduction," in Augustine, *The Trinity*, WSA I.5 (Hyde Park, NY: New City Press, 1991). 『삼위일체론』이 최종 완성되기까지 최소 20년이 걸렸을 것으로 추정한다. 어거스틴의 기도문은 *The Trinity*, 436-37를 참조하라.

성경이 계시하지 않았으나 자신의 실수로 마치 성경적 계시처럼 제시된 견해에 대한 것이었다. 어거스틴은 하나님의 은혜를 간구하는 기도가 없다면 그 누구도 신학적 순례의 길을 걸어갈 수 없으며 하나님의 용서를 구하는 기도가 없다면 우리의 고백이 하나님을 기쁘시게 할 수 없다는 것을 보여 주었다.

둘째, 자신의 선입견에서 벗어나도록 노력하며 자신이 기존에 가지고 있던 모든 생각들을 객관적으로 평가할 자발적인 마음이 필요하다.[61] 만일 우리가 지금까지 주장해 온 견해가 조직신학의 연구를 통해 성경과 조화를 이루지 못하거나 성경의 주장과 배치되는 것으로 드러날 경우에는, 우리 자신의 견해를 교정하거나 때로는 전적으로 버려야 할 순간이 올 것이다. 그러므로 올바른 조직신학도라면 언제든지 보다 더 성경적인 입장을 자신의 것으로 선택할 용기와 헌신이 필요하다. 왜냐하면 우리가 무엇을 믿어야 하는 가를 결정하는 유일한 "규범적 권위"(the normative authority)는 "오직 성경"(Scripture alone)이며 "어떤 보수적인 복음주의 전통"이나 "어떤 다른 인간적 권위"가 아니기 때문이다.[62]

셋째, "새로운 교리을 수용하고 선전할 때는 두려움을 갖고 있어야 한다."[63] 기독교 역사에서 이단들은 거의 언제나 역사적으로 교회가 보존해 온 정통 교리와는 확연히 다른 새로운 것들을 제시해 왔다. 이런 이유에서 초기 교부들은 이단들이 성도에게 단번에 주신 보편적 진리가 아니라 신학적 새로움(theological novelty)을 주장한다고 보았다.[64] 물론 이전의 세대와 오래된 전통과 다르다고 해서 무조건 이단적이라고 할 수 없다. 이신칭의의 교리는 중세 가톨릭교회에서 거의 사라져 가고 있었고 신자의 침수 침례는 대부분

---

61) Boyce, *Abstract of Systematic Theology*, 7.
62) Grudem, *Systematic Theology*, 25.
63) Boyce, *Abstract of Systematic Theology*, 7.
64) Irenaeus, *Against Heresies*, 4.34.1. 어거스틴 또한 이단을 새롭고 잘못된 생각들의 발명(invention)으로 정의하였다. *The Encyclopaedia Britannica: A Dictionary of Arts, Sciences, Literature, and General Information*, vol. 11, s.v. "Heresy."

의 개신교 종교개혁자들 사이에서도 혁신적인 것이었다. 그러나 우리가 어떤 새로운 주장을 성경적인 것으로 수용한다면, 그것은 성경이 명확하게 그 같은 교리를 가르치고 있다는 근거가 있어야 한다. 또한 그 같은 확신이 있다 하더라도, 사려깊은 조직신학도라면 기독교 역사 속에서 그런 주장이 어떻게 평가되었는지 그리고 자신의 교단이나 교회의 전통에서는 어떻게 이해하고 있는지를 살펴 볼 것이다. 이신칭의가 비록 중세 가톨릭교회에서 사라져 가고 있었지만 초대 교부 시대에는 완전히 사라지지 않고 여전히 하나의 전통으로 남아 있었다.[65] 또한 신자의 침수 침례 역시 초대 교회에서 계속적으로 시행되었던 것이다. 하나님은 교회에 성경의 해석을 도와 줄 "목회자인 교사들"을 선물로 주셨다(엡 4: 11; 고전 12:28). 성경은 성도 개인에게뿐만 아니라 교회라는 신앙 공동체에게 주어진 것이며 성경의 해석은 교회 공동체가 함께 행해야 한다. 따라서 교회의 역사 속에서 하나님이 사용하셨던 위대한 신학자들의 글을 통해 확증을 얻는 것은 지혜로운 자세이다.

넷째, 조직신학를 연구하는 모든 사람에게는 어떤 종교적 '의무'가 있다.[66]

---

65) 이신칭의의 교리가 신약 성경시대 이후에는 사라졌다가 16세기 개신교 종교개혁자들에 의해 재발견되었다는 주장에 대한 많은 비판이 제기 되었다. 최근 21세기 북미의 개신교 교부학 학자들과 조직신학자들은 초대 교부시대(2세기에서 5세기까지의 정통 기독교 시대)에 이신칭의의 사상이 완전히 사라지지 않았으며 유일한 구원론은 아니었지만 적지 않은 교부들에 의해 여전히 유지되고 있었음을 발견하였다. Dongsun Cho, "Divine Acceptance of Sinners: Augustine's Doctrine of Justification," *Perichoresis: The Theological Journal of Emanuel University* 12:2 (Fall 2014): 163-84; "Justification in Marius Victorinus' Pauline Commentaries: Sola Fide, Sola Christo, and Sola Gloria Dei," *Journal for Baptist Theology & Ministry* 11:1 (Spring, 2014): 3-25; "Ambrosiaster On Justification By Faith Alone In His Commentaries On The Pauline Epistles," *The Westminster Theological Journal* 74:2(Fall 2012): 277-90; S. A. Cooper, *Marius Victorinus' Commentary on Galatians: Introduction, Translation, and Notes* (Oxford: Oxford University Press, 2005); Nick Needham, "*Justification in the Early Church Fathers,*" in *Justification in Perspective: Historical Developments and Contemporary Challenges* (ed. Bruce L. McCormack; Grand Rapids: Baker Academic, 2006); Thomas Oden, *The Justification Reader* (Grand Rapids: Eerdmans, 2006).

66) J. L. Dagg, *Manual of Theology* (Harrisonburg, VA: Gano Books, 1982, reprinted),

조직신학을 통해 얻게 된 교훈들이 신앙의 삶 속에 실제적으로 적용되어 성화에 이르러야 한다. 어거스틴은 삼위일체의 신비를 이해함으로써 하나님을 더욱 사랑하게 되기를 기도하였다. 또한 삼위일체에 대한 성경적 지식이 자신의 인격을 "완전히 새롭게 조성하기"(refashion… entirely)를 구하였다.[67] 따라서 하나님께 속한 것들을 연구하는 조직신학을 단순히 지식에 대한 사랑이나 직업적인 필요 때문에 배우는 것은 가장 거룩하신 분을 경멸하는 것이다.[68] 조직신학을 단순히 하나의 철학적 사변이나 호기심을 충족시키기 위한 수단으로 사용하는 것은 먹고 소화시켜 몸을 유지해야 하는 음식을 먹지는 않고 단지 관상용으로 사용하는 것과 같다. 조직신학이 부여하는 이런 의무감은 조직신학도들이 어떤 개념들을 쉽게 이해하지 못한다는 이유에서 신학을 연구하는 노력을 중지해서는 안된다는 것도 의미한다. 농부가 자신이 경작하는 작물들이 자라나는 모든 신비한 과정들을 이해하지 못한다고 농업학을 무시해서는 안되는 것과 같은 이치이다. 신학의 배움에 어려움을 느끼고 포기하고 싶은 그리스도인들은 '하나님의 뜻을 따르려 하는 자'는 그분의 교훈에 대해 알게 될 것이라는 주님의 약속(요 7:17)을 기억해야 할 것이다.

## Ⅷ. 고유한 신학적 체계로서의 침례교 조직신학

### 1. 루터교회, 앵글리칸교회, 침례교회 안에 나타난 구원론의 주체적인 수용 방식

흔히들 침례교회가 하나의 통일된 구원론이 없기 때문에 신학이 없다는 말을 한다. 그러나 이런 주장에는 개신교 구원론에는 칼뱅주의와 알미니안주의 둘 중 하나를 선택해야만 한다는 그리고 독자적인 구원론을 가지고 있어야만

---

13.
67) Augustine, *The Trinity*, 436.
68) Dagg, *Manual of Theology*, 13.

한 교단의 조직신학이 될 수 있다는 잘못된 전제를 보여준다. 또한 이런 주장은 개신교 역사신학에 대한 전반적인 이해의 부족을 드러내는 것이다. 개신교 교회의 역사 안에는 칼뱅주의나 알미니안주의만으로 채색된 교단들(대표적으로 장로교와 감리교/오순절 교단들)뿐만 아니라 이 두 범주에 제한되지 않으면서도 독창적인 구원론적 관점을 가진 신학 교단(루터교)도 있다. 또한 칼뱅주의와 알미니안주의를 모두 허용하면서도 구원론이 아닌 교회론으로 교단의 통합을 유지해온 교단들(성공회와 침례교)도 존재하고 있다.

먼저 칼뱅주의와 비슷한 면을 가지고 있지만 역사적으로는 칼뱅주의와 다른 관점들을 제시했던 구원론의 두 전통들을 살펴보자. 서방 교회에서 5세기 이후 본격적으로 발달된 어거스틴주의는 무조건적 선택, 불가항력적 은혜, 제한 속죄설을 가르쳤다는 면에서 16세기 칼뱅주의의 태동에 기여한 면이 있다. 그러나 칼뱅과 달리 어거스틴은 단일 예정과 견인의 은혜를 받지 못한 중생자의 배교 가능성을 가르쳤다.[69] 또한 온건한 어거스틴주의(제한 속죄설을 제외하고 무조건적 선택과 불가항력적 은혜)는 중세 로마 가톨릭뿐만 아니라 현 침례교안에서도 많은 지지자들을 가지고 있다.[70] 루터교는 어떠한가? 콩코드 신조(the formula of Concord)와 콩코드 책(the Book of Concord)에 나타난 신학에 근거한 대다수 보수적인 신앙고백적인 루터란 교인들(the Confessional Lutherans)의 구원론은 사실 칼뱅주의나 알미니안주의 그 어느 한 신학적 분류에도 속하지 않는다. 칼뱅주의와 달리 신앙고백적 루터란 교인들은 이중예정, 불가항력적 은혜, 제한 속죄설을 거부하며 심지어 중

---

69) 어거스틴이 이중 예정론을 가르쳤다고 개혁주의 신학자들은 주장하지만 어거스틴 학회의 교부학자들과 적지 않은 침례교 신학자들은 어거스틴이 단일 예정론을 가르쳤다고 보고 있다. 이 문제에 대한 좀 더 자세한 논의는 이 글의 구원론에서 예정 부분을 참조하기 바란다. 어거스틴이 배교의 대상에 포함시킨 사람들은 지식적으로만 동의한 이름뿐인(nominal) 기독교인을 말하는 것이 아니라 하나님이 중생 시키신 자녀들 중 몇은 실제로 저주 가운데 멸망될 수 있다고 믿었다. 다음의 자료를 참조하라. Augustine, *On Rebuke and Grace*, 11, 17-18; *On the Gift of Perseverance*, 21.
70) 루터는 종교개혁 이전에 어거스틴파 수도승이었다. 침례교 안에 있는 온건한 어거스틴 지지자들에 대한 논의도 이 책의 구원론을 참조하기 바란다.

생자가 배교할 수 있다는 가능성도 인정한다.[71] 그렇다고 루터교를 알미니안 주의라고 말할 수도 없다. 왜냐하면 알미니안주의와 달리, 루터교는 신인 협력의 구원설(synergism)이 아니라 신단독의 구원설(monergism)을 주장한다. 예정이 무조건적인 하나님의 결정에 따른 것인지 아니면 우리의 믿음을 미리 아시고 조건적으로 결정하신 것인지에 대해선, 루터교 안에도 하나의 통일된 견해가 없다. 루터와 콩코드 신조(1577)는 그리고 현재 미조리 시노드(synod)의 루터교인들은 무조건적 선택론을 주장하지만 퀜스테트(Johann Quenstedt, 1617-1688), 홀라즈(David Hollaz, 1646-1713), 그리고 오하이오 주에 있는 루터교 시노드는 조건적 선택설을 주장한다.[72] 그러므로 호튼(Horton)은 루터교의 구원론은 '그 자체의 순전함을 지닌 고유한 체계'로 인정하면서 개혁주의 입장에서 볼 때 루터교의 구원론은 일관성이 없다고 평가할 수 있지만 루터교의 신학 체계를 칼뱅주의와 알미니안주의의 테두리에서 평가하는 것은 오류임을 지적하고 있다.[73] 개혁주의 신학자 호튼이 비록 루터교의 구원론을 지지하지는 않지만 루터교는 칼뱅주의 vs 알미니안주의의 구도로 평가될 수 없는 고유한 신학 체계라는 점을 인정한 것은 매우 주목할만한 것이다.

앵글리칸주의(Anglicanism) 전통 안에서 전개되는 구원론의 논의는 우리 침례교회가 칼뱅주의나 알미니안주의 중 하나만을 선택하지 않고서도 고유한 신학 전통으로 인정되어야 할 필요성을 잘 예시해 준다고 본다.[74] 먼

---

71) 루터는 초기에 제한 속죄설을 주장했지만 후기에는 일반 속죄설을 주장했다. Douglas Sweeney, "Was Luther a Calvinist?," *The Gospel Coalition*, https://www.thegospel-coalition.org/article/was-luther-a-calvinist (accessed on July 1, 2016).

72) Sweeney, "Was Luther a Calvinist?"

73) Michael Horton, *The Christian Faith: A Systematic Theology for Pilgrims on the Way* (Grand Rapids: Zondervan, 2011), 314와 각주 11.

74) 어떤 이들은 앵글리칸주의가 택한 "중도주의"(via media)가 로마 가톨릭과 개신교의 중간이라고 생각할 수 있지만, McGrath는 그런 관점은 17세기 영국 앵글리칸주의에 대한 정확한 역사 읽기가 아님을 보여주었다. McGrath에 따르면 영국 앵글리칸주의가 선택한 중도주의는 루터주의와 칼뱅주의의 중간이라고 보아야 한다. 칼뱅주의적 구원론을 유지하면서도 예배의식과 성례전에서는 루터주의의 입장을 선호함. "Alister McGrath on Anglo-Catholicism," The Calvinist International, https://calvin-

저 신학적 전통으로서의 앵글리칸주의는 루터교나 개혁주의의 영향을 모두 받았지만 그 둘 중 어느 하나를 규범적 신학으로 수용하지 않았기에 특별히 앵글리칸 신학으로 규정할 것이 없었다.[75] 왜냐하면 앵글리칸주의에는 체계적 시스템으로서의 앵글리칸 조직신학을 설립할 루터, 츠빙글리도, 칼뱅과 같은 신학적 건축가가 없었고 "17세기와 18세기에 루터교인들과 칼뱅주의자들 사이에서 발생한 교리적 정통주의"가 영국 교회 내에는 존재하지 않았기 때문이다.[76] 현재 앵글리칸주의의 구원론에 있어서는 칼뱅주의와 알미니안주의가 공존한다고 보아야 한다. 그렇다고 앵글리칸주의의 신학적 정체성을 묘사하는 것이 전혀 불가능한 것은 아니다. 역사적으로 앵글리칸주의는 1662년에 발표된 공동 기도서(*Book of Common Prayer*)와 39개 항목(*the Thirty-Nine articles*)에서 형성되었고 시카고-람베쓰 사변형(*the Chicago-Lambeth Quadrilateral*, 1886/1888)에 의해 다음과 같이 정리되었다: 1) 성경의 최종적 권위 2) 사도신경과 니케아 신조의 구속력 3) 침례(침수 침례는 원래 영국 교회에서 시행되던 형식이며 지금도 시행되고 있다)와 주의 만찬의 성례전 4) 지역 교회의 필요를 채우기 위해 채택되는 주교 정치. 특별히 스코틀랜드 출신의 앵글리칸 주교였던 네일(Neill)은 앵글리칸 신학의 가장 중요한 신학적 원칙을 성경이 분명하게 가르치는 것을 따르고 성경과 분명하게 배치되는 것은 버리겠다는 헌신이라고 규정하면서 이 원칙은 종교개혁 이후로 타협되지 않았다고 주장한다.[77] 물론 성경이 분명하게 말하는 것이 무엇인가 그리고 성경에 분명하게 위배되는 것이 무엇인가에 대해선 앵글리칸 전통에 있는 여러 그룹들 사이에 차이가 있을 것이다. 앵글리칸주의는 칼뱅주의나 루터란주의 또는 알미니안주의 중에서 하나를 택하기보다는 성경의 권위를 인정하는 서로 다른 신학적 전통들을 허용하고 있다. 20세기와 21

---

istinternational.com/2013/08/21/alister-mcgrath-on-anglo-catholicism/(accessed on July 1, 2016).
75) Stephen Neill, Anglicanism (Harmondsworth, Middlesex: Penguin Books, 1958), 417.
76) Mark Chapman, *Anglican Theology* (New York: Bloomsbury T&T Clarke, 2012), 1, 4.
77) Neill, *Anglicanism*, 417-18.

세기에 앵글리칸 신학은 스토트(Stott), 패커(Packer), 맥그래스(McGrath)와 같은 뛰어난 개신교 복음주의 조직신학자들을 배출하였다. 개신교에서 그 어느 신학자나 교단도 앵글리칸교회가 하나의 일관된 구원론을 가지고 있지 못하기 때문에 앵글리칸주의에는 조직신학자나 배울 수 있는 신학이 없다고 말할 수 없을 것이다.

우리는 지금까지 루터란교회가 칼뱅주의나 알미니안주의에도 속하지 않는 독자적인 구원론을 가지고 있으며 앵글리칸교회는 성경의 최종 권위와 그 독특한 교회론(루터교의 주교 정치, 성례론+자유교회의 개교회 주권 존중, 개인의 신앙 양심 보장)에 동의하는 한 서로 다른 구원론적 입장에 있는 교회들을 하나의 교제권 안으로 연합해 왔음을 보았다. 그렇다면 처음부터 칼뱅주의와 알미니안주의자들이 각자의 침례교회를 시작했으며 현재는 고전적 칼뱅주의, 온건한 칼뱅주의, 온건한 알미니안주의가 공존하고 있는 미국의 침례교회와 한국의 침례교회를 향해 신학이 없다고 말하는 것이 정당한 것인가?[78] 침례교회는 신학이 없는 것이 아니라 신학의 주체성을 가지고 주권

---

[78] 도르트 회의가 선언한 TULIP교리를 주장해 온 대표적 침례교인들은 John Buynan, John Gill과 같은 영국의 특수 침례교인들이며, 미국의 남침례교회에서는 J. P. Boyce와 현재의 Southern Baptist Theological Seminary의 신학자들과 Mark Dever 같은 목회자들이다. 남침례교인이 아니면서 고전전 칼뱅주의 침례교인의 대표자는 John Piper이다. 온건한 칼뱅주의는 이중 예정론과 제한 속제설을 부정하지만 전적 타락, 무조건적 선택, 성도의 견인, 불가항력적 은혜(효과적인 은혜라는 표현을 선호하기도 한다)를 가르친다. A. H. Strong, Gordon R. Lewis, Bruce A. Demarest, Millard J. Erickson 등이 주장해 왔다. W.T. Conner나 James Leo Garrett 역시 이 그룹에 해당한다고 볼 수 있다. 온건한 칼빈주의자들은 불가항력적 은혜가 인간의 책임성을 부인하는 교리가 되어서는 안된다고 강조했다. 그러나 그들은 동시에 회개와 믿음이 인간의 선행도 될 수 없고 인간이 시작할 수도 없다고 강조하였다. 앞서 언급된 학자들과 달리 침례교 안에서 성도의 견인을 부정하는 그룹은 자유의지 침례교인들(Free Will Baptists)로서 침례교 교단 중 공식적으로 성도의 견인을 부정하는 철저한 알미니안주의 침례교인들이다. 그러나 이들은 침례교회 역사에서는 소수의 의견을 대표하고 있다. 미국의 대표적 신앙고백서인 *New Hampshire Confession*(1853)과 남침례교단의 *Baptist Faith and Message* (1925, 1963, 2000) 모두 성도의 견인을 교단의 공식 입장으로 선언했다. 물론 남침례교단에서 Dale Moody와 같은 학자는 성도의 견인을 부정했지만 그의 견해는 남침례교 주류 신학자들에 의해 환영받지 못했다.

적인 신학 활동을 하고 있는 것이다. 같은 지방회나 총회에 소속된 지역 침례교회들의 구원론이 서로 다른 이유가 역사적으로 제시되어 온 구원론들에 대한 무지가 아니라 비평적 신학 작업과 성경 주석에 근거한 확신에서 비롯되었다면 이 다름은 존중되어야 한다. 그 어느 개신교 신학의 전통보다 많은 신앙고백문을 산출한 침례교회의 역사는 침례교회가 신학적으로 끊임없이 역동적인 신학을 추구하는 전통을 가지고 있음을 보여준다. 앵글리칸교회처럼 침례교회 또한 개교회의 구원론적 차이에도 불구하고 침례교회의 교회론에 동의하는 한 함께 교단을 만들 수도 있음을 보여주었다. 물론 침례교회들이 복음주의 안에서 수용 가능한 다른 구원론의 전통들을 모두 동등한 성경적 견해로 받아들인 것은 아니다. 침례교회는 그 교제권 안에서 형제들이 서로를 향해 자신들의 확신을 주장하며 선전할 자유를 허락해 줌으로써 건강한 신학적 발전을 모색해 왔다.[79] 현재 남침례교단 안에서 벌어지고 있는 고전적 칼뱅주의자들과 전통주의자들(알미니안주의가 아닌 비–칼뱅주의자들)의 신학적 논쟁이 그 좋은 예가 될 수 있다.[80]

앵글리칸교회와 침례교회가 복수의 구원론을 수용할 수 있는 원인은 그들이 종교적 자유에 대한 여지를 더 많이 가지고 있기 때문이다. 앵글리칸교회에서는 "앵글리칸 포괄주의"(Anglican comprehensivenss)라는 종교적 관용이 앵글리칸들의 중요한 신학적 정체성 중 하나이다. 이 원칙은 "본질적인 것에서는 일치를, 비본질적인 것에서는 자유를"이라는 구호에서 나타난다.[81] 스

---

79) 한 실례로 남침례교단 2006년 총회에서는 고전적 칼뱅주의의 대표자로 Albert Mohler와 비-칼뱅주의의 대표자로 Paige Patterson이 공개 질의 응답의 시간을 가졌다. 각자 자신이 왜 칼뱅주의자이며 왜 칼뱅주의자가 아닌가를 설명했고 질문을 받았다. 결론적으로 구원론의 차이에도 불구하고 교단의 분열이 있어서는 안된다는 결론에 합의하였다. 그렇다고 서로의 견해를 성경적인 것으로 지지한 것은 아니며 서로에 대한 존중과 열린 마음으로 계속적으로 토론을 해 나가기로 했다.

80) 남침례교 안에 있는 칼빈주의 논쟁에 대한 간략한 요약을 참조하라. Joe Carter, "The FAQs: Southern Baptists, Calvinism, and God's Plan of Salvation," The Gospel Coalition, June 5, 2016. https://www.thegospelcoalition.org/article/the-faqs-southern-baptists-calvinism-and-gods-plan-of-salvation

81) 이 구호는 사실상 "본질적인 것에서는 일치를, 비본질적인 것에서는 자유를"이라는 17

토트는 앵글리칸교회들에게 있어서 본질적인 것은 성경의 최고 우월성과 사도신경과 니케아 신조가 고백하는 삼위일체 하나님(성부, 성자, 성령)에 대한 고백들, 예수 그리스도의 십자가 공로를 통한 구원, 이신칭의 등이라고 답하였다.[82] 그리고 비본질적인 것은 교회 의식에 관계된 것이나 교회 정치에 대한 것이다. 그러나 스토트와 다른 복음주의 앵글리칸 신학자들은 앵글리칸교회의 포괄주의가 자유주의 신학과 혼합주의로 변질되고 있음도 인지하였다. 라일(J. C. Ryle)은 앵글리칸교회가 주장하는 "비본질에서 자유"라는 원칙이 교회를 마치 노아의 방주처럼 만들어 온갖 신학적 신념이 아무런 제재도 없이 공존하여 혼합주의로 가고 있다는 염려를 지적하였다. 또한 패커는 본질에 동의하여 비본질에 자유를 주는 것은 미덕이지만 신학적 원칙을 제시하지 않아 혼합주의가 판을 칠 정도로 성경으로부터 멀어지는 것은 "악"이라고 말했다.[83] 거의 70여 년 전, 네일은 성경의 권위가 앵글리칸교회에서는 타협되지 않고 지켜져 왔다고 주장했지만 오늘날 이 말을 그대로 믿는 사람은 거의 없다. 이미 앵글리칸교회들 간의 교제권은 여성 목사 안수와 동성애의 인정과 동성애자의 성직 임명 등으로 분열되었다. 무엇이 이런 신학적 자유주의와 혼합주의를 가져왔는가? 그것은 이미 적지 않은 앵글리칸교회의 복음주의 신학자들이 인식하였듯이 비본질적인 것에 대한 자유가 오용되는 것을 적절하게 막지 못했기 때문일 것이다. 그렇다면 앵글리칸교회보다 더

---

세기 루터교 신학자 Peter Meiderlin(또는 Rupertus Meldenius로 알려져 있음)의 구호에서 나온 것이다. 흔히들 이 구호를 어거스틴이 말한 것으로 알고 있지만 아마도 문서상으로 이것을 처음 사용한 사람은 Meiderlin일 것이다. 이 구호가 영국에서 보편화된 것은 리차드 백스터(Richard Baxter)에 의해서이다. Hans Rollmann, "In Essentials Unity: The Pre-history of a Restoration Movement Slogan," in *Restoration Quarterly* 39:3 (1997): 129-39. 또한 이 구호는 북미의 모라비안 교도들과 EPC(the Evangelical Presbyterian Church)교단에 의해 채택되었다.

[82] John Stott, *Evangelical Truth: A Personal Plea for Unity, Integrity & Faithfulness*(Downers Grove: InterVarsity, 2003), 10; "Supremacy of Scripture essential to Anglicanism, says Stott," Anglican Journal, http://www.anglicanjournal.com /articles/supremacy-of-scripture-essential-to-anglicanism-says-stott-69(accessed on July 1, 2016)

[83] Stott, *Evangelical Truth*, 101.

많은 종교적 자유를 주장하는 침례교회는 어떻게 책임감 있는 성경적인 신학을 유지할 수 있는가? 해답은 침례교회는 역사적으로 조직신학적 훈련을 제자도의 필수적인 요소로 인식한 것에서 찾을 수 있다.

### 2. 제자도(discipleship)로서의 침례교 신학

1978년에 발표된 성경의 무오성에 대한 시카고 선언문의 서문은 성경의 권위와 제자도의 관계에 대하여 간략하게 그러나 매우 정확하게 묘사하였다: "성경의 권위는 이 세대와 모든 세대에 있어서 기독교 교회에 대한 하나의 중요한 이슈이다. 예수 그리스도를 주님과 구세주로 믿는다고 신앙을 고백하는 자들은 하나님의 기록된 말씀에 겸손하고 신실하게 순종함으로써 그들의 제자도의 실재를 입증하도록 부르심을 받았다. 믿음과 행실에 있어서 성경으로부터 이탈하는 것은 우리의 주님께 대한 불충이다. 성경의 모든 부분이 참되며 신뢰할만하다는 인정은 성경의 권위에 대한 완전한 인식과 적절한 고백에 핵심적인 것이다." 거의 모든 침례교 신앙고백문들이 성경의 절대적인 우월성과 충분성에 대해 고백해 왔으며 가장 최근에 발표된 침례교 신앙고백문인 남침례교단(the Southern Baptist Convention)의 〈2000년 신앙과 메시지〉(*The Baptist Faith and Message*, 이하 BF&M)는 시카고 선언문의 표현과 매우 유사하게 "모든 성경이 완전히 참되며 신뢰할 만하다"(all Scripture is totally true and trustworthy)라는 무오성에 대한 분명한 고백을 하였다.

신앙고백적인 개신교 교회들 중에 성경의 최종 권위를 신학적으로 부인하는 교회는 없을 것이다. 그렇지만 침례교회는 성경의 무오성과 충분성에 기초한 성경의 최종 권위에 대한 진정한 시금석은 기록된 성경의 말씀에 순종하는 것이라고 믿는다. 이미 우리는 조직신학이 필요한 이유 중에 그리스도가 교회에 주신 지상명령을 수행하기 위해서라고 밝혔다. 그리스도의 지상명령은 죄 사함에 대한 전도만 의미하는 것이 아니라 죄 사함 받아 그리스도의 제자된 그리스도인들이 그분이 명령하신 모든 것을 배우고 그대로 실천해야 한다는 것이다. 즉 순종이 없는 신학 수업은 스스로 화를 자초하는 것이다(눅 12:27; 약 3:1). 성경을 배우고 그대로 실천하지 않으면 순종하지 않는 것이며 순종하지 않으면 그리스도의 주권을 인정하지 않는 것이다. 부분적 순종은 순종이 아니라 거역이다(삼상 15장). 주님은 "왜 나를 주여, 주여 라고 부르면서 내가 말한 것에 순종하지 않느냐?"라고 이름뿐인 제자들을 책망하셨다(눅 6:46). 시카고 선언문이 고백하듯, 믿음과 행실의 영역에서 성경으로부터 이탈되는 것은 주님이신 그리스도께 대한 불충이다. 본 훼퍼는 "오직 믿는 자만이 순종할 수 있고, 오직 순종하는 자만이 믿는다"라고 말했다.[84] 믿음과 순종은 뗄 수 없는 연합의 관계에 있다. 순종하지 않으면 실제로 믿었다고 말할 수 없다. 오직 순종을 통해서 우리의 믿음은 입증될 수 있다. 말씀에 대한 순종과 제자도의 관계 그리고 조직신학의 궁극적 목적이 말씀에 순종하는 제자도의 삶을 산출하는 것이라는 점에 이의를 제기할 신학은 없을 것이다.

그러나 역사적인 침례교회의 유산은 소위 본질과 비본질에 있어서 순종의 차이를 인정하지 않는다는 것이다. 침례교회들은 진정한 그리스도의 제자라면 구원에 일차적이지는 않지만 그분이 진리로 제시한 중요한 요소들(창조론, 인간론, 교회론, 성령론, 종말론)과 관련해서도 온전히 순종해야 한다고 주장해 왔다. 소위 비본질적 요소는 중요하지 않은 하찮은 것들이 아니다. 침례교회는 신약의 교회론인 중생한 자만의 교회 멤버십, 신자의 침수 침례, 회중 정치 등은 영생을 얻게 하는 복음의 본질적 요소만큼 그리스도의 제자들에게 절대적인 순종을 요구한다고 믿어왔다. 또한 이런 성경적 교회론이 복음의 본질적인 것을 보호하는 수단이 된다고 믿어왔다.[85] 그러므로 비본질적인 신학적 요소라고 타협할 수 있는 것은 아니다. 그리스도의 주권은 구원의 순간뿐만 아니라 구원 이후의 교회의 삶에서도 실천되어야 한다. 신자의 침수 침례가 구원의 조건이 아니라고 유아 세례나 관수례를 침례교회가

---

84) Dietrich Bonhoeffer, *The Cost of Discipleship* (New York: Macmillan, 1959), 68-70.
85) 제이슨 두싱, "미래 침례교회들을 위하여 교회의 순수성을 유지하라," *21세기 교회의 순전함 회복:침례교회를 중심으로*, 토마스 화이트, 제이슨 두싱, 말콤 야넬 편집(서울: 누가, 2016), 368.

수용해야 하는가? 신자의 침수 침례가 그리스도와 사도들이 시행하셨고 전해준 성경의 가르침을 그분의 제자들이 다른 것으로 대체하는 것이 합당한가? 장로교회에서 장로 정치나 유아 세례가 구원의 조건이 아니라고 장로 정치와 유아 세례를 폐지하고 회중 정치와 신자의 침수 침례를 시행할 것인가? 성경적 교회론이 그리스도께서 가르치신 것이라고 확신하는 침례교인에게는 하나님 나라의 멤버십(kingdom membership-영생)에 대한 진리뿐만 아니라 교회 멤버십(church membership)에 대한 진리 또한 제자된 그리스도인에게는 본질적인 것이다. 교회론의 문제뿐만 아니라 창조 안에 계시된 결혼과 교회 안에서의 남자와 여자의 리더십과 같은 사회적 질서의 문제나 이혼, 인간의 성(sex)과 관련된 도덕적 문제에 있어서 우리는 세상의 문화나 국가의 결정이 아니라 성경의 원칙에 순종해야만 한다.

바른 신학이 성경에 대한 전적인 순종에 반드시 필요한 것이라면 침례교회 목회자들이 교회의 모든 제자들에게 체계적인 신학적 훈련을 받도록 도와주어야 한다. 로마서의 이신칭의론은 신학대학원(M.div) 과정을 밟고 있는 로마에 사는 신학교 대학원생들이 아니라 로마라는 도시에 모여 예배드리던 중생한 모든 제자들에게 주어진 것이다. 어떤 이들은 신학 교육이 교인들을 교만하게 만든다고 생각하여 교회에선 단순한 Q.T. 훈련이나 성경 암송과 간증 위주의 설교 나눔이면 충분하며 역사적인 신학의 체계에 대해 공부하거나 조직신학 책을 읽는 것은 해롭다고 생각하기도 하는 것 같다. 그들은 종종 바울이 "지식은 교만하게 하며 사랑은 덕을 세우나니"(고전 8:1)라고 말한 것을 지적한다. 그러나 바울이 거절한 것은 성경에 대한 바른 지식이나 성경적 교리 자체가 아니다. 바울은 이미 고린도 교인들이 모든 지식에 풍성한 것을 인해 하나님께 감사했으며(1:5), 성령의 은사들 중 하나가 "지식의 말"임을 언급하였고(12:8), 예언 활동으로 지식을 갖게 된다고 말했다(14:6). 고린도 교회에 있던 어떤 형제들이 우상의 헛됨과 한 분 하나님에 대한 지식을 가지고 있었는데 그 지식으로 형제를 사랑하고 세워주지는 못했다. 바울은 이런 부정적 행태를 산출한 특정한 종류의 지식을 염려한 것이다. 바울은 지식과 사랑을 반대되는 개념으로 제시하거나 교리의 위험성을 지적한 것이 아니다.[86] 신약 성경은 선교적 상황에서 기록되었고 적지 않은 신약 교회의 멤버들은 이교도 출신들로 성경에 대하여 무지하거나 아예 문자 자체를 습득하지 못한 노예들도 있었을 것이다. 그럼에도 불구하고 바울은 교리를 인격의 변화와 헌신된 삶에 대한 제자훈련의 도구로 사용하였다. 교리적 논의 뒤에 제자도에 대해 언급하는 것은 바울에게는 하나의 패턴이었다(롬 12:1; 엡 4:1; 골 2:16). 교리적 교육이 그리스도인을 자동적으로 성화시키지는 않지만 바울에게는 합당한 교리적 훈련 없이 그리스도의 참된 제자로 성화된다는 생각도 존재하지 않았다.

침례교회들은 교회의 모든 성도들을 신학적으로 책임감 있는 제자가 되도록 하기 위해 신학적 청지기 직분을 강조하였다.[87] 〈2000 BF&M〉은 고린도전서 4장 1-2절을 인용하여 하나님의 비밀(계시로 주어진 복음에 대한 진리)을 맡은 교회의 말씀의 청지기들인 목회자들과 교사들이 전달받은 복음의 진리를 그대로 보존하며 그 진리에 신실해야 함을 강조하고 있다. 이 본문에서 바울이 의미한 말씀의 청지기 직분은 그리스도로부터 "받은 복음에 대한 충성심"을 의미하는 것이었다(고전 15:1-11 참조).[88] 복음의 진리에 충성하기 위한 신학적 청지기 직분에 대한 침례교인들의 이해는 개인과 교회들로 하여금 종교적 자유를 인정하면서도 그 자유가 신학적 혼합주의나 침례교회의 신학적 순수성을 위협하는 비성경적인 사상들과 행습에 대해 책임감 있는 공동체적 반응을 하도록 만들었다. 그렇다고 복음의 진리에 충성스런 청지기가 되고자 했던 침례교인들과 교회들의 노력이 언제나 성공적인 것은 아니었다. 19세기 말 영국에서 있었던 "하강 논쟁"(The Downgrade Controversy)에서 스펄전은 영국 침례교단인 침례교 연합(the Baptist Union)

---

86) Mark Taylor, *1 Corinthians: An Exegetical and Theological Exposition of Holy Scripture*, NAC (Nashville: B&H, 2015), 204.
87) 세 번의 〈남침례교 신앙고백문〉(1925, 1963, 2000 BF&M) 모두 청지기 직분에 대한 신앙고백에서 재물, 시간, 재능뿐만 아니라 복음의 청지기 직분을 말하고 있다.
88) Taylor, *1 Corinthians*, 113.

에 복음주의적인 신앙고백서를 채택하여 자유주의 신학을 영국 침례교단에서 몰아낼 것을 제안하였다. 안타깝게도 스펄전의 복음에 대한 신학적 충성심은 영국 침례교회의 자유주의적 물결을 막지는 못했고 결국 그는 자신의 교단에서 탈퇴하였다. 또한 1920년대에 발생한 북침례교단(the Northern Baptsit Convention)도 성경의 권위에 대한 고백만 되풀이 하였을 뿐 성경 해석에 대한 구체적인 해석의 틀인 교리적 선언문의 채택을 거절하여 자유주의의 물결에 휩싸이고 말았다. 반대로 남침례교단은 1925년 교단적 차원에서 신앙고백서를 채택하여 성경의 초자연성을 거부하는 진화론과 자유주의에 맞섰다. 당시 〈BF&M〉 작성의 위원회 의장이며 총회장이었던 멀린스(E. Y. Mullins)는 침례교단은 아무나 자신이 믿고 싶은 것을 주장하는 프리랜서들의 모임이 아니라고 선언하였다. 계속해서 멀린스는 역사적으로 침례교인들이 지켜온 소중한 침례교회의 교리와 행습에서 이탈하고자 한다면 침례교회와 신학교와 교단에서 자발적으로 탈퇴하여야 한다고 말하였다.[89] 그리스도의 모든 명령에 순종하기 위한 제자가 되고자 하는 남침례교회들은 1963년과 2000년 〈BF&M〉에서 학문과 종교의 자유는 "언제나 제한적인 것이며 결코 절대적이지 않다"라고 선언했다. 이런 선언의 실천적 결과는 침례교단에 속한 학교에서 사역하는 신학 교사들의 자유는 "예수 그리스도의 탁월하심과 성경의 권위적인 성격과 침례교회의 학교들이 존재하는 분명한 목적들에 의해 제한된다"라고 선언하고 있다.

### 3. 신앙고백으로서의 침례교 신학

교회와 교단과 신학교가 말씀에 순종하는 제자도를 실천하기 위해선 *오직 성경*(sola Scriptura)이라는 신앙고백이나 뛰어난 보수주의적인 조직신학자들의 존재만으로는 충분하지 않다. 이미 앵글리칸 연합체와 침례교단들이 모두 이 두 요소를 가지고 있었다. 그러나 신학적 자유주의와 혼합주의의 물결

---

[89] E. Y. Mullins, "Baptists and Creeds," in *The Axioms of Religion*, eds. Timothy and Denise George (Nashville: B&H, 1997), 189-90.

에 모두 심각한 피해를 보았다. 우리는 이미 성경의 진리가 교리적 요소로만 이루어진 것은 아니지만 중요한 요소임을 보았다. 〈2000 BF&M〉이 선언하고 있듯이, "침례교인들은 강한 신념들과 소중한 교리들을 가진 사람들이다. 우리의 역사를 통틀어 우리는 우리의 신념들에 대한 증언으로서의 그리고 성경에 계시된 교리들에 대한 우리의 신실함에 대한 맹세로서 신앙고백서들을 채택하여 신앙을 고백하는 사람들이었다."

성경적 교리에 대한 분명하고 확신에 찬 신앙고백적인 삶의 실천이 침례교인들이 복음의 진리에 대한 충성스런 제자가 되기 위해 선택한 길이다. 신학적으로 복음에 충성스런 청지기이자 성경의 말씀에 순종하는 제자에게는 절대적인 종교적 자유란 존재하지 않는다. 신학적 자유는 성경적인 교리를 부인하는 방종이 되어서는 안된다. 침례교인들이 신앙고백적인 사람들이라는 표현은 침례교인들이 오직 자신들의 신앙고백서에 나타난 내용만 믿는다는 뜻은 아니다. 신앙고백서들은 그것들이 작성된 특수한 역사적, 문화적 상황에서 비롯된 신학적 도전들에 대한 반응이었기 때문에 모든 신학적 질문에 대한 모든 답변을 제시한 것은 아니다. 따라서 신앙고백적이라는 말은 모든 신앙과 행습의 문제에서 가장 성경적인 신학을 발전시키고 실천하겠다는 헌신을 요구한다. 따라서 침례교인들은 신학에 무관심한 사람들이 되어서는 안된다. 역사적으로 침례교회들은 천년왕국에 대하여 무천년주의나, 전천년주의나 후천년주의 중 하나의 입장을 교단의 신학으로 채택하기를 거부해왔다. 침례교인들은 이 신학적 주제를 기독교인과 침례교 교단의 정체성의 근본적인 것으로 보지는 않았다. 그러나 침례교인들이 이런 종말론에 대한 신학적 무관심을 높이 평가한 것은 아니다. 이 주제에 대한 침례교 신학자들의 수많은 주석과 설교집과 신학 저서들을 보라. 나와 다른 천년왕국설을 믿는다고 해서 침례교인으로서의 교제를 중단해서는 안되지만 시한부 종말론이나 성경적 근거가 희박한 백투예루살렘을 선전하는 것은 전혀 다른 문제이다. 침례교회들의 중요한 또 다른 정체성이 선교에 대한 헌신이다. 그러나 선교에 대한 헌신이 지역 귀신론(territorial spirit warefare)이나 성경적 권위를 약화시키는 예언 활동에 대해 관용을 베풀어야 한다는 것은 아니다.

침례교인들은 과거의 신앙고백서만을 붙잡고 살아서는 안된다. 과거 교회 역사에 있었던 훌륭한 신앙고백서들이 많이 있으며 오늘날에도 매우 유익하다. 침례교인들이 다른 교단의 형제들로부터 배워야 할 영역들이 있을 것이다. 그것이 우리가 기독교 역사를 배우는 이유이다. 그렇기 때문에 침례교인들은 자신들의 전통과 신학이 언제라도 개정될 수 있으며 오류가 발견된다면 전통이 아니라 성경적 진리를 따라야 한다는 것을 선언해 왔다.[90] 지금까지 기독교 역사에서 제시된 훌륭한 신앙고백서들이 그 뛰어난 신학적 내용에도 불구하고 불가피하게 당시의 시대적 한계에 제한되어 있다. 또한 과거의 고백서들은 현재의 신학적 도전들에 대한 답변을 가지고 있지 않다. 따라서 침례교인들은 과거의 신앙고백들을 잘 보존하며 배워야 하지만 오늘날의 침례교회를 지키며 지상명령을 수행하기 위해선 개인과 개교회와 교회 협력 기관들이 오늘과 내일을 위한 성경적이며 현실적인 신앙고백들을 고민하고 발전시켜야 할 것이다.

---

90) 세 번에 걸친 남침례교단의 〈신앙고백서〉(BF&M)의 모든 전문들은 침례교인들의 신앙고백서들이 성령의 조명으로 인해 부족한 부분이 드러난다면 교정되거나 개정되어야 한다고 주장한다.

■ 참고문헌

제이슨 두싱, "미래 침례교회들을 위하여 교회의 순수성을 유지하라," *21세기 교회의 순전함 회복:침례교회를 중심으로*, 토마스 화이트, 제이슨 두싱, 말콤 야넬 편집. 서울: 누가, 2016.

존 칼빈, *기독교 강요*, 원광연 역, 상. 서울: 크리스챤다이제스트, 2003.

Augustine. *Against Faustus*. NPNF I:4. Peabody: Hendrickson, 1994.

_____. *Against the Fundamental Epistle of Manichaeus*. NPNF I:4. Peabody: Hendrickson, 1994.

_____. *On Rebuke and Grace*. NPNF I:5. Peabody: Hendrickson, 1994.

_____. *On the Gift of Perseverance*. NPNF I:5. Peabody: Hendrickson, 1994.

_____. *The Trinity*. WSA I/5. Hyde Park, NY: New City Press, 1991.

Bonhoeffer, Dietrich. *The Cost of Discipleship*. New York: Macmillan, 1959.

Boyce, James P. *Abstract of Systematic Theology*. Hanford, CA: the den Dulk Christian Foundation, 1887.

Bush, L. Russ and Tom J. Nettles, *Baptists and the Bible*. Nashville: B&H, 1999.

Caneday, A. B. "Is Theological Truth Functional or Propositional? Postconservativism's Use of Language Games and Speech-Act Theory." In *Reclaiming the Center: Confronting Evangelical Accommodation in Postmodern Times*. Edited by Millard J. Erickson, Paul Kjoss Helseth, Justin Taylor. Wheaton: Crossway, 2004.

Carson, D. A. "Domesticating the Gospel: A Review of Grenz's Renewing the Center." In *Reclaiming the Center: Confronting Evangelical Accommodation in Postmodern Times*. Edited by Millard J. Erickson, Paul Kjoss Helseth, Justin Taylor. Wheaton: Crossway, 2004.

Chapman, Mark. *Anglican Theology*. New York: Bloomsbury T&T Clarke, 2012.

Cho, Dongsun. "Divine Acceptance of Sinners: Augustine's Doctrine of Justification." *Perichoresis: The Theological Journal of Emanuel University* 12 (Fall 2014): 163-84.

_____. "Justification in Marius Victorinus' Pauline Commentaries: Sola Fide, Sola Christo, and Sola Gloria Dei." *Journal for Baptist Theology & Ministry* 11(Spring, 2014): 3-25.

_____. "Ambrosiaster On Justification By Faith Alone In His Commentaries On The Pauline Epistles." *The Westminster Theological Journal* 74 (Fall 2012): 277-90.

Cooper, S. A. *Marius Victorinus' Commentary on Galatians: Introduction, Translation, and Notes*. Oxford: Oxford University Press, 2005.

Dagg, John L. *Manual of Theology*. Harrisonburg, VA: Gano, 1982.

Jonathan Edwards, "Miscellany 94." In *The Works of Jonathan Edwards, Volume 13, The "Miscellanies" (Entry Nos. a-Z, Aa-Zz, 1–500)*. Edited by Thomas A. Schafer. New Haven, CT: Yale University Press, 1997.

Erickson, Millard J. *Christian Theology*. Grand Rapids: Baker, 2014. 3rd Edition.

Frei, Hans W. *The Identity of Jesus Christ: The Hermeneutical Bases of Dogmatic Theology*. Philadelphia: Fortress Press, 1975.

Garrett, James Leo. *Systematic Theology: Biblical, Historical, and Evangelical*. North Richland Hills, TX: Bibal, 2011, 4th Edition.

Gregory of Nazianzus, *Theological Oration*. NPNF II:7. Peabody: Hendrickson, 1994.

Grenz, Stanley J. and John R. Franke, *Beyond Foundationalism: Shaping Theology in a Postmodern Context*. Louisville, KY: Westminster John Knox Press, 2001.

_____. *Revisioning Evangelical Theology: A Fresh Agenda for the Twentieth Century*. Downers Grove: InterVarsity, 1993.

_____. *Theology for the Community of God*. Nashville: B&H, 1994.

Grudem, Wayne. *Systematic Theology: An Introduction to Biblical Doctrine.* Grand Rapids: Zondervan,1994.

Hall, Thor. *A Theology of Christian Devotion.* Nashville: The Upper Room, 1969.

Henry, Carl F. H. *God, Revelation, and Authority: God Who Speaks and Shows.* Wheaton: Crossway, 1999.

_____. "Narrative Theology: An Evangelical Appraisal." *Trinity Journal 8* (1987): 3-20.

Hick, John. *God Has Many Names.* Philadelphia: Westminster, 1982.

Hodge, Charles. *Systematic Theology.* Grand Rapids: Eerdmans, 1993.

Horton, Michael. *The Christian Faith: A Systematic Theology for Pilgrims On the Way.* Grand Rapids: Zondervan, 2011.

Hunsinger, George. *Disruptive Grace: Studies in the Theology of Karl Barth.* Grand Rapids: William B. Eerdmans, 2000.

Irenaeus, *Against Heresies.* ANF I:1. Peabody: Hendrickson, 1994.

Jones, David W. *An Introduction to Biblical Ethics.* Nashville: B&H, 2013.

Lewis, Gordon R. & Bruce A. Demarest, *Integrative Theology: Historical, Biblical, Systematic, Apologetic, Practical.* Grand Rapids: Zondervan, 1996.

_____. "Is Propositional Revelation Essential to Evangelical Spiritual Formation?," JETS 46/2 (2003): 269–98;

McGrath, Alister E. *Evangelicalism and the Future of Christianity.*(Leicester: IVP, 1995.

_____. *The Genesis of Doctrine: A Study in the Foundations of Doctrinal Criticism.* Grand Rapids: Eerdmans, 1997.

Mullins, E. Y. "Baptists and Creeds." In *The Axioms of Religion*. Edited by Timothy and Denise George. Nashville: B&H, 1997.

Needham, Nick. "Justification in the Early Church Fathers." In *Justification in Per-*

*spective: Historical Developments and Contemporary Challenges.* Edited by Bruce L. McCormack; Grand Rapids: Baker Academic, 2006.

Neill, Stephen. *Anglicanism.* Harmondsworth, Middlesex: Penguin Books, 1958.

Nettles, Tom J. "Review of Stanley Grenz. *Revisioning Evangelical Theology."* Trinity *Journal 15* (1994): 128.

Oden, Thomas. *The Justification Reader.* Grand Rapids: Eerdmans, 2006.

Rollmann, Hans. "In Essentials Unity: The Pre-history of a Restoration Movement Slogan." *Restoration Quarterly* 39 (1997): 129-39.

Stott, John R. W. *Evangelical Truth: A Personal Plea for Unity, Integrity & Faithfulness.* Downers Grove: InterVarsity, 2003.

_____. *The Message of Galatians.* Downers Grove: InterVarsity, 1984.

Strong, A. H. *Systematic Theology: A Compendium and Common place Book*. Philadelphia: Judson, 1943. Reprinted.

"Supremacy of Scripture essential to Anglicanism, says Stott," Anglican Journal [on line]. Accessed July 1, 2016, http://www.anglicanjournal.com /articles/ supremacy-of-scripture-essential-to-anglicanism-says-stott-69

Sweeney, Douglas. "Was Luther a Calvinist?." *The Gospel Coalition* [on line]. Accessed July 1, 2016, https://www.thegospelcoalition.org/article/was-luther-a-calvinist

Taylor, Mark. *1 Corinthians: An Exegetical and Theological Exposition of Holy Scripture*. NAC. Nashville: B&H, 2015.

Thiessen, Henry C. *Lectures in Systematic Theology.* Grand Rapids: Eerdmans, 1987.

Thiselton, Anthony C. *The First Epistle to the Corinthians,* NIGTC. Grand Rapids: Eerdmans, 2000.

Wedgworth, Steven. "Alister McGrath on Anglo-Catholicism." *The Calvinist International [on line].* Accessed July 1, 2016, https://calvinistinternational. com/2013/08/21/alister-mcgrath-on-anglo-catholicism

# 2장
# 계시론

# BAPTIST SYSTEMATIC THEOLOGY

# 2장. 계시론

조용수

## I. 서론

### 1. 개요

성경은 하나님을 아는 신비한 즐거움이 우리 자신에게서 기원하지 않고 하나님께로부터 왔다고 증언한다. 물론 믿음으로 하나님을 안다는 것은 부인할 수 없는 진리이나, 성경은 믿음에 선행하는 하나님의 행위가 있음도 알려준다. "너희는 나를 누구라 생각하느냐?"라는 주님의 물음에 베드로는 "주는 그리스도시요 살아계신 하나님의 아들이시니이다"(마 16:16)로 답했고 주님은 "바요나 시몬아 네가 복이 있도다 이를 네게 알게 한 이는 혈육이 아니요 하늘에 계신 내 아버지시니라"(17절)라고 말씀했다. 베드로가 고백한 하나님에 대한 지식은 하나님의 알려주심으로 인한 것이다. 바울도 복음에 대한 확신이 "예수 그리스도의 계시"(갈 1:11-12)에서 기원했다고 말한다. 그러므로 신학은 하나님으로부터 오는 하나님에 대한 앎을 계시라는 용어로 설명한다.[1]

---

[1] 대다수의 신학자들은 하나님께 계시의 기원이 있다는 것에 거의 일치한다. Gordon R. Lewis and Bruce A. Demarest, *Integrative Theology* (Grand Rapids: Zondervan, 1996) 1:61. 고든 루이스와 부르스 데마리스트의 표현대로 계시란 "사람이 하나님을 더듬어 찾는 것이라기보다는 하나님께서 은혜로이 사람을 찾아내는 것"이라 규정한다. 계시란 곧 하나님의 자기 계시인 셈이다. 피조 세계를 통한 계시조차도 하나님의 자기 개방으로부터 온 것이다. 이 점에 있어서 창조는 그 자체로서 이미 하나님의 계시이다. 헤르만 바빙크, *개혁주의 교의학*, 김영규 역, 1권 (서울: 크리스챤다이제스트, 1996), 377-378; 루이스 벌코프, *조직신학*, 권수경·이상원 역, 상권 (서울: 크리스챤다이제스트, 2000),

## 2. 하나님과 사람의 삼중적 소명

하나님은 사람에게 삼중적 소명을 부여했는데, 사람은 세 가지 상호 관계 안에서 하나님을 알고 영화롭게 하는 부름을 받았다.[2] 이 소명은 타락에도 불구하고 지속되는 계시의 방식이며, 삼중적 소명(관계)은 계시의 방식과 수단에 대한 기본적 인식구조를 제공한다.

삼중적 소명의 첫째는 하나님과의 안식이다. 이는 사람에게 있어서 가장 우선되고 근원적이며 다른 두 소명에 빛을 비춘다. 6일 째에 지음 받은 인간에게 7일의 안식이 선포되는 데, 순서로는 마지막 날인 안식은 실제로는 첫 날이다. 아담에게는 밤이 되고 아침이 되어 처음으로 맞이한 날이 안식일이기 때문이다.[3] 안식의 품 안에서 인간은 하나님을 알며 또 자신에 대한 정체성도 확인한다.[4] 하나님은 사람이라는 존재의 집이며 어머니의 품과 같은 안식의 자리이다. 하나님을 찾아올 때 생명과 쉼과 소망은 사람의 마음을 채운다. 어거스틴이 "당신[하나님]은 우리를 지으셨고 우리가 당신에게서 쉼을

---

127; 다니엘 L. 미글리오리, 조직신학입문: 이해를 추구하는 신앙, 이정배 역 (서울: 나단, 1994), 50; 스탠리 그렌즈, 조직신학: 하나님의 공동체를 위한 신학, 신옥수 역 (서울: 크리스챤다이제스트, 2003), 95-97, Millard J. Erickson, *Christian Theology*, 2nd ed. (Grand Rapids: Baker, 1998), 178; Carl F. H. Henry, *God, Revelation and Authority*, vol. 2 *God Who Speaks and Shows*, Part 1 (Wheaton, IL: Crossway, 1999), 8; Michael Horton, *The Christin Faith: A Systemtic Theology for Pilgrims on the Way* (Grand rapids: Zondervan, 2011), 116-117; Wolfhart Pannenberg, *Systematic Theology*, trans. Goffrey W. Bromiley, vol. 1 (Grand Rapids: Eerdmans, 1988), 189.

2) 안토니 후크마, 개혁주의 인간론, 류호준 역 (서울: 기독교문서선교회, 1990), 134-145; 코넬리우스 반틸, 개혁주의 신학 서론, 이승구 역 (서울: 기독교문서선교회, 1995), 124. 반틸은 삼중적 관계를 이렇게 표현한다. "[인간의] 우주에 대한 의식(the cosmos-cosciousness), 자의식(the self-consciousness), 그리고 신의식(the God-consciousness)은 자연히 동시적인 것이다."

3) 아브라함 허셀, 안식: 시간속의 지성소(서울: 성광사, 1981). 마르바 던은 현대사회에서 안식의 필요성을 신앙적으로 재해석하고 실천적인 방향을 제시했는데 던의 사상적 기초도 허셀의 통찰력에서 얻었다. 마르바 던, 안식: 그침, 쉼, 받아들임, 향연, 전의우 역(서울: 한국기독학생회출판부, 2001).

4) 안토니 후크마는 "하나님의 형상의 근본은 이성이나 지성과 같은 것이 아니라 다름아닌 사랑"이라고 말해준다. 후크마, 131.

얻지 못하는 한 우리의 마음은 안식을 모르나이다"[5]라고 한 말은 이런 점을 표현한 것이다.[6] 하나님과의 안식의 사귐에서 하나님은 사람의 평안이며 생명이며 온전함이 된다.

아담의 두 번째 소명은 자신과 동료에 대한 것이다. 하나님의 허락으로 아담은 동물의 이름을 짓고 그 이름을 불렀을 것이다. 여기에는 아담 자신과 인격적으로 동등하면서도 구별되는 동료와의 사귐에 대한 아담의 기대가 들어있다. 하지만 그런 기대는 충족되지 않았다(창 2:20). 이 점을 잘 아는 하나님은 하와를 만들어 아담에게로 데려왔다. 그러자 아담은 "내 살 중의 살이요 뼈 중의 뼈로다"(23절)라고 탄성을 질렀다. 동료에 대한 인식, 즉 인간 상호 간의 구별과 동질성, 연합을 확인하려는 마음이 아담의 입술을 통해 고백되었다. 분명 다르면서도 동일한 존재인 아담과 하와는 서로를 바라볼 때 사람 됨을 확인할 수 있었다. 아담은 하와를, 하와도 아담을 필요로 하는 가운데 가정과 사회적 관계의 기본틀이 세워졌다. 이처럼 하와의 표상은 아담에게 하나님을 아는 삶이 동료와 가족, 사회를 향한 눈돌림의 토대가 되며 이러한 확장을 통해 하나님에 대한 앎은 더욱 풍성해진다. 아담은 동료와의 상호관계 안에 숨겨진 삶의 신비를 알아가는 기쁨을 누릴 것이다. '나'만이 아니라 '너'의 존재가 삶의 필수적 요소이며, 이는 하나님의 위대한 지혜로부터 흘러나온 것이다.[7] 사람은 고유한 한 사람인 동시에 공동체로서 함께할 때 사람인 것이다. 사회적 존재로서의 인간의 독특한 사명은 하나님으로부터 부여된 것이다.[8]

---

5) Augustine, *Confessions*, I. 1; 후크마, 135페이지에서 재인용.
6) 헤르만 바빙크는 "인간은 그 해결책을 하나님에게서만 발견할 수 있는 수수께끼 같은 존재이다"라고 규정한다. *하나님의 큰일*, 김영규 역 (서울: 기독교문서선교회, 1994), 15.
7) 칼 바르트가 말한 대면적 형상(confrontational image)과 마르틴 부버의 '나와 너'(I-Thou)는 동료와의 관계를 잘 보여주는 개념이다. 물론 부버는 이 개념을 바탕으로 사람과 하나님과의 (신비한) 인격적 대면만이 참된 지식이라는 유대교의 신비주의적 영지주의 신학으로 나아갔다.
8) 구약의 전 계명이 '목숨을 다하여 주님을 사랑하고 이웃을 내 몸처럼 아끼라'는 두 계명으로 축소되는 이유가 바로 여기에 있다. 동료 인간에 대한 사랑은 하나님에 대한 사랑

형상의 마지막 차원은 물질세계 전체와 역사에 대한 것이다. 사람은 물질세계 안에서 살도록 지음을 받았다. 온 우주, 특히 지구라는 환경은 인간의 활동을 위한 근본적 자리이다. 사람은 모든 동식물이 구비된 우주적/생태적 환경과 역사의 진행 안으로 지음을 받았다. 피조물의 하나로 지음 받은 인간은 형상이면서도 피조세계와의 연대성도 가진다. '세계 통치와 정복'은 세계를 하나님의 목적에 맞도록 돌보는 것과 세계와의 사귐에서 하나님의 뜻에 합당한 문화 창출의 사명을 의미한다.[9] 인간은 우주라는 세계를 벗어나 인공공간에서만 살아갈 수 없고 그렇게 되어서도 안된다.[10] 사람의 영원한 안식처는 하나님이시나 이 안식처는 사회를 통해 물질세계 전체로 확장된다. 하나님은 인간 존재의 집에서 사랑방이요, 동료 인간은 부엌과 마루이며, 자연은 마당인 셈이다. 따라서 세상으로 나아가라는 명령은(1:26-28) 물리적 공간 안에서 살아야한다는 당위성을 넘어 우주 전체를 집으로 삼아 문화를 창출하며 하나님 나라의 영광된 미래를 향해 탐구하라는 말씀으로 이해된다.

### 3. 계시의 특징

첫째, 계시는 그 기원이 하나님임을 강조한다.[11] 하나님과의 안식이든, 혹

---

과 결부되어 있으며 사람은 하나님을 사랑함으로 하나님을 안다(요 13:34-35).
9) 생태신학자들과 역사가에 의하면 정복과 번성에 대한 잘못된 서구 계몽주의로 인해 창조 세계가 황폐케 되었다. 자연은 인간과 관련되지만 인간을 위해 존재하는 것이 아니라 하나님을 위해 존재한다. 그러므로 정복과 번성의 명령은 에덴동산을 돌보고 가꾸는 섬김과 연결하여 이해하여야 한다. 참고. 후크마, *개혁주의 인간론*, 139-145. 에릭슨은 창 1장의 문화 창달의 명령이 하나님의 형상과 분명하게 연결되지 않았다는 이유로 형상의 기능성을 부인한다. 그러나 하나님의 형상에 대한 개혁파의 이해가 기능적이라는 해석은 정당하지 않아 보인다. 정복 명령을 인간됨의 우연적인 것으로 여기는 것은 좁은 이해의 산물일 뿐이다. 참고. Erickson, *Christian Theology*, 530-531.
10) 이는 자본과 기술에 최상의 지위를 부여하고 인간의 가치를 사소한 것으로 만든 물질주의적/자본주의적 현대사회에 교회의 신앙이 던져야 할 도전이다.
11) 성경은 신앙을 하나님과의 사귐을 여는 선물이라 정의한다(요일 1:1-3). "Revelation is a divinely initiated activity, God's free communication by which he alone turns his privacy into a deliberate disclosure of his reality(계시란 신적으로 주도적인 행동이자 자발적 소통이며, 이 방식으로 당신의 고유한 것을 의도적으로 개방하여 실제가 되도록 변경하

은 자신에 대한 반성이든, 사회나 모든 피조물은 하나님의 뜻을 알리는 도구이며 이런 점에서 모든 계시는 하나님의 것이다. 풍성하고 좋은 선물은 하나님의 은혜로 주어진다(약 1:17).[12] 참되고 선한 것은 오직 하나님에게서 온다(마 11:27; 고전 2:9-16; 갈 4:9).[13] 계시를 의미하는 성경의 단어들도 이 점을 잘 드러낸다.[14] 하나님은 영원한 창조주 하나님이며 우리는 그의 피조물이라는 존재적 차이는 계시의 발생이 사람이 아니라 하나님으로부터 인한 것임을 함축한다.

둘째, 계시는 다양한 매개체를 통한 간접적 전달이다.[15] 계시는 허공에서

---

신 것이다)." Henry, *God, Revelation and Authority*, 8. "계시라고 불리어지는 것은 특별한 사람들과 사건들을 통해서 하나님이 자신을 드러내는 행위이며, 사람들로 하여금 이런 행위에 대하여 증언을 하게 하는 성령의 활동인 것이다." 다니엘 L. 미글리오리, *조직신학입문: 이해를 추구하는 신앙*, 이정배 역 (서울: 나단, 1994), 50. 에릭슨은 계시를 '하나님의 자기 현현'(God's manifestation of himself)이라고 정의한다. Erickson, *Christian Theology*, 178. "그때 계시는 결코 무의식적인 감화력이나 하나님의 역사 가운데 있는 부지불식간의 하나님의 반투영이 아니라, 항상 자유롭고 도덕적이며 능동적으로 인간에게 자신을 알리시는 것이다." 바빙크, *개혁주의 교의학*, 377-378.

12) "각양 좋은 은사와 온전한 선물이 다 위로부터 빛들의 아버지께로서 내려오니 그는 변함도 없으시고 회전하는 그림자도 없으시니라"(약 1:17). 마이클 호튼은 종교개혁 신학이 창조 계시를 "하나님의 사랑"으로, 구속을 "하나님의 은혜"로 이해했다고 한다: "Creation is founded in triune love, not grace(창조는 은혜가 아니라 삼위의 사랑에 기초한다)." Horton, *The Christin Faith*: 141.

13) 그렌즈, *하나님의 공동체를 위한 신학*, 95-97.

14) '감추인 것을 열어 보여주다'는 의미를 가진 계시는 창조로부터 완성에 이르는 전 과정이 하나님으로부터 오며 하나님의 개입이 종말론적 완성의 성격을 갖고 있음을 의미한다. 베드로가 'ἀποκαλύπτω'(나타내다)를 사용한 것은 이같은 배경을 갖고 있다(벧후 1:5, 7, 13). 구원의 전 드라마에는 다양한 사건의 흐름이 뒤섞여 있으나 전체를 관통하는 선명한 플롯인 신적인 알림의 행위가 들어있다. 바울은 비록 다른 단어를 사용했으나 비슷한 사상을 롬 1:19에서 전달한다. 하나님은 창조를 통하여 우리 마음에 하나님 아는 빛을 비추었는데(고후 4:6), 이는 하나님께서 의식적으로 당신을 우리에게 '보여주신'('ἐφανέρωσεν') 사랑의 계시인 것이다(롬 1:19). 딛 1:3에서 바울은 동일한 'ἐφανέρωσεν'를 사용하여 그리스도에 대한 앎이 하나님으로부터 왔다고 증언한다. 바울은 계시의 주체와 기원을 하나님께 두었으며, 베드로는 계시의 완성이 예수 그리스도를 정점으로 하는 하나님의 쉬지 않는 간섭의 역사에 있음을 강조한 것이다.

15) 헤르만 바빙크는 "하나님은 항상 피조물들로부터 취하여 그를 통하여 하나님이 자

들려지는 음성이 아니라 창조세계의 고유함을 통해 들려지는 하나님의 음성이다. 창조주 하나님의 깊고 풍성한 지혜는 세상의 다양한 사물을 통해 나타난다. 흑백만의 단조로운 세상이 아니라 형형색색으로 불타는 가을산은 하나님의 풍성하심을 그대로 반영한다. 세상은 그 자체로, 그리고 삼중적 방식으로 위대하신 하나님을 계시한다.

셋째, 계시는 인격적 진리이다.[16] 삼위일체 하나님은 위격 간의 사귐이라는 방식과 유사한 인격적 방식으로 사람과 소통한다.[17] 신정통주의는 진리와 인격이 서로를 배제하는 것으로 이해했다. 그러나 성경의 신앙에서 진리란 영원한 인격인 하나님과의 사귐에서 오는 신적 지식을 의미한다. 만남은 단지 감정의 교통만이 아니라 지식을 전달한다. 하나님과의 사귐으로 얻는 지식은 단지 어떤 사실에 대한 객관적이고 메마른 수학의 지식이 아니다. 예수 그리스도 안에서 우리는 생명과 진리와 길이 하나가 된 계시를 얻는다. 하나님은 인격적 사귐이라는 방식으로 우리를 찾아오며, 자유와 기쁨 속에서 우리와 즐거운 교제를 갖도록 하신다(요일 1:1-3; 엡 1:6, 9). 따라서 하나님은 당신을 사랑하는 만큼 당신을 알려주신다는 바빙크의 말은 정당하다.

마지막으로 계시는 삼위일체 하나님의 영광을 내용과 결론으로 삼는다. "하나님이 계시하는 내용은 무엇인가?"하고 묻는다면 그 답은 하나님 자신을 우리에게 주시는 것이다. 물론 이러한 사귐에서 우리가 하나님과 동등하거나 유사한 존재로 승격될 수는 없으며, 다만 성육하신 예수님처럼 하나님과 진정한 교제를 갖게 된다. 하나님을 아는 일에 끝이 있을 수 없다(롬 11:33-35). 우리는 영원히 하나님을 알아가며 주님을 영원히 즐기며 삼위일

---

신을 인간에게 계시하시는 수단을 사용하신다. 표적과 상징들을 통하여 주께서 그들로 그의 현재성을 느끼도록 한다. 행위들을 통하여 주께서 그의 덕들을 선포한다. 말과 언어를 통하여 주께서 그들에게 그의 뜻과 사상을 알리신다." 바빙크, *개혁주의 교의학*, 1권, 394.

16) Erickson, *Christian Theology*, 216-221.
17) Bruce Riley Ashford and Keith Whitefield, "Theological Method: An Introduction to the Task of Theology," in *Theology for the Church*, ed. Daniel Akin (Nashville: B&H, 2014, rev. ed), 42.

체 하나님께 영광을 돌리는 것을 최대의 목적으로 삼는다. 그래서 하나님이 우리를 찾아오시며 우리는 하나님과의 생명 안으로 들어가기를 즐거워하고 애쓰는 것이다(요일 1:3).

하나님 편에서 우리와의 교통은 곧 우리와 함께 하시는 하나님, 즉 '임마누엘'을 완성하는 것이다(사 7:13-16; 9:6-7; 마 1:23; 계 21:3-6). 계시는 하나님으로부터 나오며 그리스도 예수와 성령 안에서 삼위일체 하나님의 영광으로 돌아간다(롬 11:36). 계시의 종착지는 그 만드신 모든 것 안에서 모든 것이 되는 하나님의 영광이다(엡 1:23). 피조물의 모든 영역에서 삼위일체 하나님의 위대함과 은혜가 해처럼 환하게 빛날 때 하나님의 계시는 완성된다.

## II. 두 가지 방식의 계시

죄는 근본적으로 반창조적(anti-creational)이며, 계시의 내용과 방식, 그리고 사람의 인식체계에도 심각한 영향을 미친다. 따라서 하나님은 창조를 보존하는 동시에 구속 계시라는 새로운 방편을 도입하여 하나님의 말씀을 전달한다.[18] 그러나 계시는 원래 하나였으며 그리스도 안에서 결정적으로, 그리고 완성의 순간에 하나로 통합될 것이다.

### 1. 보존적 성격의 창조 계시

죄가 들어온 이후의 창조 계시와 그 이전의 계시를 구별할 필요가 있다. 엄밀하게 말하면 형상의 보존은 사람의 마음과 관련되며 이 점에서 에밀 부르너가 창조 계시를 율법으로 이해한 것은 어느 정도의 정당성을 갖는다.[19] 이것은 인간 안에 보여지는 하나님의 속성(능력, 지혜, 의, 선함, 정의)에 비추

---

18) 이 구별은 성경적 가르침에 근거한 것으로 성경은 두 가지 계시의 존재성을 보여준다.
19) Horton, *The Christian Faith*, 146-149. 호튼은 부르너가 "그리스도 밖에서 사람들은 종교적이지 않은 것이 아니라 다만 복음화되지 않았다"라고 말해준다. Ibid., 149.

어 책임을 규정할 수 있기 때문이다. 들을 수 없고 인정할 수 없는 무관한 일에 대해 책임을 물을 수 없는 것이다. 그러나 창조세계는 하나님의 선하심으로 인해 여전히 하나님을 계시하는 기능을 유지한다. 즉 비언어적 창조 계시는[20] 아담의 삼중적 관계를 계시의 양식으로 보존한다. 시편 19편 1-4절은 이러한 맥락에서 이해된다. "하늘이 하나님의 영광"을 드러낸다는 말은 인간의 마음이 어두워졌어도 세계는 여전히 하나님을 인간의 마음에 가져옴을 뜻한다.[21] 이집트를 탈출한 이스라엘은 떨어지는 벼락과 번개의 장엄함에서, 산을 둘러싼 구름을 통해 신적 임재를 보았으며 구름과 불기둥의 자연물에서 신적 임재를 경험했다(출 19:16). 머리를 들면 하늘에 보관된 신적 인자함이 드러나며, 신적 의는 산처럼 장중하며, 판단하시는 하나님의 지혜는 바다처럼 장중하고 깊음을 본다(시 36:5-6). 자연세계에 보관된 영광을 본 시인은 사람을 향한 깊은 하나님의 관심에 탄복하지 않을 수 없었다(8:1-4).

자연을 통한 계시는 지식/문화적 방식과 심미적 방식의 두 가지로 나타난다. 첫째, 지식/문화적 방식은 세계를 정복하라는 소명에 따라 지식을 탐구할 때 사람에게 계시되는 하나님의 위대하심과 선하심이다. 즉 사람의 문화적/지적 활동 속에서 하나님의 존재와 능력을 파악하는 방식인데, '영역 주권'은 철학적 토대를,[22] 다소 이신론적이긴 하나 '지적설계론'(intelligent design)은 목적론적 과학의 토대를 제공한다.[23] 영역 주권(realm sovereignty)은

---

20) 벌코프, *조직신학*, 139.
21) "하늘이 하나님의 영광을 선포하고 궁창이 그 손으로 하신 일을 나타내는도다 날은 날에게 전하고 밤은 밤에게 전하니 들리는 소리도 없으나 그 소리가 온 땅에 통하고 그 말씀이 세계 끝까지 이르도다 하나님이 해를 위하여 하늘에 장막을 베푸셨도다."
22) 아브라함 카이퍼와 헤르만 바빙크, 헤르만 도예베르트가 주창한 영역주권사상에 대해 그들 각자의 작품을 읽으면 유익하나 마이클 호튼은 실천에 강조점을 둔 평이한 글을 썼다. 마이클 호튼, *개혁주의 기독교세계관*, 윤석인 역 (서울: 부흥과 개혁사, 2010), 49-73; 아브라함 카이퍼, *칼빈주의 강연*, 김기찬 역 (서울: 크리스챤다이제스트, 1996).
23) William A. Demski는 지적설계론의 현대적 사상가로 볼 수 있다. 물론 알리스터 맥그래스와 프랜시스 콜린스, 마이클 베히도 이에 해당하며, 지적무신론자의 대표였던 안토니 플루는 증거에 근거한 이신론적 신관에서 유신론을 바라보는 데까지 근접한 채 생을 마쳤다. Michael Behe, *Darwin's Black Box: The Biochemical Challenge to*

피조물의 모든 영역은 하나님의 것으로 그 안에는 하나님이 부여한 고유한 질서와 존재양식이 있으며 이를 추구하는 것은 하나님을 기쁘시게 하는 것이라는 인식이다. 지적설계론은 세계의 사물을 과학적으로 인식할 때 하나님의 창조적 주권을 암시하는 흔적이 새겨져 있다고 이해한다. 박테리아의 구조가 거의 기계장치와 흡사하다는 것이 흔히 드는 예인데, 그러한 차원에서 목적론적(기계론적) 신존재 증명의 증거로 제시된다.[24]

자연 계시의 두 번째 측면은 세계의 위대함과 아름다움이 결합될 때 일어나는 심미적 순간이다.[25] 시편 기자가 "하늘이 하나님의 영광을 드러내며 궁창이 그 하신 일을 말하는도다"라고(19:1) 말한 것은 아름다움의 극치에서 체험된 하나님 경험을 표현한 것이다. 세계는 하나님을 은폐하며 또 드러낸다(4-9절). 평범한 일상의 흐름 안에 숨겨진 말할 수 없는 아름다움의 현존에서 우리의 마음은 고양되고, 삶의 높이와 깊이, 광대함의 차원을 인지하며 사물의 근원과 마지막인 존재의 신비를 발견한다. 이 순간에 사람의 존재는 자신을 초월한 하나님의 존재에 대한 순간적인 지식에 붙들린다.

사람의 마음에는 하나님의 흔적이 존재한다. 하나님의 "영원하신 능력과

---

*Evolution* (New York: Touchstone, 1996); Francis S. Collins, *The Language of God: A Scientist Presents Evidence for Belief* (New York: Free Press, 2006); William A. Dembski, *Intelligent Design: The Bridge between Science and Theology* (Downers Grove, IL: IVP, 1999); Anthony Flew: *There Is A God: How the World's Most Notorious Atheist Changed His Mind* (HarperOne, 2007); 알리스터 맥그래스, *우주의 의미를 찾아서*, 박규태 역(서울: 새물결플러스, 2013). 지적설계의 핵심은 세계의 사물의 구조가 복잡하면 할수록 우연에 의한 가능성이 희박해지고 지적인 존재의 간섭을 더 강하게 드러낸다는 과학적 목적론에 있다. 윌리엄 뎀스키, *지적 설계*, 서울대학교 창조과학연구회 역 (서울: 한국기독학생회출판부, 2002), 59.

24) 낸시 피어시, *완전한 진리*, 홍병룡 역(서울: 복있는 사람, 2006), 350-352. 낸시 피어시는 David DeRoiser의 글을 인용하여 이런 주장을 펼친다. 참고. David DeRoiser, "The Turn of the Screw: The Bacterial Flagellar Motor," *Cell* 93(April 3, 1998): 17. 지적설계론과 창조과학은 다분히 윌리엄 페일리의 시계 논증과 유사한 기계론적 논증에 근거한다. 참고. 노르만 가이슬러, *종교철학개론*, 위거찬 역(서울: 기독교문서선교회, 1983), 114-115.

25) 종교체험과 심미적 체험사이의 상관성을 이해하려면 노르만 가이슬러의 종교철학개론을 참고하면 도움이 된다. Ibid., 23

신성이 그 만드신 만물에 분명히 보여"(롬 1:20) 인간은 핑계댈 수 없으며 하나님을 알고 있다. 이는 죄의 강력한 통치 안에서도 사람의 마음에 있는 지워지지 않는 하나님의 음성이며 하나님의 형상인 인간의 내면에서 들리는 소리이다(19절). 아테네에서 다양한 종교 사상을 직면한 바울 사도는 타종교에 드러난 희미한 계시를 인정한다(행 17:16-34). 그는 그리스인이 "알지 못하는 신"이라고 쓴 것은 많은 신의 이름과 사역의 다양성에도 불구하고 무언가 부족함을 인지하고 자신들의 지식을 넘어선 신에 대한 소망을 표출한 것이라 이해했다. 종교적 의식이나 갈망은 시대와 문화를 초월하여 존재한다. 종교를 초월자에 대한 헌신이라고 규정한다면 종교가 없는 민족이나 사람은 없다.[26]

---

[26] Ibid. 급속히 세속화된 현대사회에서 종교란 불필요하고 사라져야 할 시대착오적인 미신으로 여겨지나 이는 피상적인 관찰에 불과하다. 자충적이고 부족함이 없어 보이는 순간에도 무언가에 대한 갈망을 갖는 이상한 태도는 사람의 마음 안에 있는 하나님의 자리에 대한 갈망의 표출이다. 현대인들이 뉴에이지나 요가와 참선에 심취하는 것은 종교성의 표현인 것이다. 서구 계몽주의가 처음에는 하나님을 형식적으로 인정하다가 하나님을 최고선의 자리에서 추방하고 인간 자신을 승격시키는 혁명을 감행했다. 이 모험은 성공한 것처럼 보였다. 낙관주의와 유토피아적 사상이 서구의 정신을 사로잡고 모든 것을 장악하도록 했으나 결과는 자기모순적인 전쟁과 학살이었다. 낙관주의의 폐허에 비관주의/염세주의 실존철학이 새롭게 세워지면서 낙관주의에 대한 비난의 화살은 다시 하나님을 향하기 시작했다. "이런 악에 대해 하나님은 어디에 있는가?"란 식의 질문이 철학적이고 실존적인 질문의 주를 이루었다. 까뮈는 이 물음을 그의 작품인 「페스트」에서 물었고 소위 저항적 무신론을 표방했다. 하나님은 더 이상 필요하지 않거나 혹은 사람의 고난에 대해 책임적인 답을 제시해야 하는 피고자로 인식되었다. 여기에 1966년 4월 8일 금요일판에서 타임지는 헤드라인에 매우 선정적인 "Is God Dead?"란 제목으로 하나님의 불필요성에 대해 다방면의 취재기사를 실으며 하나님의 존재는 불필요한 것처럼 선언했다. 그러나 타임지의 기사는 현상에 대한 불충분한 이해를 보여주었을 뿐이다. 세계의 비극은 하나님께 있는 것이 아니라 자유주의 신학을 비롯한 서구의 낙관주의가 신봉한 헛된 망상의 참혹한 결과에 있다. 낙관주의의 열정이 배신의 자녀를 낳은 셈이다. 사람은 결코 하나님 없는 자율적 세상을 만들 수 없다. 역사적 기독교는 세계대전 이전에도 인간의 삶에 현존하는 죄악의 문제를 항상 지적해왔다. 세계대전으로 인한 산물인 절망은 자유주의적 환상이 붕괴함으로 생긴 공백일 뿐이다. 그러나 비난의 화살은 자유주의 시대로부터 현세에 이르기까지 하나님을 향하고 있다. 까뮈의 소설에서 주인공 의사는 결코 인간에 대한 기대를 버리지 않으며 여전히 악과 싸워야 하는 불합리한 운명을 지닌 존재로 그려진다. 그러나 그가

옳고 그름에 대한 인식과 양심의 기능은 보존적 계시의 또 다른 측면이다. 포스트모던화되는 사회에서 도덕이란 뒤떨어진 시대의 산물로 인식되지만, 옳고 그름에 대한 가치 판단은 반드시 요구된다. 만일 그렇지 않다면 옳음이란 단지 인기나 힘과 권력에 의해 결정될 뿐이며 삶은 무너진다. 시대와 문화에 따라 구체적인 판단은 달라질 수 있으나 옳고 그름에 대한 기본적인 인식과 척도가 없다면 삶은 무의식과 맹목의 연속으로 추락할 것이다.[27] 철학적 논리로 본다면 극단적 상대주의(extreme relativism)는 계몽주의(모던)에 대한 정당한 비판을 제외하고는 기껏해야 지적 모순이다. 이 주장은 절대주의의 척도를 교묘하게 사용한 모순적 주장에 불과하다. 시대와 지역의 세부적 차이에도 불구하고 도덕적 판단과 옳음에의 추구라는 그 자체는 결코 부인할 수 없다.

그러나 창조 계시는 뚜렷한 한계를 갖는다. 죄의 반창조적 성격으로 인해 사람은 자신의 마음에 들어오는 하나님의 창조적 계시를 자신의 인식과 통합시키지 못한다. 따라서 인간 안에는 하나님을 아는 것과 하나님을 부인하는 두 마음의 충돌이 있고 혼란이 발생한다. 타락한 인간에게 창조 계시란 일종의 율법과 같아서 하나님의 존재와 능력, 활동에 대한 어렴풋한 지식은 제공하지만 그것으로 인해 하나님의 용서와 자비를 통한 은혜를 경험하지는

---

악과 대항해서 싸워야 할 근본적 이유도, 악을 악이라 불러야 하는지에 대한 이유조차 제시되지 않는다. 만일 한 이유를 제시한다면 인간은 고귀한 존재라는 것이다. 문제는 인간의 존엄성에 대한 인식의 출처가 어디인가 하는 점이다. 까뮈는 답할 수 없다. 그것이 그의 관심이 아니며 그의 실존주의는 결코 답을 형성할 수 없다.

[27] 이 점에 있어서 원리적 다원주의(문화적이 아닌)나 해체주의(Deconstructionism)는 자기 모순적인 주장에 불과하다. 여러 개의 답을 요구하는 질문이 있는가 하면 하나의 답이 있어야 하는 질문도 있다. 하나의 답에 여럿을 기대하는 것은 헛된 사유에 불과하며 여럿을 요구하는 질문에 하나의 답만을 제시하는 것은 포괄적 인식이 부족한 탓이다. 씨에스 루이스는 상대주의의 뚜렷한 한계를 잘 보여주었다. 참고. D. A. Carson, *The Gaging of God: Christianity Confronts Pluralism* (Grand rapids: Zondervan, 1996), 146-148. 카슨은 존 힉의 다원주의의 주장이 자기 모순적임을 보여주었는데 진리의 다양함을 주장하기 위해 오직 자신의 다원적인 주장만이 절대적으로 옳다는 강변을 하는 견해인 셈이다. 결국 상대주의는 절대주의의 기준을 사용하여야만 자신의 주장을 펼칠 수 있다.

못한다. 죄는 마음을 오염시킬 만큼 강력하며 마음의 근원적 의식에 자리하고 있어서 전인격에 영향을 미친다.[28] 선악과를 먹은 아담은 동료인 하와에게서 친밀함이 아닌 이질감을 경험했으며 하나님의 음성이 몹시 낯설고 두렵게 느껴졌다(창 3:7-13). 동료는 연구 대상의 객체가 되었다(4:14). 창조 계시의 한계는 타락한 마음과 본래부터 있던 "하나님의 흔적" 사이의 모순과 혼란에 놓여있다. 하나님을 알만한 듯하나 알지 못한다.[29] 따라서 그 안에 하나님께 돌아오도록 하는 용서와 화해의 은혜는 없다.

토마스 아퀴나스는 두 종류의 계시를 성경적인 개념으로 받아들이면서도 창조 계시 자체의 불완전함을 구속 계시가 보완하는 방식을 채택했다. "자연은 은혜를 준비하고 은혜는 자연을 완성한다"는 구호 아래 출발했지만 그는 그리스 사상의 이원론을 충실하게 따른다. 그는 두 계시를 아래와 위의 영역으로 구별한다.[30] 이성은 하위 영역(창조 계시)에, 믿음과 은혜는 상위 영역(구속 계시)에 위치하여 아래에서 결여된 부분을 위의 영역이 채운다는 것이다. 하나님의 형상인 인간은 영과 육, 지성과 비지성적 것, 고상한 영역과 저급한 영역의 결합이며 육은 영에게, 비지성적인 것은 지성에게 복종하며 이성(영)은 하나님께 복종하는 존재로 지음을 받았다고 본다.[31] 그러나 이 결합은 처음부터 갈등을 유발할 가능성이 있는 불안한 구조이므로 이를 안정

---

28) 전적 타락이란 말은 타락의 영향이 미치지 않는 영역이 없다는 뜻이다. 지성, 의지, 정서 등 인간 존재의 모든 영역이 죄로 인해 오염되었다는 말이다. 참고. Louis Berkhof, *Systematic Theology*, New Combined ed. (Grand Rapids: Eerdmans, 1996), 246-48; Erickson, *Christian Theology*, 644-648.
29) 이 모순을 안셀름은 이렇게 말해준다. "그런데 다시금 '보라 놀라움이로다' 아 즐거움과 기쁨을 찾는 자에게 다시금 암울함과 슬픔이 마주하고 있구나! 내 영혼이 바란 것은 만족함인데, 아 또다시 곤궁함 뿐이구나! 먹으려고 했는데 지금은 배고픔 뿐이로다. 하나님의 빛을 향해 가려고 했는데 나의 어둠으로 돌아와 버렸구나. 더구나 그 어둠 속으로 굴러 떨어졌을 뿐 아니라 내가 그 안에서 둘러싸여 있는 것도 느끼도다."
30) 아퀴나스의 창조 계시와 구원 계시의 상관성에 대한 이해는 안토니 후크마의 해석에 근거한다. 후크마, *개혁주의 인간론*, 65-76.
31) 이는 다분히 그리스적 사유이며 영지주의적 사유와도 일맥상통하다. 아리스토텔레스의 우연적-필연적 논리가 사용되는 것은 어쩌면 당연한 것이다.

화시켜주는 추가 조치가 필요했는데 그것이 덧붙혀진 초자연적인 은혜이다 (*doum superadditum*/added grace). 초자연적 은혜는 불안정한 자연적 관계를 안정시키기 위한 조치로 주어졌다. 하지만 타락으로 인해 초자연적 은혜가 상실되었고, 그로 인해 원래부터 불안한 조합은 더욱 불안하게 되어 영이 육체를 통제할 수 없는 형편에 이르게 되었다. 그럼에도 불구하고 이성으로 하나님의 속성을 알 수는 있다. 물론 그것으로 인해 의와 생명을 확보할 수 없으므로 초자연적 은혜가 필요한 것도 사실이다. 그렇지 않다면 타락으로 인해 인간은 육체의 저급함을 통제하지 못해 천국에 갈 수 없다.

타락의 영향은 단지 이성과 육체의 지배구조의 약화일 뿐이지 지성이 죄의 지배 아래 있는 것은 아니다. 따라서 하나님의 은혜와 별도로 이성의 독립적인 활동은 가능하게 된다. 아퀴나스의 신존재 증명은 바로 이런 인식 아래 시도된 것이다. 사유로 얻어진 신지식은 참되며 이 지식은 신앙의 초자연적 은혜와 자연스럽게 결합하여 자연적 신지식을 보충한다. 즉 구속 계시는 창조 계시에 추가된 한 단계 높은 차원의 지식이지 결코 자연적 신지식과 모순되거나 그것을 새롭게 하지 않는다. 이성은 창조세계를 통해 획득한 신지식을 세우고 믿음은 그 위에 초자연적 신지식을 세움으로 둘은 자연스럽게 하나가 된다.

아퀴나스는 창조의 선함에 대한 부당한 이해를 갖고 있다. 육체와 영혼의 갈등이라는 기본구조는 기독교 사상이 아니다. 또 은혜가 단지 자연적 이성을 고차원인 신앙으로 끌어올린다는 인식도 타락에 대한 부적절한 이해에 기초한다. 은혜는 자연에 아무런 변화 없는 완성을 가져오는 것이 아니라 타락한 자연을 새롭게 함으로 완성한다. 그리스도의 구속 계시를 부인하는 계몽주의도 아퀴나스적 사상의 연장선상에 있다.

칼 바르트는 아퀴나스와 다른 방식의 이해를 전개한다. 그는 창조와 은혜(창조와 구속)를 대립적으로 이해하며 타락한 세계에는 어떠한 선함도 존재하지 않는다는 극단으로 나아갔다. 오직 그리스도의 구속 계시만이 참되며 그 밖의 모든 신지식을 우상숭배로 규정해 버린다. 타락한 사람이 하나님으로 여기는 모든 것은 스스로 고안해낸 인간적 산물이며 우상숭배인 것이다.[32] 그리스도를 통하지 않는 어떤 것도 참되게 하나님을 알려줄 수 없다는 것이다. 그는 자유주의적 계시론의 오해와 나찌의 광란이 결합된 광기를 경험했고 그래서 더더욱 그리스도 밖의 지식과 그리스도 안의 지식의 첨예한 분리를 역설했다. 에밀 부르너와의 창조 계시 논쟁에서 그는 "분노의 서문"이란 제목이 붙은 장에서 "아니오"(Nein)라는 한 마디 말로 창조 계시의 가능성을 거부해버렸다.[33] 이같은 맥락에서 바르트는 시편 19편과 로마서 1장 19-20절 주석에서 창조 계시의 지속성을 부인하며 이 구절들이 교회에 대한 것이라고 본다.

그리스도의 계시로 재해석되지 않는 모든 형태의 신학적 사유에 대한 바르트의 거부반응에 대해 감사할 필요가 있다. 하지만 바르트의 문제는 그의 거부반응이 극단적이라는 데에 있다. 바르트의 신학은 창조의 하나님과 구속의 하나님을 별도의 존재로 여기는 영지주의나 마니교의 인식에 가까와진다. 그가 구원하는 하나님으로 인식한 그리스도는 비록 타락했으나 "자기 땅과 자기 백성"에게 오신 것이다(요 1:11). 그리스도의 구속은 창조의 선함과 타락을 동시에 인정할 때 진정한 의미를 갖는다. 바르트의 인식을 따른다면 타락한 세상이란 아무런 선함도 발견할 수 없는 악마적인 그 무엇에 불과하

---

32) 구체적 주해에 관한 내용은 에릭슨의 조직신학을 참고하라. Erickson, *Christian Theology*, 187-96.
33) 미국 복음주의에서 반틸이 재점화시킨 접촉점 논쟁을 바르트와 부르너는 촉발시켰으며 바르트는 부르너의 창조 계시가 복음을 타협시킬 염려로 인해 차라리 부르너의 신학이 쓰여지지 않았으면 하는 강한 반대를 표출했다. 부르너는 이에 반하여 바르트를 암구호가 없거나 혹은 자신이 잘못 들었어도 마구잡이로 총을 쏘아대는 보초로 비유하면서 바르트의 잘못된 이해를 지적한다. 에밀 부르너. 칼 바르트 지음, *자연신학: 에밀 부르너의 "자연과 은혜"와 칼 바르트의 "아니오!"*, 김동건 역(서울: 한국장로교출판사, 1997) 두 학자는 매우 강력하고도 노골적인 비유로 의견을 개진했는데 루터와 츠빙글리의 날선 성만찬 논쟁이 바르트와 부르너의 논쟁에 가장 가까울 것이다. 반틸도 신학역사 속에 나타난 접촉점 지지자들을 모조리 복음의 타협자로 몰아붙일 뿐 아니라 가상적 복음의 상황을 통해 타협적인 접촉점 신학이 도달할 결론을 날카롭게 보여주었다.

다. 세상은 악할대로 악해져 하나님과 독립적인(무관한) 세상이 되고 만다. 하나님은 당신과 무관한 그런 세상을 정죄하고 구원하실까? 악하다는 말은 선함을, 구원이란 죄와 곤경을 전제하며 그러한 맥락에서 인간의 책임은 정당성을 확보한다.[34] 그리스도 안에서 새롭게 되려면 타락한 세상은 여전히 선한 하나님의 것이어야 한다. 로마서 1-2장을 타락 안에 나타난 창조 계시라고 읽을 때 로마서 7장에 묘사된 죄인의 혼란과 갈등, 그리고 로마서 8장에 묘사된 그리스도의 구속을 일관되게 읽을 수 있다.

## 2. 구속 계시

구속 계시는 사람의 마음을 새롭게 하여 하나님을 알고 사랑하도록 하는 특별한 은혜이다.[35] 타락 이전에 아담이 들은 하나님의 금지명령(창 2:17)과 죄를 지은 이후에 들려주시는 음성(3:15) 사이에는 첨예한 차이가 있다. 후자의 음성은 사람을 변화시켜 구원하도록 한다. 선악과를 먹은 직후 아담과 하와는 자신의 허물을 깨닫거나 스스로 하나님을 찾는 모습을 보이지 않았다. 오히려 하나님께서 찾아오셨을 때 아담과 하와는 나무 뒤에 숨었는데, 하나님과의 친밀성이 상실된 사람의 모습을 보여준다. 사람 안에, 그리고 사람 주위에 있는 세계의 신적 목소리는 더이상 이들의 양심을 깨워 자발적으로 하나님께 나오도록 할 수 없었다. 피조세계를 더듬어 얻는 하나님에 대한 어렴풋한 이미지는 더 이상 마음을 새롭게 하여 하나님을 온전히 알도록 하는 능력이 없다. 하나님은 아담의 자율적 본성에 맡겨두지 않고 직접 찾아와 대화하심으로 이들을 생명의 세계로 끌어내었고 메시야의 오심에 대한 첫 약속을 선포했다.

구속 계시는 하나님께서 사람을 찾아내어 생명을 주시는 은혜의 행위이다.[36] 아담과 하와의 타락과 이집트의 압제에 신음하던 이스라엘과의 계약

---

34) Erickson, *Christian Theology*, 196-98.
35) 에릭슨은 구속 계시를 "특정한 시대와 장소에서 특정한 사람에게 하나님 자신을 보이는 것으로 하나님과의 구속적 관계에 들어갈수 있도록 한다"라고 정의한다. Ibid., 201.
36) Herman Bavinck, *Reformed Dogmatics*, 344.

을 기억하고 찾아와 하나님의 구원을 드러내는 분은 하나님이시다. 그래서 "죄가 더한 곳에 은혜가 더욱 넘쳤나니"(5:20)라고 바울은 선포한다. 구속 계시는 분명하게 하나님을 드러내어 복음을 듣고 하나님의 생명과 진리로 돌아오도록 하는 특성을 갖는다. 그렇게 함으로 마음속에서 혼란을 일으키는 창조 계시를 완전하게 하여 삼중적 소명을 재인식하도록 한다.

하나님은 타락한 인간을 구원하기 위해 창조 계시와 구별되는 방법들을 사용하신다. 때로는 꿈으로(창 15:13; 28:11-17; 37:5-11; 단 7-8장; 마 2:13), 꿈과는 다른 환상으로(창 15장), 직접적인 나타나심(신현 theophany)으로(창 12:7, 17:1-22, 18장), 홍해를 가르고 요단 강의 흐름을 멈추며, 천체의 진행을 일시 후퇴시키며, 불이 붙었으나 나뭇가지가 타지 않도록 함으로 자연 세계와 사람 안에서 일상적인 방식과는 다른 기적으로, 그리고 선지자들의 대언으로 하나님의 구원하심을 드러내셨다.

그러나 모든 다양한 구속 계시의 양상은 말씀 사건의 한 가지 양상으로 집약된다.[37] 선지자들이 사용한 전형적인 계시의 양식은 하나님의 말씀이다. 열 가지 재앙과 홍해를 가르는 기적은 모세의 입술과 행동을 통해 발생했다. 하나님은 모세에게 현현하여 말씀으로 자신의 존재와 능력, 계획을 알려주신다(출 3장). 선지자들은 "주께서 내게 가라사대"라는 아주 전형적인 어구로, 자신의 말이 하나님으로부터 온 말씀이며 하나님의 권위 아래 발설된 말임을 강조한다(사 40:1, 겔 3:12, 24; 4:9). 예레미야는 "하나님의 말씀이 내게 임하니라"는 표현을 자주 사용했으며 모세는 "나는 여호와로라"는 직접적인 언설을 통해 하나님의 말씀을 마치 모세가 대독하는 형식으로 계시하는 하나님을 선포했다(출 6:2). 다른 한편 모세는 "여호와께서 모세에게 이르시되"라는 전형적인 어법도 사용하여 하나님의 구원과 재앙을 선포했다(출 6:1; 7:1; 8:1, 16; 9:1, 8, 13, 22; 10:1, 21; 11:1; 12:1, 43; 13:1; 14:1, 26; 16:4; 19:10, 21, 24; 20:22; 25:1; 31:1, 12; 32:7; 33:1; 40:1).

하나님의 구원의 말씀은 다양한 방식으로 나타난 사건인 하나님의 구원행

---

37) Erickson, *Christian Theology*, 215.

위를 바르게 해석해준다.[38] 최종적인 하나님의 말씀은 종말론적 계시인 예수 그리스도이다(히 1:1-2).

### 3. 계시의 종말론적 통합: 예수 그리스도

기독교 신앙의 가장 큰 독특성은 삼위일체 하나님의 계시와 역사가 결합되었다는 사실에 있다. 하나님은 죄의 강력한 힘을 극복하는 방식으로 사람의 내면을 변화시키는 구속의 은혜를 미래적 약속의 형태로 가져왔다(창 3:15). 이 약속은 즉각적으로 성취되지 않고 긴 역사의 과정을 통해서 계속해서 진행되었다. 성부에 의한 아브라함의 부르심과 이스라엘의 택함, 출애굽을 통한 구속사건과 가나안 정착, 이스라엘의 죄로 인한 포로생활과 본토로의 귀환, 그리고 메시야의 약속이라는 오랜 구속역사와 온전한 회복의 약속은 예수 그리스도의 성육신과 사역에서 성취되었다(눅 4:18-21). 대속적 죽음과 부활은 그리스도 안에 있는 새 시대의 도래를 알리는 전환점이 되었다. 예수 그리스도는 성부인 하나님을 드러내는(요 14:9) 동시에 자신의 성자됨을 드러냈고 마치 성부가 구약에서 성자를 약속하듯이 성령의 오심을 약속했다. 오순절에 성령은 사도의 그룹에 임함으로 그리스도의 부활 생명이 각 신자 안에 인격적으로 내재하는 삼위일체의 사역이 계속되며 미래적 완성을 소망한다는 거대한 징표가 되었다. 이처럼 삼위일체 하나님은 구원의 계시 역사 속에 가장 심오한 신비인 삼위일체의 위격적 구별과 하나됨을 드러냄으로 피조물인 사람에게 하나님의 내적 신비를 알게 하며 내적 교제의 풍성함에 동참하는 은혜를 주셨다.

예수 그리스도 안에서 계시된 삼위일체를 알지 못하는 기독교적 계시란 존재하지 않는다. 계시의 역사에서 가장 부각되는 것은 성자인 예수 그리스도이다. "율법과 선지자"로 대표되는 구약의 계시(성경)는 종말적 계시인 예수 그리스도 안으로 포함된다(히 1:1-3). 주님은 율법과 선지자를 폐기하지 않고 자신의 가르침과 삶으로 완성한다. 그래서 그는 "너희가 이렇게 들었으

---

38) Ibid., 213.

나, 나는 너희에게 이르노니"라는 방식으로 구약 계시를 풍성하고 참되게 재해석한다(마 5: 17-18, 27-28, 31-32, 38-39, 43-44).[39] 그리스도 예수를 통하지 않고 하나님 아버지께 가는 길은 없으며 예수님을 알지 않고 하나님을 알 수 없다. 오직 예수 그리스도와의 인격적 연합 안에서만 생명과 진리를 경험할 수 있다(요 14:6).

성자 예수는 단지 종말론적 계시를 전달하는 매개체가 아니라 바로 그 계시이다(요 1:18; 14:9). 옛 구속 계시(구약)와 창조 계시를 자신 안에서 통합하여(엡 1:10) 하나님의 생명과 존재적 신비가 온 세계로 울려 퍼지도록 활짝 열었다. 첫 사람 아담에게 부여된 삼중적 소명은 "모든 것의 모든 것"이 되신 예수 그리스도에게서 새롭게 회복되었다. 만물이 주 안에서 수렴되고 또 온 세상으로 확산되며 예수의 재림으로 삼위일체 하나님께 영광으로 돌아올 것이다. 이 거대한 계시 역사에서 주님은 길이요 진리이며 생명이시다(요 14:6). 그리스도는 "모든 진리의 주님"이며 모든 진리가 그 안에서 통합되고 각각의 영역을 향한 새로운 길이 열린다. 그리스도는 구원 계시와 창조 계시를 모두 성경으로 포함시켰고 또한 자신을 율법의 완성으로 선언하여 옛 계시를 자신의 새로운 계시 안에 통합했다(눅 4:18-21; 마 5:17, 참고 롬 3:31; 10:4). "너희가 성경에서 영생을 얻는 줄 생각하고 성경을 상고하거니와 이 성경이 곧 내게 대하여 증거하는 것이로다"(요 5:39, 참고 눅 24:44)는 말씀은 이전의 구속 계시와 창조 계시 전체를 당신의 인격과 삶으로 완성한다는 뜻이다. 따라서 그리스도를 통하지 않는 구약적 계시는 존재하지 않으며 예수 그리스도 안에서 새롭고도 온전하게 해석된다.

삼위일체적 계시는 약속의 성취자로 오신 예수 그리스도가 성령을 약속했을 때, 그리고 실제로 성령이 오순절에 역사 속에 공식적으로 임재하는 때에 풍성하게 드러났다. 오순절에 발생한 하나님의 큰일에 대해 사람들이 냉

---

39) 마 5장 이후로부터는 이 고유한 언설은 나타나지 않는데 그 이유는 명료하다. 주님은 자신을 구약 계시의 절정으로 선언했고 그 이후로는 그러한 권위를 다시 주장하실 필요가 없었다. 팔복을 선언하신 주님은 자신의 권위로 구약을 새롭게 해석하고 난 후에는 이러한 언설의 방식 없이 직접적으로 하나님의 말씀을 선포했다.

소적으로 반응했을 때, 베드로는 그리스도 예수의 복음을 전하고 성령의 선물을 언급하면서 "모든 먼데 사람"을 언급했는데 이는 복음의 계시가 만민을 위한 것임을 선포하기 위한 것이었다(행 2:38-39; 2:8 참고). 삼위일체 하나님의 모든 위격이 복음으로 선포되었다. 이는 장차 삼위일체 하나님이 피조물의 세계 안에 온전히 내재할 것을(계 20:11-22:21) 선취적(proleptic)으로 보여준 것이며 베드로는 이 사실을 선포했다.

## III. 구속 계시로서 성경

### 1. 삼위일체와 만민을 위한 복음의 보존

그리스도는 아무런 기록도 남기지 않았으며 기록하라는 직접적인 명령도 남기지 않았으나 주님의 말씀대로 모든 사역은 성령의 몫으로 돌려졌다. 사도적 증인들은 성령의 오심을 기다리라는 주님의 마지막 말씀에 순종했고, 오순절에 임한 성령으로 제자들 안에는 복음에 대한 참다운 인식이 생겨났다. 이때부터 제자들은 참다운 증인으로서 "하나님의 큰일"을 선포하기 시작한 것이다(행 2:11). 성부 하나님의 보내심을 받은 선지자들이 말씀을 선포하고 기록했듯이, 그리스도 예수의 복음은 성령의 감동을 받은 제자들에 의해 기록되었다.

예수 그리스도가 종말론적 온전한 계시이며 성령은 이 계시를 만민의 복음이 되도록 하는 사역을 감당한다. 모세의 율법이 성경으로 기록되었듯이, 예수 그리스도의 복음도 보존되어야 만민을 위한 복음, 온 세상의 복음이 된다. 주님의 가르침도 이러한 부분을 뒷받침한다. 십자가를 앞두고 주님은 하나님 나라에 대한 전체적 이해를 가져올 성령의 새 시대를 언급했다. 성령의 오심은 예수님의 말씀을 온전하게 해석하고 새롭게 적용하는 차원을 더한다(요 14:26; 16:13-14). 성령은 성자의 말씀과 사역 속에 드러난 정체성을 제자들이 완전하게 이해할 수 있도록 간섭할 것이며 주님은 이 사역을 위해 성령을 세상 가운데 보내었다. 성자의 오심은 성부의 계시이며, 성자는 보냄을 받아 성부를 계시하고 성령을 약속하며, 성령은 주님의 말씀과 사역의 의미를 교회에 풍성하게 인식시킨다. 성령은 성자를 보내는 약속아래 교회의 영으로 오신다. 계시의 역사는 성부에서 출발하여 성자로 진행하고 다시 성령으로 확장되며, 최종적인 하나님 나라와 삼위일체 하나님의 영광으로 완성된다.

성령의 임재하심은 사도들과 부활의 목격자들로 복음의 생생한 증인이 되는 복음의 세계화를 이룬다. 요한복음 1장의 방식에 의하면 메시야 이전의 증인인 요한과 예수님의 증인인 제자들이 의도적으로 언급된다. 요한이 예수가 메시야(그리스도)임을 증언하자 요한의 제자가 예수께로 오자 주님은 이들을 받아들였고 이들은 곧바로 증인의 사역을 시작한다(1:41, 45) 가나 혼인잔치에서의 이적은 증언자가 될 제자들을 위한 것이며(2:11), 부활하신 주님은 연약하고 실패한 제자들을 만나 회복의 사역을 하고 성령을 약속했다(눅 24:46-49). 제자들은 예수 그리스도에 의해 증인으로 소명을 받고(막 1:16) 공생애 기간 내내 주님과 함께 생활하며 많은 것을 보았으나 주님을 배신했고 증언자의 사명을 충실히 감당하지 못했다. 오순절에 성령의 내재하심으로 주님의 진리가 생명과 확신으로 찾아왔고 마침내 제자들은 복음을 선포하는 담대한 제자가 되었으며 복음은 지역과 문화의 제한을 단계적으로 넘어 온 세계를 향하게 되었다. 사도행전에 드러난 성령의 계시 역사는 더 이상 기록되지 않았지만 서신서에서 성령의 역사는 이방지역 교회에서 계속되었다. 서신서는 유대적 예루살렘 교회와 문화적인 많은 도전, 그리스도의 말씀에 기초한 성령의 적용사역의 기록으로 복음이 만민의 복음이 된 것을 보여준다. 예수님의 마지막 말씀은 "예루살렘과 온 유대와 땅 끝까지" 증인이 되는 패러다임(paradigm)으로 성취되었다.

그러나 복음의 만민화라는 사역은 예수님의 죽음과 부활을 직접 목격한 유대적 배경에서는 충분히 성취되지 못했고 바울 사도를 통해서 이방세계 안으로 들어왔다. 유대적 배경의 교회에서 선포된 복음이 세상을 만나는 것과 복음이 이방적 세상을 만나는 것은 매우 달랐으며 복음의 새로운 적용은 반드시 필요했다. 따라서 예루살렘 공회가 열렸고 유대 교회는 처음으로 할례가 교회의 필수적 의식이 되지 않도록 하는 파격적인 결단을 내렸다. 물론 몇 가지 유대적 금기사항이 주어지기는 했으나 이방 교회에서 지속적인 금령이 되지는 않았다. 복음이 유대에서 이방세계로 확장될 때 복음의 새로운 적용이 필요했던 것이다. 바울은 생애 내내 이방에 적용되는 복음의 해석, 그리고 유대주의적 해석과 논쟁을 벌였다. 예수 그리스도 안에서 성취된 옛 약속은 우선적으로 이스라엘에서 성취되었고, 성령 안에서 만민을 위한 복음의 실제적인 성취로 확장되었다. 유대인과 이방인, 사람을 위한 구속과 물질세계 전체가 하나로 구현되는 원대한 하나님 나라의 소망이 바울과 이방 교회를 통해 비로소 실제적으로 준비가 되었다. 그러므로 복음이 이방세계를 만났을 때 물질세계의 하나님, 문화와 사회, 역사의 하나님, 사람의 인격의 하나님은 창조주에서 구속주가 되었고 장차 영광의 하나님이 될 것을 소망할 수 있었다. 바로 이런 맥락에서 신약 성경의 기록이 성부도 성자도 아닌, 오직 성령의 사역에 의해서만 완성되는 것이다. 계시의 연장과 보존, 확대라는 중대한 사역은 성령의 오심과 사역에서 이루어졌고 하나님의 한 본질과 세 위격에 대한 계시가 완료되었다.

## 2. 정경화의 역사적 과정

삶의 최상의 권위로 인정된 성경은 신구약 정경 66권으로 구성되었다. 성경을 정경(canon)이라 부르는 것은 성경 안에 포함되지 않은 비정경책과 구별하기 위한 것이며, 이는 정경화가 역사적 과정 속에 종결되었음을 암시한다. 구약의 정경 과정은 포로기 이후인 주전 435년까지 지속되었으나 그 이후에 추가된 구약 성경이 없었다. 창조와 족장의 삶, 아브라함의 부름과 이스라엘의 시작, 출애굽에 이르는 하나님의 구원역사는 구전에서 기록으로 집약되어 후대의 이스라엘을 위한 말씀의 교훈으로 사용되었다. 모세에게 들려진 하나님의 말씀은 기록으로 전달되어 교훈으로 사용되었다. 하나님은 모세에게 십계명을 돌판에 기록하도록 했으며(출 31:18; 34:1), 여호수아는 하나님 말씀으로 이스라엘을 교훈한 후에 그 말씀을 율법책에 기록했다(수 24:26). 이사야도 하나님의 말씀을 기록하도록 명령받았으며(사 8:1), 예레미야는 바룩에게 말씀을 기록하도록 할 뿐 아니라(렘 36:1-6), 미가와 오바댜의 예언을 하나님의 말씀으로 인정했다(렘 26:18; 49:14-19). 다니엘은 예레미야의 예언을 성취될 말씀으로 이해했으며 이 예언이 실제로 성취될 것을 서책을 읽고 깨달았다(단 9:2). 하박국은 하나님의 말씀이 반드시 성취될 것이라는 하나님의 음성을 들었으며 기록하도록 명령을 받았다(합 2:2-3).

예수님 당시에 구약 정경은 실제적으로 확립되어 있었다.[40] 그럼에도 불구하고 구약 39권에 대한 정경화 논의는 에스더서와 전도서, 아가서와 잠언에 대한 약간의 의문 때문에 주후 70년 얌니아(the council of Jamnia) 회의 이전까지 지속되었다.[41] 얌니아 회의는 기존에 사용되는 39권의 정경을 그대로 인정함으로 구약의 정경화 과정을 종결했고[42] 교회는 이 회의와 독립적으로 구약의 정경을 그대로 인정했다.

공동번역성서와 가톨릭의 성경에 포함된 구약 외경(apocrypha)은 처음부터 정경과 동일한 권위를 갖지 못했다. 요세푸스를 인용한 유세비우스는 외경은 정경으로 인정받지 못했다고 밝히고 있다.[43] 예수님을 비롯한 신약의 저자들이 외경을 인용하지 않았음은 물론이다.[44] 루터는 제롬처럼 외경을 따로 발췌하여 신구약 성경 중간에 두었으며 외경에는 정경성이 없음을 분명히 했다.[45] 트렌트 종교회의(AD 1546)는 제롬의 라틴 벌게이트 성경(Latin Vulgate)을 정통으로 인정했으나, 제롬 자신은 외경은 정경이 아니며 단지 교

---

40) Eduard Lohse, *The Formation of the New Testament*, 3rd ed. trans. M. Eugene Boring (Nashille: Abingdon, 1981), 18.
41) Ibid., 17-18.
42) 윌리엄 S. 라솔 외 2인 공저, *구약개관*, 박철현 역(서울: 크리스챤다이제스트, 2009), 44-50.
43) 유세비우스, *유세비우스의 교회사*, 엄성옥 역(서울: 은성, 2003), 6.15.2.
44) 라솔 외 2인, *구약개관*, 44.
45) 레이몬드 설버그, *신구약 중간사*, 김의원 역(서울: 기독교문서선교회, 1984), 139.

훈적인 목적만을 위해 성경 안에 포함하는 제한적인 권위만을 인정했다. 따라서 구약의 39권만이 정경으로 유효한 책이다.[46]

신약의 정경화 과정의 동력은 예수 그리스도와 성령의 사역에서 나온다. 신약 27권은 대다수가 사도의 저자이거나 사도의 동역자들에 의해 기록되었다. 그러나 계시의 동력성은 예수 그리스도와 성령, 사도적 증언자의 관계에 기인한다(앞장 참고). 예수님의 말씀과 행적을 기록한 사복음서와 성육신으로부터 죽으심, 부활과 승천, 사명을 부여받은 초대교회 지도자들에 의해 기록된 서신서들이 있다. 이러한 서신은 이미 1세기 중후반에 모두 기록이 완료되었으며 초기 교회에 의해 오늘의 신약성경의 대부분이 이미 하나님의 말씀으로 인정을 받고 있었다.

신구약 정경화의 논의는 영지주의자인 말시온(Marcion)과 몬타니즘(Montanism)에 의해 촉발되었으나[47] 신학적 기초는 교회의 신앙 자체에 의한 것이었다. 교회는 예수 그리스도의 종말적 계시와 성령의 사역에 의한 삼위일체적 신앙에 대해 인지하고 있었다. 따라서 교회 내에서 널리 사용되던 성경만을 정경으로 인정했다. 일부 서신은 정경으로 인정받기까지 다소 시간이 걸리기는 했으나 4세기 말에 최종적으로 확정되었다.[48] 교회에서 널리 사용되던 66권이 그대로 인정되었으며 이 과정은 종교개혁 당시에 재확인되었

---

46) 외경의 사상과 문학적 수준, 정교함, 다른 성경과의 조화 등을 염두에 둔다면 정경이 아닌 이유를 찾는 것은 그다지 어려운 일이 아니다. 다분히 신약의 위경들이 갖는 극단적 알레고리와 엉성한 스토리 전개라는 특징은 구약외경 내에서도 상당 부분 확인된다.

47) Rowan Williams, "The Bible," in *Early Christianity: Origins and Evolution to A.D. 600*, eds. Ian Hazlett (Nashville: Abingdon, 1991), 85-86. 말시온은 주님과 바울이란 말로 일부 내용이 삭제된 누가복음과 바울의 10서신만을 받아들였는데 그는 구약의 진노하는 하나님은 참 신이 아니며 신약의 사랑의 예수만이 참 신이라고 하는 현대 자유주의적 신관과 유사한 신념을 주창했다. 이에 반해 그리스도의 교회들은 원래부터 인정하던 구약 성경과 대부분의 신약 성경을 그대로 인정했다.

48) 정경화 논의는 360년에 라오디게이아(Laodicea), 393년 히포 레기우스(Hippo Regius), 그리고 최종적으로 397년 카르타고공회(Carthage)에서 결정되었다. 참고. 바빙크, 개혁주의 교의학, 514; Wayne Grudem, *Systematic Theology: An Introduction to Biblical Doctrine* (Leicester: IVP, 1994), 63-4; Lohse, *The Formation of the New Testament*, 24.

다. 교회가 공회를 통하여 성경을 인정(recognition)하기는 했으나 교회가 인준(ratification)하거나 승인(approval)하는 특별한 권한을 지닌 것은 아니었다. 교회는 성령의 인도하심에 따라 시대에 맡겨진 사명을 감당했을 뿐이다. 로마 가톨릭이 주장하는 교회의 수위권, 즉 교회가 성경과 비문자적인 전통을 결정하는 권한은 교회가 머리되신 주님의 권위 아래 있음을 부인하는 동시에 성경의 사상과도 불일치한다.[49]

### 3. 정경의 방식: 성령의 감동(inspiration)

현재의 66권이 계시의 말씀인 근거는 세 가지로 고려할 수 있는데, 1) 성령의 간섭 2) 성경의 자증성 3) 삶에의 적용이 있다. 구어체의 신적 계시가 문어체의 신적 기록으로 전환되며[50] 이 과정에는 성령의 특별한 간섭이 있다(삼하 23:2).[51] 성령은 사람에게 계시를 전달하고 특별한 방식으로 사람의 마음에 깊은 감동을 불러 일으켜 기록하도록 한다. 일부 구술(dictation)을 암

---

[49] 트렌트 종교회의는 교회가 성경을 인정하는 것과 동시에 기록되지 않은 전통을 인정하는 권한이 있음을 재확인했다. 따라서 교회는 성경과 전통이라는 두 권위의 근거가 됨을 말함으로 교회(교황)가 그리스도의 대리자로서 신앙의 내용을 결정할 권한이 있음을 분명히 한다. 따라서 신앙의 교리와 교회의 교리(마리아 무염수태설과 연옥설 등)는 신자에게 최종의 권위를 갖는다. 이 때문에 유세비우스의 교회사에서 시도되었던 교황의 계보는 매우 중요한데 그리스도의 권위가 베드로를 통해 다음 수장으로 계속해서 계승되므로 이 계승을 잇는 교회와 교황은 결정하기 어려운 문제에 대한 최종 법정이 된다. 최근의 제 2차 바티칸 공회는 성경의 영감에 대해 상당 부분의 지면을 할애했으나 로마 교회의 전통에 대한 권위는 여전히 인정한다.

[50] 구어체에서 문어체로 전환할 때 말씀의 역동성이 훼손될 위험에 대해 성경 말씀이 각 사람에게 주관적으로 전달될 때 성령의 감동과는 다른 방식의 조명(illumination)이 일어남을 지적해야 한다. 성령의 조명은 계몽주의 방식인 명제적인 차원에 국한되지 않고 인격적인 전체로서 사람을 찾아온다. 엠마오로 가던 제자들은 주님께서 풀어주신 말씀으로 "가슴이 뜨거웠으며" 바울의 책망을 받은 고린도 교인은 "하나님의 뜻대로 하는 근심" 덕에 회개할 수 있었는데 이는 말씀이 지성만이 아니라 정서와 의지에도 깊은 영향을 주는 전인적인 생명임을 알려준다. 계몽주의적 이성은 메마른 논리에 집착하며 전체로서의 사람을 소홀히하여 진리의 풍성한 생명을 온전하게 전달할 수 없다. 딤전 3:16은 전인적으로 감동된 하나님의 말씀을 염두에 두고 있다. 인격적인 하나님의 말씀은 지성과 정서, 의지의 모든 부분에 작용한다.

[51] "여호와의 영이 나를 빙자하여 말씀하심이여 그 말씀이 내 혀에 있도다"

시하는 구약의 구절을 제외하고 신구약은 저자의 인격을 보존하는 방식의 성령의 감동에 대한 증언을 제공한다(겔 3:14; 11:5). 감동의 구체적 이론이나 체계적 서술을 성경에서 찾을 수 없다는 것은 분명하지만,[52] 성경의 증언에서 신적-인간적 요소가 모두 살아있는 성령의 특별한 개입 양식은 확인된다. 마태복음 전반에 나타나는 "주께서 선지자로 하신 말씀"이란 전형적인 구약의 표현도 이중저작설을 뒷받침한다(마 1:22; 2:15, 17, 23; 3:3; 4:14; 눅 1:70, 행 1:16; 3:18; 4:25; 28:25).

기록으로 전환되는 과정에 나타난 성령의 특별 간섭을 영감(감동 inspiration)이라 칭한다. 바울은 "모든 성경은 하나님의 감동으로"(딤전 3:16) 되었다고 했는데 "감동으로 된"의 헬라어는 '떼오프뉴스토스'(θεόπνευστος)이다.[53] 이는 직역하면 '하나님에 의해 불어 넣어짐'(breathed out by God)의 의미이다. 아담에게 호흡(생명의 영)을 불어넣어 살아있는 존재가 되도록 하신 것은 하나님의 날숨이 아담에게는 들숨으로 존재한다는 의미이다(창 2:7). 그러나 루악(Ruach)의 불어 넣음이 아담으로 하여금 사람이 아닌 다른 무엇이 되게 하지 않고 생령이 되도록 한다. 마찬가지로 성령의 감동은 사람의 인격성 자체를 긍정하면서 하나님의 진리가 사람의 인격과 연합함으로 하나님의 뜻이 사람의 의도와 일치하여 기록으로 나타나도록 한다. 부활하신 주님이 제자들에게 '성령을 받으라'고 하시면서 성령을 주신 것은 성령이 성경(구약) 기록에 생명을 불어넣은 것과 유사한 맥락에서 이해된다.

성령의 인도 아래 언설된 사도들의 말은 하나님의 말씀과 동일한 권위를 가졌고 이는 영감의 이해에 빛을 던져준다. 베드로는 자신에 대한 거짓을 성령에 대한 거짓(행 5:3-4)으로 간주했고 바울은 자신의 가르침이 성령의 가르침(고전 2:13)과 주님의 말씀(14:37)이며 또한 그리스도께서 자신 안에서 직접 가르친다고 말했다(고후 13:3).

사도들은 다른 저자의 글을 하나님의 말씀으로 인정한다. 베드로는 바울

---

52) Bavinck, *Reforemd Dogmatics*, 422.
53) 이 헬라어 단어는 오직 여기서만 사용되었다.

의 모든 저작이 성경임을 인정하며 그렇게 함으로 자신의 저작이 성경임을 간접적으로 드러낸다(벧후 3:15-18). 바울은 디모데전서 5장 17-18절에서 구약 성경이 하나님의 감동으로 되었다고 선포하며 누가복음 10장 7절을 그대로 인용함으로 누가복음을 성경으로 인정했다.[54] 따라서 베드로와 바울로 대표되는 사도들과 성경 저자들은 예수 그리스도의 가르침과 생애, 행하심을 증언한 사도적 저작의 신적 기원을 알려준다. 베드로는 거짓 선지자들의 실체를 밝히고 나서 베드로후서 3장 1-2절에서 자신의 서신이 선지자의 예언과 사도들 속에 기억된 예수님의 말씀을 기억나도록 하는 의도로 쓰여졌다고 말한다. 그의 편지는 예수님의 말씀이 성령을 통해 새롭게 계시될 것을 일깨운다고 말함으로 구약 성경과 예수님의 말씀, 그리고 자신의 서신이 동일한 역할을 한다고 본 것이다. 교회는 "사도와 선지자의 터 위에" 세워졌으며, 말씀을 선포하고 기록하는 부름을 받은 선지자처럼 사도들도 예수 그리스도와 성령에 의해 부름을 받아 복음을 선포하고 기록하는 사명을 받았다(엡 2:20). 더 나아가 베드로는 바울의 저작이 신적 지혜로 된 것이며 바울의 모든 편지에도 베드로가 말한 것과 유사한 진리가 기록되었으며 바울의 저작이 다른 성경과 동일한 권위를 갖는다고 증거한다(벧후 3:15-16). 저자의 마음을 움직여 하나님의 뜻을 알리는 성령의 간섭은 말씀의 보존이라는 기록의 차원으로 나아간다.

바울은 에베소서 3장 2-5절에서 그리스도 안에서 '만민을 위한 복음'이 그리스도의 비밀이며 하나님의 계시로 이 사실을 알게 되었다고 말한다. 그는 진리가 서신으로 기록되었고 에베소 교회도 이미 알고 있다고 선포한다. 한 사건인 계시가 기록으로 전환되었다. 그는 "사도들과 선지자들에게 성령으로 나타내신 것"이라고 말하는데 선지자에게 성령으로 계시된 것이 사도들에게도 일어났음을 말하면서 구약 선지자와 신약 선지자인 사도를 같은 계시적 위치에 둔다.

성령의 진리는 아무런 강요 없이 인간 저자의 마음 깊이 들어와 진리의 생

---

54) Grudem, *Systematic Theology*, 61-2.

명으로 가득 채운다. 부담이나 갈등이 없이 평안과 진리의 확신 가운데 그는 하나님의 모든 뜻이 온전히 드러날 것을 확신하는 가운데 기록하고자 하는 강한 열망으로 말씀을 써 내려간다. 문체와 단어 선정, 개인적 특성, 독특한 경험과 삶의 이야기들, 연구 자료와 시대적 문화배경이 하나님의 뜻 안으로 수용된다. 성령의 간섭이란 사람을 속이거나 유혹하는 것이 아니라 사람의 전 인격이 하나님의 뜻 안으로 받아들여지는 내적 감동을 의미한다. 하나님은 한 사람의 전인격을 조금도 무시하거나 파괴하지 않고 그대로 보존하면서 하나님의 뜻이 선포되도록 한다. 인간 저자의 고유성은 하나도 상실되지 않으면서도 마음의 생각을 아시는 성령의 감동, 내주적 감동은 인간 저자의 고유성이 그대로 글에 반영되는 방식을 통하여 드러난다. 고로 성경 저자의 글은 하나님의 뜻이며 동시에 저자 자신의 것이다. 하나님은 사람의 이해의 수준으로 낮추어 말씀하시는데, 성육신의 연합처럼 성령은 인간 저자와 연합을 이루신다.[55] 성자 예수 그리스도께서 사람이 되신 것이 신성과 인성의 연합이듯이 성령 하나님은 인간 저자의 사유와 경험, 자료 선택과 문체를 변경하지 않으면서도 마음에 감동을 주어 하나님의 진리가 전달되도록 하셨다.

### 4. 성경의 무오성

하나님의 감동으로 된 성경은 만민을 위한 모든 시대의 진리라는 자증성을 갖고 있다. 성경은 하나님의 참되심을 반영한다(요 14:6). 하나님은 거짓이 없으신 진리의 하나님이시며 윤리와 약속, 형이상학적인 진리의 기초에 대해서도 역시 참된 분이시다. 따라서 진리의 하나님이 성경을 통해서 말씀하고자 의도한 모든 진술은 오류가 없는 진리이다.

이런 점에서 저자의 의도(authorial intention)는 대단히 중요하다. 성경이 진리라고 할 때 성령의 의도의 범위 안에서 선포된 말씀이 참이다. 저자의 의도와 불일치하는 진술이나 다른 내용을 설명하기 위해 언급된 내용은 진

---

55) 토마스 아퀴나스의 두 원인(primary cause & secondary cause)신학과 현대복음주의의 양립주의(compatibilism)는 동시적 두 원인의 신비를 인정한다.

리라고 볼 수 없다. 마귀의 언어나 "하나님이 없다"는 암시를 주는 시편의 언급은 그 자체로서가 아니라 저자의 의도를 드러내기 위한 진술에 포함된 것이다.

성경은 숫자적 정확성에 큰 관심을 갖지 않는 당대의 일상적 언어를 사용한다. 모순적으로 보이는 이집트 체류 기간이 400년인지 430년인지에 대한 진술을 갖고 과학적으로 평가하는 것은 무의미하다. 성경은 평상의 언어, 상식 수준의 이해, 시대적 이해가 베어든 언어를 그대로 사용하면서 영원한 진리를 선포한다. 예를 들어, '해가 동쪽에서 올라와 서쪽으로 진다'는 말은 기술 이성이 지배하는 이 시대에도, 심지어 전문 과학자조차도 사용하는 평상의 언어이다. 물론 과학에서 동서를 구별하는 것조차 인위적인 것임은 물론이다. 그렇다고 해서 주님의 말씀이 거짓으로 인정되지 않는 것은 주님의 진술이 당시에 적합한 언어였기 때문이다. 물론 시대의 변화로 인해 오늘 시대와는 상충될 수 있으나 그러한 시대적 배경의 말씀으로도 모든 시대를 위한 진리를 전하기에는 충분하다. 예수님의 언어는 현대의 기술적 과학의 언어가 아닌 것은 분명하며 계몽적/과학기술적 언어만이 삶의 진리를 표현하는 것은 아니다. 오히려 그러한 언어가 삶의 진리를 분명하게 전달하지 못할 때가 더욱 많다.

유한한 사람의 기록을 모든 시대의 진리로 인정할 이성적 객관적인 근거는 존재하지 않는다. 객관이란 말이 중립적인 위치에서 얻는 지식이나 누구나 동의하는 지식을 의미한다면, 그런 것은 그다지 많지 않다. 사람은 자신의 선이해와 죄로 인해 사실을 객관적으로 볼 수 없다. 기독교 신앙은 창조주 하나님의 역사적 계시를 믿는데, 예수 그리스도의 계시가 온전하다 해서 모든 사람이 창조를 인정하는 것도 아니며 창조의 순간을 본 것도 아니다. 독일의 레싱(G. L. Lessing)은 역사적 지식의 모호함 때문에 이성의 필연적 진리를 최상으로 여기는 계몽주의적 인식론을 주창했다.[56] 그러나 논리 실

---

56) "That is: accidental truths of history can never become the necessary truth of reason."(역사의 우연한 진리는 이성의 필연적인 진리가 되지 못한다)는 레싱의 금언은

증주의의 한계에서 볼 수 있듯이 수학적/논리적 사실만을 진리로 여길 수 없다. 삶은 그 이상이다.[57]

성경의 언어는 과학적 정확성에 큰 관심을 갖지 않는다. 일상의 언어, 사람 냄새가 진하게 나는 언어가 사람의 영혼에게 더욱 접근하기 좋다고 간주된다. 복음서의 시간과 장소 구성, 심지어 빨간 색으로 인쇄된 예수님의 말씀조차 예수님의 원 발설을 토씨 하나 틀리지 않고 그대로 옮겨놓은 것이 아니다. 주님은 아람어를 사용했으며 성경은 헬라어로 기록되었다. 또 복음서들에 있는 주님의 말씀은 그대로 읊조려야 할 만큼 정확히 같지 않다.

성경의 진리성과 해석에 있어서 해석학적 거리에 대해서 인지할 필요가 있다. 가다머가 말한 지평(horizon)의 관점에서 본다면 성경의 진술은 성경 저자의 시대/문화적 배경을 가진 채로 감동을 입었다. 이런 맥락에서 저자의 이해의 배경을 이루는 사유와 문화적 인식 도구들을 오늘날의 잣대로 적용하면 잘못 해석할 위험이 있다. 그러므로 에릭슨의 진술은 참고할만하다. "성경은 기록 당시의 문화와 소통 수단이 발전한 정도에 비추어 바르게 해석되고 또 주어진 목적을 염두에 두고 해석될 때 진술하는 모든 것은 완전히 참되다."[58] 성경의 역사적 배경과 저자의 고유한 배경을 이해하는 학문적 노력은 반드시 요구된다.

그러나 성경의 객관적/중립적/이성적 근거를 요구하는 것에 대해서 이성

---

계몽주의를 규정하는 매우 잘 알려진 말이다. Warren F. Groff and Donald E. Miller, eds., *The Shaping of Modern Christian Thought* (Cleveland: The World Publishing Company, 1968), 38.

57) 수학은 구체적인 현실에서 존재의 자리를 찾을 수 없다. 사유의 세계에서만 존재하는 수 개념을 물리 세계로 옮겨올 때에는 사실은 영역 위반인 셈이다. 현실에서 숫자와 논리를 사용하는 것은 사유의 세계로부터 빌려온 것이며 이 때의 숫자는 정확히 수학의 수가 아니라 유사 수의 형태를 갖는다.

58) Erickson, *Christian Theology*, 259. 원문은 다음과 같다. "The Bible, when correctly interpreted in light of the level to which culture and the means of communication had developed at the time it was written, and in view of the purposes for which it was given is fully truthful in all that it affirms." 261페이지의 말도 유사하다. "무오성을 말할 때, 성경이 당대의 문화에 대해 인정하는 것은 전적으로 옳다."

주의의 한계를 지적하는 것과 동시에 열린 태도를 지적할 수 있다. 하나님의 감동은 유한한 해석학적 배경을 품고 일어나는 것이다. 성경을 중립적 근거에서 판단하는 것은 하나님 나라의 완성이 이루어지기까지는 불가능하며 계몽주의적 이성이나 논리실증주의의 척도로는 더더욱 불가능하다. 만일 유한한 사람이 무한한 하나님을 결코 알 수 없다고 주장한다면 사람은 결코 하나님을 알 수 없어야 한다. 심지어 타인의 이해조차 불가능하며 어떠한 것도 알 수가 없어야 한다. 그렇다면 현재까지 발전된 동식물학이나 여타의 학문을 모두 부인해야 하는가? 성령의 영감에 대한 의심할 수 없는 증거를 제시해야 한다면 그런 것은 없다고 말하는 것이 바람직하다. 만일 성경 내에서 성령의 직접적인 언어로 기록된 말씀이 있다해도 그것을 그대로 받아들일까? 오히려 그 구절이 성령의 언설이라는 증거가 없다고 하지 않을까? 만일 하나님이 직접 나타나 말씀을 직접 쓰도록 했다고 한다 해도 그것을 신뢰할 수 있을까? 그렇게 나타난 분이 하나님인 것을 입증할 이성적 근거가 어디 있느냐고 하지 않겠는가? 하나님은 사람의 의심이 추호도 남지 않는 중립적인 이성적 근거를 제시하지 않는다. 그런 증거는 없으며 다만 모든 것을 의심하는 마음만 남을 것이다. 그러나 자신의 존재 자체도 의심하는 일은 결코 일어나지 않는다. 의심하는 자신은 철저히 존재하며 모든 사유의 최후 척도라고 믿고 있기 때문이다. 이런 믿음은 회개와 은혜에 의해서만 변화될 수 있을 뿐이다.[59] 다음의 말은 새겨둘만하다. "인간적인 방식으로 그것[성경]

---

[59] 더글라스 스패너는 성경의 영감을 부인하는 바톤(Barton)의 주장에 대한 흥미로운 변증을 소개한다. "My arms moves undeniably in accordance with known psysiological principles; but that does not make it nonsense to say that *it moves at the instance of my will*. The discharge of lightening also is undeniably in accordance with known physical principles; but *neither does that make it nonsense to attribute it to the Divine will.*" (의심의 여지 없이 내 손은 알려진 대로 생리학적 원리에 의해 움직인다. 하지만 그것 때문에 내 손이 내 의지에 따라 움직인다는 것을 부인하는 것은 터무니 없는 말이다. 번개가 내려치는 것 또한 의심의 여지없이 알려진 물리적 원리에 의한 것이다. 그러나 그 사실 때문에 (번개가) 하나님의 의지로 인한 것이라는 주장은 터무니 없는 것이 아니다. 본인 역) Douglas Spanner, "Men, Women and God" *Churchman* 108 Issue 2 (1994): 83; quoted in Carson, *The Gagging of God*, 157.

은 항상 지극히 높고 가장 거룩하며, 영원하고 보이지 않는 것들에 대해서 말하고 있다. 그리스도와 같이 그것은 인간적인 어떠한 것도 이상히 여기지 않는다. 그러나 그 때문에 그것 역시 인간을 위한 책이고 시대의 마지막까지 영속한다. 그것은 결코 노후하지 않는 옛 것이다. 그것은 항상 젊고 싱싱하며, 그것은 생명의 말씀이다. 하나님의 말씀은 영원히 남아 있다(*Verbum Dei manet in aeternum*)."[60]

## 5. 성경 해석

하나님의 진리는 사람을 변화시키는 생명의 능력을 품고 있다(요 14:6). 따라서 성경은 신자의 삶에 절대적이고 최종적인 권위가 된다. 성경의 특성은 우선적으로 복음의 진리에 관해 명료한 계시를 품고 있다(마 12:3, 5; 19:14; 22:31; 갈 1:2; 골 4:16).[61] 물론 이 말은 성경의 여러 부분에 있는 난해함을 부인하는 것이 아니다.[62] 그러나 이러한 난해함은 점차적으로 더욱 분명해질 것이며 어떤 부분은 완성의 순간까지 미지의 영역으로 남을 것이다(고전 13:12).

성경 해석에 있어서는 성령과 저자의 의도와 독특성, 저자의 선이해(혹은 역사적 배경), 언어적 배경(원어와 해석자의 언어)을 이해하는 노력이 필수적으로 요구된다. 성경 말씀의 지평과 해석자의 지평은 평행하며 해석자의 해석 작업에 의해서 의미가 도출된다. 하나님의 말씀은 진리이지만 우리 자신의 역사적 배경으로 인해 진리를 오해할 위험에 노출되어 있다.[63] 따라서 겸허해야 하며 이런 맥락에서 오랜 기간 입증된 자료들을 참고하여 성경을 해석해야 한다. 마치 이 시대가 모든 것을 알고 있다는 식의 태도는 대단히 오만하고 위험하다.

---

60) 바빙크, *개혁주의 교의학*, 574.
61) Grudem, *Systematic Theology*, 106-107.
62) Samuel E. Waldron, *A Modern Exposition of the 1689 Baptist Confession of Faith* (Durham, England: Evangelical Press, 1989), 46-50.
63) Grudem, *Systematic Theology*, 109.

우리 자신의 연약함 때문에 선배들의 자료를 참고하는 것과 성령의 도우심을 구하는 것은 성경 해석과 적용에 있어서 대단히 중요하다. 성경과 우리의 지평을 극복하는 융합은 저자인 하나님의 "지혜와 계시의 영"(엡 1:17)으로 인해 일어난다. "하나님을 사랑하는 만큼 하나님은 자신을 보여주신다"는 말은 대단히 옳다. 하나님의 계시는 하나님과의 소통에서 가장 잘 드러나며, 그래서 하나님의 은혜 앞에 엎드려야 한다.[64] 신학이 전통적으로 성령의 조명(illumination)이란 용어를 성경 해석에 사용한 것은 이미 계시된 성경의 진리를 오늘의 현실에서 이해할 때 반드시 요구되는 성령의 도움(비춤)을 강조하기 위한 것이다. 성경의 저자인 성령의 조명 없이 참되게 말씀을 이해할 수 없다. 그리고 참되게 해석된 말씀은 해석과 적용의 인위적인 이중 방식으로 나타나지 않는다. 참되게 해석된 말씀은 이미 그 자체로서 삶에 적용된 해석이다.

### 6. 실천을 위한 제언

1) 하나님을 아는 지식의 출처가 하나님께 있음을 아는 신앙은 하나님의 뜻을 구하는 열정과 헌신으로 나타나야 한다. 교회의 예배와 말씀 연구, 교제와 봉사, 기도와 삶의 실천, 하나님 나라의 역동적 활동은 하나님과의 안식과 생명을 경험하는 계기를 제공한다.

2) 우주와 역사는 하나님의 영광이 드러나는 무대이며 교회는 물질세계를 소중히 여겨야 한다. 하나님의 피조물로서 세계는 타락함에도 불구하고 하나님을 드러내는 도구이며 장차 그 안에 하나님의 영광이 완전하게 드러날 것이다.

3) 창조 계시와 구속 계시는 성경 안으로 포함되었다. 성경은 하나님의 호흡으로 된 하나님의 말씀이며 성경이 조명될 때 하나님의 말씀과의 소통이 이루어진다.

4) 따라서 성경을 알기 위해 힘써야 한다. 말씀에 대한 즉흥적인 태도나

---

64) Lewis and Demarest, *Integrative Theology*, 1: 168-69.

모든 것을 알고 있다는 과도한 확신은 위험하다. 말씀과 우리 사이의 거리를 인지하는 가운데 조심스런 연구가 이루어져야 한다.

5) 말씀은 들려져야 하며, 언제나 다시 새롭게 들려야 한다. 말씀을 3인칭의 대상으로 연구하는 것을 넘어서 우리에게 말씀하시는 하나님의 음성을 듣기 위해 기다려야 한다.[65] 헬무트 틸리케의 말처럼 하나님의 말씀은 2인칭인 '당신'으로 우리를 찾아와야 한다.

6) 성경은 오직 예수 그리스도를 통한 생명의 길만을 제시하며, 교회는 그리스도 안에서 성부와 성자의 위격적 연합을 풍성하게 경험한다. 하나님을 안다는 것은 그리스도 예수를 아는 것이며, 그리스도를 아는 것은 곧 삼위일체 하나님을 아는 것이다. 교회의 목표는 삼위일체 하나님의 영광스런 나타남이다.

---

65) 하나님의 음성이란 내적 조명이나 직접적인 음성을 듣는다는 말이 아니다. 하나님의 음성이란 언제나 말씀을 통해서 들려지는 것이다. 간혹 마음이 스스로 부여한 심상이나 신비한 음성을 말씀으로 간주하는 것은 대단히 위험하고 분별력이 필요하다. 말씀을 하나의 대상으로 간주하는 태도를 넘어서 찾아오셔서 말을 거는 하나님을 경험해야 한다. 우리가 말씀을 지배하며 해석해야만 말씀이 되는 듯한 태도는 바람직하지 못하다.

## 참고문헌

낸시 피어시. *완전한 진리*. 홍병룡 역. 서울: 복있는사람, 2006.

노르만 가이슬러. *종교철학개론*. 위거찬 역. 서울: 기독교문서선교회, 1983.

다니엘 L. 미글리오리. *조직신학입문: 이해를 위한 신앙*. 이정배 역. 서울: 나단, 1994.

레이몬드 설버그. *신구약 중간사*. 김의원 역. 서울: 기독교문서선교회, 1984.

루이스 벌코프. *조직신학*. 권수경.이상원 역. 상권. 서울: 크리스천다이제스트, 2000.

마르바 던. *안식: 그침, 쉼, 받아들임, 향연*. 전의우 역. 서울: 한국기독학생회출판부, 2001.

마이클 호튼. *개혁주의 기독교세계관*. 윤석인 역. 서울: 부흥과개혁사, 2010

스탠리 그렌즈. *조직신학: 하나님의 공동체를 위한 신학*. 신옥수 역. 서울: 크리스천다이제스트, 2003.

아브라함 허셀. *안식: 시간속의 지성소*. 서울: 성광사, 1981.

안토니 후크마. *개혁주의 인간론*. 류호준 역. 서울: 기독교문서선교회, 1990.

알리스터 맥그래스. *우주의 의미를 찾아서*. 박규태 역. 서울: 새물결플러스, 2013.

에밀 부르너. 칼 바르트 지음, *자연신학: 에밀 부르너의 "자연과 은혜"와 칼 바르트의 "아니오!"* 김동건 역. 서울: 한국장로교출판사, 1997.

유세비우스. *유세비우스의 교회사*. 엄성옥 역. 서울: 은성, 2003.

윌리암 뎀스키. *지적 설계*. 서울대학교 창조과학연구회 역. 서울: 한국기독학생회출판부, 2002.

윌리엄 S. 라솔 외 2인 공저. *구약개관*. 박철현 역. 서울: 크리스천다이제스트, 2009.

코넬리우스 반틸. *개혁주의 신학서론*. 이승구 역. 서울: 기독교문서선교회, 1995.

헤르만 바빙크. *개혁주의 교의학*. 김영규 역. 1권. 서울: 크리스천다이제스트, 1996.

_____. *하나님의 큰일*. 김영규 역. 서울: 기독교문서선교회, 1994.

Ashford, Bruce Riley and Keith Whitefield. "Theological Method: An Introduction to the Task of Theology" in *Theology for the Church*, edited by Daniel Akin. Rev. ed. Nashville: B&H, 2014.

Augustine. *Confessions*. Translated by Henry Chadwick. Oxford: Oxford University Press, 1992.

Behe, Michael. *Darwin's Black Box: The Biochemical Challenge to Evolution*. New York: Touchstone, 1996.

Berkhof, Louis. *Systematic Theology*. New Combined ed. Grand Rapids: Eerdmans, 1996.

Carson, D. A. *The Gaging of God: Christianity Confronts Pluralism*. Grand Rapids: Zondervan, 1996.

Collins, Francis S. *The Language of God: A Scientist Presents Evidence for Belief*. New York: Free Press, 2006.

Dembski, William A. *Intelligent Design: The Bridge between Science and Theology*. Downers Grove, IL: IVP, 1999.

DeRoiser, David. "The Turn of the Screw: The Bacterial Flagellar Motor," *Cell* 93 (April 3, 1998): 17-20.

Flew, Anthony. *There Is A God: How the World's Most Notorious Atheist Changed His Mind*. New York: HarperOne, 2007.

Groff, Warren F. and Donald E. Miller. *The Shaping of Modern Christian Thought*. Cleveland: The World Publishing Company, 1968.

Lewis, Gordon R. and Bruce A. Demarest. *Integrative Theology*. Grand Rapids: Zondervan, 1996.

Grudem, Wayne. *Systematic Theology: An Introduction to Biblical Doctrine*. Leicester: IVP, 1994.

Erickson, Millard J. *Christian Theology.* 2nd ed. Grand Rapids: Baker, 1998.

Henry, Carl F. H. *God Who Speaks and Shows.* Vol. 2.1 of *God, Revelation and Authority.* Wheaton, IL: Crossway, 1999.

Horton, Michael. *The Christin Faith: A Systematic Theology for Pilgrims on the Way.* Grand Rapids: Zondervan, 2011.

Lohse, Eduard. *The Formation of the New Testament.* 3rd ed. Translated by M. Eugene Boring. Nashille: Abingdon, 1981.

Pannenberg, Wolfhart. *Systematic Theology.* Vol. 1. Translated by Goffrey W. Bromiley. Grand Rapids: Eerdmans, 1988.

Spanner, Douglas. "Men, Women and God." *Churchman* 108, no. 2 (1994): 101−118.

Waldron, Samuel E., *A Modern Exposition of the 1689 Baptist Confession of Faith.* Durham, England: Evangelical Press, 1989.

Williams, Rowan. "The Bible." in *Early Christianity: Origins and Evolution to A.D. 600*, edited by Ian Hazlett. Nashville: Abingdon, 1991.

# 3장
# 신론
(하나님의 존재와 활동)

# BAPTIST SYSTEMATIC THEOLOGY

# 3장. 신론(하나님의 존재와 활동)

조용수

## I. 전체 개요

하나님의 자기 계시는 그리스도 예수 안에서 계시된 삼위일체 하나님에게서 가장 선명하게 드러났다. 하나님을 안다는 말은 이런 하나님과의 인격적 관계형성을 의미한다.[1] 또 하나님의 존재와 사역은 서로 연결되어 있으며 삼위일체의 내적 교통의 충만함은 외적 활동인 창조와 섭리로 확장된다. 즉 하나님의 내적 교제의 방식은 외적 창조와 창조의 지속적 활동의 근거가 된다.

대부분의 조직신학(교의학) 교재는 속성을 먼저 다루고 삼위일체를 이후에 다루는 반면, 오토 웨버(Otto Weber)는 삼위일체 교리를 먼저 다룬다. 그는 삼위일체 신앙을 전제하지 않는 속성론이나 존재론은 불가능하며 만일 하나님에 대한 일반적(일반 계시적) 개념으로 시작한다면 은혜 없이 사유된 신적 개념은 하나님에 대한 참 지식이 아니라 우상숭배와 같다는 바르트의 입장을 받아들인다.[2] 웨버의 방법론은 스콜라신학의 속성론을 고려할 때 유익한

---

[1] Millard J. Erickson, *Christian Theology* (Grand Rapids: Baker, 1998), 291.
[2] Otto Weber, *Foundations of Dogmatics*, trans. Darrell L. Gudder, Vol. 1 (Grand Rapids: Eerdmans, 1981), 350-353. 이 경구는 조심스럽게 수용되어야 한다. 창조에서 얻는 신지식은 신적 선하심의 반영이나 그 자체로는 결코 참 지식을 형성할 수 없다. 인간의 타락한 마음은 일시적으로 하나님에 대한 지식을 인정하나 곧바로 마음에서 밀어낸다. 웨버는 슐라이어마허가 삼위일체를 교회적인 틀에서 형성되었으며 기독교인의 근본의식이 아니라 여러 가지의 근원적 의식을 복합적으로 연결시킨 것이란 주장에 반대한다. 슐라이어마허와 반대로 삼위일체는 사변이 아니라 오히려 사변을 막는 참다운 기독

부분이 있으나, 속성론으로 시작하는 좋은 신론도 있으므로 좀 지나친 우려라 볼 수 있다.[3]

## II. 하나님의 존재와 본성

하나님의 계시는 곧 자기 계시이며 계시의 주체이신 하나님은 계시의 내용이 된다. 고전적 신학에서 신학(theology)이란 하나님에 대한 것이며 이 정의는 옳은 것이다. 성경은 하나님만이 아니라 창조와 사람의 기원과 본성, 죄와 그리스도의 구속, 성령의 인도에 따른 교회와 하나님 나라의 시작과 완성 등을 가르치지만 신앙은 궁극적으로 하나님에 대한 앎이다(롬 11:36). 참된 의미에서 기독교적 신지식이란 성자 예수 그리스도 안에서 계시되고(요 5:39; 14:9-11), 성령 안에서 우리의 것이 된 삼위일체 하나님에 대한 앎이다(요 16:13-15).

### 1. 해석적 고려사항

성경으로부터 하나님의 속성을 도출하는 몇 가지 중요한 해석학적 요구사항이 있다. 첫째, 성경의 명료성은 성경의 심오함과 조화를 이루어야 한다. 성경이 명료하다는 말은 모든 차원을 포함한 단순함(simple)이다. 속성론이란 단지 유사한 단어를 추출하여 미리 정해진 결론에 따라 조직하는 것이 아니다. 하나님의 속성은 단순한 멜로디로 구성되었어도 깊은 인상을 주는 음

---

교적 계시로 이해하여 하나님에 대한 지식을 삼위일체에서 얻으려고 한다.
3) 바빙크는 삼위일체의 계시를 충분히 인지하면서도 속성론을 먼저 다루는 전통적 방법을 따른다. 그는 삼위일체의 중요성을 이렇게 말한다. "The God of revelation is not an abstract 'monad' but the true and living God, who in the infinite fullness of his life contains the highest diversity."(계시의 하나님은 추상적 단자가 아니라 참되고 살아계신 하나님이다. 그분은 생명의 충만함에서 최상의 다양성을 보유하신다.) Herman Bavinck, *Reformed Dogmatics*, Vol. 2: God and Creation, ed. John Bolt, trans. John Vriend (Grand Rapids: Baker, 2004), 261.

악과 유사하다. 단어나 한 부분이 아니라 성경 전반의 직접적 자료와 추론적 자료를 모두 포함하여 전체적인 판단을 내려야 하는 주의성을 요구한다. 둘째, 하나님의 본성(nature)과 속성(attributes)은 구별해야 한다. 본성을 아는 것은 삼위일체의 내부적인 지식이며 우리에게는 그러한 능력이 없다. 우리는 하나님이 자신을 이해하는 정도로 하나님을 알 수 없다. 하나님의 존재는 피조물인 우리에게는 신비의 차원에 속하기 때문이다. 허락된 하나님에 대한 앎은 하나님의 계시에 의한 것이며 계시에서 드러난 하나님의 성품을 흔히 속성이라는 말로 구별한다. 하나님의 속성이란 우리를 향한 하나님의 자기 여심을 뜻하며 본성과는 동일하지는 않으나 본성을 아는 올바른 길과 범위를 알려주는 지식을 의미한다.[4] 셋째, 개별적 속성는 언제나 다른 속성을 전제하고 조화를 이루는 유기적 특성을 갖는다. 하나님의 한 속성은 다른 속성을 자연스레 함축하며 서로를 지시한다. 만일 한 속성이 다른 속성과 모순되는 모습을 보인다면 이해의 부족함 때문이지 하나님의 속성이 모순적인

---

4) James Boyce (2010-04-04). *Abstract of Systematic Theology* (p. 11). Kindle Edition. 하나님의 모든 속성은 아리스토텔레스의 논리를 적용한다면 필연적(essential) 속성이며 우연적(accidental) 속성은 하나도 없다. 하나님에게는 우연한 것이 없으며 피조물을 위해서 우연한 속성을 허락한 것도 아니다. 모든 속성은 본성에서 나온 계시이다. 제랄드 브레이와 헤르만 바빙크, 마이클 호튼, 존 파인버그는 본성과 속성의 연관성을 유비라는 관점에 따라 구별한다. 브레이의 신론이 갖는 장점은 여타의 신론이 하나님의 유일성을 바탕으로 서술해 나가는 것에 반해 처음부터 하나님의 본성과 위격을 함께 고려하는 방식을 택했다는 점이다. 그는 칼뱅이 본성보다 위격을 우선했다고 이해하며, 이에 따라 그는 본성적 속성을 비공유적 속성으로 위격적 속성을 공유적으로 분류한다. 그러나 문제는 본성만이 아니라 위격조차도 하나님의 본성에 해당된다는 것이다. 즉 위격이란 터툴리안의 생각과 다르게 하나님의 본래적 구별이며 이런 위격적 구별을 피조물과 공유한다는 사유 자체가 의문스럽다. 모든 속성은 어느 정도 비공유적이며 공유적이다. 속성을 파악하는 것은 언제나 피조물의 관념과 실재, 혹은 경험에 근거하지 않으면 결코 이해할 수 없는 것이다. 만일 위격적 속성만 공유된다면 위격적 속성의 인격적 특성은 본성에 비해 부차적인 것이 될 수밖에 없다. 영원한 때부터의 위격적 구별에서 나온 성품만 피조물과 공유되는 속성이 되면 영원에서의 위계질서를 피하기 어렵다. 브레이는 에릭슨처럼 위격적 동등성을 누구보다도 강조한 학자임에도 그의 서술방식은 이런 의문을 피해가기 어렵게 한다. 존 파인버그의 설명은 좀 나은 것으로 보인다. 참고. John S. Feinberg, *No One Like Him: The Doctrine of God*, Foundations of Evangelical Theology, ed. John Feinberg (Wheaton, IL: Crossway, 2001), 233-235.

것은 아니다. 하나님은 자신의 존재를 완전히 파악하시며 이해하는 그대로 드러내며 또 일한다. 마지막으로, 모든 하나님의 속성은 공유적(communicable)이며 동시에 비공유적(incommunicable)이다. 헤르만 바빙크는 공유적 속성조차도 비공유적이라 했는데 이는 정당한 말이지만 비공유적 속성조차도 어느 정도 공유적이라는 점도 인정되어야 한다. 아무것도 공유할 수 없다면 이해할 수 있는 것이 없다. 이해는 공통성을 바탕으로 일어나는 것이기 때문이다.

### 1) 자존(aseity)[5]

하나님은 피조물과 달리 스스로 존재하는 분이며 하나님의 존재와 생명은 근본적으로 독립적이다. 하나님은 누군가의 도움이나 알 수 없는 힘, 혹은 외부적 요인에 의해서 자신의 존재를 획득한 피조물이 아니다. 굳이 하나님의 존재하심에 대한 근거를 찾아야 한다면 자신이 존재의 이유가 되는 분이라 이해할 수 있다. 피조물은 자신 안에 존재와 생명의 근거를 갖지 않는데[6] 반해 하나님은 생명 그 자체이다(요 1:4; 5:26).[7] 이 속성으로부터 우리는 신적 독립성과 영원성을 생각할 수 있으며 전지성과 전능성, 불변성(immutability), 심지어 편재성의 속성도 함께 고려할 수 있다.[8] 하나님은 외부적 힘이나 조건에 의지하지 않는 독립적인 분이며, 스스로 존재하는 분이므로 영원하며,

---

5) 자존성을 의미하는 영어 단어인 'aseity'는 라틴어의 'a'(from)와 자신을 뜻하는 'se'(itself)의 결합어이며 '그 자신으로부터의'의 뜻을 갖고 있다.
6) 진화론은 존재의 근거를 우연성에서 찾는다. Stephen Hawking이 대폭발가설(big bang)을 바탕으로 무로부터 유의 가능성에 대해서 말했는데 그런 것이야말로 증명 불가능한 것이다. 만일 무에서 유가 형성된다면 무엇이든 가능하며 그러한 차원에서 존재하는 것과 존재하지 않는 것의 차이는 무의미하며 삶이란 아무것도 알 수 없는 그런 무의미의 우연한 조합에 불과하다.
7) J. M. Pendleton, *Christian Doctrines: A Compendium of Theology* (Philadephia: American Baptist Publication Society, 1945), 43. "아버지께서 자기 속에 생명이 있음 같이 아들에게도 생명을 주어 그 속에 있게 하셨고"(요 5:26).
8) 존 파인버그는 자존성이 독립성, 신적 주권과 잘 연결된다고 생각했다. Feinberg, *No One Like Him*, 240.

자신의 모든 것을 스스로 갖고 계시기 때문에 전지하고 동시에 전능하시다. 심지어 공간조차도 하나님과 독립적이지 않으므로 어디에나 임재하신다.

신적 자존성(독립성)은 창조주-피조물이라는 관계 속에서 더 잘 이해된다. 요한은 말씀이신 성자 예수 안에 생명이 있으며 이 생명은 사람들이 어둠에 있지 않는 참 생명이라고 말한다(요 1:4). 하나님 안에 생명이 있다는 말은 하나님이 생명 그 자체임을 뜻하며 이 생명은 성자 예수 안에도 있다. 생명 그 자체이신 하나님은 심판의 권세를 가지며 죽음에서 살리는 부활의 능력이 된다. 하나님은 다른 힘에 의존하지 않고 오로지 자신만의 생명으로 심판과 부활, 생명이 되심으로 스스로 모든 것의 근원이 되는 존재이다. 바울에 의하면 하나님의 생명은 피조물과 철저히 구별된다. 하나님만이 참된 의미에서 (영원한) 생명이며 그래서 "오직 그(하나님)에게만 죽지 아니함이 있고 가까이 가지 못할 빛에 거하시고 아무 사람도 보지 못하였고 또 볼 수 없는" 분이므로 마땅히 하나님께 "존귀와 영원한 권능"을 돌려야 한다(딤전 6:16). 아레오바고에서 바울 사도는 하나님이 피조물과 근본적으로 다름을 지적하고(행 17:24), 하나님은 자신의 존재 안에 완전한 만족이 있으며 오히려 피조물이 하나님으로부터 모든 것을 부여받고 있다고 말한다(25, 28절). 우리는 하나님을 더듬어 찾아야 하는 반면 하나님은 각 사람에게서 멀리 있지 않으나 우리와는 전적으로 다른, 스스로 계시는 분이다(27절). 그러므로 하나님을 어떤 사물이나 존재로 형상화할 수 없다. 하나님은 피조물과는 질적으로 다른 분이기 때문이며 피조물은 오직 하나님으로부터 모든 것을 얻는 존재이다. 하나님은 생명의 창조주가 되시며 가까이 오시고 모든 필요를 공급하시는 분이지만 우리는 하나님께로 갈 수 없으며(딤후 6:16) 하나님의 필요를 채울 수 없다. 존재에 관한 한 하나님과 인간은 결코 상호교통적(bilateral)이지 않으며 오직 하나님으로부터 우리에게 오는 한 방향의 운동만이 존재한다.[9]

---

9) "이는 만물이 주에게서 나오고 주로 말미암고 주에게로 돌아감이라 영광이 그에게 세세에 있으리로다"(롬 11:36). 사람에게서 아무것도 받지 않는 하나님은 사람이 돌리는

자존성에 대해 전통적인 근거 구절로 인용된 출애굽기 3장 14절의 "나는 스스로 있는 자니라"(여호와)는 의심과 논쟁의 출처가 되었다. 헤르만 바빙크조차 이 구절은 하나님의 언약적 신실함을 말하는 하나님의 이름으로 이해한다.[10] 이 주장은 분명 일리가 있는 말이다. 그러나 하나님은 모세에게 "아브라함, 이삭, 야곱의 하나님" 즉 언약의 하나님임을 상기시키는데 모세는 바로 이 말에 두려움으로 얼굴을 가렸다. 경배와 영광을 받기에 합당한 하나님은 이스라엘과의 언약을 잊지 않는 신실한 분이며 이스라엘의 고통을 인격적으로 알고 느끼며 동시에 구원하는 은혜를 주시기 위해 오셨다. 이스라엘에게 소개할 하나님의 이름을 묻는 모세에게 주어진 답은 "자존하는 하나님이 모세를 보냈다"였는데, 그 이유는 이스라엘의 하나님은 스스로 계시는 초월적인 하나님이며, 이로 인해 이스라엘의 언약에 충실할 수 있는 하나님이라는 것이다. 스스로 존재하시는 분은 증명을 필요로 하지 않는다. 그래서 성경의 진술은 하나님의 존재에 대한 물음이나 답이 아니라 하나님의 창조에 대한 것이다. 하나님의 존재하심은 전제된다.

### 2) 영원(Eternity)

하나님의 영원은 피조물의 시간과 관련하여 규정되는 신적 속성이다. 시간과 연계하여 영원을 고려하는 방식은 자존성의 교리 도출과 유사하다. 시간이 피조물의 근본적인 존재양식이라면,[11] 영원은 창조주 하나님의 존재양

---

영광은 받으신다. 그러나 이것은 마치 없는 것을 받아서 풍성하게 되는 그런 차원이 아니라 지으신 피조물에 대해 계획한 하나님의 종말론적 영광을 의미한다. 창조는 신적 영광으로 인한 것이며 구속과 완성된 세계도 하나님의 영광으로 돌려지는데 이때 완성되는 순간의 영광과 창조 때의 영광은 차이가 있다. 완성의 영광은 미래적으로 의도된 창조의 영광이 피조물 안에서 환하게 빛나는 차원을 의미한다(계 4:11; 21:5-6, 22-27).
10) 이 구절을 자존성의 근거로 사용하기를 주저하는 이유는 현대의 연구 결과에 따른 것이기도 하지만 보다 큰 이유는 자존성을 단지 철학적 사유로 국한하는 위험 때문이다. 결과적으로 하나님의 속성을 추상적인 관념으로 여기는 서구사상이 세워졌다. Timothy George, "The Nature of God: Being, Attributes, and Acts," in *A Theology for the Church* ed. Daniel A. Akin, rev. ed (Nashville: B & H Academic, 2007), 193.
11) 존재양식이란 말은 칸트처럼 단지 시공간의 형식을 의미하는 것이 아니라 실제적인

식을 규정한다. 시간과 영원을 규명한다는 것은 대단히 어렵다. 시간 자체를 규정하기도 쉽지 않지만 성경의 언어가 하나님의 영원이 무시간적(timeless eternal)인지 혹은 시간적 영원(sempiternal/everlasting)인지를 명확히 제시하지 않기 때문에 더욱 힘들다.[12] 피조물의 시간은 과거와 현재와 미래로 구별되며, 죄와 죽음을 고려한다면 사람에게 허락된 시간은 제한되어 있다. 그러나 하나님은 홀로 죽지 아니하며 가까이 못할 빛에 거하시는 분이시다(딤 6:16; 1:17 참고). 하나님은 세상이 존재하기 전에도 영원히 하나님이시며(시 90:2) 천년의 시간도 순간에 불과하다(4절). 하나님은 세상의 알파(처음)와 오메가(마지막)이며(계 1:8; 22:13; 창 1:1; 요 1:1) 하나님의 인자와 성실은 영원하다(시 100:5; 창 21:33; 신 33:27). 하나님은 "전에도 계셨고 이제도 계시고 장차 오실자"(계 5:8)이며 피조물의 모든 시간을 품고 계시며 모든 시간의 주

---

존재양식을 의미한다. 칸트는 순수이성비판의 선험적 원리론에서 시공간은 피조물의 근원적 형식이며 오직 이런 형식 안에서, 그리고 이 형식을 파악하는 정신의 인지 속에서만 존재하는 사물이라고 규정한다. 만일 정신이 존재하지 않는다면 이 형식은 무의미한 것이다. 어쩌면 정신 속에서만 존재하는 추상적 사물에 불과하다고 이해될 수 있다. [참고 I. 칸트, *순수이성비판*, 최재희역 (서울: 박영사, 1992), 73-95] 정신의 인지함이 없는 시간이란 무의미하다. 그러나 성경은 정신 속에서만 존재하는 물질이 아니라 정신을 비롯한 모든 물질세계를 만드셨다고 가르친다. 정신조차도 인간이 존재하지 않는 한 존재하지 않는다. 정신과 물질은 구별되는 피조물이다. 정신을 물질세계와 독립된 사물로 여길 수 있으나 정신이 독립적으로 존재한다는 관념론은 정신과 하나님을 영원히 공존하는 것으로 여기는 위험에 빠진다. 숫자나 논리적 관념은 영원히 하나님과 함께 한다는 주장이 바로 그것이다. 피조물의 지식체계의 근원을 이루는 것들은 영원하지 않다. 어린아이가 수의 관념을 인지하기 시작하는 초기에는 기초 공식을 따라 계산을 하지만 인지 능력이 확대되면 단순 계산을 하지 않고 경우에 따라서는 직관적으로 계산한다. 암산 능력이 탁월한 사람은 기본 공식을 넘어 한 번에 답을 산출한다. 이를 적용하면 하나님의 지식은 피조물의 방식과 다른 차원의 사유에 근거한다. 따라서 피조물의 가장 근원적인 영역으로 여겨지는 (선험적) 관념조차도 창조로 주어진 것이라 볼 수 있다. 수적/논리적 인식과 이론들은 세계와 함께 창조된 것이다. 그래서 성경은 "하나님을 보이는 것과 보이지 않는 것의 하나님"으로 선언한다(골 1:16). 고린도후서 4장 18절의 "보이는 것은 잠깐이요 보이지 않는 것은 영원함이라"는 말은 종말론적 완성을 의미한다.

12) 어거스틴은 이 어려움을 잘 알고 있었다. 그는 자신이 시간을 알고 있으나 누군가가 시간이 무엇이냐고 묻는다면 모른다고 말할 수밖에 없었다. Augustine, *Confessions*, trans. Henry Chadwick (Oxford: Oxford University Press, 1992), 230.

님으로 임재하신다. 시간을 초월한 존재로서 모든 시간을 섭리의 방편으로 사용하시기에, 하나님은 과거와 현재와 미래의 주님으로 계신다.

성경 구절만으로는 하나님의 영원의 성격을 규명하기란 대단히 어렵다.[13] 존 파인버그는 신적 영원에 관한 구절을 검토한 후에 영원의 시간성을 결정할 수 없다는 입장을 취한다.[14] 무엇보다도 신적 영원을 해부한다는 것은 하나님을 완전하게 안다는 말과 같은 어려움과 마주하는 것이다.[15] 영원은 하

---

13) 하나님의 무시간성을 지지하는 사람으로는 Boethius, Augustine, Paul Helm, Kretzmann and Stump, Brian Leftow 등이 있으며 시간적 영원을 지지하는 사람으로는 William of Ockham, Richard Swinburne, William Lane Craig, Nicholas Wolterstorff 등이 있다. 하나님의 무시간성에 대한 초보적인 논의를 알려면 그루뎀의 책을 보라. 이 논쟁에 대해서는 다음의 책을 참고하라. Grudem, *Systematic Theology* (Grand Rapids: Zondervan, 1994), 169-174; Paul Helm, *Eternal God: A Study of God without Time*, 2nd ed. (Oxford: Oxford University Press, 2011); Gregory Ganssle, *God and Time: Four Views* (Downers Grove, IL: IVP Academic, 2001); William Lane Craig, *Time and Eternity: Exploring Gd's Relationship to Time* (Wheaton: Crossway, 2001); 조용수, "위르겐 몰트만의 에오닉 영원과 대안으로서의 영원한 성장," 조직신학논총 14집 조화와 모색 II (2005): 134-149. 본인은 어거스틴의 사상을 수정한 Paul Helm의 시간-영원이해에 동감하면서, 동시에 바르트의 시간의 주님의 개념, 그리고 닛사의 그레고리의 영원한 진보사상을 통합한 포괄적인 시간-영원의 관계를 도출하고자 했다. 하나님은 무시간적이나 동시에 모든 시간의 주님이며 변화하는 시간의 구조 안에서 사람과 세계에 정체성을 부여하는 귀속점으로서의 하나님의 영원으로 존재한다. 동시에 몰트만의 미래적 시간의 개념을 수정하여 그레고리적 모델에다 조정시켰다. 피조물의 순차적 시간은 그 고유성을 상실하지 않으면서도 영원과 교제를 즐기는 두 관점(two perspective) 모델로 이해했는데 이를 도식으로 그린다면 수직축을 휘감아돌며 위로 올라가는 나선형(spiral)과 유사하다. 영원의 수직축을 중심으로 원점에서 회전하면서 상승하고(평면적 시각에서는), 영원의 축 위에서 볼 때에 피조물의 영원한 시간은 부활의 첫 순간으로부터 영원의 축을 중심으로 영원히 옆으로 확장되어 간다. 따라서 평면의 관점이든 위에서 내려보는 관점이든 피조물의 시간은 언제나 영원의 축을 중심으로 고정되어 있지 않고 상승과 확장을 계속한다. 하나님에 대한 앎은 중단되지 않는 영원한 운동인데, 하나님의 영원이란 다함이 없는 풍성함으로 시간에 생명과 앎의 기쁨을 제공하기 때문이다. 헤르만 바빙크가 언급한 한 문장으로부터 이 수학적 도식의 단서를 얻었다.
14) Feinberg, *No One Like Him*, 255-264.
15) Michael Horton, *The Christian Faith: A Systematic Theology for Pilgrims On the Way* (Grand Rapids: Zondervan, 2011), 254.

나님의 존재양식이며 피조물의 양식은 시간의 근원적인 구조 안에 들어있다는 차이를 인식한다면 이 어려움은 어느 정도 이해될 수 있다.[16]

### 3) 편재(Omnipresence)

편재성 교리는 하나님의 공간적 초월성과 내재성을 함께 표현한다. 이 교리에 의하면 하나님의 임재 밖에 존재하는 사물이 없으며, 만일 무엇이 신적 임재 외부에 있다면 그것은 하나님과 독립적인 것이 된다. 하나님을 자신의 땅에 모실 집을 건축하려 했던 다윗에게 하나님은 말씀을 순종하면 백성이 따르는 목자가 되며 하나님의 도우심을 경험할 것이라고 말씀하셨다(대상 17:6-14). 솔로몬은 이 사실을 잘 알았고 "누가 능히 하나님을 위하여 전을 건축하리요 하늘과 하늘들의 하늘이라도 주를 용납지 못하겠거든 내가 누구관대 어찌 능히 위하여 전을 건축하리요"(대하 2:6)라고 고백했다. 하나님은

---

16) 그러나 적어도 성경의 여러 부분에서 시간을 초월한 영원의 개념을 추론할 수 있다. 천사의 존재는 죄의 여부와 상관없이 지속적으로 존재하지만 성경은 천사에 대해 영원하다고 말하지 않는다(물론 성경이 침묵할 수도 있다). 시간의 지속성(duration)이 영원함과 필연적으로 연계되지는 않는다. 종말은 시간에 하나의 실마리를 제공한다. 종말의 순간은 모든 시간을 하나님 앞으로 모으는 모든 시간의 시간이다. 창조의 마지막 날인 재림의 순간은 성경에 의하면 '날 중의 날'(day of days)이며 모든 시간은 밤이 되고 아침이 되지만 영원의 순간이 오면 어린 양이 친히 해가 되어 빛이 쓸데없는 영원의 아침이 된다. 재림의 순간은 단지 역사의 한 날이 아니며 역사의 모든 시간을 그 앞으로 모으는 시간이다. 역사의 다른 시간에 존재했던 각 사람들이 종말의 한 순간에 다시 선다는 것은 모든 시간이 영원 앞에 동시적으로 모이는 것이다. 이것은 시간적 존재로서는 불가능하며 시간의 주요 구원주만이 할 수 있는 능력이다. 시간을 초월한 영원은 모든 시간을 그 앞으로 불러 모을 수 있다. 시간이 피조물의 존재양식이듯이 영원도 하나님의 존재양식이며 하나님의 속성과 일치하는 방식이어야 한다. 시간을 창조하고 구속하며 영원하게 하여 하나님의 영원과 영원한 교제를 갖도록 하는 능력은 시간-초월적 영원에서 온다. 최근 물리학도 두 관점과 가까워지고 있다. 스티븐 호킹은 빅뱅이론과 아인슈타인의 상대성이론에 근거해서 시공간이 무로부터 빅뱅에서 형성되었다고 본다. 그는 시작없는 시작을 말한 것이다. 흥미롭게도 이 주장은 어거스틴이 고백록에서 말한 시작점 없는 시간의 시작을 창조주의 영원에서 풀어내는 것과 유사하다. Stephen W. Hawking, *A Brief History of Time: From the Big Bang to Black Holes* (London: Bantam, 1933), 8, 116. 폴 헬름도 어거스틴과 호킹을 연결시킨다. 참고. Paul Helm, *Faith and Understanding* (Grand Rapids: Eerdmans, 1997), 88-94.

피조물처럼 물질세상의 한 공간에 거주하지 않으며 오히려 우리를 위해 공간을 만드신다(사 66:1; 행 7:48; 17:24; 왕상 8:27). 세상에서 하나님의 임재를 피할만한 도피처는 없다(렘 23:23, 24; 행 17:27). 시편기자는 "내가 주의 신을 떠나" 피할 곳이 없으며 "하늘"과 심지어 "음부"에 있어도 그러하며 바다 끝에서도 어둠 안에 있어서 하나님 앞에 있다고 고백할 수밖에 없었다. 피조물은 어디에 있더라도 하나님의 임재 앞에 있으며(코람데오, coram deo) 심지어 죽음조차 하나님을 피할 수 없다. 그래서 예수님은 나사로가 있는 죽음의 영역을 당신 앞에 두고 나사로를 불렀으며 죽음의 감옥조차도 주님의 임재 앞에 나사로를 내어놓는다(요 11:43-44). 요나는 하나님을 피해 다른 곳으로 갔으나 결국 풍랑과 물고기 뱃속에서 하나님과 대면한다(욘 1-2장). 하나님은 한 장소에만 국한되지 않으시며 동시에 여러 장소에 동시적으로 임하신다(렘 23:23-24). 그러므로 편재성의 교리는 신앙에 위로를 주는 강력한 힘이 된다. 지구 이편의 사람에게 임재하시는 동시에 반대편의 사람에게도 개입하신다. 공간 안에 있는 피조물은 동시에 두 곳에 존재할 수 없으나 공간을 초월하신 하나님은 동시에 우주 전체에 임재하시며(계 1:7) 또한 우주를 초월해 계신다. 그래서 하나님이 어디 계시는지를 찾는 것보다 계시지 않는 것을 찾는 것이 더욱 힘들다고 바빙크는 말한다.[17]

### 4) 불변함(Immutability)

하나님의 불변성은 아리스토텔레스의 '부동의 동자'(the unmoved mover)의 개념이 아니라 생명의 완전함과 충만함이다.[18] 하나님은 당신의 존재와 목적, 약속과 선함에 있어서 자신의 존재의 능력이나 실재의 완전함을 격하시킬 수 없다. 성경에서 하나님은 창조 세계를 향한 지속적인 섭리 속에서 지

---

17) 안셀름의 편재성에 대한 정의를 범신론과 구별할 수 있다면 참으로 의미있다. "당신이 장소와 시간 안에 계신다는 것이 아니고 만물이 당신 안에 있다는 것이지요. 왜냐하면 아무것도 당신을 품을 수 없고, 당신이 모든 것을 보듬고 계시기 때문입니다." 안셀름, *프로스로기온*, 전경연 역 (서울: 한들출판사, 1997), 134.
18) George, "The Nature of God: Being, Attributes, and Acts," 230.

금도 일하시는 분이며 모든 존재에게 기반과 힘을 부여하는 분이다(요 5:17; 행 17:28). 인간은 하나님께 존재의 근거를 두고 있으며 언제나 하나님과의 관계 속에서 자신의 정체성을 확보한다. 이 기초가 무너지면 사람은 자신의 정체성을 가질 수 없다. 하나님을 부인하는 것은 곧 삶을 부인하는 것이며 그런 삶에는 혼란만 있을 뿐이다. 사람의 존재의 근본으로서 하나님은 영원히 하나님이시며 하나님이기를 그만두거나 하나님 됨이 축소되는 일이 없다(딤후 2:13, 말 3:6).[19] 하나님의 불변성은 피조물의 역사 속에 개입하시는 신실하심이며 신적 약속과 선하심의 기초를 이룬다(히 10:23-25). 이 때문에 피조물은 지금도 자신의 존재를 유지한다. 성부 하나님은 우리를 위한 구원을 위해 성자 예수님을 희생양으로 내어주기를 기뻐하셨고(마 3:17; 눅 2:14; 요 13:31-32), 예수님은 죽기까지 순종하며 하나님의 신실하심을 드러냄으로써 우리의 구원을 이루셨고(요 19:30), 성령님은 우리 각자에게 구원을 인 침으로 구원을 변경할 수 없도록 하신다. 그래서 성령을 근심하도록 하면 안 된다(엡 4:30). 하나님은 본성과 활동, 계획과 약속에 있어서 변하지 않는 신실하신 분이시다(시 33:11; 사 14:24; 46:8-11; 잠19:21; 민 23:19; 삼상 15:29; 히 6:17).

### 5) 단순성(Unity)[20]

하나님의 유일성은 수적인 유일성과 질적인 단순성으로 구별할 수 있다. 수적 유일성의 교리는 삼위일체에서 논의하기로 하고 여기서는 질적인 단순성만을 고려한다. 단순성의 교리는 삼위일체의 상호점유와 유사하다. 하

---

19) 분명 이 구절은 자녀에 대한 하나님의 신실하심의 표현이다. 부활과 통치에 참여하는 약속에 대한 하나님의 변치 않으심이다. 그러나 주님의 신실하심은 주님의 성품에 기초한 것이다. 만일 하나님이 우리처럼 마음이 변한다면 사람은 결코 하나님을 의지할 수 없다. 신실하심은 불변하는 하나님의 본성적 속성에서 흘러나온다. 웨인 그루뎀은 불변성 교리의 실제적 중요성에 대해 잘 설명해준다. Grudem, *Systematic Theology*, 168.
20) 그루뎀은 단순성을 의미하는 용어인 'simplicity'의 뉘앙스가 '초보적인' 혹은 '어리석은'의 어감을 가지므로 'unity'로 쓴다.

나님은 여러 부분이 조합하여 하나의 전체를 이루는 복합 존재가 아니며 서로 다른 이질적인 요소의 결합체가 아니다. 퍼즐의 모든 다른 조각이 서로 이어져 하나의 완성된 그림이 되는 식으로 생각할 수 없다. 한 속성은 하나님의 존재 전체의 한 측면에 해당된다. 한 속성이 하나님의 전부를 드러내며 동시에 다른 속성과 조화를 이룬다는 말이다. 다양한 속성은 하나님의 본성을 이해하는 창문과 같다. 속성 간의 우열이나 위계질서가 없다. 모든 속성은 동시적이나 우리가 하나님을 만날 때에는 한 가지 속성으로 만난다는 뜻이다.[21]

단순성의 교리는 신적 존재에 복잡한 것이 없음을 보여준다. 이 교리는 신적 완전함의 한 측면이라고 볼 수 있다. 하나님은 지혜와 능력과 사랑에 있어서 완전하다. 피조물은 삶, 의지, 앎, 존재 등을 갖지만, 그러나 모든 것이 똑같은 정도로 있지 아니하다. 예를 들면, 알기는 하나 의지가 약하고 앎은 적으나 의지는 강한 경우를 본다. 피조물 중 생명은 있으나 정신이 없는 경우도 있고 존재는 있으나 생명은 없는 것들도 있다. 피조물이 부분적이고 제한적으로 이 같은 것을 가지고 있는 것과 달리 하나님은 이 모든 것을 완전하게 전적으로 소유하신다.

### 6) 신적 주권: 전능성(Omnipotence)

전능성의 속성은 하나님의 의지와 사건을 연결하는 능력을 의미한다. 의지 없는 행동은 없기 때문이다. 단순하게 정의하자면 전능성이란 말은 하나님이 하시고자 의도하시는 모든 일을 이루실 능력이 있음을 의미한다. 하나님의 전능함은 창조로부터, 구속과 완성의 모든 과정, 피조물의 모든 영역에 미친다(창 1:1, 3; 계 4:11; 눅 1:37; 막 9:23; 요 10:28-29; 민 11:23; 엡 1:11, 19, 20; 3:20; 빌 1:6). 하나님의 의지는 말씀을 통해 실제 사건이 된다(사 55:11). 하나님의 전능성이 가장 강력하게 표현하는 것은 그리스도 예수의 성육신과 죽음, 부활이다. 하나님의 아들이 영광을 비우고 사람이 된 것은 겸손함의 표현이지만 동시에 하나님의 능력과 지혜의 무한함에 대한 표

---

21) Grudem, *Systematic Theology*, 177.

현이기도 하다. 따라서 성자의 성육신에서 하나님은 영광을 받으셨고(눅 2:13-14), 예수께서 요한에게 침례를 받았을 때 성부는 기뻐하셨고, 유다가 주님을 팔아 넘기려고 떠나는 순간 성부와 성자는 위격적 연합을 통해 구원이 성취되는 신적 전능함으로 인해 영광을 주고 받았다(요 13:31-32). 성자의 구원이 성령으로 인해 완성되는 것이 우리에게 유익이 된다는 것은 신적 지혜와 능력의 표현이며, 그리스도의 재림은 삼위일체 하나님의 전능하심의 표현이다(계 1:6-8; 21:5, 22). 그러나 전능이란 무차별적 속성이 아니라 다른 속성과의 조화 속에서 이해되어야 한다. 전능성은 하나님의 능력의 무한함과 도덕성과 의지에 부합하여 모든 것을 하실 수 있는 능력을 의미한다. 하나님은 자신의 존재를 부인할 수 없는데(히 6:16-17) 이는 형이상학적 (존재적) 불능인 셈이다. 또 하나님에게는 거짓을 말하지 않는 윤리적 불능함이 있다(딛 1:2; 딤후 2:13; 히 6:18). 하나님은 옳은 것을 부인할 수 없다(창 18:14; 욥 42:1-2; 시 24:8). 따라서 이러한 불능은 오히려 참다운 완전함의 표현으로 이해해야 마땅하다.

### 7) 신적 주권: 전지성(Omniscience)

하나님의 주권을 규정하는 교리인 전능함은 하나님의 지식이 완전함을 의미한다. 하나님은 모든 것을 부분과 전체로 완전히 파악한다. 하나님의 지식은 자기 지식과 세계 지식으로 구별할 수 있는데 전자는 하나님이 자신의 전 존재를 즉각적으로 완전히 안다는 뜻이며 후자는 피조물의 전체를 영원히 아신다는 의미이다(대하 16:9; 히 4:13). 즉 하나님에게는 존재와 지식 사이의 괴리가 없다. 성경은 하나님의 지식과 사람의 사이의 깊은 심연을 드러낸다. "내 생각은 너희 생각과 다르며 내 길은 너희 길과 달라서 하늘이 땅보다 높음같이 내 길은 너희 너희 길보다 높으며 내 생각은 너희 생각보다 높으니라"(사 55:8-9; 참고 44:7-8; 롬 11:33-36). 즉 하나님은 자신과 피조물에 대해 알지 못하는 것이 없으나 인간은 자신의 존재와 환경을 다 알 수 없다. 그러므로 하나님의 지식은 획득되거나 시간이나 경험에 따라 부가되거나 수정되지 않는 반면에, 인간의 지식은 시간에 따라 계속 수정된다. 성경은 처음에는 충분한 지식이 없다가 이후에 보다 정확한 지식을 갖는 선지자의 경우를 보여준다. 심지어 특별한 선지자와 사도도 예외가 아니었다(왕하 4장, 행 10장). 피조물에 관한한 하나님은 과거와 현재, 미래의 모든 사건의 전체적이고 개인적인 것을 모두 아시며 특히 미래의 일들도 아신다. 따라서 하나님의 지식은 시간에 좌우되지 않는다. 하나님은 무엇이 생기기 전에 이미 그것의 전체와 부분을 다 아셨고 구하기전에 우리의 필요를 미리 아시며 (갈 1:15-16, 마 6:8) 과거(기억과 의미)와 현재(경험)와 미래를 다 아신다(사 46:10; 암 3:7; 단 2:22; 시 139:6; 마 6:8). 특히 하나님은 미래의 것에 대해 완벽한 지식을 소유하신다.[22] 성자의 성육신과 고난, 죽음, 부활과 하나님나라의 완성, 그리고 악에 대해 하나님이 최종적으로 승리할 것을 아셨다. 그러므로 하나님의 미래 지식을 부인하는 과정 철학(process philosophy)과 열린 신론(open theism)은 성경의 사상이 아닌 것을 도입한다.[23]

---

[22] 2000년판 〈침례교인의 신앙과 메시지〉(the Baptist Faith and Message)의 진술은 복음주의의 교리적 논쟁을 염두에 둔 것이다. 다음의 진술은 분명히 과정 철학과 열린 신론의 주장을 배격하는 말이다. "God is all powerful and all knowing; and His perfect knowledge extends to all things, past, present, and future, including the future decisions of His free creatures."(하나님은 전능하고 전지하며, 그분의 지식은 피조물의 자유로운 미래의 결정을 포함하여, 과거, 현재, 그리고 미래의 모든 것에게까지 확대된다.) http://www.sbc.net/bfm2000/bfm2000.asp

[23] 열린 신론이 강변하는 하나님의 현재적 지식은 논리적으로 옳지 않다. 만일 인간의 자유가 하나님의 주권과 동등하면 인간의 자유결정이 이루어지기까지 하나님도 그 결정을 알 수가 없어야 한다면, 자유결정이 이루어지고 난 후에야 하나님은 그 사실을 알기에 하나님은 최근 과거(recent past)에 대한 지식만을 갖는다. 과정 철학에도 동일한 논리가 적용되는데, 아무리 하나님의 네트워크가 세계 전체와 연결되어 있더라도 매 순간 조금씩 신적 지식은 피조물의 결정 순간보다 뒤쳐진다. 시간이 갈수록, 삶의 복잡함이 커질수록, 세계에 대한 신적 지식은 현실의 순간보다 점차 뒤떨어진다. 이는 신의 섭리적 능력과 예측하는 능력을 축소시킨다. 역사가 진행될수록 인간의 자유결정에 대한 하나님의 지식은 점차 꼬이기 시작하며 나중에는 도무지 세상의 결정과 같은 걸음으로 갈 수 없는 뒤떨어진 하나님이 된다. 시간이 흐르면 바둑의 경우처럼 그 격차는 엄청나게 커진다. 따라서 과정 철학과 열린 신론의 하나님은 지금쯤이면 한참 지난 과거의 일을 이제야 알 것이며 미래의 결정에 영향을 주기는 커녕 아예 손을 놓아야 하는 상황에 처한다. 신의 현재 지식을 10으로, 최근 과거에 대한 지식을 9로 잡으면 눈깜빡

지식과 관련한 실제적인 방법에 관한 신적 속성은 지혜로 규정한다. 바빙크에 의하면 지혜란 최선의 목적을 찾고 그 목적에 이르는 최선의 수단을 찾는 것을 의미한다. 이 점에서 있어서 하나님은 무한히 지혜로우시다(시 104:24; 고전 1:18; 약 1:5; 시 19:7). 성경에는 지혜와 지식이 번갈아 사용되었는데, 히브리인의 인식이 관념적이지 않고 구체적이며 현실에 영향을 미치는 것으로 이해되었기 때문이다. 히브리인에게 지식이란 내용과 방법이 하나로 통합되었으며, 실제에서 적용되는 것으로 완료되는 총체적인 것이다. 이는 플라톤식의 이원적 사고와는 판이하게 다르다. 불행하게도 서구의 사상은 (신)플라톤의 사유방식을 상당부분 따라왔다. 계몽주의와 현대의 논리실증주의는 논리적 영역과 단순경험의 영역만을 사유의 대상으로 삼는 매우 좁은 인식체계를 발전시킬 수밖에 없었다. 반대로 미국 실용주의는 오직 현실의 유용성만을 추구하는 형태로 발전했고 이것은 포스토모던의 인식과 복음주의적 교회들에게 무엇이든 교회의 양적(영적이 아님)성장에 유익이 되면 불신앙적 체계도 받아들이는 무모한 일을 감행하도록 부추겼다.[24]

임보다 더 짧은 첫 순간의 지식은 10이고 다음 순간은 10×10(100)이며, 최근 과거의 지식은 첫 순간에 9, 다음 순간에는 9×9(81)이 된다. 매 순간을 이런 식으로 계산한다면 조금만 지나도 신의 최근 과거 지식은 점차 먼 과거 지식이 되어간다. 물론 이 논리는 엉터리 수학에 불과하다. 과정 철학에 빠졌다가 복음주의자가 된 로이스 고든 그룬러도 이와 비슷한 계산을 통해 과정 철학의 무능한 신관에 대해 비판했다. 물론 과정 철학과 열린 신론의 주창자들은 하나님의 신실함과 열심을 강조할 것이지만 열린 신론의 하나님에게는 그런 능력이 없다. 부루스 웨어(Bruce A. Ware)는 열린 신론의 논리를 문자적으로 적용하면 열린 신론의 하나님은 과거의 일(아담이 선악과를 먹은 것)조차 모른다는 점을 예증했다. 따라서 열린 신론은 하나님에게는 과거지식조차도 없는 셈이 된다. 과정 철학의 문제점에 대해서는 Royce Gordon Gruenler, *The Inexhaustible God: Biblical Faith and the Challenge of Process Theism* (Grand Rapids: Bker, 1983), 열린신론에 관해서는 Bruce A. Ware, *God's Greater Glory: The Exalted God of Scripture and the Christian Faith* (Wheaton, IL: Crossway, 2004); *God's Lesser Glory: The Diminiished God of Open Theism* (Wheaton, IL: Crossway, 2000); George, "The Nature of God: Being, Attributes, and Acts," 232. 아담의 타락과 관련한 하나님의 무지에 대해서는 웨어의 74-76페이지를 참고하라.

24) 소위 '교회정착 세미나'로 불리는 비성경적 성장세미나에서는 불신자도 교회의 성장을 위해서라면 교회의 사역에 적극 참여시켜야한다는 논리를 강변했고 이 논리에 따

### 8) 참되심(Truthfulness, Veracity)

하나님은 그 본질에 있어서(시 96:5; 97:7; 살전 1:9; 요 14:6; 17:3), 논리와 윤리에 있어서도 절대적으로 옳으며(딤후 2:13; 딛 1:2; 히 6:18), 진리와 옳고 그름의 기준이 되신다. 창조를 부정하는 악은 근본적으로 실체가 없는 존재, 부정으로서의 존재이며, 그래서 마귀는 처음부터 거짓의 아비인 셈이다(요 8:44). 창조를 부인하는 것은 진리의 출발과 종점인 하나님을 부인하는 것이다. 타락한 아담을 찾아와 진실을 드러내신 하나님은 죄로 점철된 역사를 새롭게 하기 위해서 그리스도의 십자가로 "정사와 권세를 벗어버려 밝히 드러내시고"(골 2:15) 십자가의 진리와 능력으로 악과 거짓의 참 모습을 환하게 드러내셨다. 따라서 주 예수 그리스도를 부인하면 곧 참되신 하나님을 부인하는 것이 된다(요일 2:22). 거짓을 말하는 것은 옛 사람의 모습이며 주님의 참되심 안에서 새 사람을 입고 우리를 지으신 분의 형상 안에서 "지식"의 영역에서도 새롭게 되도록 도전을 받는다(골 3:10; 출 20:16; 시 15:2; 잠 13:5; 고후 4:2; 엡 4:25). 장차 주님이 영광스런 모습으로 오실 때에 진리를 왜곡하고 자신의 목적에 따라 사람들을 조종하며 세뇌시킨 사람들이 정죄를 받을 것이며 진리에 따라 고통당한 성도의 눈물을 씻기고 새롭게 하시고 모두가 무릎을 꿇고 입으로 하나님의 참되심을 시인하는 때에 하나님의 참되심은 마침내 완전하게 드러날 것이다(계 21:3-8).

### 9) 선하심(Goodness)과 사랑(긍휼과 은혜)

하나님은 본질에 있어서 선하신 분이며 지으신 세계를 선하게 창조하셨다(창 1:31; 신 32:4; 합 1:13; 요일 1:5; 계 15:3-4). 하나님은 모든 선의 근원이시며 그 자체로 선한 분이며(롬 12:2; 눅 18:19; 요일 1:5) 모든 선한 행위의 절대기준이 되신다. 바빙크의 말대로 선하심은 윤리적 속성의 첫 번째에 해당하는 것으로 온전하심과 동일하다. 하나님의 선하심은 그분이 온전한 존

---

라 비신앙인이 교회의 전도집회에서 마치 신앙인인 양 행세하며 비신앙인을 초청하는 역할을 맡도록 하는 무모한 일까지도 독려했다.

재이심을 알려준다(마 5:48; 눅 18:19; 시100:5; 104편; 106:1; 107:1; 롬 12:2). "하나님은 사랑"(요일 4:8)이라는 말은 하나님의 사랑이 자유로운 결정이며 긍휼을 전제한 사랑임을 의미한다. 그러나 사랑의 속성은 하나님의 선하심과 분리될 수 없다. 하나님은 옳지 않은 것을 인정하고 사랑할 수 없으며(벧후 2:15) 악에게 은혜를 주시지 않는다. 하나님의 사랑은 언제나 거룩하고 선한 지혜와 능력으로부터 나온다. 이러한 사랑의 주도권은 삼위일체적으로 구현된다. 성부는 성자를 보냄으로(요일 4:10), 성자는 자발적인 희생으로, 그리고 성령의 내주하심으로(13절), 삼위일체의 사랑이 우리 안에 드러난다(고후 13:13). 하나님의 선하심과 거룩하심은 사람들에게 분여되는 속성이다.[25] 따라서 형상으로 지음 받은 사람에게도 요구되는 속성이다(갈 6:10; 딤후 3:17; 눅 6:27; 마 10:18). "하늘에 계신 너희 아버지의 온전하심과 같이 너희도 온전"(마 5:4)하라고 성경은 권하고 있다. 우리는 하나님의 선하고 온전한 뜻을 분별해야 한다(롬 12:2).

### 10) 거룩하심과 의로우심(정의)

성경에 의하면 하나님은 거룩하신 분이며 피조물을 초월한 분이다. 성경은 하나님은 흔히 "이스라엘의 거룩한 자"라고 표현한다(출 3:5; 수 5:15; 왕하 19:22; 시 71:22; 사 1:4; 4:3; 5:19, 24; 6:3-7; 60:14; 63:15; 마 5:48).[26] 하나님의 거룩하심은 피조물과 구별되는 창조주 하나님의 속성이며 또한 도덕적 순수함과 정결에도 연결된다. 하나님은 악하고 더러운 것과 철저히 구별되지만 긍휼하심으로 죄인을 거룩한 사람으로 변화시키기 위해 행동하신다. "저희를 위하여 내가 나를 거룩하게 하오니 이는 저희도 진리로 거룩함을 얻

---

25) Pendleton, *Christian Doctrines*, 53. 펜들턴은 피조물에게 행복을 분여하는 특성을 선함이라고 정의한다.
26) 구스타프 아울렌은 구약의 용법상 거룩함은 초월하신 하나님을 의미한다고 본다. 분명 거룩함이란 사람과 구별되는 신적 본성에 해당된다. 카도쉬(*kadosh*)를 흔히 하듯이 분리로 이해하면 창조주와 피조물의 존재론적 구별의 속성으로 이해된다. 그러나 거룩함은 또한 사람을 향한 거룩함의 요구임도 마 5:48에서 분명히 나타난다. 참고. Horton, *The Christian Faith*, 268; George, "The Nature of God: Being, Attributes, and Acts," 225.

게 하려 함이니라"(요 17:19; 엡 4:24; 골 3:10). 따라서 죄인을 구원하는 일은 하나님이 거룩하게 하는 사역이며 이를 위해 하나님의 아들이 대신하여 저주와 심판을 받는다. 이렇게 함으로 하나님의 거룩하심과 의, 그리고 정의도 충족된다(롬 3:19-26).[27] 따라서 사람의 내면은 새롭게 되었고 죄인인 우리는 그리스도의 의를 의지하여 우리의 의가 된 것으로 간주되었다. 퍼거슨의 말대로 "그리스도와 같이 되는 일이 장차 다가올 결말"인 것이다.[28]

## III. 삼위일체 하나님

### 1. 개요

삼위일체 교리는 기독교 신앙의 정수로 이해된다.[29] 이 교리는 하나님에 대한 가장 근본적인 고백인 동시에 최종적인 고백이며 유사한 종교적 전통과 구별짓는 가장 분명한 분기점이기도 하다.[30] 간단하게 정의한다면 삼위일체는 "하나님은 본질에 대해서는 한 분이며 인격에 관해서는 세 분"이 될 것이다.[31] 삼위일체 신앙은 하나님의 존재의 신비를 살짝 들여다보는 창이며 그 안에는 어떤 언어로도 충분히 표현할 수 없는 광대한 세계가 들어있

---

27) 하나님의 의와 정의의 관계에 대해서는 호튼과 바르트의 글을 참조하라. Karl Barth, *Church Dogmatics*, vol. 2, pt. 1, 391; Quoted from Horton, *The Christian Faith*, 270.
28) 싱클레어 퍼거슨, 성령, 김재성 역(서울: 한국기독학생회 출판부, 1999), 162.
29) Feinberg, *No One Like Him*, 437, 439; 스탠리 그렌즈, *조직신학: 하나님의 공동체를 위한 신학*, 신옥수 역(서울: 크리스천다이제스트, 2007), 133; Lewis and Demarest, *Integrative Theology: Historical, Biblical, Systematic, Apologetic, Practical* (Grand Rapids: Zondervan, 1996), 1: 251.
30) 그렌즈, 조직신학, 101; 참고. 제럴드 브레이, 신론 (한국기독학생회 출판부, 1999), 135-148. 파인버그는 브레이나 그렌즈처럼 삼위일체를 기독교와 유사한 단일신론과의 구별하는 분기점으로 이해한다. 특히 브레이는 기독교와 유대교의 차이를 단지 초인적인 중보자라는 인식에서 찾지 않고 예수 그리스도에 의한 하나님의 내부적(위격적) 구별에서 찾고 있다. 유대교신앙은 하나님의 외부적 이해, 즉 한 분이라는 단일성만을 제시했다면 예수 그리스도의 계시는 삼위일체 신앙을 가져왔다는 것이다. 브레이, 신론, 140-141.
31) Ibid.

다.[32] 그러나 이 신비는 그냥 덮어두도록 의도된 것이 아니라 조심스런 성찰을 요구하는 성질의 것이다. 신학의 임무는 삼위일체의 신비를 성경에 기반을 둔 이해 가능한 교리로 설명하는 것이다.[33] 삼위일체를 안다는 것은 곧 하나님의 존재적 신비를 안다는 말이며 이것은 우리에게는 심오하고도 어려운 주제이다. 따라서 성경에서 전개되는 방식에 주의를 기울여야만 이 교리를 어느 정도 이해할 수 있다.[34]

## 2. 신학적 근거와 해석방법

삼위일체 신앙은 예수 그리스도가 인간에게 던지는 풍성한 계시인 동시에 스캔들이다. 성부의 보냄을 받은 성자 예수의 성육신이 없다면 삼위일체의

---

[32] 삼위일체교리를 신비로 여긴다는 뜻은 계시된 진리 안에서만 이해하고자 하는 세밀하고 조심스런 태도를 의미한다. 요한계시록을 닫힌 책으로 규정하여, 읽고 설교하고 연구하는 것을 포기하라는 식의 태도와 삼위일체 신앙에 대한 태도에는 유사점이 보인다. 계시록은 읽고 그 가운데 기록한 대로 삶에서 행동할 것을 권장한다. 마찬가지로 삼위일체의 신비는 조심스런 태도로 계시의 말씀을 차분히 따라가는 것을 의미하며 난해한 부분을 억지로 해석하기를 그만둔다는 말과 같다. 하나님의 신비를 대하는 태도는 듣는 마음이다. 치열하게 연구하지만 어느 순간 말씀이 우리 삶을 해석하도록 잠자고 있는 교회의 태도가 필요한 시점이다. 침례교 신학자인 펜들턴(Pendelton)의 말은 의미심장하다. "The doctrine of the Trinity is one of mysterious grandeur, which defies the comprehension of every finite mind, and must be received as true on the authority of the Bible. The wisest men have most readily confessed their inability to explain Trinity in Unity or Unity in Trinity." Pendleton, *Christian Doctrines*, 65.

[33] 그러나 동시에 이 교리는 많은 오해와 어려움을 낳기도 하다. 삼위일체(Trinity)라는 용어는 성경에서 발견되지 않는 교리적 발전의 산물이며 성경은 삼위일체에 대한 분명한 공식(formula)이나 정리(theorem)를 제공하지 않는다.

[34] 파인버그는 대다수의 그리스도인이 삼위일체가 성경에 근거하고 있다고 믿지만 문제의 핵심은 어떻게 이해해야 하는가에 달려있다고 본다. 한국교회와 미국교회의 차이인지 아니면 시대의 문제인지 정확히 판단하기는 어려우나 문제의 핵심에는 삼위일체의 성경적 근거를 정확히 모른다는 것과 올바른 교육의 부재라는 사실이 놓여있다. 설령 삼위일체 교리를 가르쳤다 해도 피상적이고 형식적인 차원에 머물렀기 때문이라고 본다. 어느 목회자는 성경을 가르치면 교인(목자)이 교만해진다고 했던 말은 평생 잊을 수 없는 충격이다. 말씀, 즉 그리스도에 대한 무관심이 문제의 핵심이다. Feinberg, *No One Like Him*, 438.

충만한 계시는 결코 가능하지 않으며 사람은 하나님의 내적 생명의 신비를 알 수도 없고 참여할 수조차 없기 때문이다. 이 때문에 무지와 오해, 혹은 거부감을 낳으며 유대교나 이슬람의 거부감을 불러 일으킨다. 외부에서 바라보는 하나님에 대한 개념과 내부에서 보는 하나님에 대한 인식은 엄청난 차이가 있다.[35] 신존재 증명은 외부사람에게 하나님의 존재 가능성에 대해 실마리를 제공할 뿐이며 하나님에 대한 진정한 앎은 오직 성경으로만 계시된다. 성경이 삼위일체 신앙의 기본 확신에 따라 기록되었음을 아는 것은 대단히 중요하다.[36] 성경의 계시 방식은 예수 그리스도로 인해 한 분 하나님 안에서의 위격적 구분이 일어남을 보여주는 것이다. 신약의 저자들은 이 점을 충분히 알고 있었다. 이들은 성자와 성자에 대해 직접적으로 하나님이란 명칭을 적용하지는 않았으나 간접적인 증거들은 충분히 제시했다. 성경은 삼위일체의 명확한 정의나 완벽한 공식을 제공하지 않으면서도 삼위일체의 신비를 보존하고 이해할 수도 있는 묘사적인 방식을 채택했다. 삼위일체의 특정한 공식을 성경에서 기대한다면 실망스러울 것이나 성경은 다양한 방식의 삼위적 관계를 보여주는 사건과 진술을 제공하여 종합적으로 삼위일체 신앙을 이해하도록 돕는다는 점을 이해한다면 오히려 감사할 것이다. 삼위일체 신앙은 성경계시의 출발인 동시에 결론이다. 성경은 이 구조로 되어 있다. 성경은 고차원의 엘리트 언어가 아닌 평이한 역사적 진술을 하고 있으며 바로 이 방식이 삼위일체의 기본적 구조를 쉽고도 심오하게 드러낸다.

예수 그리스도의 역사적 진술과 삶은 삼위일체를 드러내는 최선의 방식이며 실제 교회사의 교리적 발전도 바로 이러한 구조에 맞춰져 있다. 교부시대에 출발한 신학적 사유는 예수 그리스도가 단순한 사람이 아닌 신적인 구원자라는 인식으로부터 출발하여 성자와 성부의 동일 영원성에 대한 신앙고백, 그리고 그 이후에 일어난 성령의 신성, 위격과 본성의 구분된 용어의 적용에까지 이르렀다. 심지어 최근의 삼위일체 논쟁도 예수 그리스도의 정체

---

35) 브레이, *신론*, 141.
36) George, "The Nature of God: Being, Attributes, and Acts," 187.

성에 대한 물음의 결과로 나온 것이다. 따라서 여기서는 성경으로 돌아가 성경자료를 바탕으로 삼위일체 신앙을 도출하는 간접적인 방식을 사용한다.

### 3. 한 분이신 하나님: 성경적 근거

한 분 하나님에 대한 신앙은 신구약 전반에 걸쳐 증언된다. "이스라엘아 들으라 우리 하나님 여호와는 오직 하나인 여호와시니"(신 6:4)와 "오직 여호와는 하나님이시요 다른 신이 없는 줄을 알아 명심하고"(신 4:35, 39; 참고. 32:39)의 구절은 유일신(monotheism)의 근거로 인용된다. 하나님은 한 분이므로 모든 힘과 정성을 다해 사랑하고 섬겨야 한다(신 6:5-6). 비슷한 맥락에서 예수님도 "하나님 한 분 외에는 선한 이가 없느니라"(막 10:18)고 선언했다. 십계명의 첫 계명인 "너는 나 외에는 다른 신들을 네게 있게 말찌니라"(출 20:3)의 구절은 우상을 버리고 하나님의 이름을 잘못 사용하는 일이 없는 것과 안식일을 준수하는 것의 근거가 된다. 이사야는 유일신 사상을 강한 어조로 선포한다. "나는 여호와라 나 외에 구원자가 없느니라"(사 43:10-13), "나는 처음이요 마지막이라 나 외에 다른 이가 없느니라"(사 44:6, 참고 8절; 사 45:5; 46:9)의 구절은 야훼의 유일성에 기초한 하나님의 구원을 선포한다. 따라서 다른 신은 없으며 우상은 바람처럼 헛된 것이다(사 41:29). 신약에도 하나님의 유일성에 대한 언급이 여러 차례 등장한다. 율법사와의 논쟁에서 예수님은 신명기 6장 4절을 인용하여 "들으라 주 곧 우리 하나님은 유일한 주시라"(막 12:29)고 말했으며 영생을 구하는 부자 청년에게 "하나님 한 분 외에는 선한 이가 없느니라"(10:18)고 선언했고 영생이란 "유일하신 하나님과 그 보내신 자 예수 그리스도를 아는 것"이라 말했다(요 17:3). 바울은 우상의 제물을 논하면서 바울은 이사야처럼 우상이란 존재하지 않는 것이며 "우리에게는 한 하나님 곧 아버지가 계시며"(고전 8:6) "하나님도 하나시니 곧 만유의 아버지"(엡 4:6)이시다 하였고, 디모데에게 보낸 서신에서는 하나님을 "만세의 왕 곧 썩지 아니하고 보이지 아니하고 홀로 하나이신"(딤전 1:17) 분이며 "한 분"(2:4)이라고 진술한다. 야고보는 행함이 없이 입술이나 지식적으로만 유일하신 하나님을 믿는다는 사람들에게 귀신조차도 한 분 하나님을 시인한다고 진단한다(약 2:19). 이처럼 신구약에는 하나님의 한 분 되심이 근본적인 신앙으로 인정된다는 것을 알 수 있다. 오직 하나님만이 참되신 분이라는 확신은 모든 그리스도인의 근본적 확신이며 오직 하나님을 알고 영광을 돌리는 것이 인간의 참 사명이다.

### 4. 하나님의 내부적 구별: 구약의 근거

삼위일체 신앙은 신약으로부터 풍부한 증거를 찾을 수 있다. 하지만 그리스도의 계시의 빛 아래 구약을 읽으면 구약에서도 희미한 삼위일체, 혹은 성자와 성령의 위격에 대한 이미지를 얻을 수 있다. 이 중 몇 구절은 삼위일체론을 고려하지 않고서는 해석하기가 대단히 곤란하다. 우선, 구약에서는 성령의 독자적 위격이 암시된다. 물론 성령은 하나님의 능력으로 표현되며 독립적 위격으로 명시되지는 않는 경우가 많다.[37] 하나님의 '신'(ruach)은 신적 능력이나 강력한 바람, 혹은 하나님으로부터 피조물로 나가는 에너지나 외부적 활동으로 이해된다. 피조물은 하나님의 생명의 바람으로 인해 생동력을 얻거나(창 1:1) 특별한 재능을 부여함으로 하나님께 봉사하도록 한다(출 31:3-11; 민 27:18; 삿 3:10; 삼상 16:13). 그러나 성령의 인격적 이미지도 엿보이는데, 하나님의 백성을 보호하며(사 63:11-12; 학 2:5; 삼상 19:20-24), 혹은 심령을 감동하며(민 27:18; 겔 2:2), 내재하며(겔 2:2; 3:24; 사 61:1; 삿 11:29), 담대함과 능력을 부여하며(삿 11:29; 14:6, 19; 15:14; 삼상 11:6; 단 4:8-9, 18; 5:11; 미 3:8), 메시야에게 특별히 임재한다(사 11:2-3; 42:1; 61:1). 말씀은 창조의 매개체로(창 1:3, 14, 20, 24, 26; 시 33:6, 9), 하나님의 사역의 매개체로(시 147:18; 148:8), 하나님의 구원하심으로(시 107:20) 묘사된다. 창조의 매개체인 하나님의 말씀은 지혜와 연결되며(렘 10:12; 51:15;

---

37) Robet Letham, *The Holy Trinity: In Scripture, History, Theology, and Worship* (Philipsburg, NJ: P&R Publishing Company, 2004), 29. '하나님의 신'(ruach)은 구약에서 약 400회 정도 인용되었다. 그러나 성령의 인격성은 '말씀'하고 '근심'하며 사람을 '인도'하는 모습에서 엿보인다(시 33:9, 사 63:10, 14). 참고. Letham, The Holy Trinity, 28, 30.

욥 28:20-28), 더 나아가 말씀과 야훼의 신(*ruach*)이 메시야의 사명에 결합된다(사 61:1-3).[38]

문법적으로 단수 주어는 단수형의 동사가, 복수 주어인 경우 복수형의 동사가 사용되는 것이 일반적이나 간혹 문법이 파괴되는 경우가 있다. 하나님의 이름인 엘로힘은 그 자체로 복수적인 단어인데 반해 '만들다'는 단수이다. 복수형의 엘로힘이 단수형의 동사를 취한 것이다(창 1:26-27; 3:22).[39] 창세기 20장 13절에서 "두루 다니게 한다"란 단어는 복수형의 동사이다. 창세기 35장 7절에서 '나타나셨다'는 동사도 복수형으로 사용되었으며 사무엘하 7장 23절의 "하나님이 가서"에서 동사 "가서"도 복수형이다.[40] 인칭대명사인 엘로힘이 아예 복수로 사용된 경우도 있는데 창세기 3장 22절과 11장 7절에는 "우리"란 표현이 사용되었다.[41] 이사야 6장 8절에서 하나님은 "내가 누구를 보내며 누가 우리를 위해 갈꼬?"라고 했는데 여기서 신적 단수와 복수가 동시에 사용된 것은 의미심장하다.[42] "물론 이런 문법적 뒤섞임이 반드시 삼위

---

38) 예수님은 이 구절을 이루어졌다고 선언하면서 메시야적 왕국의 시작이 자신임을 선포했다(눅 4:16-30). 구약의 메시야 사상의 형성에 대한 간단한 정보를 위해서는 윌리엄 S. 라솔 외 2인, *구약개관* 30장, 589-596페이지를 참조하라.

39) "우리"란 단어는 유사 단일신론인 유대교와 무슬림에게는 난제 거리이다. 폰 라드처럼 '우리'를 천사로 해석하는 방법은 사실상 불가능한데 사람이 천사의 형상을 닮을 수 없다. 드라이브는 '장엄의 복수'로 해석하는 데 문제는 장엄의 복수란 단어가 좀처럼 동사를 수반하지 않는다는 것이다. 존 파인버그와 로버트 리탐은 이 구절을 신적 구별로 이해하는 데 반해 제랄드 브레이는 아더 웨인라이트(Arthur Wainwright)를 따라 다소 주저하는 모습을 보인다. Letham, *The Holy Trinity*, 20-21; Feinberg, *No One Like Him*, 449-451; 브레이, *신론*, 165. 흥미로운 사실은 단일신론만을 주장하는 코란에도 유사한 표현이 나온다는 사실이다. "And it is We Who have built the Universe, and behold, We are steadily expanding it."(Sura 51:47) 번역하면 "우주를 만든 것은 우리이며, 보라, 우리가 그것을 지속적으로 확장하고 있다." 절대 단일신론을 주장하는 이 종교는 결코 '우리'의 사용에 대해 일관된 설명을 제시할 수 없다.

40) Feinberg, *No One Like Him*, 449.

41) 물론 여기서 "우리"란 단어는 천사와 연계될 수가 없다.

42) 칼뱅은 이 구절이 삼위일체를 증거한다고 보았다. John Calvin, *Commentary on the Book of the Prophet Isaiah*, vol. 1 (reprint, Grand Rapids: Eerdmans, 1948), 213; quoted in Feinberg, 450. 파인버그는 451페이지에서 이 구절이 신적 복수를 지지한다고 본다. 하나님은 "누가 나를 위해 갈꼬"하고 다시 "누가 우리를 위해 갈꼬"하는 의도적 수사

일체를 의미하는 것은 아니지만 신적 존재 내의 복수적 인격에 대한 안내자 역할을 한다.

여호와의 아들이란 용어도 등장하는데 잠언 30장 4절은 분명 여호와에 대한 수사적 묘사이며 마지막 부분의 "그의 아들"이란 표현은 야훼의 아들을 의미할 수밖에 없다. 제왕시로 인용되는 시편 2편도 신적 존재 내의 구별, 즉 아버지와 아들이란 관계를 암시한다. 야훼가 아들을 시온의 왕으로 세웠으며 그 아들을 섬기지 않는 것은 멸망하는 길이며 아들을 섬기는 것이 야훼를 의지하는 것과 같다(시 2편).[43] 시편 45편은 신적인 왕에 대해서 언급한다. 6-7절은 아들의 통치권이 영원하며 그의 다스림이 정의롭다고 알려준다. 이 부분은 히브리서 1장 8-9절에서 하나님의 아들인 예수 그리스도에게 적용되었다. 비록 아들이란 표현은 나타나지 않지만 시편 110편은 신적 구별의 매우 중요한 구절이다. 한 분이신 하나님의 내적 구분을 가장 명확히 드러내는 자료로 사용되는 이 시편에서 1절은 "여호와께서 내 주(아도나이)에게 말씀하시기를 내가 네 원수로 네 발등상되게 하기까지는 내 우편에 앉으라 하셨도다"고 묘사한다(고전 15:25-27 참고). 야훼는 '주'(아도나이)를 멜기세덱의 반차를 따르는 영원한 제사장으로 임명하셨다(히 5장 참고).

'여호와의 사자'가 하나님의 능력과 구원을 계시하는 모습을 보여주는 구절은 하나님의 내부적 구별이 아니면 해석이 불가능해 보인다. '여호와의 사자'란 표현은 신적 본질의 내부적 구별로 이해할 수밖에 없다(창 16:7-14; 21:17-18). 가장 강력한 구절은 아브라함과 롯 앞에 나타난 신적 존재인데, 창세기 18장 1절에는 야훼로, 2절에는 '사람 셋'으로 나타나며 아브라함이 경배하는 존재로 그려지며 야훼가 아브라함과 대화하는 동안 나머지 두 '천사'는 소돔으로 간다(창 18:22). 롯은 이들을 보고 경배하며(19:1) '주'(아도나이)로 부른다(2, 19절). 창세기 19장 10절에서 두 천사는 '사람'으로 묘사되며 롯의 간청을 들어주는 존재로 자신들을 묘사한다. 복수와 단수가 뒤섞여 나오

---

반복을 통해 천사가 아닌 하나님 자신을 표현했다는 것이다.
43) 히브리서 기자는 이 구절을 예수 그리스도에게 적용했다.

며 24절에는 '여호와'와 동일시되는 것처럼 보인다. 모세를 기다린 분은 '야훼의 사자'로 그려지는데(출 3:2), 4절 이하에는 '여호와'로 계시된다. 또 여호수아 앞에 나타난 '한 사람'은 '여호와의 군대장관'으로 자신을 밝히는데 모세에게 신을 벗도록 요구한 것처럼 동일한 명령이 주어지고 여호수아도 선배인 모세가 그랬던 것처럼 신을 벗는다(수 6:15). 오직 하나님께만 경배해야 할 이스라엘의 지도자가 여호와의 사자에게 경배하며 말씀을 듣는데, 여호와의 사자(말라크)를 피조적인 천사로 해석하는 것은 더 많은 문제를 야기한다.[44] 사사기의 여러 구절들도 유사한 양식을 보여준다(2:1-5; 6:12, 20-22). 범죄한 다윗 앞에 나타난 '여호와의 천사'에게 다윗은 엎드려 말하는데 성경은 다윗이 하나님께 말했다고 쓰고 있다(대상 21:16-17). 이처럼 구약은 신약의 삼위일체가 자랄 수 있는 비옥한 토양을 제공한다. 구약에는 명시적 삼위일체의 구절이 없으나 한 분이신 하나님의 내적 구별이 아니라면 해석되지 않는 구절을 제시함으로 신약의 답을 기다렸고,[45] 마침내 그리스도 예수의 오심에서 해결의 실마리를 찾았다. 신약은 구약의 안개를 벗겨내어 신적 복수성과 단수성이 삼위일체로 인한 것임을 예수 그리스도의 정체성에서 드러내준다.

## 5. 성부 하나님과 성자 하나님

복음서는 성부와 성자가 서로 구별된 신적 인격으로 계시하는 모습을 풍성하게 드러낸다. 그러나 순서적으로 본다면 성부가 성자를 드러내는 방식이 먼저 등장하고 그 다음에는 성자가 성부를 드러내고, 또한 성자가 성령을 드러낸다. 즉 위격적 구별은 성자 예수의 인격과 사역으로 가장 분명하게 드러난다. 이 점에서 있어서 성자 예수는 삼위일체를 비롯한 모든 계시의 초점이 된다. 성자의 침례에서 성부는 예수 그리스도를 하나님의 아들로 인정하고, 성자는 성부에 의해 보내심을 받은 분으로 등장한다. 성령에 의해 시험

---

44) Bavinck, *Reformed Dogmatics*, vol. 2, 262.
45) Letham, *The Holy Trinity*, 20.

을 받은 경우를 제외하고는 계시의 주체는 성자 예수가 된다. 성자 예수 그리스도는 모든 일에 성부의 뜻에 순종하는 아들로서 자신을 나타냄으로 성부를 드러낸다.[46] 하나님의 아버지 되심이 성자의 삶의 계시로 알려진다. 하나님은 그리스도 예수를 아들로 호칭하고 아들인 성자는 하나님을 아버지로 부름으로 한 분이신 하나님은 내적으로는 성부와 성자의 구별된 위격의 방식으로 존재한다는 사실이 드러난 것이다. 성자의 입장에서 본다면 구약의

---

46) 정통주의는 바로 이 순서에 주목하여 오리겐의 수직적 위격 구조를 수평적 위격 구조로 방향을 돌렸다. 그러나 여전히 성부는 성자의 기원이며 성령은 성부와 성자로부터 보냄을 받는 한 방향만의 운동으로 인식된다. 이 점은 벌코프의 조직신학에서도 분명하게 나타나며 복음주의 내의 웨인 그루뎀과 부루스 웨어의 삼위일체론, 그리고 약간은 다르지만 판넨베르크에게서도 나타난다. 이들에 의하면 위격적 순서는 영원한 본질상의 순서를 계시하는 것이라고 믿으며 이것이 남성과 여성의 역할 차이에도 적용된다고 믿는다. 밀라드 에릭슨은 위격적 순서와 위격적 순종은 단지 경륜적으로만 이해되어야 한다는 인식에 따라 이들의 주장이 잘못되었음을 보여주었다. 본인은 에릭슨과 달리 경륜상에 나타난 위격적 순서에 모든 관심을 쏟아서는 안되며 오히려 경륜상에 나타난 위격적 상호성에 주목해야 한다고 믿는다. 경륜상의 상호성은 내재적/본성적 위격의 동등성과 상호성(혹은 상호점유)를 더욱 잘 드러낸다고 본다. 성자가 보내신 성부의 뜻에 순종함으로 성자 자신을 드러내는 것과 구약적 배경에서 예언된 메시야가 모든 일에 있어서 성부에게 충성하는 것은 성자의 신성을 드러내는 기준점이 성부임을 말하려는 의도인 것이다. 이런 식으로 성자가 성부와의 일치를 보이는 것은 구약적 배경에 의한 것이다. 이것은 전체 경륜에 해당하는 것이 아니라 단지 이스라엘의 역사적 경륜에 대한 것일 뿐이다. 웨어와 그루뎀의 문제는 인간 아버지와 아들의 순서적 차별이 성부와 성자의 영원한 관계를 해석하는 데에 역으로 영향을 미친 것처럼 보인다는 것이다. 만일 인간 아버지와 아들의 순서가 해석의 은근한 기준이 된다면 하나님의 아버지 되심은 결코 형성될 수 없다. 자녀에게 하나님은 아버지이며 또 육신의 아버지가 믿는 분이 하나님이라면 자녀의 하나님은 할아버지가 되며 계속 거슬러 올라가면 하나님은 조상의 하나님이 되며, 결코 아버지가 될 수 없다. 아타나시우스나 갑바도기아 신학자의 이해 방식을 따르면 성부와 성자는 동일 영원(consubstantial/coeternal)하다. 이유는 간단하다. 아들 없는 아버지는 존재하지 않으며 아버지 없는 아들도 없다. 사실, 성부와 성자는 서로를 전제해야 하며 성부가 영원한 만큼 성자도 영원하다. 위격적 관계는 관계적 언어이며 인간적 아버지와 아들의 관계에 대한 통념적 인식의 한계를 잘 이해한다면 아버지-아들의 언어와 관계로 인해 기원적 순서를 추출할 수 없다. 사실, 기원적 순서를 생각하는 근거는 엄마와 아들, 혹은 엄마와 딸의 관계이다. 에릭슨의 주장을 보려면 다음의 책을 참고하라. Millard J. Erickson, *Who's Tampering with the Trinity? An Assessment of the Subordiantion Debate* (Grand Rapids: Kregel, 2009).

다소 모호한 성부 하나님의 이미지가 예수 그리스도의 성육신으로 인해 분명해진다.

성자 예수는 초월하신 하나님을 가족적 이미지인 아버지로 소개하셨다. 주님은 하나님을 "너희 아버지"(마 6:9, 14; 10:29; 23:9; 막 11:25; 눅 12:30, 32)로, 단순히 "아버지"(마 6:13; 24:36; 막 13:32; 눅 9:26; 11:2), 혹은 "네 아버지"(마 6:18; 행 1:4), 그리고 "천부"(마 6:14, 26, 32; 15:13; 눅 11:13), "아버지 하나님"(눅 16:24)이라고 가르쳤으며 주기도문에서도 "하늘에 계신 우리 아버지여"(마 6:9)라고 부르도록 하였다. 예수 그리스도에게 있어서 하나님은 아버지 하나님이며 이는 모든 신자에게 적용된다. 그러나 성자의 계시의 핵심은 하나님이 사람의 아버지이기 이전에 성자 자신의 영원한 아버지가 되신다는 사실이다. 성부는 성자를 보냄으로 성자의 구별된 신적 인격을 드러냈고 성자는 보내신 성부를 드러냄으로 두 위격은 서로 하나님의 위격적 구별과 본질적 하나 됨을 계시한다. 따라서 성자의 자의식을 따라가면 하나님은 항상 예수님의 아버지셨고 자신은 언제나 아들이었다. 주님은 하나님을 "아버지"로, 그러나 많은 경우 "내 아버지"로 불렀다(마 10:32, 33; 11:25-27; 17:10; 18:19; 20:23; 25:34; 26:39, 42, 53; 28:28; 막 14:36; 눅 2:49; 10:21-22; 22:29; 22:42; 23:34, 46, 49; 참고 마 3:16-17). 사도들은 예수님이 자신을 아들로, 하나님을 아버지로 부른 것을 분명하게 이해했고, 이들에게 "하나님은 항상 우리 주 예수 그리스도의 아버지로 불렸다"(엡 1:3, 17).[47]

주님이 하나님을 아버지로, 자신을 아들로 이해한 것은 위격적 관계에 대한 본연적 발로인 동시에 계시적 의도에 기인한 것이기도하다. 성부를 드러냄으로 성자의 위격이 드러나며, 두 위격 간의 구별과 하나 됨도 드러난다(요 1:18; 요 2:16; 4:23; 5:17, 19-47; 6:27-58; 8:18-19, 28-29, 38, 42, 49, 54, 57, 65; 8:18, 19; 17:6-8).[48] 물론 예수님은 "나와 아버지는 하나이니

---

47) 바빙크, 하나님의 큰일, 153.
48) 하나님에 대한 주님의 호칭 중 가장 독특한 것은 하나님을 "아바 아버지"(막 14:36)로 부른 것이다. 바울은 이 언어의 함축적 의미를 잘 이해했다(롬 8:15; 갈 4:6). 물론 이 단어가 반드시 우리말의 '아빠'(daddy)를 의미하지 않는다는 것은 사실이다. 요아킴 예레

라"(요 10:30)라는 선언 외에는 단 한 번도 자신을 직접 하나님이라 말한 적이 없다. 그러나 주님은 오직 성부와 관련한 진술에서 당신의 신성이 드러나는 방식을 채택했다. 이것은 빌립보서 2장의 성육하신 성자의 겸손함의 표현인 동시에 경륜적 계시 방식이다. 아들은 자신의 일이 아닌 철저히 아버지 하나님의 일을 한다. 아들은 성부 하나님처럼 죽은 자를 살리며(5:21), 성부의 심판하는 권위처럼 성자도 심판하는 권세를 가지며, 성부에게 드려질 동일한 존경이 성자에게도 돌려진다. 성자의 말씀을 통해서만 성부를 믿을 수 있고, 또 그런 사람이 영생을 소유하는 이유는 성부의 생명이 성자에게도 있기 때문이다(24-26절). 주님이 "스스로 할 수 없다"고 한 말과 "자의로 말하지 않는다"는 말은 아들의 종속을 말하는 것이 아니라 성부와 성자의 동일(연합) 사역을 의미한다(요 5:19, 30; 12:49). 구약 성경은 하나님에 대한 것인데, 주님은 구약이 곧 자신에 대한 것이라고 증언한다. 성부에게서 온 주님(아들)만이 성부를 보았으며(요 8:46), 주님만이 성부를 알고 성부에게서 왔다(7:29). 성부와 성자는 서로를 알며(10:15) 아들과 아버지는 하나(10:30)라고 선언함으로 유대인으로부터 신성모독의 분노를 샀다(10:33). 십자가의 사

---

미아스는 실제로 아빠로 해석했고 현대교회에서 상당한 유행어가 되어 하나님을 인자한 할아버지로 묘사하는 계기가 되었다. 물론 하나님을 엄격한 군대 상관으로 그리는 것도 문제지만 언어의 본래적 뉘앙스를 벗어나는 것도 문제다. 아람어 아바는 아빠라고 번역될 수는 없으나 적어도 아버지를 친근하게 부르는 뉘앙스를 갖고 있는 것으로는 이해될 수 있다. 물론 이런 아바를 사용하지 않고도 주님은 성부의 선함과 인자함을 충분히 드러냈다(마 6:25-34; 7:9-11). 제임스 바(James Barr)도 이 점을 어느 정도는 인지하고 있었다. 개역개정판은 무차별적으로 이 단어를 어린아이가 아버지를 부르는 아이들의 언어로 이해했다. 이는 요아킴 예레미아스의 연구를 그대로 수용한 결과임에는 틀림 없는데, 문제는 예레미아스의 연구도 과장되었다는 사실이다. 물론 바의 논리에도 과도한 부분이 있으며, 바의 논리를 학자들이 과장하는 듯하다. 이 단어에는 아빠라는 뉘앙스는 없으나 적어도 하나님을 단지 하나님이 아닌 친근한 하나님으로 이해하려는 의도가 들어 있다고 벤 웨더링턴(Ben Wetherington III)은 결론을 내린다. 즉 아바(abba)는 가족적 언어나 구어적 용법(친근함을 암시함)으로 단지 아버지가 아닌 '가장 친근한 아버지'(dearest Father)라는 뉘앙스를 갖는다는 것이다. 웨더링턴은 예수님이 사용하신 '내 아버지'는 아바와 동일한 배경을 갖는다고 보았다. Ben Wetherington III, *The Christology of Jesus Jesus* (Minneapolis: Fortress, 1990), 215-221.

역으로 인해 성부와 성자는 영광을 주고 받는데(요 13:31-32; 17:1), 이것은 상호점유의 교통(preichoresis)을 의미할 수밖에 없다(14:10-11). 아버지는 오직 아들을 통해서 영광을 받으며(13절) 성부와 성자를 아는 것이 곧 영생이며(17:3) 성부와 성자는 모든 것을 공유한다(10절). 성자는 성부로부터 세상으로 왔다가 다시 성부의 품으로 돌아간다(요 1:18; 16:28). 주님은 모든 것을 오직 성부의 뜻과 일치하며 살았으며 성부께서 주시는 고난의 잔도 마시기로 결정하셨다(18:11). 이 모든 진술은 성부와 성자의 완전한 동등성과 구별, 그리고 하나 됨을 의미한다. 사람이 영광을 돌리는 것은 오직 한 방향으로만 진행된다. 하나님은 사람에게 자신의 영광을 주시지 않는데, 예수님의 경우는 다르다. 성부가 영광을 받는 것은 성자의 성육신과 십자가 죽음, 그리고 부활에서이며, 이로 인해 성부 하나님은 성자에게 영광을 돌려주신다. 아들은 아버지 안에, 아버지는 아들 안에 상호 내재한다. 이같은 영광의 주고 받음(17:1)은 십자가와 부활에서 절정에 이르렀다. 사도들은 성자의 성부에 대한 관계와 인간의 성부 하나님에 대한 관계의 절대적 차이를 인지하고 있었다. 요한복음 20장 17절에서 주님은 "내가 내 아버지 곧 너희 아버지, 내 하나님 곧 너희 하나님께로 올라 간다"고 했는데 여기서 뉘앙스는 분명하다. 하나님은 원래 성자의 아버지이시며, 우리를 위해 계신 성자 예수의 십자가 은혜로 말미암아 우리의 성부가 되신 것이다. 성자 예수는 본래적인 아들이며 우리는 은혜와 참여에 의한 아들이다. 이 점을 간파한 바울은 성자의 영원한 아들 됨과 구별되는 우리의 아들 됨을 입양(adoption)이란 용어로 구별했다. 본래 아들이 아닌 우리가 하나님의 아들의 유익에 동참하는 것은 성령 안에서, 즉 '양자의 영'을 받을 때 가능한 것이다(롬 8:15; 갈 4:5-7).

## 6. 성자와 성령

성자와 마찬가지로 성령이 하나님이라는 직접적인 표현은 신약에서도 발견할 수 없으나 하나님에게 돌려질 속성이 성령에게 적용되었다는 사실로부터 성령의 신성을 확보할 수 있다. 구약에서 하나님의 영(신)으로 묘사된 존재의 실체가 신약에서는 성령으로 밝혀지는 근거는 구약에서 말씀의 주체가 하나님인 여러 구절이 신약에서는 성령에게 돌려진다는 사실이다. 시편 95편 7-11절을 인용한 히브리서 3장 7-11절, 이사야 6장을 인용한 사도행전 28장 25-27절, 예레미야 31장 31-34절을 인용한 히브리서 10장 15-17절은 말씀의 주체인 하나님을 성령으로 이해한 것이다. 이것은 구약에 선포된 말씀이 사실은 성령에 의한 것임을 알게 한다(행 1:16-26; 시 69:25; 109:8).

성령은 교회의 주님(하나님)으로 나타난다. "주(kurios)는 영이시니 주의 영이 계신 곳에서는 자유함이 있느니라"(고후 3:17)는 말씀은 "진리를 알지니 진리가 너희를 자유케하리라"(요 8:32)와 연관되는데 성령은 곧 진리의 하나님임이 암시된다. 성령은 교회의 내주하시는 하나님으로 묘사되는데(고전 3:16-17; 6:19-20), 성전에 임재하는 하나님처럼 신자(교회)에게 내주하는 분은 성령이다. 나눔의 약속을 어긴 아나니아와 삽비라의 죽음은 사람을 속인 것이 아니라 성령을 속인 것으로 간주되어 심판을 받았다. 성령을 속이는 일은 하나님의 심판을 초래하며(행 5장), 성령을 훼방하는 것은 결코 용서하심을 얻을 수 없다(마 12:31-32).[49] 전도자 빌립은 성령의 주권적 음성에 순종하여 내시에게 복음을 전했는데 그가 마침 메시야의 고난을 예언한 이사야의 구절을 읽고 있었으며 빌립의 도움으로 그리스도를 알게 되었다. 성령의 말하게 하심으로 '하나님의 큰일'이 선포되고 많은 사람이 그리스도께 돌아왔으며(행 2장), 아가보는 성령의 주권으로 인해 흉년이 올 것을 예언했으며(11:28), 바나바와 바울을 특별한 일꾼(사역자)으로 세운 것은 성령이다(13:2). 성령은 교회의 삶에 내주하며 교회를 정결케 하며 복음선포의 사역에 주님으로 일하는 분이다.

---

49) 예수님은 인자를 거역하면 용서를 받을 수 있지만 성령을 훼방하는 것은 용서를 받을 수 없다고 가르쳤는데, 이 말의 뜻은 예수님을 거절해도 된다는 말이 아니라 예수 그리스도를 고백하는 일이 성령에 의한 사역임을 의미한 것이다. "성령이 아니고는 누구든지 예수를 주시라 시인할 수 없느니라"(고전 12:3)은 바로 이 문맥에 해당된다. 그러므로 아들의 영(성령)이 내주하지 않는 사람은 하나님의 사람이 아니라는 말씀은 구원의 경륜에 있어서 성령과 성자의 하나 됨(상호점유)를 의미한다(롬 8:9, 14).

하지만 성령의 위격은 성자와의 연관에서 가장 선명하게 드러난다. 성자 예수는 성령 하나님을 세상에 보내며[50] 성령의 위격적 신성을 드러낸다(요 14-16장). 성자의 계시 속에서 성령은 처음으로 제자들에게 알려지고 반드시 기다려야 하는 진리의 영, 또 하나의 보혜사로 모습을 드러낸다.[51] 성자는 성령을 보내고(15:26) 성령이 성부 하나님으로부터 오는 것(14:26)은, 성령의 기원이 성부 하나님과 성자 하나님 두 분에게 모두 관련됨을 알려준다. 그러나 요한복음 15장 26절은 성자가 보낼 성령이 성부와 관련되는 신적 위격임을 드러내는 언어이지 성부가 성자와 마찬가지로 성령의 존재의 기원이 되었다는 말이 아니다.

경륜적으로 성부 하나님은 성자와 성령의 경륜적 기원이 되었을 뿐이며 본성과 관련하여서는 신성이 동일하게 성부와 위격적 관계를 이룸을 알려주는 표현이다.[52] 즉 성령은 다른 인간적 기원을 가진 선지자와 구별되는 분이며 동시에 성자와도 구별된다는 말이다. 성자 예수의 계시는 바로 이 점을 표현하기 위한 것이다. 선지자도 하나님의 보냄을 받았으나 그러한 보냄은 성자가 받은 것과 다르며, 또 성령이 보냄을 받은 형식과도 구별된다. 이 말이 뜻하는 바는 성령은 인간적 선지자가 종으로 부름을 받아 보냄을 입은 것과 다른 영원한 하나님과의 보냄의 관계에 있는 하나님임을 상징한다. 성령은 또한 성자로부터 온다. 이 말은 성령이 성자에게 종속된다는 말이 아니라 성자와 동등하지만 구별되는 위격임을 알려준다(14-16장).

성자가 성령의 위격성을 드러내는 것처럼 성령은 겸손히 성자를 드러낸다. 예수를 주님으로 시인하는 고백은 성령에 의한 것이며, 성령은 그리스도 안에 있는 성부 하나님의 것으로 성자의 영광을 드러낸다(16:15). 오순절 직

---

50) 성령은 이미 세상에 계셨는데 성자가 굳이 성령을 보낸 것은 위격적 관계를 경륜 속에서 드러내기 위함이다.
51) 이 말은 성자 예수 그리스도도 보혜사임을 암시한다.
52) 우리는 위격적 보냄에 대해서 분명하게 구별할 줄 알아야 한다. 성자와 성령이 성부에게서 왔다는 말은 동일 기원을 뜻하는 말이다. 그러나 사람은 하나님에게서 왔다고 말할 수 없다. 다만 하나님의 창조로부터 왔다고 말하는 것이 올바른 표현이다.

후에 베드로는 주 예수 그리스도의 고난과 부활과 예수 그리스도의 이름으로 얻는 회개의 구원을 증거하고 영접하는 사람에게 성령의 내주하심의 약속이 있음을 말했다. 여기서 성령은 단지 능력의 임재가 아니라 성자 예수의 임마누엘을 각 사람에게 실제로 성취하는 임마누엘의 하나님이시다(14:17). 결국 성령의 임재는 하나님의 임재와 동일하다. 계시록에서 성령이 교회의 주님과 교회에 대해 말씀하는 예수님의 영으로 표현되는 것은 하나도 이상하지 않다(계 2:7, 17, 17, 29; 3:6, 13, 22). 성경에 의하면 성령은 예수의 영이며(행 16:6-7), 부활한 예수 그리스도는 살려주는 영이 되셨다(고전 15:45). 이것은 성령이 성자의 영이 되는 (사역적) 종속이 아니라 성자와 성령의 위격 간의 상호성을 의미한다.

신약은 성자 예수의 성육신의 전과정에 개입하시는 성령의 모습을 제공한다. 성령은 영원한 분이며(히 9:14) 요한에게 침례를 받을 때 성령은 성부와 구별되며 또 성자에게 특별히 임재하는 구별된 영의 임재였으며 예수님을 광야로 몰아내어 마귀의 시험을 받도록 하였다(막 1:12).[53] 그리스도의 무흠한 희생은 성령으로 드려졌으며(히 9:14), 죽은 그리스도를 다시 살리신 분은 하나님(행 3:32)과 성령의 동시 사역이다(롬 8:11). 성자의 부활은 성령으로 발생한 전혀 새로운 사건이며 예수 그리스도의 성자 됨이 확증된 것도 성령에 의한 것이다(1:4). 성령은 하나님의 뜻대로 성도를 위해 간구하는데(8:26), 그 이유는 성령만이 하나님의 깊은 뜻을 완전히 알며 모든 진리의 주체이고(요 14:26; 요일 5:7) 전지한(omniscient) 분이기 때문이다. 성령은 단순한 능력이 아닌 인격적인 하나님이며(고전 2:10-11; 요 14:26; 16:12-16),[54] 성자와 위격적으로 상호점유(perichoresis)한다.[55]

---

53) 마가의 표현은 대단히 흥미로운데 "성령이 곧 예수를 광야로 몰아내신지라"고 기록한다. 여기서 '몰아내다'는 성령의 주권을 강력하게 표현한다. 예수 그리스도의 생애 전반에 걸친 성령의 특별한 임재와 개입하심에 대해서는 퍼거슨, 성령, 42-64를 보라.
54) Feinberg, *No One Like Him*, 465.
55) 퍼거슨은 롬 8:9-10에 근거하여 "성령과 그리스도는 사실상 상호교환 가능한 용어로서, 그들의 인격적 구별성은 인정되면서도 그들의 경륜적 동등성이 지적되고 있다"고 말하며, 카이퍼가 "교회는 그리스도의 사역에 끼친 성령의 영향을 충분히 고백한

## 7. 삼위일체의 신학적 결론

앞서 본 성자와 성부, 성자와 성령의 위격적 관계를 하나님의 유일성과 연계하면 적어도 한 분이신 하나님은 위격적으로는 세 분으로 존재한다는 사실을 도출할 수 있다. 신앙의 경험에서와 마찬가지로 성경은 그리스도 예수를 아는 것이 곧 하나님 아버지를 아는 것이며(요일 17:3) 그리스도의 인격과 구속을 믿는 사람에게 성령이 내주한다는 사실을 선포해준다. 신앙이란 성부와 성자의 사귐에 참여한다는 요한일서 1장 3절의 사상은 두 위격이 상호 점유함을 보여준다. 성령과 성자 또한 서로를 전제하는 관계임을 보았다(행 16:6-7; 고전 15:45). 더 나아가 세 위격이 상호적임을 보여주는 진술에 따라서[56] 따라서 위격의 구별과 동등함은 이미 확보된 진술이라 볼 수 있다.

성부가 성자로 인해 계시되고, 성령이 성자를 계시하는 방식은 한 위격이 자신의 위격을 지향하지 않고 다른 위격을 지향한다는 것을 의미한다. 한 위

---

적이 없다"고 한 말을 인용한다. 성령이 그리스도에게 종속된다는 해석은 성자가 성부에게 종속된다는 해석과 마찬가지로 대단히 위험하다. 성령이 하나님의 한 위격이므로 성경에는 동등성이 상호관계에서 나타나야 한다. 성자의 계시를 통해서만 성부가 알려지는 것처럼, 성령에 의해서만 성자가 드러난다. 결국, 이 논리는 롬 11:36로 돌아가야 하는데 이때의 '주'란 표현이 반드시 성부이어야 하는 당위성은 없다. 오히려 삼위일체 하나님을 의미한다고 볼 수 있다. 만일 이 해석이 옳다면 성령을 통해 성자가, 그리고 성자를 통해 성부가 드러나는 결론은 성부가 아니라 삼위일체 전체라고 이해해야 할 것이다. 결국 성경은 위격 상호 간 양방향의 동등한 주고받음을 드러낸다. 그러나 상호 간에 분열은 없다. 겟세마네에서의 성자의 기도는 정신분열적 이미지와 정과 반의 대립을 극복한 합으로서의 인식이 아니라 바르트의 해석처럼 성육신의 실제성을 의미한다. 바르트가 말한 것처럼 아무도 그리스도가 본 그대로 십자가에 나타난 하나님의 저주와 심판을 있는 그대로 인지하지 못했다. 오직 그리스도만이 자신이 마실 잔의 참 실체를 보았고 그래서 그는 몸서리칠만한 신적 진노를 고스란히 경험했다. 그는 하나님의 심판과 저주 아래서는 경험의 실체, 바닥을 알 수 없는 심연의 공포를 느꼈으며 소스라치게 놀랐다. "만일 할만하시거든 이 잔을 내게서 지나가게 하옵소서"(마 26:39)라고 탄식했던 것은 성부 하나님과의 갈등이 아니라 오히려 성육하신 성자가 성부와 연합하고 있다는 증거이다. 단지 한 사람으로서 십자가의 모든 실체를 다 볼 수 있는 사람이 도대체 어디에 있다는 말인가? 오직 성육하신 하나님의 아들만이 신적 저주의 깊이를 모두 아셨다.

56) 펜들턴이 언급한 엡 2:18은 특별한 설명 없이도 세 위격의 상호성을 인지할 수 있는 좋은 자료이다. Pendleton, *Christian Doctrines*, 68.

격은 다른 위격에 의해 계시되고 이런 식의 순환과 상호적 계시는 위격의 구별과 하나 됨을 의미한다. 성자의 위격적 사역이 있는 곳에는 성부의 위격이 드러나고, 성령의 위격도 드러난다. 그러나 이 모든 주고 받음에서 결국은 두 개의 다른 만남이 아닌 한 분 하나님과의 만남이 계시된다. 겟세마네 동산에서 성자와 성부는 하나가 아닌 분리되는 듯한 모습을 잠시 드러냈는데 이것은 몰트만이 생각한 것처럼 정과 반의 갈등에서 합으로의 이행이 아니며 오히려 성육신의 실제인 신인의 연합을 더욱 분명하게 드러낸다(각주 47 참고). 고난을 앞둔 예수님의 언어는 위격의 구분을 더욱 분명하게 하면서도 결국은 성부에 뜻에 자신을 맞추는 성자의 순종을 보여준다. 이는 단지 한 가지 일에 서로 다른 위격이 연합을 이루는 차원을 넘어서 성자가 성부 안에 있고 성부가 성자 안에 있는 방식을 보여준다. 구별된 위격이면서도 서로를 하나 되게 하는 것은 삼위일체의 본질이 하나 됨, 즉 한 분 하나님인 것을 나타낸다. 위격의 구별은 하나님의 유일성과 마찬가지로 영원하며 본질적이며 존재론적이다.[57]

따라서, 성부는 위격 자체로 온전한 하나님이며, 성자도 위격 자체로 온전한 하나님이며, 성령도 온전한 하나님이다. 성부와 성자와 성령의 세 위격이 합해졌을 때에만 하나님이라는 전체를 이룬다는 식으로 이해하면 결코 성부는 성자 속에 드러나지 않고, 성자도 성령 안에서 드러나지 않으며, 성자가 성부 안에 드러나고, 성령도 성자 안에 드러나는 일이 있을 수 없게 된다. 성부와 성자와 성령은 마치 한 사람이 가면극 하듯이 다른 가면을 바꾸어 쓰는 식의 이해가 될 수 없다. 만일 그렇다면 성자가 성부를 부른 것은 독백에 불과하며, 성경은 이러한 사벨리안 양식론(Sabellian Modalism)을 배제한다. 예수 그리스도의 계시 언어를 수사가 아닌 실제로 받아들이면, 예수의 전 생애에 나타난 언어와 삶은 모두 한편의 모노드라마에 불과하게 된다. 흔히 드는 비유로 한 사람이 자녀에게는 아버지가 되고, 자신의 부모님에게는 아들이 되며, 아내에게는 남편이 되는 역할론(기능론)도 당연히 배제될 수밖에 없

---

[57] 그렌즈, *조직신학*, 119.

다. 또한 오리겐이나 아리우스식의 종속론은 상호 내재와 상호 계시를 불가능하게 만드는 것이다.

교회사의 과제는 구속의 역사 속에 계시된 포괄적이고 심오한 관계를 조금이라도 명확하게 해보려는 시도였다. 그러나 칼뱅이 잘 말했듯이 모든 용어는 한계가 있으며 성경에 계시된 위격 상호 간의 구별과 하나 됨을 충분히 이해한다면 '본질'(본체 ousia/substantia/subtance)과 위격(인격)(persona/hypostasis/subsistence) 등의 언어가 굳이 필요치 않다는 점을 수긍할 필요가 있다.[58] 기독론에서 충분히 다룰 것이지만 '필리오케'(filioque) 논쟁도 위격적 방식을 따르면 큰 문제가 되지 않는다.[59] 신학의 과제는 성경의 위격과 본질의 관계를 보다 명확하게 하는 한편, 바람직한 용어를 찾는 것이다. 그러나 니케아 신경에서 보았듯이, 교회의 신학적 논의는 성경의 사유의 범위 안에서, 특히 구원론적 관점에서 수행되어야 한다. 이 범위를 넘어가는 것은 신앙을 위태롭게 한다는 점을 기억해야 할 것이다.

## IV. 하나님의 사역

성경에 의하면 삼위일체 하나님은 온 우주의 창조주이시다. 하나님의 생명은 추상적 원리나 정태적인 힘이 아니라 세계 내의 활동으로 인한 그 생명의 충만함이다. 위격적 교제 속에서 충만한 신적 생명의 신비는 위격적 교제에서 물질세계, 특히 인간의 삶과 관련한 하나님의 활동을 장엄한 서사적 형태로 선언한다. 오늘 우리가 알고 있는 세상은 우연한 계기의 연속이나 알 수 없는 힘에 의해 생겨난 미스터리가 아니라 삼위일체 하나님의 의도적인 창조에 의한 것이다.

---

58) 칼빈, 『기독교강요』, 1권, 207-213.
59) 모노게네스와 히 1:3의 '광채'와 '본체의 형상', 빌 2:6은 이후 기독론 논의에서 자세히 설명할 것이다.

### 1. 삼위일체 하나님과 우주의 기원

하나님에 대한 신앙이 오직 하나님에 대한 것뿐이라면 사람은 자신과 세계에 대해 아무런 희망이나 앎을 가질 수 없으며 그러한 하나님은 존재해도 인간과 무관하며 존재의 기원에 대한 의문으로 고통받는 인간의 마음에 아무런 도움이나 답을 제시할 수 없다. 우리는 우리가 어디에서 왔는지를 묻고 우리와 그 기원이 무슨 연관이 있는지를 묻는다. 기원과 의미는 언제나 서로 결속되어 있기 때문이다.[60] 감사한 것은 성경이 바로 이 의문에 답을 준다는 사실이다. 성경의 첫 장을 열면 대담한 선언이 나온다. "태초에 하나님이 천지를 창조하시니라"(창 1:1). 누구나 할 수 있는 말인듯 하면서 깊은 울림이 있는 악기처럼 이 말씀은 몇 마디에 불과해도 마음에 깊은 인상을 남긴다. 모든 존재가 영원한 하나님, 생명의 하나님에 의해 지음을 받았으며, 알 수 없는 힘이나 우연의 연속으로 인해 운 좋게 생겨난 것이 아니라고 선언하는 것이다. 이 선언은 철학적 사유도 아니며 그렇다고 세련된 과학 이론도 아니며 권위있는 선언으로 들린다. 하나님의 존재와 본성에 대한 분명한 신앙이 있다면 이 선언은 불가능한 것이 아니다. 알면 알수록 더욱 놀라움에 사로잡히며, 또 알 수 없음에 좌절을 느끼는 이 세계와 달리, 생명의 하나님이 우리 인격과 유사한 방식으로 없는 것에서 있는 것을 만드셨다는 사실에 우리는 경외감에 사로잡힐 수밖에 없다. 한 번 밖에 없는 귀한 삶을 살고자 하는 사람은 근원적인 의문과 성경의 해답을 놓고 진지하게 생의 고민을 해야 할 것이며 탄식하며 주님의 도움을 구해야 할 것이다.

성경의 답은 창조주 하나님을 선포하는 것이다. 성경은 하나님이 세상을 창조했다고 여러 부분에서 선언한다(창 1-2장; 시 33:6-9; 90:2; 115:15; 121:1-2; 124:8; 134:3; 139:6; 148:5; 잠 8장; 사 40:28; 요 1:3; 행 4:24; 14:15; 17:17:24-25; 롬 11:36; 고전 8:5-6; 엡 3:9; 골 1:16; 히 11:3; 계 4:11). 그렇다면 창조 기사에서 얻을 수 있는 진리는 무엇인가?

---

60) Feinberg, *No One Like Him*, 537.

## 2. 말씀에 의한 창조(무로부터의 창조)

성경은 우주와 그 안에 있는 모든 사물과 원리, 시공간, 그리고 역사의 진행이 원래는 존재하지 않았으며 하나님의 말씀으로 지어졌음을 선포한다. 말씀으로 창조되었다는 선언이 함축하는 바는 세상이 선재하던 어떤 원리나 물질의 잠재적 특성을 따라 창조된 것이 아니라 전적으로 하나님의 지혜와 능력으로 되었다는 일종의 배타적인 선언에 대한 것이다. 성경의 관심은 어떤 과학적 방식으로 만들어졌는지에 대한 아무런 암시도 제공하지 않고 삼위일체 하나님의 창조적 지혜에 관심을 둔다.[61]

쉽게 말한다면 무에서 유로 만들어졌다는 것이 성경의 창조 사상이다. 그러나 교부시대로부터 도입된 '무로부터의 창조'(creatio ex nihilo)란 표현은 제한적으로 이해되어야 한다.[62] 존재하지 않았던 그 어떤 것(혹은 nihil, 무)에서 존재가 생겨난 것이 아니라 하나님의 창조 행위로 인해 무엇(something)이 존재하게 되었다는 말이다. 따라서 존재와 비존재의 관계를 생각해볼 때 창조신앙은 무(nothing)에서 유(something)으로 전이가 아니라 유의 형성으로 무의 생각이 가능하게 되었음을 인지한다. 바빙크의 말대로 무는 유의 가능성을 갖지 않고 그저 무일뿐이다. 이것은 규정화되지 않고 한계가 설정되어 있지 않은 인간의 본원적 욕구 혹은 프로이드가 말한대로 오직 욕구로만 가득한 밑바닥의 잠재의식과 같은, 그래서 자신의 욕망의 실현만을 언제나 꿈꾸는 그런 것과 유사하게 오직 유가 되려는 가능성의 무와 상관없다. 이 사상은 '비존재'(nihil)가 존재를 배태하는 씨앗이나 가능성을 그 안에 품고 있

---

61) 콘라드 헤이어스(Conrad Hayers)는 이렇게 말한다. "The Bible discusses not how the world was made but rather who made it."(성경은 세상이 어떻게 만들어졌는지가 아니라 누가 만들었는지를 논의한다.) Conrad Hyers, *The Meaning of Creation: Genesis and Modern Science* (Atlanta: John Knox, 1984), 30; quoted in James A. Nash, *Loving Nature: Ecological Integrity and Christian Responsbility* (Nashville: Abingdon, 1991), 97.
62) 무로부터 창조라는 표현은 구약 외경인 마카비 2서 7장 28절에 나온다. 공동번역성서 개정판 참고.

다고 말하려는 것이 아니다.[63] 바르트, 특히 몰트만(Moltmann)은 신비의 '무존재'를 상정하는 창조교리를 주창하는데 이것의 핵심은 카발라 영지주의에서 유래한 것이다. 몰트만에 의하면 창조 직전에 하나님은 자신의 존재를 스스로 축소하여(zimzum), 축소된 신비한 부분(원래는 하나님의 존재의 영역)에 물질세계를 창조했다는 것이다. 즉 창조를 위한 공간을 하나님의 존재 안에서 스스로를 제한하여 창조의 공간을 만들었다는 것이다. 따라서 창조란 하나님 밖에서 일어난 사건이 아니며 그러한 까닭에 하나님은 창조된 세계 안에 있는 죽음에 대한 책임있는 행동으로서 죽음에 생명을 주시는 신실함을 갖는다는 것이다.[64] 성경은 보다 큰 어려움을 만드는 이런 사변을 아예 제시하지 않는다. 하나님의 전능함은 하나님의 존재양식과는 다르면서도 하나님이 아닌 세계를 만들 수 있다는 사실이다. 성경이 이 부분에 대해 침묵하는 것은 창조의 신비가 하나님의 전능함의 신비 안에 함축됨을 말하려는 것이다. 몰트만 자신도 언급했던 것처럼 성경이 침묵의 창조가 아니라 "빛이 있으라"(창 1:3, 6, 9, 11, 14, 20, 24)는 말씀의 창조를 서술하는 것은 창조 방식의 패턴이 피조물의 이해 방식이나 어떤 선재하는 패턴에 의한 것이 아니라 오직 하나님의 지혜에 의한 것임을 강조하기 위한 것이다(시 33:6-9). 즉 성경은 창조에 관한 어떤 사변도 허용하지 않는다. 창조의 순간을 과학의 원리에 맞추려는 시도는, 그것이 아무리 경건해 보인다 해도 비성경적이다. 창조

---

63) 수학의 공집합은 모든 집합의 부분집합이 되는데 그렇다면 공집합은 모든 것에 내재하며 모든 것의 근원이 된다. 이처럼 존재하지 않는 것은 모든 존재하는 것의 근원이 되므로 존재하지 않는 것과 신의 존재가 동일하다는 생각은 매우 심각하다. '무화'(無化)란 불교적 사상에 가까운 것으로 하이데거의 신론은 이 위험에서 벗어나지 못한 것으로 보인다.

64) 이 사변은 차라리 하지 않는 것이 나을 뻔했다. 이것은 답을 주기보다는 더 많은 어려움을 낳으며 하나님의 자기 제한을 하나의 논리로 만들어버리는 이상한 신론이 된다. 신적 제한은 빌 2장의 비하기독론과 쉽게 연결되며 세상의 고통에 참여하는 신적 참여의 길을 열고 삼위일체 내의 갈등도 당연시하는 신론으로 발전한다. 혹자는 이 신론을 두고 정신분열성(schizophrenic)이라 했는데 일리 있는 말이다. zimzum 사상을 이해하려면 다음의 책을 보라. Jürgen Moltmann, *God in Creation: A New Theology of Creation and the Spirit of God*, trans. Margaret Kohl (Minneapolis: Fortress, 1993), 86-93.

는 전적으로 하나님의 능력으로 생겨났다(렘 27:5). 오직 하나님만이 창조의 주님이며 피조물의 사유가 넘어가지 못할 영역이다. 그러므로 하나님의 창조로 된 우주와 그 안의 모든 사물은 하나님의 창조로 인한 피조물이며 하나님께 종속된다. 피조물은 스스로 존재하지 않고 하나님에 의해 존재하게 되었으며 창조의 방식이 오직 하나님의 말씀에 의한 것이기에 철저히 하나님에게 의존한다. 말씀은 하나님의 지혜와 능력이 그 출처임을 표현하는 수단이다.

### 3. 선한 세상

우주와 물질이 모두 하나님의 창조로부터 왔으므로 그 안에는 하나님의 속성이 배어있다. 창조 기사의 특징은 하나님이 사물을 창조하시고 난후에 여러 차례 생겨난 피조물에 대해 "좋았더라"는 선언을 하시며(창 1:4, 10, 12, 18, 21, 25) 개별적 존재를 모두 만드신 후에 창조세계 전체를 한 번에 보시고 "매우 좋았다"(31절)며 피조물 세계 전체를 긍정하신 것이다. 창조는 선하신 하나님의 속성이 배어든 세계인 것이다. 하나님의 선하심은 물질세계를 선하게 보고 긍정할 수 있는 시각을 제공한다. 그리스도인으로서 우리는 창조주 하나님에 대한 신앙과 함께 주님의 피조물로서 피조세계의 소중함이라는 두 실재(realities)를 긍정한다.

이 단순한 선언은 세상 안에 있는 우리에게 큰 의미를 준다. 교회 안에 침투해 영향력을 행사해 온 영지주의식 그리스 사유는 창조신앙에 뿌리를 내릴 틈이 없다. 플라톤주의나 영지주의 사고에서는 물질세계의 형성이 저급한 신(demiurgos)에 의한 것이며 참된 세상은 육체 없는 영(에온, aeon)의 세계로 참되고 고상한 것으로 여긴다.[65] 이 사고는 오리겐을 통해 교회 안으로 들어왔으며 영적인 것을 극단적으로 강조하는 신비주의 그룹에서 성행하는

---

65) 오스카 쿨만에 의하면 소크라테스가 독배를 받아들인 이유는 그가 올피즘(orphism), 즉 죽음은 육체의 감옥에 갇힌 영혼을 해방하여 완전한 영적세계로 진입하도록 한다는 사상을 신봉했기 때문이다.

이설에 불과하다. 죽음이나 악은 물질세계의 본래적인 것이 아니라 죄의 결과로 부과된 것이며 장차 하나님의 나라에서는 새롭게 될 것이다. 하늘과 땅은 불타서 소멸되지 않고 하나님의 은혜로 새롭게 되어 새 하늘과 새 땅으로 변하게 될 것이다(벧후 3:13; 계 21:1). 성경에는 피조물의 고유한 존재양식을 하나님께서 인정하신다는 확신으로 가득하다.[66] 세상은 하나님에게 의존하지만 하나님께서 허락하신 범위와 방향 안에서 고유함을 유지한다. 따라서 물질세계는 하나님과 비교하여 상대적으로 열등한 존재가 아니라 하나님에 의해서 지음을 받은 하나님의 피조물로서 존재의 가치를 지닌다. 영혼만이 아니라 육체도 소중하며 사람만이 아니라 자연세계도 하나님으로부터 고유한 존재를 부여받았음을 잊지 않아야 한다. 창조의 교리는 하나님의 일하심의 무대가 단지 사람만이 아니라 사람을 중심으로 온 세계로 확장되는 포괄적인 비전을 품도록 한다. 칼뱅이 창조세계 전체를 하나님의 영광의 무대(theatre of God)로 부른 것은 지극히 당연하다. 하나님의 나라는 창조세계라는 배경을 두고 전개된다. 예배와 기도 못지않게 교제와 봉사, 섬김도 중요한 요소가 된다. 예루살렘 교회는 예배와 함께 떡을 떼는 만찬을 함께 진행했다. 사람이든 자연이든 하나님의 뜻과 은혜 안에서 새롭게 되어 영원히 하나님을 섬기는 귀한 도구가 된다.

### 4. 창조와 변화(성장)

하나님의 창조가 비록 선하고 아름답긴 해도 그 자체로 완성된 것은 아니다. 피조세계는 긍정적인 측면에서 보면, 하나님의 선하심과 위대하심을 반영하여 계속 성장하고 발전해 나가도록 지음을 받았다(창 1:28의 문화적 위임명령, 2:19의 아담이 이름 짓는 장면). 부정적인 면에서 보면, 피조물은 사망의 가능성을 가진 채 만들어졌다. 인간은, 피조세계가 여전히 하나님과 바른 은

---

[66] 자연의 피조적 위치에 대해서는 Paul H. Santmire, *The Travail of Nature: The Ambiguous Ecological Promise of Christian Theology* (Fortress, 1991); *Nature Reborn: The Ecological and Cosmic Promise of Christian Theology* (Fortress, 2000)을 참고하라.

혜의 관계에 있도록 하기 위해, 하나님의 명령을 계속해서 준행하도록 요구(행위 언약)받았다. 만약, 인간이 계속해서 하나님의 계명을 준수했다면 인간과 세계는 타락을 모른 채 완성의 상태로 들어갈 수 있었다. 책임과 특권, 보존과 성장, 후퇴와 전진의 가능성의 두 갈래가 처음 창조에 엿보이며 인간은 그의 순종을 통해 하나님의 법을 지켜 나가도록 지음 받았다.

### 5. 창조와 문화

영원한 지식(진리)과 세계에 대한 지식이 존재하는 것은 하나님의 선한 창조로부터 기인하고 있다. 하나님께서는 알 수 있는 세계로 만드셨다. 아더 홈즈(Arthur Holmes)가 잘 말해주듯이 "모든 진리는 하나님의 진리"이다. 그렇다면 지식을 갖는 주체로서의 자아가 스스로 지식을 만들어내고 있는가 아니면 우리가 알려고 하는 대상 자체가 지식을 창출하고 있는가 하는 의문을 가질 수 있다. 그러나 상식적으로 인격적인 존재의 경우 자신이 스스로 여는 행위를 통해 보다 확실한 지식을 가질 수 있다. 그러나 자신이 스스로 연다고 해서 상대가 정확한 지식을 가진다고 보기도 어렵고 또 자신을 닫고 있어도 우리는 어느 정도 상대에 대해 알 수 있다. 이 경우 지식 자체는 하나님의 창조 섭리에 근거하고 있으며 지식은 일종의 계시라고 볼 수 있다. 세계가 무언가를 알려준다는 것은 세계 스스로라기보다는 세계가 우리 안에 이해되도록 지식과 관념이 우리에게 형상으로 주어져 있으며 인간의 타락에도 불구하고 일반적이고 전문적인 지식의 추구가 가능하다. 타락에 상관없이 지식은 참여에 의해 가능하다. 예를 들면 수(number)를 인지하는 것은 타락에 무관하다. 왜냐하면 그리스도인만이 수를 인지하는 것은 아니기 때문이다. 논리 법칙도 마찬가지다. 거듭난 사람이 아니더라도 논리와 수의 개념은 깨우치기만 하면 가질 수 있다. 따라서 세계의 지식은 신앙과 직접적인 연결을 찾기는 어렵다. 그럼에도 불구하고 일반 지식의 가능성은 하나님께서 지식의 가능성을 열어 둔다는 것에 근거한다. 비록 불신자가 이것을 감지하지는 못한다 하더라도 말이다. 일반 지식이나 신적 지식은 모두 참여와 헌신에 의존한다. 신앙에 헌신하고 참여하는 정도에 영향을 받는다. 모든 지식은 하나님께서 열어주심의 결과이며 참여에 의해 점차 드러난다.

# V. 특별한 피조물: 천사

성경에 의하면 하나님은 보이는 물질세계과 보이지 않는 피조세계, 즉 천사라는 특별한 피조물을 창조하셨다(골 1:16). 에릭슨에 의하면 천사들이란 "하나님께서 사람보다 더 고등하게 창조하신 영적 존재들"이다.[67] 성경이 천사의 존재와 사역에 대한 약간의 정보는 제공하지만 천사의 특성이나 활동에 대한 구체적인 언급을 하지 않기에 천사론을 확립하는 것은 어렵다.[68]

### 1. 특별한 피조물(invisible creature)

천사를 지칭하는 구약의 용어는 말라크이며 이 용어는 사람과 천사에게 모두 적용되는 일반적인 단어로서 '메시지를 전달하는 자'란 뜻을 갖는다. 신약에서도 헬라어 '앙겔로스'가 동일한 기능을 한다. '하나님의 아들들'(욥 1:6; 2:1), '권능 있는 자들', '여호와와 비교할 자'(시 29:1; 89:6), '거룩한 자들'(시 89:5, 7), '파수꾼들'(단 4:13, 17, 23), '만군의 주', '회', '총회', '주'(host), '무리들'은 천사를 의미한다고 볼 수 있다. 신약에서도 '하늘의 천사들'(마 24:36)

---

67) Erickson, *Christian Theology*, 459. 천사와 동등하게 된다는 말은 천사가 고등한 존재이며 부활 때에는 우리도 천사처럼 고등한 존재가 된다는 뜻이 아니다. 천사처럼 결혼하지 않고 영원한 삶을 누린다는 뜻이다.
68) Ibid. 다른 이유들도 있을 수 있는데, 교회에 주는 구체적인 유익이 언급되지 않거나 초기 교회와 중세에 유행했던 수호천사, 또는 신비주의 그룹에서 성행하는 천사숭배에 대한 위험 때문인지는 정확히 알 수는 없으나 이 교리를 조직신학의 교리 목록에서 누락시키는 경우도 있다. 아예 천사론을 다루지 않는 조직신학자들도 있다. 마이클 호튼(Michael Horton)이 쓴 The Christian Faith은 천사론을 누락시켰다. 1689년 〈런던신앙고백서〉도 천사에 대한 고백을 다루지 않는다. Samuel E. Waldron, *A Modern Exposition of the 1689 Baptist Confession of Faith* (Durham, ENG: Evangelical Press, 1989). The Baptist Faith and Message에는 창조교리가 없다.

이 사용되었고 '하늘의 천군'(눅 2:13), '영들'(히 1:14), '정사', '능력', '보좌들', '주관들', '권세들'(골 1:16; 롬 8:38; 고전 15:24)이 천사를 나타내며 '천사장'(살전 4:16과 유 8절)이란 언급이 나타난다. 천사가 비가시적 피조물인 것은 분명하지만(시 148:2; 느 9:6; 골 1:16), 창조 시기는 분명하지 않다. 다만 6일의 창조 기간에 피조되었음을 짐작할 수 있다.[69] 살과 뼈가 없다는 점(눅 24:39), 결혼이나 자녀를 갖지 않으며(마 22:30; 막 12:25; 눅 20:34-35), 보이지 않는 존재(골 1:16; 시 104:4)이며, 불멸적인 존재이며(마 22:30; 막 12:25; 눅 20:34-35),[70] 영적 존재이다(히 1:14). 이런 특성 때문에 사람보다는 시공간의 제한을 덜 받는다고 볼 수 있으나(행 5:19-20), 여전히 유한한 피조물이며(벧전 1:12; 시 72:18) 시간적 존재이며[71] 하나님의 특별한 일꾼으로 보인다.[72] 성경에는 천사의 숫자가 많은 것으로 제시된다. '일만 성도들'(신 33:2), '천천이요 만만'(시 68:17), '열두 영'(36,000-72,000, 즉 로마의 군단[영]의 크기는 3천에서 6천이다), '축제의 무수한 천사들'(히 12:22), '만만이요 천천'(계 5:11), '천군'(불말과 불병거, 왕하 6:17), 다니엘 7장 10절, 욥기 25장 3절도 거대한 조직을 암시하는 천사의 무리를 보여준다. 에릭슨에 의하면 천사는 하나님을 찬양하고 영화롭게 하며(요 38:7; 시 103:20; 148:2; 계 5:11-12; 8:1-4), 계시를 전달하며(행 7:53; 갈 3:19; 히 2:2), 신자를 돌보며(행 5:19; 12:6-11; 시 34:7), 생명의 관찰자이고(고전 4:9; 딤전 5:21), 교회 안에 임재하며(고

---

69) 벌코프, 조직신학, 상권, 349. 벌코프는 욥 38:7에 근거하여 천사가 창조의 6일 이전에 창조되었다는 주장을 배격한다. 피터 쉠 2세(Peter R. Shemm, Jr)는 첫날 이전에 천사가 피조되었다는 세일해머(John H. Sailhamer)의 주장을 받아들이는데, 이는 근거가 불확실한 주장이다. John H. Sailhamer, *Genesis*, EBC (Grand Rapids: Zondervan, 1990), 20; quoted in Peter R. Shemm, Jr., "*The Agents of God: Angels, A Theology for the Church*", ed. Daniel L. Akin, rev. ed (Nashville: B & H Academic, 2014), 296.
70) 가이슬러가 하나님과 천사, 사람을 비교한 도표는 모든 점에서 동의할 수는 없으나 참고할 만한다. Norman L. Geisler, *Systematic Theology: In One Volume* (Minneapolis: Bethany House, 2011), 656.
71) 가이슬러는 천사가 시간 안에 있지 않다고 하는데 그 근거를 찾을 수 없다. 시간을 초월하는 분은 오직 하나님뿐이시다. Ibid, 657.
72) Erickson, *Christian Theology*, 464.

전 11:10), 신자를 지복의 장소로 데려가는 사역(눅 16:22)을 수행한다. 심판의 수행자로(왕하 19:35; 삼하 24:16; 출 14:19-20; 행 12:23), 또 진노의 잔을 세상에 붓는 사역으로 재림에 관련된(미 25:31; 13:39-42; 24:31; 살전 4:16-17) 사역자로 묘사된다.

## 2. 선한 천사

천사를 지칭하는 구약의 용어는 말라크이며 구체적인 조직에 대해서는 자세히 알지 못한다. 다만 성경은 조직을 암시하는 특별한 천사를 언급한다. 그룹(cherubim)은 하나님의 군대를 형성하고(삼하 22:11; 시 18:10), 속죄소를 덮으며(출 25:18-22) 하나님의 임재하는 장소를 덮어 거룩함을 드러내는 것으로 보인다(시 80:1; 99:1; 사 37:16; 히 9:5). 또 죄인의 접근으로부터 생명나무를 지키는 것으로 그려진다(창 3:24). 스랍(seraphs)은 이사야 6장 2-6절에서 언급되었는데 날개로 얼굴과 발을 가리고 날아다니며 하나님의 거룩하심을 선언하는데, 이 역할도 그룹과 비슷한 거룩한 구별로 이해할 수 있다. 정사(principalities)와 능력(powers)과 보좌(thrones), 주권자(dominions)로 언급된 존재가 정확히 천사를 언급하는 지는 불분명하다(엡 1:21; 3:10; 골 1:16; 2:10; 벧전 3:22). 유일하게 이름이 공개된 천사는 가브리엘과 미가엘이다. 가브리엘은 다니엘과 마리아의 수태고지에서 하나님의 계시를 전달하는 역할을 한다(단 8:16; 9:21; 눅 1:19, 26). 감옥에 갇힌 베드로를 깨운 천사가 가브리엘과 같은 존재인지는 알 수 없다. 미가엘은 천사장으로 불려지는데(유 9), 다니엘 10장 13, 21절과 요한계시록 12장 7절에서도 언급된다. 특히 요한계시록 12장 7절에서는 미가엘이 하늘 군대의 우두머리로 그려지는 것으로 보아 하나님의 뜻을 성취하기 위해 악마의 군대와 전쟁을 수행하는 힘 있는 천사인 것으로 짐작할 수 있다.

## 3. 악한 천사

성경은 악한 천사의 존재를 가르친다. 천사는 하나님의 선한 창조의 결과이며 타락은 그들 자신의 결정, 특히 마음의 교만으로 인한 것으로 볼 수 있다(유 6). 천사에게는 회심이나 중생의 은혜가 없는 것으로 보인다(벧후 2:4, 유 6). 이들은 아마도 첫 안식과 아담의 타락 사이에 타락한 것으로 짐작해 볼 수 있다.[73] 마귀란 타락한 천사의 수장에게 명명된 이름이며 사탄으로도 불려진다. '사탄'은 대적자라는 의미의 동사에서 유래했는데 헬라어 '사타나스'(satanas)는 헬라식 음역이다. 마귀에게 지칭된 이름은 바알세불(마 12:24, 27; 막 3:22), 벨리알(고후 6:15), 큰 용, 아비 마귀, 속이는 자, 고발자(디아볼로스, 계 12:10), 살인자, 아볼루온(파괴자)이 있다. 귀신에 사로잡힌 자는 마귀에 눌린자로 표현된다(행 10:38; 눅 13:16). 마귀는 주님의 일에 방해하는 자로 이해된다. 사람을 미혹하고(마 13장) 속이는 것이며(고후 11:14-15; 계 12:9; 20:8, 10; 고후 4:4; 살전 2:18; 고후 12:7) 때로는 질병을 가져오기도 한다. 간혹 악마의 힘은 삶을 파괴하는 정신분열적 힘을 일으키는 것으로 사람의 인격 자체가 어둠의 힘에 지배당하는 모습으로 나타난다(마 17장). 그러나 사탄의 능력은 피조물이라 제한되며 그리스도의 말씀에 굴복한다. 비록 세상은 악으로 가득하나 루이스(C. S. Lewis)가 생각하듯 악마의 영역이 아니라[74] 하나님의 주권 아래에 있으며 장차 속임의 지배력을 확보한 사탄은 하나님의 능력으로 정복될 것이다(계 20장).

## VI. 창조세계에 대한 하나님의 섭리

세계를 창조하신 하나님은 만물을 내버려 두지 않고 계속해서 자신의 목적에 맞도록 피조물을 보존하시며 다스리고 생명을 부여하고 당신의 뜻에

---

73) Shemm, "The Agents of God," 304.
74) Ibid., 332. 루이스의 『The Screwtape Letters』는 마귀가 자신의 조카에게 세상을 유혹하는 실제적 방법에 대해 멘토링하는 형식으로 전개된다. 피터 쉠은 루이스를 따라 세상이 악마 아래 있다고 이해하는 데 이는 오해의 여지가 많다. C. S. Lewis, *The Screwtape Letters* (San Francisco: HarperOne, 2015).

부합하도록 이끌어 가신다는 것은 기독교 신앙의 가장 근본적이며 실제적인 고백이다. 그러므로 "창조론은 자연스럽게 섭리론"으로 연결된다. 섭리 신앙은 스토아 철학의 운명과 유사한 개념으로 오해되기도 하지만 성경에서 계시된 사상이다.[75] 섭리에 대한 신앙은 그리스도인의 실제적인 고백 속에서 우러나오는 생생한 경험이기도 하다. 하나님께서 실제적으로 간섭하시고 인도하시며 기도를 들으시며 또한 악에서 건지시고 보호하신다는 것은 신학적인 구성을 넘어서는 고백이며 감사와 찬송을 돌리는 계기가 된다.

### 1. 목적적인 돌봄(provident care)[76]

섭리 교리는 창조된 세계에 대한 하나님의 지속적인 돌봄과 간섭으로 정의할 수 있다.[77] 섭리의 한자어인 '攝理'란 글자는 '끌어당기는 이치'란 의미이다. 신적 주권을 뜻하는 말이기도 하지만 피조물을 붙들어 주시는 은혜의 돌봄으로도 이해 가능하다. 칼뱅도 창세기 22장 8절을 주석하면서 하나님의 예지와 지식을 전제하지만 그럼에도 불구하고 섭리는 행위로 되어 있다(강요, 311)고 했다. 욥기 10장 12절에는 섭리를 '공급과 돌보심'의 의미로 사

---

75) Emil Brunner, *The Christian Doctrine of God*, vol.1, trans. Olive Wyon (Philadelphia: Westminster, 1950), 206.
76) 벌코프는 "만물을 목적론적으로 다스리시는 하나님의 계속적인 활동"으로 정의한다. 그러나 이 정의는 다소 불충분해 보인다. Berkhof, *Systematic Theology* (Grand Rapids: Eerdmans, 1996), 175; 그렌즈, 조직신학, 190에서 재인용.
77) 섭리 교리가 혼란을 겪는 것은 섭리를 뜻하는 영어 단어의 라틴어 어원을 오해하는 것에서 비롯되는 것으로 보인다. 섭리를 뜻하는 'providence'란 단어는 스토아 철학과 그리스 문학에 나타난 용어를 차용한 것이다. T. H. L. Parker, "Providence," in *Evangelical Dictionary of Theology*, ed. Walter A. Elwell (Grand Rapids: Baker, 1984), 890. 'providence'는 제롬의 벌게이트(Vulgate) 성경의 창세기 22장 8절의 "*Deus providebit*"(하나님이 공급하실 것이다)에서 유래되었다. 성경의 배경에서 본다면 섭리 교리는 'providere'(foresee)와 별다른 상관관계가 없으며 'pronoia'(foreknowledge)나 혹은 'providentia'와도 무관하다. '미리 본다'(foresee)의 단어와 '섭리'(providence)를 창세기 22장 8절에서 연결시키기는 어렵다는 것이다. 이것에 근거해서 오토 웨버(Otto Weber)는 "섭리의 개념이란 실제적 적용에서 있어서 성경 언어와는 상당히 이질적이다"라고 단정 짓는다. Weber, *Foundations of Dogmatics*, 510.

용하고 있다. "생명과 은혜를 내게 주시고 권고하심으로 내 영을 지키셨나이다"(개역). "주께서 저에게 생명과 사랑을 주시고, 나를 돌보셔서, 내 숨결까지 지켜 주셨습니다"(표준새번역). 또 마태복음 6장 25-32절에서 예수님은 하나님의 만물을 향한 보편적인 공급하심과 당신의 백성의 근본적 필요를 채우시는 특별한 공급하심에 대해 가르쳐주셨다.

섭리(providence) 교리는 우리와 세계를 홀로 내버려두지 않고 관심 어린 손길로 돌봄으로써 최종적인 목적을 성취하는 하나님의 특별한 간섭에 대한 것이다. 폴 헬름은 "하나님의 섭리란 이론적인 개념이 아니라 남녀 각 개인의 삶에 역사하시는 하나님의 활동에 관계한다"[78]고 말한다. 폴 틸리히의 말도 매우 적절하다. "섭리란 하나님의 영원한 활동이다. 그분은 결코 구경꾼이 아니다. 그분은 언제나 모든 것을 완성으로 인도하신다."[79] 하나님은 지식과 권능에 기초해서 피조물을 적극적으로 돌봄으로 종국적인 목적을 향해 나아가도록 인도한다. 따라서 섭리 교리는 신자의 삶에 소망을 주는 실제적인 교리이다. 그러나 지식과 지혜의 완전함이 결여된 돌봄이란 결코 실제적일 수 없다. 사람은 소 잃고 외양간을 손보거나 갑작스레 응급수단을 찾느라 허둥대지만 하나님은 환경의 복잡한 상황을 모두 고려한 포괄적이고 예지적인 선지식에 근거하여 돌보신다. 하나님께서는 모든 상황을 절대적이고 완전하게, 그리고 미리 파악하신다. 따라서 하나님의 공급하심의 결정은 옳고 의로우며 부족함이나 흠이 없으며 매우 적실하다.[80] 만약 하나님의 공급하

---

78) Paul Helm, *The Providence of God* (Downers Grove, IL: IVP, 1994), 27.
79) 원문을 소개한다. "Providence is a permanent activity of God. He never is a spectator; he always directs everything toward its fulfilment."(섭리란 하나님의 영속적인 활동이다. 그분은 결코 구경꾼이 아니며 언제나 모든 것을 완성으로 이끈다.) Paul Tillich, *Systematic Theology*, vol.1 (Chicago: Chicago University Press, 1951), 266; Quoted from Peter C. Hodgson and Robert H. King, eds, *Readings in Christian Theology* (Minneapolis: Fortress, 1985), 146. 문제는 틸리히에게는 창조와 섭리가 같은 개념이다. 틸리히는 하나님의 창의성을 하나님의 영원한 본질로 이해하여 하나님은 영원히 무언가를 만들어내는 창조주이며 그러한 한에서 세계는 영원히 만들어지고 있다. 이 사상은 몰트만의 강한 반대를 야기했다.
80) 그러나 하나님은 우리 삶의 현실에는 주권적이면서 동시에 동일한 어려움을 겪는 분

심이 현재 순간에는 좋고 만족스러워 보이지만 앞으로 전개될 상황에 대한 포괄적 지식이 없는 경우라면 매 순간에는 만족이 있지만 최종적으로 잘못된 길로 들어서도록 할 수 있기 때문이다.[81] 반대로 하나님의 공급하심이 구체적인 상황에는 별로 만족스럽지 못하더라도 종국에는 기쁨과 승리를 안겨줄 수 있다. 따라서 섭리교리란 현재의 순간을 포함하지만 삶과 역사 전체를 고려한 하나님의 채우심을 고려하는 포괄적 신앙의 확신이다.

## 2. 섭리와 고난

섭리적 주권과 돌봄에 대한 확신이 있다고 해서 고난으로부터 면제되는 것은 아니다. 하나님은 당신의 백성을 이 세상에서 데려가시고자 하는 것이 아니라 보호하시고, 연단하고, 훈련시키신다. 제자들을 향한 예수님의 대제사장적 중보기도는 고난을 면하게 해달라는 요청이 아니라 고난에서 보호받고 하나님의 뜻 안에 살 수 있도록 요청하는 기도이다(요 17장. 참고 행 5:28-31; 히 12:1-13; 약 1:2-8; 벧전 1:5-6; 3:20-21; 4:12). 삶의 여정에선 심각한 일이 일어날 수 있으나 궁극적인 승리와 극복케 하시는 하나님의 은혜가 신자에게 보장되어 있다(마 24:15-31). 그러나 섭리의 신앙에서 하나님의 선하심의 속성과 충돌하는 삶을 하나님의 섭리로 여길 수 없다는 사실이다. 성경은 실수나 악에 의한 삶의 책임과 결과는 오로지 우리의 몫이라는 점을 상기시켜준다.[82] 하나님의 섭리는 책임 있는 삶의 가능성을 만든다. "의를 위하여 핍박을 받은 자는 복이 있나니 천국이 저희 것임이라"(마 5:10).

---

으로 다가오신다. 개인적으로 적용된 신적 섭리를 고려할 때, 친밀한 위로자인 성령은 무엇을 구해야 할지조차 모르는 순간에도 우리를 대신하여 간구하는 오래된 친구로 다가온다. 시편의 말씀대로 하나님은 우리의 곡성 소리를 들으시며(시 6:8), 알아듣지 못할 슬픔의 말을 토해낸 한나의 절규를 들으셨다.

81) 짐 캐리와 모건 프리맨이 열연한 영화 〈Bruce Almighty〉(2003)는 하나님의 돌봄이 단순하지 않으며 근시안적이 아님을 잘 보여주었다. 하나님의 돌봄은 세계의 모든 원리들을 모두 포괄적으로 알고 인도하는 지혜에 근거한다.

82) Gordon Spykman, *Reformational Theology; A New Paradigm for Doing Dogmatics* (Grand Rapids: Eerdmans, 1992), 276.

## 3. 섭리와 지식

섭리에 대한 신앙은 세계 역사나 일련의 사건에 대한 이성적이고 분명한 이론이나 선지식을 갖지 않는다. 신적 지혜에 따른 계획은 인간의 계획과는 근본적으로 다르다. 사건들에 대한 참된 원인들은 인간에겐 숨겨졌다. 우리는 현재 발생하는 일의 전체를 파악할 수 없다. 물론 과거와 미래도 마찬가지이다. 비록 시간의 세 시제(tense)가 하나님께는 개방되어 있지만 우리에게는 그렇지 않다. 칼뱅은 "모든 일은 하나님의 목적과 하나님의 확실한 나누심에 의해 정해졌지만, 우리에게 모든 사건은 우연한 것이다"고 말할 수 있었다. 기독교적 역사 인식은 존재하지만 그러한 해석조차도 결코 완전할 수가 없다. 아직 끝나지 않은 어떤 사건의 절대적인 이해는 불가능하다. 때로 어떤 사건은 겉보기에는 매우 정당하게 보이지만 그 실상은 추악한 동기와 음모에 의한 것일 수도 있다. 오히려 우리는 현실에 대한 무지를 바탕으로 더욱 하나님의 섭리적 손길을 구해야 한다. 기도없는 섭리신앙은 없으며 하나님께 맡기는 삶이 없는 기도는 없다. 기도한다는 것은 하나님의 역사 퍼즐을 풀기 위한 것이 아니다. 우리는 그럴 수 없다.[83] 현실의 불확실성을 주님의 완전함으로 견디는 신앙이 필요하다.[84]

---

[83] 어거스틴은 섭리에 대한 우리의 무지를 이런 말로 풀어낸 적이 있다. 하나님의 섭리란 마치 자수와 같아서 우리는 자수의 뒷면을 보는 반면 하나님은 언제나 앞면을 보신다. 그러나 자수가 완료될 그때에는 우리도 앞면을 보고 진면목을 알게 된다.

[84] 오토 웨버는 이렇게 쓴다. "Therefore, it is impossible to make a Christian interpretation of the course of history. To be a Christian means rather *to be able to endure the uninterpretability of events*."(역사의 경로에 대한 기독교적 해석이란 불가능하다. 그리스도인이 된다는 것은 차라리 사건의 해석불능을 참을 수 있다는 것을 의미한다.) Weber, *Foundations of Dogmatics*, 510. 에드워드 팔리는 "역사의 의미란 하나님의 뜻과 목표와 분리되어서는 미완성이다."라고 쓴다. Helm, *The Providence of God*, 235. 그렌즈는 창조와 섭리적 주권에 대한 아주 유용한 개념을 제시했는데, 법적 주권과 사실적 주권이라는 구별이다. 전자는 창조주로서 갖는 법적인 권한을 의미하며 후자는 현실에서 하나님의 뜻이 분명하지 않음을 의미한다. 본인은 이 용어를 약간 수정하여 법적 주권과 현상적 주권(phenomenal)으로 수정하면 바람직하다고 여긴다. 사실이란 말은 혼란을 야기할 수 있으므로 이렇게 수정하기를 제안한다. 그렌즈, *조직신학*, 178-179.

신자가 갖는 섭리적 지식은 회고적(retrospective)이다.[85] 비록 지나간 일에 대한 완전한 지식은 얻지 못해도 이따금씩 이해할 수 없었던 일의 더 깊은 차원을 이해하게 되는 경우가 많이 있다. 신비주의는 하나님으로부터 미래의 지식을 엿보기를 원하지만 신앙은 모든 것을 맡기는 가운데 지나간 일에 대해 보다 포괄적인 방식으로 알며, 현재의 순간에 최선을 다한다. 요셉은 어릴 적 꾼 꿈이 하나님으로부터 온 것임을 알았으나 그 꿈의 참 의미를 알지 못했다. 그 꿈은 현대 사회의 이데올로기가 된 성공 신화가 아니라 하나님 나라, 즉 이스라엘을 보존하여 장차 가나안 땅으로 들어가는 일에 자신이 고난을 통해 쓰임을 받는 것임을 아는 것이었다. 그래서 그는 통곡의 눈물 속에서 형들의 허물을 묻어버리고 하나님의 미래에 맡길 수 있었다. 오랜 시간이 흐른 뒤에야 요셉은 하나님의 섭리를 이해한 것이다. 그래서 그의 신앙의 눈은 더욱 높아지고 넓은 지평을 가질 수 있었고 자신의 시체를 미이라로 만들어 이스라엘의 출애굽 사명을 죽은 뒤에도 감당하고자 했던 것이다(이스라엘 백성은 요셉의 미이라를 볼 때마다 가나안 땅으로 가라는 요셉의 유언을 상기했을 것이다). 미래는 하나님께 맡기는 것이지 미리 아는 것이 아니다.

### 4. 보존(Preservation)[86]

본래의 질서와 의도에 부합하도록 피조물을 붙드는 하나님의 계속된 활동이다(롬 11:36; 골 1:17; 히 1:3). 하나님이 만드신 만물을 붙들어 주심으로 만물이 보존된다.[87] 그러나 과거에 있었던 모든 것이 지금도 그대로 있지는 않

---

85) Ibid., 125.
86) 보존과 일치, 통치의 세 요소를 섭리론의 핵심으로 보는 것은 일반적이다. 침례교의 밀라드 에릭슨, 웨인 그루뎀, 개혁파의 벤자민 팔리(Benjamin Wirt Farley), 채드 브랜드(Chad Brand)도 이 방식을 따른다.
87) 존 프레임은 섭리론의 형이상학적 측면을 하나님으로 정의한다. 피조물의 보존은 피조물의 내부적 힘에서 찾을 수 없고 창조주 하나님에게서만 발견된다는 뜻이다. John M. Fram, *The Doctrine of God* (Philadelphia: P & R Publishing, 2012), 278.

다. 예를 들면 환경적인 변화와 오염으로 인해 이미 멸종된 식물과 동물이 존재하며 창조 때에 존재하지 않았던 것이 지금은 존재하는 경우가 얼마든지 있다. 하나님의 창조세계는 원래의 틀로 보존되지만 정확하게 동일하지는 않다. 그것은 미래적 완성을 향해 재조정되기도 한다(느 9:6; 시 104; 욥 5:10; 37:10; 사 40:26; 창 1:21, 22). 이를 위해 하나님은 창조적 질서와 삶의 구조를 보존하시고 또한 악의 성행을 막으신다(요 34:14; 행 17:28; 골1:17; 히 1:3; 벧후 3:7; 마 6:25-32; 10:28-31; 고전 10:13; 벧전 1:5, 6). 특히 하나님의 백성을 지키는 특별한 돌봄을 행사하신다(창 45:5, 7; 롬 8:35, 38-39; 요 10장; 마 24:15-31).

### 5. 일치(Concurrence)

섭리의 또 다른 요소는 일치(concurrence)나 협력(cooperation)인데 이는 섭리하시는 하나님의 간섭과 피조물의 자유 결정이 충돌하거나 분열되지 않는다는 것을 의미한다. 이것은 하나님과 인간 사이의 관계를 나타낸다. 하나님이 전적으로 다 한다는 뜻이 아니며 혹은 50대 50의 분배적인 관계가 아니라 전적으로 하나님의 주권이요 전적으로 인간의 책임이다.[88] 피조물의 자

---

[88] 윌리엄 플래처(William C. Placher)는 *The Domestication of Transcendence* (Louisville: Westminster John Knox, 1996)에서 어거스틴과 루터, 칼뱅의 양립주의(주권 100퍼센트, 피조물의 자유 100퍼센트)에 근거해서 일차 원인과 이차 원인 중 하나를 격하시킨 신학의 역사를 잘 보여주었다. 그렌즈는 섭리론의 신학적 전제가 자연신학이 발전했던 사고이며 현대에는 적용할 수 없으나, 실존적인(의미적인) 측면에서 지금도 사용할 수 있다고 본다. 비록 전통적인 섭리론이 계몽주의적 사유에 어느 정도 영향을 받기는 했으나 실존적인 의존으로 이해한다면 하나님은 실제로 우리 삶에 영향을 줄 수 있는 분이 아닌 셈이다. 웨인 그루뎀은 소위 양립주의(compatibilism)를 지지한다. "In this way it is possible to affirm that in one sense events are fully (100 percent) caused by God and fully (100 percent) caused by the creature as well." Grudem, *Systematic Theololgy*, 319. 아퀴나스의 일차 원인(primary cause)과 이차 원인(secondary cause)도 하나님의 섭리와 인간 피조물의 책임을 조화시켜 보려는 시도이다. 바로는 스스로 자기 결정에 따라 이스라엘을 핍박했지만 하나님은 바로의 이런 마음을 통하여 반대를 극복하고 뜻하신 출애굽의 역사를 이루셨다. 말하자면 하나님은 첫째 원인에 적합한 방식으로 작용하시고 자신을 낮추고 적응시켜(accommodates) 이차 원인인 바로의 본질에 맞추

유는 피조물의 범위와 존재의 고유한 방식으로, 창조주 하나님은 절대적 자유에서 뜻을 이룬다는 뜻이다. 따라서 자유 결정의 결과는 피조물의 (타락한) 자유 결정이 언제나 하나님의 종국적인 뜻과 일치하여 나타난다(창 45:5; 출 4:11, 12; 수 11:6; 삼하 16:11).

### 6. 통치(government)

하나님의 섭리의 방식이 돌봄의 간섭이지만 세계는 궁극적으로 하나님의 통치 아래에 있다. 비록 죄로 인해 세상이 오염되고 타락했으나 세상의 통치자는 여전히 하나님이시다. 성경은 하나님의 왕권을 강하게 드러내며 예수 그리스도의 오심의 목적은 하나님 나라의 시작이었다(시 103:19; 단 4:35; 마 11:25; 롬 11:36; 엡 1:11; 빌 2:10-11; 딤전 1:17; 6:15; 계 1:6; 19:6). 하나님은 당신의 은혜로운 섭리 가운데 만드신 모든 것을 당신의 뜻에 따라 이끌어 가시지만, 그럼에도 불구하고 우리 인간에겐 하나님이 이끌어 가시는 일들의 구체적인 공식은 발견될 수 없다. 하나님의 통치의 논리는 우리에겐 신비요 수수께끼이다.

## VII. 실천적 적용

1) 하나님을 아는 것은 철학적 사변이 아니라 삼위일체 하나님에 대한, 은

---

어 그를 통해 당신의 뜻을 성취하셨다. 하지만 이는 하나님과 세상 사이의 분배적인 일치의 인상을 주는 문제점을 내포한다. 따라서 G. C. Berkouwer는 이 교리를 매우 조심스럽게 다루면서 통치와 보존의 개념이 이미 이신론과 범신론의 위험을 막아준다고 생각했다[Providence (Grand Rapids: Eerdmans, 1952), 137-72]. Emil Brunner는 이 교리가 마치 우리가 알 수 없는 영역에 침투하고 있다는 인상을 주며 따라서 더 깊이 들어가려는 시도를 멈추어야 한다고 경고했다. [Brunner, *Dogmatics*, vol. 2 (London: Lutterworth, 1952), 153이하] 이런 위험을 직시한 바르트는 일치의 교리가 여전히 성서적임을 믿지만 일차-이차 원인의 용어가 주는 위험을 피하기 위해 Aquinas의 용어를 수정하였다. Benjamin Wirt Farley, *The Providence of God* (Grand Rapids: Baker, 1988), 41.

혜에 대한 경험으로 우리 안에 일어난 실재에 대한 것이다. 이 구원의 실재는 성경으로 확인되며 또한 풍성하게 된다. 그러므로 하나님의 은혜를 받기 위해 은혜의 보좌 앞으로 나아가야 하지만 이 나아감은 성경의 계시 앞으로 나아가 듣는 것을 의미한다. 성경은 연구되어야 하지만 또한 들려지고 오늘의 현실에 새롭게 들려져야 한다.

2) 신학은 삼위일체 하나님과의 만남을 성경이 함유하는 심오한 체계와 결합하는 작업이다. 교회의 신학은 성경 안에 결여된 체계를 세우는 일도 아니며, 신학적 체계가 성경의 계시보다 우월할 수 없다는 사실을 언제나 인식한다. 오랜 기간의 교리적 논쟁은 다시금 성경으로 돌아가는 작업인 셈이다. 성경은 삼위일체나 본질과 속성, 위격 등의 언어가 아닌 평범하고도 역사적인 언어로 계시한다. 그러나 이 평범한 방식의 진술 뒤에는 위대한 하나님의 세계가 들어있다. 신앙의 임무는 진리의 세계 안으로 도전해 나아가는 것을 제자도의 실현으로 여기는 것이다. 지적 탐구는 사변이 아니라 지식에까지 새롭게 되도록 하는 제자도의 실현이다(골 3:10).

3) 하나님의 다양한 속성은 하나님에 대한 신앙의 경험을 깊고도 넓게 확장하도록 한다(고후 6:11-13). 하나님을 하나의 속성에 가둘 수 없다. 비록 속성 간의 조화와 유기적인 연결에 대해서 다 알지 못해도 어느 정도는 알 수 있다. 그러므로 신앙에 있어서 하나님의 한 가지 속성만을 강조하고 나머지는 소홀히 여기는 태도는 지양되어야 한다. 하나님의 거룩성만 강조하고 긍휼은 소홀히 여긴다든지 혹은 긍휼만 강조하고 거룩함은 사소하게 여기는 것은 옳지 않다. 정의는 강조하지만 하나님의 선하심과 사랑을 잃어버린다면 대단히 위험하다.

4) 세계가 하나님의 걸작품이라는 하나님의 속성과 조화를 이루는 세상이 되도록 산다는 것을 의미한다. 사람도 창조의 일부분이며 그러한 한에서 물질세계를 하나님의 것으로 소중히 여기는 태도를 가질 필요가 있다. 자연은 우리의 목적을 위한 것이 아니라 하나님의 영광을 위한 것이다. 물질과 정신, 영혼과 육체의 올바른 관계가 설정되도록 하는 포괄적 신앙과 삶의 지혜

가 요구되는 시대에 우리는 살고 있다.

  5) 악이 성행하는 세상에서도 우리는 세상이 하나님의 섭리의 손길 아래에 있음을 믿고 하나님께 맡기는 삶을 연습해야 한다. 하나님의 뜻은 다 이해할 수 없어도 믿을 수 있다. 현실과 하나님의 약속 사이의 괴리는 추상적 원리나 매뉴얼화된 가벼운 실천이 아니라 십자가를 지고 주님을 따르는 제자도의 실천으로 극복된다. 믿음의 주시며 온전케 하시는 예수 그리스도를 즐거이 따르자.

■ 참고문헌

스탠리 그렌즈. *조직신학: 하나님의 공동체를 위한 신학*. 신옥수 역. 서울: 크리스천 다이제스트, 2003.

싱클레어 퍼거슨. *성령*. 김재성 역. 서울: 한국기독학생회출판부, 1999.

I. 칸트. *순수이성비판*. 최재희 역. 서울: 박영사, 1992.

안셀름. *프로스로기온*. 전경연 역. 서울: 한들출판사, 1997.

제랄드 브레이. *신론*. 김재영 역. 서울: 한국기독학생회출판부, 1999.

조용수. "위르겐 몰트만의 에오닉 영원과 대안으로서의 영원한 성장." *조직신학논총 14집 조화와 모색 II* (2005): 105-149.

Augustine. *Confessions*. Translated by Henry Chadwick. Oxford: Oxford University Press, 1992.

Barth, Karl. *The Knowledge of God: The Reality of God*. Vol. 2.1 of *Church Dogmatics*. Edited by G. W. Bromiley and T. F. Torrance. Translated by G. W. Bromiley. 2nd. ed. Edinburgh: T&T Clark, 1975.

Bavinck, Hermann. *God and Creation*. Vol. 2 of *Reformed Dogmatics*. Edited by John Bolt. Translated by John Vriend. Grand Rapids: Baker, 2004.

Berkouwer, G. C. *Providence*. Grand Rapids: Eerdmans, 1952.

Boyce, James. Petigru. *Abstract of Systematic Theology*. Amazon Digital Services. 2010 Kindle.

Brunner, Emil. *Christian Doctrine of Creation and Redemption*. Vol. 2 of *Dogmatics*. London: Lutterworth, 1952.

Calvin, John. *Commentary on the Book of the Prophet Isaiah*. Vol. 1. Grand Rapids: Eerdmans, 1948.

Craig, William Lane. *Time and Eternity*: Exploring God's Relationship to Time. Wheaton: Crossway, 2001.

Erickson, Millard J. *Christian Theology.* 2nd ed. Grand Rapids: Baker, 1998.

_____. *Who's Tampering with the Trinity? An Assessment of the Subordination Debate.* Grand Rapids: Kregel, 2009.

Farley, Benjamin Wirt. *The Providence of God.* Grand Rapids: Baker, 1988.

Feinberg, John S. *No One Like Him: The Doctrine of God.* Wheaton, IL: Crossway, 2001.

Frame, John. M. *The Doctrine of God.* Philadelphia: P&R Publishing, 2012.

Ganssle, Gregory. *God and Time: Four Views.* Downers Grove, IL: IVP Academic, 2001.

Geisler, Norman L. *Systematic Theology: In One Volume.* Minneapolis: Bethany House, 2011.

George, Timothy. "The Nature of God: Being, Attributes, and Acts," in *A Theology for the Church,* edited by Daniel A. Akin. Rev. ed. Nashville: B&H Academic, 2007.

Grudem, Wayne. *Systematic Theology: An Introduction to Biblical Doctrine.* Leicester: IVP, 1994.

Gruenler, Royce Gordon. *The Inexhaustible God: Biblical Faith and the Challenge of Process Theism.* Grand Rapids: Baker, 1983.

Hawking, Stephen W. *A Brief History of Time: From the Big Bang to Black Holes.* London: Bantam, 1933.

Hayers, Conrad. *The Meaning of Creation: Genesis and Modern Science.* Atlanta: John Knox, 1984.

Helm, Paul. *Eternal God: A Study of God without Time.* 2nd ed. Oxford: Oxford University Press, 2011.

_____. *Faith and Understanding.* Grand Rapids: Eerdmans, 1997.

Hodgson, Peter C. and Robert H. King., eds, *Readings in Christian Theology.* Minneapolis: Fortress, 1985.

Horton, Michael. *The Christin Faith: A Systematic Theology for Pilgrims on the Way.* Grand Rapids: Zondervan, 2011.

Letham, Robert. *The Holy Trinity: In Scripture, History, Theology, and Worship.* Philipsburg, NJ: P&R Publishing Company, 2004.

Lewis, C. S. *The Screwtape Letters.* San Francisco: HarperOne, 2015.

Lewis, Gordon R. and Demarest Bruce A. *Integrative Theology.* Grand Rapids: Zondervan, 1996.

Moltmann, Jürgen. *God in Creation: A New Theology of Creation and the Spirit of God.* Translated by Margaret Kohl. Minneapolis: Fortress, 1993.

Nash, James A. *Loving Nature: Ecological Integrity and Christian Responsibility.* Nashville: Abingdon, 1991.

Parker, T. H. L. "Providence." in *Evangelical Dictionary of Theology.* Edited by Walter A. Elwell. Grand Rapids: Baker, 1984.

Pendleton, J. M. *Christian Doctrines: A Compendium of Theology.* Philadelphia: American Baptist Publication Society, 1945.

Placher, William C. *The Domestication of Transcendence: How Modern Thinking about God Went Wrong.* Louisville, KY: Westminster John Knox, 1996.

Santmire, Paul H. *Nature Reborn: The Ecological and Cosmic Promise of Christian Theology.* Minneapolis: Fortress, 2000.

_____. *The Travail of Nature: The Ambiguous Ecological Promise of Christian Theology.* Minneapolis: Fortress, 1991.

Shemm, Jr., Peter R. "The Agents of God: Angels." *A Theology for the Church.* Edited by Daniel L. Akin, rev. ed. Nashville: B & H Academic, 2014.

Spykmann, Gordon. *Reformational Theology; A New Paradigm for Doing Dogmatics.* Grand Rapids: Eerdmans, 1992.

Tillich, Paul. *Systematic Theology.* Vol. 3. Chicago: Chicago University Press, 1951.

Waldron, Samuel E., *A Modern Exposition of the 1689 Baptist Confession of Faith.* Durham, England: Evangelical Press, 1989.

Ware, Bruce A. *God's Greater Glory: The Exalted God of Scripture and the Christian Faith.* Wheaton, IL: Crossway, 2004.

_____. *God's Lesser Glory: The Diminished God of Open Theism.* Wheaton, IL: Crossway, 2000.

Wetherington III, Ben. *The Christology of Jesus.* Minneapolis: Fortress, 1990.

Weber, Otto. *Foundations of Dogmatics,* Vol. 1. Translated by Darrell L. Gudder. Grand Rapids: Eerdmans, 1981.

http://www.sbc.net/bfm2000/bfm2000.asp 23.[May 28, 2016]

# 4장
# 인간론

# BAPTIST SYSTEMATIC THEOLOGY

# 4장. 인간론

김인허

## Ⅰ. 인간론의 중요성

### 1. 왜 인간론을 배워야 하는가?

#### 1) 하나님께서 인간을 주제로 삼으셨기 때문에

침례교인은 종교개혁의 전통을 따르는 여러 크리스천들과 함께, 성경은 하나님의 계시라고 믿는다. 성경은 하나님의 성품과 그분께서 무엇을 원하시고, 무엇을 하셨고, 무엇을 하시려는지에 대한 계시이므로 하나님이 단연 주인공이시다. 그러나 이 계시는 단지 하나님의 자기과시이거나 하나님에 대한 명제만을 기록한 철학책이 아니다. 성경 전체가 인간을 위한(pro nobis) 하나님의 구속사이다: 인간을 사랑하시고 은혜와 공의로 이끄시는 하나님. 이런 의미에서 성경은 전적으로 하나님에 대한 책이면서도 바로 그 하나님께서 인간을 주제로 삼으셨기 때문에 전적으로 인간에 대한 책인 것이다. 존 햄멧은 인간론이 연구될 가치가 있음을 밝히는 네 가지 이유 중 첫 번째를 "하나님께서는 최고로 주의를 기울여야 할 대상이시고, 하나님께서 자신을 인간과 관련시키시기로 선택하셨다"고 밝힌다.[1] 즉 하나님이 가장 중요하신 분이시라면 그분의 선택인 인간 또한 중요하기에 당연히 연구의 궁극적 대상이 되어야 한다는 의미다. 그러므로 기독교 인간론에 있어 일차적이고 가장 중요한 근거는 성경이다. 성경을 무오한 하나님의 말씀으로 믿을 때 성경

---

[1] John S. Hammett, "Human Nature" in *A Theology for the Church*, ed. Daniel L. Akins (Nashville: B & H Publishing, 2007), 341.

에서 인간론의 원리를 추출해 낼 수 있으나, 그렇지 않은 경우 성경은 인간에 대한 삶의 지혜서이거나 하나의 가치관을 보여주는 책에 불과하게 된다. 하지만 성경을 무오한 하나님의 말씀으로 볼 때 시대를 초월한 인간론의 원리가 성경에 있다는 것이다. 그렇다면 성경은 기독교 인간론은 물론 모든 인간론의 근거이자 시작점이 되어야 한다.

이점에 대해, 〈침례교 신앙과 메시지 2000〉에서 침례교의 공통된 신앙으로 고백한다: "인간은 하나님의 특별한 피조물로 그분 자신의 형상으로 만들어졌다. 그분께서는 그분 창조의 최고의 작품으로 그들을 남자와 여자로 만드셨다."(Man is the special creation of God, made in His own image. He created them male and female as the crowing work of His creation)[2] 성경적 인간론은 세속적 인본주의나 진화론과 같은 현대를 지배하는 이데올로기들과 전적으로 대치되는 시작을 하고 있다. 즉, 성경적 인간론은 인간의 기원을 인간 자신이나 진화의 과정이 아니라 하나님의 특별한 창조에 두고 있다. 또한 인간이 하나님의 형상으로 지음 받았다는 사실은 하나님과의 관계에서, 그리고 창조계 안에서 인간의 위치와 존엄에 대한 신적 선포가 된다. 하나님께서 자신의 형상으로 인간을 창조하셨다는 말은 인간은 우연의 산물이나 허무한 존재가 아니라 신적 목적과 가치를 부여받은 존재임을 밝힌다.

**2) 인간론은 자기 이해와 정체성의 근거가 되기 때문에**

대부분의 철학과 종교의 중심엔 "무엇이 인간인가?"란 질문이 있고 모든 윤리는 "무엇이 인간 됨인가"를 답하기 위한 시도라 할 수 있다. 이러한 질문들에 대해 모두가 공유하는 답이 없으면서도 사람들은 결국 자신들이 가진 인간에 대한 개념에 의해 스스로의 행동에 결정적 영향을 받을 뿐 아니라 갈등의 가장 근본적 요인이 되기도 한다. 체계적 인간론에 대해 배우거나 연구하지 않았으면서도 사람들은 사람으로 살기 때문에 자신이 가진 사

---

2) Charles S. Kelley Jr., Richard Land, & R. Albert Mohler Jr. *The Baptist Faith & Message* (Nashville, TN: LifeWay Press, 2007), 59.

람 됨에 대한 정의에 의해(그 정의를 말로 표현할 수 없는 사람까지도) 행동한다는 것이다. 모든 문화란 결국 사람 됨을 누리고픈 사람 사는 방식들이며, 모든 종교란 결국 사람이 당연히 살아야 할 사람의 길에 대한 제시들이며, 모든 철학이란 결국 사람에 대한 성찰들인 것이다. 즉, 인간론은 자기 이해(Self-Understanding)와 정체성(Identity)의 근거가 되어 다른 사람과의 관계를 결정지을 만큼 중요하다는 것이다. 자신을 진화의 과정 속에 고등 동물로 이해하는 것과 하나님의 형상으로 지음 받은 특별한 존재로 이해하는 것은 분명 근본적인 차이가 있으며, 그 차이는 인간의 자기 정체성 형성에 심대한 영향을 끼칠 것이다. 자신을 우연의 존재로, 또는 실존주의에서 말하는 아무런 내재적 의미와 가치도 없는 "던져진 존재"로 이해하는 것과 하나님의 형상으로 회복시키기 위해 하나님의 독생자이신 그리스도께서 죽어주셨다고 이해하는 것에도 또한 동일한 차이가 있을 것이다. 이러한 자기 이해는 자기 자신에서 끝나지 않고 타인과 세상에 대한 태도를 결정짓게 한다. 즉 성경적 인간론에 근거한 자기 이해는 크리스천으로서 정체성을 가진 인간이 되게 하고 크리스천 다운 인간의 행동을 할 수 있게 한다. 결국 인간의 행동은 자기 이해만큼 행해지는 것이다. 〈침례교 신앙과 메시지 2000〉는 크리스천다운 인간이 가져야 할 태도를 밝힌다: "인간 인격의 신성함은 하나님께서 인간을 그분 자신의 형상으로 만드셨음에서, 그리고 그리스도께서 인간을 위해 죽으셨음에서 명백해진다; 그러므로, 모든 인종의 모든 사람들은 전적인 존엄을 지녔고 존중과 크리스천 사랑을 받을 가치가 있다."(The sacredness of human personality is evident in that God created man in His own image, and in that Christ died for man; therefore, every person of every race possesses full dignity and is worthy of respect and Christian love)[3]

---

3) Ibid. 저자 번역.

## 2. 기독교 인간론의 독특성

### 1) 그리스도 중심적 인식론

이 모든 것의 시작이 "인간이 무엇인가?"란 질문이라면 인간론에 대한 배움과 연구는 사람으로 해야 할 정말 가치 있는 행위이자 주제가 될 수밖에 없다. 기독교를 다른 모든 종교와 같은 범주에 넣기엔 많은 불편함이 있지만 기독교의 주요 주제 중 하나가 결국 "인간이 무엇인가?"와 "인간 됨"에 대한 제시라는 점에서는 다르지 않다. 그러나 기독교는 이 질문들에 대한 답을 "하나님은 누구신가?"란 질문에서 시작할 뿐 아니라 신과의 관계 안에서만 대답할 수 있다고 제시하는 점에서 매우 독특하다. 더욱이 "하나님은 누구신가?"란 질문은 인간이나 자연의 범주에서 시작하지 않고 성경이란 계시와 하나님의 그 말씀이신 예수 그리스도라는 신-인간에서 시작하는 정말 독특한 인식론을 제시한다. 이것이 기독교적 인간론, 또는 신학적 인간론의 바탕이 된다.

### 2) 인간론의 시작과 맥락으로서 하나님과의 관계성

위에서 언급한데로 성경의 인간론은 다른 종교나 세속적 인간론과 여러 면에서 근본적 차이를 보인다. 시편 기자는 인간론에 대한 가장 직접적인 질문을 던진다: "인간이 무엇인가(What is man)?" (시 8:4a). 그러나 성경의 인간론은 이 질문의 답을 하나님과의 관계 안이란 맥락에서 찾을 뿐 아니라 질문 자체가 그 맥락 안에서 형성된다는 것이다: "사람이 무엇이기에 주께서 그를 생각하시며 인자가 무엇이기에 주께서 그를 돌보시나이까"(4절). 즉 시편 기자는 인간이 무엇인지란, 그리고 인간의 가치에 대한 질문을 하나님과의 관계 안에서, 그분의 관심과 돌보심 안에서 던지므로 성경이 제시하는 인간론의 전형을 보여준다. 한마디로 성경은 하나님께서 창조주이시고 구원자이시고 주님이시기 때문에(이 모든 호칭은 인간과의 불가분적 관계를 나타낸다), 하나님과의 관계는 인간의 존재가 어떤 피조물인지를 결정하는 본질적인 요소임을 밝힌다. 하나님은 인간론의 시작이고 맥락이고 주제이고 이해를 가능케 하는 열쇠인 것이다.

### 3) 인간이 누구인가에 대한 명확한 제시

하나님의 계시 때문에 성경적 인간론은 인간이 무엇이며 어떤 목적을 가진 존재인지에 대해 모든 인간론 중에서 가장 분명하게 제시하고 있다. 성경은 인간이 하나님의 형상으로 지음 받은 존재이므로 하나님을 반영해야 하는 존재론적 목적을 지녔다고 정의한다(창 1:26-28). 그럼에도 불구하고 인격적 존재로서 인간은 자신의 자유의지를 사용해 죄를 선택하므로 타락하고, 하나님과 단절되어 소외된 죄인이라고 정의한다(창 3장; 시 51:3-5; 53:3; 사 59:2; 64:7; 롬 3:23; 요일 1:8). 하나님과의 단절은 인간으로 하여금 의미와 가치와 존엄으로부터 소외가 초래되었고 결국 인간의 운명은 죽음이 되었다(창 3:19; 롬 5:12; 6:23). 하지만 성경은 이러한 인간의 상태에도 불구하고 사랑하시기를 포기치 않으시는 하나님께서 구원하시기를 기뻐하시는 특별한 존재로 묘사되고 있다(눅 19:10; 요 3:17). 이렇듯 성경적 인간관은 철저히 인간을 하나님과의 관계에서 이해할 뿐 아니라 인간의 가치를 인간 내면에서 찾지 않고 하나님께 부여받은 것으로 깨닫게 한다. 그렇다면 인간은 하나님을 떠나서는 죄와 그 결과인 죽음만큼 비참하고 소외된 존재이지만 하나님과의 관계 안에서는 하나님의 사랑만큼 가치있게 존귀해질 수 있게 되는 것이다. 또한 성경은 인간의 상태를 범죄 전과 후로 구분하여 알려준다. 범죄 전의 인간은 하나님의 형상이 훼손되거나 부패하지 않아 하나님과 직접적으로 교제하는 상태였다. 에덴 동산에서 범죄 전의 아담은 무죄한 상태였지만 죄를 범할 가능성이 있었고 실제로 죄를 선택하게 되었음을 성경은 기록한다. 이 사실을 미루어 최초의 인간은 완전한 상태가 아니었고 단지 무죄한 상태로 볼 수 있다. 성경은 범죄 후의 인간에 대해 죄에 의해 타락한 상태임을 알려준다. 이 상태는 바로 하나님의 창조의 의도에서 벗어난 상태이고, 하나님과 관계가 단절된 상태이고, 즉 하나님을 상실한 상태이고, 타인과의 관계가 파괴된 상태이고, 자신을 세상의 중심에 둔 상태이고, 즉 자신이 모든 해석의 주체가 된 상태임을 밝히고 있다. 인간의 상태의 이러한 명확한 구분은 왜 세속적 인간론이 오류일 수밖에 없는지를 알려준다. 세속적 인간론은 첫째, 하나님과의 관계를 전제하지 않는 인간론을 제시할 뿐 아니라, 그 연구 대상이 범죄 후 인간의 현상에 국한되었기 때문이다. 더욱이 하나님을 전제하지 않을 때 세속적 인간론은 인간의 의미와 가치를 찾기보다는 현상적이고 신체적 특징과 삶의 양식에 초점을 맞추게 되어 매우 제한적인 인간론을 제시하게 되었다.

### 3. 세속적 인간론의 모호성

물론 인간은 첫 조상이었던 아담처럼 하나님과의 관계 안에서 자신을 찾기보다는 자신의 가치를 자기 안에서 찾고 싶어하므로 성경적 인간관에 대해 거부하거나 무지하다. 성경에 따르면 하나님의 형상으로 창조되었으나 죄로 인해 타락하므로 모든 측면에서 심각하게 왜곡된 인간을 세상에서는 오직 생물학적이고 현상적으로 연구하므로 인간이 무엇인지에 대한 답을 찾으려는 노력과 제시를 부단히 하고 있다. 우리는 일상적 대화에서 "저 사람은 사람답지 못해", "나도 사람답게 살고 싶어", "사람이면 이렇게 살아야 해" 등의 말을 자주 쓰게 된다. 한편으로 생각하면, 이런 말들을 많이 쓰는 것은 바람직하다. 사람으로 태어나 사람으로 살아가니 소위 사람답게 사는 것이 우리에겐 가장 중요하기 때문이다. 그러나 다른 편으로 생각하면 이런 말들을 하는 것은 사람다움이 무엇인지를 안다는 전제로 해야 하는데 과연 우리는 그것을 알고 있을까 하는 의문이 든다. 유사 이래로 그래왔지만 특히 포스트모던 시대에는 더욱 우리가 말하는 사람 됨이란 문화적, 개인적, 경험적, 욕구적인 표현에 불과하지 않은가 싶다. 알고 있는 것이 전혀 확실치 않으면서도 안다고 착각하여 알려는 노력을 하지 않는 사람들에게 소크라테스가 "네 자신을 알라"고 일침을 가하며 "성찰치 않는 인생은 가치가 없다"라고까지 한 말은 인간들의 자신에 대한 무지를 고백하는 것이다. 파스칼은 「팡세」에서 "인간이란 얼마나 해괴하고, 얼마나 진기한가? 얼마나 괴물같고,

얼마나 혼돈스러우며, 얼마나 모순되고, 얼마나 신통한가?… 우주의 영광이자 수치"라고 하여 인간의 모순되고 불가해한 점을 잘 표현하였다.

기독교 인간론을 벗어나서 세속적 인간론은 크게 나누어 "관념론적 인간론"과 "유물론적 형태의 비기독교적 인간론"으로 나눌 수 있다.[4] 전자는 기본적으로 플라톤적 이원론에 근거하여 영혼을 인간의 본질로 보고 육체는 부차적이거나 심지어 악한 것으로 봄으로 성경적이지 못한 관점이다. 후자는 그 반대적인 입장으로 인간의 본질을 물질로 볼 뿐 아니라 인간의 정신이나 감정, 심지어 영혼적 측면도 물질로 간주해 결과적으로 인간을 내재적 자유나 존엄성이 없는 존재로 이해하였다. 이 두 가지 이해 모두 인간 이해에 있어 하나님의 존재나 그분과의 관계에 근간을 두고 있지 않다.

다른 유용한 분류법으로 인간론을 연구 방법론에 따라 "자연 과학적 인간학", "철학적 인간학", 그리고 "신학적 인간학"으로 나눈 것이다.[5] 이 분류법을 굳이 언급하는 이유는 비단 앞의 두 방법을 따르는 인간학의 부족함을 지적할 뿐 아니라 "신학적 인간학"은 "현상적이거나 경험적이거나 귀납법적(a posteriori)이라기보다 연역적인(a priori) 성격을" 지님으로 "권위에 의존하는 방법" 즉 하나님의 말씀인 특별계시에 "의존하는 신앙"을 "인식의 원리"로 삼음을 분명하게 천명한 가치가 있기 때문이다.[6] 즉, 기독교 인간론은 반드시 하나님의 계시에서 연역적으로 시작해야 한다는 것이다. 빛이 있어야 인간의 눈이 사물을 볼 수 있게 되듯이 인간에게 이성이 있어도 무엇을 이해하려면 "빛과 같은 초월적인 어떤 것이 필요"하고, 특히 인간에 대해 이해하려면 "인간 이상의 것에 의지하지 않고서는 인간은 인간을 올바로 이해할 수" 없기에 계시를 통한 "하나님과의 관계 속에서"(in relation to God)란 자기를 초월하는 "관계의 빛"이 있어야 한다는 것이다.[7]

---

[4] Anthony A. Hoekema, *Created in God's Image* (Grand Rapids: Eerdmans, 1986), 2-3. 번역본은 개혁주의 인간론, 이용중 역 (서울: 부흥과 개혁사, 2012), 12-14.
[5] 최홍석, *개혁주의 인간론* (서울: 개혁주의신행협회, 2005), 16.
[6] Ibid.
[7] Ibid., 17-19.

이에 반하여 비기독교적 인간론은 꾸준히 발전되고 제시되어 왔으며 불행하게도 현대인의 인간 이해의 압도적인 근간을 이루고 있다. 나아가 앤서니 후크마(Anthony A. Hoekema)는 "종종 비기독교적인 개념들이 이른바 기독교적 인간론 속에 스며들어 왔다는 사실을 기억해야 한다"고 경고한다.[8] 그렇다면 세속적 인간론과 기독교적 인간론의 대비점들은 무엇인지를 밝히고 기독교 인간론에 들어와 있는 세속적 이해들이 무엇인지를 밝히기 위해서라도 대표적인 비기독교적 인간론의 주장을 간단하게라도 살펴보는 것이 유익하다. 이 부분에 대해서는 밀라드 에릭슨(Millard J. Erickson)이 잘 정리하였다. 에릭슨이 나열한 비기독교적 인간론은 주로 인간의 기능을 토대로 인간을 정의한 것으로 "기계로서 인간"(Man as a Machine), "동물로서 인간"(man as an Animal), "성적 존재로서 인간"(Man as a Sexual Being), "경제적 존재로서 인간"(Man as an Economic Being), "우주의 [하찮은 존재]로서 인간"(Man as a Pawn of the Universe), "자유로운 존재로서 인간"(Man as a Free Being), 그리고 "사회적 존재로서 인간"(Man as Social Being)들이다.[9] 이들 견해들은 여러 철학적 전통에 근거한 것들로 에릭슨은 비인간화의 위험 등을 이유로 만족스럽지 못하다는 결론을 내린다.

데일 무디(Dale Moody) 또한 비기독교적 인간론에 대한 유용한 분류들을 보여주고 있다. 무디의 분류를 보면 에릭슨의 것처럼 인간을 주로 생물학적이나 현상적으로 연구한 정의들임을 알 수 있다: 다윈(Charles Darwin)을 비롯한 베르그송(Henri Bergson), 헉슬리(Thomas H. Huxley), 샤르뎅(Teilhard de Chardin) 등이 대표적인 주창자로서 인간을 자연적 진화 속에서 이해한 "생물학적 인간"(Biological Man)이란 정의, 마르크스(Karl Marx)에 의해 그 영향력이 지대해진 "정치적 인간"(Political Man), 프로이트(Sigmund Freud)

---

[8] 후크마, *개혁주의 인간론*, 15. (출처를 위한 각주에서 외국 저자의 이름 표기시 한글로 써진 경우는 번역본임을 나타낸다.)

[9] Millard J. Erickson, *Christian Theology*, unabridged one-vol. ed. (Grand Rapids: Baker, 1996), 463-70. 번역본은 *인죄론*, 나용화, 박성민 공역(서울: 기독교문서선교회, 1993), 27-39.

나 스키너(Burrhus F. Skinner)의 정의로 인간의 존엄을 상실케한 "심리학적 인간"(Psychological Man), 그리고 사르트르(Jean P. Sartre)와 하이데거(Martin Heidegger) 등의 주로 실존철학자들에 의해 주창된 주관적 의미 외엔 남지 않은 "철학적 인간"(Philosophical Man)들이다.[10)]

이외에도 가장 영향력 있는(심지어 기독교 인간론에게까지 영향을 많이 끼친) 비기독교적 인간론은 인간을 "이성적 인간"(*Homosapiens*)으로 이해한 것이다. 이러한 인간 이해는 헬라 철학에서 시작하여 스토아 학파의 철학적 근간이 되었고 데카르트(Rene Descartes)의 합리주의와 로크(John Locke)의 경험주의를 거쳐 칸트와 헤겔(Wilhelm F. Hegel)에 의해 이성의 궁극적 승리를 선포하는 근대주의 사상의 바탕이 되었다. 인간을 인간답게 하는 요소로서 이성을 중시한 전통은 플라톤의 이원론을 통해 기독교 인간론의 하나님 형상에 대한 이해에 지대한 영향을 끼쳤을 뿐 아니라 심지어 헤겔에 이르러 이성은 신격화되기까지 했다. 그러나 현대에 이르러 "이성적 인간" 이해에 대치되는 이해가 압도적이 되었는데 이는 다윈의 진화론과 그 진화론을 여러 측면에 적용한 학자와 철학자들에 의해 이루어졌다. 진화론은 인간이 이성을 가졌기 때문에 동물과는 질적으로 구분되고 오히려 신에 가까운 존재보다는 도구를 사용하거나 좀 더 진화된 고등동물로 이해하게 하였다. 인간을 신이 아닌 동물과 견주어 이해할 때 인간의 삶에 대한 근본적 동인은 이성이 아니라 영양, 생식, 권력, 생존 등의 각종 다양한 충동 또는 본능에서 찾아졌다. 즉 인간은 "충동적 인간"(*Home Faber*)으로 이해된 것이다. 그렇다면 인간이 무엇인가란 질문에 대해 인간은 단지 욕구하고, 추구하며, 그에 따라 행동하는 고등동물이며 인간의 차이는 그 욕구의 본질이 무엇인가에 따라 달라질 뿐이다.

## 4. 기독교 인간론은 성선설인가 성악설인가?

언제부터인가 사람을 성선설과 성악설 두 가지로 분류하는 것이 일반화되

---

10) Dale Moody, *The Word of Truth* (Grand Rapids: W. B. Eerdmans, 1981), 253-70.

었다. 성선설은 한 마디로 인간의 본성은 본질적으로 선하기 때문에 인간에게 가능한 많은 자유를 부여하여 자신을 스스로 개발할 수 있도록 해야 한다는 것으로 요약할 수 있다. 동양에서 대표적인 주창자는 맹자이고 서양은 아리스토텔레스나 루소이다. 성악설은 이와 반대로 인간의 본성은 이기적이고 악하므로 가능한 자유를 제한해야 한다는 주장이다. 동양에서는 순자, 서양에서는 마키아벨리(Niccolo Machiavelli), 홉스(Thomas Hobbs), 다윈, 프로이트 등이 대표적 주창자로 알려져 있다. 그렇다면 성경은 인간에 대해 성선설, 성악설 중 어느 것을 가르치는가? 결론적으로 성경은 두 가지가 다 아니다. 이 두 가지 견해는 성경적 이해를 공유하지 않는 세속적 인간론의 이해들이다.

성선설, 성악설은 인간 본성에 대해 전혀 상반된 견해를 보이는 듯 하지만 둘의 공통점은 인간을 독립적 존재로 본다는 것이다. 즉 이 두 가지 견해들은 성경에서 가르치는 하나님의 형상으로 지음 받은 인간, 하나님과의 관계 안에서 인간을 전제로 하지 않고 있다. 성경은 기독교인이나 비기독교인이나 모든 인간을 하나님을 전제로 하여 이해하지만 이 두 가지 견해는 하나님을 전제로 하지 않는 인간론인 것이다. 혹자는 칼뱅의 "전적타락" 교리나 모두가 죄인임을 천명하는 성경본문을 들어 성경이 성악설을 지지한다고 단순히 생각할 수 있지만 그렇지 않다. 성경은 인간이 본성적으로 악하다고 하지 않고 죄 때문에 타락했고 선의 근원이신 하나님과 단절되었다고 가르친다. 성악설이 맞다면 인간은 궁극적 변화의 가능성이 전혀 없으므로 허무주의의 근거가 될 뿐 아니라 절대적 기준과 도덕에 대해 부정적이 된다. 하지만 성경은 비록 인간이 죄인이지만 하나님 때문에 인간은 변화, 그것도 전적인 변화가 가능할 뿐 아니라 절대적 기준과 도덕이 가능함을 가르친다. 인간은 본성이 아니라 하나님과의 관계에 의해 그 삶과 운명이 결정되는 것이다. 성선설의 경우는 성악설보다 더욱 인간의 자율성과 충족성을 강조하여 인간을 하나님과 별개의 독립적 존재로 본다. 혹자는 하나님께서 인간을 선하게 창조하셨기 때문에 인간에게 부여된 선한 본질이 있다고 주장하지만 인간의 선함은 하나님의 은혜에 대한 지속적이고 전적인 의존으로만 가능한 것이기 때문에 성선설은 오류이다. 자유주의 신학이나 이에 근거한 많은 신학들이 인간의 내재된 선함에 대해 지나치게 높은 평가를 하고 그들의 신학을 낙관론적 인간론에 근거하므로 성선설적 오류를 공유한다고 볼 수 있다. 인간을 선하다고 할 때 개인이나 전체로서 인간의 본성을 말하는 것이 아니라 하나님의 은혜의 의존되어 있고, 그래서 하나님의 선하심을 반영하는 상태로 보아야 할 것이다.

성선설, 성악설은 현대인에게 매우 익숙한 개념이다. 아울러 위에서 언급했던 "이성적 인간", "사회적 인간" 등의 세속적 인간론의 개념들 또한 공교육과 대중매체 등을 통해 매우 일반화되고 널리 받아들여지는 개념들이다. 그렇기 때문에 이러한 개념들을 통해 기독교적 인간론을 설명하고자 하는 유혹을 받을 수 있다. 자유주의 신학이 이미 그 전형을 보여주거니와 많은 신학자들이 기독교를 현대인들에게 효과적이고 더 잘 이해되게 가르치기 위해 세상적인 철학이나 과학 등을 통해 자신들의 신학을 설명하고 구성하고 있다. 그들은 하나님에 대해 무지하거나 부정하는 자들에게 어떻게 하나님 형상으로서 인간, 또는 하나님과의 관계에 전제된 인간을 가르칠 수 있을까 생각할지도 모른다. 하지만 애당초 기독교 진리란, 성경적 계시란 하나님과의 인격적 관계 안에서만 이해될 수 있다. 성경적 계시는 동의를 구하려는 설득이 아니라 바른 길에 대한 제시이다. 그 바른 길에 들어서 예수 그리스도를 통해 하나님을 찾고 그분의 은혜 안에 들어갈 때 그분의 진리가 더함 없고 무오한 진리임을 깨닫게 되는 것이지 그 길 밖에서 인지적이고 합리적으로 깨달을 수 있다는 것은 논리적으로는 가능할지 모르나 현실적으로는 불가능한 일이다. 이러한 이유로 현대인들이 동의할 수 있는 신학적 노력과 성경에 대한 재해석은 바른 성경적 인간론으로부터 더욱 멀어지고 있다.

### 5. 기독교 인간론에 대한 교회의 책임

많은 세속적 인간론들과 인간에 대한 낙관론을 주장하는 가르침들에도 불구하고 세상은 점점 더 인간성 상실과 인간 존엄의 상실 때문에 고통을 받고 있다. 세상은 환경이나 경제 또는 정치적 조건 등을 원인으로 제시하며 그것들을 변화시키면, 즉 좀 더 발전하고, 좀 더 생산하고, 좀 더 분배하고, 좀 더 평등한 법과 사회구조를 구축하면 될 것이라고 제시하고 있다. 하지만 성경은 인간성과 인간 존엄 상실의 근본적 원인은 인간의 죄, 즉 피조물인 인간의 창조주 하나님을 떠남으로 밝히고 있다. 인간의 하나님을 떠난 독립이 인간에게 존엄과 가치를 부여한 것이 아니라, 오히려 모든 가치와 생명의 근원이신 하나님과 단절되므로 인간들은 자기 상실, 가치 상실, 의미 상실에 빠졌을 뿐 아니라 죄의 노예가 되었다는 것이 성경적 진단이다(롬 1:18-25). 하나님과의 관계가 절대적인 성경적 인간론을 세상 사람들이 받아들이거나 이해할 수 없을 수는 있지만 하나님께로 돌이킴으로 죄의 문제를 해결할 때 바로 인간의 문제가 해결될 수 있다는 성경적 가르침을 바꾸거나 대체할 수는 없다. 왜냐하면 하나님과 그분의 계시인 성경만이 진리라고 믿을 뿐 아니라 그 진리를 세상에 가감 없이 제시해야만 한다는 것이 침례교인의, 그리고 종교개혁 전통을 따르는 여러 크리스천들과 함께하는 확신이기 때문이다. 이 진리는 교회 안에서 가르쳐지고, 교회의 삶으로 증명되며, 교회의 노력으로 세상에 빛을 비추듯 제시되어야 한다. 즉, 교회는 항상 하나님 앞에 서있다는(coram Deo) 생활의 모든 측면에서 하나님을 전제로 하고, 그분을 의지하며, 그분의 말씀을 따르고, 그분께 책임있는 삶을 살아야 한다. 그리스도께서 교회에게 복음의 책임을 맡겨주셨듯이 하나님의 형상이 무슨 의미인지, 하나님을 전제로 하는 삶이 무엇인지, 그리고 그것이 얼마나 기쁘고 충만하고 존엄한 삶인지를 보여주는 것을 하나님께선 그 누구도 아닌 교회에게 맡겨주셨기 때문이다. 그러기 위해선 지속적인 말씀 공부를 통해 성경적 인간론을 이해하고 그것을 바탕으로 자기 이해와 정체성을 바르게 가져야 할 책임은 모든 크리스천에게 있다는 것을 주지해야 한다.

## II. 하나님의 형상으로서 인간

### 1. "창조된 인격"[11]
#### 1) 피조물로서 인간

인간을 하나님과의 관계 안에서 이해하는 성경적 인간론에 대한 논의의 시작은 인간의 피조물 됨에서가 적절해 보인다. 인간이 하나님과의 관계 안에서 이해되어야 하는 이유는 바로 인간이 하나님께서 창조하신 피조물이기 때문이다. 그중에서도 하나님의 형상으로 지음 받은 성경적 진술은 바로 기독교적 인간론의 가장 중요한 요소이지만 그 중요성 때문에 좀 더 심도 있게 논의해야 하므로 바로 지음 받음, 즉 피조물성에서 기독교 인간론의 의미를 찾아본다.

성경이 "태초에 하나님이 천지를 창조하시느니라"(창 1:1)는 위대하고 장엄한 선포로 시작하여 모든 신앙과 신학의 근간이 바로 창조주 하나님께 대한 믿음을 전제로 하듯이 기독교 인간론도 마찬가지이다. 특히 창조하시고 "보시기에 좋았더라"는 성경적 기술은 하나님께서는 이신론(Deism)의 신처럼 무감각한 창조주가 아니라 인격적이시고 교제하시는 하나님임을 보여준다. 더우기 하나님께서 창조주란 "명백한 함의는, 모든 창조된 실재는 전적으로 하나님께 의존한다"는 사실이다(행 17:25, 27).[12] 이 사실은 인간을 포함한 모든 피조물이 느헤미야 9장 6절에서 보듯이(참조, 행 17:25-28) "자율적으로나 독립적으로 존재하는 것이 아니라 하나님의 피조물로 존재한다는 관점"을 함의하는 것이다.[13] 더욱이 인간이 흙에서부터 지음을 받아 하나

---

11) 후크마, 개혁주의 인간론, 18. 이 표현은 후크마가 조성한 것으로 인간이 피조물인 동시에 인격체인 역설적 존재임을 나타내기 위해 사용되었다. 성경에 의하면 인간의 피조물성은 창조주에 대한 절대적 의존성을 의미하는 반면 인간의 인격성은 자유, 특히 선택의 자유를 가진 자율적이고 독립적인 존재임을 함의하기 때문이다. 얼핏 이 양립이 불가능해 보이는 개념이 성경적인 인간에 대한 계시임을 후크마는 올바로 지적하였다.
12) Ibid., 17-18.
13) Ibid.

님이 생기를 불어 넣어 비로소 살아있는 존재가 되었다는 성경의 기록은(창 2:7), 인간의 존재가 하나님께 의존되어 있음을 밝히는 것이다.

인간이 죄를 지으므로 창조주를 부정하고 그분과 관계가 단절되었지만 역설적으로 죄 가운데 인간은 스스로 느끼든 못느끼든 하나님께 대한 의존성이 사실상 더 커진 면이 있다. 사도 바울에 의하면 범죄 후에도 모든 생명체는 여전히 하나님께 그 생명의 시작과 연장을 의존한다(행 17:25). 하지만 어느 정도 이론의 여지는 있지만 어거스틴식으로 말해 인간은 범죄 후 "죄를 짓지 않을 수 있는 능력"(*posse non peccare*)은 상실하고 "죄를 지을 수 있는 능력"(*posse peccare*)만을 가지게 되었으므로 신의 "은총의 도움"(*adiutorium gratiae*, 「훈계와 은총」[*De correptione et gratia*], 12), 하나님의 주권적인 개입이 없이는 죄에서 벗어나 구원받을 수 없게 된 것이다. 즉 어떤 면에서 인간은 더욱 무능해 진것이므로 결과적으로 창조주에 대한 의존성은 더 커지게 된 것이다. 물론 범죄 전에도 인간은 하나님에 대한 절대적 의존성이 있었기에 범죄 후 그 의존성이 더 커졌다는 말 자체는 정당치 못할 것이다. 하지만 인간의 입장에서 하나님의 은혜와 자비가 더욱 커졌다는 의미에서 의존성이 더 커졌다는 것이다.

창조주 하나님과 인간의 피조성을 인정할 때, 즉 인간의 존재적 한계를 인정할 때 인간은 비로소 우상숭배의 오류에서 벗어날 수 있다. 인간과 인간의 업적은 한 편 위대하기까지 하다. 그리고 하나님께서 인간을 사랑하시는 이상 인간은 분명 사랑과 존중의 대상이 되어야 마땅하다. 그럼에도 인간은 궁극적 신뢰나 예배의 대상으로까지 격상되어서는 안 됨을 성경은 증거한다. 오직 하나님만이 예배의 대상인데 이 예배가 "다른 사람이나 대상에게 요구될 때, 그것이 바로 우상숭배이다."[14] 에릭슨은 인간의 유한성을 부정적으로 평가하지 않는다. 오히려 그는 유한한 인간 창조에 대한 하나님의 "심히 좋다"는 결정적 선포와 인간이 자신의 유한성을 인정하지 않는 것이 죄의 원인

---

14) 에릭슨, *인죄론*, 73.

이라고 설명한다.[15)]

　인간의 피조물성은 비단 인간의 하나님에 대한 절대적 의존성만을 밝히는 것이 아니라 목적론적 가치를 가진다. 인간은 진화나 우연의 결과가 아니라 인격적인 하나님의 "의도적 행위"이고 바로 그분의 의도가 "인간이 존재하게 된" 이유이므로[16)] 인간 존재의 목적은 반드시 있을 뿐 아니라 그것은 하나님의 의도에서 찾아야 한다는 것이다. 또한 인간은 영원한 하나님에 의해서 창조되었을 뿐 아니라 그분에 의해 영원한 미래가 제시되었다는 사실이 바로 인간의 피조성에 담겨있는 함의가 된다. 이러한 피조성은 비록 인간이 매우 유한한 존재임에도 불구하고 영원을 추구하고 영원 속에서만 진정한 삶의 의미를 찾을 수 있다는 함의를 가진다. 유한한 피조성이 하나님 때문에 무한한 영원성을 담을 수 있는 그릇이 되는 것이다. 이러한 인간의 피조성이 왜 인간이 현상적이고 경험적인 현세만 추구하고 살 때 만족할 수 없는지에 대한 답이 된다. 그렇다고 단지 영원성만 추구하는 것에 해답이 있지도 않다. 오히려 영원의 근원이신 하나님을 배제한 영원에 대한 추구는 인간의 허무성을 증명할 뿐이다. 그렇기 때문에 에릭슨은 "인간에게 있어서 무엇이 선인가를 물을 때에, 일시적인 복락이나 육체적 안위와 관련해서만 생각해서는 안 된다"고 성찰있게 표현한다.[17)]

　해밋은 언어적 측면에서 인간의 피조물성의 독특함을 잘 알려주고 있다. 만든다를 뜻하는 '아사'(asah)란 단어는 일반적 용어로 구약에서 수백 번 사용되었고 사람을 포함한 모든 종류를 만듦에 사용되고 있다. 하지만 창조하다를 뜻하는 '바라'(bara)는 매우 특별한 언어로써 "오직 신적 만듦"에만 사용되었다.[18)] 오직 창세기 1장 1절에서만 이 단어가 모든 창조를 위해 사용되었지만 27절에 3번이나 하나님의 사람 창조에 대해 사용되었고 구약 전체에 12번 사용되었다(창 1:27; 5:1-2; 6:7; 신 4:32; 시 89:47; 전 12:1; 사 43:7;

---

15) Ibid., 75.
16) Ibid., 40.
17) Ibid.
18) Hammett, "Human Nature" 342.

45:12; 말 2:10).[19] 이는 하나님의 창조 기사에 대한 중점이 사람에게 맞추어져 있음을 함의한다.

### 2) 인격체로서 인간

인간은 창조주 하나님께 절대적 의존성을 지닌 피조물인 동시에 자유와 진정한 선택을 전제로 하는 인격체라는 것은 기독교 인간론의 또 다른 중요한 전제이다. 이 말은 인간은 하나님처럼 절대적이진 않지만 상대적인 자유와 선택권이 있고, 이 요소들에 의해 "상대적인―독립성"을 가지고 있다는 의미가 된다.[20] 이 인간의 인격성을 〈침례교 신앙과 메시지 2000〉에서는 "태초에 인간…은 그의 창조주로부터 선택의 자유를 부여받았다"라고 진술하고 있다.[21] 이를 레너드 버두인(Leonard Verduin)은 "선택의 피조물"(A Creature of Option)이라는 어휘를 사용한다.[22] 하나님께서는 인간을 말 잘 듣는 애완동물이나 마음대로 조종할 수 있는 비인격적 로봇으로 만들지 않으셨다. 그분은 진정한 의미의 인격적 교제를 원하시어 자신의 형상을 따라 인간을 창조하셨다. 인격적 교제에 담긴 함의 중 하나는 인간이 주어진 환경에 대한 기계적 반응으로 하나님을 사랑하거나 예배하는 것이 아니라 자유로운 선택, 즉 그렇게 하지 않을 수 있는 상황과 조건 속에서도 하나님을 사랑하고 예배함을 선택하는 것이다. 이러한 인격적 교제는 오직 인간에게만 허락된 것으로 사실 놀라운 특권이자 인간의 존엄의 근거가 된다. 하지만 선택할 수 있는 능력은 반대로 하나님의 뜻을 거역하여 죄를 선택할 수 있는 가능성을 지닌 것인데 불행하게도 인류의 조상인 아담은 그렇게 하였다(창 3:1-6): "자기의 자유 선택으로 인간은 하나님을 거스려 죄를 범하였고 인류에게 죄를 가져왔다."[23] 하나님께서는 아담이 에덴동산의 완전한 환경에 길들여지

---

19) Ibid.
20) 후크마, *개혁주의 인간론*, 18.
21) *The Baptist Faith & Message*, 59.
22) Leonard Verduin, *Somewhat Less Than God* (Grand Rapids: Eerdmans, 1970).
23) *The Baptist Faith & Message*, 59.

지 않고 인격을 사용하여 하나님을 선택하므로 더 높은 단계로 성장할 기회를 주시기 위해 선악과의 언약을 주셨으나 아담은 실패하였다. 아담은 자신의 피조성보다 인격성을 더 앞에 둔 것이다.

이 글에서 인격체로서 인간보다 피조물로서 인간을 순서적으로 앞에 놓은 것은 의도적이다. 전술한 바와 같이 아담의 실패는 하나님께 대한 절대적 의존성인 피조성보다 선택의 자유를 행사하는 인격성이 앞선 것에 기인한 것이다. 자신의 자유를 창조주에 대한 의존보다 앞세운 것이 피조물의 교만이고 이것이 그로 하여금 죄를 선택하게 하여 타락하였다면, 크리스천은 그 순서를 뒤바꾼 삶을 사신 예수 그리스도를 따라 살아야 한다(빌 2:5-8). 즉 오히려 죄 된 상태의 인간, 즉 피조성 없는 인격성만을 전제로 이기심과 자기 우상화가 당연한 인간들의 본성에도 불구하고, 그리고 어떤 상황과 조건에도 불구하고 하나님만을 의존하는 피조성을 우선하는 것이 바로 영성이며, 제자도이며, 하나님의 형상의 회복이며, 성화며 구원의 여정을 가는 크리스천의 삶인 것이다. 하지만 이것은 둘 사이의 순서적 중요성을 말한 것이지 결코 한 요소를 위해 다른 요소를 부정하거나 배제해야 한다고 주장하는 것은 아니다.

그럼에도 불구하고 현대 개인주의적 사회에선 인간의 자유의지 또는 인격체 됨을 하나님을 전제하지 않은(또는 비록 그 전제는 하기는 했으나 하나님이 부여했으므로 인간의 소유가 되었다고 간주하여 실제적으로 하나님께 의존적일 필요가 없는) 자율적 존재로 보고 이 개념에 많은 신학들과 심지어 복음주의 신학자들까지도 영향을 받았다. 6세기 신학자인 보에티우스(Boethius)는 인격(person)을 "합리적 본성의 개별적 실체"(an individual substance of a rational nature)로 정의했다.[24] 물론 이 정의는 그의 삼위일체 교리에 대한 논의에서 주어진 것이지만 이 인격의 정의는 사람의 인격도 개별적이고 합리적인 실체로 이해하게 하였다. 후에 더 논의하겠지만 에릭슨이 분류한 하나님의

---

24) Edmund J. Fortman, *The Triune God: A Historical Study of the Doctrinie of the Trinity* (Eugene, OR: Wipf and Stock Publishers, 1999), 163.

형상을 인간 내에 있는 이성 등의 실체적 요소로 보는 "실재론적 견해"(the substantive view)의 문제처럼 인간을 독립적인 존재로 보게 하는 문제가 있다. 물론 대부분의 실재론적 견해 지지자들이 의도적으로 하나님에 대한 인간 존재의 절대적 의존성을 부정하거나 축소하려는 것은 아닐지라도 이러한 식의 인격에 대한 이해는 하나님의 형상에 대한 개념의 시계추(pendulum)를 인간의 자율성과 독립성 쪽으로 위험스레 기울게 한 부분이 있다. 그러므로 인간의 인격성은 반드시 인간의 피조성과 함께, 아니 순서적으로 다음에 생각해야 한다. 그렇지 않을 때 모든 세속적 인간론처럼 성경과는 다른 왜곡된 인간론을 주장하게 될 수 있게 된다. 반면에 인간의 인격성은 인간으로 하여금 운명론이나 결정론에 갇힌 비인간화로부터 보호할 뿐 아니라 하나님이 성경적 이미지를 벗어나 이신론처럼 무관심하고 무감각한 메마른 신으로 이해하지 않게 한다. 이 점에 대해 로버트 브린스미드(Robert D. Brinsmead)는 유려한 문체로 표현한다:

"인간의 피조성과 인격성은 긴장 관계 속에서 함께 유지되어야 한다. 신학이 피조성을 강조하고 인격성을 종속시킬 때 강경한 결정론이 등장하며 인간은 비인격화된다…피조성이 배제될 만큼 인격성이 강조될 때 인간은 신격화되며 하나님의 주권은 훼손된다. 마치 인간이 하나님의 계획과 목적을 거부할 능력을 가진 것처럼 하나님은 무력하게 무대 옆으로 밀려난다."[25]

### 3) "창조된 인격"으로서 인간의 교회를 위한 적용점들

인간이 하나님의 피조물이란 사실은 인간의 기원과 의미와 목적의 근간이 된다. 기독교적 인간론에서 인간은 우연의 결과가 아니라 주권적이고 은혜로우신 하나님의 목적이 부여된 존재로 이해하게 되고 이 사실이 인간에게 빼앗길 수 없는 가치와 삶의 의미를 보장한다. 모든 측면에서 유한하고 연약

---

25) 재인용, 후크마, *개혁주의 인간론*, 19. Robert D. Brinsmead, "Man as Creature and Person," Verdict (Aug. 1978), 21-22.

한 인간에게 소유되거나 취득된 가치가 아니라, 영원하신 창조주께서 부여하셨기 때문에, 그리고 그 가치의 소재가 인간이 아닌 하나님께 있고, 그 하나님은 언약을 결단코 성취하시는 신실하신 분이시기 때문에, 빼앗길 수 없는 삶의 가치가 인간에게 있다. 하나님은 사람을 창조하시고 "멀리 떠나 계시지" 아니하신 분이시고(행 17:28) 그분의 은혜와 사랑으로 인간을 주관하실 뿐만 아니라 구원하기를 기뻐하시기 때문에 인간의 삶은 빼앗길 수 없는 의미를 가지게 된다. 인간은 하나님이 사랑하시는 대상이자 사랑의 하나님을 나타내는 도구이고 교제하는 동역자이다. 그렇다면 교회는 바로 이러한 인간론을 가르칠 뿐만 아니라 그 인간론이 실제로 작용하는 곳이어야 한다. 크리스천이 항상 기뻐하고, 어떠한 고난 가운데서도 소망의 사람이 될 수 있는 이유는 바로 하나님께 지음 받은 피조물성 때문이다: "사망이나 생명이나 천사들이나 권세자들이나 현재 일이나 장래 일이나 능력이나 높음이나 깊음이나 다른 아무 피조물이라도 우리를 우리 주 그리스도 예수 안에 있는 하나님의 사랑에서 끊을 수 없으리라"(롬 8:38-39). 그러므로 이러한 소망과 기쁨과 존엄과 가치는 자신의 피조성을 인정하고 하나님께 대한 절대 의존성을 찾을 때 가능해진다.

　인간을 사랑하는 대상으로 만드신 하나님은 또한 그들을 인격체로 만드셨다. 하나님의 인간에 대한 사랑과 은혜는 무조건적이고, 그렇기 때문에 인간 타락 후 인간을 구원하시는, 즉 우리를 위하신 하나님의 행동하심도 무조건적 은혜이지만, 인간은 인격체이기 때문에 스스로 구속사에 대한 책임을 가지게 된다. 물론 이 책임감은 하나님과의 관계에서 수동적이고 상대적일 수밖에 없다. 하나님이 시작하시고 주도하시고 성취하시는 은혜에 인간은 오직 반응하고 참여할 수밖에 없기 때문이다. 그러나 하나님께서 부여하신 인간의 인격이 실제적이므로 이 반응과 참여에 대한 인간의 선택은 실제적이고, 그에 따른 책임도 실제적이다. 인간의 자유와 선택과 인격은 그의 피조성과 그에 따르는, 그리고 죄 때문에 더욱 심화된 유한성 때문에, 절대적이지 않고 상대적이고 제한적이다. 그럼에도 인간은 창조주 하나님의 뜻을 어기고 그분을 부정할 수 있을 만큼 그의 인격과 자유와 선택은 실제적이다. 인간은 그의 인격의 행사, 즉 자유와 선택의 행사에 따른 책임의 수행에 따라 죄의 노예로 멸망에 처할 수도 있고 하나님을 향해 성장할 수도 있다. 이 책임감은 비단 개인적일 뿐 아니라 교회적이다. 모든 개인은 하나님 앞에 자신의 선택에 대한 책임을 지니게 된다. 그러나 하나님께서는 인간의 선택이 바를 수 있도록 도우신다. 그것은 주로 성령님의 사역으로 분류되고 그렇기 때문에 교회는 성령님이 사용하시는 주체가 된다. 이것이 교회의 책임이다. 교회는 인간의 인격 됨, 즉 자유와 선택에 대해 선포하는 기관이기보다는 그 자유와 선택을 어떻게 올바로, 즉 하나님이 주신 목적에 맞춰 사용할 수 있나를 가르치고 살아내므로 말미암아 그 바른 사용이 얼마나 가치로운지를 세상에 보여주어야 한다.

## 2. 남자와 여자로서 인간

〈침례교 신앙과 메시지 2000〉에서 인간 창조와 하나님의 형상의 중요한 요소로서 하나님께서 인간을 남자와 여자로 만드셨음을 주지시킨다: "[하나님께서는] 그분 창조의 최고의 작품으로 그들을 남자와 여자로 만드셨다. 성별의 선물은 그러므로 하나님의 창조의 선함의 부분이다."(He created them male and female as the crowing work of His creation. The gift of gender is thus part of the goodness of God's creation)[26] 바르트가 하나님의 형상에 대한 관계적 견해를 피력하며 하나님께서 인간을 남자와 여자로 지으셨다는 구절에 주의를 기울였다. 그러나 그에게 있어 남자와 여자로 인간이 지음 받았다는 것은 "나-너"의 관계로 서로 대면할 수 있는 능력으로만 강조되었지 남성다움과 여성다움의 구분으로서 남자와 여자의 창조에 대해선 간과하였다. 남자와 여자로 지음을 받았다는 사실이 "진정한 인간성의 심오한 측면"인 것은 "하나님의 영광이 하나님의 형상으로 지음 받음으로서 우리의 연합 안에서

---

26) *The Baptist Faith & Message*, 59.

와 같이 남자와 여자의 구분에서 계시" 되었기 때문이다.[27] 그렇다면 하나님의 형상으로서 인간은 "참된 남성다움과 참된 여성다움을 하나님의 선물로서 알려야 한다."[28]

해밋은 그렌즈가 "남자 또는 여자가 된다는 것은 근본적으로 다른 '적응양식'으로 사는 것과 관련있다"라고 말한 것을 동의하면서도 남자와 여자 사이에는 다른 점보다는 훨씬 더 비슷한 점들이 있음을 지적한다.[29] 우선 해밋은 남자와 여자 모두 하나님의 형상으로 지음 받았고(창 1:27), 둘 다 하나님의 소위 "문화 명령"을 받았으며(28절), 신약에서도 그리스도의 제자들은 남자와 여자 모두로 구성되었고(눅 8:1-3), 모두가 성령님의 부으심을 받았고(행 2:17-18), 둘 다 성령님의 은사를 부여받아 사용하도록 부름을 받고(고전 12:7), 모두가 그리스도의 몸을 이루는 지체임(갈 3:28) 등을 언급하여 남자와 여자의 평등 됨을 주장하였다.[30] 그는 거기서 그치지 않고 성경은 이 평등 됨과 역할의 다름이 공존하고 있음을 또한 지적한다. 우선 남자와 여자는 가정에서 다른 역할을 가지고 있다. 그것은 타락 전 하와를 만드시면서 하신 하나님의 말씀에서부터 확인된다(창 2:18-25). 해밋은 아담을 돕는 배필로서 하와를 창조하신 사건(18-25절)을 언급하며 돕는 자란 의미가 결코 하등한 위치를 나타내지 않음을 부모가 자녀를 돕는 예를 들어 설명한다.[31] 사실상 성령님도 '돕는 자'의 이름을 가지신 분이시고 하나님이 인간을 돕는 사실을 미루어 성경적 돕는 자의 의미는 열등한 존재가 우월한 존재의 보조자가 아니라 그 반대인 우월자가 열등자를 성장하고 바르게 행동할 수 있도록 돕는 의미가 더 강함을 알 수 있다. 또한 에베소서 5장에서 나오는 부부 사이의 관계에서 아내에게 요구되는 복종의 의무는 한편으로 바울의 명령이 단지 그 당시 시대에만 적용되는 말씀이거나 타락의 결과로 주어진 것이 아닌

---

27) Ibid., 62.
28) Ibid.
29) Hammett, "Human Nature" 353-4.
30) Ibid., 355.
31) Ibid., 356.

훨씬 더 근본적인 것임을 인정하면서도 다른 한편으로 모든 여자가 모든 남자에게 복종을 요구하는 것이 아니라 아내가 남편에게 해야 함을 강조한다. 더 나아가 복종은 모든 크리스천의 의무이고 그 복종의 첫 번째이자 근본적인 대상은 하나님임을 상기시킨다.[32] 즉 모든 크리스천의 "가장 중요한 역할은 자신의 은사들과 삶을 사용하여 다른 사람들을 축복하고 섬김으로 하나님의 자녀와 순종하는 종이 되는 것이다"라고 결론 짓는다.[33]

## 3. 하나님의 형상으로서 인간
### 1) 인간 존엄의 근거로서 하나님의 형상

기독교 인간론의 시작과 중심점은 하나님의 형상으로 지음 받은 인간(imago Dei)이어야 한다. 왜냐하면 성경에 따르면 인간을 인간답게 하는 것은 세속적 인간론에서 주장하듯 인간의 어떤 기능이나 추구나 본능이 아니라 하나님의 형상이기 때문이다. 성경은 모든 피조물 중 오직 인간만이 하나님의 형상을 따라 지음 받았다고 선포한다. 이 사실은 인간의 독특성과 존엄과 가치의 근거가 된다. 인간은 하나님의 형상으로 지음을 받았기 때문에 매우 독특한 가치를 지닌다. 하나님의 형상 때문에 인간은 신성과 피조물성이 만나는 곳이 된다. 여기서 신성이란 불교, 힌두교, 뉴에이지 등에서 말하는 신의 일부로서 인간이나 신의 부분이나 요소가 인간 안에 있다고 말하는 것이 아니다. 기독교는 창조주와 인간을 포함한 피조물의 존재론적인 구분을 분명히 하고 있다. 그러나 인간은 그것이 어떤 의미이든지 "하나님의 형상"으로 지음을 받았기에 신성을 닮아갈 수 있고 반영할 수 있는 능력을 지니게 된다. 하나님의 형상 가운데 하나님과 교제하고 하나님을 반영하기에 신성이 만나는 곳이 된다는 것이다. 하지만 육체의 모든 부분과 인간의 죽을 수밖에 없는 유한함을 포함하여 많은 부분에서 인간은 다른 생명체와 함께 유한한 피조물성을 가지고 있다. 그래서 인간은 발을 땅에 딛고 하늘을 쳐다

---
32) Ibid., 357.
33) Ibid., 358.

볼 수 있으며 유한한 생명만을 체험하고 가졌으면서도 영원을 사모할 수 있는 것이다(전 3:11; 고후 4:18). 이런 의미에서 또한 인간은 무한과 유한이 만나는 곳이 된다. 육체적으로는 모든 면에서 유한하나 정신적이고 영적인 면에서는 영원을 상상하고, 품고, 추구하고, 말할 수 있는 것이 인간이다. 유한과 무한의 간극을 인간은 소망을 통해 다리를 놓아 이어간다. 그렇다면 또한 인간은 상상(미래)과 현실(현재)이 만나는 곳이 된다. 인간은 과거를 회상하는 동시에 미래에 대해 소망을 가질 수 있는 존재이다. 인간은 소망을 통하여 미래에 대해 상상할 수 있을 뿐 아니라 믿음을 통하여 그 상상을 현실로 만들어가기도 한다. 먼저 하나님의 형상에 대한 성경적 의미를 살펴보고 그 의미가 무엇인지를 알아보자.

"새 사람을 입었으니 이는 자기를 창조하신 자의 형상을 쫓아 지식에까지 새롭게 하심을 받는 자니라"(골 3:10)에서 바울은 크리스천들이 그리스도 안에서 얻은 새 사람 됨은 하나님의 형상을 따라 그 지식에게까지 새롭게 하심을 받은(is being renewed) 존재라고 가르치고 있다. 이 의미는 크리스천에게 있어 하나님의 형상은 현재 그리스도 안에서 회복된 실재일 뿐 아니라 새롭게 하심을 받아 성취되어가는 과정의 목표로서 제시되고 있다. 크리스천에게 있어 하나님의 형상이 실재이자 목표가 되는 이 구절은 하나님의 형상의 의미가 무엇인지를 논의하는 맥락이자 단초를 제공하고 있다.

### 2) 형상과 모양: 동일한 의미

인간이 하나님의 형상으로 지음받았음은 기독교 인간론의 근간이 되는 중요한 개념이지만 직접적인 표현은 성경에서 오직 다섯 곳에 불과하다(창 1:26-27; 5:1-2; 9:6-7; 고전 11:7; 약 3:9-10). 시편 8편은 직접적인 표현은 나오지 않지만, 5절에서 "저를 천사보다 조금 못하게 하시고 영화와 존귀로 관을 씌우셨나이다"란 구절을 통해 하나님의 형상으로 지음 받았음을 추론해 볼 수 있다. 그중 이 개념이 가장 잘 표현되어 있는 곳은 창세기 1장 26-27절이다: "하나님이 가라사대 우리의 형상(image, tselem)을 따라 우리의 모양(likeness, *demuth*)대로 우리가 사람을 만들고" 여기서 형상이란 히브리어 '첼렘'(*tselem*)은 '자르다'(to cut out) 또는 '조각하다'라는 의미를 가진 어근에서 유래되어 조각된 형상을 의미한다 볼 수 있다.[34] 모양의 원어인 히브리어 '데무트'(*Demuth*)는 '~와 비슷하다', '~와 닮았다'라는 의미를 가진 어근에서 나왔다.[35] 하나님의 형상이 정확히 어떤 의미인지를 논의하지 않더라도 이 본문은 하나님께서 자신을 닮은, 또는 자신과 비슷한 피조물을 만드셨다고 이해될 수 있다. 닮거나 비슷한 것이 같은 것은 아니다. 모양이 원형이 될 수는 없다. 이는 인간이 원형이신 하나님을(전체일 수도 있지만 어떤 측면 또는 측면들일 개연성이 더 높은) 떠올리게 하거나 반영하는 피조물임을 함의한다. 이 함의된 의미의 중요성은 인간은 하나님이 아니고, 또 될 수도 없지만 하나님을 반영하도록 지음 받았다는 사실이다. 이 점에 대해 후크마는 바른 성찰을 보여준다. 그는 인간이 하나님의 형상이기 때문에 하나님을 반영해야 하는데, 흡사 거울이 비쳐진 실체를 반영하듯 해야 함을 말하며 크리스천과 교회의 엄중한 책임을 깨닫게 한다: "인간 안에서 하나님은 지상에서 눈에 보이게 되어야 한다. 다른 피조물들, 심지어 하늘조차 분명히 하나님의 영광을 선포하지만 인간 안에서만 하나님은 눈에 보이게 된다."[36]

'그렇다면 인간은 하나님의 형상을 통해 하나님의 어떤 면을 닮았고 또 그분의 어떤 면을 반영해야 하는가?'란 문제를 생각하게 한다. 이것을 위해 먼저 해결해야 할 문제가 두 가지가 있다. 첫째는 '형상'과 '모양'이 같은 의미인지 아니면 다른 의미인지를 알아야 한다. 둘째는 하나님의 형상이 과연 무엇을 의미하는지를 생각해야 한다.

기독교 역사에서 보면 이 '형상'과 '모양'을 나누어 생각하려는 전통이 있었다. 알렉산드리아의 클레멘트, 오리겐, 이레네우스, 터툴리안, 아타나시우

---

[34] Francis Brown, S. R. Drive and Charles A. Briggs, *The Brown-Driver-Briggs Hebrew and English Lexicon of the Old Testament*, 3rd printing (Peabody: Hendrickson, 1997), 853.
[35] Ibid., 197-98.
[36] 후크마, *개혁주의 인간론*, 102.

스, 어거스틴 모두 어느 정도의 해석의 차이는 있으나 '형상'은 인간에게 본성적인 합리성이나 영혼 등을 의미하고 '모양'은 후천적으로 덧입혀진 것으로 이해되었다.[37] 그래서 이레네우스는 인간의 타락은 인간으로 하여금 하나님의 '모양'을 상실하게 하였지만 '형상'은 유지되었고 성화의 과정에서 크리스천들이 회복하는 것은 바로 하나님의 '모양'이라고 주장한 것이다.[38] 이때는 헬라 철학의 영향이 클 때였고 많은 교부들은 헬라 철학에 익숙하거나 그것으로 기독교 교리를 정립하거나, 변호하거나, 설명하는데 사용하였다. 인간을 영혼과 육신의 이원론으로 보는 헬라 철학은 성경적 가르침과 일치한다고 쉽게 생각했었고 하나님의 형상 또한 두 가지로 나누는 것이 자연스러웠을 수도 있다. 원래 창세기 1장 26절에 나오는 이 두 단어 사이에 '카이'(kai) 또는 '에트'(et)는, 한국말로 "과"로 번역되는 접속사가 없는데 맛소라 본문과 그것을 토대로 번역한 칠십인경(LXX)이나 라틴 벌게이트(Vulgata)에 이것이 첨가되어 번역되었다. 이 접속사는 자연스레 독자로 하여금 두 명사가 "과"로 연결될 때 다른 의미를 가진 두 단어로 이해하게 하였다는 것이다.[39] 그러나 성경 원어 연구와 해석의 발전에 따라 지금은 이 두 단어를 다른 의미로 여기지 않고 같은 의미를 가진 히브리적 표현법으로 이해하는 것이 중론이다. 이것은 바로 다음 절인 27절에서 같은 문맥과 의미를 나타내며 '형상'만 사용되었고, 반면에 5장 1절에서는 '모양'이란 단어만 사용되었으며, 5장 3절에선 두 단어 모두 사용되었으나 순서를 바꾸어 결국 이 두 단어는 같은 중요성을 지닌 같은 의미임을 이미 성경 본문에서 확인해주고 있다.

혹자는 '형상'과 '모양'을 나누는 것이 하나님의 형상에 대해 더 풍성한 의미를 가지게 한다고 주장할 수 있지만 자칫 알레고리적 해석의 유혹에 열리게 되는 개연성을 생각해야 한다. 이 두 단어를 하나로 보았을 때 자연적으로 하나님의 형상에 대한 의미를 본문의 문맥에서 찾는데 중점을 두지만, 두

---

[37] Herman Bavinck, *개혁교의학2*, 박태현 역 (서울: 부흥과 개혁사, 2011), 665-67.
[38] "Against Heresies" in Ante-Nicene Fathers, vol. 1, ed. Alexander Roberts and Jame Donaldson (Grand Rapids: Eerdmans, 1953), 531-32.
[39] 후크마, *개혁주의 인간론*, 28.

단어를 다르게 보았을 때 두 단어의 차이점을 없는 곳에서 찾게 되니 결국 적어도 단어의 원어적(성경적 문맥보다는) 의미에 의거한 추론, 또는 심하게는 알레고리적 해석을 하게 될 수가 있다는 것이다. 본문 이상의 의미를 알레고리적 해석을 통해 시도하게 될 때 그 의도가 선한 것이라 하더라도 모든 주관적 해석이 가능한 문을 열므로 본문의 중요성을 축소하게 될 것이다. 성경 본문에 어긋난 해석을 하는 것은 침례교인으로서 가장 조심해야 할 일이므로 부단한 노력을 통해 인간이 가진 오류들을 줄여나가야 할 것이다.

이뿐만 아니라 두 단어의 의미를 나누었을 때, 주로 '형상'을 "인간이 하나님과 자연적으로 닮은 점 즉, 이성과 의지의 능력"으로 간주하고, '모양'은 "덧붙여진 은사"(*donum superadditum*)로 생각하여 인간의 타락 후 상실한 것은 오직 '모양'이며 '형상'은 온전하게 유지되었다고 이해할 때 위험성이 있다.[40] 그것은 타락 후에도 인간에게 내재된 하나님의 형상은 온전하게 남아 있으므로 인간은 스스로 선할 수 있고, 스스로 지혜로울 수 있다는 주장이 가능해진다. 이 말은 "특별 계시 없이도 모든 인간들이 하나님에 대해서 어떠한 참된 지식을 얻을 수 있다고 하는 이성주의 혹은 자연주의 신학을 가능하게 해준다"고 에릭슨은 경고를 한다.[41] 이렇듯 타락의 엄중함을 희석하고, 인간에 대한 지나친 낙관을 하며, 특별 계시의 필수성을 약화시키는 것은 성경적 신앙에선 받아들일 수 없는 견해들이다.

### 3) 실재적 또는 구조적 견해(Substantive or Structural View)

이제 인간이 어떤 의미에서 또 어떻게 하나님을 닮았는지를 생각하기 위해서 하나님의 형상을 해석해 온 이해들을 살펴볼 필요가 있다. 역사적으로 가장 오래 그리고 아직도 많은 영향을 끼치고 있는 견해는 실재론적(substantive),[42] 또는 구조적(structural)[43] 이해이다. 에릭슨은 실재적 견해라고 이

---

40) 에릭슨, *인죄론*, 89.
41) Ibid., 90.
42) 에릭슨, *인죄론*, 86-92.
43) Stanley J. Grenz, *Theology for the Community of God* (Grand Rapids: Broadman &

름하였는데 그 이유는 "하나님의 형상을 인간의 구조 속에 있는 어떤 뚜렷한 특징이나 속성과 동일시한다는 점"에서 그리하였다.[44] 이 이유로 그렌즈(Stanley J. Grenz)는 이 전통적인 견해는 하나님의 형상에 대한 "인간론적 개념"(anthropological concept)이라고 불렀다.[45] 인간이 구조적이고 실재적으로 가지고 있는 요소 중 어떤 것이 인간을 가장 동물로부터 구분짓고 하나님과 가까이 하는지를 사고하여 하나님의 형상이 무엇인지를 정의하려고 하였다. 하나님과 인간을 가장 분명하게 구분짓는 것은 육체성(corporality)이다. 하나님은 영이시고 인간 육체의 부분을 가지고 계시지 않다. 물론 성경에는 하나님께서 보시고, 말씀하시고, 덮으시고 등의 육체의 기능을 하는 듯이 표현되어 있지만 성경 어디에도 하나님께서 실재로 그 기능을 하는 인간의 구조를 가지고 계신 것으로 묘사된 곳이 없다. 오히려 하나님께서는 영이시고, 초월하시고, 영원하시고 등의 육체의 한계가 없는 분으로 묘사된다. 그래서 헨리 띠이슨(Henry C. Thiessen)은 하나님의 형상을 논의하면서, "그것은 신체적 비슷함이 아니다"로 시작하고 있다.[46] 그렇다면 가장 개연성 있는 요소는 이성이다. 이성은 헬라 철학의 영향 아래 영혼의 기능으로 인식되어 왔고, 특히 "교회에서 그들의 신앙을 사유하고 숙고하는 책임을 맡은" 즉 가장 이성적인 기능을 하는 신학자들은 인간에게 가장 중요하고, 가장 하나님의 형상에 가까운 것으로 이성을 선택하였다.[47] 하지만 그렌즈는 "합리성에 대한 강조는 기독교 사상에 대한 부단한 헬라 철학의 영향에서 자연적으로 생성되어 나온 것이다"라고 바르게 지적하고 있다.[48]

에릭슨은 주로 인간의 이성을 하나님의 형상으로 보는 실재적 견해 안에서도 다양한 해석과 이성에 대한 이해의 차이가 존재함을 지적하면서도 한

Holman, 2000), 169-70.
44) 에릭슨, *인죄론*, 86.
45) Grenz, *Theology for the Community of God*, 169.
46) Henry C. Theissen, *Lectures in Systematic Theology*, rev. by Vernon D. Doerksen (Grand Rapids: Eerdmans, 1979), 154.
47) 에릭슨, *인죄론*, 88.
48) Grenz, *Theology for the Community of God*, 169.

가지 공통점은 하나님 형상이 인간에게 내재하는 것이라 설명한다: "그것은 인간의 본성에 내주하는 성질이거나 혹은 능력이다."[49] 물론 인간이 하나님의 형상에 따라 지음 받았기 때문에 그 형상의 위치가 인간에게 있다는 것에 이의를 제기하기는 쉽지 않지만 그것을 단지 인간의 '성질'이나 '능력' 또는 이성 등의 기능으로 확정하는 것에는 신학적 위험성이 있다. 에릭슨은 또한 덧붙여 "비록 인간에게 형상을 부여하신 분은 하나님이시지만 그것은 인간이 하나님의 존재와 사역을 인식하든 하지 않든지 간에 인간 속에 내재한다"고 주장하였는데[50] 이 말은 인간이 하나님께 의존하지 않고도 인간 내부에 존재하는 하나님의 형상 때문에 인간은 인간일 수 있고, 기능할 수 있고, 심지어 선할 수도 있다는 개연성을 막지 못하기 때문에 문제가 된다. 이는 인간이 그 기원만이 아니라 타락 후의 인간까지도 존재의 유지와 성장 등이 하나님께 절대적으로 의존되어 있다는 성경적 관점이기보다는 인간의 자존성을 시작으로 삼는 근대 인본주의에 바탕을 둔 개인주의적 인간론에 더 가깝지 않을까?

위에 논의한 것처럼 성경적 인간론은 성선설도 성악설도 아닌 이유는 바로 이 두 견해 모두 창조주 하나님을 전제로 하지 않고 인간을 자존적 존재로 보기 때문이라고 하였다. 실재론적 견해가 전통적이고 여러 요소에서 동의할 수 있지만 인간 이성을 지나치게 높이거나 인간을 자존적 존재로 볼 수 있는 위험성이 있다는 것은 반드시 기억해야만 한다. 성경적 인간론은 피조물의 창조주에 대한 절대적 의존성을 가르친다. 비크리스천들은 그 사실에 무지하거나 의도적으로 부정하지만, 크리스천은 비록 대부분의 생활 모습에서는 비크리스천들과 공유된 형태를 지니면서도 교회의 삶을 통해 인간의 삶은 하나님을 전제로 하지 않거나 의지하지 않고는 이루어질 수 없음을 보이는 사람들이어야 한다. 그것이 주 예수 그리스도께서 광야에서 "사람이 떡으로만 살 것이 아니요 하나님의 입으로 나오는 모든 말씀으로 살 것이니

---

49) 에릭슨, *인죄론*, 92.
50) Ibid.

라"(마 4:4)라고 하신 위대한 성경론적 인간론의 선포의 참된 의미이자 적용이 될 것이다. 그분은 인간 모두가 실패한 하나님께 대한 절대적 의존성을 그분의 육체적 삶에서 성취하신 분이시다. 이런 의미에서 주님은 인간의 원형이자 바로 "하나님의 그 형상"(The Image of God)이 되시는 것이다.

이런 면에서 신약에서 하나님의 형상에 대해 어떤 가르침을 주고 있는지를 살펴 보는 것은 유익하다. 신약의 가르침은 인간의 타락 후에도 여전히 하나님의 형상이 잔재해 있음을, 그 정도에 대해서는 이론의 여지가 있더라도, 밝히고 있다(참조, 약 3:9). 그중 골로새서 1장 15절, 요한복음 14장 8-9절, 히브리서 1장 3절 등은 하나님의 형상이 바로 예수 그리스도이심을 보여주신다. 그 외 그분에 대한 여러 설명들(예, 요 1:4; 롬 8:29; 고후 3:18; 히 4:15)과 함께 볼 때 예수 그리스도께서는 바로 하나님의 그 형상이시고, 그 의미는 그분이 하나님이 의도하신 인간의 전형이시라는 것이다. 즉, 성경을 통해 그분에게서 "보고 듣는 것은 하나님이 인간에게 의도하신 것"이란 말이다.[51] 그래서 신약 성경은 하나님의 형상에 대한 이해의 가장 좋은, 또는 심지어 이해하기에 따라 유일한 방법으로 예수 그리스도를 제시한다. 인간의 이성이나 육체에 대한 연구나, 다른 동물들과의 상이점에 대한 분류나, 하나님과의 일반 인간의 공통점의 추출에서보다는 성경에서 계시한 예수 그리스도에 대한 연구가 결국 성경적 인간론의 전제이자 근간이어야 한다. 후크마는 이 점에 대해 "하나님의 형상의 핵심에 있어야 하는 것은 추론하는 능력이나 결정을 내리는 능력(비록 그런 능력이 하나님의 형상의 올바른 기능 발휘에 있어서 중요할 수도 있지만) 같은 특성이" 아니다라고 전제한다. 그 후 이어서 "그리스도의 삶에 있어서 핵심적이었던 것, 즉 하나님을 향한 사랑과 인간을 향한 사랑이다"라고 성찰 깊은 주장을 한다.[52] 그렇다면 하나님의 형상에 대한 사유적이고 추론적이고 이론적인 노력은 하나님의 사랑과 거룩을 반영하는 범주 안에서 그리스도를 닮아가는 삶으로서 교회의 삶을 통한 체

---

51) 후크마, *개혁주의 인간론*, 40.
52) Ibid.

험과 관계적 이해를 출발점으로 해야 할 것이다.

### 4) 기능적 또는 통치적 견해(Functional or Dominion View)

이 견해는 하나님의 형상을 인간의 내재적 구조에서 찾기보다는 창세기 1장 26절 하반부에 "그로 바다의 고기와 공중의 새와 육축과 온 땅과 땅에 기는 모든 것을 다스리게 하자"에 의거하여 인간의 다른 피조물들과 세상에 대한 다스리는 기능에 초점을 맞추어 이해한다. 그래서 이 견해를 "다스림의 견해"(Dominion View)라고도 부른다.[53] 또한 성경적 근거로 시편 8편 5-6절을 제시한다: "저를 천사보다 조금 못하게 하시고…주의 손으로 만드신 것을 다스리게 하시고 만물을 그 발 아래 두셨으니." 이 구절을 책의 제목으로 삼은 베르두인은 인간의 다스리는 기능에 하나님의 형상에 대한 이해의 초점을 맞추며 "사람은 다스리기 위한 피조물이라는 뜻이며 이런 식으로 그는 그의 창조주의 형상 안에 있다―이것이 기원의 책으로서 창세기에 주어진 창조에 대한 기사가 [증명하려는] 무게이다"라고 주장한다.[54]

이 견해는 크리스천과 교회의 세상에 대한 책임과 의무를 생각한다면 꽤 설득력을 가진다. 인간은 죄 된 세상을 향하여 하나님의 통치자이심을 선포해야 하고(복음주의적 접근) 현실화 해야 하는(자유주의적 접근) 의무를 가진 것으로 이해되곤 한다. 인간은 가장 공의로우시고 은혜로우신 하나님의 다스림을 반영하기 위해 위임 받은 피조물이고, 인간 타락 후 그 위임은 바로 하나님의 백성들에게 주어진 것으로 이해되곤 한다. 이 다스림은 선택이 아

---

53) 주로 기독교를 윤리적으로 보아 사회적 책임과 변혁을 강조하는 자유주의 신학자들 중 하나님의 형상에 대한 통치적 견해를 지지하는 것은 우연이 아니다. 물론 온건한 신학자들 중에서도 이 견해를 주장한다. 대표적인 지지자들은 Gerhard von Rad, Sigmund Mowinickel, C. F. D. Moule, Leonard Verduin, and Frank Stagg이 있다. 하지만 기능적 견해를 중심적이 아닌 하나님의 형상의 일부분으로 이해한 신학자들은 침례교나 개혁주의 신학자들이 대표적이다: J. L. Dagg, Charles Hodge, E. y. Mullins, and Anthony Hoekema. 이 분류들은 James Garret의 책에 의거하였다: James L. Garrett Jr., *Systematic Theology: Biblical, Historical, & Evangelical*, vol. 1 (Grand Rapids: Eerdmans, 1990), 395-96; 401-2.

54) Verduin, *Somewhat Less Than God*, 27. 저자 역.

니라 인간의 당연한 의무이며 이 의무 속에서 인간의 존엄을 찾을 수 있게 된다. 마땅히 크리스천과 교회도 이러한 의무에 동참하여 세상을 포기하는 이원론적 오류에 빠지지 않고 세상에 대한 개혁을 부단히 노력해야 한다는 동기부여가 될 것이다.

그러나 이러한 견해는 예수 그리스도께서 하나님의 바로 그 형상이시고 그분을 통해 하나님의 형상을 가장 잘 이해할 수 있다는 점을 상기한다면 어느 정도 의문을 가지게 된다. 왜냐하면 그리스도께서는 이러한 다스림의 모습을 바다와 바람을 꾸짖어 잠잠케 하신 경우 외에(마 8:23-27; 막 4:35-41; 눅 8:22-25) 보여주신 적이 없기 때문이다. 오히려 그분의 삶은 다스리는 자와 달리 자신을 끊임없이 복종시키셨다(빌 2: 5-8). 물론 혹자는 그리스도의 왕중왕, 심판자로서 오실 재림이 바로 이 견해를 지지한다고 주장할 수 있지만 그것은 종말론적 성취이므로 이렇게 볼 때 하나님의 형상을 지나치게 종말론적으로만 보고 현실에서 성취할 수 없는 것으로, 더 나아가 예수님의 공생애 삶에서는 하나님의 형상을 배울 수 없다는 이해가 가능해진다. 그렇다면 혹자는 인간 타락의 영향과 그리스도의 초림은 다스림의 회복보다는 구속을 위한 희생이었다고 지적할 수 있을 것이다. 매우 일리가 있지만 성경적 주장은 초림의 예수님이 하나님의 바로 그 형상임을 양보하고 있지 않다.

여기서 두 가지 함의가 가능해진다. 첫째, 예수 그리스도의 삶을 통해 크리스천과 교회가 반영해야 하는 하나님의 다스리심은 세상적 개념과 다르다는 것이다. 세상에서는 통념적으로 다스림을 이해할 때 지배자가 피지배자의 운명을 마음대로 할 수 있는 권력으로 이해하기 쉬우나(사실 그래서 비록 대부분 오해에 기인했지만 많은 크리스천들이 자연환경 파괴의 주체로 비난받게 되었다) 성경에서 증거하는 예수 그리스도를 통해 보여지는 하나님의 다스리심은 십자가를 통한 자기 희생과 은혜인 것이다. 즉 예수 그리스도를 통해 이 견해를 다시 보게 된다면 하나님의 백성과 교회의 세상에 대한 다스림의 기능은 왕이나 권력자가 되어서 수행하는 것이 아니라 예수 그리스도의 십자가를 통한 섬김이란 이해에 이르게 될 것이다. 이 방법이 바로 그리스도께서 행하신 하나님 아버지에 대한 반영이셨기 때문이다.

둘째, 위의 가능성에도 불구하고 하나님의 형상을 기능적 또는 통치적으로 보는 것은 전체가 아닌 부분, 또는 하나의 요소라는 점이다. 에릭슨은 이 점에 있어 인간의 다스리는 기능, 즉 통치권은 인간이 하나님의 형상으로 지음 받은 후 명령 식으로 부과된 것으로 구분하고 있다. 즉 창세기 1장 26절, 전반부와 후반부에서 나타나는 "우리의 형상대로… 만들자"와 "다스리게 하자"를 두 개념으로 구분하는 것이다.[55] 이는 설득력있는 주장일 뿐 아니라 이것을 그대로 동의하지 않는다 해도 통치권과 하나님의 형상을 동일시하는 데는 많은 무리가 있게 된다.

### 5) 관계적 견해(Relational View)

하나님의 형상에 대한 두드러진 세 번째 견해는 관계적 견해이다. 이 견해는 주로 개혁주의 전통과 신정통주의에서 주창해 왔지만 삼위일체와 인간 본성을 관계적으로 보는 현대 신학에서, 특히 그리스 정교회 신학의 서방 신학에 대한 소개를 통해 많은 영향을 끼치고 있다.[56] 그렌즈는 교회 역사 첫 15세기 동안 압도적이었고 중세 천주교 신학의 이해였던 하나님의 형상에 대한 구조적 또는 실재적 견해에 반해 개혁주의자들은 하나님의 형상을 본질적으로 "아담은 상실했지만 그리스도께서 회복하신 창조주와의 특별한 관계"로 보았다고 설명한다.[57] 그렇다면 하나님의 형상은 현재 모든 인류가 공유하는 어떤 기능이나 구조가 아니라 과거 타락 전 아담이 소유했으니 상실(또는 왜곡)된 하나님과의 관계인 것이다.[58] 그리스도께서는 바로 그 하나님

---

55) 에릭슨, *인죄론*, 109.
56) 대표적으로 다음 책들이 도움이 된다: Emil Brunner, *The Christian Doctirn of Creation and Redemption*, trans. Olive Wyon(Philadelphia: Westmiinster, 1953); Karl Barth, *Church Dogmatics* (Edinburgh: T. & T. Clark, 1958); John D. Zizioulas, *Being as Communion*, 「친교로서의 존재」 이세형, 정애성 역 (춘천: 삼원서원, 2012)
57) Grenz, *Theology for the Community of God*, 171.
58) 하지만 루터도 칼뱅도 모두 타락 후 인간에게 하나님의 형상이 완전히 소멸되거나 상

의 형상이시자 그것을 회복시키시는 분이시므로 그분은 "하나님 형상의 궁극적 패러다임"이시다: "우리는 오직 성령님께서 우리 안에 그리스도를 닮음(Christlikeness)이 [실현되도록] 작동하시는 만큼에 한해서만 신적 형상에 참여할 수 있다."[59] 이렇게 개혁자들은 인간론을 기독론적으로 보았다.

이러한 개혁자들의 주장은 20세기에 들어 신정통주의 신학자들에 의해 좀 더 철학적이고 때론 실존적으로 이론화되었다. 그중 한 사람이 에밀 브루너(Emil Brunner)로서 인간 이해의 근간으로서 예수 그리스도에 대한 믿음을 통해서만 하나님의 형상을 온전히 소유하여 자신에 대해서 올바르게 이해할 수 있다고 주장하였다.[60] 하나님께서 모든 피조물은 완성된 형태로 창조하였으나 오직 인간만은 하나님과의 관계에서 그분께 부여받은 자유와 책임, 그리고 신에 대한 응답을 통해 성장해야 할 존재로 창조되었다고 주장한다.[61] 즉, 하나님의 형상은 신께 응답하는 행위, 다시 말해 창조주이신 하나님과의 관계인 것이다.[62] 이런 의미에서 하나님의 형상은 어떤 실재가 아니라 하나님과의 관계에서만 실존하는 또는 체험하는 것으로 이해되는 것이다. 또한 인간이란 하나님 앞에서 책임 있고 응답할 수 있는 존재로서 하나님의 형상이 되는 것이다.[63] 그리스도께서 율법을 요약하신 바와 같이 브루너도 하나님께 대한 인간의 책임은, 즉 "사랑해야 할 책임"은 다른 인간과의 관계로 반드시 연장되어야만 하며 그것이 인간을 인간되게 하는 결정적 요

---

실되었다고 주장하지 않는다. 이 둘은 토마스 아퀴나스가 대표하는 중세신학에서 '형상'과 '모양'을 나누어 '모양'을 부과된 선물(*donum superadditum*)으로 보는 것을 거부하고 둘을 하나로 보았다. 하지만 그 형상은 죄 된 인간에게 있어 완전히 멸절되거나 파괴된 것은 아니고 심대하게 또는 근본적으로 부패, 또는 왜곡되었다고 주장한다. 참조 Ronald S. Wallace, *Calvin's Doctrine of the Christian Life* (Grand Rapids: Eerdmans, 1961), 148-52.

59) Granz, *Theology for the Community of God*, 171, 저자 역.
60) Emil Brunner, *Man in Revolt: A Christian Anthropology*, trans. Olive Wyon (Philadelphia: Westmiinster Press, 1947), 40-41.
61) Ibid., 97-98.
62) Ibid.
63) Brunner, *The Chrisitan Doctrine of Creation and Redemption*, 58-60.

인이 된다고 주장한다.[64]

　이렇듯 브루너의 관계적 견해는 하나님의 형상을 인간의 이성이나 합리성이 아닌 하나님의 사랑을 통해 이해했다는 것, 그리고 하나님의 형상에 끼친 죄의 치명적 결과에 대한 강조 등은 하나님의 형상에 대한 이해에 많은 성찰과 깊이를 더하는 것은 사실이다. 그러나 그는 실존주의적인 입장에서 타락의 역사성을 부정하는 치명적인 오류를 범하고 있다. 성경 본문 중 하나에 대한 부정은, 특히 그것이 타락의 역사성일 때, 나아가 그리스도의 역사성에 대한 부정의 가능성을 열게 되므로 치명적 오류가 될 수 있다.

　바르트(Karl Barth)는 브루너와 인간론에 대해 긴 논쟁에도 불구하고 하나님의 형상에 대한 실재적 견해에 대한 반대와[65] 관계적 견해에 대한 지지에서 함께 한다. 그에게 있어 하나님의 형상은 인간의 구조나 행위가 아니라 하나님께서 자신의 형상으로 인간을 만드셨다는 사실에서 찾아야 하는 것이었다.[66] 인간은 하나님 안에서 또는 하나님의 형상 속에서 다른 인간과 나-당신(I-Thou)의 관계를 체험할 수있게 된다.[67] 그는 창세기 1장 27절, 즉 "하나님이 자기 형상 곧 하나님의 형상대로 사람을 창조하시되 남자와 여자를 창조하시고"에서 자신의 논지의 근거를 찾는다. 즉 그는 인간이 남자와 여자로 창조되었다는 사실은 하나님께로부터 남자와 여자로 대면할 수 있는 가능성을 부여받았음을 의미한다고 강변한다.[68] 그에게 있어 인간이 하나님께, 그리고 서로에게 대면하는 관계가 바로 하나님의 형상인 것이다.

　바르트 또한 하나님의 형상의 관계적 측면에 대해, 특히 그것을 남자와 여자로 창조하셨다는 본문에 대한 치밀한 주의를 기울임으로, 그래서 "나-너"(I-Thou) 관계를 통해 이해하므로 뛰어난 성찰과 공헌을 하였다고 볼 수 있다. 또한 그는 인간에 대한 바른 이해는 그리스도에 대한 연구를 통해야

---

64) Brunner, *Man in Revolt*, 105-6.
65) Karl Barth, *Chruch Dogmatics*, III.2 (Edinburgh: T. & T. Clark, 1960), 76-77.
66) Karl Barth, *Church Dogmatics*, III.1 (Edinburgh: T. & T. Clark, 1958), 197-9.
67) Ibid., 184-85.
68) Ibid., 195.

한다고 바르게 주장하였다. 그에게 있어 성육신하신 예수님은 그분 자신이 바로 하나님의 계시이시자 인간 본성에 대한 "지식의 근원"이 되신다.[69] 여기서 그는 예수 그리스도의 타인을 위한 정체성에 근거하여 타인에 대한 사랑과 선행을 인간의 본성적인 것으로 호소한다.[70] 그러나 그 또한 타락의 역사성을 부정한 것 이외에도 그가 주장하는 하나님의 형상이 오직 대면과 만남을 위한 능력으로 정의하는 것은 성경에서 벗어난 것이다. 하나님의 형상은 단순히 어떤 능력으로 제한할 수 없기 때문이다. 하지만 인간만이 아니라 모든 피조물은 하나님 앞에 선 존재일 뿐 아니라 하나님이 대면하시기에 그분께 대면해야 할 의무가 있다. 물론 바르트는 인간의 인격성에서 대면의 질과 차이를 찾으려 할 것이다. 그러나 인격적인 다른 피조물, 즉 천사나 사탄도 하나님과, 그래서 서로 대면하지만 성경은 그들을 하나님의 형상으로 지음 받았다고 하지 않는다. 후크마는 하나님과 만나는 능력이 아니라 "하나님 및 타인들과 만나는 방식"이 중요하다고 평가한다. 또한 하나님과 닮은 모습은 형식적 능력의 공유로만 그칠 것이 아니라 "구체적인 행동과 태도에서" 반영되어야 함을 바르게 지적한다.[71]

해릿 버카우어(Garrit C. Berkouwer)는 브루너와 바르트처럼 실재론적 견해를 부정하고 관계적 견해를 주장하면서 그리스도를 배우는 것이 하나님의 형상 이해에 필수적인 것을 신약 중심의 접근을 통해 좀 더 발전시킨다. 그는 인간에게 있어 하나님과의 관계는 후천적으로 부여 또는 취득된 것이 아니라 인간 존재를 구성하는 본질로 본다.[72] 그는 하나님의 형상에 대한 이해를 신약 성경에서 주로 찾는다. 즉, 신약이 크리스천에게 있어 하나님의 형상의 회복에 대해 무엇을 말하는지와 바로 그 형상이신 예수 그리스도에 대해 무엇을 말하는지에서 형상에 대한 이해의 단초를 찾는다. 즉 그는 예수

---

69) Barth, *Chruch Dogmatics*, III.2, 41.
70) Ibid., 250-65.
71) 후크마, *개혁주의 인간론*, 80-81.
72) Garrit C. Berkouwer, *Man: The Image of God*, trans. Dirk W. Jellema (Grand Rapids: Eerdmans, 1962), 34.

그리스도를 통한 하나님과의 관계와 형상의 회복에서 인간 자아를 인식해야 한다고 이해한다.[73] 하지만 그는 하나님의 형상의 회복은 인간 개인의 내면에서 일어나는 것이 아니라 타인과의 관계성 안에서, 그리고 통해서 일어남을 주지시킨다. 이 타인과의 관계성이란 "사랑의 유비" 속에서 인간의 하나님의 형상 됨을 이해한다.[74] 또한 하나님의 형상이 가진 대표성을 강조하며 인간이 하나님의 형상이란 의미는 땅에서 하나님을 닮은 모습을 보이므로(마 5:16) 대표해야 한다.[75] 이렇게 주장하므로 버카우어에게 있어 하나님의 형상은 동적이며 구체적 성화의 과정이 된다. 인간은 하나님과의 관계 안에서 성화의 과정이 가능해지며 하나님의 형상의 회복은 인간에게 있어 성령님의 선물이자 사명이 된다. 이와같이 버카우어는 그리스도 중심적이고 사랑의 관계를 통한 하나님 형상의 이해와 그 이해를 통해 성화의 강조와 하나님 앞에서 인간의 바른 행동을 강조한 점은 높이 살 수 있으나 하나님의 형상을 타락 후에도 지속되는 인간성과 구분하여 형상을 인간의 본질이 아닌 비본질로 보는 문제가 있다.[76]

### 4. 죄인으로서 인간: 인죄론

인간은 하나님의 피조물로서, 그리고 인격체로 지음을 받았다. 앞에 진술한데로 인간은 하나님의 형상으로 지음을 받았다. 그런데 인간은 하나님과의 관계를 향유하기보다는 스스로 하나님이 되려고, 즉 하나님 없이 자신의 인생에 대한 주인이 되려는 선택을 통해 범죄하게 되었다(창 3장). 이때 죄의 결과로 인간의 피조물성, 인격성, 그리고 하나님의 형상 모두 심대하게 훼손되게 되었다는 것이 성경의 기술이다. 〈침례교 신앙과 메시지 2000〉는 인간의 죄에 대하여 다음과 같이 정리한다: "자신의 자유로운 선택으로 인간은 하나님을 대항하여 죄를 지었고 인류에게 죄를 가져왔다.(By his free choice

---
73) Ibid., 98-100.
74) Ibid., 100-4.
75) Ibid., 114-5.
76) 후크마, 개혁주의 인간론, 98.

man sinned against God and brought sin into the human race) 사탄의 유혹을 통하여 인간은 하나님의 명령을 위반하였고, 그의 원래적 무죄함에서 타락함으로 말미암아 그의 자손들은 죄를 향해 치우치게 된 본성과 환경을 물려받게 되었다."(Through the temptation of Satan man transgressed the command of God, and fell from his original innocence whereby his posterity inherit a nature and an environment inclined toward sin)[77] 죄는 인간과 하나님과의 관계를 단절시키므로 현 상태, 상황, 본성, 환경, 미래, 운명 모든 것을 바꾼 것이다. 죄는 인간에게 있어 하나님의 형상을 파괴 또는 심대하게 훼손시키는 결과를 가져올 뿐 아니라 죄 자체는 하나님께 전적으로 의존해 있음을 인정하기를 거부하고 스스로 자신의 삶의 주인이 되기를 원하는 것으로 그 자체가 하나님의 형상에 어긋난 선택이고 삶의 형태이다.

### 1) 인죄론과 다른 교리들과의 관계

스탠튼 노만(R. Stanton Norman)은 죄의 교리와 다른 교리들 사이의 상관관계를 다음과 같이 정리한다: 우선 신론과 연결되는데 하나님에 대한 이해에 따라 죄의 성격과 경중이 결정된다. 즉, "하나님께서 거룩하신 존재이시고 그분의 피조물인 모든 인간들에게 그분과 같은 그 거룩성을 요구하신다면 그분의 거룩한 기준에 어긋나는 모든 것을 죄"로 규정된다.[78] 하지만 성경의 하나님으로 인식하지 않을 때 인간의 죄 된 상태는 별 문제가 되지 않는 것이다. 인간론적으로 볼 때, 인간이 성경의 주장대로 하나님의 형상으로 지음 받았다면, "그 형상을 하나님, 타인들, 그리고 세상에 반영토록 지음 받은 것이다."[79] 그렇다면 인간은 "다른 사람들과의 비교"에서 판단 받지 않게 되고 "하나님의 신적 의도에 대한 일치성과 그들이 그분의 형상을 반영하

---

77) *The Baptist Faith & Message*, 59. 저자 역
78) R. Stanton Norman, "Human Sinfulness," in *A Theology for the Church*, ed. Daniel L. Akins (Nashville: B & H Publishing, 2007), 411.
79) Ibid.

는 방식에 의해" 판단된다.[80] 무엇보다 죄의 교리는 구원론과 불가분의 관계를 보인다. 죄의 종류와 심각성에 대한 이해에 따라 인간의 구원은 단지 부족함을 채우는 정도가 될 수도 있고 아니면 전적이고 근본적인 변화일 수도 있다.[81] 나아가 "교회 사역의 본질과 목적에 대한 견해에 대해 대부분 결정"하게 된다.[82] 만일 인간의 본성이 선하다면 교회 사역은 그들의 본성에 이미 내재되어 있는 선함을 이끌어 낼 수 있도록 위로와 격려 정도에 그치게 되지만, 인간이 죄된 본성을 가지고 있다면 교회의 사역은 복음 선포를 통해 회개와 그리스도의 영접과 중생을 이끄는데 중점이 주어질 것이다.[83]

### 2) 인죄론을 가르침에 있어 상황적 어려움

죄에 대한 이해와 해결은 이렇듯 성경적 신앙에 있어 근본적인 것임에도 불구하고 현대 세속적 문화는 물론 교회에서 조차 죄에 대해 취급하기가 더욱 어려워지고 있다. 이에 대해 에릭슨은, "죄론은 우리 인간이 본래적으로 죄인"임을 가르치기 때문에 사람들이 매우 부정적이고 반감적인 태도를 가지고 있다고 지적한다.[84] 더욱이 현대 사회는 전반적으로 "긍정적인 정신 자세"(positive mental attitude)를 강조하고 신앙처럼 신봉하여 죄에 대해 언급하는 것은 "불경이요 외설"처럼 취급 받기 때문이다.[85] 이뿐 아니라 프로이트 등의 심리학에 의해 죄책감이란 인간이 가져서는 안되는 "어떤 불합리한 감정"으로 받아들여지면서 사회문제들을 포함한 많은 죄의 결과들을 "인간의 죄성에 두기보다는 오히려 유해한 환경" 등 외부 조건에 책임을 돌리어 죄를 부정하는 생각들이 사회에 만연하여 있다.[86] 일부라고 하기엔 너무 많은 교회와 자유주의 신학자 등은 인간에 대한 근거 없는(최소한 성경적 근거 없

---

80) Ibid.
81) Ibid.
82) Ibid.
83) Ibid, 412.
84) 에릭슨, *인죄론*, 191.
85) Ibid., 191-2.
86) Ibid., 192.

는) 인간에 대한 지나친 긍정과 하나님의 사랑을 일방적으로 강조하고 그분의 거룩성과 공의성을 의도적으로 축소시키므로 죄의 문제를 더 이상 걱정할 필요 없는 문제로 해결해 버렸다. 심지어 유명한 일부 목회자들은 죄책을 갖는 것을 죄처럼 여기는 것이 아닐까 의아해한다. 하지만 성경은 분명 인간이 죄인임을 선포한다. 그리고 하나님께서 죄의 결과로 죽을 것을 선포하신 것과(창 2:17), "죄의 삯은 사망이요"(롬 6:23)에 근거하여 죄인은 사실상 죽어있는 인간으로 신학적 결론을 내릴 수 있다.

### 3) 죄의 근원

성경에 죄의 근원에 대해서는 분명하지 않지만 죄가 등장하는 첫 번째 사건은 분명히 기록하고 있다(창 3:1-7). 이 사건을 통한 죄의 근원은 아담이 하나님의 명령을 따르지 않고, 즉 하나님을 신뢰치 않고 또는 하나님을 의도적으로 필요해하지 않고, 자신이 하나님의 위치에 오르려는 선택을 한 것을 미루어 하나님에 대한 불순종 또는 하나님이 되려는 교만으로 볼 수 있다. 이것을 스트롱(Augustus H. Strong)에 의하면 하나님보다 자신을 더 사랑한 것으로 이해할 수 있다.[87] 물론 여기서 불순종과 교만이 죄라면 아담이 어떻게 그 태도와 행동을 하게 되었는지를 물을 수 있다. 이것에 대한 답으로 두 가지 가능성을 생각해 볼 수 있다. 우선 〈침례교 신앙과 메시지 2000〉에서 함의하고 있는 것은 인간 죄의 근원은 바로 하나님께서 인간에게 부여하신 선택의 자유였고 그 자유에 대한 잘못된 사용이었다. 혹자는 하나님께서 인간에게 자유의지를 주어 죄짓게 하였으므로 하나님이 결국 죄의 이유라고 비난하려고 하지만 선택의 자유는 인간이 인격 됨의 필수 조건이고 인간을 인격, 나아가 하나님의 형상으로 만드셨다는 것을 바로 이해한다면 가능하지 않은 비난이다. 인간을 하나님의 형상으로 지으시고 인격을 부여하신 자체는 전적으로 하나님의 선하심이 반영된 것이다. 어떤 경우라도 하나님이 죄를 만드시거나 그분의 행위가 죄를 필연적으로 발생하게 했다는 식

---

87) Augustus H. Strong, *Systematic Theology* (Westwood, N.J.: Reell, 1907), 567.

으로 그분께서 죄에 대한 근원적, 또는 최종적 책임자란 견해는 전혀 성경적이지 않다: "사람이 시험을 받을 때에 내가 하나님께 시험을 받는다 하지 말지니 하나님은 악에게 시험을 받지도 아니하시고 친히 아무도 시험하지 아니하시느니라"(약 1:13). 성경은 분명히 죄의 근원은 인간의 욕망에 따른 선택에 있음을 밝히고 있다: "오직 각 사람이 시험을 받는 것은 자기 욕심에 끌려 미혹됨이니 욕심이 잉태한즉 죄를 낳고 죄가 장성한즉 사망을 낳느니라"(14-15절).

그럼에도 불구하고 "역설적으로, 하나님의 형상으로 지음 받았다는 것은 인간에게 있어 타락의 전제이다. 오직 하나님의 형상들만이 죄를 질 수 있다. 오직 하나님으로부터 부르심을 받은 자만 하나님께 반대되는 행동을 할 수 있다. 오직 하나님과의 교제로 부르심을 입은 존재들만이 그 관계를 위반할 수 있다"라고 쉬외블(Christoph Schwöbel)은 말한다.[88] 그렇다면 불완전한 인간이 하나님의 형상과 그에 따라 부여된 인격 사이의 간극이 인간이 죄를 짓게 되는 원인이 되었을까? 이것을 어거스틴은 타락 전 아담이 "죄를 짓지 않을 수 있는 능력"(*posse non peccare*)과 "죄를 지을 수 있는 능력"(*posse peccare*)을 가지고 있다는 개념과 연결 지을 수 있을까? 종말적 성취 때 인간은 그리스도의 부활, 즉 영화된 상태에 따라 죄를 짓지 않는, 죄를 지을 수 있는 가능성이 없는 영원을 담을 수 있는 그릇으로 변화될 것이라는 점을 감안한다면 전혀 불가능한 신학적 추론은 아니어 보인다. 이런 의미에서 죄란 "하나님이 주시고 하나님을 반영하는 능력을 왜곡되게 사용하는 한 가지 방식이다."[89]

다른 가능성은 유혹이다. 창세기 3장 1-5절에 의거하여 〈침례교 신앙과 메시지 2000〉에서도 밝혔듯이 인간의 최초의 죄는 사탄의 유혹에 의해 촉발되었다. 개릿은 "유혹은 인간 죄에 대한 기회, 선동, 또는 유도를 의미한다"

---

88) Christoph Schwöbel, "Recovering Human Dignity" in *God and Human Dignity*, ed. R. Dendall Soulen and Linda Woodhead (Grand Rapids, Eerdmans, 2000), 51.
89) 후크마, *개혁주의 인간론*, 234.

고 정의했다.[90] 쉬외블은 사탄의 유혹, 즉 죄의 유혹은 "하나님의 명령에 대해 올바른 해석을 의심"하게 하므로 인간이 스스로 "주어진 자유를 남용"하여 그 자유를 하나님과의 관계에 의해 사용하지 않고 "인간에게 하나님이 원하시는 것과는 다른 미래에 대한 약속으로 그것은 더 이상 하나님 명령에 의해 제한 받지 않으려는 시도이다"라고 그의 해석을 제시한다.[91] 개릿도 아담과 하와가 뱀에게 유혹받는 상황을 세 가지로 분석하며, 첫 번째 유혹자의 말이 "하나님이 참으로 너희더러 동산 모든 나무의 실과를 먹지 말라 하시더냐"(창 3:1)로 시작하여, 4절에 "너희가 결코 죽지 아니하리라" 5절에서는 "… 하나님과 같이 되어 선악을 알 줄을 하나님이 아심이니라"고 하여 죄로 인도하고 있음을 주지한다.[92] 이러한 뱀의 유혹은 하와의 마음에 하나님의 말씀에 대한 올바른 해석을 의심하게 하였고, 그 마음에 뱀의 유혹을 자기 스스로의 유혹으로 만들었고(6절, "여자가 그 나무를 본즉 먹음직도 하고 보암직도 하고 지혜롭게 할 만큼 탐스럽기도 한 나무인지라"), 하나님의 말씀에 불순종하여 하나님께서 의도하신 미래와는 다른 스스로의 미래를 가짐을 선택하였다. 뱀의 유혹은 인간으로 하여금 "하나님의 형상을 하나님과 동등 됨으로 해석하게" 하였고, 선악과를 따 먹음으로 "인간이 스스로 가치 판단의 기준이" 되어 "하나님이 부여하신 것이 아닌 인간 스스로 자신에게 존엄을 부여"한 것이다.[93] 이렇게 인간은 하나님을 떠나 스스로 자율적 인간이 되고자 했을 때 오히려 전적으로 자유를 상실하여 죄의 노예가 되었다: "인간은 인간보다 더 낳은 존재가 되려는 시도에서 인간보다 못한 존재가 되었다."[94]

### 4) 죄의 용어들

에릭슨은 누구보다도 죄의 용어들에 대해 다음과 같이 성경에 나오는 죄

---

90) Garrett, *Systematic Theology*, 494.
91) Schwöbel, "Recovering Human Dignity," 52.
92) Garrett, *Systematic Theology*, 494-5.
93) Schwöbel, "Recovering Human Dignity," 52.
94) Ibid., 53.

의 용어들을 포괄적으로 정리한다: 첫째, 죄의 원인들을 강조하는 용어들로, "무지"(ignorance: 롬 1:13; 고후 6:9, 갈 1:22), "허물"(error: 창: 43:12; 삼상 26:21; 겔 34:6; 사 28:7; 시 119:67; 전 10:5; 레 4:2-3, 22-24, 27-28; 민 15:22-29; 막 13:5-6; 고전 6:9; 갈 6:7; 살후 2:9-12; 요일 3:7; 요이 7), "부주의"(inattention: 롬 5:19; 고후 10:6; 마 18:17; 막 5:36)를 언급했다.[95] 둘째, 죄의 특징들을 강조하는 용어들로, "탈선"(missing the mark: 신약에 거의 300번; 삿 20:0, 6; 잠 19:2; 고전 3:16-17), "불경건"(irreligion: 롬; 벧후; 유다서; 마 7:23; 13:41; 23:28; 24:12; 행 23:3; 고전 6:9; 골 3:25; 살후 2:8; 딤전 1:9; 벧후 2:8), "범과"(transgression: 구약에 약 600번; 롬 4:15; 5:14; 갈 2:18; 딤전 2:14; 약 2:9, 11), "불의"(iniquity) 혹은 "불성실함"(lack of integrity: 레 19:15; 겔 18:24), "거역함" 혹은 "불순종"(rebellion: 신 21:18; 시 78:8; 사 1:2, 20; 겔 2:3; 롬 1:30; 딤후 3:2; 히 3:18; 4:6; 11:31; 벧전 3:20), "배신"(treachery: 레 26:40; 민 5:12, 27; 수 7:1; 22:20; 겔 14:13; 15:8; 시 78:57; 렘 3:10; 말 2:11; 히 6:6), "사곡"(perversion: 시 79:1; 사 17:1; 21:3; 24:1; 렘 26:18; 미 1:6; 3:12), "가증함"(abomination: 신 7:25-26; 12:31; 17:1; 22:5; 레 18:22; 20: 13)을 나열하고 있다.[96] 또한 죄의 결과를 강조하는 용어들로, "요동함" 혹은 "불안정"(Agitation or Restlessness: 욥 3:17; 사 57:20-21), "해악" 혹은 "유해함"(Evil or Badness: 렘 42:6; 암 6:3; 신 30:15), "죄책"(Guilt: als 5:8; 마 5:21-22; 고전 11:27; 약 2:10), "고통"(Trouble: 호 4:15; 10:8; 잠 22:8)으로 정리한다.[97]

이러한 다양한 죄 중 다른 죄를 발생시킬 수 있는 더욱 근원적인 죄로서 7가지를 "일곱 가지 치명적인 죄"로 분류한 적이 교회 역사에서 있었다. 이 죄들은 "(1) 허영 또는 교만, (2) 탐욕 (3) 보통 지나치거나 불법적인 성적 욕구로 이해되는 욕정 (4) 질투 (5) 보통 술 취함을 포함한 폭식 (6) 분노 (7) 게으름"이다.[98]

---

95) 에릭슨, *인죄론*, 194-8.
96) Ibid., 198-211.
97) Ibid., 211-4.
98) 후크마, *개혁주의 인간론*, 244.

### 5) 죄의 보편성

이렇듯 죄의 용어들이 다양한 것과 마찬가지로 인간의 죄는 개인적으로 인간 전체에 보편적이며 인류 보편적임을 성경은 가르치고 있다. 이것을 신학적 용어로 "전적 타락"(Total Depravity)이라고 부른다. 이 의미는 인간이 죄를 더 이상 지을 수 없을 정도로 또는 회개의 가능성이 없을 정도로 죄가 만연했다는 것으로 이해되어선 안된다. 또한 모든 인류가 모든 면에서 동일하게 죄를 지었다는 의미도 아니다.[99] "전적 타락"이 의미하는 바는 인간 존재의 모든 측면들이, 인간의 본성, 영혼과 육체의 기능과 능력을 포함해, 죄에 의해 심대하게 영향을 받았고, 특히 인간 존대의 제일 중심이 부패하였다는 것이다.[100] 그렇기 때문에 "인간은 죄의 권세로부터 자신을 구원해 낼 능력이 전적으로 없을 뿐" 아니라 "하나님의 은혜에 의해 움직여지지 않는 이상 하나님을 기쁘시게 하거나 그분께" 올 수 있는 능력이 전적으로 없다는 것을 또한 의미한다.[101]

"전적 타락"이 개인적 차원에서 인간의 전 측면과 기능과 본성이 죄에 의해 심대하게 영향을 받았다는 것을 밝힌다면 인류의 차원에서도 신-인간이셨던 예수 그리스도 외에 모두가 죄인임을 성경은 밝힌다(창 6:5; 8:21; 사 53:6; 64:6; 렘 3:23; 14:4; 욥 15:14; 잠 2:9; 전 7:20; 시 14:3; 53:1-3; 눅 11:13; 롬 3:9, 22-23; 엡 2:3; 요일 1:8, 10; 5:19). 개릿은 죄의 인류적 보편성의 성경 외적 증거로서 인류에게 보편적인 죄의식과 죄의 용서를 위해 희생제물을 드리는 의식의 인류 보편성을 들고 있다.[102]

---

99) Garrett, *Systematic Theology*, 482.
100) Ibid., 482-83. 개릿은 이 진술을 하면서 카너(N. T. Conner, *The Gospel of Redemption*), 블로쉬(Donald G. Bloesch, *Essentials of Evangelical Theology*), 그리고 벌코프(Hendrikus Berkhof, *Systematic Theology*) 모두 기본적으로 동의하고 있음을 보여준다.
101) Garrett, *Systematic Theology*, 483. 여기서도 개릿은 카너와 블로쉬를 인용하여 정리하고 있다.
102) Ibid., 480.

### 6) 죄의 결과들

이러한 죄의 인류 보편성과 개인적 인간의 "전적 타락"은 모든 인간은 죄인이고 죄의 영향 아래에 있다는 것이다. 심각한 것은 성경은 이 죄에 대해서 심각한, 아니 끔찍한 결과가 반드시 있음을 확인하고 있다. 그 근본적 원인은 하나님께서는 거룩하시고 죄를 미워하시는 분이시기 때문이고, 따라서 죄는 하나님과 양립할 수 없기 때문이다. 또한 하나님의 인간에 대한 의도는 "거룩한 백성"(출 19:6; 엡 1:4; 벧전 2:9)이 되게 하고 "그리스도의 장성한 분량으로" 성장시키는 것인데(엡 4:13) 죄는 인간으로 하여금 이 하나님의 의도에서 벗어나게 하기 때문이다. 하나님과의 관계에 대한 인간의 자의적 거부함에서 시작하였기 때문에 죄는 우선 하나님과 인간의 관계부터 시작하여 인간과 인간, 그리고 인간과 자연 등의 모든 관계를 파괴시키는 작용을 한다. 이 관계 파괴는 인간으로 하여금 우선적으로 "죄의 노예"가 되게 하였고, "자기 기만"(self-deceit: 렘 17:9; 마 7:3)에 빠져 실제로 자기 스스로와의 관계가 파괴되게 하고, "무감각"(insensitivity: 롬 1:21; 딤전 4:2)한 인간이 되어 하나님의 말씀과 죄의 결과에 무감각해지며, "자기 중심적"(self-centeredness) 인간이 되어 모든 것을 자기 식으로만 생각하고 행동하며, 절대 채울 수 없는 욕망 때문에 "불안"(restlessness)에 빠지게 하였다.[103] 죄는 타인과의 관계에서 자기의 욕구를 양보하지 못해 무한한 "경쟁"(competition: 약 4:1-2)에 함몰되게 하고, 타인의 아픔과 필요에 무감각한 "무정함"(inability to empathize), 사회의 "권위를 거부"(rejection of authority)하는 사람이 되며, 다른 사람을 사랑할 수 없는 인간이 되게 한다.[104]

더욱 심각한 죄의 결과는 하나님과의 관계에 죄가 미치는 영향이다. 하나님께서는 죄인을 미워하시고 분노하신다(호 9:15; 렘 4:4; 10:24; 12:8; 시 5:5; 11:5; 삿 2:14).[105] 마찬가지로 악인도 하나님을 미워한다(출 20:5; 신 7:10).

---

103) 에릭슨, 인죄론, 277-82.
104) Ibid., 282-4.
105) Ibid., 256-61.

죄는 이 결과로 인간에게 교훈적, 예방적, 징계적, 그리고 응보적 차원에서 하나님의 형벌을 가져온다(신 6:12-15; 8:11, 19-20; 렘 7:12-14; 시 95:8-11; 107:10-16; 119:71; 히 12:6; 창 9:6; 사 1:24; 61:2; 63:4; 렘 46:10; 겔 25:14; 시 94:1; 신 32:35; 롬 12:19; 히 10:30).[106] 그러나 가장 심각한 죄의 결과는 사망이다. 이 사망은 단지 육체적 차원뿐 아니라 영적이고 영원한 사망을 망라하고 있다. 아담의 범죄로 말미암아 사망이 세상에 왔고 모든 사람은 죄를 지었으므로 모두는 사망에 이르게 된다(롬 5:12). 육체적 사망은 타락의 결과로 주어졌다(창 3:19). 그리고 모든 인간이 죄인이므로 사실상 아담의 범죄 후 사망은 모든 인류의 운명이 되었다(히 9:27). 그러나 창세기에 기술된 인류 최초의 범죄 사건을 보면 육체적 차원의 사망 전에 영적인 사망이 있었음을 알 수 있다. 그것은 하나님께 반역하므로 생명의 근원이신 하나님으로부터 단절의 결과이다. 이 영적인 사망에서 벗어나는 길을 하나님께서 마련해 주셨는데 생명을 주시는 예수 그리스도의 대속적 죽음을 받아들일 때 인간은 새 생명을 부여 받는 것이다. 이 새 생명은 현실적으로 육체적 죽음에서 벗어나게 하지는 않지만 새 생명으로 중생한 크리스천들은 모두 부활하여 영생을 받게 되므로 궁극적으로 육체적 죽음도 이기게 된다. 하지만 이 새 생명을 받지 못한 자는 영적인 죽음의 결과인 영원한 사망에 이르게 된다(마 25:41-46; 계 20:6, 13-14).

## III. 하나님의 형상 교리의 교회적 교훈과 적용들

### 1. 인간 존엄의 존중과 관계적 성격

하나님의 형상을 어떤 견해를 따라 이해하든지 극단적인 경우를 제외하고 하나님의 형상은 크리스천, 비크리스천을 망라한 모든 인간에게 보편적인 것으로 이해된다. 즉 인류의 조상인 아담이 그랬듯이 모든 인간은 하나님

---

106) Ibid., 265-70.

의 형상으로 창조된 것이다. 이와 연결하여 인간의 타락 후에도 인간에게 있어 하나님의 형상이 완전히 파괴되거나 상실되었다고 보지 않는다. 하나님의 형상은 죄의 결과로 심대하게 훼손되고 왜곡된 것이다. 그 정도에 대해선 이론의 여지가 있지만 침례교 신앙은 종교개혁의 전통에 함께하여 '형상'과 '모양'을 나누어서 '형상'은 타락 후에도 그대로 있고 후천적으로 부과된 하나님의 선물로서 '모양'을 상실했다고 주장하므로 인간의 자존성을 지나치게 높인 중세 전통과 천주교 신학을 따르지 않는다. 비록 심대하게 훼손되거나 부패되어 그 본래 기능을 엿보기도 어려울 정도라 할지라도 인간의 하나님의 형상 됨은 인간 존엄의 근거가 되고 모든 인간은 이 점에 있어 동일하다는 것을 주지해야만 한다. 즉 인간의 본질적 존엄에는 인종과 성별과 나이와 소유의 유무 등 어떤 조건에도 불구하고 차이가 없는 것이다. 이런 의미에서 하나님의 형상을 지나치게 인간의 이성, 또는 합리성에 두는 것은 문제가 된다. 자칫 이성 또는 합리성의 기능적 차이를 하나님의 형상의 차이 또는 등급으로 연결할 때 인간에게 본질적 우월의 차이가 있다고 주장할 근거로 사용되기 때문이다. 철학자가 농부보다 더 우월하거나 한 민족이 다른 민족보다 우월하다는 잘못된 주장이 나올 수 있다는 것이다. 또는 더욱 영적인 사람이 영적이지 못한 사람보다 우월하다고 주장하는 근거가 될 수 있다. 이 모든 차등을 나누는 것은 하나님의 형상에 대한 잘못된 적용이 된다.

만약 하나님의 형상을 실재론적이거나 구조적으로 보는 견해를 따른다면, 인간의 존엄이 하나님과 분리된 인간의 내재적 가치 또는 신성에 있다고 여기는 오류를 주의해야 한다. 즉 인간이 자존하고 자율적인 자유의 존재로 여기는 것이 인간 존엄의 근거로 삼는 개인적 자유주의를 받아들여서도 안 될 것이다. 인간 존엄은 하나님께서 인간과 맺으시는 특별하고 주도하시는 관계성에 근거하고 있다. 캔달 쏘울른과 린다 우드해드(R. Kendal Soulen and Linda Woodhead)는 존엄의 개념을 여러 교부들을 통해 조사하고 크리스천에게 있어 이 개념은 인간 자체의 소유가 아닌 하나님께서 부여하신 것으로 창조주로서, 구속자로서 거룩하게 하시는 그 분과의 관계를 떠나서는 향유될 수 없다고 결론짓는다.[107] 또한 이레네우스의 입을 빌려 인간 존엄의 교회론적 성격을 밝힌다. 즉 인간 존엄의 절대적 배경은 신자들의 모임인 교회인 것이다.[108] 막시무스는 크리스천들이 교회 안에서 그리스도를 닮아가기 때문에 교회는 "거시적 인간"(macro-anthropos)이라고 주장했다.[109] 이렇듯 존엄은 철저히 관계적인 개념인 것이다. 하나님의 형상에 대한 관계적 견해는 위에 진술한 신학적 약점들이 있지만 인간 존엄에 대한 이해를 무척 풍성하게 한다.

존엄의 관계성은 비단 하나님과의 관계에서만이 아니라 인간과의 관계에서도 마찬가지이다. 론 하이필드(Ron Highfield)는 이 점에 대해 훌륭한 논의를 제공한다. 존엄은 인간 가치의 척도로 관계적인 어휘가 되는 이유는 어떤 것이 가치가 있는 것은 다른 사람에게도 가치가 있기 때문인 것이다. 그 가치는 수단일 때보다 목적일 때 더욱 높게 되고 가장 그 가치를 목적 삼는다는 것은 그것을 사랑하는 것이다. 그러므로 "다른 사람에게 부여할 수 있는 최고의 존엄은 사랑이다."[110] 하지만 인간의 사랑은 영속성과 신뢰성과 보편성의 결여로 진정한 인간 존엄은 오직 "불변하고, 보편적이며, 관계적인 토대"로서 "인간에 대한 하나님의 사랑이다."[111] 하나님의 존재로서 삼위일체는 하나님께서 존재적으로 관계성이시고 사랑이시며, 서로에 대해 영원한 사랑을 하심으로 서로에게 영원한 존엄을 부여하신다는 사실을 알려준다. 이 하나님의 존엄은 바로 인간의 존엄의 토대가 되며, 하나님께서 인간을 사랑하심은 인간에게 내재된 어떤 조건이나 존엄이 있어서가 아니라 오히려 하나님께서 먼저 사랑하시므로(요일 4:10) 인간에게 존엄을 부여하신다. 이

---

107) R. Kendall Soulen and Linda Woodhead, "Contextualizing Human Dignity," in *God and Human Dignity*, ed. R. Dendall Soulen and Linda Woodhead (Grand Rapids, Eerdmans, 2000), 3-8.
108) Ibid., 7.
109) Ibid., 8.
110) Ron Highfield, "Beyond the 'Image of God' Conundrum: A Relational View of Human Dignity," *Christian Studies Journal*, no. 24: 2010, 28.
111) Ibid., 28-29.

것이 바로 "사랑받음의 존엄"(the dignity of belovedness)이다.[112] 그렇다면 인간 존엄의 소재는 인간 안에 있는 것이 아니라 하나님과의 관계에 위치하게 된다. 인간 존엄이 만약 인간에게 있다면 모든 인간의 소유와 젊음처럼 그것은 곧 사라지고 때로는 빼앗겨 영속성과 보편성이 없게 된다. 오직 하나님의 영원하심, 신실하심, 변치 않으심, 사랑하심이 인간 존엄의 영속적이고 보편적인 토대를 마련한다. 그래서 인간 존엄은 권리가 아니라 선물인 것이다.[113]

이렇듯 하나님께 사랑받은 것이 인간의 존엄의 근거라면 인간은 서로에 대한 존엄 존중의 의무가 지워진다. 비록 하나님의 형상에 대한 관계적 견해에 문제점이 있지만 최소한 그 형상의 의미를 하나님과의 관계에서 찾아야 하는 것은 부인할 수 없는 필수적 요소이다. 그렇다면 하나님의 형상은 또한 인간 존엄의 근거가 된다. 하나님의 형상의 개념은 모든 인간을 존엄한 대상으로 보아야 함을 가르친다. 인간이 하나님의 형상으로 지음을 받았고 그 사실이 모든 인간에게 적용된다면, 그것이 얼마나 훼손되었는가에 상관없이, 모든 인간은 존엄함이 있다고 여겨야만 한다. 즉, 인간은 본질적 존엄함이 있고, 그 존엄함은 어떤 경우에도 존중받아야 하고 위반되어서는 안 된다. 나아가 모든 인간은 이 존엄함에 근거하여 타인과 관계를 맺어야 할 것이다. 하나님께서 인간만을 그분을 반영시키는 존재로, 그분께 응답하는 존재로, 그분을 대표하는 존재로, 나아가 그분께서 교제하기를 기뻐하시는 존재로 만드셨다는 사실은 인간이 수단이 아니라 목적이 되어야 함을 보장한다. 하나님께서 인간을 목적으로 삼아주셨기 때문이다. 이 글 처음에 기술한 바와 같이 하나님께서 인간을 주제로 삼아주셨고 그것이 하나님의 계시의 주된 내용이 된다. 주님께서 율법사의 질문에 답하신 가장 큰 계명 또는 율법의 요약으로서 하나님의 뜻은 하나님을 "마음을 다하고 목숨을 다하고 뜻을 다

---

112) Ibid., 29.
113) Fraser Watts, "Human Dignity: Concept and Experience," in in *God and Human Dignity*, ed. R. Dendall Soulen and Linda Woodhead (Grand Rapids, Eerdmans, 2000), 254-59.

하여" 사랑하고 "네 이웃을 네 몸과 같이 사랑하라"라는 것이었다(마 22:37-40). 여기서 하나님과 인간이 바로 사랑의 대상임을 주님께서 말씀하신다. 물론 이 문장이 하나님과 사람만이 사랑의 대상으로 주님께서 제한하셨다고 주장하기는 무리가 있지만 성경 전체를 통해 다른 사랑의 대상이 주어지지 않았음을 주지한다면 충분히 가능한 해석이다. 그렇다면 다른 모든 것은, 예를 들어 물질, 시간, 인간의 기능 등, 하나님과 이웃을 사랑하기 위한 수단으로 주어졌고, 사용되어야 한다는 것이다.

십계명에 의하면 피조물의 어떤 것으로도 하나님의 형상을 만들면 안 된다(출 2:4-5; 신 4:15-24). 그런데 인간은 하나님의 형상으로 지음을 받았다. 거기다가 하나님의 은혜와 사랑으로 인간은 존엄을 부여받았을 뿐 아니라 하나님을 지상에서 대표하고 반영하는 의무를 가진 존재가 되었다. 이는 인간의 놀라운 특권이면서도 자기 우상화의 함정이 될 수 있다. 흡사 하나님께 부여받은 인간의 선택의 자유는 특권이었으나 그것을 잘못 사용하였을 때 죄가 되었던 것처럼, 인간의 존엄도 하나님과 지속적인 관계에서 찾지 않고 인간 자신에게서 찾을 때 인간은 자기 우상화에 빠지게 되는 것이다. 실제로 아담은 하나님과 관계없이 존엄하려 했고, 그 결과 하나님을 상실하여 존엄 또한 상실하게 되었다(창 3장). 하나님의 형상이 상실 또는 심대하게 훼손되었고 그 결과의 끔찍함은 하나님과의 분리, 곧 죽음이었다. 인간은 자신의 부여된 선택의 자유, 즉 존엄을 사용하여 하나님을 떠났지만 하나님은 인간을 떠나지 않으셨다. 하나님은 인간을 포기치 않으시고 독생자 예수 그리스도를 통해 화해의 길을 여시고 관계를 회복시키시길 원하셨다(요 3:16; 고후 5:18; 엡 2:16; 골 1:20; 히 2:17).

즉 인간은 오직 예수 그리스도를 통해 하나님과 화해하여 하나님의 바로 그 형상이신 그리스도를 닮아가는 신앙 생활을 통해서만 형상의 회복이 가능한 것이다. 이런 의미에서 형상의 회복은 하나님과의 관계의 회복이고 그 회복은 인간과 인간 사이의 관계에서 점진적으로 일어난다. 즉, 회복은 교회라는 하나님의 형상을 반영하는 목적을 가진 공동체 안에서 일어난다. 예수 그리스도 안에서 나타나는 하나님의 사랑을 반영하여 그분의 형상을 인간들 안에서 회복시키므로 인간의 존엄을 회복시키는 것은 교회에게 주어진 본질적이고도 고유한 사역이다. 이 사역을 통해 교회는 인간 존엄이 무엇이며 어떻게 성취되고 지지될 수 있는지를 보여주는 일차적이자 원형적 공동체가 되어야만 한다.

### 2. 인간 존엄의 적으로서 조작(Manipulation)

조작 또는 조정으로 번역되는 이 단어는 원래 자연이나 동물을 대상으로 시도되어 인위적 진보 또는 진화를 이루려는 노력이었지만 이것이 인간관계에 적용될 때 자기 이익을 위해 타인의 감정, 사상, 관점, 이해 등을 조작하여 자신에게 유리한 상황을 추구하는 의미를 가진다. 이러한 목적을 위해 조작은 주로 타인의 취약점, 욕심, 무지, 상황 등을 자기의 개인적 이익을 위해 이용하는데 대부분의 경우 진실의 부분만을 보여주거나 거짓을 사용한다. 이런 의미에서 정도 차이는 있지만 대부분의 광고나 선전은 조작의 범주에 들어갈 수 있다. 이렇듯 조작은 자기의 목적을 위해 상대방을 이용하는 것이므로 인간의 고유한 선택의 자유를 빼앗는 결과를 초래할 뿐 아니라, 많은 경우 그 빼앗는 행위를 인간에 대한 관심으로 위장하므로 인간 존엄에 대한 가장 심각한 위반을 초래한다.[114] 인간 존엄을 존중하지 않을 때 결국 인간을 대상화하여 사물로 취급하게 된다. 이 조작이 가장 빈번하고 영향력 있게 행해지는 곳은 대중 매체(mass media)이다.[115] 대중 매체는 인간의 권력과 소유와 누림의 탐욕을 정당화하고 심지어 부추기며, 그 선택과 결정에 가장 큰 영향을 발휘하므로 가장 지속적이고 강하게 조작을 행한다. 하지만 대중 매체만이 아니라 교육과 종교 또한 조작의 도구가 될 수 있다.

이 현실에는 교회도 예외가 아니다. 교회가 조작과 조작의 구조를 가질 때

---

114) Heinz O. Luthe, "What is Manipulation?" in *The Manipulated Man*, ed. Franz Bockle (New York: Herder and Herder, 1971), 12-8.
115) Thomas M. Garret, "Manipulation and Mass Media" in *The Manipulated Man*, ed. Franz Bockle (New York: Herder and Herder, 1971), 55-8.

권력과 탐욕의 도구가 될 수 있다. 그렇게 될 때 교회는 인간 존엄을 존중하지 않고 오히려 위반하므로 하나님의 형상 회복에 결정적 실패를 초래하게 된다. 교회는 하나님의 형상에 대한 바른 이해와 하나님께서 예수 그리스도를 통해 이루신 화해의 목적과 대가를 권념하여 스스로 조작의 유혹에서 자유로워지고 교육과 목회를 통해 교인들로 하여금 조작의 심각한 유혹과 폐해로부터 벗어날 수 있게 해야 할 것이다.

즉, 교회는 하나님을 본받아 인간을 목적화하여 사랑하고, 인간의 인격을 존중하고, 하나님과 타인과의 관계의 중요성을 가르치고 실행하여 인간 존엄을 세워서 하나님의 형상의 참된 의미를 보여주는 장소이자 주체가 되어야 할 것이다. 이런 의미에서 교회는 세상에게 소망을 제시하게 된다. 하지만 조작을 벗어나는 것은 매우 어렵다. 대부분의 경제생활과 일부의 교육 방법, 그리고 무엇보다 대중 매체는 조작의 구조를 가졌을 뿐 아니라 조작이 주된 방법이 되기 때문이다. 더욱이 조작은 적자생존을 그 원리로 삼는 진화론적 근거를 가졌기 때문에 크리스천을 포함해 현대인에게 매우 익숙하고 편리한 삶의 방식이 되었기 때문이다. 목회자는 교회성장 등 선한 목적을 위해 동기부여하고 교인들을 동원할 때 가장 손쉬운 방법인 조작을 선택할 수 있다. 설교가 하나님 말씀 자체가 목적이 되어 그 말씀을 해석하는데 최선의 노력과 그 본래 의미를 바로 전달하려는 노력이 우선되지 않을 때 조작에 물들 수 있다. 부모가 자녀를 남편이 아내를 한 사람이 다른 사람을 사랑한다는 이유로 상대방의 존엄과 인격을 충분히 존중하지 않고, 심지어 빼앗을 때 그 관계는 조작의 관계에서 벗어날 수 없다. 이렇듯 조작은 매우 벗어나기 힘든 것이지만 오직 모두 인간은 자신의 피조물성을 가지고 하나님의 은혜 앞에 서서 그분께서 우리에게 어떻게 관계하시는지, 특히 구속사와 그 최고의 형태인 예수 그리스도의 삶과 십자가와 죽음을 통해 보여주신 것이 무엇인지를 깊이 묵상하고 따를 때 비로소 조작의 사슬을 벗어날 수 있는 능력을 얻게 된다.

### 3. 하나님의 바로 그 형상이신 예수 그리스도

인간이 하나님의 형상으로 지음 받았으나 최초의 인간인 아담과 하와의 범죄 후 그 형상은 심대하게 모든 측면에서 훼손되거나 왜곡되었다. 이 이유로 일반적으로 인간은 하나님의 형상이 무엇인지 체험적으로 알 수 없을 뿐 아니라 성경의 계시에 대한 이해도 제한적일 수밖에 없다. 그렇기 때문에 "보이지 아니하시는 하나님의 형상"이신 예수 그리스도께서 하나님의 형상이 무엇인지, 어떤 의미인지, 어떤 목적을 가졌는지, 어떻게 회복을 할 수 있는지에 대한 단초이자 기준이 되신다. 즉, 예수 그리스도께서는 실제로 하나님의 형상이 어떤 의미인지를 보여주신 분이시다. 그분의 삶 속에는 하나님의 사랑과 은혜가 충만하게 표현되었다.

비록 인간의 형상을 입어 다른 모든 인간들과 같은 본성을 지니고 계셨지만, 한 번도 성령님의 인도를 받지 않는 순간이 없으셨으며, 한 번도 하나님을 선택하는데 실패하지 않으셨고, 한 번도 사랑의 동기를 벗어나신 적이 없으시기에 하나님의 바로 그 형상이신 것이다. 즉 예수 그리스도께서는 철저히 피조물성을 가지시고 하나님께 모든 측면에 의존하시므로 겸손하셨고, 모든 사람들을 하나님의 형상을 가진 인격체로, 특히 세상에서 비난하고 멸시하던 계층의 사람들까지, 인정하고 사랑하셨다. 그분은 그들의 존엄을 언제나 존중하여 그들을 소유하거나 이용치 않으시고 오직 사랑하시고 섬기시고 종내에는 생명을 주시기까지 사랑하셨다(눅 19:10; 막 10:45; 요 15:13).

그분은 하나님의 말씀을 그대로 전할 뿐 아니라, 즉 하나님 말씀을 부분적으로 전하시지 않고 복음의 초청만이 아니라 회개의 촉구와 징벌의 경고까지 있는 그대로 전하시고, 하나님의 방식으로만 사랑하시고 사역을 하심으로 진실성과 신실성을 보여 조작을 하지 않으셨다. 그분의 삶은 전적으로 하나님을 위해 사시고(요 4:34; 마 26:39), 그렇기 때문에 전적으로 인간을 위해 사셨다. 이 분을 바라보고, 배우고, 따르고, 사랑함으로 목적 삼을 때 비로소 인간은 하나님의 형상을 회복하고, 인간 존엄과 가치를 회복하고, 인간의 참된 목적과 자유와 행복을 누릴 수 있게 된다는 것이 성경의 진리이다. 오직 그분 만이 인간의 유한성과 허무성과 무가치성과 잔인하고 무정함과 관계의 파괴에 따른 소외의 비참함으로부터 구하실 수 있는 세상의 소망이시다.

■ 참고문헌

1. 국내서적

최홍석. 「개혁주의 인간론」. 서울: 개혁주의신행협회, 2005.

2. 번역서

Bavinck, Herman. 「개혁교의학2」 박태현 역. 서울: 부흥과 개혁사, 2011.

Erickson, Millard J. *Christian Theology*, unabridged one-vol. ed. Grand Rapids: Baker, 1996. 번역본은 「인죄론」 나용화, 박성민 공역. 서울: 기독교문서선교회, 1993.

Hoekema, Anthony A. *Created in God's Image*. Grand Rapids: Eerdmans, 1986) 번역본은 「개혁주의 인간론」, 이용중 역. 서울: 부흥과 개혁사, 2012.

Zizioulas, John D. *Being as Communion*, , 「친교로서의 존재」 이세형, 정애성 역. 춘천: 삼원서원, 2012.

3. 외국서적

Barth, Karl. *Church Dogmatics*. Edinburgh: T. & T. Clark, 1958.

Berkouwer, Garrit C. *Man: The Image of God*, trans. Dirk W. Jellema. Grand Rapids: Eerdmans, 1962.

Brown, Francis, Driver, S. R. and Briggs, Charles A. *The Brown-Driver-Briggs Hebrew and English Lexicon of the Old Testament*, 3rd printing. Peabody: Hendrickson, 1997.

Brunner, Emil. *Man in Revolt: A Christian Anthropology*, trans. Olive Wyon. Philadelphia: Westminster Press, 1947.

_____. *The Christian Doctrine of Creation and Redemption*, trans. Olive Wyon. Philadelphia: Westminster, 1953.

Campbell, Iain D. *The Doctrine of Sin*. Ross-Shire, Great Britain: Christian Focus

Publications, 1999.

Fortman, Edmund J. *The Triune God: A Historical Study of the Doctrine of the Trinity.* Eugene, OR: Wipf and Stock Publishers, 1999.

Garrett, James L. Jr. *Systematic Theology: Biblical, Historical, & Evangelical,* vol. 1. Grand Rapids: Eerdmans, 1990.

Garret, Thomas M. "Manipulation and Mass Media" in *The Manipulated Man,* ed. Franz Bockle. New York: Herder and Herder, 1971.

Grenz, Stanley J. *Theology for the Community of God.* Grand Rapids: Broadman & Holman, 2000.

Hammett, John S. "Human Nature" in *A Theology for the Church,* ed. Daniel L. Akins. Nashville: B & H Publishing, 2007.

Highfield, Ron. "Beyond the 'Image of God' Conundrum: A Relational View of Human Dignity," *Christian Studies Journal,* no. 24: 2010.

Kelley, Charles S. Jr., Land, Richard, & Mohler, R. Albert Jr. *The Baptist Faith & Message.* Nashville, TN: LifeWay Press, 2007.

Luthe, Heinz O., "What is Manipulation?" in *The Manipulated Man,* ed. Franz Bockle. New York: Herder and Herder, 1971.

Moody, Dale. *The Word of Truth.* Grand Rapids: W. B. Eerdmans, 1981.

Moreland, J. P. and Ciocchi ed., David M. *Christian Perspective on Being Human: A Multidisciplinary Approach to Integration.* Grand Rapids: Baker Books, 1993.

Norman, R. Stanton. "Human Sinfulness," in A *Theology for the Church,* ed. Daniel L. Akins. Nashville: B & H Publishing, 2007.

Roberts, Alexander and Donaldson, James. Ed. "Against Heresies" in *Ante-Nicene Fathers,* vol. 1. Grand Rapids: Eerdmans, 1953.

Schwarz, Hans. *Our Cosmic Journey: Christian Anthropology in the Light of Current*

*Trends in the Sciences, Philosophy and Theology.* Minneapolis: Augsburg Publishing House, 1977.

Schwöbel, Christoph. "Recovering Human Dignity" in in *God and Human Dignity,* ed. R. Dendall Soulen and Linda Woodhead. Grand Rapids, Eerdmans, 2000.

Schults, F. LeRon. *Reforming Theological Anthropology: After the Philosophical Turn to Relationality.* Grand Rapids: W. B. Eerdmans, 2003.

Soulen, R. Kendall and Woodhead, Linda. "Contextualizing Human Dignity" in *God and Human Dignity,* ed. R. Dendall Soulen and Linda Woodhead. Grand Rapids, Eerdmans, 2000.

Strong, Augustus H. *Systematic Theology.* Westwood, N.J.: Reell, 1907.

Theissen, Henry C. *Lectures in Systematic Theology,* rev. by Vernon D. Doerksen. Grand Rapids: Eerdmans, 1979.

Verduin, Leonard. *Somewhat Less Than God.* Grand Rapids: Eerdmans, 1970.

Wallace, Ronald S. *Calvin's Doctrine of the Christian Life.* Grand Rapids: Eerdmans, 1961.

Watts, Fraser. "Human Dignity: Concept and Experience," in in *God and Human Dignity,* ed. R. Dendall Soulen and Linda Woodhead. Grand Rapids, Eerdmans, 2000.

# 5장
# 기독론

# BAPTIST SYSTEMATIC THEOLOGY

# 5장. 기독론

조용수

예수 그리스도는 삼위일체 하나님을 아는 유일한 방법이며 하나님의 생명의 집으로 들어가는 출입구이다. 하나님을 아는 것은 그리스도 예수에 대한 믿음으로 돌아오는 것이기 때문이다(요 5:39-40, 46; 14:9). 예수 그리스도의 정체성에 대한 질문을 받았을 때 베드로가 그리스도 예수가 주이며 하나님의 아들이라(마 16:16) 고백한 것은 하나님의 계시가 그리스도 예수의 인격과 삶에서 최고점에 도달한다는 말과 같다. 율법과 선지자로 대표되는 구약의 계시는 그리스도 안에서 온전하고 최종적인 계시가 된다(히 1:1-2). 따라서 기독론은 그리스도와의 인격적 만남이며[1] 신학적 활동은 반드시 기독론이라는 문을 통과해야만 기독교적인 것이 된다. 예수 그리스도는 신앙이 서거나 넘어지는 지점이며 삼위일체 하나님에 대한 고백은 언제나 주 예수 그리스도에 대한 고백으로 시작할 수밖에 없다.[2]

---

[1] 밀라드 J. 에릭슨, *기독교신학 시리즈 4권: 기독론*, 홍찬혁 역 (서울: 기독교문서선교회, 1991), 21; 스탠리 그렌즈, *조직신학: 하나님의 공동체를 위한 신학*, 신옥수 역 (서울: 크리스챤다이제스트, 2003), 367.

[2] 헤르만 바빙크는 다음과 같이 말한다. "기독론이란 출발점이 아니라 교의학 전체의 중심점이다. 다른 모든 교의(교리)는 이 교리를 위하거나 혹은 이 교리로부터 추론해 낸 것이다. 교의학의 중심으로서 이 교리 안에 기독교의 종교/윤리적 삶의 전체가 박동한다. 이는 경건의 신비이다(딤후 3:16). 이로부터 모든 기독론은 나아가는 것이다." ("The doctrine of Christ is not the starting point, but it certainly is the central point of the whole system of dogmatics. All other dogmas either prepare for it or are inferred from it. In it, as the heart of dogmatics, pulses the whole of the religious-ethical life of Christianity. It is the mystery of godliness?(1 Tim. 3:16). From this mystery all Christology has to proceed.") Herman Bavinck, *Reformed Dogmatics*, trans. John Vriend, Vol. 3 (Grand

# Ⅰ. 연구 방법

## 1. 확신과 전제

기독론의 교리를 다룰 때 흔히 인격과 사역으로 나누는 방식을 사용한다. 그러나 이것은 방법상의 구분일 뿐, 그리스도의 인격과 사역은 언제나 하나로 결합되어 있다. 인격은 사역 속에서, 사역은 인격의 이해 속에서 알려진다. 즉 정체성과 역사가 연합되었다. 그리스도의 계시는 성육신의 전 기간에 걸쳐 계속되었고 장차 영광스런 재림의 순간에 완성될 것이다. 하나님의 아들은 역사의 한 시점에 출생했고 동시대의 사람들과 함께 살았으며, 고난과 죽음을 경험했으며, 또한 부활하여 다시 오실 약속과 함께 승천했다. 그리스도 예수는 역사의 두루마리 안에서 참 모습을 드러낸다.

기독론의 임무는 두 가지 중요한 방향과 양식을 갖는데, 두 가지 방향이란 하나님과 사람에 대한 것이며, 두 가지 양식이란 정체성(identity)과 대표성(representation)이다. 먼저, 예수 그리스도는 하나님과 동일시되는 분이며(정체성) 또한 사람들에게 하나님을 대표하는 분이 된다(대표성). 예수 그리스도가 사람을 향할 때, 그는 사람과 동일시되는 분이며(정체성) 하나님께 사람을 대표하는 분이 된다(대표성). 이런 두 방향성과 두 양식을 함께 고려하는 것이 기독론의 기본적 임무가 된다.

성경은 인격과 사역의 상호성을 두 가지 방식으로 보여준다. 하나는 공관복음의 주된 관점으로 "귀납적 기독론"(Inductive Christology)이며 다른 하나는 요한복음의 관점인 연역적 기독론(deductive Christology)이다.[3] 전자의 방

---

Rapids: Baker, 2006), 274.
3) 이 용어는 데이비드 웰스(David F. Wells)의 함축적 기독론(implicit Christology)과 명시적 기독론(explicit Christology)의 구별을 다른 용어로 전환한 것이다. 데이비드 웰스는 이렇게 말한다. "예수님은 하나님 나라를 도입하심으로써(시작하심으로써, inauguration) 자신의 삶의 의미를 해석하시고, 그의 정체를 드러내셨다. 그러나 이 계시는 주로 함축된(implicit) 것인데, 이는 그가 말씀하시는 것보다는 그가 하시는 것에 나타나 있기 때문이다." 물론, 웰스에 의하면 공관복음도 명시적 기독론과 함축적 기독론을 모두 포함한다고 이해한다. 데이비드 웰스, *기독론: 그리스도는 누구신가*, 이승구 역 (서울: 부

식은 동정녀 출생 혹은 요한에게 침례를 받는 장면에 대한 해설로부터, 후자는 말씀인 하나님의 성육 사건으로부터 출발한다는 진술 방식의 차이를 보여준다. 물론 이 차이점이 결코 성경 내의 두 가지 다른 기독론, 즉 소위 아래로부터의 기독론(Christology from below)으로 명명되는 전자의 방식과, 위로부터의 기독론(Christlogy from above)이라는 후자의 방식을 대표하지 않는다는 점이다. 19-20세기를 거치면서 등장한 신앙의 그리스도(Christ in faith)와 역사적 예수(historical Jesus), 또는 의미로서의 역사(geschichte)와 사실로서의 역사(historie)의 첨예한 분리 방식은 성경의 방식과 표면상으로만 비슷할 뿐이다.[4] 소수의 학자를 제외하고 아래로부터의 기독론은 자유주의와 예수 세미나의 예수론(Jesusology)으로, 위로부터의 기독론도 바람직하지 않은 방식으로 발전하는 경우가 있었다.

혹자는 공관복음과 요한복음의 간격을 최대한 넓힌다. 공관복음은 하나님의 아들로서 성자 예수에 대한 아무런 확신 없이 단지 한 사람을 드러내거나 삶의 정황에 따라 제시된 다층적인 예수상을 갖고 있으며 요한복음은 영지주의나 신화적인 것으로 치부해버린다. 이들은 누가복음 1장 1-3절을 증거로 제시하면서 다양한 예수상이 전개된 것으로 여긴다. 그러나 누가복음 1장 4절의 진술과 동일 저자의 사도행전, 그리고 마가복음 1장 1절 "하나님의 아들 예수 그리스도 복음의 시작이라"는 진술이 공관복음에 전제된다는 사실은 요한복음처럼(1장) 공관복음이 동일한 고백적 전제를 배경으로 한다는 사

---

홍과 개혁사, 2015), 78.
[4] "요한복음의 서두(1-12)가 그리스도의 선재하심으로부터 성육하는 방식으로 시작한 것과 공관복음이 출생이나 공적사역으로부터 시작하는 것은 외적으로는 위로부터의 기독론과 아래로부터의 기독론이라는 방법적인 구별에 불과하다. 두 방법론은 그리스도 예수가 구약에 약속된 하나님의 아들이며 부활하신 메시야라는 확신에 기초한다. 아래로부터의 방법론을 채택한 자유주의적 기독론의 문제는 방법론이 아니라 전제에 달려 있다. 만일 아래로부터의 방법론이 성경의 역사적 진술을 그대로 받아들이면서 연구한다면 부활사건을 두고 심각한 고민을 했어야 하는데 대개는 성경 진술 자체의 역사성에 대해 회의하거나 부인하는 방향으로 나아간다. 방법론의 채택 여부와 상관없이 그리스도 예수에 대한 초대교회의 확신을 부인하고서는 올바른 연구를 진행할 수 없다. 성경의 역사성을 부인하는 시도는 자료의 빈약함에 시달릴 뿐이다."

실을 무시하는 셈이다.[5]

공관복음서와 요한복음의 상관성에 대해 차이점과 공통점에 대해서 과장해서는 안되지만 무시해서도 안된다. 공관복음은 예수 그리스도가 하나님의 아들이며 이스라엘의 메시야임을 이야기 방식으로 드러낸다. 즉 독자들은 복음서 저자의 안내를 따라 예수의 출생부터 공생애 사역, 죽음과 부활, 승천과 재림의 약속을 통해 그리스도 예수가 하나님의 아들임을 확인하는 방식을 취한다.[6] 따라서 예수 그리스도가 하나님의 아들 됨은 이방인의 입술을 통해 고백되는(막 15:39) 귀납적 방식으로 서술된다. 공관복음서의 기독론은 주로 함축적(implicit)이나, 요한복음의 기독론은 분명한 기독론(explicit Christoloy)으로 규정할 수 있다. 요한복음은 로고스인 하나님이 사람이 되어 하나님을 아버지로 자신을 아들로 스스로 계시하는 아들 중심의 내러티브를 취하며 기록의 진실성을 선포하고 독자가 믿도록 요구하는 연역적 방법을 사용한다(21:31).

공관복음과 요한복음은 동일한 확신과 고백을 기초로 삼는다.[7] 비록 공관복음조차도 실록(chronology)과 같은 엄격한 순차적인 진술 방식을 채택하고 있지 않으나 공관복음서는 일반적으로 성육신의 역사에 기초하여 진술한다. 따라서 이 둘의 차이는 진술 방법론에 따른 것이며 넓은 측면에서는 서로를 보완한 것이다. 초대교회는 예수 그리스도가 하나님의 아들 됨을 추상적인 철학적/사상적 진술로부터 도출하지 않고 역사 속에 온 메시야로서의 정체성을 도출해내었다.[8] 예수 그리스도가 하나님이며 사람이라는 믿음은 역

---

5) "의심할 여지 없이, 마가는 그리스도의 신성이 그의 이야기 전개에 따라서 점차적으로 부상되도록 쓰지 않고 있다. 마가는 독자들이 예수님을 처음 대할 때부터 예수님이 위로부터 오신 분이심을 의심하지 않도록 만들고 있다." 도날드 맥클라우드, *그리스도의 인격*, 김재성 역 (서울: 한국기독교학생회 출판부, 2001), 25.
6) 그러므로 누가복음은 그리스도 예수에 대한 확신을 갖고 예수의 역사에 대해 조사한 후에 다시 진술하는 방식을 택했다. 참고. 헨드리쿠스 베르코프, *교의학 개론*, 신경수역 (서울: 크리스챤다이제스트, 2008), 441-462.
7) 바빙크, *개혁교의학 3*, 328-333.
8) 데이비드 웰스는 이렇게 말한다. "예수님은 하나님 나라를 도입하심으로써(시작하심

사 속에 실제한 하나님의 아들에 대한 역사적 고백인 것이다. 즉 성경 기록은 역사적 인물의 역사성에 대한 신앙고백의 배경에서 기록된 것이며 이 배경을 부인하거나 이 배경을 넘어가는 연구방법은 거부되어야 한다. 리차드 노리스(Richard A. Norris)가 잘 쓰고 있듯이 기독론(Christology)이란 예수라는 한 대상에 대한 중립적인 연구가 아니라 그리스도 예수가 약속된 메시야이며 하나님의 아들이란 사실을 전제로 하는 것이며 신인(God-Man)이신 예수 그리스도에 부합하는 "위상"을 그리려 하는 것이다.[9] 기독론이란 하나님의 계시로 인한 지식의 관점에서 그리스도 예수의 역사적 계시를 탐구하는 학문이다.

고대인들의 역사 의식에 대한 현대의 오해와 오만함도 지적되어야 한다. 불트만은 고대인이 역사에 대한 신화적 이해를 갖고 있어서 사실이라는 알맹이를 있는 그대로, 혹은 현대의 과학적 진술로 인식하는 구조가 없어서 신화로 묘사했다고 이해한다. 즉 그리스도의 기적은 신화적인 언어이며 이는 사실을 이해하는 데에 있어서 껍데기에 불과하며 참 메시지는 알맹이와 같아서 그러한 신화를 제거해야만 드러난다고 이해한다. 불트만은 계몽주의 한계를 극복하는 변증적 방식을 취했으나 실제로 그는 계몽주의 과학의 기본 전제를 절대적인 것으로 받아들였다. 따라서 신화적이지 않은 역사적 그리스도는 물 위를 걸은 적이 없으며 다만 초대교회가 그리스도의 능력을 신화적인 묘사의 방식에 따라 물 위를 걸은 것으로 그렸을 뿐이라고 본다. 참으로 필요한 것은 현 실존에 우리를 만나는 참된 실존적 결단이며, 그것이 바로 그리스도가 우리에게 능력이 되는 방법이라는 것이다.

구약 성경에는 히브리인의 소박하지만 깊은 역사 인식이 베어 있다. 히브리인의 신앙은 하나님의 창조에 대한 실제 역사와 신적 간섭의 결합이며

---

으로써, inauguration) 자신의 삶의 의미를 해석하시고, 그의 정체를 드러내셨다. 그러나 이 계시는 주로 함축된(implicit) 것인데, 이는 그가 말씀하시는 것보다는 그가 하시는 것에 나타나 있기 때문이다." 데이비드 웰스, *기독론: 그리스도는 누구신가*, 이승구 역 (서울: 부흥과 개혁사, 2015), 78.

[9] 리차드 A. 노리스, *기독론논쟁*, 홍삼열 역 (서울: 은성, 1998), 12-13.

이는 십계명의 첫 부분이 출애굽이라는 역사적 구속 사건에 대한 전제로부터 출발하는 것에서 확인된다. 계몽주의에 뿌리를 둔 독일 자유주의 예수론(Jesuology)은 예수 그리스도의 특별한(독특한) 인격은 인정하지만 하나님 됨은 거부하는 방식을 추구했고, 반대로 신앙적인 모습의 그리스도만을 추구한 방법론은 성경과 역사 속에 실제한 예수 그리스도와는 거리가 있는 모습을 그려냈다.

초대교회의 예수 그리스도에 대한 신앙은 소박하지만 실제적인 역사 인식을 가진 히브리인의 사유를 그대로 물려받았다. 베드로의 신앙고백은(마 16:16) 예수라는 실존 인물이 메시야이기를 바라는 마음의 투영이 아니며 또 신비주의/영지주의 방식의 즉각적인 확신에 의한 것도 아니다. 이는 예수와 함께 산 사람의 고백이며, 이 고백이 나오기까지, 의심과 갈등이 베드로 안에 들어있었으며 부활과 성령의 내주하심이 있기 전까지 지속되었다. 따라서 이들의 신앙고백은 허공에서 산출된 것이 아니라 하나님으로부터 온 계시적 확신인(17절) 동시에 자신을 부르고 함께 있도록 하며 말씀과 행동 속에 드러난 예수 그리스도의 역사성에 대한 고백이기도 하다.

이같은 방법론에서 사역에서 드러난 예수 그리스도의 인격은 반드시 구속적 관점을 유지하는 것이다. 물론, 2-4세기의 교부들의 기독론, 그리고 이후의 스콜라적 기독론은 분명 추상적/철학적 언어와 사유 방식의 틀 안에서 진행되었으나 이는 어디까지나 당대의 문화적인 방식에 의한 것일 뿐, 그들의 신학적 사유의 근거가 된 것은 역사적 고백이었다. 니케아 신앙고백에 이를 때까지 교회는 구속자인 예수 그리스도에 대한 관점을 잃지 않았으며 연구 방법과 전제의 순서에 대한 차이에도 불구하고 둘의 상호성을 인지하고 있었다. 니케아 신경의 동일 본질(*homoousios*) 신학과 칼케돈 기독론(Chalcedonian Christology)은 성경의 문법적 원칙과 구속적 관점을 그대로 보존한 것이었다.[10] 즉 이 고백들은 한계를 설정한 것이지 최상의 고백은 아니

---

10) 오리겐과 갑바도기아 교부는 "취해지지 않은 것은 구원받지 못한다"(What is not assumed cannot be redeemed)는 유명한 원칙을 후대에 남겼다. 문법적 원리란 성경에 나

다(Bavinck, *Reformed Dogmatics*, Vol 3, 255).

따라서 예수 그리스도의 역사성에 대한 연구, 즉 아래로부터의 기독론은 성경의 역사성에 대한 탐구를 두려워할 필요가 없으며 역사적 연구는 아래로부터의 기독론 연구자들이 경계해 온 교조주의적 위험을 배제하도록 돕는다.[11] 자유주의와 현대의 예수 세미나(Jesus Seminar)의 자의적 주장에 대해 경계할 필요가 있으나 굳이 피할 이유가 없다. 성경 이외의 자료에 근거한 관점을 거의 전적으로 신뢰하는 이들의 방식은 성경보다 자신들의 전제가 항상 옳다는 매우 주관적인 억측에 의존하기 때문이다. 따라서 최선의 방법론은 그리스도에 대한 존재론적 진술과 역사적인 연구를 병행하면서 그리스도의 신성과 인성이 한 인격 안에 있음을 보여주는 방식을 결합하는 것이다. 침례교 신학자인 스탠리 그렌즈와 밀라드 에릭슨은 기본적으로 이런 방식을 사용한다고 볼 수 있다. 에릭슨이나 그렌즈는 성경의 최종적 권위를 인정하는 방식으로 기독론을 세워나간다.

성경의 진실성과 최종성, 그리고 역사적인 연구를 조화시키는 것이 역사적 개신교의 기독론적 방법론이다.[12] 성경이 참되다는 전제 없이는 누구도 예수 그리스도에 대해서 말할 수 없으며 당대의 사람들의 모습을 닮은 것으로 재현하는 것은 단지 그 시대의 한 사람에 불과한 존재로 인식하는 것 이상으로 이해될 수 없음을 뜻한다. 그리스도 예수는 비록 온 인류를 위한 보편성을 갖고 있으나 분명한 개별적 인간존재임에 틀림없다. 따라서 예수 그

---

타난 예수 그리스도의 언어와 행위가 두 가지 진술로 압축된다는 것이다. 하나는 "예수 그리스도는 하나님이시다"와 다른 하나는 "예수 그리스도는 사람이다"는 것이다. 이를 한 문장으로 축약하면 "예수 그리스도는 하나님이며 동시에 사람이다"가 된다.

11) Wolfhart Pannenberg, *Jesus-God and Man*, 2nd ed. trans. Lewis L. Wilkins and Duane A. Priebe (Philadelphia: The Westminster Press, 1977), 48.

12) 이 점에 있어서 다니엘 에이킨(Daniel Akin)은 약간의 역사적 방법과 위로부터의 기독론을 결합하여 '뒤로부터의 기독론'(Christology from behind)이라 칭하고 구약의 구절로부터 신약의 스토리 전개에 이르기까지 상당히 포괄적인 방식으로 자료를 다루었다. 물론 이 방법은 방법론에 대한 사유를 거의 제공하지 않고 신앙고백적 전제에 따라 전개하지만 실제적 측면에서 상당히 도움이 된다. Daniel L. Akin, "The Person of Christ," in *Theology for the Church*, Daniel L. Akin, ed (Nashville: B&H, 2014), 391.

리스도의 독특한 정체성을 연구하는 학문은 자신의 한계를 알아야 하며, "믿음의 주요 온전케하시는 이인 예수"를 바라보지 않고서는 참으로 알 수 없음을 알아야 한다. 더 나아가 예수의 역사 연구에 대해서 학문 방법에 있어서 공정해야하지만 역사의 진리란 언제나 그럴법함(probability)에 있다는 사실도 인지되어야 한다.

### 2. 기능론적 기독론(functional Christology)

20세기의 기독론 중에서 오스카 쿨만으로 대표되는 기능론적 기독론은 신약신학 운동에 근거한다. 이 기독론에 의하면 성경은 그리스도의 존재에 관한 것이 아니라 그의 사역에 주로 관심을 갖는다고 본다. 알브레트 리츨(Albrecht Ritschl)은 인간 예수가 하나님의 뜻을 온전히 성취했으며 이에 따라 교회가 예수를 신적인 존재로서의 가치를 부여했다고 이해한다.[13] 오스카 쿨만(Oscar Cullmann)은 성경의 진술을 존재론적으로 발전시킨 4-5세기 교부들의 사상은 다분히 헬라적인 영향 아래 있었으며[14] 자신들이 처한 상황에서 변증적으로 도출된 것이라 본다. 이에 반해 신약은 그리스도가 우리를 위해 무엇을 하셨는가에 집중하며[15] 그리스도의 존재나 본질에 대해서는 관심을 두지 않는다는 것이다. 이 점에서 쿨만은 소위 구속사적 역사(heil-geschichte)를 발전시켰고 그리스도의 구속 사건을 중심으로 그리스도를 해석해야 한다고 보았다.[16] 쿨만의 사상은 다음의 말로 함축된다. "기독론은 본질이 아닌 한 사건에 대한 교리인 것이다."[17] "신약 성서에서 그리스도는 누구

---

13) 그렌즈, *하나님의 공동체를 위한 신학*, 367.
14) 이 점에서 있어서 쿨만은 하르낙(Adolf von Harnack)의 주장을 그대로 받아들였다. Oscar Cullmann, *Christology of the New Testament* rev. ed. (Philadelphia: Westminster, 1963), 3; 에릭슨, *기독론*, 79.
15) 이 말은 멜랑크톤(Phillip Melanchton)의 "우리를 위한 그리스도"(Christ for us)와 매우 유사하며 폴 틸리히(Paul Tillich)의 구원론적 관점의 기독론과도 유사하다. 틸리히는 이렇게 말한다. "Christology is a function of soteriology." Pannenberg, *Jesus-God and Man*, 48.
16) 에릭슨, *기독론*, 80-81.
17) *Ibid.*, 81.

인가라는 물음이 제기될 때, 그 질문은 결코 배타적으로 또는 일차적으로 그리스도의 본성이 무엇인가를 의미하지 않고, 무엇보다도 그리스도의 기능이 무엇인가를 의미한다."[18]

쿨만이 전제로 삼은 헬라 사상과 유대 사상의 첨예한 구별은 의도와 달리 보다 큰 문제를 야기한다. 기능론적 기독론의 전제가 된 존재론적 진술의 헬라사상과 실천적인 유대 사상의 날카로운 구별은 제임스 바(James Barr)의 심각한 비판을 받았다. 바에 의하면 쿨만의 선적 시간관(linear view of time)이 오히려 그리스 사상의 시간관과 유사함을 잘 보여주었다.[19] 히브리 사상 안에는 존재론적 언어가 내포되어 있으며 에릭슨이 잘 지적했듯이 기능이란 어느 정도의 존재를 상정할 수밖에 없다는 것이다. 그러므로 기능론적 기독론은 결국 "막연한 기독론"에 빠진다는 에릭슨의 판단은 정당하다.[20] 쿨만은 이후에 이 방법을 포기했다.

## II. 그리스도와 하나님의 관계

성육하신 예수 그리스도는 우선 하나님을 대표하며 신성을 소유한 분이다. 성경은 예수 그리스도의 신성을 평이한 언어로 심오함을 드러내는 방식을 취했으며 한 인격으로서 예수 그리스도의 신성은 언제나 그의 인격 뒤에 숨어있었다.

---

18) Oscar Cullmann, *Chrisotlogy of the New Testament*, trans. Shirlie C. Guthrie and Charles A. M. Hall, revised ed. (Philadelphia: Westminster, 1963), 3; 그렌즈, *하나님의 공동체를 위한 신학*, 392에서 재인용.
19) 쿨만이 말하는 시간과 연속이란 그리스/계몽주의 방식의 시간관이며 이것을 기독교의 시간관과 일치시키는 것은 계몽주의적 위험을 내포한다. 특히 이러한 선적 시간관의 주장은 시한부 종말론의 논리와 유사해진다. 몰트만(Jurgen Moltmann)은 「오시는 하나님」(*The Coming of God*)에서 이 점을 잘 보여주었다. 물론 몰트만의 해결책은 쿨만 못지 않은 문제를 남겨두었다.
20) 에릭슨, *기독론*, 85.

## 1. 동정녀 출생(Virgin Birth)

예수 그리스도의 특별한 출생은 그의 신성을 드러내주는 하나의 근거가 된다. "하나님이 사람이 되었다"는 성육신 사상의 출발점은 동정녀 출생(virgin birth)으로 시작된다. 근본주의 신학에서 동정녀 출생은 초자연적 계시를 수용하는 판정하는 하나의 시금석으로 사용되었으나[21] 동정녀 출생을 성육신의 한 부분으로 이해하는 것이 바람직하다. 동정녀 출생이 마태복음 1장 18-25절, 누가복음 1장 26-38절의 두 곳에만 나타나는 이유로, 무시해도 될만한 요소로 거부되었다. 그러나 두 곳의 진술인 동정녀 출생은 근본주의의 시약으로 사용될 수는 없으나 분명한 신학적 이유를 갖는다.

전통적으로, 특히 로마 가톨릭은 어거스틴의 전통에 입각해서 마리아의 처녀성이 성자의 무죄성을 확보해준다고 믿었다. 이는 죄가 아버지를 통해 어머니의 자궁에 있는 태아에게 전달된다는 사유의 연장이다. 따라서 성령은 죄 있는 아버지를 대신하여 예수의 아버지 역할을 한다는 것이다. 이런 식의 이해는 죄가 남자를 통해 전달된다는 매우 부적절한 이해에 기초한 것이다. 성경은 죄가 남성을 통해서만 전가된다는 암시를 주지 않는다.[22]

동정녀 출생은 분명 성육신의 일부로 이해되어야 하며 그 중요성은 성육신에 있다. 그러나 동정녀 출생은 성육신 신학에 있어서 중요한 요소를 제공한다. 우선 동정녀 출생은 부모 없이 창조된 아담과의 연속성을 이룬다는 점이다. 아담이 하나님에 의해 창조되었듯이, 성자의 성육신도 성령의 개입에 의해 되어졌다는 사실이다. 하나님의 특별한 개입과 창조에 의한 출생은 성육신 사건이 하나님의 재창조사역과 연관됨을 보여준다. 즉 하나님이 아니면 이러한 일을 할 수 없는 특별한 개입이 성자의 출생과 직결된다. 성령이 덮는다는 말은 신적 임재와 같은 것이다. 아버지 없는 출생이란 성자의 출생

---

[21] Ibid, 149.
[22] 가톨릭교회는 한 걸음 더 나아가 동정녀 출생과 무죄성을 논리적으로 연계시켜 동정녀 출생이 죄의 전가를 막아준다는 사유를 더욱 연장하여 마리아의 무염수태설(immaculate conception)을 주장하는 데까지 나아갔다. 이는 명백히 비성경적인 주장으로 인정될 수 없다.

이 다른 이와는 다름을 알려주는 표지판이다. 성자의 동정녀 출생은 인간 부모의 성적 결합에 의한 것이 아님을 강조한다.

## 2. 그리스도의 자기 이해(자의식)

예수 그리스도의 자의식은 신성을 입증하는 기본적인 검증 수단에 해당된다. 자의식에 없는 주장이란 모순에 불과하기 때문이다. 그런데 문제는 성경에는 단 한 번도 예수가 자신을 스스로 하나님이라 선언한 말이 없을 뿐 아니라 "오직 하나님 한 분만이 선하다"고 선언했다는 점이다(마 19:16-30, 막 10:17-31, 눅 18:18-30). 그러나 삼위일체론에서 이미 살펴본 것처럼 성자 예수는 자신과 성부와 성령의 위격적 관계를 통한 계시 방식을 선호했다.[23]

성자 예수의 신성은 간접적으로 증명된다. 앞서 삼위일체론에서 성부와 성자의 상호 관계에서 예수 그리스도의 자의식에는 철저하게 자신을 하나님의 아들로 인식하는 의식구조가 들어있었음을 확인했다. 예수 그리스도의 가르침에서 예수님은 성부 하나님과 성자 사이의 위격적 주고 받음의 언어를 사용하여 자신이 하나님의 유일한 아들임을 드러냈다. 하나님 아버지의 유일한 아들로서 예수 그리스도는 하나님과 가장 내밀하고 친밀한 방식으로 교제하고 사랑하는 특별한 존재이다. 그는 매사에 하나님을 아버지로 부르며 아버지의 뜻을 실제적으로 구현하며, 일어난 모든 일을 성부 하나님과 연계시키며, 영광이 자신을 통해 아버지께로 돌아가도록 하며 동시에 성부 하나님은 성자인 자신에게 영광을 되돌려준다. 서로가 서로의 존재 안에 내재하며 예수 그리스도가 전적으로 하나님을 아버지로 드러내며 하나님은 오직 예수 그리스도 자신으로만 알려진다. 그래서 다른 이름으로 알려질 수 없고(행 4:12) 오직 예수 그리스도의 이름으로(2:21; 3:16), 예수 그리스도의 이름으로만 질병이 치료되고 특별한 사건이 발생하며(4:30), 십자가와 부활로 구원하시는 하나님은 사람의 삶을 새롭게 하며 사람을 성전 삼아 임재하신다.

---

[23] 이것은 의도적 방식이기보다는 삼위일체의 위격적 구별과 하나 됨을 보여주는 가장 자연스런 방식이다.

## 3. 신적 권세의 실행

성자 예수는 오직 하나님만이 드러낼 수 있는 신적 권세를 실행한다. 히브리인의 종교적 관점에서 죄인과 죄악된 사회를 심판하고(창 3:14-19; 7장), 또 용서하는 권세는 오직 하나님의 주권에 달려있다(시 86:5). 아무런 조건 없이 한 사람을 하나님의 백성으로 부르는 권세는 오직 하나님께 있다(창 12:1). 마찬가지로 예수 그리스도는 사악하고 하나님의 진리를 거부하는 사회를 정죄했고(고라신과 가버나움), 머리를 풀어 눈물로 주님의 발을 씻은 여인의 죄와(눅 8:47-48) 오랫동안 병으로 고통 받은 사람의 숨은 죄를 용서하며(마 9:2) 범죄한 사람의 죄를 용서하고 구원을 선포했다. 게다가 주님은 심판하는 권세를 받았으며 자신의 생명을 스스로 버릴 권세를 가졌다고 말한다(요 10:18). 주님은 하나님의 종인 천사를 자신의 뜻에 따라 보낼 권세를 가졌으며(26:53), 하나님의 천사를 자신의 천사로 부르며 이들을 보내는 권세를 가졌음을 드러냈다(눅 12:8-9, 15:10).

성자 예수에게는 사람이 소유할 수 없는 특별한 지식적 능력이 있었는데, 하나님이 가져올 미래에 대한 분명한 이해를 소유한 것과 현실의 사태를 하나님의 눈으로 진단하는 것이었다. 나사로의 죽음이 하나님의 영광이 계시될 특별한 목적을 가졌음을 아셨고(요 11:4), 이스라엘 백성이 받을 불행한 미래를 미리보고 선언하는 능력을 소유했다(마 8:11-12).

그는 수많은 기적을 행했는데 한 사람 분량의 음식으로 수많은 사람을 먹였으며(요 6:1-13), 죽은 자를 일으키고(11:17-44), 불가능한 질병을 고침으로 사람을 향한 하나님의 긍휼하심을 보여주었다(눅 1:34, 40-42; 2:1-12; 3:1-5). 성자 예수는 사람의 질병을 고치는 주님일 뿐 아니라 자연세계에의 주님으로도 역사한다. 창조주 하나님이 말씀으로 존재하지 않는 것을 존재케 한 것처럼, 마치 바람이 주님의 음성을 들을 것으로 여겨 바람을 꾸짖어 잠잠하게 했다(마 8:23-27, 막 4:35-41, 눅 8:22-25, 잠 8:29 참고).

예수 그리스도의 가르침은 당대의 다른 스승이나 예언자와 달리 사람으로부터 나오기 어려운 권위의 말씀이었다. 엠마오로 가던 두 제자는 마음을 뜨거움을 불러 일으키는 그리스도의 말씀에 변화를 경험할 수 있었다(막 1:21-22, 눅 4:31-32). 사람의 힘으로는 도무지 어떻게 해볼 도리가 없던 귀신의 능력도 예수님의 말씀 앞에 무력하게 되었다(막 5:1-20). 이러한 실제적인 능력 외에도 예수 그리스도는 말씀을 해석하는 권위의 주체를 인간적 스승으로부터 하나님에게로 되돌리는 동시에 자신이 친히 말씀을 (재)해석하는 권위가 되었음을 드러내었다. 야훼의 메시지는 이제 그리스도 예수의 권위로부터 나오는 말씀으로 새롭고 바르게 해석된다. 구약의 "너희가 이렇게 들었으나"를 성자 예수는 "나는 너희에게 이르노니"라는 자신의 권위로 선포하는 진술로 변경했다(마 5:21-22, 27-28). 이는 야훼의 권위가 주 예수의 것과 같은 것임을 나타내는 중대한 증거이다.

### 4. 독생자(momogenes)

예수 그리스도와 성부 하나님의 독특한 관계를 묘사할 때 '독생자'(모노게네스, *monogenes*)란 표현이 사용되었다(요 1:14, 18, 3:16, 요일 4:9). 즉 '독생한 아들'(모노게네스 휘오스, *monogenes huios*)이란 말은 개역성경에 '독생자'로 번역되었다. 전통적으로 '모노게네스'는 '모노스'(*monos*/홀로 또는 유일한)와 '겐나오'(*gennao* 출생하다)의 결합어로 이해되었다. 그러나 현대의 신학자들은 이런 결합을 부인하는데 그것은 독생자(모노게네스)가 '모노스'와 '기노마이'(*ginomai* 되다/become)의 결합어라는 사실을 새롭게 인지한 결과이다.[24] (맥클라우드는 Raymond Brown을 인용하여 헬라어 원어상 모노게네스가 독생자를 의미하는 해석을 지지할 수 없는 번역으로 이해한다) 제롬의 라틴어 벌게이트성경(Latin Vulgate)은 이 단어를 '유니게니투스'(*unigenitus*)로, 킹제임스역(KJV)은 '홀로 출생한'(only-begotten)으로 번역했는데 이는 잘못된 이해에 근거한 번역이라 볼 수 있다. 즉 이 단어는 '홀로된 아들' 혹은 '유일한 아들'의 의미를 갖는다. 원래 '모노게네스'는 히브리어 단어인 '야히드'(*yahid*)

---

24) 도널드 맥클라우드, *그리스도의 위격*, 김재영 역 (서울: 한국기독학생회 출판부, 2001), 92-96.

를 헬라어로 번역한 것으로 칠십인역(Septuagint)에 사용되었으며 신약의 히브리서 11장 7절의 이삭에게도 적용된 단어이다. 원래 의미는 '홀로인 사람', '홀로 외로운 사람'의 뜻이다. 사사기 11장 34절의 입다의 '무남독녀', 시편 25편 16절의 '나는 외롭고', 누가복음 7장 12절의 과부의 아들, 야이로의 딸(눅 8:12), 귀신들린 소년(9:38)에 적용되었다.[25]

그렇다면 요한복음 1장 14절을 원어의 의미에 따라 번역하면 "하나님의 유일한 분의 영광이요"으로 번역되어야 하며 모노게네스는 '하나님으로부터 낳아진 아들'이란 의미를 갖지 않는다.[26] 로고스인 예수 그리스도는 출생과 무관하게 하나님의 유일한 아들이며 오히려 이 해석은 종속적인 인상을 완전히 제거해버리며 동방신학의 성부 우선성에도 큰 충격이 된다. 출생과 무관한 해석은 성자의 유일성과 신성을 더욱 효과적으로 변호한다. 이 구절을 요한복음 1장 1절의 로고스와 연결하면 '하나님이면서 하나님의 유일한 분의 영광'(본질의 동등성과 인격의 구별성이 둘 다 나타나는 말)이 된다. 특히 18절을 적용하면 '본래 하나님을 본 사람이 없으되 아버지 품속에 있는 유일한 하나님이 나타내셨느니라'가 되므로 '아버지와 구별되는 유일한 하나님'을 뜻하는데, '아버지 품속에 있는'이란 부분은 독생하신 분이 하나님과 영원히

---

25) Ibid., 91-96. 맥클라우드처럼 70인역의 용법을 깊이 파헤치지 않았지만 존 파인버그(John Feinberg)는 조직신학자인 올리버 버스웰(J. Oliver Buswell)과 웨인 그루뎀(Wayne Grudem)이 '모노게네스'가 'gennao'에서 유래한 것이 아니라 'genos'(같은 종류의 하나 혹은 유일한)에서 유래했다는 최근의 연구결과를 바탕으로 삼는다. John S. Feinberg, No One Like Him: The Doctrine of God (Wheaton, IL: Crossway, 2001), 488-492.

26) 모네게네스(독생자)에 대한 논의는 쉽사리 결정될 수 없는 요소가 있다는 점을 지적할 필요가 있다. 이 용어는 교부시대 이후 오랫동안 성자의 영원한 출생을 지지하는 근거로 사용되었기 때문이다. 모노게네스를 제외한 다른 구절, 특히 요 5:26은 영원한 출생을 지지하는 것처럼 보이기 때문이다. 또 이를 지지하는 일군의 학자들의 해석도 매우 강력한 논증임을 부인할 수 없다. 개혁파 신학자인 바빙크도 원어의 구별을 통해 전통적 해석을 지지한다. 본인은 요 5:26이 영원한 출생에 대한 것이 아니라는 입장을 취하면서도 이 구절은 어느 편으로도 해석이 가능하며, 이로 인해 성자 예수의 신성이 약화되지는 않는다고 확신한다. 복음적 입장간의 미묘한 차이에도 불구하고 그리스도 예수의 신인적 연합에 대한 확신은 분명히 공유된다.

함께 거하신 분으로 이해된다. 따라서 이 유일한 분에게는 기원이나 출생이 없다. '언제나 유일하신 분'으로 존재한다. 요한복음 1장 14, 18절, 3장 16절에서는 '하나님의 아들'이란 표현은 나타나지만 '독생하신 하나님'이란 표현으로 로고스 예수의 신성을 충분히 표현된다. '하나님의 유일한 분', '로고스이신 분', '하나님 아버지 품속에 있는 유일한 하나님', '하나님이 세상을 이처럼 사랑하사 유일하신 분을 주셨으니 이는 저를 믿는 자마다 영생을 얻게 하려 하심이라'에서 영생을 주시는 분이기에 그의 기원 없는 신성은 최소한 확보된다고 볼 수 있다.

### 5. 부활논증

부활논증은 판넨베르그(Wolfhart Pannnberg)에 의해 시도되었는데 이 논증은 그리스도 예수의 신성을 역사적인 방법으로 도출하려는 것이다. 판네베르그는 가장 초기의 진술에 근거하여 그리스도의 부활이 역사적 사실임을 입증하고 부활이 그리스도의 신성을 어떻게 확보할 수 있는지를 보여준다. 그에 의하면 십자가는 그리스도의 신성에 대한 자기 주장에 대한 심판과 부인으로 주어진 것이며 죽음의 사건이 확실한 만큼 부활이란 그리스도의 주장을 하나님이 확인시키는 사건으로 이해된다. 그리스도가 죽음에서 다시 살아남으로 죽음이라는 심판은 무효가 되었고 죽음 전에 예수가 주장한 신성의 주장은 하나님에 의해 사실로 입증되었다는 것이다.

## III. 그리스도와 사람의 관계

성자 예수는 인간은 임마누엘을 성취하기 위해 사람으로 출생했고 사람의 전인격을 취했다. 하나님의 창조에 있어서 인간이란 인격을 소유한 존재이기 때문에 그리스도는 형상인 인간이 되었다. 긍정적 측면만이 아니라 부정적인 측면으로 이해되는 슬픔과 두려움의 모습이 주님에게서 발견되는데 이는 전혀 이상한 일이 아니다. 주님은 우리와 모든 면에서 동일한 분이며, 그의 사람 됨으로 우리의 인격성과 한계와 슬픔을 모두 체휼했는데(히 4:15), 이것은 인간과 자신을 연합한 성육신적 연합이다.

### 1. 출생과 육체적 특성

성경은 예수 그리스도가 우리처럼 인간의 육체적/인격적 특징을 그대로 소유한 분임을 증언한다. 동정녀 출생과 성령의 덮으심이라는 특별한 부분을 제외하고 사람 되신 하나님의 아들이 다른 이들과 마찬가지로 모친의 자궁에서 잉태되어 10개월의 시간을 그 안에서 보냈으며 첫 울음을 터뜨리며 출생하여 모친의 젖을 먹고 성장했을 것이란 점을 충분히 짐작할 수 있다. 12세에 그가 보여준 비범한 모습에서 그의 남다른 인격을 짐작해 볼 수 있으나 성경은 곧바로 비범한 12세의 예수가 일반적인 성장의 단계를 거쳤다고 보충해준다(눅 2:52). 즉 그가 다른 아이들과 다르게 성장했을 것이라는 어떠한 암시도 성경에서 찾을 수 없다. 그는 유아기와 유년기를 거쳐 성년이 되는 성장의 일반적 단계를 거쳤으며 부친의 가업을 잇는 훈련도 받았을 것이다.

예수 그리스도는 육체를 소유한 한 사람이었다. 그는 여느 사람들처럼 식욕을 소유했으며 실제로 음식을 먹었고 굶주림을 경험했다. 성경의 여러 부분에서 그는 제자들만이 아니라 그를 따르거나 초청한 사람들의 집에서 음식을 나누어 먹었다. 또 그는 음식을 즐긴다는 이유로 사람들의 비난을 받기도 했는데(7:31-35), 음식을 나누는 것은 동양적 삶의 한 전형이었다. 그는 육체의 고단함 때문에 길 옆의 우물가에서 휴식을 취했으며(요 4:6), 목마름을 해소하기 위해 물을 마셔야 했으며(7절), 십자가에서는 타는 목마름으로 고통을 느꼈다(19:28). 히브리서 저자는 "그도 또한 한 모양으로 혈육에 함께 속하심은"(2:14)이란 짤막한 표현으로 성자의 육체성을 드러낸다.

### 2. 전인격을 소유함

예수 그리스도는 육체적 특성을 넘어 인격적인 특성도 갖고 있다. 영생을 얻기 위해 찾아온 부자 청년을 주님은 사랑했다(막 10:17-22, 참고. 마 19:16-30; 눅 18:18-20). 나사로의 무덤을 찾은 사람들로 인해 주님은 눈물을 흘렸고(요 11:37), 하나님께 경건한 감사의 기도를 드렸다(41절). 주님은 제자들이 참된 기쁨을 갖기를 원했으며(눅 10: 17-20), 사람의 지혜와 능력이 아닌 하나님의 방식대로 하나님의 뜻이 계시되는 것으로 인해 기쁨 가득한 감사의 기도를 드렸다(마 11:25-30; 눅 10:21-24).

그러나 주님은 슬픔과 두려움의 감정에 휩싸이기도 했는데 이는 전혀 이상하지 않고 오히려 참된 인격성을 부각한다. 주님은 악과 부당함에 대해서 분노했고, 슬픔의 감정도 체험했다. 성경에 의하면 예수 그리스도는 슬픔을 아셨고 안타까운 마음에 울었으며(눅 19:41), 당연히 울어야 할 일에는 울도록 그렇게 가르쳤다(23:26-28). 주님은 슬픔만이 아니라 놀라움의 감정에 휩싸이기도 했다(막 6:6; 눅 7:9).

주님은 단지 슬픔만이 아니라 감정의 극한인 고뇌하는 사람의 모습까지도 드러냈다(히 6:7-8). 배고픔 가운데서도 돌이 떡이 되도록 하는 기적을 일으키라는 마귀의 음성을 단호하게 물리쳤으며 권력과 악, 자신을 반대하는 사람들 앞에서도 매우 담대했으나 정작 겟세마네에서는 고뇌의 번민으로 밤을 세우며 기도했고 내적 갈등과 투쟁했다. 십자가를 앞둔 주님은 깊은 심리적 고통으로 "내 마음이 심히 고민하여 죽게 되었으니"(마 26: 37-42)라고 탄식했는데 사람인 예수의 고뇌하는 깊은 갈등을 엿볼 수 있다. 십자가상의 고뇌는 더욱 심각하여 "나의 하나님 나의 하나님이 어찌하여 나를 버리셨나이까"라고 절규하는 데까지 이르렀다(막 15:34; 마 27:45-61; 눅 23:44-56).[27] 이것은 육체의 고통보다 더 극심한 것이다.[28]

---

[27] 물론 겟세마네와 갈보리의 절규는 인간의 모습이기도 하지만 인간이 내뱉기 힘든 절규이기도 하다. 누가 하나님의 버림을 이토록 처절하게 느낄 수 있을까? 십자가를 하나님의 저주라는 것을 있는 그대로 느낄 수 있는 사람이 과연 존재할 수 있을까?

[28] 웨인 그루뎀, *조직신학: 성경적 교리학 입문서*, 중권, 노진준 역 (서울: 은성, 1996), 97-98. 이 고통은 단지 육체적 고통을 넘어 죄인을 대신하는 깊은 마음의 고통을 의미할 것이다.

사람의 인격성의 중대한 특징은 인격이 성장한다는 사실에 있다.[29] 예수 그리스도는 분명히 한 사람으로 출생했고 정신적/정서적 영역에서 여타의 아이들처럼 성장했음을 성경은 암시해준다(눅 2:40, 52; 히 5:8). 그가 하나님의 아들이라 할지라도 성장이라는 방식에서 면제되지 않았으며 공생애 사역을 시작하기 전까지 그는 사람의 성장에 필요한 고유한 단계를 거쳐야했다.

### 3. 고통과 죽음

사람의 마지막 모습은 고통과 죽음의 경험이다. 십자가를 앞둔 겟세마네의 기도가 예수 그리스도의 정신적 고통을 표출했다면 십자가 처형은 성자 예수의 실제적 고통을 잘 보여준다.[30] 십자가에서 그리스도는 타는 목마름의 고통을 느꼈으며 육체적/영적 고통이 극에 달한 가운데 큰 소리로 "나의 하나님 어찌하여 나를 버리셨나이까"라고 소리질렀으며(마 27:46), 이 소리를 들은 주변인들은 그의 외침을 육체적 고통에 못이겨 내뱉는 소리로 이해해서 고통을 덜어주고자 스폰지에 신 포도주를 적셔 그에게 주었는데 이것은 일종의 마취제였다(마 27:48; 막 15:34-36).

성자 예수는 다른 사람들처럼 실제로 죽었다(히 2:9). 이에 대한 4복음서의 증언은 너무나 분명하다(마 27:50; 막 15:37; 눅 23:46; 요 19:30). 죄로 인해 모든 사람은 죽었으며 죽음은 모든 사람의 운명이다. 엘리야도 승천하는 순간에 죽음의 문을 통과했으며(창 5:24; 왕하 2:11), 다시 살아난 나사로마저 죽었다.[31] 비록 죄는 없으나 그는 죄인들처럼 죽음을 경험했으며 성경

---

29) 침례교 신학자인 캐롤(B. H. Carroll)도 그리스도의 인격적 발달을 인정한다. Akin, "The Person of Christ," 448.
30) 제2차 런던 신앙고백(The Second Baptist Confession of 1689)은 예수 그리스도가 "가장 극심한 몸의 고통"(most painful sufferings in his body)을 겪었음을 고백한다. Samuel E. Waldron, *A Modern Exposition of the 1689 Baptist Confession of Faith* (Durham: Evangelical Press, 1989), 124.
31) 만일 나사로가 죽지 않았다면 그는 지금도 살아있으며 누구나 만날 수 있는 존재여야 한다. 그렇다면 그의 존재는 누구에게나 강력한 증거가 되었을 것이며, 유일하게 세상에서 죽지 않고 살아있는 사람이 되어야 한다. 마치 계시록에서 "내가 전에 죽었노라"

의 많은 부분도 예수 그리스도의 죽음 사건이 분명함을 증거한다(고후 5:14; 행 2:23; 롬 5:8). 그리스도께서는 "약함으로" 죽음을 맞이하신 것이다(눅 23:35-37).

### 4. 무죄성(sinlessness)

무죄성의 교리는 기독론에 있어서, 특히 우리를 위한 그리스도의 사역에 있어서 필요불가결한 요소로 이해된다. 그런데 이 교리를 취급하는 방식도 서로 달라진다. 예를 들어 같은 침례교 신학자인 밀라드 에릭슨은 그리스도의 무죄성을 인성의 증명으로 이해하는 반면, 그렌즈는 신성을 입증하는 요소도 약간은 있는 것으로 취급한다.[32] 그러나 무죄성의 교리는 신성과 인성 모두를 위해 필요한 요소이다.

만일 그리스도가 일생에 단 한 번이라도 죄를 범했다면 그는 우리의 구원자가 될 수 없으며 만일 그리스도가 죄를 범했다면 삼위일체 하나님의 거룩함에는 심각한 문제가 발생한다. 그리스도의 신성을 드러내는 것만이 아니라 인성도 드러낸다. 엄밀하게 말하면 기독론이란 하나님인 동시에 사람인 그리스도 예수에 대한 것이며 그래서 한 부분은 다른 부분을 배제하지 않는다.

성경은 일관되게 예수 그리스도가 한 사람인 동시에 죄로부터 자유로웠음을 말한다(요 8:46; 19:6; 히 4:15; 7:26; 9:14; 벧전 1:19; 벧전 2:22; 3:18; 요일 3:5; 6절; 고후 5:21). 교부의 격언인 "취해지지 않은 것은 구원받지 못한다"는 격언을 죄성까지도 취하는 것으로 이해하는 경우가 간혹 있으나 성경

---

는 예수 그리스도처럼 그는 현존하는 사람이며 현실세계에서 부활한 예수 그리스도보다도 더 강력한 힘을 발휘할 것이다. 신학적 측면에서 예수 그리스도의 부활에 선행하는 사람은 아무도 없으며 그러한 차원에서 제 2의 아담인 예수는 첫 아담보다 시간적으로는 나중이나 존재적으로는 선행한다. 또 예수 그리스도의 부활은 처음 사건이며 유일한 사건이며, 그러한 차원에서 역사 안에서 일어나는 마지막 사건이다. 이는 판넨베르그의 언어를 빌자면 선취적(proleptic) 사건이다. 선취적이란 말은 마지막에 있을 일이 미리 일어나는 차원을 표시하는 언어이다.

32) 에릭슨, *기독론*, 112-116; 그렌즈, *하나님의 공동체를 위한 신학*, 376-378.

의 진술은 이 점에 있어서 한결같다. 예수 그리스도는 우리와 동일하지만 죄는 없다. 만일 성자 예수가 죄를 지었다면 신성과 인성의 연합인 그의 인격에는 심각한 문제가 발생하며 우리의 구원도 불가능하다.

그리스도의 무죄성은 그가 본래 성자로서 인간과 연합한 분이라는 그의 독특한 정체성에 근거하지만 동시에 그가 일평생 모든 유혹과 시험을 극복하고 마침내 십자가에서까지 순종한 것에서 얻어진 무죄함이라는 사실도 인지되어야 한다. 그가 진정으로 한 사람이라면 그는 우리처럼 모든 시험에 놓여야 하며 동시에 그 시험을 극복해야 한다. 이 점에 있어서 성경은 그가 유혹과 시험 앞에서 철저히 한 사람이었으며 매 순간 투쟁함으로 이를 극복했다는 점을 잘 보여준다. 따라서 바빙크는 무죄성을 "필연적 무죄성"(신성과의 연합을 고려한)과 "경험적 무죄성"(역사적/성육신적)의 두 측면을 모두 수용한다.[33] 성육하신 하나님의 아들은 그가 하나님이기에 무죄한 동시에 그가 사람이기에 모든 시험을 사람의 인격으로 극복하여 무죄성을 획득했음을 인정해야 한다. 성경은 성육신적 연합에서의 승리보다는 한 인간으로서 그가 죄를 이겨낸 것에 더 큰 관심을 두고 진술한다는 점은 인정되어야 한다. 케제만(Ernst Käsemann)은 두 측면을 종합하여 다음과 같이 말해준다. "예

---

[33] 바빙크, 개혁교의학3, 387. 바빙크는 같은 책 389 페이지에서 "주입된 선은 획득된 선을 배제하지 않는다"고 말한다. 바빙크의 관점을 소홀히 할 수 없는 것은 마치 한 사람이 하나님과의 지속적인 사귐에서 매사에 하나님을 닮은 모습을 보였으며 그래서 피조물이지만 하나님과 많은 면에서 유사한 유사 하나님(quasi-God)된 것이 아님을 성경이 드러내기 때문이다. 4세기의 아리우스(Arius)가 바로 이런 관점에서 오늘날의 여호와의 증인과 유사한 신학을 발전시켰다. 그에 의하면 예수는 창조 이전에 지음을 받은 특별한 피조물이며 모든 일에 전적인 순종을 통해 하나님과 유사한 존재가 되었다. 예수는 유사 하나님이 되며 우리도 이러한 모범을 따를 때 하나님의 본성과 유사한 존재로 변화된다고 여겨진다. 이런 식의 이해는 자유주의 아버지인 슐라이어마허(Schleiermcher)와 하르낙에게도 나타난다. 전자에 의하면 예수는 하나님에 대한 절대 의존 의식에 놓여있으며, 이 점에 있어서 우리도 그처럼 절대 의존감, 혹은 절대자에 대한 충만한 의식을 추구하면 그처럼 될 수 있을 것이라는 함정에 빠질 수 있다. 그러나 히브리서 기자는 예수 그리스도가 인간 대제사장과 다른 멜기세덱을 잇는 성육한 대제사장임을 강조함으로 그가 그의 속죄제사는 인간 중보자의 일시적 속죄를 폐기하고 그리스도 자신의 육체와 삶으로 영원한 속죄를 이루었음을 진술한다.

수님은 수동적으로 죄에 노출되셨지만, 우리와는 다르게 죄에 대해 능동적으로 문을 열지는 아니하셨다. 이런 관점에 대한 결정적인 사실은 죄에 대한 감수성이 아니라 우리를 위해 그리고 우리를 대표하여 제공하신 속죄 제물의 실재성이다."[34]

### 5. 유혹과 무죄성

성자 예수에게는 전혀 죄가 없었다면 한 가지 중대한 질문이 떠오른다. 그리스도는 유혹을 경험할 수 없는 존재인가? 그리스도는 그의 신성과의 연합으로 인해 죄의 유혹을 쉽사리 물리쳤다면 과연 그는 "우리 연약함을 체휼"하며 "모든 일에 우리와 한결같이 시험을 받을 수 있을까?"라는 질문을 던져야 한다. 무죄성과 관련해서 예수 그리스도가 단지 하나님으로서 단번에 죄를 이겼다는 식으로만 이해한다면 가현설(decetism)의 함정에 쉽게 빠져든다. 그의 육체와 인간성은 그렇게만 보일 뿐이며 실제적으로 그는 인간의 연약함에 놓여있지 않다고 말해야 할 것이다.

성경에서 말하는 유혹이란 실제적이며 예수가 마귀의 세 가지 시험을 단번에 물리친 것처럼 보일지라도 그는 아무런 유혹도 받지 않는 그런 존재가 아니다. 유혹이란 사람된 성자에게도 강력한 힘이며 사람인 그는 이러한 시험을 피해갈 수 없다. 밀라드 에릭슨과 그렌즈도 인정하듯이 시험에 넘어져 죄에 빠지는 사람은 실제로는 유혹의 깊이를 알지 못한다는 관찰에 주목할 필요가 있다. 시험이 오면 즉각 넘어지는 사람은 그 유혹이 강렬하다고 생각하겠지만 실제로는 유혹의 깊은 단계를 전혀 경험하지 못한 사람이다. 그에게는 깊은 단계의 유혹이 필요 없으며 가장 쉬운 단계로도 충분한데 왜냐하면 그는 처음부터 유혹에 굴복하기 때문이다. 유혹을 이기면 이길수록, 유혹의 힘은 타오르는 불길처럼 우리의 마음을 삼키려한다. 레온 모리스(Leon

---

34) Ernst Käsemann, *Commentary on Romans* (Grand Rapids: Eerdmans, 1980), 217; 고든 루이스. 브루스 데머리스트, *통합신학: 인간론 기독론*, 김귀탁 역 (서울: 부흥과 개혁사, 2010), 727페이지에서 재인용.

Morris)가 "유혹을 이기는 자가 유혹의 심각함을 안다"고 한 말은 대단히 의미심장하며 성육한 하나님의 아들이 취한 인성이 실제적임을 입증한다.[35] 예수님은 모든 시험을 극복했으며 유혹의 심각성을 아셨다. 유혹의 힘을 가장 크게 느낀 것은 겟세마네 동산이었다.

히브리서 5장 8절에 의하면 예수님은 "아들이시라도 받으신 고난으로 순종함을 배워서 온전하게" 되었는데, 예수 그리스도는 인류가 당연히 걸어야 했으나 그러지 못했던 길을 홀로 걸었다. 사람의 사명은 하나님의 뜻을 즐거이 따르는 일에 있는데 예수 그리스도는 매사에 아버지의 이름으로 순종했으며 이 순종의 극치는 겟세마네와 십자가였다.[36]

## IV. 성육신적 연합(Incarnational Union)

성경은 예수 그리스도는 하나님이며 또한 사람임을 계시하지만 어떻게 이 두 본성이 한 인격 안에서 구분되면서도 완벽한 연합을 이룰 수 있는지에 대해서 일절 논의하지 않는다.[37] 이런 독특한 정체성은 사람들의 의문을 불러

---

35) Leon Morris, *Lord from Heaven: A Study of the New Testament Teaching on the Deity and Humanity of Jesus* (Grand Rapids: Eerdmans, 1958), 51-52; 에릭슨, *기독론*, 115에서 재인용.
36) 데이비드 웰스는 히브리서의 기독론의 특징에 대해서 오스카 쿨만(Oscar Cullmann)을 인용하면서 이렇게 규정한다. 쿨만은 이 구절이 인간 예수의 인격적 성장을 전제하지 않으면 이해할 수 없는 것으로 여겼다. 웰스는 이렇게 말한다. "히브리서는 예수님이 온전한 사람이셨다는 사실에 더 관심을 가지며, 성자가 어떻게 사람이 되셨는가에는 덜 관심을 기울이고 있다는 말이 옳은 듯하다. 예수님은 순종을 통해서 죄 없음을 완전히 지닌 상태에, 그러나 하나님 앞에서 성숙한 데까지 자라나셨다(히 9:24), 그리고 그는 더 나은 언약의 중보자인 대제사장을 행동하셨다(8:6, 9:15, 12:24)." 웰스, *기독론*, 110-111.
37) 웰스는 이렇게 설명해준다 "예수님이 자신을 신적인 분으로 해석하신 것"과 "그의 인간성을 드러내신 것"이 공관복음서에서는 더 이상의 설명이 없이 그저 나란히 나타난다. 그는 자신을 온전한 하나님으로 계시하신다. 또한 "그는 우리의 죄 됨을 제외한 온전한 인간으로 인간성 안에서 자신을 계시하셨다. 그러나 이 신성과 인간성의 상호 관

일으켰고 심지어 제자들안에서도 의문이었다. 예수 그리스도의 정체성은 이스라엘의 전통적 묵시론과 메시야 사상의 배경 안에서 이해되지만 이를 넘어간다. 부활과 승천 이후 임한 성령의 오심 속에서, 마음을 깨우는 성령의 가르침 속에서 제자들은 그리스도의 성육신적 삶이 진실로 구원과 생명을 드러내며 예수 그리스도가 성자가 아니면 도무지 불가능한 그의 삶의 역사를 이해하기 시작했다. 그러나 여전히 성경은 이론적이고 합리적인 기초를 제공하지 않는다. 다만 신학적인 기초는 고려해볼 수 있다.[38]

## V. 그리스도의 사역

예수의 인격은 그의 사역과 분리될 수 없다. 그의 정체성은 그가 한 일 혹은 그가 가진 사명에서 드러난다. 그가 한 일은 무엇인가? 그 답은 그가 하

---

계는 논의되지는 않는다. 사실 이런 문제는 공관복음서 기자에게는 별로 큰 관심거리가 되지 않는다." Ibid., 92-93.

38) 성육신의 기초는 삼위일체의 계시에 근거한다. 하나님이 세상을 만든 후에 세상을 이성의 원리에 맡겨두고 떠났다는 이신론(deism)이나 하나님은 세상과 구별되는 실체를 갖지 않는다는 범신론(pantheism)은 삼위일체를 부인하며 역사 속에 들어오는 성육신의 개념 자체를 필요로 하지 않는다. 비록 초기의 이신론은 삼위일체 교리를 노골적으로 부인하지 않았으나 이 교리 자체를 소홀히 했고 결국은 사벨리우스(Sabellius)이나 노에투스(Noetus), 프락세아스(Praxeas)처럼 하나님의 하나 됨만 주장하게 되었고 토마스 제퍼슨(Thomas Jefferson)이나 미국의 계몽주의적 유니테리안주의(Unitarianism)로 전락하여 미국을 특징짓는 정치신학을 형성하는 기초가 되었다. 세상과 하나님을 구별하지 않는 스피노자의 범신론도 성육신의 필요성을 전혀 인정하지 않는다. 오캄(Occam of William)은 성육신을 하나님의 아들이 나귀의 본성을 취할 가능성에 대해 고려했고 소시니안(Socinian)은 인간이 나귀가 되는 것이 하나님이 사람이 되는 것보다 쉽다고 여겼다. 스피노자(Spinoza)는 원이 사각형의 본성을 갖는 것만큼이나 비이성적으로 여겼던 것을 고려할 때 개신교 정통신학이 아닌 경우 성육신을 비롯한 하나님의 간섭 자체를 불필요하거나 모순적인 것으로 여기며 신비나 이성주의로 흘러갈 위험을 그대로 안고 있었다. 성육신의 또다른 기초는 하나님의 창조와 계시이다. 만일 창조 자체가 불가능하다면, 그리고 창조 세계 안에서 하나님의 계시적 활동이 생각될 수 없다면 성육신은 있을 수 없는 사건이다. 성육신은 하나의 계시이지 우연한 사건은 아니다. 그러나 앞서 본 것처럼 하나님의 아들 됨은 그의 삶과 사명에서 드러난다.

나님 나라를 소개한 것이 아니라 하나님 나라를 죄와 악, 절망이 가득한 세상에 가져왔다는 사실에 있다. 죄와 악이 가득한 이 세상에 그는 하나님께서 아담에게 준 명령을 근본적으로 회복하고 창조세계 전체를 새롭게 하는 하나님 나라를 실현하기 위해 왔으며 그의 인격은 이러한 방식으로 계시된다.

### 1. 하나님의 나라

예수 그리스도의 사역을 서술하는 전통적인 방법은 칼뱅이 도입한 그리스도의 세 직분(three offices)이며 대부분의 개혁파는 이 방식을 사용한다.[39] 칼뱅이 주창한 그리스도의 삼중직 사역은 인격과 사역을 연결하는 하나의 좋은 방편이었다.[40] 침례교신학자인 존 대그(John L. Dagg), 밀라드 에릭슨과 웨인 그루뎀도 이 방식을 채택한다.[41] 히브리서 저자는 예수를 최종적인 대제사장으로 이해하며, 복음서상에서 예수 그리스도는 선지자의 한 사람이었으며 제자들은 부활하신 예수를 주(큐리오스, *kyrios*)로 이해했다.[42] 문제는 세 직분이 그리스도의 사역에서 암시되기는 하지만, 성자 예수가 이 직분을 자신에게 적용했다는 성경의 명시적 증거는 분명하지 않다는 점이다.[43]

성자 예수 자신이 드러냈고 전통적인 삼직을 통합하는 성경적 범주는 성자 예수가 선포한 하나님의 나라에 놓여있다. 이런 공관복음서에 기록된 예

---

39) 루이스 벌코프, *조직신학*, 하권, 권수경, 이상원역 (서울: 크리스챤다이제스트, 2000), 594-656; 존 F. 프레임, *조직신학개론*, 김용준역 (서울: 개혁주의 신학사, 2011), 215-222; 로버트 리탐, *그리스도의 사역*, 황영철역 (서울: 한국기독학생회 출판부, 2000), 15-21. 헨드리쿠스 베르코프는 삼중직이 인위적이라는 이유로 이 방식을 채택하지 않았다. 베르코프, *교의학개론*, 485-4.

40) 웰스, *기독론*, 244.

41) 그루뎀, *조직신학*, 중권, 187-201. 에릭슨, *기독론*, 181-193; John L. Dagg, A Manual of Theology (Harrisonburg, VA: Gano Books, 1982), 207-220. 그렌즈는 삼직을 나름대로 재구성했다.

42) 그렌즈는 주 되심(kurios)을 예수 그리스도의 인격과 사역을 연결하는 고리로 이해했다.

43) 리탐, *그리스도의 사역*, 15-21. 리탐은 그리스도의 삼직분이 여전히 성경의 지지를 받는다고 생각한다.

수 그리스도의 첫 메시지는 "회개하라 하나님 나라가 가까이 왔느니라"로 시작한다(마 4:17, 막 1:15). 이것은 예수의 사명을 규정하는 말이며 동시에 그의 인격이 이 사명과 연관되어 드러날 것임을 알려준다. 죄로 가득한 이 땅, 자신에게서 소망을 찾을 수 없는 여기에 하나님 나라가 가까이 왔다는 것이다(마 4:17; 막 1:15; 눅 4:1-13). 하나님 나라는 우리가 올라가야 할 그 곳이 아니라 이 세상 안으로 침투해 들어오는 하나님의 은혜와 사랑의 나라이다.[44] 또 여기서 왕이란 표현과 나라가 들어있는데 이 말은 야훼가 친히 이 땅의 왕이 되어 다스린다는 의미이다. 즉 인간이 하나님을 찾아 위로 간다는 뜻이 아니라 하나님이 친히 세상을 방문하는 신비로운 방문이며, 창조주가 피조물을 찾아오는 매우 이상한 모습을 연출한다.[45]

야훼가 왕이라는 신앙은 이스라엘을 다른 모든 민족과 구별짓는 특징의 하나이다. 그런데 이스라엘의 왕이며 온 우주의 왕이 보통 사람의 한 아기에게서 발견된다. 이방인 천문학자들은 이 아기를 "유대인의 왕"으로 알고서 예물을 드리며 경배한다. 화려한 왕궁도 아닌 몰락한 다윗가의 후손에게, 그리고 방 한 칸 차지할 수 없어 짐승의 먹이통에 누운 아기에게 왕이란 칭호가 돌려진다(마 2:1-12). 누가에 의하면 구유에 누운 이 아기는 이스라엘의 구원자이며(눅 2:12), 하늘의 천사들이 아기를 둘러싸 하나님께 영광을 돌릴 만한 신비로운 사건임을 증언한다(13-14절). 보잘 것 없어 보이는 한 아기가 구원자(예수 그리스도)이며(마 1:21; 눅 2:11, 38) 왕이며(마 2:2) 임마누엘로 (1:23) 불리워진다. 그의 잉태는 남자를 모르는 처녀의 자궁을 성령이 덮음으로 되어진다.

---

44) 톰 라이트는 하나님 나라의 오심을 이렇게 기술한다. "예수는 사람들에게 다음과 같은 내용을 말씀해 주러 오셨다. 즉, 하나님은 지금 여기 '땅'에서 왕이 되시는 중이고, 그 일이 벌어지기를 위해 그들이 기도해야 하고, 그 일이 정말 벌어지고 있다는 신호들을 그분이 하시는 일 속에서 알아보아야 하며, 그분이 일을 다 이루시면 현실이 된다는 것이다." 톰 라이트, 톰 라이트가 묻고 예수가 답하다, 윤종석 역 (서울: 두란노, 2013), 229-230.
45) 보통 신분이 낮은 사람이 높은 사람을 찾아가는 것에 반해 성경에서는 야훼가 사람을 찾아온다고 말한다.

죄와 악으로 가득한 세계에 멀리 계시던 하나님이 찾아오는 우주적 방문에 대한 증언이 곧 하나님 나라인 것이다. 복음서 두 곳의 증언에 의하면 이 방문의 첫 단계는 신비에 가득한 아기의 출생이며, 이 출생을 축하하러 온 사람은 유대인이 아닌 이방인 박사와 이름 없는 양치기들이었다. 세상은 뜻밖에도 하나님 나라의 방문을 받는다. 그것도 한 사람 예수 그리스도에 의해 선포되고 시작되는 방식으로 말이다.

하나님 나라가 오고 그 왕이 세상을 방문한다면 왕이신 야훼가 직접 와야 한다. 그러나 야훼는 오지 않았으며 사람들은 계속해서 그의 메시야 표징을 요구한다. 하지만 예수 그리스도는 그들의 욕구를 충족시키지 않는다. 그 나라는 선포되었으나 왕이신 야훼는 어디 계신가? 사람들의 의혹은 더욱 증대되었으며 그들은 계속해서 묻는다. "예수, 당신은 왕인 메시야인가?"

이사야에 의해 예언된 그 나라는 왕이신 야훼가 이스라엘의 죄를 없이 하고, 우주적 통치를 실현하기 위해 스스로 희생과 고난을 감수하는 종으로 오는 것으로 묘사된다(53장). 세상의 왕은 폭정과 힘과 불의로 다스리지만, 삼위일체 하나님은 왕이 아니라 종으로 섬기기 위해 온다. 그의 겸손은 짐승의 먹이통에서 경배를 받는 것으로 시작하여, 사람들의 인정을 받으려 하지 않고, 진리를 가르치는 스승으로, 새로운 삶을 여는 주체로 시작한다. 이스라엘 백성으로 인정받지 못하던 사람들이 백성으로 받아들여지고, 강력한 군대와 이데올로기로 무장한 열심당원이 아니라 배우지 못한 사람, 힘 없고 소외된 백성이 그리스도를 따른다. 20세기의 혁명을 경험한 사람들이 혁명가로 부를 어떠한 모습도 그 안에 없다. 그는 폭력을 거부하고 겸손과 사랑으로 돌보며, 진리에는 지독할 만큼 단호하다. 그는 왕이라 불리기에는 도무지 부족한 사람일 뿐이다. 하나님 나라를 가르치고 보이며, 예시하고 삶으로 그 나라를 실현해나간다. 간음한 여인을 용서하며(요 8:3-11) 손가락질당하는 삭개오를 아브라함의 자손으로 받아들이며 그 집에서 머무르며 함께 식사를 했고(눅 19:1-10) 외적 성전에 기대를 건 유대인의 기대구조를 무너뜨렸다.

하나님 나라의 왕으로 온 성자 예수에 대한 기대가 절정에 이른 것은 그가 나귀를 타고 성전으로 입성할 때였다. 제자들은 옷을 벗어 땅에 깔고 사람들은 호산나를 외치며 환호했다(마 21:8-9). 하나님 나라의 왕(메시야)이 왕위를 받는 대관식이 펼쳐지는 것으로 보였다. 그의 인기는 절정에 달했다. 그러나 그는 왕으로 세워지기는커녕, 죄와 악의 힘에 의해 점점 코너로 몰리고 결국에는 희생제물로 바쳐진다. 그는 악한 권력과 불의의 힘에 의해 죄인으로 정죄받고 처벌을 받아 결국은 죽고 만다. 그래서 그의 왕 됨의 선포, 그 나라의 오심, 이스라엘을 위한 속죄와 구원은 모두 허사가 되었다. 야훼의 나라는 실현되지 않았고 다만 기만적인 쇼에 불과한 것처럼 보였으며 그는 야훼에 의해 버림 받은 존재가 되었다. 누구도 그가 선포한 하나님 나라가 진정 세상 나라 안에서 활동한다고 생각할 수 없는 그 때에 하나님은 성자 예수를 살림으로 그 나라는 참으로 예수 그리스도와 함께 살아 있는 실재가 되었다.

그러므로 예수와 연합하면 하나님과 연합하는 것이며 그 나라 안에 사는 것이다. 예수의 인격과 사역은 하나님 나라의 문맥에서만 의미심장한 계시의 내용이 된다. 로버트 리탐의 말처럼 "하나님 나라는 예수에게 초점이 맞춰져있다."[46] "우리 주님은 자신의 인격과 사명 속으로 하나님의 통치가 돌입하여 임재해 계신다는 것을 인식하고 있었다."[47]

공생애 시작의 첫 메시지는 하나님 나라가 가까움에 대한 것이었는데(4:17), 이 말은 하나님 나라가 그리스도 예수의 성육신적 사역으로 인해 우리의 삶에 가까이 있다는 뜻이다. 하나님 나라는 그리스도와 함께 세상 안에 있으며, 그리스도를 통하여 들어갈 수 있는 곳이다. 그리스도는 이 나라의 주권자로 우리의 현실 세계 안에 계신다. 그리스도의 죽음과 부활은 하나님 나라가 이 땅에서 지속적이고 역동적인 실체이며 세상에 대한 하나님의 통치로서 하나님 나라는 오직 예수 그리스도와 함께 세상 안으로 들어온 실제가 되었다. 승천 직전의 예수가 당부한 증인이 되는 삶은 하나님 나라의 증

---

[46] 리탐, *그리스도의 사역*, 58.
[47] 그렌즈, *하나님의 공동체를 위한 신학*, 489.

인이 되도록 하는 것이었다(행 1:8). 하나님 나라는 예수 그리스도가 없으면 존재할 수 없으며 예수 그리스도가 가져온 것이며 예수 그리스도로만 볼 수 있고(요 3:3) 성자를 믿음으로 그 나라의 생명을 얻으며 그 안에서만 들어갈 수 있는 양의 문이 되며(10:7), 예수 그리스도를 따르는 것이 곧 하나님의 나라 안으로 들어가는 것이다(막 10:23). 그리스도 예수 안에서 하나님 나라는 (시공간을 포함하여) 존재적으로 멀리 있는 것이 아니라 바로 여기에 있는 현존하는 능력이며 통치이며(마 12:28), 살아있는 생명이며 물과 성령으로 개방된 집이며, 침노하는 사람이 가질 수 있는 것이다(11:12). 비록 그 나라의 완성은 미래에 속한 영역이나 지금 바로 여기서 살아있는 실존이다. 하나님 나라는 그리스도 예수 안에서 임한 생명과 진리, 능력과 새로운 삶, 하나님의 통치하심과 권위있는 진리의 말씀이다. 하나님 나라는 예수 그리스도의 말씀의 가르침 안에서 현존하는 실재이며,[48] 오직 그리스도 예수 안에서 하나님이 이 땅의 삶에서 주님이 되는 것이다.

20세기에 발전한 하나님 나라의 신학은 "이미"와 "아직"의 구조를 중심으로 전개되었으나 이것은 어디까지나 하나의 측면에 불과하다. 하나님 나라의 핵심은 성자의 성육신, 예수 그리스도의 전체로서의 삶, 즉 몰트만과 베르코프가 '그리스도의 길'(the Way)로 규정한 것으로 이해해야 한다.[49] 성자

---

[48] 예수 그리스도와 하나님 나라의 핵심으로 이해할 때 해결되어야 할 한가지 문제가 있는데 그것은 예수 그리스도의 메시지가 하나님 나라인데 반해 사도적 증인들의 메시지는 예수 자신의 인격과 삶에 집중한다는 차이점이다. 예수 그리스도도 복음서의 후반부로 갈수록 하나님 나라보다는 자신의 고난과 죽음, 부활의 영광에 대해 집중한다. 이를 조화하는 것은 단순하지는 않지만 예수 자신이 자신의 고난에 집중했던 것은 십자가의 계시적 성격이 순차적으로 진행될 때 잘 이해될 수 있다는 것에 대한 인식인 것으로 보인다. 메시야 예수는 하나님 나라의 현존이라는 중대한 일에서 자신의 인격과 사명이 핵심을 차지한다는 사실을 잘 알고 있었으며, 제자들 역시 이 중요성을 절감하고 있었던 것으로 보인다. 사도들이 아주 구체적인 기독론과 삼위일체론을 발전시킨 것은 아니지만 그리스도가 하나님과 구별되는 하나님의 아들인 동시에 사람된 분이라는 사실과 그리스도를 통한 삼위일체론이라는 신학적 구조만큼은 분명하게 이해했던 것으로 보인다. 다만 삼위일체와 성육신의 신비를 좀 더 구체적으로 숙고하게 된 것은 교회사의 몫이었다.
[49] 몰트만이 발전시킨 그리스도의 길은 그의 기독론의 제목에서도 잘 나타난다. *The Way*

의 인격과 삶은 하나님 나라와 예수 그리스도의 성육에서만 밝혀지며 성육신은 동정녀 출생의 한 순간이 아니라 성육신의 전 기간, 즉 출생부터 성장, 공생애, 십자가와 부활, 승천, 그리고 영광스런 재림이라는 전체를 아우르는 기간 안에서만 이해된다. 성자가 육신을 취했다는 의미는 성자인 예수 그리스도의 성육신의 전 기간을 의미한다. 그러므로 "이미"와 "아직"의 구조는 성육하신 예수 그리스도의 "이미"와 "아직"이다.

그러므로 사람들은 그리스도를 받아들임으로 하나님 나라 안으로 들어가며 새 생명을 누릴 수 있다. 그러나 이것은 오직 자기를 부인하고 그리스도의 십자가를 받아들이는 것에서 시작된다. 옛 삶의 가치와 자기 중심성을 부인하고 옛 삶에서 돌이켜 주님께로 돌아서며 주님을 따라가는 것이 낙타가 바늘귀를 통과하는 것보다 더 어려운 하나님 나라 안으로 들어가는 것이다. 그러므로 하나님 나라에 들어가려면 거짓되고 추한 옛 삶을 뉘우치고 성자 예수가 제공하는 초청을 받아들여야 한다(4:17).

그러나 하나님 나라는 예수 그리스도가 받은 고난과 버림 받음, 그리고 죽음으로 인해 실재가 된다(막 10:33-34). 고난과 사람들의 거부, 죽음과 부활의 메시지는 곧 하나님 나라에 들어가지 못한 부자청년에 대한 메시지에 바로 이어 등장한다. 그 나라는 십자가를 지는 것이며 우리 죄를 대신하여 피 흘리는 언약적/대속적 죽음이다(마 26:26-29). 하나님 나라가 완성되어 포도 열매로 잔치를 벌이는 것은 진노의 포도주를 마시는 이후에 일어난다(요 2:4; 마 20:28). 하나님 나라는 회개를 요구하며 사람들이 들어갈 자격과 가능성을 십자가의 화해로 이룬다.

하나님 나라의 우선되고 핵심적인 요소는 하나님 나라가 하나님의 통치와 연결되는데 이 통치는 또한 예수 그리스도를 통해서 이루어진다. 마태복음 12장 28절에서 하나님 나라가 죄인의 삶에 현존하는 실제적 힘으로 작용할 수 있는 것은 예수께서 성령의 도움으로 귀신을 쫓아냈을 때이다. 즉 하나님 나라는 예수 그리스도와 함께, 그리고 예수 그리스도 안에서 사람의 삶에 실

---

*of Jesus Christ: Messianic Christology in the Making* (Minneapolis: Fortress, 1993)

제적인 힘으로 작용하는 것이다. 그러므로 이 나라는 유대인의 기대 구조 안에 있었으며 때가 찼을 때에 세상 안으로 들어왔다. 따라서 멀리 있던 하나님 나라가 가까이 온 것은 성자 예수가 사람이 되어 죄로 점철된 피조물의 시공간 안으로 들어왔을 때이다.

## 2. 십자가의 죽음

성자와 인간과의 연대성에는 두 측면이 있다. 예수 그리스도가 사람의 운명을 받아들인 수용의 차원이 있다. 이것은 죄인에게 임하는 하나님의 심판과 저주인 셈이며 예수 그리스도는 스스로 이 저주를 수용함으로 우리와의 연대성을 확보했다.[50] 인간과 연대한 성자 예수는 모든 사람의 저주를 스스로 자신에게 지우고 실제로 저주의 죽음을 맞이했다. 이것은 성육하신 성자가 인간과 연대했다는 뜻이다. 이같은 연대성의 특징은 그리스도 예수가 인간의 운명인 죽음을 받아들이는 단계를 의미한다. "모든 사람이 죄를 범하였으매" 죽음이 하나의 저주로서 모든 사람 위에 거역할 수 없는 힘으로 작용한다.

다른 하나는 예수 그리스도가 하나님께 전적으로 순종하는 새로운 인간을 드리는 대표로서의 죽음을 의미한다. 아담과 하와는 하나님의 뜻에 따른 순종의 삶, 즉 세상을 정복하고 번성하라는 하나님의 뜻에 불순종했고 이로 인해 타락했다. 예수 그리스도는 삶의 단계를 거치면서 매순간 하나님의 뜻에 순종했으니, 성육하신 하나님의 아들의 전 생애는 순종의 삶이었다. 12살의 유월절에 그가 부모를 놀라게 하는 말을 했으나(눅 2:49) 그는 인간 부모에게도 순종하는 효도의 아들이었다(51절). 그는 매사에 하나님 아버지의 뜻을 이루려고 헌신했으며 유혹의 순간에도 하나님의 뜻을 구했다(마 4:1-11; 막 1:12-13; 눅 4:1-13; 마 26:36-46; 막 14:32-42; 눅 22:39-46). 성자의 순종

---

50) 성경은 이같은 수용에 대해 "우리의 죄를 담당했다"는 표현을 사용한다. "하나님이 죄를 알지도 못하신 자로 우리를 대신하여 죄를 삼으신 것은 우리로 하여금 저의 안에서 하나님의 의가 되게 하려 하심이니라"(고후 5:21)

은 성육신의 가장 참혹한 단계인 죽음에까지 이어진다. 그는 고뇌로 가득한 겟세마네의 밤을 통해 하나님으로부터 오는 저주의 죽음을 받아들이기로 결정했고, 자신의 생명을 십자가에 내어주었다. 이 죽음은 권력과 세상의 폭력에 의한 죽음이기도 했으나 성부와 성자 간의 협정이기도 했다.

성경은 예수의 수용적 순종과 드림의 순종을 죽음 사건에서 결합하여 이렇게 선포한다. "그는 육체에 계실 때에 자기를 죽음에서 능히 구원하실 이에게 심한 통곡과 눈물로 간구와 소원을 올렸고 그의 경외하심을 인하여 들으심을 얻었느니라"(히 6:7).[51] "내 영혼을 아버지 손에 의탁하나이다"라고 하는 것은 예수가 전적으로 하나님의 뜻에 자신을 맡기는 것, 죽음이라는 생명의 반대 현상 앞에서 오직 자신을 구원할 성부께 전적으로 부탁하는 것을 의미한다(눅 23:46). 이는 성자의 겸손의 극치이며, 우리를 향한 구원의 소망이 된다. 그리스도가 성부 하나님께 죽음의 저주까지도 받아들이는 순종을 통해서 오직 하나님을 경외하며 하나님의 뜻에 맡기는 것처럼, 이제 죽음의 순종을 드린 예수 그리스도께 자신을 맡긴 하나님의 백성에게 그는 "하나님의 아들이시라도 받으신 고난으로 순종함을 배워서 온전하게 되었은즉 자기를 순종하는 모든 자에게 영원한 구원의 근원"이 되신다(히 6:9). 그러므로

---

[51] 죽음을 앞둔 예수님의 태도는 실상, 겟세마네 동산에서의 기도에 잘 나타난다. 여기서 하나님의 아들이신 예수 그리스도는 십자가 형을 앞두고 "고민하여 죽게 되었다"고 말할 정도로 연약함을 드러낸다. 심지어 십자가의 잔을 마시지 않기를 구하기도 한다. 그러면서도 하나님 아버지의 뜻이 이루어지기를 간절히 구하는 결단의 기도로 기도를 마친다. 성경에 나타난 그 어느 때 모습보다도 비장하고 처절하며 연약한 모습으로 마치, 죽을 준비가 되지 않은 사람처럼 비통해하며 기도하는 모습에서 우리는 과연 그가 우리의 구원주가 되며 우리의 하나님이 되시기에 충분한지 의문을 품게 된다. 오스카 쿨만(Oscar Cullmann)이 대조한 예수 그리스도와 소크라테스의 죽음에 대한 태도는 십자가의 이해를 돕는다. 소크라테스는 독배를 마시면서도 태연했고 예수님은 죽음 앞에서 여느 사람과 다름 없는 보잘 것 없는 태도를 보였다. 거기에는 아무런 영웅의 모습이 없다. 태연하게 할복하는 사무라이나 사약을 마시고도 태연하게 죽어가던 선비의 모습과는 너무 대조적이고 특히 스데반과 비교하면 제자인 그의 삶이 스승의 삶보다 더욱 빛나고 멋있는 것이다. 그래서 예수님의 죽음에는 아무런 광채도 의연함도 없다. 그분은 죄인인 한 인간으로서 십자가에 못 박혔고 저주 받은 자에 불과했다. "나무 아래 달린 자마다 저주 아래 있다"는 바울의 언어를 상기시킨다.

그의 순종의 죽음은 우리의 구원이 되며 그는 우리 구원의 근원이 된다.

따라서 십자가의 죽음은 하나님을 감추는 동시에 드러내는 계시의 자리이다. 그리스도는 약함으로 죽었고 강함으로 다시 살았다. 하나님의 위대한 구원의 역사가 칠흑같이 어두운 밤 하늘에 길과 소망을 주는 별빛처럼 빛난다. 하나님께 버림받은 듯한 예수 그리스도의 죽음은 오히려 우리를 받아들이는 하나님의 위대한 손길이며 하나님의 약함과 어리석음은 하나님의 강하심과 지혜로우심의 역설적 표현이다.[52] 십자가는 저주의 표현이지만 받아들임의 표현이며, 겸손의 극치이며 낮춤의 표현이지만 동시에 신적 영광의 극치이기도 하다.[53] 루터와 바르트가 해석한 십자가의 역설은 성자 예수의 성육신적 역사의 흐름을 바르게 추적한 것이다.[54]

사람들은 성육하신 하나님이 어떻게 죽음을 경험할 수 있는 지를 묻지만 성경은 이에 대해 침묵한다. 성육신은 하나님의 신비와 능력, 지혜와 긍휼에 속하기 때문이다. 바울 사도는 성육신의 신비가 하나님의 신비에 해당함을 이렇게 말해준다. "아버지께서는 모든 충만으로 예수 안에 거하게 하시고 그의 십자가의 피로 화평을 이루사 만물 곧 땅에 있는 것들이나 하늘에 있는

---

[52] 크롬마허는 십자가의 계시에 대해 다음과 같이 쓴다. "오, 하나님 감사합니다. 그 고난의 장면 속에서 은혜의 태양이 죄악된 세상을 향하여 떠올랐습니다. 그리고 유다의 사자가 공중 권세 잡는 자의 영들의 지역으로 올라갔습니다. 그리하여 그 비밀스런 싸움 속에서 영구히 그들을 물리쳐 우리를 위하십니다." 크롬마허, *고난받는 그리스도*, 서문강 역 (서울: 지평서원, 2005), 482.

[53] "순종과 자기 내어주심의 방식으로, 예수의 인성은 하나님의 영역" 즉 "영광"(히. 카보드; 헬 독사)의 영역으로 취하여졌으며, 이렇게 해서 지금까지 하나님 자신의 유일한 영역이 되었다. 그것에 의해서 그는 "인간에서 신으로 변한 것이 아니라, 그의 모든 이전의 길의 절정으로서, 인간으로서 하나님과의 가장 친밀한 연합을 받게 되셨다." 베르코프, *교의학개론*, 512.

[54] 하지만 오해하지 말아야 한다. 어둠이 곧 빛이고 존재가 아닌 것이 존재이며, 죽음이 곧 생명이고 양이 음이라는 식의 이해도 아니다. 또 이것은 헤겔처럼, 정(thesis)과 반(anti-thesis)이 새로운 융합인 합(synthesis)을 창출하는 그런 식의 역사 흐름이 아니다. 성경에서 죽음은 죽음이며 결코 생명의 유사어가 아니다. 죽음과 생명, 특히 십자가의 죽음과 부활은 연속적 사건이 아님을 인지해야 한다. 이 둘의 본래적 연속성이란 존재하지 않는다. 둘을 결코 조화시킬 수 없는 것이다.

것들을 그로 말미암아 자기와 화목케 되기를 기뻐하심이라"(골 1:19-20).

그래서 우리는 이 십자가를 지도록 요구받으며 이 십자가에서만 우리의 저주와 죄 짐이 풀어진다는 사실을 알며, 이 십자가에서 우리와 연합한 하나님의 아들인 예수 그리스도의 정체성과 사명에 대해 눈을 뜰 수 있다. 따라서 우리는 다음의 성경구절을 참으로 이해할 수 있다. "하나님께서 그리스도 안에 계시사 세상을 자기와 화목하게 하시며 저희의 죄를 저희에게 돌리지 아니하시고"(고후 5:19) 베르코프는 이같은 성경의 사상을 잘 포착하여 이렇게 말해준다. "십자가 위에서 옛 사람과 새 사람, 그리고 하나님 사이에 결정적인 만남이 일어난다… 그렇게 해서 하나님이 여기에서 분명하게 계시되고 죄인을 사랑하시고 죄를 미워하시며, 죄인에게로 가는 길을 열어놓으시기 위하여 죄를 가져가 버리신 거룩한 사랑으로서 단번에 정의된다."[55]

### 3. 대속적 죽음과 화해

사람과 하나님 사이의 화해는 구약의 일시적/잠정적 속죄로는 불가능하다. 물론 구약의 희생제사조차도 하나님에 의해 제정된 은혜의 사건이지만 완전한 희생과 대속적 화해는 예수 그리스도에 의해 성취되었다. 성경은 예수의 십자가 죽음을 대속(substitutional death/vicarious atonement)으로 규정한다. 이는 하나님의 사랑과 뜻을 예수 그리스도가 순종함으로 받아들임에 따라 발생한 사건이다. 성자 예수의 겟세마네 기도는 그리스도가 저주의 잔을 마시는 것, 곧 십자가를 진 것이 하나님의 뜻이었음을 알려준다(마 26:36-46; 골 1:19-20).

그리스도의 죽음을 속죄 사건으로 이해하는 여러 방식이 있다. 안셀름(Anselm)은 칼케돈 기독론을 속죄에 적용한다. 그는 "왜 하나님이 사람이 되셨는가?"(*Cur Deus Homo*)라고 묻고 그 답을 당시 통용되던 배상법에서 추론하여 이렇게 답한다. 인간의 죄는 비록 유한한 인간에 의한 것이나 죄가 저질러진 대상, 즉 죄가 향하는 방향이 도덕적으로 무한하신 하나님이며 하

---
55) 베르코프, *교의학개론*, 499.

나님은 최대의 피해자이다. 그러므로 배상의 크기는 무한하다.[56] 따라서 죄인인 인간은 배상할 능력이 없다. 자신의 빚조차도 갚을 수 없기 때문이다. 따라서 이 배상의 가능성은 사람에게서 찾을 수 없다. 그럴 사람도 없으며 설령 이 세상에 유일하게 죄를 짓지 않은 한 사람이 있더라도 그는 모든 사람의 죄를 모두 배상할 수 없다. 단 한 사람이라면 몰라도. 따라서 유일한 가능성은 하나님 한 분 밖에 없다. 그러나 이 배상은 사람이 진 의무이므로 반드시 사람이 하나님께 채무를 변제해야 한다. 이런 두 가지 요구조건을 충족하기 위해 메시야 예수는 하나님으로서 사람 된 분이 되어야 한다. 배상이론(혹은 만족이론 satisfaction theory)은 분명 초기교회에서 성행한 사탄배상설(ransom theory)을 배제하기 위한 것이다.[57] 이 이론은 사람을 대표하여 성자가 가해자로서 피해자인 성부께 무엇을 드려야 하는 배상적 측면을 강조하는 것으로 종교개혁 전통에 있는 개신교와는 다르다.[58]

동시대의 아벨라드(Peter Abellad)는 이런 배상 자체를 신적 정의에 어긋나는 것으로 이해하여 소위 도덕적 감화이론(moral influence theory)을 주창했다. 아벨라드에 의하면 그리스도의 죽음은 하나님이 사람에 대해 하는 사랑

---

[56] 야구공이 날아와 차량을 파손했을 때 가해자는 단지 야구공의 값어치 만큼 보상하는 것이 아니라 손해를 본 액수로 보상하는 것과 같은 원리이다.

[57] 사탄 배상설은 초기교부들에게서 나타나지만 구스타프 아울렌은 초기교부의 속죄론이 그리스도의 우주적 승리와 사탄의 영향에서의 자유케하는 그리스도의 승리를 강조한 성경에 착안한 것으로 이해한다. 그레고리(Gregory of Nazienzus)는 "하나님이 압제자를 이기심으로 우리를 자유롭게 하시기 위함이었다"고 쓴다. 또 이레니우스는 "포로로 잡혀있던 인류는 이제 하나님의 자비로 그들을 속박하고 있던 세력에서 구원받았다. 하나님은 그의 피조물에 자비를 주셨고 그의 말씀이신 그리스도를 통하여 새 구원을 주셨는데 은혜가 아니고는 사람들 스스로 썩지 않음을 얻을 수 없음을 그들이 체험으로 배워 알 수 있게 하시기 위함이었다." Irenaeus, *Adversus Haereses* V., 21.3; 구스타프 아울렌, *승리자 그리스도*, 문창수 역 (서울: 정경사, 1992), 65페이지와 57페이지에서 재인용. 고든 루이스와 브루스 데머리스트에 의하면 아울렌의 승리자 그리스도(Christ the Victor) 사상은 "그리스도의 제사장 직분이 아니라 왕의 직분을 강조한다." 고든 루이스와 브루스 데머리스트, *통합신학: 인간론·기독론*, 김귀탁 역 (서울: 부흥과 개혁사, 2010), 802.

[58] Ibid., 807.

의 행동이며 하나님은 사람에게 요구하는 것이 없다. 다만 십자가는 하나님의 사랑을 입증하는 하나님의 주도적 동기유발 행위이다. 죄인들이 하나님께 나오지 못하는 것은 처벌에 대한 두려움이며, 변화되어야 하는 것은 인간의 죄가 아니라 인간 스스로가 가진 두려움이다. 다시 말하면 십자가에서 예증된 하나님의 사랑은 사람의 완고함을 푸는 심리적인 장치이며 죄인의 마음을 설복하는 효과가 있다. "하나님이 피조물과 함께 고난을 받으신 것에 대한 강력한 예증"인 셈이다.[59] 하나님은 언제나 사랑으로 죄인인 인간을 받아주려고 하며 문제는 우리 스스로가 십자가를 보고 풀어야 하는 것이다. 그러나 이런 해석은 성경의 관점과 너무나 다르다. 성경은 문제가 우리 안에 있다고 인정하지만 동시에 문제의 해결책이 우리 안에 없음도 지적한다(롬 2:5, 16; 3장). 그리스도의 십자가를 하나의 예증이나 우연한 사건으로 여기는 것은 성육신의 사건을 수많은 것의 하나로 여기는 것에 불과하다.

법학자인 휴고 그로티우스(Hugo Grotius)는 소위 통치이론(government theory)를 주창했는데 이 이론은 아벨라드처럼 통치자인 하나님이 백성에게 하는 행위로 이해한다. 소시니안에 반대하여 그는 하나님이 우주적 창조주와 통치자로서 질서를 유지하기 위해 그리스도의 죽음을 통해 죄인에 대한 하나님의 진노를 사람들의 마음에 불러 일으켜 악을 포기하고 세상의 질서를 유지한다는 것이다. 하나님은 사랑의 하나님이므로 아무런 조건 없이 죄인을 받아들일 수 있지만 이는 통치자의 법을 위반하는 것이므로 쉽게 간과할 수 없다. 만일 그렇게 한다면 율법의 권위를 약화시키는 것이다. 따라서 하나님의 무조건적 용서와 동시에 도덕적 통치 질서를 유지하기 위해 십자가는 필요 조건이며 통치 수단이다. 따라서 예수 그리스도의 죽음은 사람 안

---

[59] 루이스와 데머리스트, *인간론.기독론*, 803. 에릭슨은 약간 다르게 해석하는 데, 아벨라드에게 십자가는 우연한 일일 뿐이다. 그리스도의 죽음이란 우연한 한 사건이며 우연히 입증된 신적 사랑의 증거이다. 에릭슨은 호레이스 부쉬넬(Horace Bushnell)을 인용한다. 에릭슨, 기독론, 219. 루이스와 데머리스트의 해석은 십자가를 하나의 필연적 예증으로 이해하도록 한다. 물론 십자가가 아니라도 죄인은 스스로 죄를 깨달을 가능성이 얼마든지 있기는 하다. 소시니안(Socinian)도 유사한 방식으로 이해한다.

에 죄의 결과에 대한 두려움을 불러 일으키며 결과적으로 통치자인 하나님은 형벌 없이 자신의 왕국을 다스릴 수 있게 된다.[60]

소시니안은 속죄를 하나의 모범(example)로 이해한다. 성경의 두 구절인 베드로전서 2장 21절과 요한일서 2장 6절에 근거해서 이들은 그리스도의 죽음이 우리가 살아야 할 하나의 모범이라 보는 펠라기우스식 해석을 주창한다.[61] 하나님은 죄인에 대해 아무것도 요구하지 않으며 예수 그리스도도 단지 한 사람의 인간일 뿐이다. 다만 그의 죽음은 우리 안에 일종의 감동을 불러일으키며 예수 그리스도의 삶을 뒤따르도록 만든다는 것이다. 문제는 베드로전서 2장 24절에 예수 그리스도가 채찍에 맞음으로 나음을 입었다는 부분이 나온다는 점이다.

그리스도의 십자가 죽음의 순간이 "세상의 구심점"이라면 어떤 점에서 그러한가?[62] 몇 가지를 꼽을 수 있는데 우선적으로 십자가는 대속적 죽음을 의미한다. 대신한다는 의미의 이 단어는 성경의 용례 속에 풍부하게 발견된다. 이사야는 "우리는 다 양 같아서 그릇 행하여 각기 제 길로 갔거늘 여호와께서는 우리 무리의 죄악을 그에게 담당시키셨도다"(53:6)고 했으며 요한은 "보라 세상 죄를 지고 가는 하나님의 어린 양이로다"(요 1:29)고 선언했으며 바울은 "하나님이 죄를 알지도 못하신 자로 우리를 대신하여 죄를 삼으신 것은 우리로 하여금 저의 안에서 하나님의 의가 되게 하려 하심이니라"(고후 5:21)와 "그리스도께서 우리를 위하여 저주를 받은 바 되사 율법의 저주에서 우리를 속량하셨으니"(갈 3:13), 또 히브리서 저자는 "이와 같이 그리스도도 많은 사람의 죄를 담당하시려고 단번에 드리신 바 되셨고"(9:28)라고 했으며 베드로도 이사야를 인용하여 비슷한 사상을 전달한다(벧전 2:24).

두 번째로 성자의 죽음은 하나님이 주도하는 화해(reconciliation)를 의미한다. 하나님과 사람이 다투었다는 측면에서의 화해가 아니라 하나님이 주도

---

60) 에릭슨, 『기독론』, 226. 이 이론은 동양의 일벌백계와 매우 유사한 면모를 보인다.
61) Ibid., 215.
62) 라이트, 『톰 라이트가 묻고 예수가 답하다』, 294.

적으로 죄인을 찾아와 손을 내미는 그런 차원을 의미한다. "우리가 아직 죄인 되었을 때에 그리스도께서 우리를 위하여 죽으심으로 하나님께서 우리에게 대한 자기의 사랑을 확증하셨느니라"(롬 5:8). "사랑은 여기 있으니 우리가 하나님을 사랑한 것이 아니요 오직 하나님이 우리를 사랑하사 우리 죄를 위하여 화목제로 그 아들을 보내셨음이니라"(요일 4:10).

화해의 또 다른 측면은 우리의 대표자인 그리스도 예수가 우리를 하나님께 화해시키는 것도 포함한다. 이 화해의 측면도 물론 하나님께로부터 나오는 것이지만 화해의 방향이 사람인 예수 그리스도가 우리를 대표하여 하나님께 화해를 드리는 것으로 이해된다. "저가 그리스도로 말미암아 우리를 자기와 화목하게 하시고 또 우리에게 화목하게 하는 직책을 주셨으니 이는 하나님께서 그리스도 안에 계시사 세상을 자기와 화목하게 하시며 저희의 죄를 저희에게 돌리지 아니하시고 화목하게 하는 말씀을 우리에게 부탁하셨느니라"(고후 5:18-19).[63]

속죄의 마지막 측면은 그리스도가 하나님께 순종한 것에 있다. 그리스도의 순종은 우리의 불순종을 역전시키는 사건이다. 이레니우스가 소위 총괄갱신(recapitulation)을 주장한 것은 그리스도의 대속적 순종을 염두에 두었기 때문이다. 그리스도는 삶의 성장 단계를 거치면서 사람이 마땅히 순종했어야 할 불순종의 길을 걸으면서 우리에게 회복을 가져왔다. 십자가는 그리스도의 순종의 절정을 의미한다. 십자가 상에서 예수 그리스도가 "아버지여 내 영혼을 아버지 손에 부탁하나이다"(눅 23:46)고 한 말은 순종의 극치를 보여준다.

### 4. 부활과 영광

예수 그리스도는 우리의 저주를 짊어지고 죽음을 맞이했다(롬 5:12-17). 우리를 위해 죽으신 하나님의 아들도 여전히 죽음의 힘 앞에 굴복한다. 죽음

---

63) 그루뎀은 고후 5:18-19절을 쌍방의 화해로 이해하나 실제로 이 구절은 그리스도가 사람을 하나님께 화해시키는 것으로 보인다. 그루뎀, *조직신학*, 중권, 109.

은 반 창조의 힘이다. 하나님께서 창조하신 세계는 죽기 위해 존재하는 것이 아니라 살기 위해 존재한다. 하나님을 반하는 악은 마치 왕처럼 콧노래를 부르며 자신의 승리를 선포했다. 죽음의 권세를 가진 악의 왕은 심지어 하나님의 아들조차 그 앞에 굴복시킨 것처럼 보였다. 죽음은 다음 사건을 생각할 수 없기 때문이다. 죽음은 세계의 제왕으로 높여졌다.

성경은 죽음을 가장 마지막에 멸망 당할 원수라고 규정한다(고전 15:26). 그만큼 죽음의 힘이 강력하다는 것을 뜻한다. 그리스도의 대속적 죽음은 우리 안에 용서와 화해를 가져왔다. 그러나 만일 그가 다시 살지 못했더라면 우리는 여전히 죄와 죽음의 힘 앞에 굴복해야 한다(7절). 하나님의 자녀가 되는 권세는 받았으나 우리가 누리는 신앙은 죽음의 순간까지만 지속될 뿐이다. 또 우리가 믿는 주 예수 그리스도는 더 이상 살아계신 주님이 아니다. 만일 그리스도의 부활이 없다면 우리는 세상에서 가장 불쌍한 사람일 수밖에 없다. 우리가 고백하는 주님은 살아있는 분이 아니기 때문이다. 아무리 우리가 하나님의 용서와 새로운 삶을 경험해도 그것은 우리가 이 땅에서 살아있는 순간까지라는 제한된 시간 안에서만 유효할 뿐이다.

그리스도 예수가 십자가의 죽음을 경험하고 동굴 안에 매장되고 사흘 째에, 오직 침묵만이 흐르는 때에 하나님은 아무도 상상하지 못한 방식으로 예수 그리스도를 누운 자리에서 일으키셨다. 죄와 죽음의 역사 안에 일찍이 경험하지 못한 새로운 역사가 패배자로 여겨진 예수 그리스도 안에서 일어났다. 그리스도 안에 있는 새로운 생명이 죽음의 영역 안으로 파고 들어온 것이다. 마치 나사로를 속박하던 죽음의 결박이 예수 그리스도의 일어남에 의해 끊긴 것과 같다. 이는 분명히 역사 안에 일어난 한 사건이나 단순한 역사로 받아들이기에는 너무나 엄청나다. 그 중심부에 제자들과 교회의 증언이 있다. 사망이 지배하는 바로 그 곳에 한 사람 예수 그리스도가 사망을 이겼다.

십자가를 지는 결정을 내릴 때, 유다가 배신하는 순간에도, 성부 하나님은 그리스도에게서 영광을 받으셨고 다시 영광을 돌려주셨지만, 그리스도가 일어나는 순간에 하나님의 영광은 예수 그리스도 안에서 환하게 빛나게 되었다. 재창조의 역사가 예수 그리스도의 부활에서 시작된 것이다. 장차 올 영광스런 미래가 그리스도의 부활에서 예시된다. 죄와 사망이 지배하는 땅에서, 부활하신 예수 그리스도 안에서 하나님의 새로운 통치가 시작된다는 나팔 소리가 울려 퍼진 것이다. 이는 마치 새로운 나라의 시작을 알리는 나팔 소리와 같다. 그러므로 바울이 "누구든지 그리스도 예수 안에 있으면 새로운 피조물(카이네 크티시스, καινὴ κτίσις, new creation)이라 이전 것은 지나갔으니 보라 새 것이 되었도다"(고후 5:17)에서 창조(크티시스, κτίσις)란 단어를 예수 안에 있는 사람에게 적용한 것은 전혀 놀랍지 않다. 부활은 죽음의 세계를 뚫고 들어온 결정적인 힘이다. 이제 죽음이 지배하는 세상, 죄가 지배하는 세상의 통치는 끝났다. 세상은 그리스도 예수의 방문을 받았고, 세상은 성자 예수에 대해서도 잠시 지배력을 확보한 것처럼 보였으나 도리어 그 권세를 잃고 말았다. 따라서 누구든지 그리스도 예수와 연합한 사람은 이미 생명이 지배하는 새 역사 안에 들어 있다. 그리스도 예수 안에서 새로운 시대가 열렸고 교회는 그리스도 예수의 복음, 생명의 복음을 높이 들 수 있게 되었다. 빛이 어둠의 역사를 종식시키기 시작한 것이다. 하나님의 빛이 어둠 안에서 환하게 빛난다.

그리스도의 죽음에 나타난 부활 생명은 죽음을 정복한 것이다. 속죄가 죄책에 대한 용서라면 부활은 죄의 결과인 사망을 없이 한 것이다. 세상을 지배하던 영적 권세가 십자가로 무력하게 되고 마침내 부활로 그 힘에 결정적 타격을 입었다. 하나님의 생명이 죽음의 힘을 이기는 정복 사건이 그리스도의 부활에서 선포되었다. 고로 부활은 새 출발이며 죽음의 세계의 새로워짐이며 하나님 나라가 그리스도 예수 안에서 생명과 능력으로 현 시대의 삶 안으로 침투해 오는 것을 의미한다. 새 시대가 도래한 것이다![64]

초대교회는 그리스도의 생명이 지배하는 새로운 시대가 이미 시작되었음

---

64) 톰 라이트에 따르면 부활은 "하나님의 새로운 세상의 시작이고, 하나님 나라의 시작이다. 이제 하늘에서와 같이 땅에서도 하나님이 왕이시다. 그리고 하나님의 '왕 되심'의 구심점은 왕이시자 주이신 예수 자신께 있다. 십자가에 써 붙인 호칭은 과연 사실이었다. 부활이 그것을 입증해준다." 라이트, *톰 라이트가 묻고 예수가 답하다*, 301.

을 확신했고 그리스도의 부활로 인해 교회는 복음은 유대교의 신앙 안에 머물러 있지 않고 독자적으로 세상을 향해 나아갈 수밖에 없었다. 부활의 후폭풍은 대단히 강력해서 교회는 전통적인 신앙의식을 부활에 비추어 재고하기 시작했다. 마지막 날의 안식일이 그리스도 안에서 새 출발의 첫 날로 변경했다. 마지막 사건인 부활이 그리스도 안에서 새 출발이 되었기 때문이다. 그리스도의 부활이 새벽에 일어난 것은 어둠을 열고 빛을 가져온다는 상징으로 이해되었다. 그리스도를 구원의 중보로만 여기지 않고 그리스도 예수를 경배하기 시작했다. 부활은 성자가 하나님의 아들이라 주장한 것이 사실임을 입증하는 도구가 되었으며[65] 삼위일체 신앙을 향한 걸음이 시작되었다. 제자들이 그리스도인이라 불려졌으며 유월절 식사가 그리스도 예수 안에서 완성됨을 깨닫고 성만찬의 중요성에 눈을 떴으며, 침례의 즉각성과 필요를 알게 되었다. 하나님의 구원에 대한 메시지가 예수 그리스도의 복음으로 선포되었다.[66] 부활하신 성자 예수가 "주와 그리스도[메시야]"로 인정을 받았으며(행 2:36), 예수 그리스도의 이름으로 회개하면 죄의 용서와 구원을 얻으며(38절) 함께 떡을 떼는 종말론적 공동체가 형성되었다(42절).

부활은 우주적 변화의 기초가 된다. 물질세계의 질서가 그리스도 예수의 부활로 인해 변경된다. 그리스도의 부활 이전에는 죽음이 마지막 사건으로 여겨졌지만 이제는 그리스도의 부활 생명이 최후의 권세가 된다. 그리스도는 다시 죽지 아니하는 몸으로 부활했으며, 이로 인해 물질세계의 원리와 질서에도 부활은 산 소망이 된다(롬 8:21-23). 마침내 우리의 구원이 그리스도 예수 안에서 완성되었다.

부활과 죽음의 순서가 대단히 중요하다. 부활에서 죽음이 아니라 죽음으로부터 부활이다. 죽음이 그리스도의 부활 생명을 창조한다는 것이 아니라는 말이다. 죽음은 그런 일을 할 수 없다. 비존재가 창조를 일으킬 수 없듯이

---

[65] 베르코프는 "하나님이 예수 안에 계셨던 사실을 우리가 아는 것은 오직 부활을 통해서이다"라고 쓰고 있다. 베르코프, *교의학개론*, 508.
[66] 사도행전에서 베드로의 첫 메시지가 예수 그리스도의 죽으심과 부활하심, 그리고 그리스도 예수의 이름으로 얻는 회개와 구원에 대한 것이다. 행 2장 참고.

부활도 죽음에 의해 만들어지는 것이 아니다. 또 죽음 이후에는 자연스럽게 부활이 일어난다는 말도 아니다. 부활은 죽음 다음에 자연스럽게 어어지는 다음 단계가 아니기 때문이다. 죽음과 부활 사이에는 엄청난 불연속이 존재한다. 우리는 쉽게 죽음 이후의 부활을 그린다. 죽어서 부활하여 영원히 살 것이라고 믿으며 그리스도께서 걸으신 단계의 소중함을 잊어버린다. 오직 그리스도의 성육신으로 인해 죽음과 부활 사이에 연속성이 만들어진다. 이 심연과도 같은 절대적 차이를 오직 부활 사건이 극복한 것이다.

그리스도와의 연합은 그리스도의 성육신의 모든 단계와 연합하는 것을 의미한다. 우리가 그리스도와 연합할 수 있는 것은 성자의 성육신이 있기 때문이며, 부활의 주님과 연합하는 것은 주님의 부활로 말미암은 것이다. 그러나 우리는 주님의 죽으심과도 연합한 것이다. 그리스도와의 연합이란 성육하신 주님과의 연합이며 그러한 차원에서 우리의 전 생애와 그리스도의 성육신의 삶이 연합한 것이다. 따라서 십자가를 지는 것도 연합이며 고난을 받고 주님께서 걸으신 길을 가는 것도 연합이며 그리스도의 부활 생명에 동참하는 것도 연합이며 장차 오실 주님과 연합하는 것이 연합의 최종적 단계이다. 따라서 히브리서 저자가 다음과 같이 말하는 것은 지극히 당연하다. "그러므로 예수도 자기 피로써 백성을 거룩케 하려고 성문 밖에서 고난을 받으셨느니라 그런즉 우리는 그 능욕을 지고 영문 밖으로 그에게 나아가자"(히 13:12-13).

## 5. 승천과 재림

승천은 그리스도의 부활을 확증하는 것이며 그리스도의 현재적 통치를 의미한다.[67] 그리스도 예수의 승천이 누가복음에는 "하늘로 올리웠다"(24:51)로, 사도행전에는 "하늘로 올리워 가시니 구름이 저를 가리워 보이지 않게

---

67) 그렌즈, *하나님의 공동체를 위한 신학*, 519-521. 그렌즈는 행 1:9을 그리스도가 성령으로 신자들에게 임재하는 현재적 사역의 증거로 본다. 그러나 이 구절에서 구름이 가리는 신적 영광의 임재는 하나의 상징이기는 하지만 성령의 임재와는 구별되는 것이 바람직하다.

하더라"(1:9)로, 마가복음에는 승천하여 "하나님 우편에 앉았다"(16:19)고 보고한다. 하늘과 구름이 상징하는 바는 물리적 하늘이 아니라 하나님의 보좌가 있는 곳을 의미한다. "더 이상 보이지 않게 되었다"는 표현은 하나님의 영역이 우리 눈에 가시적으로 드러나지 않는다는 말이다.[68]

승천과 하나님 우편에 앉으심이 연결되었는데(엡 1:20; 4:8-10; 딤전 3:16, 히 1:3; 4:14; 9:24) 이는 그리스도의 통치가 곧 하나님의 통치임을 말해준다.[69] 그리스도는 자신의 빛의 왕국을 다스리는 왕이며 우리는 "그의 나라요

---

[68] 웨인 그루뎀은 승천이 "시공간"의 장소임을 강조한다. 그러나 천국이 시공간의 한 장소이면 과학의 발달로 인해 언젠가는 그곳에 오갈 수 있게 된다는 말이 된다. 예수 그리스도가 요 24:2-3에서 처소를 예비한다고 한 말은 장소를 준비한다는 말이 아니라 하나님 나라가 완성되도록 그의 사역을 계속한다는 말이다. 성경에서 천국이란 분명히 장소적 개념이지만 이것은 장차 하나님 나라와 그 뜻이 하늘에서 이룬 것처럼 땅에서 이루어질 때이며 현 세계가 변화되어 새 하늘과 새 땅을 이룰 것이다. 현재적인 경륜에서 하늘이란 땅과 맞닿은 영역, 즉 하나님의 영역이다. 참고. 그루뎀, *조직신학*, 중권, 173-174.

[69] 밀라드 에릭슨은 빌 2:9-11 "이러므로 하나님이 그를 지극히 높여 모든 이름 위에 뛰어난 이름을 주사 하늘에 있는 자들과 땅에 있는 자들로 모든 무릎을 예수의 이름에 꿇게 하시고"를 인용하고 성육 이전의 통치와 승천 이후의 통치에는 "죽음을 극복하는 개인적 경험"의 차이가 있다고 지적했다. 즉 그리스도는 체휼하는 분이시다. 물론 에릭슨은 승천하여 보좌에 앉으신 그리스도는 여전히 성육신을 지속한다고 쓴다. 에릭슨, *기독론*, 206-207. 그렌즈는 승천이 그리스도의 현재적 통치를 비롯하여 후속사역과 연결하는 고리로 이해한다. 이는 바른 지적이다. 그렌즈, *하나님의 공동체를 위한 신학*, 519. 그리스도의 현재적 중보 사역에 대해서는 존 번연이 아주 인상적인 말로 표현했다. "그리스도께서 중보자시므로 신자는 단순한 위로를 얻기 위해 십자가를 의지해서는 안 된다. 신자는 십자가에서 칭의를 찾아야 한다. 그러나 그리스도의 보혈로 의롭다 함을 받기에 신자는 그리스도를 따라 보좌에 올라가야 한다. 십자가에서 당신은 그분의 슬픔과 자기 비하, 그분의 눈물과 보혈을 볼 것이다. 그러나 지금 그분이 계시는 곳으로 따라가라. 그러면 당신은 그분이 금띠를 가슴에 두르시고 제사장의 옷을 입고 계심을 볼 것이다. 그런 다음 당신은 그분이 당신의 이름이 기록된 의의 흉배를 붙이고 계심을 볼 것이다. 그런 다음 당신은 천상과 지상에 있는 전체 가족이 그분의 이름으로 일컬어짐을 알게 될 것이며, 그분이 당신을 위해 자비의 아버지를 어떻게 이기시는지를 알게 될 것이다. 아직은 더 서 있으라. 그리고 귀를 기울여라. 그리고 담대함으로 지성소에 들어가 당신을 위해 하나님 아버지 면전에 지금 나타나신 당신의 예수 그리스도를 주목하라. 당신을 위해 그리스도께서 어떻게 마귀와 죄와 죽음과 지옥에 대항하시는 일을 하시는 지 보라." [존 번연, *예수님의 뜨거운 기도: 완전하신 구세주 예수 그*

소유된 백성"이다. 사람과 연합한 그리스도 예수는 성육신의 상태로 하나님의 통치를 시작하며 우리는 그 통치 안에서 사는 하나님 나라의 백성이며 모든 피조물이 그의 통치 영역 안에 포함된다(엡 4:10).

승천의 마지막 요인은 삼위일체의 경륜적 역사를 완성하기 위한 것이다. 그리스도가 승천하지 않으면 성령의 사역이 시작되지 않는다. 부활하신 예수 그리스도는 하나님 나라에 대해 가르치고 승천 직전에 제자들에게 성령이 임할 것을 약속했다(행 1:5). 승천으로 말미암아 그리스도의 경륜적 사역이 성령에 의해 지속된다.[70]

그러나 승천은 그리스도의 사역의 마지막 단계가 아니다. 성육신이 완성되는 때는 재림의 순간이며 그때에 주님은 영광의 주로 오실 것이다. 승천하신 주님을 바라보던 제자들에게 주님이 다시 오실 것이라고 천사가 알려준 것은 바로 이 때문이다(10-11절). 주님의 사역이 하나님 나라의 완성에 있다면 그 나라가 이 땅에 임할 때에는 모든 악이 정복되고 모든 무릎이 예수의 이름에 꿇고 모든 입술이 예수 그리스도를 주라 시인할 때에 완성된다(빌 2:10-11). 그때에 삼위일체 하나님은 "만유의 주"로서 영광과 존귀를 받으시고 세상 나라가 하나님과 그리스도의 나라가 되며(계 11:15) 새 하늘과 새 땅이 완성되며(21:1), 하늘에 영원한 찬양이 울려 퍼지며(4:8-11; 5:11-14; 8:9-12), 임마누엘이 완성되며(21:3), 하나님의 통치가 완전히 실현되며(19:6), 하나님의 영광이 모든 만물 안에 배어든다(롬 11:36 "만물이 주에게서 나오고 주로 말미암고 주에게로 돌아감이라 영광이 세세에 그에게 있으리로다"). 그러므로 우리가 한 목소리로 "아멘, 주 예수여 오시옵소서"라고 외치는 것이다. 오직 주님께 영광이 있을지어다!

---

리스도의 중보기도, 이기승 역 (서울: 씨뿌리는 사람, 2006), 24.
70) 에릭슨, 기독론, 207.

## VI. 실천적 적용

1. 기독론은 다른 모든 교리의 핵심이 된다. 하나님을 아는 일은 그리스도 예수를 아는 것이며 예수 그리스도의 이름으로만 구원이 있다는 사실을 지적한다. 그러므로 구원으로 가는 신앙은 반드시 그리스도를 거쳐야 하며 다른 모든 교리도 기독론을 통과해야 한다.

2. 성육하신 그리스도는 우리의 구원의 보증이다. 그리스도가 하나님이기에 우리의 구원은 한 사람의 노력이나 영웅적 행동을 넘어서 진실로 우리가 믿은 그리스도가 하나님이라는 구원을 이룬다.

3. 그리스도의 참 인간성은 신앙에 있어서 인격성의 중요함에 대해서 인지하도록 한다. 전인격적 삶이란 하나님이 중심에 있는 포괄적인 원 안에 포함된 것이며 그 안의 다른 모든 것이 이 중심과 빛으로 의미를 얻는다.

■ 참고문헌

고든 루이스. 브루스 데머리스트. *통합신학: 인간론 기독론*. 김귀탁 역. 서울: 부흥과 개혁사, 2010.

구스타프 아울렌. *승리자 그리스도*. 문창수 역. 서울: 정경사, 1992.

데이비드 웰스. *기독론: 그리스도는 누구신가*. 이승구 역. 서울: 부흥과개혁사, 2015.

도날드 맥클라우드. *그리스도의 인격*. 김재성 역. 서울: 한국기독학생회출판부, 2001.

로버트 리탐. *그리스도의 사역*. 황영철 역. 서울: 한국기독학생회출판부, 2000.

루이스 벌코프. *조직신학*. 하권. 권수경.이상원 역. 서울: 크리스천다이제스트, 2000.

리차드 A. 노리스. *기독론논쟁*. 홍삼열 역. 서울: 은성, 1998.

밀라드 J. 에릭슨. *기독교신학 시리즈 4권: 기독론*. 홍찬혁 역. 서울: 기독교문서선교회, 1991.

스탠리 그렌즈. *조직신학: 하나님의 공동체를 위한 신학*. 신옥수 역. 서울: 크리스천다이제스트, 2003.

웨인 그루뎀. *조직신학: 성경적 교리학 입문서*. 중권 노진준 역. 서울: 은성, 1996.

존 번연. *예수님의 뜨거운 기도: 완전하신 구세주 예수 그리스도의 중보기도*. 이기승 역. 서울: 씨뿌리는 사람, 2006.

존 F. 프레임. *조직신학개론*. 김용준 역. 서울: 개혁주의신학사, 2011.

크롬마허. *고난받는 그리스도*. 서문강 역. 서울: 지평서원, 2005.

톰 라이트. *톰 라이트가 묻고 예수가 답하다*. 윤종식 역. 서울: 두란노, 2013.

헤르만 바빙크. *개혁교의학 3*. 박태현 역. 서울: 부흥과개혁사, 2011.

헨드리쿠스 베르코프. *교의학 개론*. 신경수 역. 서울: 크리스천다이제스트, 2008.

Akin, Daniel L. "The Person of Christ," in *Theology for the Church*. Edited by

Daniel L. Akin. Nashville: B&H, 2014.

Bavinck, Hermann. *Reformed Dogmatics.* Vol. 3. Translated by John Vriend. Grand Rapids: Baker, 2006.

Cullmann, Oscar. *Christology of the New Testament.* Translated by Shirlie C. Guthrie and Charles A. M. Hall. Rev. ed. Philadelphia: Westminster, 1963.

Dagg, John L. *A Manual of Theology.* Harrisonburg, VA: Gano Books, 1982.

Feinberg, John S. *No One Like Him: The Doctrine of God.* Wheaton, IL: Crossway, 2001.

Irenaeus. *Against Heresies of Irenaeus. In vol. 1 of Ante-Nicene Fathers,* Series 1, edited by Alexander Roberts and James Donaldson. 10 vols. Peabody, MT: Hendrickson, 2004.

Käsemann, Ernst. *Commentary on Romans.* Grand Rapids: Eerdmans, 1980.

Moltmann, Jürgen. *The Way of Jesus Christ: Messianic Christology in the Making.* Translated by Margaret Kohl. Minneapolis: Fortress, 1993.

Morris, Leon. *Lord from Heave: A Study of the New Testament Teaching on the Deity and Humanity of Jesus.* Grand Rapids: Eerdmans, 1958.

Pannenberg, Wolfhart. *Jesus-God and Man.* 2nd ed. Translated by Lewis L. Wilkins and Duane A. Priebe. Philadelphia: The Westminster Press, 1977.

Waldron, Samuel E., *A Modern Exposition of the 1689 Baptist Confession of Faith.* Durham, England: Evangelical Press, 1989.

# 6장
# 성령론

# BAPTIST SYSTEMATIC THEOLOGY

# 6장. 성령론

조 동 선

## I. 서론

### 1. 성령론의 중요성

에릭슨(Erickson)은 성령론의 중요성을 세 가지로 요약하였다.[1] 첫째, 성부와 성자는 성령을 통해 우리에게 인격적으로 존재하신다. 둘째, 모든 신적 역사에 삼위께서 늘 함께 역사하지만 우리가 살고 있는 사도행전 이후의 교회시대에는 성령의 사역이 두드러지게 나타나고 있다. 셋째, 경험적인 것을 강조하는 이 세대에 우리가 하나님의 임재와 그리스도인의 삶에 필요한 능력을 경험하게 되는 것도 성령을 통해서이다. 그러나 이런 성령론의 중요성에도 불구하고 현대 기독교에서 성령론 만큼 많은 신학적 논쟁과 교회의 분열을 가져온 교리도 없을 것이다. 어떤 이들은 성령에 대한 교리적 접근을 무시하거나 아예 부정하려고 한다. 그들은 성령은 바람과 같이 역사하시며(요 3:8) 자신을 드러내지 않기 때문에 상대적으로 객관화하기가 어렵다고 주장한다. 그럼에도 불구하고 성령 하나님에 대한 교리적 연구는 여전히 필요한 것이다. 예수님은 우리가 초월자이신 하나님을 영과 진리 안에서 예배할 것을 요구하신다(4:24). 성령의 초월성은 그분의 계시 이외에는 그분을 알 수 없다는 것이지 그분을 전혀 알 수 없다는 것이 아니다. 예수님은 인간의 언어로 쓰여진 성경에 성령에 대한 계시를 남기셨다(14-16장). 따라서 신비한 성령의 본성과 역사를 이해하고 체험하기 위한 가장 우선적인 작업은 성령이 저술하셨으며 조

---

1) Millard J. Erickson, *Christian Theology* (Grand Rapids: Baker: 2013, 3rd. ed.), 773.

명해 주시는 성경적 성령론을 연구하는 것이다.

## 2. 성경의 권위와 체험의 관계

오직 성경만이 절대 무오한 진리의 척도요 최종 권위이기 때문에 성령론은 '오직 성경으로만'(Sola Scriptura)의 원칙 아래에서 전개되어야 한다. Sola Scriptura는 성경이 어떤 신학 작업에서도 최고의 권위를 갖게 되며 우리가 무엇을 믿어야 하는가를 "규정해 주는 규범"(norma normans)이며, 반면 다른 신학 자료들(전통, 이성 그리고 경험)은 성경에 의해 "규정되어진 규범들"(norma normata)로 보아야 한다는 것을 의미한다. 모든 신학적 연구에서 성경이 우리의 무오한 안내자라는 사실이 성령론에서는 더욱 더 강조되어야 하는데 그 이유는 성령론 만큼 개인의 주관적 체험이 많은 영향력을 행사하는 교리가 없기 때문이다. 오든(Oden)이 지적하듯, 성령에 대한 우리의 경험들이 "자기 기만과 자기가 원하는 것들로 가득찬 왜곡들"에 쉽게 노출되어 있기 때문에 우리는 성경보다는 광신적이며, 신기한 것들과, 모든것을 자기 중심으로 판단하는 주관주의에 더 많은 관심을 갖게 된다.[2] 따라서 성령론에서 가장 큰 문제는 체험이 성경과 거의 동등한 권위를 가지거나 방법론상 성경보다 우선성을 가질 때 발생한다.

성령에 대해 누군가 어떤 경험을 했다는 사실이 그 경험을 자동적으로 기독교적인 것으로 만들지는 않는다. 패커(J. I. Packer)에 따르면, 그 경험이 "성경에 의해서 테스트를 받아" 하나님에 관한 "[성경에] 계시된 어떤 진리에 대하여 더욱 강화된 인식"을 제시할 때, 비로소 그 경험은 기독교적인 것이 된다.[3] 어떤 이들은 자신의 체험에 근거한 사역이 하나님께 복을 받고 있으며 그 사역을 통해 하나님 나라가 확장되고 있으므로 성령에 대한 자신의 체험과 견해가 성경적이라고 주장한다. 하나님은 긍휼하시고 은혜가 풍성하시기 때문

---

2) Thomas C. Oden, *Systematic Theology* (Peabody: Hendrickson, 2006), 3:10.
3) *Keep in Step with the Spirit* (Grand Rapids: Baker Books, 2005), 162. 존 스토트, *성령세례와 충만*, 김현희 역 (서울: IVP, 2002), 10: "모든 경험은 성경의 진리라는 독립적이며 객관적인 시금석에 종속되어야 한다."

에 우리의 신학적 오류에도 불구하고 우리의 삶과 사역에 성령의 임재와 능력을 허락하신다. 왜냐하면 하나님은 지푸라기 더미 같은 오류 속에서도 존재할 수 있는 바늘만 한 진리라도 사랑하시며 우리의 삶과 사역에 복을 주시기 때문이다. 그러므로[4] 성령 하나님에 대한 우리의 체험과 하나님의 복 주심이 공존한다고 해도 우리는 계속적으로 우리의 체험이 성경적인 성령론을 반영하는 것인지를 평가해야 한다. 〈웨스트민스터 신앙고백문〉 21항이 잘 지적하듯, 삼위일체 하나님(성부, 성자, 성령)은 인간의 상상력이 아니라 하나님 자신이 제정하시고 계시하신대로, 즉 성경에 규정된 방식으로만 예배와 봉사를 받으시기 때문이다.

## II. 구약과 신약에 나타난 성령론의 관계

### 1. 구약에 나타난 하나님의 영(The Spirit of God)

구약에서 '영'(히. ruach, רוּחַ)은 바람, 호흡, 생명, 사람의 영이나 하나님을 의미하기도 한다. 구약은 성령(the Holy Spirit)이라는 단어(시 51:11; 사 63:10-11) 대신 '하나님의 영'(the Spirit of God)이라는 단어를 주로 사용한다. 구약에서 '하나님의 영'은 삼위일체에서 구분된 위격으로서의 성령이라기보다는 주로 하나님 자신의 권능적 임재를 의미한다(시 139:7). 하나님의 영은 다음과 같은 사역을 하셨다. 하나님의 강력한 창조와 구속의 능력을 나타냄(창 1:2; 창 1:2; 욥 33:4; 시 104:30), 하나님의 뜻을 계시함(민 11:25, 29; 삼하 23:2; 겔 2:2, 11:24), 하나님의 뜻을 성취하기 위한 특별한 능력(리더십과 기술)을 부여함(창 41:38; 민 11:17; 신 34:9; 삼상 16:13-리더십/ 출 31:1-11, 35:30-35; 학 2:5; 슥 4:6-기술), 성도들의 도덕적, 영적 자질을 산출함(느 9:20; 시 51:11-12; 사 44:3-5).

하나님의 영과 관련된 두 가지 중요한 신학적 질문이 있다. 첫째, 구약에 나

---

[4] Packer, *Keep in Step with the Spirit*, 21.

타난 하나님의 영은 인격적인가? 하나님의 영을 단순히 그분의 능력으로 보는 경향이 점차 증가하고 있다. 그러나 이사야와 누가는 이스라엘이 자신들을 애굽에서 건져내신 성령을 근심하게 했다고 말한다(사 63:10; 행 7:51). 하나님의 영이 인격적인 존재가 아니라면 근심할 수가 없다. 하나님의 영은 거룩하실 뿐만 아니라 선하신(느 9:20; 시 143:10) 분으로 묘사된다. 그러므로 여호와 증인들이 주장하듯 하나님의 영을 단지 하나님의 활동력(active force)이라고 볼 수 없다. 둘째, 창세기 1장 2절에 있는 하나님의 영은 무엇인가? 어떤 영어 성경들(NRSV; JSB)은 하나님의 영을 비인격적인 힘으로서의 '전능한 바람'(mighty wind)으로 이해한다. 그러나 '루아흐 엘로힘'(*Ruach Elohim*)은 구약의 다른 곳에서는 언제나 하나님의 영(the Spirit of God)으로 번역되었다. 창세기 1장 2절에 있는 '혼돈함'과 '운행하다'라는 히브리어가 신명기 32장 10-11절에는 각각 "빈" 들판(10절, 공동번역개정판)과 새끼를 향해 "파닥거리며"로 사용되었다. 창세기 1장 2절은 자연세계의 창조에 관여한 하나님의 사역을 신명기 32장 10-11절은 이스라엘의 창조에 관여한 하나님의 사역을, 보여준다. 두 본문의 공동 주제는 하나님의 창조 사역이다. 신명기 32장 10-11절에서 이스라엘 위로 운행하시는 분은 하나님 자신이다. 시편 104편 30절도 하나님의 영이 인격적인 창조의 수행자이셨음을 보여준다. 따라서 창세기 1장 2절에 있는 "루아흐"는 바람이라기보다는 창조 사역 중이신 전능하신 하나님을 언급하고 있다고 보는 것이 더 자연스럽다. 그렇다면 창세기 1장 2절의 "루아흐"는 창조 사역 중이신 하나님의 임재를 언급한 것인가? 아니면 신약적 의미의 성령까지도 언급하고 있는 것인가? 퍼거슨(Ferguson)은 삼위일체의 성령이라기보다는 창조 사역 중이신 하나님의 임재로 이해할 것을 추천한다.[5] 반면 카이퍼, 우드, 에릭슨은 창세기 1장 2절이 모세의 청중으로 하여금 삼위일체의 성령에 대한 신앙을 고백하도록 만들기 위하여 쓰여진 것은 아니지만 신약의 독자들은 창세기 1장 2절의 "루아흐"를 구분된 위격으

---

5) Sinclair B. Ferguson, *The Holy Spirit* (Downers Grove, Ill.: IVP, 1996), 19-21.

로서의 성령으로 이해할 수 있다고 본다.[6] 이런 해석의 정당성은 다음의 주제에서 설명하겠다.

## 2. 구약에서 신약의 성령에 대해 말할 수 있는가?

원래의 청중에게 주어진 의미를 찾는 역사적 주해(historical exegesis)에서는 구약에서 삼위일체의 성령을 주장할 수 없겠지만 구약과 신약을 한 책으로 읽는 정경적 주해(canonical exegesis)에서는 가능하다. 이런 정경적 주해를 통해 마태(22:43-44), 마가(12:36), 누가(행 1:16; 2:17; 4:25)는 각기 구약을 인용하면서 하나님의 영을 모두 성령으로 바꾸었다. 베드로는 구약 선지자들에게 임한 하나님의 영을 성령으로 부르고 있다(벧후 1:21). 바울은 하나님의 영과 그리스도의 영을 성령에 대한 동의어로 사용하고 있다(롬 8:9). 콜(Cole)은 신학적 해석(theological interpretation) 또한 구약에서 성령을 읽어내는 것을 정당화한다고 본다. 신학적 해석에 따르면 성경은 때론 하나 이상의 독자층을 가지고 있다는 것이다.[7] 예수님은 마태복음 22장 31-32절에서 출애굽기 3장 6절이 모세의 청중뿐 아니라 1세기 사두개인들에게도 말하고 있음을 지적하셨다(마 22:31 "너희에게 말씀하신 바"). 히브리서 3장과 4장은 시편 95편 7-8절을 인용하면서 성령이 다윗의 청중뿐 아니라 히브리서의 독자들에게도 같은 말씀을 주고 있음을 보여준다. 따라서 구약에 기록된 말씀의 신학적 의미를 신약의 독자들이 그리스도와 오순절 사건에 비추어 해석할 수 있다.

## 3. 구약과 신약에 나타난 성령의 역사: 연속성과 새로움

구약과 신약의 성령론에서 연속적인 것은 다음과 같다. 첫째, 성령은 도덕적인 인격자 하나님이다. 둘째, 위격적으로 성부, 성자와 구분되시는 분으로서의 성령에 대한 자료들이 구약에서 서서히 발전하여 신약에서 완성되었

---

6) Abraham Kuyper, *The Work of the Holy Spirit*, 22,27; Leon J. Wood, *The Holy Spirit in the Old Testament* (Eugene: Wipf and Stock, 1998), 32-33; Erickson, *Christian Theology*, 783.
7) Graham A. Cole, *He Who Gives Life* (Wheaton: Crossway Books, 2007), 107.

다. 셋째, 성령은 개인의 구원과 경건한 삶을 위해 역사하신다.[8] 다윗은 죄로부터의 씻음과 구원의 감격이 성령의 사역임을 고백했으며(시 51:10-11), 이사야는 출애굽과 그 이후 역사에서 성령이 언약 백성의 구속자라고 말한다(63:10-11, 14). 다수의 신학자들은 구약에서도 성령이 믿는자들의 중생을 위해 역사하셨다고 믿는다. 구약에서의 중생은 마음의 할례로 표현되었다(신 10:16; 렘 4:4; 겔 18:31). 니고데모는 성령을 통한 중생에 대한 가르침을 구약으로부터 알고 있어야 했다(요 3:7, 10; 겔 36:25-26). 그러나 구약과 신약의 연속성을 지나치게 강조하거나 새 언약의 새로움을 과도하게 단순화함으로 성령의 새로운 역사를 간과해서는 안 된다는 퍼거슨의 경고에 귀를 기울여야 한다: "[옛 언약에서] 그의[성령의] 활동은 불가해하고 간헐적이며, 신정적이며, 선별적이요, 어떤 면에서는 외연적었다…새 언약에서는 성령이 우주적인 방법으로…모두에게 개인적으로 그리고 영구적으로 거주하시도록 부어질 것이다."[9]

성령의 역사와 관련하여 구약과 신약의 가장 큰 차이점 중 하나는 성령의 임재 방식에 대한 것이 될 것이다. 신약에서는 구원사역을 완성하시고 영광을 받으신 예수 그리스도의 임재를 가져오시는 성령의 우주적이며 항구적인 내주하심(indwelling)을 말하고 있다. 그런데 이런 성령의 내주하심이 구약에도 존재하는가? 전통적으로 두 가지 견해가 존재해 왔다. 첫 번째 견해는 구약에도 성령이 모든 성도에게 내주하셨다는 것이다. 어거스틴(Augustine), 칼뱅(Calvin), 퍼거슨은 구약과 신약의 차이는 성령이 내주하시는 정도(degree)에 있다고 믿었고 오웬(John Owen)과 워필드(B. B. Warfield)는 정도의 차이도 인정하지 않았다.[10] 이들은 구약 성도들이 죄를 극복하여 성화에 이르게 된 것은 오직 성령의 내주하심 때문이라고 믿는다. 두 번째 견해는 성령의 우주적이며 항구적인 임재는 신약의 사역으로 이해한다. 스펄전(Spurgeon), 에릭슨,

---

8) W. T. Conner, *The Work of the Holy Spirit* (Nashville: Broadman, 1940), 31-32.
9) *The Holy Spirit*, 30.
10) James Hamilton, "Were Old Covenant Believers Indwelt by the Holy Spirit?" *Themelios* 30 (2004):13.

콜(Cole), 카슨, 그리고 해밀턴(Hamilton) 등이 지지한다.[11] 물론 구약도 인간의 내면 속에서 역사하신 성령에 대한 몇몇 구절들을 가지고 있다(민 27:18; 겔 2:2). 그러나 그런 성령의 내면적 역사는 구원적 사건이 아니라 특별한 능력과 리더십을 부여하기 위한 사역과 관련되어 있다. 또한 구약은 모든 성도 안에 차별 없이 거하시는 성령의 내주하심을 언제나 새 언약을 통해 일어날 종말론적 사건으로 보았다(겔 36:26; 욜 2:28).

성령께서 예수님을 통해 제자들과 함께(with) 계셨지만 그들 속에(in) 거하시는 것은(요 14:17) 미래의 사건이었다. 부활하신 그리스도께서 영광을 얻으시고 천국에서 승리의 왕으로 보좌에 오르셨음을 확증하시기 위해 하나님이 증거로 교회에 주신 것이 바로 성령의 오순절 강림과 내주하심이다. 따라서 모든 신자들 안에 영화롭게 되신 그리스도님의 임재를 가능하게 하는 성령의 우주적이며 항구적인 내주하심의 사역은 "아직 계시지 않았다"(7:39). 그러므로 구약과 달리 신약은 오순절 성령침례를 경험한 모든 성도를 개인적으로(고전 6:19), 단체적으로(3:16) 성령이 내주하시는 성전으로 부를 수 있었다.[12] 이런 성령의 내주하심은 정도의 차이가 아니라 새로운 차원으로 보아야 한다. 구약 성도들의 성화는 마음의 할례(중생)를 받은 결과로 볼 수 있다(신 30:6). 마음의 할례를 받은 구약 성도들은 온 마음을 다해 하나님을 사랑할 수 있으며, 율법의 말씀이 그들의 삶 속에서 능력을 발휘했다. 그래서 예수님도 오순절 성령 강림 이전에 이미 중생한 자들의 영적 능력들(*dunamai*, 요 3:2-5)에 대해 말씀하실 수 있었다.

---

11) Charles Spurgeon, *The Indwelling and Outflowing of the Holy Spirit,* sermon number 1662; Erickson, *Christian Theology,* 912; Graham A. Cole, *He Who Gives Life,* 183; Carson, *John* , 500; James M. Hamilton, *God's Indwelling Presence: The Holy Spirit in the Old and New Testaments* (Nashville: B&H, 2006).
12) Oden, *Systematic Theology* 3: 60. 오순절 성령 강림으로 인해 교회와 교회를 이루는 성도 안에 성령이 더 이상 잠시 머무는 방문자가 아닌 영원한 거주자가 되셨다.

# III. 성령의 본성

### 1. 성령의 신성

성령은 삼위일체에서 제 3위격이시며 성부와 성자와 동일한 신성을 지닌 하나님이시다. 신약 성경은 성령과 하나님을 서로 동의어로 사용함으로써 성령의 신성을 보여준다. 성령에 대한 죄가 곧 하나님께 대한 것이다(행 5:3-4). 그리스도인이 하나님의 전(고전 3:16-17)이자 성령의 전(6:19-20)이다. 또한 성령은 하나님만의 신성한 속성을 가지고 계신다. 그분은 성부, 성자와 마찬가지로 주권자이시다. 사람을 중생하게 하시는 사역에서(요 3:8), 그리고 은사를 분배하는 사역에서(고전 12:11), 성령은 자신의 뜻과 의지에 따라 임의대로 결정하신다. 또한 성령은 하나님의 생각을 아시는 전지하신 분이며(2:10-11), 그 누구도 그분의 임재로부터 피하여 숨을 수 없는 무소부재하신 분이며(시 139:7-10), 피조물과 달리 영원히 존재하시는 분이다(히 9:14). 그러므로 성령은 오직 하나님이 하실 수 있는 일을 하신다: 창조(창 1:2; 욥 26:13; 시 104:30), 생명의 분여(눅 1:35; 요 3:5-8; 롬 8:2), 부활(롬 1:4; 8:11), 계시의 제공(벧후 1:21). 성령은 완전한 하나님으로서 성부, 성자와 모든 신성한 일을 함께 하신다(침례가 상징하는 구원사역[마 28:19-20]; 신성한 복주심[고후 13:14]; 은사와 사역의 분배[고전 12: 4-6]). 이런 성령의 신성에 대하여 그레고리(Gregory of Nazianzus)는 다음과 같이 요약했다. "항상 존재해 오셨고, 존재하시며, 언제나 존재하시며, 시작도 없었고 끝도 없으실 분입니다… 언제나 완벽하시므로 더 완벽해질 수 없으신, 거룩하게 하시나 본인은 더 거룩해질 수 없는… 생명과 생명의 수여자요 빛과 빛의 수여자이신 성령."[13]

교회역사에는 성령의 신성을 부인한 여러 이단들이 등장한다. 4세기 초 성자의 완전한 신성을 거부한 아리우스(Arius)는 성령을 성자의 피조물 중 가장 으뜸되는 하나의 신성한 에너지로 규정하였다. 아리우스는 현대 여호와의 증인들의 신학적 조상이다. 아리우스의 이단적 신학을 정죄하기 위해 325년에

---
13) *Orat.* XLI.9, NPNF 2 (8:382).

모인 니케아 공의회는 성부와 성자의 관계에 집중하였기 때문에 아직 삼위일체 안에서 성령이 성부와 성자와 어떤 관계를 갖는지에 대해 분명하게 설명하지 못했다. 니케아 신조는 "우리는 성령을 믿습니다"라는 짧은 고백문에 만족하였다. 이런 부족함으로 인해 4세기 중엽에는 성령과 관련된 이단들이 등장하기 시작하였다. 이집트에선 "트로피카이"(Tropici)라는 이단들이 성령을 무에서 창조된 천사들 중 가장 서열이 높은 천사로 보았다. 아타나시우스(Athanasius)는 이런 이단들에 대항하여 성령은 피조물들과 달리 하나님의 신성으로부터 직접 나오셨기 때문에 완전한 하나님이심을 주장했다. 또한 하나님처럼 불멸의 생명을 얻고 부패하지 않는 도덕성을 갖게 되는 신화(deification)는 성령을 통해서 이루어지는데 만일 그분이 하나님이 아니라면 우리를 하나님처럼 되도록(하나님이 되는 것이 아님) 할 수 없다고 주장했다. 같은 시기 "뉴마토마키안들"(Pneumatomachians-성령의 대적자들)은 콘스탄티노플을 중심으로 발생한 이단들로서 성자의 신성은 인정하였지만 성령을 성자의 피조물로 보았다. 381년 콘스탄티노플 공의회는 카파도기아(Cappadocia) 교부들(바질, 닛사의 그레고리, 나지안주스의 그레고리)의 도움으로 니케아 종교회의에서 하지 못했던 성령에 대한 고백을 새롭게 강화하였고 뉴마토마키안들을 이단으로 정죄하였다. 381년의 새로운 신앙고백문은 성령이 성부와 성자와 동등한 신성을 가지고 계심을 다음과 같이 확증했: "우리는 주님과 생명의 수여자 되신 성령을 믿습니다. 그분은 성부로부터 발출하시며, 성부와 성자와 함께 예배와 영광을 받으시고 선지자들을 통해 말씀하셨습니다." 이 초대 교회의 신앙고백문은 성령이 피조물이 아니라 만유의 주이며 그분의 신성이 성부나 성자의 그것에 종속되지 않고 동등하기 때문에 예배와 영광의 합당한 대상자가 되심을 선포한 것이다. 성령의 신성과 관련된 현대의 대표적인 이단들은 몰몬교와 여호와의 증인이다. 몰몬교는 기독교의 삼위일체를 인정한다며 성령의 신성을 주장하지만 실상은 삼신론을 주장한다. 성부, 성자, 성령은 하나의 동일한 신성을 공유하지 않으며 분리된 존재들이다. 몰몬교의 성령은 성부와 성자보다 열등하며 성령이 성부와 동시에 존재하지 않으며 성부로부터 생겨난 존재이다. 몰몬교와 여호와의 증인의 차이는 후자는 성령의 완전한 신성뿐만 아니라 인격성도 믿지 않는다는 것이다.

만일 성령께서 하나의 능력이거나 성부와 성자에 비해 열등한 천상의 존재라면 우리 기독교 신앙에서 무엇이 위태롭게 되는가? 왜 그분의 완전한 신성이 그토록 중요한 것인가? 만일 성령께서 완전한 하나님이 아니시라면 우리는 하나님께 참된 예배를 드리지 못하고 우리의 상상력과 죄성에 근거한 우상 숭배에 빠지게 될 것이다. 왜냐하면 피조물인 성령이 주는 계시는 그 내용과 해석에 있어 늘 부족한 부분이 있을 것이기 때문일 것이다. 그러나 성령께서 완전한 하나님이시기 때문에, 성경에 주어진 성령의 계시는 우리로 그분의 뜻에 따라 사는데 완전하며 충분한 안내자이며(벧후 1:21; 딤후 3:16-17), 그 계시에 대한 그분 자신의 해석 또한 완전하고 충분한 것이다(요 16:13; 고전 2:10-16). 성령과 선지자들의 차이는 성령께서는 하나님의 종인 피조물로서가 아니라 하나님 자신으로 우리에게 계시하시고 친히 그것을 해석해 주신다는 것이다. 성령께서는 단순한 계시의 통로가 아니라 계시자이시다. 그러므로 우리는 진리와 영 안에서 삼위일체 되신 하나님께 참된 예배를 드리게 된다.

성령께서 완전한 하나님이 아니라면 우리의 구원은 불가능하게 된다. 구원은 오직 하나님께로부터 나온다(시 3:8; 62:1; 욘 2:9). 그러나 신약에서는 그 구원의 주가 삼위일체 하나님이심을 분명하게 가르쳐 준다. 요한은 구원이 하나님과 어린 양께 속한 것이라고 찬양하는 수많은 주의 백성들의 증언을 기록하고 있다(계 7:10). 하나님의 의로우신 진노를 온전히 해결하시며 우리가 받아야 할 영원한 형벌을 받을 수 있는 분은 하나님이신 중보자 예수 그리스도 밖에는 없다. 히브리서 기자는 그리스도의 희생제사가 아버지 앞에 영원한 효력을 지니는 것은 영원한 성령 때문이라고 말한다(9:14). 이미 성령은 예수 그리스도의 모든 사역에서 능력의 근원이셨고 성자의 성육신 시초부터 그분의 인성을 창조하셨고 지탱해 오셨다. 이런 성령이 십자가의 고난과 고통 중에 예수님의 인성에 힘을 주셨고 그분의 인성(14절의 "흠 없는 자기")이 희생 제물로 바쳐지실 때도 역시 그분의 죽으심이 열납되고 그분의 보혈이 영원토록 효력을 내도록 하셨다.[14] 영원한 성령에 의해 바쳐진 그리스도의 희생제사가 우리로 하여금 영원한 속죄(12절)와 영원한 기업(15절)을 얻게 하였다. 그러므로 우리는 구원을 상징하는 침례를 받을 때 아버지의 이름으로만 침례를 주는 아리우스주의를 반대하며, 아버지와 아들의 이름으로만 침례를 주려는 뉴마토마키안주의를 반대하며, (서로 분리되 있으며 서로 다른 정도의 신성을 소유한) 아버지와 아들과 성령의 이름으로 침례를 주는 몰몬교를 반대하며, 아버지와 아들과 (하나님의 생명 주시는 능동적인 힘으로서의) 거룩한 영(the holy spirit – New World Translation of the Holy Scriptures Study Edition)의 이름으로 침례를 주는 여호와의 증인도 반대한다. 우리는 각각 완전한 신성을 소유하시며 한 하나님으로 존재하시는 아버지와 아들과 성령의 이름으로 침례를 받는다(마 28:19). 왜냐하면 구원은 그 근원이시자 계획자이신 성부와 구원의 성취자이신 성자뿐 아니라 구원의 적용자이고 실제화하시는 성령의 완전한 신성도 요구하는 삼위일체적이기 때문이다.

### 2. 성령의 인격

성령은 삼위일체에서 성부, 성자와는 구별되는(분리가 아님) 신성한 인격자이시다. 성령은 "들으시고, 말하시고, 증거하시고, 확신시키시고, 그리스도를 영화롭게 하시며, 인도하시고… 도움을 주시고 말할 수 없는 탄식으로 그리스도인들을 위하여 중보하신다(요 14:26; 15:26; 16:7-15; 행 2:4; 8:29; 13:2; 16:6-7; 롬 8:14, 16, 26-27; 갈 4:6; 5:17-18)."[15] 또한 바울은 성령의 생

---

14) "영원하신 성령"(the eternal Spirit)의 표현과 관련하여 많은 논란이 있다. 크게 두 가지 견해가 있는데 첫째는 영(*pneuma*) 앞에 정관사가 없기 때문에 성령이 아니라 타고난 인간의 본성인 육체와 대조되는 그리스도의 신성에 대한 표현이라는 주장이다. NEB, NAB의 번역 참조. 그러나 John Gill은 히 9:14의 뉴마는 삼위일체의 제 3위격이신 성령으로 보는 것이 더 합당하다고 본다. 왜냐하면 이미 복음서에 성령이 그리스도의 사역에 원동력이 되었기 때문이다. *Commentary on Hebrews* 9:14참조. John Owen 또한 히 9:14의 뉴마를 성령으로 보고 있다. IV. 1을 참조하라.

15) Packer, *Keep in Step with the Spirit*, 54.

각(the mind of the Spirit, 롬 8:27)에 대하여 언급하고 있다. 위에 언급된 성령의 활동들은 그분이 어떤 능력이나 에너지가 아니라 지, 정, 의를 갖추신 인격자이심을 보여준다.

그럼에도 불구하고 여호와의 증인들은 성령의 완전한 신성뿐만 아니라 인격성도 부인한다. 그들은 헬라어로 영(뉴마, *pneuma*)이 중성 명사임에 주목한다. 실제로 요한복음 14장 17절에선 성령에 대하여 중성 대명사(*ho and auto*)가 사용되었다. 그러나 14장 26절부터 그 이후(15:26; 16:8, 13-14)엔 남성 대명사 에케이노스(*ekeinos*, him)가 사용되었다. 중성 명사(뉴마)에 대한 남성 인칭 대명사는 문법적으로는 맞지 않지만 많은 신약 학자들은 요한이 실수한 것이 아니라 성령의 인격성을 강조하기 위해 의도적으로 남성 대명사를 사용했다고 본다. 흥미롭게도 저명한 복음주의 헬라어 학자인 다니엘 왈래스(Daniel B. Wallace)는 위에 언급된 본문에 나오는 에케이노스라는 남성 대명사의 선행사가 성령이 아니라 보혜사이기 때문에 요한이 남성 대명사 에케이노스를 사용하여 성령의 인격성을 입증했다는 주장은 문법적으로 오류라고 주장한다. 그렇다고 왈래스가 성령의 인격성을 거부한 것은 아니다. 다만 성령의 인격성은 성령과 에케이노스라는 문법적 연관성이 아니라 보혜사의 본성에 근거해서 입증될 수 있다는 것이다.[16] 물론 예수님이 성령님에 대해 언급한 사역을 통해 그분이 신성한 인격자임을 알 수 있다. 그럼에도 불구하고 요한이 에케이노스를 성령에 대한 인칭 대명사로 사용했다고 볼 수 있는 근거들이 있다. 첫째, 요한복음 16:13-14절에서 요한은 남성 대명사인 에케이노스(그)를 사용하여 중성 명사인 진리의 영(뉴마) 즉 성령을 언급하고 있다.[17]

---

16) "Greek Grammar and the Personality of the Holy Spirit," BBR 13.1 (2003): 103-11. Cole 또한Wallace의 견해에 동조하고 있다. *He Who Gives Life*, 68.

17) Wallace의 주장에 근거하여 Andrew David Naselli와 Philip R. Gons는 요 16:13-14에 있는 *ekeinos* 인칭 대명사가 성령이 아닌 7절에 있는 보혜사를 언급하고 있다고 주장한다. "Proftexing the Personality of the Holy Spirit: An Analysis of the Masculine Demonstrative Pronouns in John 14:26, 15:26, and 16:13-14," *DBSJ* 16 (2011): 65-89. 그러나 중성 명사 뉴마(진리의 영)가 13-14절 남성 대명사 에케이노스의 가장 가까운 선행사임을 부정할 수는 없다.

둘째, 중성 명사에 대한 남성 대명사의 사용은 바울 서신과 외경에서도 발견된다. 디모데전서 3장 16절과 데살로니가후서 2장 6-7절에서도 나타난다.[18] 디모데전서 3장 16절에서는 남성 대명사 "그"(hos)의 선행사가 중성 명사 "비밀"(musthrion)이며, 데살로니가후서 2장 6절에서는 불법의 사람이 나타나는 것을 막는 "것"(중성 관사+중성 분사)이 7절에서는 막는 "자"(남성 관사+남성 분사)로 바뀌었다. 또한 사도행전 28장 25-26a절에서 누가도 "성령(penuma, 중성 명사)이 …일렀으되"(legwn, 남성 분사)라는 표현을 사용하고 있다. 외경인 시락 39장 28절에서는 "바람들"(pneumata, 중성 복수)이 같은 절에서 "그들"(autous, 남성 복수)로 전환되고 있다.

성령이 인격자가 아니라면 누구도 물리적인 힘을 상대로 도덕적인 죄를 지을 수 없다(행 5:3-4; 엡 4:30). 성경은 신자가 성령을 근심하게 할 수 있음을 보여준다(엡 4:30). 성령에 대한 죄 중에서 논란이 되는 것은 용서받을 수 없는 성령 훼방죄이다(마 12:31-32; 막 3:29; 눅 12:10). 이 죄는 단순히 복음을 들었을때 거절하거나 어떤 기적적 은사의 나타남에 대해 의심하거나 일반적인 어떤 죄악이 아니다. 경고를 받은 자들은 그리스도 안에서 성령의 능력을 통해 분명하게 나타난 하나님의 역사를 악의적으로 마귀의 역사로 왜곡하였다. 그들의 마음은 어떤 회개를 해본 적도 없으며 죄에 대한 어떤 감각도 살아있지 않았다. 그들은 구원을 얻고자 그리스도를 믿은 적도 없다. 이 죄가 용서 받지 못하는 것은 하나님 편에서 어떤 죄를 용서하지 않기로 제한을 두어서가 아니라 죄인 편에서 용서의 은혜가 임할 수 없도록 스스로 회개의 어떤 가능성도 닫고 마귀를 선택했기 때문이다.[19] 이런 죄가 발생할 수 있다는 가

---

18) Richard A. Young, *Intermediate New Testament Greek: A Linguistic and Exegetical Approach* (Nashiville: B&H, 1994), 76. Young은 딤전 3:16을, University of Louisville의 고전학 교수인 Robert D. Luginbill은 살후 2:6-7과 시락(Sirach) 39:28을 통해 요한이 사용한 중성과 남성의 전환이라는 문법적 유동성을 발견한다. "The Personality of the Holy Spirit," http://ichthys.com/mail-personality%20of%20the%20Holy%20Spirit.htm.

19) 이런 죄가 오늘날도 일어날 수 있는가? 어떤 이들은 이 성령 훼방죄는 예수님이 육신으로 계실 때 일어난 죄이므로 이 시대에는 더 이상 일어날 수 없는 죄라고 주장한

능성으로부터 알미니안주의자들은 성령 훼방죄가 그리스도인들도 배도의 죄에 빠져 구원을 상실할 수 있다는 증거로 본다. 그렇지만 성령이 영원토록 내주하시는 중생한 신자들은 예수를 저주할 수도 없다(고전 12:3). 또한 본문은 이미 얻은 구원의 상실이 아니라 얻어야 할 구원의 길이 완전히 막혀버리게 되는 죄에 대해서 경고하고 있다. 물론 신자가 성령을 근심하게 할 수는 있지만 성령 훼방죄는 내주하시는 성령을 모시는 그리스도인에게는 해당되지 않는다.[20] 그러나 불신자라고 모두 이런 죄를 짓는 것도 아니다. 또한 혹 불신자 중에 이런 악한 죄를 짓는 사람이 있어 보여도 우리가 그를 성령 훼방죄로 정죄할 수 없다. 왜냐하면 우리는 주님과 같이 사람의 모든 내면과 미래를 볼 수 있는 전지성이 없기 때문이다.

### 3. 삼위일체안에서의 성령

성령은 내재적 삼위일체(the immanent Trinity) 안에서 성자와 달리 '영원한 출생'(eternal generation, 요 1:14)에 의해서가 아니라 성부로부터(서방 기독교 전통에서는 "성부 그리고 성자로부터") '발출하심' 또는 '나오심'(proceed or come forth from, 요 15:26; 16:7)으로 신성을 보유하신다. 교부들은 성자의 영원한 출생과 성령의 발출 사이에 있는 차이를 하나님의 신비로 보았고 다만 성령의 발출로 인해 그분이 성부의 또 다른 아들도, 성자의 형제도 아님을 가르쳤다. 서방과 동방 기독교 사이에 있는 가장 큰 성령론의 논쟁은 "성령이 누구로부터 발출하시는가?"였다. 동방 교회는 성령이 성부로부터(from) 성자를 통하여(through) 발출한다고 가르쳐 왔다. 반면 서방 교회에서는 성령이 성부/성자로부터 나온다(필리오케 filioque, 'and from the Son')는 신학이 어거스틴

---

다. Norman L. Geisler, *Systematic Theology in One Volume* (Bloomington, MN: Bethany, 2011), 915. 그러나 이 죄와 관련된 모든 문맥들은 그리스도를 증거하는 성령님의 놀라운 사역을 지속적으로 거부하며 마귀에게 그 능력의 원인을 돌리는 1세기와 오늘날의 청중을 경고하기 위한 것이다.

20) Craig L. Blomberg, *Matthew*, NAC (Nashville: B&H, 1992), 204; Yarnell, "The Person and the Work of the Holy Spirit," in *Theology for the Church*, ed., Daniel L. Akin (Nashville: B&H, 2014), 614; Lewis and Demarest, *Integrative Theology*, 3:192.

에 의해 체계화 되었다. 실제로 성자는 성령의 발출하심에 있어 단순히 통로가 아니라 주체(subject)가 되신다(요 15:26 "내가 보낼… 보혜사"; 요 16:7 "내가 그를… 보내리니"). 요한복음 15장 26절과 16장 7절은 일차적으로 성육신하신 성자가 성령께 임무를 주셔서 세상으로 보내심에 대해 말하고 있다. 동서방 교회의 차이는 필리오케 자체가 아니라 필리오케가 경세적 삼위일체(the economic Trinity)에만 속하는 것인지(동방교회), 아니면 내재적 삼위일체에도 속하는 것인지(서방교회)에 대한 것이다. 요한복음의 '보내는 자'(the sender)와 '보내심을 받은 자'(the sent one)의 신학에 따르면 필리오케는 내재적 삼위일체에도 속한 것으로 보인다. 하나님의 구원역사와 관련하여 성경에는 언제나 아버지께서 아들을 보냈다는 표현(요 5:24, 36-37; 20:21)만 있지, 아들이 아버지를 보낸다는 표현은 없다. 그 이유는 성자가 영원토록 성부로부터 나오기 때문이다. 마찬가지로, 아들이(아버지께로부터) 성령을 보낸다는 표현은 있지만(요 20:22 참조), 성령이 아들 혹 아버지를 보낸다는 표현은 없다.[21] 왜냐하면 성령이 영원토록 성부/성자로부터 발출하기 때문이다.[22] 성령이 아들의 영(갈 4:6), 그리스도의 영(롬 8:9)으로 불리시며, 동시에 아버지의 영(마 10:20), 하나님의 영(롬 8:14; 고전 2:11)으로 불리는 것 또한 필리오케가 내재적 삼위일체에 속하기 때문이다.[23] 어거스틴에 의하면, 성부/성자가 성령의 발출에 있어 서로 다른 두 개가 아닌 하나의 공동 근원이 되신다. 그러나 성부가 성

---

[21] 성령께서 예수님을 광야로 보내신것은 하나님으로서의 예수님이 아니라 종으로서의 예수님을 보내신 것이다.

[22] John Gill, *Commentary on John* 15:26; D. A. Carson, *The Gospel according to John* (Grand Rapids: Eerdmans, 1991), 529; Ferguson, *The Holy Spirit*, 76-77; Andreas J. Köstenberger and Scott R. Swain, *Father, Son and Spirit: The Trinity and John's Gospel* (Downers Grove: InterVarsity Press, 2008), 185.n.95. Barth는 계시된 하나님 배후에 또 다른 하나님이 존재하지 않기 때문에 경세적 삼위일체에 드러난 필리오케는 그리스도께서 자신과 성령에 대한 영원한 관계를 계시한 것으로 본다. Karl Barth, *Church Dogmatics I*.1 (Peabody, Mass.: Hendrickson, 2010), 479.

[23] Barth, *Church Dogmatics*, I.1: 480. Barth는 동방 교회가 요 15:26을 아들의 영으로서의 성령, 성부와 성자간의 연합의 위격으로서의 성령, 그리고 그리스도인들과 하나님의 연합을 가능케 하는 성령에 대한 성경적 자료로부터 통합적으로 해석하는데 실패했다고 본다.

자의 근원이시므로(요 5:26), 성부가 여전히 성령의 발출에서 우선성을 가지신다.[24] 필리오케 신학의 공헌은 무엇인가? 첫째, 필리오케는 왜 성령님이 영원과 시간 안에서 아버지의 그리고 동시에 아들의 영이 되시는지를 설명해 준다. 둘째, 필리오케는 요한복음에 나오는 보낸 자와 보냄을 받은 자의 신학에 비추어 볼때 내재적 삼위일체 안에 있는 성령의 역할을 조명해 준다. 셋째, 필리오케는 성자의 사역과 인격이 아닌 일반 종교적 현상에 근거한 성령의 구원 역사나 신비주의에 근거한 성령론에 대해 건전한 신학적 비판을 제공한다.[25]

내재적 삼위일체에서 성부/성자로부터 나오시는 성령의 역할은 무엇인가? 어거스틴에 따르면 성령님은 사랑하는 자(lover), 성부와 사랑받는 자(beloved), 성자 사이에 있는 사랑(love) 혹은 사랑의 원천(the fountain of love)이시다.[26] 성령은 성부와 성자가 사랑의 교제 안에서 한 분 하나님으로 존재하도록 하신다. 내재적 삼위일체에서 사랑과 교제와 연합의 위격이신 성령의 역할은 경세적 삼위일체에서도 그대로 드러난다. 성령의 첫 열매는 사랑이며(갈 5:22), 교회로 하나 되게 하는 것은 성령의 역사이며(엡 4:3), 그분은 우리와 하나님 사이에 그리고 우리 서로 간에 교제와 연합을 가능케 하시는 하나님이시다(고후 13:13). 많은 이들이 성령을 성부/성자 사이에 있는 사랑으로 묘사한 것은 성령을 너무 비인격화했다고 비판한다. 그러나 말씀(the Word)이나 지혜라는 성자에 대한 명칭이 성자를 비인격화하는 것이 아니듯, 사랑이라

---

24) *Trin.* XV 17.29. 어거스틴은 동방 신학의 성부 군주론(the monarchy of the Father)을 유지하여 삼위의 연합을 보존했다.

25) 물론 필리오케 교리의 부재가 자동적으로 타종교 안에서의 구원론이나 신비주의를 만들어내지는 않는다. 그러나 타종교 안에서의 성령의 역사를 바탕으로 한 구원론을 주장하는 Amos Yong이 필리오케의 제거를 주장하는 것은 단순한 우연이 아니다. Amos Yong, *Beyond the Impasse: Toward a Pneumatological Theology of Religions* (Grand Rapids: Baker, 2003), 186. 몰트만과 달리, 바르트와 본 훼퍼는 필리오케를 옹호했다. 바르트는 기독론이 사라진 성령 단독의 사역을 강조하는 신비주의를 경계하기 위해서, 본훼퍼는 그리스도의 말씀에 위배되는 나치의 종교적 운동을 정죄하기 위해 필리오케를 옹호했다. Barth, *Church Dogmatics*, 481; Dietrich Bonhoeffer, *Berlin, 1932-1933*, (Dietrich Bonhoeffer Works, Vol. 12) (Minneapolis: Fortress, 2009), 399; *London, 1933-1935*, vol. 13 (2007), 48.

26) *Trin.* VI 5.7; Jo. ev. tr. 39.5.

는 성령에 대한 명칭이 성령을 비인격화 시키는 것이 아니다.

구원사에 계시된 경세적 삼위일체(the economic Trinity)에서 성부는 뜻을 세우시고, 성자는 그 뜻을 성취하시고, 성령은 성취된 것을 우리 안에서 실제화하신다. 헌트(Hunt)는 전통적인 성령에 대한 명칭인 "거룩하게 하시는 분"(Sanctifier)이 성령론을 너무나 개인적이며 내면화 시킨다는 이유에서 성령을 "하나님의 의도들을 효과적으로 실제화 시키시는 분"(the effective actualizer of God's intentions)으로 부른다.[27] 이러한 이해는 다음과 같은 장점을 가지고 있다. 첫째, 전통적으로 창조와 구속을 나누어 왔던 이분법을 피할 수 있으며, 둘째, 극적인 기사나 이적 등이 아니라 값비싼 인내와 효과적인 지속성이 성령의 주된 사역임을 보여줄 수 있게 된다. 셋째, 성령은 성부, 성자와 분리되어 자신만의 어떤 프로그램을 가지고 오시지 않는다. 성령은 진리의 영으로 오시지만 자기 자신에 대해 말하시거나 자신 스스로 말씀하지 않으시고 오직 하나님이 그리스도 안에서 계시한 진리만을 전해주신다.

과거에도 그러했지만 최근의 성령론에서 위협받는 것은 성령의 신성이나 인격성에 대한 것뿐만 아니라 그분의 위격이다. 고대 양태론(modalism) 혹은 사벨리안주의(Sabellianism)이라 불리는 이단은 구분되는 삼위의 위격을 부인하여 성부, 성자, 성령이 사실은 한 위격으로서 그 양태(모양)가 시대에 따라 다르게 나타난다는 것이다. 영이신 성부가 성육신을 했으며 십자가와 부활을 통해 오순절에 성령으로 교회에 임했다고 주장한다. 오늘날 양태론의 모습은 부활하신 그리스도께서 "생명 주는 영이 되셨다"(고전 15:45), "주는 영이시니"(고후 3:17)와 같은 표현들을 그리스도께서 성령으로 변했다거나 그리스도와 성령께서 한 위격으로 합쳐졌다는 식의 이해 속에 나타난다. 그리스도의 신성을 부인하는 양자론(Adoptionism)을 지지하는 제임스 던(James Dunn)은 자신의 "영-기독론"(Spirit-Christology)에서 부활을 통해 "예수께서 성령의 인격체가 되었다"(Jesus became the personality of the Spirit)라고 말하므로

---

27) Boyd Hunt, *Redeemed!: Eschatological Redemption and the Kingdom of God* (Nashville: B&H, 2000), 36.

써 그리스도와 성령을 결국 같은 존재로 동일시하였다.[28] 그러나 고린도전서 15장 45절은 바울의 전형적인 아담-그리스도 유비에서 이해되어야 하며(롬 5:12-21; 고전 15:20-22, 45) 그 요점은 그리스도가 존재론적으로 성령이 되었다는 것이 아니라, 아담 안에 있는 모든 자는 육신의 생명만 있기 때문에 죽을 수밖에 없지만 그리스도 안에 있는 자들은 그리스도로부터 부활 생명을 공급받기 때문에 최종 부활을 경험하게 된다는 것이다(고전 15:22).[29] 이런 이유로 거의 대부분의 영어 성경들과 주석가들은 생명 주는 영에서 영을 소문자 'spirit'으로 번역하여 부활하신 그리스도의 영이 생명을 주신다는 것을 나타내고자 했다. 비록 퍼거슨이나 남침례교단에서 출판된 HCSB 성경은 대문자인 'Spirit'으로 번역하였지만 이는 부활하신 그리스도께서 성령을 통해 우리 안에 역사하시므로 두 분 사이에 위격적 동일성이 아닌 사역적인, 즉 기능적 동일성이 존재한다는 것을 나타내기 위한 것이다.[30] 이것이 보혜사이신 주님이 성령을 "또 다른"(*allos*) - 동일한 종류의 다른 개체(another of the same kind) - 보혜사로 부르심으로써 성령이 자신과 동등한 하나님이시지만 위격적으로는 다른 분이심을 계시한 것이다(요 14:26; 15:26; 16:7). 바울은 언제나

---

28) 영-기독론은 성령의 인격과 사역을 그리스도 중심으로 이해하려는 것으로 적지 않은 영-기독론 옹호자들은 성령과 그리스도의 위격적 차이를 부인하려는 경향이 있다. 이들이 강조하는 the Spirit of God에서 Spirit은 기독적 의미에서의 성령이 아니라 유대교적 의미에서의 사람에게 임하시는 하나님의 능력 혹은 하나님의 활동 형태을 의미한다. James Dunn, *Jesus and the Spirit: A Study of the Religious and Charismatic Experience of Jesus and the First Christians as Reflected in the New Testament* (Philadelphia: Westminster, 1975), 325-36. Dunn에 대한 신학적 비판은 Yarnell을 참조하라. Yarnell, "The Person and the Work of the Holy Spirit," 623. 일반적인 "영-기독론"의 양태론적 삼위일체론에 대한 비평은 다음의 자료를 참조하라. "Kyle Claunch, The Son and the Spirit: The Promise and Peril of Spirit Christology," *SBJT* 19/1 (2015): 91-114.

29) Mark Taylor, *1 Corinthians: An Exegetical and Theological Exposition of Holy Scripture*, NAC (Nashville: B&H, 2014), 416; Anthony C. Thiselton, *The First Epistle to the Corinthians*, NIGTC (Grand Rapids: Eerdmans, 2013), 1282; Gordon Fee, *First Corinthians*, NICNT (Grand Rapids: Eerdmans, 1987), 787.

30) Ferguson, *The Holy Spirit*, 54.

성자와 성령의 위격적 구분을 유지한다는 것을 잊어서는 안 된다(롬 1:4; 8:9; 고전 12:3; 고후 13:13; 갈 4:6; 빌 1:19).

"주는 영이시니"(The Lord is the Spirit, 고후 3:17)라는 표현에서 주가 구체적으로 어느 분인가에 대한 두 가지 주요 해석이 있다. 첫째, 주를 부활하신 그리스도로 보는 견해이다. 그러나 이 견해를 지지하는 대부분의 학자들은 바울이 부활하신 그리스도가 성령으로 변했다고 말하는 것이 아님을 강조하고 있다. 왜냐하면 17절 후반부에 바울은 그리스도와 성령이 동일한 위격이라면 사용할 수 없는 "주의 영"(the Spirit of the Lord)이라는 표현을 써서 그리스도와 (또는 야훼와) 성령이 구분됨을 분명히 하였다. 이 견해에 따르면, 고전 15:45과 마찬가지로 고후 3:17은 경험적으로, 기능적으로 부활하신 그리스도와 성령 사이에 있는 사역의 동일성을 보여준다. 둘째, 17절에서 말하는 주는 성령이라고 보는 견해이다. 이 견해가 고후 3:17을 문맥과 더욱 잘 어울리게 한다. 고린도후서 3장에서 바울은 율법과 성령의 사역을 비교하고 있다. 16절에서 주는 분명 모세가 뵈었던 야훼이시다(출 34:34). 모세가 구약에서 주님이신 야훼께 돌이킬 때 수건이 벗어졌고 변형되었듯, 신약에서는 주님이신 성령께 돌이킬 때 수건이 벗어지고 변형된다. 따라서 새 언약 안에서는 성령이 계신 곳에 자유함이 있다는 견해이다.[31]

---

31) 첫번째 견해로는 H. Bavinck, *Our Reasonable Faith*, tr. H. Zylstra (Grand Rapids: Eerdmans, 1956), 387, 두번째 견해로는 New English Bible; Revised English Bible; Gordon D. Fee, *God's Empowering Presence: The Holy Spirit in the Letters of Paul* (Grand Rapids: Baker, 2009) 311-12; David E. Garland, *2 Corinthians*, NAC (Nashiviell: B&H, 1999), 196; Murray J. Harris, *The Second Epistle to the Corinthians: A Commentary on the Greek Text*, NIGTC (Grand Rapids: Eerdmans, 2005), 311-12.

# IV. 성령과 예수 그리스도

## 1. 성령과 예수 그리스도의 생애와 사역

성육신하신 성자가 사셨던 삶의 모든 영역이 성령의 인도와 능력 아래에 있으셨다. 예수 그리스도의 잉태부터 그분의 승천까지 성령과 분리되신 적이 없다. 성령이 마리아에게 임하여(눅 1:35) 지극히 높으신 이의 능력이 마리아를 덮으셨다. '덮다'라는 헬라어 동사는 70인역 시편 91편 4절에서 전능하신 하나님이 그 백성을 위험으로 부터 보호하시는 은혜를 묘사하는데 사용되었다. 마리아가 처녀였기 때문이 아니라 성령께서 인간에 흐르는 죄성으로부터 그리스도의 인성을 보호하신 것이다. 그 결과 그리스도는 사람이 되실 때 죄 없는 본성을 갖게 되었다(히 7:25). 그리스도께서 침례를 받으실 때 성령을 한량없이(without measure, 요 3:34) 받으셨는데, 이는 고난받는 종 메시야가 받게 될 성령의 기름부음이 성취된 것이다(행 10:38; 사 61:1; 눅 4:18). 성령의 한량없는 기름부음으로 인해 그리스도는 자신의 삼중사역(선지자, 제사장, 왕)을 하도록 공식적 자격을 갖추게 되셨다. 어떤 오순절주의자들의 경험과 달리, 성령을 한량없이 받으신 그리스도는 자신의 이성적 통제를 상실한 황홀경이나 자기의 몸과 정신을 초월하는 어떤 강력한 이탈이나 어떤 방언의 형태로 갑자기 말을 시작하는 식의 성령체험을 하시지 않았다.[32] 그분의 성령체험은 신비에 속한 것이었으나 반이성적이지 않으며 지극히 도덕적이며 신학적인 것이었다. 성령의 능력으로 충만하신 그리스도께서 우주적인 신적 전사로서 마귀에게 시험받으셨다. 그리스도의 승리는 이스라엘이 광야에서 성령을 거스려 죄를 짓고 그분을 근심케 한 것을 역전시킨 것이다. 여기서 한 가지 중요한 신학적 이슈가 등장한다. 광야로 그리스도를 인도하신 성령의 사역은 내재적 삼위일체에서 성령이 성자에 대하여 어떤 우위성을 갖고 있다는 것을 의미하는가? 그렇지 않다. 예수께서 성령의 인도하심에 순종한 것은 그분이

---

32) James Leo Garrett Jr., *Systematic Theology: Biblical, Historical, and Evangelical* (North Richland Hills, TX.: Bibal, 2001), 160.

인성 안에서 하나님의 종으로서의 하신 일이다. 핵심은 하나님의 종으로서의 그리스도는 철저하게 성령의 주권 아래에서 사셨다는 것이다. 이것의 신학적 의미는 침례를 통해 그분 안으로 연합한 모든 그리스도인들도(롬 6:1-23) 역시 예수님처럼 성령의 주권 아래에서 살아야 한다는 것이다. 그러나 한 가지 주의할 것은 우리는 그리스도가 아니기 때문에, 모든 면에서 예수님이 경험하신 성령님의 충만함과 능력을 가질 수는 없다.[33] 성령의 능력 아래서의 행해진 그리스도의 설교 사역은 탁월하고 질적으로 차원이 다른 것이었다(눅 4:14-15). 그리스도께서 행하신 모든 기적은 성령의 능력으로 이루어진 것이다(마 12:28; 행 10:38). 그리스도께서 자신을 희생제물로 하나님께 드릴 때에도 영원한 성령을 통해서 하셨다(히 9:13-14). 오웬(Owen)은 그리스도의 구속사건에 나타난 성령의 역사를 세 가지로 요약했다: 첫째, 하나님의 뜻에 자기 자신을 완전히 드릴 수 있었던 것은 그리스도께서 계속적으로 성령을 의지하고 있었기 때문이다. 둘째, 그리스도께서 겟세마네 동산에서 자신을 기다리고 있는 십자가의 형벌을 바라보았을 때 성령께서 그에게 힘을 주셨다. 셋째, 그리스도께서 실제로 하나님의 형벌을 받으실 때, 성령께서 그리스도의 고통받는 영혼을 붙잡아 주셨다. 십자가의 죽음 이후 그분의 몸이 썩지 않도록 보존하신 것도 성령이셨다(행 2:27; 롬 1:4; 8:11).[34] 성령께서는 그리스도의 인성을 죄 없는 거룩한 것으로 만드셨을 뿐만 아니라 부활하신 그분의 인성을 영화롭게 하셨다(고전 15:43, 45-49). 성령은 하나님의 고난 받는 종 메시야 예수 그리스도의 삶의 매 순간에 함께하셨으며 그의 모든 사역에서 능력의 근원이 되셨다. 마찬가지로 오늘날 교회와 그리스도인의 개인적 삶 속에 성령의 임재와 역사가 없다면 우리의 복음사역도 의미가 없게 될 것이다.

---

33) Kuyper, *The Work of the Holy Spirit*, 97-101; Gordon Fee, *Gospel and Spirit: Issues in New Testament Hermeneutics* (Grand Rapids: Baker, 1991), 113.
34) Sinclair B. Ferguson, "John Owen On The Spirit In The Life Of Christ," A Lecture at the Leicester Minister's Conference, 1986; Reprinted from *The Banner of Truth Magazine*, Issues 293-294, Feb.-March 1988.

## 2. 보혜사(*Paracletos*-파라클레토스)이신 성령 (요 14:16, 26; 15:26; 16:7)

보혜사는 누군가를 돕도록 부름을 받은 존재를 뜻하며 그 일차적 의미는 법정적으로 누군가를 옹호하거나 변증해 주는 증인이었다. 예수님이 우리의 보혜사가 되신다고 할 때도 이 법정적 의미가 적용되고 있다(요일 2:1). 1세기의 예수님이 살던 팔레스틴에서는 보혜사가 전문적인 법률가가 아니라 피고인을 가장 잘 아는 아주 가까운 친구(보통 같은 고향에서 함께 자라 삶을 함께 나누어 그의 인격과 기질을 입증할 수 있는)로서 피고인의 진실성을 권위있게 입증하거나 어떤 사건을 직접 목격한 신실한 증인이어야 했다.[35] 성령은 성육신하신 그리스도의 삶과 사역에서 결코 분리된 적이 없기 때문에 그분에 대한 가장 진실한 증인이 될 수 있었다. 그러나 보혜사 성령을 그리스도의 참된 정체성에 대한 법정적 증인으로만 볼 수는 없다. 그리스도는 자신의 육체적 부재로 인해 동요하는 제자들의 실제적 고민을 해결하기 위해 보혜사의 오심을 말하셨다. 따라서 보혜사는 상담, 도움, 위로를 주시는 역할도 하신다. 그래서 영어 성경들은 돕는 자(Helper-ESV, NASB), 위로자(Comforter-KJV), 옹호자(Advocate-NIV), 상담자(Counselor-HCSB) 등으로 다양하게 번역하고 있다. 한편 이런 다양한 성령의 역할로부터 그분을 단순히 심리상담가 혹은 외로운 이를 위로해 주는 친구로 보는 것은 잘못된 것이다. 보혜사 성령은 단순히 우리의 필요를 채우는 분이 아니라 주권자 하나님이시며 그분이 궁극적으로 하시는 사역은 우리에게 그리스도의 말씀과 사역을 확증해 주시는 것이다. 성령은 그리스도께서 객관적으로 성취하신 것을 우리가 주관적으로 체험하도록 하시며 그리스도를 대신(replace)하는 것이 아니라 그리스도가 우리 안에서 실제적인(real) 분이 되도록 하셨다.[36] 그리스도께서는 자신의 육체적 임재를 더 이상 가질 수 없는 제자들을 고아와 같이 두지 않으시고 곧 오신다고 약속하셨다(요 14:3, 19). 물론 그분의 '곧 돌아오심'은 종말에 있을 그분의 재림이 아니다. 성령을 통해 우리 안에 자신의 거처를 마련할 것을 말

---

35) Ferguson, *The Holy Spirit*, 36-37.
36) Stevens, *Doctrines of the Christian Religion*, 104-105; Conner, *The Holy Spirit*, 90.

씀하신 것이다.

보혜사 성령은 진리의 영(요 14:17; 15:26; 16:13)으로 그리스도의 삶과 사역을 우리 안에 증거하신다. 성령이 확증하는 진리란 학문적 진리가 아니라 진리이신 그리스도(요 1:14, 17; 14:6)이다. 그리스도께서 친히 계시한 성령론에 따르면, 보혜사 성령은 스스로 말하지 않고 그리스도에게 들은 것만을 말하시며 자신이 아니라 그리스도를 영화롭게 하신다. 성자께서 성부로부터 듣는 말씀만을 계시하시듯(3:34-35; 5:19-20; 7:16-18; 8:26-29, 42-43; 12:47-50; 14:10), 성령께서는 성자의 말씀만을 확증해 주신다(14:26; 16:13-15). 성령은 자신의 사역에 있어 "그리스도에게 의존하시며 그분을 드러내신다. 성령은 빛과 같은 분이다. 빛은 그 자체를 위해서 존재하지 않고 빛이라는 매개체를 통해 우리로 하여금 뭔가를 보게 한다. 성령은 세상에서 사람들로 하여금 자신에게 집중하도록 하지 않으시고 오히려 그리스도를 증언하신다."[37] 따라서 모든 비성경적이며 이단적인 기독교 신앙 운동들은 그리스도의 말씀으로부터 분리된 성령의 역사를 추구하면서부터 시작된 것이다.[38] 그리스도는 하나님의 아들(the Son of God)로서 성부의 보내심을 받아 오셨기 때문에 그리스도의 삶과 사역은 언제나 성부 중심적이었다. 마찬가지로 성령은 그리스도의 영(the Spirit of God)으로서 언제나 성자 중심적이다. 그러므로 바울은 그리스도의 영이 없으면 그리스도께 속한 사람이 아니라고 말한다(롬 8:9). 성령은 그리스도를 떠나 독립적으로 사람을 하나님께 인도하는 사역을 하거나 자기 자신를 위한 사역을 하지 않으신다.[39] 기독론이 중심이 되지 않은 성령론은 인간의 영혼이 그리스도의 중재 사역이 없이도 하나님의 영이신 성령과 직접적으로 연합할 수 있다는 영지주의에 영향을 받은 것이다.

그리스도는 또 다른 보혜사가 오셔서 제자들을 모든 진리 가운데로 인도하

---

37) Conner, *The Holy Spirit*, 89; Packer는 성령의 사역을 야간 조명(floodlight)으로 설명했다. Packer, *Keep in Step With the Spirit*, 57.
38) Calvin, *Commenatry on John*, 121.
39) Ibid., 88; William Wilson Stevens, *Doctrines of the Christian Religion* (Grand Rapids: Eerdmans, 1967), 104.

실 것이라 약속하셨다(요 16:13). 이 약속이 오늘날 예수님을 믿는 모든 그리스도인들에게도 해당하는가? 아니면 계시를 받아 성경을 기록해야 할 당시의 예수님의 사도들에게 제한되는 것인가? 일차적으로는 후에 성경을 기록할 사도들에게 제한된다.[40] 이 약속은 구원사에서 아주 특별한 순간에 특별한 청중에게만 주신 말씀이다. 그리스도께서 말씀하신 제자들은 그분의 사역 초기부터 그분과 함께 했던 사도들이다(15:27). 또한 성령은 당시 그리스도의 말씀을 듣기는 했지만 이해하지 못했던 예수님의 제자들 도우셨다(16:12). 그러나 이차적으로는 사도 이후 그리스도인들 향한 성령의 조명하시는 사역이라고 말할 수 있다. 성령의 역사는 오늘날 소위 직접 계시를 받는다고 주장하는 두 부류의 신앙 운동을 거절한다. 첫 번째는 현대 극단적 오순절주의 신앙 행태로 직접 계시가 개인에게 주어짐으로 모든 진리를 알게 된다는 것이다. 두 번째는 가톨릭의 행태로서 성령의 직접적인 계시가 로마 교회 교권에 단체적으로 계속 주어진다는 것이다. 그러나 성령은 이제 직접 계시를 개인이나 교회가 아닌 사도적인 증거로서 기록된 성경을 통해 우리에게 그리스도의 인격과 가르침을 조명해 주신다.[41]

## V. 성령과 그리스도인의 삶

### 1. 회심

성령은 이 세상에 대하여 죄와 의와 심판에 대하여 책망하신다(요 16:8-11). 제자들의 복음전파 사역을 통해 성령은 예수 그리스도를 믿지 않는 불신자들의 죄를 책망하신다. 세상이 자랑하는 헛된 의를 책망하시고 예수 그리스도를 하나님이 원하시는 참된 의로 제시하신다. 또한 성령은 예수 그리스도께서 십자가를 통해 마귀를 멸하시고 정복하셨음을 증거하심으로 메시야

---

40) Carson, John, 541-42; Herman Ridderbos, *The Gospel of John: A Theological Commentary* (Grand Rapids: Eerdmann, 1997), 536; Kostenberger, *John*, 474.
41) Ferguson, *The Holy Spirit*, 71.

에 대한 세상의 판단과 처리가 잘못된 것임을 증거할 것이다. 복음의 진리를 듣고 죄에 대해 회개하는 마음과 예수 그리스도에 대한 진리를 확신하게 되는 것은 오직 성령님의 역사에 의해서이다.

### 2. 중생(새 출생 혹은 위로부터 태어남)

회심과 달리 중생은 인간 영혼에 대한 성령의 단독적인 그리고 직접적인 사역으로서 그분이 죄인에게 거듭남을 통해 새 생명을 갖게 하는 것이다(3:5-8). 요한이 말한 물과 성령으로 거듭남(5절)에서 물은 무엇을 의미하는가? 디도서 3장 5절에서 바울은 "중생의 씻음과 성령의 새롭게 하심"에 대해 언급하고 있으며 물과 성령이 하나의 정관사와 하나의 전치사(of)를 가지고 있는 것으로 보아 중생의 다른 두 가지가 아니라 한 근원을 언급한 것으로 볼 수 있다. 또한 구약에서는 이미 죄를 씻는 사역이 성령의 사역으로 제시되었다(겔 36:26-27). 따라서 요한은 성령께서 죄를 씻는 중생의 사역을 하신다고 말한 것으로 보는 것이 자연스럽다.

### 3. 성령 안에서의 침례

사실 성경에는 성령 침례(Spirit Baptism)라는 표현이 없다. 성령 침례라는 용어가 보편화되어 있지만 성령이 침례(baptism of the Holy Spirit)를 주시는 것이 아니다. 그리스도가 침례의 시행자가 되시고 성령은 침례의 요소 혹은 매개체이며 우리는 성령 안에서(in) 혹은 성령으로(with or by) 침례를 받는다(마 3:11-12; 막 1:7-8; 눅 3:15-17; 요 1:33). 중생과 성령 침례의 차이는 다음과 같다. 중생은 삼위일체 위격 중 성령이 주된 사역자로서 영적 죽음의 상태에 있는 죄인에게 새 생명을 주는 것이다. 반면 성령 침례는 그리스도께서 주된 사역자이시며 성령은 그 사역의 매개체가 되어 거듭난 신자를 그리스도의 우주적인 몸 안으로 연합시키는 것이다.[42] 논쟁이 되고 있는 것은 성령 침례의 시기와 기능이다. 미국의 대표적 오순절 교단인 하나님의 성회

---

42) Gregg R. Allison, "Baptism with and Filling of the Holy Spirit," *SBJT* 16/4 (2012):11.

(Assembly of God)의 〈Statement Of Fundamental Truths〉 제 7항은 성령 침례란 중생 이후에 발생하는 것으로 사역을 위한 특별한 영적 능력과 은사를 주시고자 하는 성령의 사역이며 모든 그리스도인들이 반드시 열정적으로 추구해야만 한다고 선언하고 있다. 오순절 성령 강림(행 2장) 이후에도 사마리아인들(8장)과 고넬료 집안(10장)과 그리고 에베소의 12 제자들(19장)에게 계속된 성령 침례가 있었다. 따라서 오순절 신학은 성령 침례를 반복적인 역사적 사건으로 본다.

그러나 중생 이후의 성령 침례를 오순절 이후 교회에 대한 명령으로 인정할 수 없는 몇 가지 이유들이 있다. **첫째,** 침례의 목적과 구성 요소는 성령 침례가 회심과 중생의 때에, 즉 그리스도인의 영적인 삶의 바로 그 시초에 모든 그리스도인들에게 발생하는 보편적 은혜임을 보여준다. 성경에서 침례는 그리스도와 연합됨을 의미하며(롬 6장), 물 침례는 회심과 중생을 통해 그리스도의 몸의 일원이 되는 성령 침례라는 영적 경험을 상징적으로 표현하는 것이다(행 2:38; 행 10:47; 11:16-17; 고전 12:13). 그리스도와 연합하여 그의 몸에 소속되는 것은 구원의 시초에 속한 것이며 그 대상은 특정인이 아니라 그리스도 안에 있는 모든 중생한 자이다. 그러기에 바울은 고린도 교회에게 "너희가 다(all) 한 성령으로 침례를 받아(were baptized) 한 몸이 되었고…"라고 말한다(고전 12:13). "침례를 받았다"라는 헬라어 동사는 부정 과거형(aorist) 시제로 과거에 이미 완성된 것을 의미한다. 성령 침례가 반복적인 역사라면 부정 과거형을 쓸 수 없을 것이다. 성령을 받지 않고 그리스도께 속할 수 있는가? 불가능하다(롬 8:9). 따라서 바울은 중생의 순간에 동시적으로 일어난 성령 침례에 대해 언급한 것이다.[43] **둘째,** 사도행전은 예수님의 제자들이 옛 언약에서 새 언약으로 옮겨가는 과도기적 시대에 있는 교회의 시작에 대해 기술하고 있다.[44] 오순절 이전에 제자들은 이미 구원을 받았지만 아직 영광스런 왕으로

---

43) Allison, "Baptism with and Filling of the Holy Spirit," 8; Erickson, *Christian Theology*, 801; 스토트, 성령 세례와 충만, 43-49.
44) Ferguson, *The Holy Spirit*, 80; 웨인 그루뎀, 조직신학 중, 노진준 역 (서울:은성, 2009), 432-33; Erickson, *Christian Theology*, 801.

서 승천하신 그리스도께서 보내시는 하나님의 약속된 선물인 성령님을 받지 않았기 때문에 오순절 사건을 따로 경험해야만 했다. 사도행전 8장의 사마리아인들의 경우 사도들의 안수를 통하여 성령님이 강권적으로 그들에게 임하지 않으셨다면 예루살렘 교회는 이단과 이방인 취급을 받던 사마리아 교회를 인정해 주지 않았을 것이다. 사도행전 10장에서도 성령님의 주권적인 개입이 없었다면 베드로는 이방인들에게 침례를 주지 않았을 것이다. 사도행전 19장은 성령님의 임하심으로 인해 옛 언약과 침례 요한의 사역에서 새 언약과 그리스도께의 사역으로의 전환이 마무리된 것이다. 반복된 성령 침례의 사건들은 후대 교회가 따라야 할 패턴으로 주어진 것이 아니라 당시 어떤 일이 발생했는가에 대한 묘사일 뿐이며 오순절 사건이 확장된 것 뿐이다. 그러나 사도행전 19장에서 옛 언약과 새 언약의 과도기 안에 있던 모든 하나님의 백성들은 교회로 완전히 편입되었기 때문에 더 이상 구원과는 별개의 특별한 경륜적 차원의 성령 침례를 예상해서는 안 된다(행 2:37; 롬 8:9; 고전 12:13). **셋째,** 오순절 성령 침례는 기독론적 사건 중 하나이다. 승천하신 예수께서 자신이 왕으로 등극하셨음을 알리기 위하여 구약에서부터 약속되어 온 성령의 부어짐을 아버지께 요청하였고 그 요청은 허락되었다(행 2:33; 11:15-17). 모든 기독론적 사건들(성육신, 십자가, 부활, 승천)이 반복될 수 없는 단회적인 역사적 사건이기 때문에 그리스도의 왕으로서의 즉위식에 대한 가시적 증거인 성령의 강림(침례) 또한 역사적으로는 오순절에만 제한되는 단회적인(once for all) 사건이다.[45] 예수님의 구속 사건이 골고다 언덕에서 단회적 사건으로 완성되었지만 그 구속 사건의 효력을 개인이 경험하는 시기는 중생의 순간이듯, 성령 침례도 역사적인 사건으로는 오순절에 종결되었지만 그 성령 침례의 효력을 개인이 경험하는 시기 역시 중생의 순간이다.

중생과 구별된 성령 침례에 대한 가르침은 두 가지 심각한 문제들을 야기시켰다. 첫째, 교회 안에 비성경적인 성도들 간의 계층(구원 받은자 vs 성령 침례 받은자)이 생겨난다: "다른 차원의 교인이 있다는 생각은 영적 우월 의식이나

---

[45] Ferguson, *The Holy Spirit*, 85-86.

교만이라는 인상을 불가피하게 주게 될 것이다… 또한 그와 같은 체험을 하지 못한 사람들의 입장에서는 질투심을 갖게 되는 것이 당연하다."[46] 둘째, 개인과 교회의 영적 무기력과 타락에 대해 성령 침례라는 잘못된 처방을 하게 된다. 사도들의 해결책은 믿음으로 얻게 되는 성령 침례가 아니라 자기를 부인하고 헌신함으로써 경험하게 되는 성령의 충만함이었다. 이미 받은 성령 침례를 받지 않은 것처럼 구하는 것은 우리가 하늘에 속한 신령한 복을 이미 다 받았다는(엡 1:3) 것을 믿지 못함이요, 회심과 중생의 순간에 우리에게 주어진 하나님의 선물인 성령의 임재와 능력을 폄하하는 것이다.

### 4. 성령 충만한 삶

단회적 사건인 오순절 성령 침례와 달리 성령 충만은 그리스도인에게 지속적 상태가 되어야 한다(행 4:8, 31). 비시디아 안디옥의 제자들은 바울과 바나바가 떠난 뒤에도 "계속적으로"(continually-NASB/헬라어는 미완료 시제) "성령으로 충만해 있었다"(13:52). 바울은 "성령의 충만을 받으라"(엡 5:18)는 명령에서 현재 시제를 사용했다. 그 이유는 성령 충만이 매번 새롭게 경험되어져야 하는 어떤 반복적 사건(event)이기 때문이 아니다. 비록 성령의 충만함이 어떤 상황에서는 더 강화될 수 있지만(행 4:8, 31; 7:55), 본질적으로 성령 충만은 그리스도인과 교회가 계속적으로 유지해야 하는 어떤 상태(state)를 말한다.[47] 성령 충만의 특징들은 다음과 같다. 첫째, 성령 충만은 복음에 적대적인 세력 앞에서도 신자들이 담대한 증인의 삶을 살 수 있게 하는 능력이다(4:8, 31; 7:55; 13:9). 전도와 선교 사명의 완수는 성령의 충만함에 달려 있다.

---

46) 그루뎀, 조직신학 중, 438-39. 방언을 성령 침례의 필수 요건으로 보는 오순절주의와 달리 은사주의는 방언을 성령 침례의 필수 요소로 주장하지 않는다.

47) Andreas J. Köstenberger, "What Does it Mean to be Filled With the Spirit? A Biblical Investigation," *JETS* 40/2 (1997): 232-33. 각주14, 15 참조. 쾨스텐버거에 따르면, 엡 5:18의 현재 시제는 그루뎀의 주장과 달리 사건으로서 성령 충만을 매 순간 반복적으로 경험해야 한다고 말하는 것이 아니라 성령으로 충만한 상태가 계속적으로 유지되어야 함을 가르친다. Green도 성령 충만을 사건이 아닌 지속적인 상태로 보았다. Michael Green, *I Believe in the Holy Spirit* (Grand Rapids: Eerdmans, 2004), 153-57.

둘째, 성령 충만은 성령의 주도하에 사는 그리스도인의 지속적인 인격적 특징이기도 하다(6:3; 11:24). 성령이 주도하시는 삶은 그리스도의 성품을 산출하게 되며(갈 5:22-23; 고후 3:18), 죄의 유혹에 저항하게 된다(갈 5:16-17). 성령 충만의 궁극적 증거는 은사의 소유나 발휘에 있는 것이 아니라 성령으로 충만한 인격적 성숙에서 나타난다.[48] 셋째, 성령 충만은 교회의 삶 속에서 추구되어야 한다(엡 5:18-6:9).[49] 너무나 오랫동안 성령 충만이 개인적인 문제로만 왜곡되어 제시되었다. 바울은 에베소서 5장에서 복수형을 사용하여 교회의 멤버들이 "서로"(19절), "피차"(21절) 간에 예배와 가정과 일터에서 성령 충만을 함께 추구하도록 촉구한다. 성령 충만은 나만의 문제가 아니라 우리의 문제이다. 넷째, 성령 충만은 우리가 성령님을 얼마나 더 많이 소유할 것인가의 문제가 아니라 그분이 우리의 삶을 지배하시도록 얼마나 순종할 것인가의 문제이다. 그래서 바울은 성령을 근심하게 하지 말고 소멸치 말라고 권면한다(엡 4:30; 살전 5:19).

### 5. 구원의 완성에 대한 증거

성령은 이미 얻은 구원과 미래에 완성되어야 할 구원 사이의 긴장 속에서 우리가 얻게 될 미래의 완전한 구원에 대한 가장 확실한 증거가 되신다. 구원의 완성에 대한 증거로서 성령은 구원의 인(seal) 그리고 보증(down payment)이 되신다. 신자는 성령으로 인해 인치심을 받았다(엡 1:13; 4:30, 부정과거 시제). 인침은 상업적인 용어로 어떤 물품의 소유권과 그 소유자가 품질을 보증하는 약속의 진정성을 나타내는 행위였다(고후 1:21-22). 성령이라는 인이 파괴되지 않는 한, 우리에 대한 하나님의 소유권과 완성될 구원이 확실히 보장되는 것이다. 에베소서 4장 30절에서 바울은 믿는 것과 성령의 인치심을 같

---

48) 스토트, *성령 세례와 충만*, 59.
49) Köstenberger, "What Does it Mean to be Filled With the Spirit?" 233; Gordon D. Fee, *God's Empowering Presence: The Holy Spirit in the Letters of Paul* (Peabody: Hendrickson, 1994) 721–722; Green, *I Believe*, 189–190.

은 사건으로 보았다.[50] 따라서 성령님의 인치심은 믿음 이후의 그분의 추가적인 사역이라기보다는 그분의 내주하심의 한 결과이다. 내주하시는 성령은 우리의 영에 우리가 하나님의 자녀 됨을 증거하시며(롬 8:16), 또한 우리가 미래에 받게 될 완전한 구원의 보증물이 되신다(고후 1:22; 5:5; 엡 1:14). 보증이라는 헬라어는 당시 물건을 사는 사람이 파는 사람에게 지불하는 선금으로서 그 물건 값의 나머지가 전부 지불될 것을 서약하는 행위였다. 따라서 성령께서는 우리의 죽을 몸에 영생과 부활의 능력을 부분적으로 부여해 주심으로써 결국 종말에는 완전한 차원의 영생과 부활을 경험하게 될 것을 확신시켜 주신다. 성령이 보증이 되심은 그분이 구원의 첫 열매가 된다는 것과 사실상 같은 의미이다(새번역, 롬 8:23). 따라서 구원의 확신을 가르치는 것은 성경적인 것이다(롬 8:16; 요일 5:13).

## VI. 성령과 교회

### 1. 은사

**은사의 정의.** 은사(*charisma; charistmata*(복수)/spiritual gifts)는 모든 신자에게 주어진 하나님의 은혜(*charis*/grace)가 외적으로 나타난 것이다(롬 12:6). 신약 성경은 어떤 고정된 은사의 종류를 제시하지 않고 은사의 다양함을 강조한다(롬 12:6-8; 고전 12:8-10, 28; 엡 4:11; 벧전 4:11). 은사는 그리스도 안에 있는 하나님의 은혜를 나타내고 하나님의 왕국을 확장하기 위한 그리스도인의 사역에 능력을 주시는 성령님의 역사이다. 따라서 자연적 재능(리더십, 말씀, 권면 등)이라도 성령의 능력으로 하나님 나라를 위해 사용된다면 은

---

50) Conner, *The Holy Spirit*, 97-98. A. J. Gordon은 갈 3:2과 행 19장에 근거하여 그리스도를 영접하는 것과 성령의 내주하심과 인치심 사이에 어떤 시간적 차이가 있다고 주장한다. Gordon의 석의적 오류를 지적하며, Conner는 바울이 성령의 내주하심과 인치심이 없다면 그리스도를 믿을 수 없다고 가르치며 그리스도를 영접하는 것을 성령을 영접하는 것과 동일한 것으로 제시하고 있다고 믿는다(고후 1:21-22; 엡 1:13-14; 4:30).

사라 볼 수 있다.

**은사 활용의 원칙들.** 모든 은사는 은사자 자신의 경건 생활을 위해서가 아니라 교회 전체의 유익을(고전 12:7 "공동의 선을 위하여" for the common good—ESV; 14:12 "교회의 덕을 세우기") 위해 사용되어야 한다. 교회 전체의 유익에 더 많이 공헌하는 것일수록 더 사모할 만한 은사이다. 은사의 사용에 있어 사랑과 겸손이 중요하며(12:12-26), 어떤 은사를 받는가는 전적으로 성령 하나님의 주권에 속한 문제이다(11절). 그러므로 받지 못한 은사에 대해 원망해서는 안 된다.

**은사와 신앙 성숙의 차이.** 발람과 사울의 예언 활동, 삼손의 능력, 미성숙한 고린도 교회는 은사의 풍성함이 곧 성숙한 신앙을 뜻하는 것은 아님을 보여준다. 또한 은사자가 반드시 성경을 바로 해석하는 것도 아니다.

**모든 은사가 오늘날 지속되는가?** 세 가지 대표적인 관점들이 있다.[51] 첫째는 기적적인 은사들의 중단론(cessationism)이다. 오늘날에도 교회에 성령의 은사가 필요함을 인정한다. 그러나 몇몇 기적적 은사인 신유, 방언, 예언 그리고 사도와 선지자 직분은 중단되었다고 주장한다. 이런 은사들은 사도적 메시지의 권위와 진유성를 확증하기 위한 표징들로서(히 2:3-4), 성경이 완성된 후 그 시대적 사명을 다하였다고 본다. 세대주의, 개혁주의 전통이 이 입장을 주장한다. 둘째는 1세기 사도 시대의 거의 모든 은사들이 오늘날도 지속된다는 은사 연속주의론(continuationism)이다. 이 견해는 "온전한 것이 올 때까지"(고전 13:10)라는 표현은 주님의 재림이 임할 때까지라는 의미로서 은사들, 특별히 사도직을 제외한 모든 기적적인 은사들까지도 계속된다고 주장한다. 사도 계열의 모임 이외의 대다수 건전한 오순절/은사주의 대표들이 이 입장을 옹호한다. 은사 중의 하나인 사도가 없다는 것은 일종의 은사 중지론

---

51) Richard B. Gaffin, Robert L. Saucy, C. Samuel Storms, and Douglas A. Oss, *Are Miraculous Gifts for Today? Four Views* (Grand Rapids: Zondervan, 1996). 이 책에는 4가지 견해가 있다. 본 글에서 언급하지 않은 것은 Peter Wagner와 John Wimber의 제 3의 물결이다. 이들은 오순절/은사주의와는 달리 회심 때에 성령 침례가 일어난다고 본다. 그러나 기적적 은사의 추구에서는 은사 연속주의와 동일한 견해를 가지고 있다.

에 해당한다. 셋째는 온건한 은사 중단론(open but cautious view)이다. 이 견해는 "온전한 것이 올 때까지"(고전 13:10)라는 표현이 주님의 재림을 말하는 것이지만 그것이 곧 바울이 주님의 재림 때까지는 모든 은사가 계속 지속되어야만 한다는 것을 의미한 것은 아니라고 주장한다. 은사 중단론과 마찬가지로 사도와 선지자 직분의 중단을 믿는다. 신약 성경의 완성과 더불어 더 이상의 직접적 계시의 필요성이 사라졌고 직접 계시를 전달하던 두 가지 직분인 사도직과 선지자직은 종결되었다고 본다. 또한 치유는 사도들처럼 개인적으로 소유하는 은사가 아닌 교회의 기도에 대한 하나님의 주권적 응답으로 보고 있다. 그러나 은사 중단론과는 달리, 어떤 특정한 기적적 은사가 오늘날에도 성령님의 주권으로 일어날 수 있는 가능성을 열어 놓고 있다. 이 견해에서는 외국어로서의 방언과 정경을 형성하는 계시가 아닌 성도의 권면을 위한 예언 활동이 일어날 수 있음을 인정하며 소시(Saucy)가 이 견해의 대표자이다.[52] 온건한 은사 중단론자들은 오순절 운동에서 보고하는 기적적 은사의 현상들을 대체로 신뢰하지 않는다. 이 세번째 견해가 많은 미 복음주의 학자들의 지지를 받고 있다.

성경의 은사들 중 가장 논쟁적인 방언과 예언에 대해 살펴보겠다.
**1) 방언.** 바울이 천사의 언어(1절)를 언급한 것은 자신의 요점을 강조하기 위해 과장법을 사용한 수사학적 표현이다.[53] 고린도전서 13장 1절의 "모든 비밀과 지식을 안다고 해도"(사실상 모든 비밀과 지식을 알 수는 없다. 13:9, 12)와 같은 표현처럼, "천사의 언어"란 고린도 교인들 중 몇 사람이 천사의 방언을 한다고 주장하는데, 심지어 천사의 언어를 말한다고 가정해도 사랑이 없다면 아무 소용이 없다는 뜻이다. 방언을 뜻하는 "글로사(*glossa*)라는 명사는 입 안

---

52) Richard B. Gaffin, Robert L. Saucy, C. Smauel Storms, Doguals A. Oss, *Are Miraculous Gifts for Today?* (Grand Rapids: Zondervan, 1996), 95-155; D. A. Carson, *Showing the Spirit: A Theological Exposition of 1 Corinthians 12-14.* (Grand Rapids: Baker, 1987).
53) Taylor, *1 Corinthians*, 76.

에 있는 기관과 언어라는 단 두 가지 의미를 가진 것으로 알려져 있다… 이와 비슷하게 '방언을 통역함'이라고 할 때 사용되는 동사도 언어를 통역하는 것을 의미한다."[54] 사도행전 11장 16-17절에서 베드로는 자신들이 오순절 때 받은 것과 동일한 선물을 이방인 고넬료의 집안 사람들이 받았다고 증거하고 있다. 사도행전 2장과 10장의 방언이 모두 외국어였음을 추론할 수 있다.[55] 방언이 '비밀'을 말한다(고전 14:2)라고 한 것은 방언이 이해 불가한 천상의 언어라서가 아니라 일상적인 상태에서 드러나지 않는 사람의 마음이 성령의 역사로 그 마음속에 있는 것들이 드러나기 때문이다(25절; 눅 7:36-50; 요 4:1-38). 방언이 하나님께 대하여 말한다는 것은 통역이 없다면 외국어로서의 방언은 오직 하나님만이 이해하신다는 뜻이다. 고린도전서 14장 14-15절은 마음으로(지성적으로) 이해가 되지 않아도 영으로만 기도하고 찬양할 수 있다는 말이 아니다. 예배에는 우리의 지성(mind)과 영혼이 함께 사용되어야 한다(막 12:30). 따라서 어떤 영적 활동이 인간의 전체 내면 세계에 관여하지 않고 한 부분에만 역사한다는 것은 성경적 인간론에 어긋난 것이다.[56] 비평적 지성의 활동이 배제된 "비인지적"(non-cognitive)이며 직감적인 영을 신령한 영과의 접촉점으로 이해한 것은 "플라톤주의적"이며 성령의 역사가 지성적 이해를 산출한다는(고전 2:12) 바울의 주장과도 배치되는 것이다.[57] "그러면 어떻게 할까?"

---

54) 스토트, *성령 세례와 충만*, 142. Thomas Schreiner 역시 헬라어 "*glossa*는 언어학적 코드 즉 구조가 있는 언어이지 마구잡이식과 마음대로 하는 소리냄이 아니다"라고 정의한다. http://www.thegospelcoalition.org/article/why-i-am-a-cessationist. Stevens는 방언을 "unknown tongues"로 번역한 KJV의 해석은 원문에 없는 표현이기 때문에 지지받을 수 없으며 "other tongues"로 번역되어야 한다고 주장한다. Stevens, *Doctrines of the Christian Religion*, 110.
55) 물론 동일한 선물은 동일한 성령을 말한다. 그러나 행 2장에서의 외국어 방언이 행 10장에서 음절로서의 방언이었다면 베드로가 동일한 성령이 아닌 다른 영이 내렸다고 말했을 것이다. 어떤 오순절주의자들은 알 수 없는 음절로서의 방언을 지지하기 위해 행 2장의 방언은 외국어를 말하는(the gift of speaking) 은사가 아니라 알아 들을 수 없는 음절을 이해할 수 있는 듣는 은사(the gift of hearing)였다고 주장한다. 그러나 행 2:4은 분명히 120명의 제자들이 외국어로 말하기 시작했다고 기록하고 있다.
56) Calvin, *Commentary on 1 Corinthians 14:14*, 스토트, *성령 세례와 충만*, 143.
57) Thiselton, *The First Epistle*, 1112-13.

라는 표현은 유대교 랍비 문헌에서 질문이 아니라 결단을 나타낼 때 사용한 것이다. 사도 바울은 우리가 기도와 찬양을 할 때 지성적 이해와 성령의 은사인 방언을 함께 사용해야 한다고 다짐시키는 것이다. 바울은 분명히 모든 은사는 교회의 덕을 세우며 교인 모두에게 유익해야 한다고 말했다. 그렇다면 통역 없이 방언을 하면 자기 자신에게만 덕을 세운다(14:4)는 말은 바울이 그렇게 믿고 행하는 사람들에 대하여 "풍자적"으로 비판하는 것이다.[58] 바울은 이미 5절에서 통역 없이는 어떤 덕도 세워지지 않는다고 하였는데 통역 없이 하는 개인 방언이 그 개인의 덕을 세운다고 주장하는 것은 자기 모순에 해당하는 것이다.[59] 12, 26절에서 바울은 방언의 목적을 교회의 덕을 세우기 위함이라고 말한다. 음절로서의 방언을 주장하는 고든 피(G. D. Fee)는 자신들이 행하고 있는 방언이 실제로 1세기 바울과 고린도 교회가 행했던 것과 완전히 동일한 것인지에 대한 확신은 없다고 말했다.[60] 따라서 음절로서의 방언을 주장하는 이들은 자신의 견해에 좀더 비평적인 자세를 취해야 할 것이다.

**2) 예언.** 오늘날 교회에서의 예언 활동을 옹호하는 대표적 신학자인 그루뎀(Grudem)의 견해를 중심으로 이 주제를 살펴보는 것이 좋겠다. 그루뎀은 신

---

[58] Joseph A. Fitzmyer, *First Corinthians*, AYBC(New Haven: Yale University Press, 2008), 511; 스토트, *성령 세례와 충만*, 145.

[59] Packer, *Keep in Step with the Spirit*, 168; 스토트, *성령 세례와 충만*, 142-45. Fee와는 반대로, Mark Taylor는 바울이 "덕을 세운다"는 동사를 긍정이 아닌 부정적 의미로 사용하고 있으며 자기 덕을 세운다는 사상을 추천하는 것이 아니라고 주장한다. 바울은 "덕을 세운다"의 부정적 용례를 고전 8:10에서 사용하고 있다 – "그 믿음이 약한 자들의 양심이 담력을 얻어" "담력을 얻어"라는 헬라어는 고전 14:4에 사용된 "덕을 세운다"라는 헬라어와 같다. 믿음이 약한 자들의 양심이 담력을 얻어 우상 제물을 먹게 된 것을 칭찬한 것이 아니다. 담력을 얻었지만 매우 잘못된 방향으로 담대하게 되었다. Taylor, *1 Corinthians*, 323-24.

[60] Gordon D. Fee, *Listening to the Spirit in the Text*, (Grand Rapids: Eerdmans, 2000), 115. n18. Packer 역시 오늘날 주장되는 기적적 은사들(방언)이 신약 교회의 은사들과 정확히 동일한 종류의 것들이라는 것에 대한 불확실성을 언급하고 있다. *A Quest for Godliness: The Puritan Vision of the Christian Life* (Wheaton: Crossway, 2000), 221.

약 시대의 예언 활동이 지금도 계속되며 예언에는 오류가 포함될 수 있기 때문에 성경에서 분별력을 요구했다고 주장한다(행 17:11; 살전 5:19-21; 고전 14:29-38; 요일 4:1).[61] 특별히 사도행전 21장 4절의 두로의 제자들과 10-11절의 바울에 대한 아가보의 예언은 오류가 포함된 것으로 구약의 무오한 하나님의 말씀처럼 인정할 수 없는 것들이었다. 그루뎀에 따르면 바울은 예루살렘으로 올라가지 말라는 두로 형제들의 예언을 듣지 않았는데 그 이유는 자신이 받은 예언(예루살렘에 올라가야 한다는)과 달리 오류가 있었기 때문이었다. 또한 아가보의 예언은 전체적으로는(예루살렘에서의 바울의 고난) 성취되었지만 세밀한 부분에서는(유대인이 바울을 결박하여 이방인의 손에 넘기는 상황들) 일치하지 않았다. 따라서 신약 선지자의 말은 "여호와께서 말씀하시니라"라는 직접 계시를 전달한 구약의 선지자의 말과 같이 무오한 정경적(canonical) 권위를 지니지 못한다. 무오한 정경적 권위 즉, 절대적인 신적 권위의 예언 활동은 사도들에게 주어졌다. 에베소서 2장 20절과 3장 5절에 나오는 "사도들과 선지자들"은 정관사가 하나밖에 사용되지 않았다. 그루뎀에 따르면, 바울은 두 그룹인 사도들과 신약의 선지자들이 아니라 한 그룹 즉, 정경적 예언을 한 신약의 "사도들"을 언급한 것이다.[62] 그렇다고 신약 선지자의 예언이 계시적이지 않다는 것은 아니다. 신약의 예언은 정경적인 무오한 계시는 아니지만 하나님과의 교통을 통해 그분의 뜻을 전달한다는 이차적인 의미에선 계시적이라고 주장한다.

그러나 신약에서 무오한 직접 계시를 받은 것은 선지자가 아니라 사도들이었다는 그루뎀의 해석은 해석학적으로 많은 반대에 부딪혀왔다. 에베소서 2장 20절과 3장 5절의 사도들과 선지자들을 신약의 사도들과 구약의 선지자들로 볼 어떤 이유도 없다. 에베소서 이외에도 마태복음 9장 11절, 누가복음 14장 3절, 사도행전 15장 2절에는 하나의 관사가 다른 두 그룹들에 대하여 사용되고 있다. 하나의 정관사는 두 그룹이 동일하다는 것을 말하는 것이 아니라

---

61) 그루뎀, 조직신학 하, 322-30.
62) Wayne Grudem, *The Gift of Prophecy in the New Testament and Today* (Westchester, IL: Crossway, 1988), 45-63.

한 가지 동일한 역할을 수행하는데 있에 두 그룹이 연합하고 있음을 나타낸다.[63] "사도들과 선지자들"은 에베소서 4장 11절이 보여주듯, 바울이 신약의 두 다른 직분들을 묘사한 일반적 순서이다. 예언을 오류가 없는 계시의 전달과 오류가 있을 수 있는 계시의 해석으로 분류하는 그루뎀의 이분법적 구분은 구약과 신약에 존재하지 않는다. 사도행전 21장 4절에서 두로의 형제들이 성령으로 바울에게 예루살렘으로 올라가지 말라 한 것은 두로의 형제들이 오류가 있는 예언을 했기 때문이 아니다. 성령은 그들에게 바울이 앞으로 당할 고난에 대해서만 보여주신 것이며 형제들은 그 받은 예언에 따라 자연스런 반응으로 바울에게 권면한 것이다.[64] 바울은 사도행전 28장 17절에서 아가보가 예언시 사용한 단어들을(행 21:11) 능동태에서 수동태로 바꾸어 그대로 인용하여 예언이 성취되었음을 지적했다. 그루뎀의 충고와 달리 아가보는 "나는 이런 느낌을 받았다", "나는 이런 부담이 있다"라고 하지 않고 "성령이 가라사대"라고 말했다(11절).[65] 4세기 예루살렘의 시릴, 암브로스, 크리소스톰은 하나님이 구약의 선지자들을 통해 말씀하신 것처럼 아가보를 통해 예언하셨다고 주장하였다.[66] 그루뎀과 달리 초대교회에서는 구약과 신약 예언자들의 동등성과 신약 예언자들의 무오한 예언을 확증해 주었다. 그루뎀이 옹호하는 오류가 있을 수 있는 신약 예언에 대한 주장은 현대 오순절/은사주의 교회에서 시행되는 예언을 정당화하기 위해 성경의 자료를 재해석한 것으로 보인다. 성

---

63) D. B. Wallace, 'The Semantic Range of the Article-Noun-kai-Noun Plural Construction in the New Testament', *Grace Theological Journal 4* (1983), 59-84; Peter T. O. Brien, *Letters to Ephesians*, PNTC (Grand Rapids: Eerdmans, 1994), 216.

64) John Stott, *The Message of Acts* (Downers Grove: IVP, 1994), 333. Stott는 두로의 형제들이 받은 성령의 경고와 그 예언을 받은 후 형제들이 바울에게 행한 인간적인 청원을 구분해야 한다고 말한다.

65) 그루뎀은 아가보가 말한 "성령이 가라사대"를 2세기 교부들이 사용한 방식을 따라 해석하고 있지만, 이것은 주해(exegesis)가 아니라 자기 생각을 본문에 주입한 것(eisegesis)이다.

66) 예루살렘의 시릴(Cyril of Jerusalem, *Catechetical Lectures*, 13.29; 암브로스(Ambrose, *On the Holy Spirit*, 2.13.145; 존 크리소스톰 (John Chrysostom), *Homilies on Acts, Homily* 65.

경의 무오성을 주장하는 그루뎀과 오순절/은사주의자들의 예언에 대한 이러한 관점은 아이러니하게도 무오성을 부인하는 신정통주의(Neo-Orthodoxy)와 비슷한 점이 있다. 두 진영 모두 성경 예언에 어떤 오류가 있으며, 예언을 계시 자체라기보다는 주어진 계시에 대한 보고(report)로 이해한다.[67] 만일 그루뎀이 주장하듯 예언이 성경에 새로운 내용을 더하지도 않고 무오한 계시도 아니며 그 방식에 있어서 순간적으로 주어지는 것이라면, 그것은 예언이 아니라 영적 직관 혹은 영적 통찰력 정도로 불릴 수 있을 것이다.

만일 신약의 선지자들이 오류가 있는 예언을 하지 않았다면, 왜 신약은 예언 활동을 판단하라는 경고를 주고 있는가? 성경은 거짓 선지자들과 그들의 해로운 가르침에 대하여 끊임없이 경고하고 있다(신 18:20; 겔 13장; 마 7:15; 24:24; 딤전 4:1-2; 벧후 2:1; 유다서). 실제로 바울은 데살로니가 교회 안에 있던 잘못된 시한부 종말론의 원인을 거짓 예언 활동의 결과로 보았으며(살후 2:2), 요한은 그리스도의 성육신을 부인하는 이단들이 거짓 예언 활동과 연결되어 있음을 경고하였다(요일 4:1). 문제는 신약이 예언 활동을 평가하라고 한 것의 목적이 무엇인가 하는 것이다. 참된 예언자와 거짓 예언자를 구분하기 위한 것인가 아니면 그것 이외에도 참된 예언 중에서 부분적인 오류를 진리로부터 분별하라는 것인가. 그루뎀은 후자의 경우로 본다.

그러나 베뢰아 사람들이 바울의 메시지를 판단한 것은 바울의 메시지로부터 옥석을 가려서 취하려고 한 것이 아니라 그의 메시지가 전체적으로 구약 성경의 신학과 일치하는지를 본 것이다. 요한일서 4장 1절의 거짓 영들은 바로 거짓 선지자들이다. 요한이 요구한 것은 교회가 어떤 메신저가 참으로 하나님의 선지자인지 아닌지는 그들의 교리를 통해 분별하라고 한 것이다. 고린도전서 14장 29절에서 바울이 판단하라고 한 것이 선지자인지 그 선지자의 메시지인지 헬라어 본문은 명시하지 않는다. 아마도 순회하는 거짓 선지자들과 교사들로 인하여 바울은 예언하는 자가 참 선지자인지 구별하라고 한 것이지 참된 예언자의 말씀 중에서 오류를 가려내라고 요구한 것은 아닐 것

---

[67] Erickson, *Christian Theology*, 809.

이다.[68] 그루뎀이 무오한 예언만 있었다고 주장한 구약의 예언시대에도 참된 예언과 거짓된 예언의 구별은 요구되었다. 성경의 신학과 맞지 않거나(신 13:1-5, 18:20; 사 8:20) 정확하게 예언이 성취되지 않은 것은(신 18:21-22) 거짓 예언이었다. 반면, 구약 성경은 참된 예언에 대하여 의심하거나 금지하려는 태도를 부정적으로 보고하고 있다(신 11:26-29; 암 2:12; 미 2:6). 성경 이외에 가장 초기 기독교 문서 중 하나로 여겨지는 디다케(The Didache)는 11장에서 어떤 사람이 거짓 선지자인지를 구분하는 방법을 제시하고 있다. 진리에 어긋나며, 부도덕하며, 돈을 요구하며, 자신이 가르친 것을 실천하지 않는 자는 거짓 선지자이다. 그러나 참된 선지자로 밝혀진 경우에는 그 사람의 예언의 내용을 판단하는 것을 엄중하게 금지한다. 왜냐하면 그런 행위는 용서받을 수 없는 죄에 해당하기 때문이다. 아마도 신약이 요구하는 예언 활동에 대한 판단은 디다케가 보여주듯 어떤 예언에서 진리를 취하고 오류는 버리라는 것이 아니라 예언의 내용을 듣고 판단하여 그가 참으로 하나님께로부터 온 예언자인지 아니면 거짓 예언자인지를 평가하라는 것일 것이다.[69] 구약이든 신약이든 참된 예언자가 거짓된 신학이나 거짓 보고가 섞여 있는 예언을 제시한 경우는 없다.

### 2. 예배(말씀 선포와 기도)

**1) 말씀 선포.** 성령께서 예수 그리스도에 대한 복음을 전하는, 세계 선교에 사용하시는 가장 중요한 수단이 하나님의 말씀이다. 비록 방언을 통한 복음의 선포가 그 방언을 들은 사람들에게 큰 인상을 주었지만, 삼천 명이 회개하여 거듭난 것은 베드로의 설교를 통해서였다. 그러므로 사도들이 말씀에 전무할 필요성을 느낀 것과 말씀 사역이 초대 교회에서부터 사도적 사역으로 인정받았던 것이 전혀 이상한 일이 아니다(행 6:4). 그러나 복음을 설교할 때 이 세상 신이 사람들의 마음을 혼미케 해서 그들로 복음이 들어가지 못하게 함으로

---

68) Edmund P. Clowney, *The Church* (Downers Grove: IVP, 1995), 264.
69) D. M. Martin, *1, 2 Thessalonians*, NAC (Nashville: B & H, 1995), 185.

(고후 4:1-6), 사람의 삶을 바꿀 수 있는 것은 성령의 조명과 능력이 함께 하실 때만 가능하다. 청중들이 말씀을 깨닫고 사모하게 되는 것은 인간의 설득력 있는 말이 아니라 성령의 조명에 의해서이다(고전 2:12-13). 바울은 자신의 말씀 사역이 사람의 수사학이 아닌 성령의 능력에 의존한 것임을 밝혔다(고전 2:4-5; 살전 1:5-6). 성령은 우선 기록된 말씀의 선포(설교)를 통해 인간의 영혼에 말씀하신다. 그 다음에 인간의 영혼 안에서 하나님의 말씀의 진정성을 입증하신다. 칼뱅의 표현대로 하자면 성령의 내적 증거에 의해 죄의 어둠 속에 묶여 있던 영혼이 하나님의 말씀을 들을 수 있는 능력이 생겨나는 것이다. 성령께서 역사하시는 말씀 선포에는 신적인 주권성 뿐만 아니라 인간적인 조건도 있다. 바울은 성령에 사로잡혀 있던 사람이었다. 성경의 무오성을 믿고 정확한 본문 분석을 했다 해도, 설교자의 영혼이 기도와 순종의 삶으로 하나님의 임재에 목말라 하지 않는다면 성령의 능력이 말씀 선포에서 나타나기를 기대할 수 없다.[70]

**2) 기도.** 기도와 관련된 세 가지 질문에 대해 살펴보겠다.

**중보자로서 성령께서 우리를 위해 "말할 수 없는 탄식으로 기도하신다"**(롬 8:26)는 것은 무슨 뜻인가? 세 가지 견해가 있다.[71] 첫째, 케제만(Kaseman)과 피(Fee)는 '성령의 말할 수 없는 탄식'을 성령이 주관하는 방언 기도로 본다. 그러나 방언은 모든 신자에게 주어지지 않지만 기도는 모든 신자의 것이다. 본문에서 탄식은 중보자의 것이지 기도자의 것이 아니다. 또한 "탄식"이라는 헬

---

70) Gordon D. Fee, *Listening to the Spirit in the Text* (Grand Rapids: Eerdmans, 2000), 7.
71) 첫 번째 견해의 지지자들. Ernst Käsemann, *Perspectives on Paul* (Minneapolis: Fortress, 1971), 122-37; Gordon D. Fee, *God's Empowering Presence: The Holy Spirit in the Letters of Paul* (Grand Rapids: Baker, 2009), 577-86. 두 번째 견해의 지지자들. Charles Spurgeon, *The Holy Spirit's Intercession*, sermon no.1532; D. Martyn Lloyd-Jones, *The Final Perseverance of the Saints, Romans 8:17-39* (Grand Rapids: Zondervan, 1976), 136. 세 번째 견해의 지지자들. Douglas Moo, *The Epistle to Romans*, NICNT (Grand Rapids: Eerdmans, 1996), 525-26; John Stott, *The Message of Romans* (Downers Grove, Ill.: IVP, 1994),

라어는 '말로 표현할 수 없는'(inexpressible)이라기 보다는 '말로 하지 않는'(unspoken) 또는 '말 없는'이라는 뜻이 더 적합하기 때문에 어떤 형태로든 말을 하는 방언 기도라고 볼 수 없다. 둘째, 스펄전과 로이드 존스(Lloyd-Jones)는 성령이 아니라 우리 인간들이 기도 중에 탄식하는 것으로 이해한다. 하나님이신 성령이 인간처럼 신음할 수 없다고 믿는다. 다만 성령께서 우리의 영 안에서 그런 탄식으로 기도하도록 인도하신다고 이해한다. 셋째, 무(Moo)와 스토트(Stott)는 탄식을 성령의 중보 사역으로 이해한다. 물론 성령은 인간처럼 탄식할 수 없고 그렇게 하지 않으신다. 그러나 인간의 영과 연합되어서 우리의 연약함을 대신 짊어지신 보혜사 성령이 우리를 향하여 나타내시는 안타까움을 탄식이라는 단어로 표현했다고 본다. 이 세 번째 견해가 가장 설득력 있어 보인다. 왜냐하면 바울은 이미 피조물들과 성도들의 탄식에 대해 이미 언급하였다(22-23절). 물론 그들의 탄식은 비유적인 것이었다. 따라서 성령의 탄식도 비유적인 것으로 볼 수 있다. 성령의 탄식은 우리가 들을 수 있는 신음 소리가 아니지만 하나님께 상달되는 성령의 중보 기도이다. 우리가 하나님의 뜻에 따라 정확하게 무엇을 그리고 어떻게 간구해야 할지 모르지만 이것이 우리가 기도할 수 없는 절망의 이유가 될 수 없다. 이런 우리의 연약함에도 불구하고 하나님의 뜻을 정확하게 그리고 모든 것을 아시는 성령께서 하나님께 간구해 주시기 때문이다. 성령은 우리 기도의 영감자(inspirer of prayer)이시다.

**성령을 어머니로 묘사하고 기도할 수 있는가?** 성경은 하나님에 대한 여성적 이미지들을 사용한다(신 32:18; 시 22:9-10; 사 66:13; 눅 15:8-10). 몰트만(Moltmann)은 진젠돌프(Zinzendorf) 백작을 인용해 성령을 하나님 어머니로 부를 수 있다고 주장한다.[72] 진젠돌프는 성부를 "우리의 참된 아버지", 성령을 "우리의 참된 어머니", 성자를 "우리의 참된 형제"로 불렀다. 그러나 진젠돌프와 몰트만은 성경이 성령에 대해 단 한 번도 여성 (대)명사를 사용한 적이 없다는 사실에 주의를 기울이지 않았다. 하나님이 인간처럼 남자나 여자

---

[72] Elizabeth A. Johnson, *The Source: The Holy Spirit and the Theology of Life*, trans. Margaret Kohl (Minneapolis: Fortress, 1997), 35-37.

의 성별을 가지신 육체적인 존재가 아니지만 성경의 언어는 계시로 우리에게 주어진 것이다. 따라서 성령의 사역을 설명할 때 성경이 사용한 여성적 이미지를 사용할 수는 있지만 성령을 "어머니"나 "그녀"라고 불러서는 안 된다. 하나님에 대한 성경의 유비적 언어로부터 하나님을 우리 수준(아버지와 아들이 있으면 어머니가 있어야 한다는 인간의 수준)으로 끌어 내리는 것은 신학이 아니라 인간학이다.

**성령께 단독적으로 기도할 수 있는가?** 교회의 역사는 이미 성령을 예배의 합당한 대상으로 고백해 왔다(콘스탄티노플 공의회/381년). 그러나 그리스도께만 드려진 기도(행 7:59-60; 고전 1:2; 16:22)와 달리, 성경에서는 성령께만 드려진 기도의 예가 없다. 성경은 성령의 신성을 입증하면서도 기도의 어떤 패턴을 제시한다. 예수님과 바울의 기도의 궁극적 대상은 성부이다. 성경에 나타난 삼위일체적 기도의 패턴은 바울의 다음과 같은 기도에서 발견될 것이다: "성령 안에서 그리스도를 통하여 아버지께"(엡 2:18). 우리의 기도가 성령의 능력으로 그리스도의 중재를 통해 아버지께 이른다. 때때로 우리가 성령께만 기도를 드릴 수 있겠지만 그것이 우리 기도의 주된 패턴이 되는 것은 바람직하지 않다.[73]

## Ⅶ. 실천적 적용

1. 삼위일체의 제 3 위격으로서 완전한 하나님이신 성령께서 성자를 영화롭게 하시는 그분의 "신성한 이타성"(divine selflessness)은 우리의 인격과 사역의 분명한 특징이 되어야 한다.[74] 세상의 문화는 자기의 가치를 드러내고자 한다. 심지어 교회도, 목회자도, 교인도 자신의 업적을 드러내고자 하고 세상

---

73) Cole, *He Who Gives Life*, 86-87.
74) Cole, *He Who Gives Life*, 284. Cole은 이런 성령의 자기를 드러내지 않으심을 성령의 자기비하(the kenosis of the Holy Spirit)라 부르는 것을 거절하고 있다. 왜냐하면 성경에서 성자와 같은 성령의 자기 비우심에 대해 언급하고 있지 않기 때문이다.

으로부터 주목받고자 한다. 그러나 성령께서는 카너가 말했듯 빛의 역할을 또는 패커가 말하듯 투광 조명 등의 역할을 하시기 때문에 자신에게 초점을 맞추지 않으신다. 그분은 오직 그리스도의 말씀과 사역을 확증하신다. 따라서 교회와 그리스도인이 성령으로 충만해진다면 교인의 수나 건물이나 교단에 대한 기여가 아니라 그리스도를 영화롭게 하고자 온 힘을 기울이며 자신에게 사람들이 이목이 집중되는 것을 경계해야 마땅할 것이다.

2. 기독론과 분리된 성령론에 근거한 타 종교의 구원론은 성경적이지 않다. 이미 우리는 타 종교의 구원을 외치는 아모스 용(Amos Yong)과 같은 신학자들 사이에서 필리오케 교리를 포기하고자 하는 경향을 살펴보았다. 필리오케 교리가 내재적 삼위일체에 속하는가 그렇지 않은가의 논쟁을 떠나, 이 현상은 그리스도 중심의 성경적 성령론에서 이탈하여 예수 그리스도에 대한 신앙고백 없이도 타 종교의 영적 현상 속에서 하나님의 구원을 주장하려는 의도를 가지고 있다. 이들은 성령께서는 교회 안에만 한정적으로 역사하는 분이 아니라 온 세상의 모든 인류와 문화와 종교 속에 역사한다고 믿는다. 왜냐하면 성령은 창조주이시기 때문이다. 실로 성령은 창조주이시므로 모든 인간과 피조물에 호흡을 주시고 복을 주신다. 그러나 성령의 모든 역사가 다 구원적인 것은 아니다.[75] 성령의 임재는 피조물의 보존, 죄에 대한 심판, 하나님의 자녀들에 대한 복 주심이라는 세 가지 형태로 나타난다. 모든 비그리스도인들은 하나님의 일반 은혜의 대상이며 존재의 보존과 죄에 대한 심판이라는 성령의 일반적 역사의 대상이 된다. 그러나 일반 종교에서 나타나는 영들, 영적인 체험을 아버지와 아들의 영이시며 진리의 영이신 성령이라고 말하는 것은 비기독교적인 것이다.

3. 영적 인상들 혹은 느낌들(spiritual impressions or feelings)에 따라 사는 것이 영적인 것인가? 성령은 예수님의 말씀과 사역을 증거하시는 진리의 영이

---

[75] Ferguson, *The Holy Spirit*, 248; Cole, *He Who Gives Life*, 202.

시므로 영적인 삶은 또한 말씀에 따른 삶이다. 또한 성령은 말씀을 떠나거나 혹은 거슬러 독단적으로 사역하지 않으신다. 왜냐하면 보혜사 성령은 교회에 주어진 계시를 조명하시지 새로 창조하시는 분이 아니기 때문이다. 스펄전은 하나님께서 아주 드물게 어떤 강력한 영적 인상으로 우리의 삶을 인도할 수 있다는 것을 인정하면서도, 하나님의 말씀이 아닌 지극히 주관적이며 변덕스러운 영적 인상들에 의해 살아가는 사람들을 "물처럼 불안정"하여 신뢰할 수 없다고 말했다.[76] 만일 어떤 강력한 영적 인상으로 회중과 본인이 오류에 빠졌다면 어떻게 해야 할 것인가? 조지 휫필드(George Whitefield)가 좋은 예를 제시한다. 자신의 초기 부흥 사역에서 영적 느낌에 기반한 예언 활동에 적극적이었던 휫필드는 1743년 어느 날 그의 3개월 된 첫 아들에게 유아 세례를 주면서, 하나님이 자신의 아들을 침례자 요한처럼 위대한 말씀의 종으로 사용하실 것을 자신에게 말씀하셨다고 회중에게 선언하였다. 그러나 그 아들은 한 달 뒤 죽게 되었다. 이 사건으로 그는 자신만이 아니라 자신의 회중도 오류를 범하도록 기만했음을 알고 회개하였으며, 더 이상 이와 같은 예언적 활동을 그의 삶 속에서 찾아 볼 수 없게 되었다.[77]

4. 세대주의, 개혁주의, 역사적 침례교 신앙의 전통에 있는 사람들이 오순절/은사주의 전통에서 실행되는 소위 예언이 의도하는 권면, 위로, 영적 지혜와 분별력의 필요성 자체를 부정하지는 않는다. 구약과 신약에 나타난 예언의 연속성을 부정하든 인정하든, 모든 기독교 전통에서는 설교와 가르침이 오류를 포함할 수 있기에 분별력을 요구하지만 여전히 성경적 은사로 인정한다. 마찬가지로 오늘날 오순절/은사주의에서 소위 예언이라고 부르는 것을 신약 성경의 예언이 아니라 영적 직관(intuition) 또는 영적 통찰력(insights)이라 부른다면, 설교와 가르침처럼 오류가 있으나 성령께서 사용하시는 은사로

---

[76] Charles Spurgeon, "Enquiring of God," sermon no. 2996; "Intelligent Obedience," sermon no. 3263.
[77] Phiup A. Craig, "And Prophecy Shall Cease": Jonathan Edwards on the Cessation of the Gift of Prophecy," *WTJ* 63(2002), 175.

서의 유효성을 지닐 수는 있을 것이다.[78] 물론 영적 직관이나 통찰력이라고 해서 말씀의 사역처럼 정규적으로 추구되어야 한다거나, 말씀의 사역을 대체하거나, 동등한 신학적 권위를 가질 수 없다. 모든 영적 직관/통찰력이라는 것은 무오한 계시인 성경에 비추어 늘 평가를 받아야 한다. 왜냐하면 성령이 주신 영적 직관/통찰력의 기반이 되는 영적 인상(impression)이나 느낌이라는 것이 많은 경우 우리 개인의 문화적, 역사적 편견으로 형성된 심리적 현상일 수 있기 때문이다.[79]

---

[78] Vern S. Poythress, "Modern Spiritual Gifts as Analogous to Apostolic Gifts: Affirming Extraordinary Works of the Spirit within Cessationist Theology," *JETS* 39/1 (1996): 93-94.

[79] Erickson, *Christian Theology*, 810.

# ■ 참고문헌

존 스토트, *성령세례와 충만*, 김현희 역. 서울: IVP, 2002

Allison, Gregg R. "Baptism with and Filling of the Holy Spirit," *SBJT* 16/4 (2012):4-20.

Ambrose, *On the Holy Spirit*, 2.13.145;

Augustine. *The Trinity*. WSA I/5. Hyde Park, NY: New City Press, 1991.

Barth, Karl. *Church Dogmatics*. I.1. Peabody, Mass.: Hendrickson, 2010.

Bavinck, H. *Our Reasonable Faith*. Translated by H. Zylstra. Grand Rapids: Eerdmans, 1956.

Blomberg, Craig L. *Matthew*. NAC. Nashville: B&H, 1992.

Bonhoeffer, Dietrich. *Berlin, 1932-1933*, (Dietrich Bonhoeffer Works, Vol. 12). Minneapolis: Fortress, 2009; *London, 1933-1935*, Vol. 13. 2007.

Calvin, John. *Commentary on 1 Corinthians*. Grand Rapids: Baker, 1979.

Carson, D. A. *Showing the Spirit: A Theological Exposition of 1 Corinthians 12-14*. Grand Rapids: Baker, 1987.

_____. *The Gospel according to John* (Grand Rapids: Eerdmans, 1991.

Charles Spurgeon, "Enquiring of God." Sermon no. 2996.

_____. "Intelligent Obedience." Sermon no. 3263.

_____. *The Indwelling and Outflowing of the Holy Spirit*. Sermon number 1662.

_____. *The Holy Spirit's Intercession*, sermon no.1532;

Chysostom, John. *Homilies on Acts, Homily*. NPNF I:11. Peabody: Hendrickson, 1994.

Claunch, Kyle. The Son and the Spirit: The Promise and Peril of Spirit Christology,"

*SBJT* 19/1 (2015): 91-114.

Clowney, Edmund P. *The Church*. Downers Grove: IVP, 1995.

Conner, W. T. *The Work of the Holy Spirit*. Nashville: Broadman, 1940.

Craig, Phiup A. "And Prophecy Shall Cease": Jonathan Edwards on the Cessation of the Gift of Prophecy," *WTJ* 63(2002): 175-84.

Cyril of Jerusalem, *Catechetical Lectures*. NPNF II:7. Peabody: Hendrickson, 1994.

Dunn, James D. G., *Jesus and the Spirit: A Study of the Religious and Charismatic Experience of Jesus and the First Christians as Reflected in the New Testament*. Philadelphia: Westminster, 1975.

Erickson, Millard J. *Christian Theology*. Grand Rapids: Baker, 2014. 3rd Edition.

Fee, Gordon. *First Corinthians*, NICNT. Grand Rapids: Eerdmans, 1987.

\_\_\_\_. *Gospel and Spirit: Issues in New Testament Hermeneutics*. Grand Rapids: Baker, 1991.

\_\_\_\_. *God's Empowering Presence: The Holy Spirit in the Letters of Paul*. Grand Rapids: Baker, 2009.

\_\_\_\_. *Listening to the Spirit in the Text*. Grand Rapids: Eerdmans, 2000.

Ferguson, Sinclair B. "John Owen On The Spirit In The Life Of Christ." A Lecture at the Leicester Minister's Conference, 1986; Reprinted from the Banner of Truth Magazine, Issues 293-294, Feb.-March 1988.

\_\_\_\_. *The Holy Spirit*. Downers Grove: IVP, 1996.

Fitzmyer, Joseph A. *First Corinthians*, AYBC. New Haven: Yale University Press, 2008.

Gaffin, Richard B. Robert L. Saucy, C. Samuel Storms, and Douglas A. Oss, *Are Miraculous Gifts for Today? Four Views*. Grand Rapids: Zondervan, 1996.

Garland, David E. *2 Corinthians*, NAC. Nashiviell: B&H, 1999.

Garrett, James Leo. *Systematic Theology: Biblical, Historical, and Evangelical.* North Richland Hills, TX: Bibal, 2011, 4th Edition.

Geisler, Norman L. *Systematic Theology in One Volume.* Bloomington, MN: Bethany, 2011.

Gill, John. Commentary on Hebrews 9:14. *Commentary on John* 15:26;

Graham A. Cole, *He Who Gives Life.* Wheaton: Crossway Books, 2007.

Green, Michael. *I Believe in the Holy Spirit.* Grand Rapids: Eerdmans, 2004.

Gregory of Nazaianzus, *Orat.* NPNF 2

Grudem, Wayne. *The Gift of Prophecy in the New Testament and Today.* Westchester, IL: Crossway, 1988.

Hamilton, James M. *God's Indwelling Presence: The Holy Spirit in the Old and New Testaments* (Nashville: B&H, 2006.

____. "Were Old Covenant Believers Indwelt by the Holy Spirit?." *Themelios* 30 (2004):12–22.

Harris, Murray J. *The Second Epistle to the Corinthians: A Commentary on the Greek Text.* NIGTC. Grand Rapids: Eerdmans, 2005.

Hunt, Boyd. *Redeemed!: Eschatological Redemption and the Kingdom of God.* Nashville: B&H, 2000.

Johnson, Elizabeth A. *The Source: The Holy Spirit and the Theology of Life.* Translated by Margaret Kohl Minneapolis: Fortress, 1997.

Käsemann, Ernst. *Perspectives on Paul.* Minneapolis: Fortress, 1971.

Köstenberger, Andreas J. and Scott R. Swain, *Father, Son and Spirit: The Trinity and John's Gospel.* Downers Grove: InterVarsity Press, 2008.

____. "What Does it Mean to be Filled With the Spirit? A Biblical Investigation," *JETS* 40/2 (1997): 232–33.

Kuyper, Abraham. *The Work of the Holy Spirit.* Grand Rapids: Eerdmans, 1941.

Lewis, Gordon R. & Bruce A. Demarest, *Integrative Theology: Historical, Biblical, Systematic, Apologetic, Practical.* Grand Rapids: Zondervan, 1996.

Lloyd-Jones, D. Martyn. *The Final Perseverance of the Saints,* Romans 8:17-39. Grand Rapids: Zondervan, 1976.

Luginbill, Robert D. "The Personality of the Holy Spirit" [on line]. Accessed August 10, 2016, http://ichthys.com/mail-personality%20of%20the%20Holy%20Spirit.htm.

Martin, D. M. *1, 2 Thessalonians.* NAC. Nashville: B & H, 1995.

Moo, Douglas. *The Epistle to Romans,* NICNT. Grand Rapids: Eerdmans, 1996.

Nasell, Andrew David and Philip R. Gons. "Proftexing the Personality of the Holy Spirit: An Analysis of the Masculine Demonstrative Pronouns in John 14:26, 15:26, and 16:13-14." *DBSJ* 16 (2011): 65-89.

O'Brien, Peter T. *Letters to Ephesians,* PNTC. Grand Rapids: Eerdmans, 1994.

Oden, Thomas C. *Systematic Theology.* Peabody: Hendrickson, 2006.

Packer, J. I. *A Quest for Godliness: The Puritan Vision of the Christian Life.* Wheaton: Crossway, 2000.

\_\_\_\_. *Keep in Step with the Spirit.* Grand Rapids: Baker Books, 2005.

Poythress, Vern S. "Modern Spiritual Gifts as Analogous to Apostolic Gifts: Affirming Extraordinary Works of the

Spirit within Cessationist Theology." *JETS* 39 (1996): 71-101.

Ridderbos, Herman. *The Gospel of John: A Theological Commentary.* Grand Rapids: Eerdmann. 1997.

Schreiner, Thomas. "Why I am a Cessationist" [on lilne]. Accessed August 10, 2016, http://www.thegospelcoalition.org/article/why-i-am-a-cessationist.

Stevens, William Wilson. *Doctrines of the Christian Religion.* Grand Rapids: Eerdmans, 1967.

Stott, John. *The Message of Acts.* Downers Grove: IVP, 1994.

____. *The Message of Romans: God's Good News for the World.* Downers Grove: IVP, 1994.

Taylor, Mark. *1 Corinthians: An Exegetical and Theological Exposition of Holy Scripture*, NAC. Nashville: B&H, 2014.

Thiselton, Anthony C. *The First Epistle to the Corinthians*, NIGTC. Grand Rapids: Eerdmans, 2013.

Wallace, David. "Greek Grammar and the Personality of the Holy Spirit." *BBR* 13.1 (2003): 103–11.

Wood, Leon J. *The Holy Spirit in the Old Testament.* Eugene: Wipf and Stock, 1998.

Yarnell, Malcolm. "The Person and the Work of the Holy Spirit." In *Theology for the Church.* Edited by Daniel L. Akin. Nashville: B&H, 2014.

Yong, Amos. *Beyond the Impasse: Toward a Pneumatological Theology of Religions.* Grand Rapids: Baker, 2003.

Young, Richard A. *Intermediate New Testament Greek: A Linguistic and Exegetical Approach.* Nashville: B&H, 1994.

Wallace, D. B. 'The Semantic Range of the Article–Noun–kai–Noun Plural Construction in the New Testament', *Grace Theological Journal* 4 (1983), 59–84.

# 7장
# 구원론

# BAPTIST SYSTEMATIC THEOLOGY

# 7장. 구원론

조동선

## I. 서론

### 1. 구원론의 중요성

성경은 구원받은 백성들을 위해 주어진 책이며, 구원은 성경의 가장 근본적인 주제 중 하나이다(딤후 3:15). 성경은 예수님의 가장 근본적인 정체성을 그분의 구원자 되심에서 찾는다(눅 2:11; 행 13:23; 엡 5:23; 딛 1:4; 벧후 1:1, 11; 3:2, 18). 우리가 기다리는 그리스도의 재림은 구원의 완성에 필수적인 것이다. 세계 복음화를 위한 개인 전도와 해외 선교의 신학과 정책은 교단과 교회와 개인이 가지고 있는 구원론에 따라 달라진다. 특별히 침례교회의 역사는 구원론이 교단이나 지방회의 형성 그리고 전도와 선교의 정책 수립에 얼마나 막대한 영향을 미쳐왔는지를 보여준다. 17세기 초 영국의 침례교회들은 특수(Particular) 침례교회(제한속죄설을 지지함)와 일반(General) 침례교회(일반속죄를 지지함)로 모이게 되었다. 18세기 들어 특수침례교회는 전도와 선교를 금하는 극단적 칼뱅주의(Hyper-Calvinism)의 영향으로 교회가 쇠퇴하였고, 일반침례교회는 만인 구원설이 퍼져 나가면서 전해야 할 복음 자체를 상실하게 되어 쇠퇴하였다. 그러나 특수침례교회와 일반침례교회를 다시 회복시킨 것 역시 구원론이었다. 특수침례교회는 풀러(Andrew Fuller)와 캐리(William Carey)를 통해 극단적 칼뱅주의를 극복하여 하나님의 예정과 인간의 책임을 동시에 강조하며 근대 선교 운동을 주도하였다. 일반침례교회는 웨슬리 부흥 운동에서 나온 테일러(Daniel Taylor)를 통해 회심과 중생을 강조하여 새로운 전기를 마련한다. 미남침례교단(SBC)은 2000년도 신앙고백서에서 보편 구원론과 포괄주의(Inclusivism)를 거절하여 복음전파와 개인적 회심의 필요성을 선언하였다.[1] 현재 SBC에서 칼뱅주의(TULIP)와 비칼뱅주의(Non-TULIP, 온건한 칼뱅주의, 온건한 알미니안주의) 두 진영 사이에서 구원론이 심각하게 토론 중이며 설교, 전도, 선교에 큰 파장을 미치고 있다. 구원론은 전도와 선교를 중요시 여기는 침례교인들에게 계속적으로 중심 과제가 될 것이다.

## II. 구원의 예비

### 1. 예정(Predestination)

예정은 "도덕적 행위자들의 영원한 상태"를 결정짓는 하나님의 주권적 "계획"이다.[2] 예정론에서 선택(election)은 어떤 사람을 구원으로 예정하시는 하나님의 계획, 유기(reprobation)는 선택받지 못한 자들을 저주와 형벌로 영원 전에 예정하시는 하나님의 계획을 의미한다. 간과(preterition)는 선택받지 못한 자들을 그들의 죄 가운데 그대로 두심으로써 죄인들 스스로 공의로운 정죄를 받도록 하시는 하나님의 계획을 의미한다.[3] 예정은 하나님 자신의 기쁘시고 선한 뜻에 따른 것이다(엡 1:5, 9, 11). 하나님은 죄를 허용하시기는 하지만 죄를 예정하거나 죄의 책임자가 될 수 없기에(약 1:13), 복음을 부인한 죄

---

[1] 포괄주의(inclusivism)는 예수 그리스도의 구속 사역이 구원의 유일한 근거이지만 분명한(explicit) 개인적인 믿음의 행사가 구원의 유일한 조건(means)은 아니라고 주장한다. 복음을 듣지 못했어도, 자연 계시에서 주어진 진리에 충실함으로써 타 종교인들이나 심지어 무신론자들도 구원을 얻을 수 있다는 주장이다. 대표적인 신학자들은 Clark H. Pinnock, John E. Sanders, Richard Mouw 등이 있다. 포괄주의와 보편 구원론의 유일한 차이는 전자는 그리스도의 구속사역이 구원의 근거라고 믿고 후자는 그것을 주장하지 않는다는 것이다.
[2] Millard J. Erickson, *Christian Theology* (Grand Rapids: Baker, 2014, 3rd ed.), 319.
[3] James Leo Garrett, *Systematic Theology*, vol. 2 (Dallas: Bibal, 2001, 2nd ed.), 483.

의 원인을 하나님의 예정으로 돌려서는 안 된다. 구원으로 선택하신 동기는 순전히 그분의 주권적인 사랑이며(요 6:44, 65; 15:16; 행 13:48), 선택받은 자의 뛰어남 때문이 아니다(신 7:6-8; 롬 9:15-16). 예정은 삼위일체 하나님의 역사이다. 성부께서는 그분의 주권에 따라 창세 전에 이미 우리를 구원하기로 예정하셨다(엡 1:4; 2:10). 예정은 오직 그리스도 안에 있는 자들에게만 실현된다(행 18:9-11; 롬 10:14, 17; 엡 1:3-5). 예정은 누군가를 자동적으로, 기계적으로 구원에 이르게 하지는 않으며 인간 쪽에서의 믿음의 행사를 요구한다. 예정의 목적은 예수 그리스도를 닮아가는 것이다(롬 8:29; 엡 1:5). 예정을 통해 그리스도 안에서 주어지는 은혜들은 성령을 통하여 우리에게 적용된다(엡 1:13-14).

⟨The 2000 Baptist Faith and Message⟩(이하 2000 BF&M) 제5항은 구원의 전 과정이 하나님의 예정에 근거하고 있다고 고백한다: "선택[구원으로의 예정]은 죄인들을 중생, 칭의, 성화 그리고 영화롭게 하고자 하시는 하나님의 은혜로운 목적이다. 선택은 인간의 자유로운 의지의 행사와 조화를 이루며 그 목적과 관련된 모든 수단들을 포함한다. 선택은 하나님의 주권적 선하심에 대한 영광스런 표현이며 무한히 지혜롭고, 거룩하며, 변하지 않는다. 선택은 교만함을 배제하며 겸손을 고취시킨다." ⟨2000 BF&M⟩은 예정의 근거가 인간의 업적이나 믿음에 대한 보상이 아니라 은혜로우시며 주권적인 하나님의 선택에 있음을 고백한다. 동일한 신앙고백문은 인간의 도덕적 책임성을 약화시키는 극단적 칼뱅주의(hyper-Calvinism)나 인간의 능력을 구원의 토대로 보는 펠라기우스주의(Pelagianism)를 거절하고 있다.

### 1) 예정의 근거

여러 신학 전통들이 구원의 궁극적인 원인이 인간이 아니라 하나님이라는 점에 동의한다.

논쟁이 되는 것은 "하나님은 어떤 근거로 특정인을 선택과 유기로 예정하시는가?"이다. 이 질문에 대한 세 가지 주요 답변들이 제시되어 왔다. 첫째, 칼뱅주의에서는 선택과 유기가 하나님의 무조건적인(unconditional) 결정에 달려있다.[4] 하나님이 어떤 사람을 영생으로 선택하는 것은 그 사람의 믿음이나 공적(merit)과는 상관없이 우리에게는 설명되지 않는 신비에 속한 하나님의 뜻에 따라 이루어진다.[5] 이런 무조건적인 선택의 신학적 토대는 죄인의 전적 타락성(엡 2:1-3)과 구원에 있어서의 하나님의 주권성이다(성부의 이끄심-요 6:44; 주님의 선택-요 15:16; 토기장이 비유-롬 9:20-21). 하나님의 무조건적인 결정이 선택뿐만 아니라 영원한 형벌의 운명에도 적용된다. 선택과 유기가 모두 영원 전에 하나님에 의해서 결정되었다는 주장을 이중(double) 예정론이라 부르는데 칼뱅주의 안에는 두 가지 형태의 이중 예정론이 있다.[6] 칼뱅의 이중 예정론은 타락전 선택설(supralapsarianism)이라고도 불리는데, 선택받지 못한 자들은 영원 과거에 이미 하나님으로부터 정죄를 받아 필연적으로 영원한 저주로 유기(reprobation)된 것이라고 주장한다.[7] 하나님이 타락과 죄의 저자는 아니지만 그것들이 하나님의 단순한 허용적 의지가 아니라 능동적 의지에 의해서 영원 전에 작정되었다는 것이다.[8] 그러나 이런 주장은 많

---

[4] 루터도 무조건적인 이중 예정을 주장하였다. 그러나 다수의 루터란들은 유기로의 예정과 불가항력적 은혜를 믿지 않는다. 1577년 발표된 정통 루터교의 신앙고백서 The Formula of Concord의 제 11항; Charles P. Karuth, *The Conservation Reformation and Its Legacy* (Minneapolis: Augusberg, 1963), 322-24.
[5] John Calvin, *Institutes of the Christian Religion*, 3.22.1-2.
[6] 타락전 선택설은 칼뱅 이외에도 베자(Beza) 그리고 침례교 신학자 존 길(John Gill) 등이 지지했다. 타락후 선택설은 투레틴(Turretin), 핫지(Charles Hodge), 뵈트너(L. Boettner), 호크마(Anthony Hoekema)와 같은 신학자들과 도르트(Synod of Dort)와 웨스트민스터 신앙고백문에서 지지를 받으며 침례교 신학자 번연(John Bunyan)도 이 견해를 지지했다.
[7] Calvin, *Institutes*, 3.23.1. 3.21.5: "모든 인간들이 동등하게 창조된 것이 아니다. 영원 전부터 어떤 사람들은 영생으로(선택), 다른 사람들은 영원한 저주로(유기) 예정되었다." 칼뱅 이전에 이미 Isiodre of Seville(c.560-636)와 Gottschalk of Orbais(c.805-68)가 유기(reprobation)와 선택을 예정의 두 가지 본질적 요소로 주장했다.
[8] 칼뱅은 죄의 발생을 "하나님의 의지에 의해서가 아니라 그분의 허용에 의해서" 발생했다는 주장을 "어리석고 근거없는" 것이라고 비판했다. John Calvin, *Concerning the Eternal Predestination of God* (Louisville: Westminster John Knox Press, 1997), 176. Institutes, 3.23.7-8. 칼뱅은 이중 예정론이 "끔찍스런 작정"(*Decretum Horribile*)이지

은 사람들에게 하나님을 마치 악의 원인자로 만드는 것처럼 보였다. 오늘날 많은 칼뱅주의자들은 타락후 선택설(infralapsarianism)을 선호한다. 이들은 선택과 유기에 대한 하나님의 작정(decree)이 창조와 타락의 허용에 대한 작정 다음에 위치하도록 하여 하나님이 악의 기원자가 될 수 있다는 어떤 인상도 피하려고 한다. 칼뱅과 달리, 이들은 유기의 작정은 하나님의 능동적 의지보다는 허용적 의지에 의한 것임을 강조한다. 그러나 벌코프에 따르면, 타락후 선택설도 하나님의 주권적 결정이 유기에도 역시 존재한다는 것을 어느 정도 인정할 수밖에 없다.[9] 둘째, 동방 교부들과 알미니안 전통에선 선택과 유기 모두 조건적인 것이다. 알미니우스의 조건적 선택(conditional election)에 따르면, 하나님이 회개와 믿음이라는 조건을 충족시키는 특별한 "계층"(class)의 사람들만을 구원하기로 예정하셨다고 주장했다.[10] 회개와 믿음은 개인적인 선택의 문제이며 하나님은 누가 복음에 긍정적으로 반응할 것인지를 영원 전에 미리 아셨고(롬 8:29-30; 벧전 1:1-2), 이 미리 아심이 예정의 근거가 되었다.[11] 웨슬리 역시 구원과 유기의 문제는 철저하게 조건적이라고 믿었다.[12] 그러나 구약에서 하나님이 자신의 백성을 "안다"(know/히. yada)는 것은 자신이 예정하시려는 은혜의 대상을 "미리 사랑하셨음"(foreloving)을 의미한다(렘 1:5; 암 3:2).[13] 신약에서 '미리 안다'(prognōsis)라는 헬라어 동사는 로마서 8장 29-30절 이외에 여섯 번 더 사용되었다. 두 번은 사람을 주어로 하며(행 26:5; 벧후 3:17) 단순히 객관적 사실을 미리 알게 되었다는 것을 의미

만 성경적이라고 믿었다. *Institutes*, 3.23.7.

9) Louis Bekhof, *Systematic Theology* (Grand Rapids: Eerdmans, 1996), 122.
10) James Arminius, "A Declaration of Sentiments," vol. 1 *The Works of James Arminius* (Grand Rapids: Christian Classics Ethreal Library, 2002), 141.
11) John Chrysostom, *Homilies on Romans 15.3* (NPNF 11: 454); Pelagius, *Pelagius's Commentary on St Paul's Epistle to the Romans*, trans. Theodore De Bruyn (Oxford, Clarendon: 1998), 112.
12) John Wesley, "Predestination Calmly Considered," *Works*, 10:209-10.
13) Douglas J. Moo, *The Epistle to Romans*, NICNT (Grand Rapids: Eerdmans, 1996), 534-35; Demarest, *The Cross and Salvation: The Doctrine of Salvation* (Wheaton: Crossway, 1997), 128.

한다. 네 번은 하나님을 주어로 하며 구원 사건과 관련되어 있다(행 2:23; 롬 11:2; 벧전 1:2, 20). 로마서 8장 29-30절의 '미리 안다'라는 동사도 하나님이 주어이며 그리스도인들의 구원이 그 목적이다. 따라서 구원 사건으로서의 미리 아심은 선택받아야 할 자들을 하나님이 미리 사랑하신다는 의미이다. 예정은 그 사랑에 근거하여 자신이 선택한 자들에게 구원의 은혜로 지정하는 것이다.[14] 셋째, '온건한' 칼뱅주의와 보수적인 루터교는 유기론이 없는 단일 예정론을 주장한다.[15] 17세기 칼뱅주의 침례교인들에 따르면, "어떤 사람들은 영생으로[무조건적으로] 예정되었으며", "나머지 다른 이들은 그들의 죄 가운데 남겨져 의로운 심판을 받게 된다."[16] 선택은 무조건적이지만 정죄는 자신의 죄악으로 조건 지어진다(롬 1:24, 28). 바울이 말한 "멸하기로 준비된 진노의 그릇"(9:22)과 "영광 받기로 예비하신 바 긍휼의 그릇"(23절)은 이중 예정을 말하는가? "준비된"(katērtismena)의 의미는 어떤 목적이 시행되도록 충분한 상태가 되었다는 것이다. 바울은 고린도후서 9장 5절에 있는 "미리 준비하다"(prokatartizō)라는 동사를 쓰지 않았다. 하나님이 영원 전에 어떤 사람을 영원한 저주로 미리 예정하신 것이 아니다. 바울은 죄인들이 현재 충분히 심판 받기에 합당함에도 불구하고 그들에게 즉각적으로 진노를 내리지 않는 하나님의 긍휼에 대해 말한다.[17] 어거스틴의 저작 속에 있는 유기를 암시하는 몇몇 표현에도 불구하고, 어거스틴은 단일 예정론을 가르친 것으로 보인다.[18] 어거스틴의 전체적인 신학은 선택받지 못한 사람들이 지옥으로 예정되

---

14) A. H. Strong, *Systematic Theology*, vol. 3 (Philadelphia: Judson, 1907), 781.
15) 온건한(modified) 칼뱅주의자라는 용어는 개혁주의에서는 존재하지 않는다. 이것은 침례교 안에서 칼뱅의 이중 예정론이 아닌 어거스틴의 단일 예정론을 선호하며 제한 속죄가 아닌 일반 속죄설을 지지하는 칼뱅주의적 침례교인들을 묘사하기 위해 사용되어 왔다.
16) The 1646 *London Confession of Faith*, 3항; The 1689 *London Confession of Faith*, 3장 3항.
17) Demarest, *Cross and Salvation*, 136.
18) Allan D. Fitzgerald, ed., *Augustine Through the Ages* (Grand Rapids: Eerdmans, 1999), s.v. "Evil"; "Predestination." Garrett, *Systematic Theology*, 2:485; Robert L. Calhoun, *Lecture on the History of Christian Doctrine* (1948, self-published),

었다라고 말하기 보다는 하나님의 간과하심을 받아 자신들의 죄로 심판을 받는 것이다.[19] 무조건적인 선택을 믿는 저명한 침례교 신학자들 상당수가 유기론 없는 단일 예정론을 주장한다.[20] 선택이 유기를 암시하는가라는 질문에 대하여, 스트롱(Strong)은 전형적인 단일 예정론의 답변을 내놓았다: "우리가 대통령을 선출할 때, 나머지 수백만 명이 대통령이 되지 않도록 두 번째 선출을 할 필요가 없다… 유기의 작정은 단순히 아무것도 하지 않겠다는 – 죄인을 그 스스로에게 맡겨두시겠다는 – 작정이다… 하나님이 마음을 강팍하게 하신 것은 하나님의 어떤 적극적인 효력 때문이 아님을 잊어서는 안 된다. 그들은 스스로 강팍하게 하며 스스로 파괴한다. 하나님의 법적인 버리심(judicial forsaking)은 단지 제시된 자비를 죄인이 거절한 죄의 책임에 대한 의로운 형벌일 뿐이다."[21] 저자에게는 이 세 번째 견해가 죄인의 전적 타락, 하나님의 우선적이며 주권적인 은혜로운 선택, 그리고 인간의 도덕적 책임이라는 성경적 가르침들을 가장 잘 조화시키는 것으로 보인다.

### 2) 예정의 범위

현대 알미니안주의자들은 예정이 구원으로의 개인적인 부르심이 아니라 하나님의 사역을 감당하기 위한 공동체적 부르심과 관련되어 있다고 믿는

---

225-56.

19) Edward Harold Browne, *An Exposition of the Thirty-nine Articles: Historical and Doctrinal* (New York: E. P. Dutton, 1874), 415.

20) 침례교 신학자들 가운데는 Charles Spurgeon, A. H. Strong, J. M. Pendleton, E. Y. Mullins, W. T. Conner, James Leo Garrett, Gordon R. Lewis, Bruce Demarest, Millard J. Erickson 등이 있다. David S. Dockery, *Southern Baptist Consensus and Renewal: A Biblical, Historical, and Theological Proposal* (Nashville: B&H, 2008), 69; James Leo Garrett, *Baptist Theology: A Four-Century Study* (Macon, GA: Mercer University Press, 2009), 268.; A. H. Strong, *Systematic Theology*, 789-90; J. M. Pendleton, *Christian Doctrines: A Compendium of Theology* (Philadelphia: The Amerian Baptist Publication Society, 1945), 113; Lewis and Demarest, *Integrative Theology*, 1:319, 321-22.

21) Strong, *Systematic Theology*, 790.

다.[22] 이스라엘은 하나님의 제사장 나라로서의 사명을 감당하도록 선택되었다(신 7:6-8; 시 135:4). 바울은 개인이 아닌 교회에 대한 하나님의 예정을 말했다(롬 9-11장; 엡 1:3-14)고 주장한다. 그러나 성경은 봉사의 직무로의 선택 안에 죄사함을 받고 하나님의 자녀가 되는 개인적인 구원으로의 특별한 선택이 있음을 보여준다. 아브라함의 선택은 모든 민족이 복을 받기 위함이었지만 아브라함은 실제로 칭의의 은혜를 입었다(롬 4장). 모든 이스라엘 민족이 다 구원받은 것은 아니었지만 그 안에 남은 자들은 하나님의 은혜로운 구원의 선택을 받았다(11:5-6). 주님은 12 사도를 사역을 위해 부르셨지만 그 이전에 11명을 구원으로 선택하셨다(요 13:10, 11, 18). 예정된 자들이 칭의와 성화와 영화를 경험하게 되는데(롬 8:30) 이런 은혜들은 개인적인 적용 없이 교회라는 단체에게 이루어질 수 없다. 교회는 개인적으로 먼저 회심을 경험한 자들의 모임이며(살후 2:13), 성경은 하나님의 예정과 무관하게 회심을 경험할 수 없다고 가르치고 있다. 바르트는 예정을 특정 개인들이나 교회 공동체가 아닌 전 인류로 확대하고 있다. 그리스도는 "선택하시는 하나님"(자신의 신성을 따라)이시며 동시에 "선택받은 인간"(자신의 인성을 따라)이시다.[23] 모든 인류는 그리스도 안에서 선택되었고 그리스도는 십자가에서 죄인들에 대한 하나님의 유기를 끝내셨다.[24] 이제 더 이상의 인류를 향한 하나님의 유기는 존재하지 않는다. 신자와 불신자의 차이는 후자는 하나님께 속했다는 것을 모르고 있을 뿐이다. 바르트가 보편 구원론을 교회의 교의로 주장하지는 않았지만, 그의 예정론은 확실히 보편 구원론의 방향으로 향하고 있다. 바르

---

22) Roger T. Forster and V. Paul Marston, *God's Strategy in Human History* (Wheaton: Tyndale, 1973), 145; William Klein, *The New People of God: A Corporate View of Election* (Grand Rapids: Zondervan, 1990), 259. 이것이 영국 침례교인으로 구약학자였던 H. H. Rowley의 견해이기도 하다. *The Bible Doctrine of Election* (London: Lutterworth, 1950), 53-68.
23) Karl Barth, *Church Dogmatics,* 2.2 (Edingburgh: T & T Clark, 1957), 3, 103.
24) Ibid., 229. 그러나 바르트에게 있어 그리스도 안에서의 모든 인류에 대한 선택과 유기는 이미 영원 전에 발생하였고 십자가는 그런 실재의 역사적 나타남(appearance)에 불과한 것이다. 이런 이유로 바르트의 예정론은 플라톤적이라는 비판을 받고 있다.

트의 예정론에 대해선 브루너(Brunner)의 평가로 충분하다고 본다: "성경은 그런 교리(바르트의 보편 예정론)를 포함하고 있지도 않고 이런 종류의 이론은 어떤 신학자에 의해서도 제시되어 본 적이 없다."[25]

### 3) 예정과 자유의지

⟨2000 BF&M⟩의 모델이 되었던 The New Hampshire Baptist Confession (1833) 9항은 예정에 있어서 인간의 자유로운 의지의 행사와 하나님의 주권은 "완벽한 조화를 이룬다"라는 양립성(compatibilism-동시 성립)을 고백했다. 그리스도의 십자가는 이 양립성의 좋은 예를 제시한다(행 4:23-30). 주권자 하나님(23절)은 십자가의 사건을 예정하셨으나(28절) 인간들은 자신들의 자유의지로 예수님을 십자가에 못 박았다(27-28절). 누가는 하나님의 주권을 고백하면서도 죄인들의 도덕적 책임을 요구한다.[26] 양립론자인 에릭슨(Erickson)은 책임있는 도덕적 존재가 되기 위해선 인간이 절대적 의미에서의 자유(libertarian freedom)를 가져야 한다는 알미니안주의자들의 주장을 거부한다.[27] 모든 사람들이 자유롭게 무엇인가를 책임감 있게 선택하지만 그 선택의 과정에 이미 그들은 여러 환경들(DNA, 문화적 요인, 가정 환경 등)로 영향을 받고 있기 때문이다. 죄 된 인간의 의지가 선과 악을 선택할 자유는 있지만 선을 선택할 능력은 없기에 인간이 가장 자연스럽게 선택하는 것이 바로 악이다. 그러나 선을 택하는 것은 하나님의 주권적인 개입이 필요하다. 하나님의 주권성은 인간의 의지를 강요가 아니라 설득으로 그분의 뜻을 사모하게 만든다. 모든 환경을 주관하시는 하나님은 선택받은 자가 특정 환경 속에서 하나님이 원하시는 것을 자발적으로 선택하도록 그 사람의 삶의 정황을 주관하신

---

25) Emil Brunner, *Dogmatics I: The Christian Doctrine of God*, trans. Olive Wyon (Philadelphia: Westminster, 1946), 1:347.
26) Erickson, *Christian Theology*, 325; D. A. Carson, *How Long, O Lord?: Reflections on Suffering and Evil* (Grand Rapids: Baker, 2nd ed., 2006), 188; *A Call to Spiritual Reformation: Priorities from Paul and His Prayers: Priorities From Paul and His Prayers* (Grand Rapids: Baker, 1992), 156.
27) Erickson, *Christian Theology*, 327-35.

다. 이 경우 선택을 받은 자는 자발적으로 복음을 선택하지만 하나님이 주관하신 특별한 환경(지적, 사회적, 도덕적, 영적) 속에서 그렇게 한다.[28] 스펄전은 '주권적 은혜와 인간의 책임성'(Sovereign Grace and Man's Responsibility)이라는 설교에서 이 두 요소가 서로 분리되거나 대립될 경우 발생하는 문제점을 지적하고 성경의 진리에 순종할 것을 요구했다: "구원의 문제에 있어 인간의 행위에 우선하는 하나님의 행위가 없다고 말한다면, 무신론자가 될 것이며, 하나님이 모든 것을 다 지배하셔서 인간이 책임을 질 수 없을 만큼 충분히 자유롭지 못하다고 말하면, 율법폐기론자나 운명론자가 될 것이다. 하나님의 선택과 인간의 책임이 일관성도 없고 모순되는 것처럼 보이지만, 이 두 가지는 모두 성경적 진리이며, 문제는 이 두 가지 진리의 조화를 이해하지 못하는 우리의 무능력에 있는 것이다. 나는 이 두 가지를 조화시키려고 시도해 본적이 없다. 우리가 해야 할 일은 이해가 되지 않더라도 두 가지를 모두 믿는 것이다."

### 2. 효과적인 부르심(Effectual Calling)

하나님은 자신을 떠나 범죄한 죄인을 찾아 구원으로 부르시는 분이시다(창 3:9; 눅 5:23; 계 22:17). 복음전파를 통한 하나님의 외적인 부르심은 모든 이들에게 주어지며 차별이 없다(사 45:22; 막 16:15; 롬 10:13). 그런데 이런 하나님의 외적이며 일반적인 부르심은 죄인들에 의해 거절되기도 한다(마 22:6-6). 동일한 말씀이 전파되었는데 무엇이 그 말씀을 들은 청중 가운데 다른 결과를 낳게 하는가? 칼뱅주의와 알미니안주의는 모두 특정한 사람들만이 복음의

---

[28] Ibid., 333. 에릭슨은 몰리니즘(Molinism, 온건한 형태의 알미니안주의로 16세기 예수교 신학자 몰리나의 주장)의 중간 지식(middle knowledge)을 사용하고 있다. 중간 지식이란 하나님이 자유의지를 가진 존재가 어떤 특정한 상황에서 어떤 식으로 반응하게 될 것인가에 대해 알고 있는 지식을 말한다. 그러나 몰리니즘과 에릭슨의 온건한 칼뱅주의적 양립론이 다른 것은 전자는 인간의 반응에 대한 하나님의 선지식이 하나님으로 하여금 그 특정한 상황을 예정하도록 했다면, 후자는 그 특정한 상황이 만들어진 것은 하나님 자신이 원하는 결정을 얻어 내기 위해 하나님이 친히 준비하셨기 때문이라는 것이다.

초대에 응답하는 이유를 하나님의 선행적 은혜(the prevenient grace)라는 개념에서 찾고자 한다. 선행적 은혜란 전적으로 타락한 인간의 지, 정, 의에 변화를 주시어 하나님의 부르심에 반응할 수 있도록 돕는 은혜이다(고후 4:4, 6). 그러나 칼뱅주의와 알미니안주의는 이 선행적 은혜의 본질과 역할에 있어서 상반된 견해를 가지고 있다.

칼뱅주의에서는 복음이 특정 청중들에게만 효과를 산출하는 것은 선행적 은혜 자체가 택자들에게만 주어지기 때문이다. 이 특별한 선행적 은혜를 통해 택자들은 성령의 세 가지 사역을 경험하게 된다: 말씀의 주관적 깨달음(고전 2:1-5), 죄에 대해 책망(요 16:8-11), 열린 마음을 근거로 한 복음의 수용(루디아, 행 16:14). 따라서 선행적 은혜는 언제나 효과적(effectual)이다. 신자들이 하나님의 부르심을 받은 자들로 묘사되는데(롬 1:6-7; 고전 1:1-2; 유 1; 계 17:14), 이는 그들 모두가 받을 수 있는 말씀 사역을 통한 일반적인 부르심이 아니라 성령의 내적 사역을 통해 구원으로 이르게 되는 효과적인 부르심을 받았기 때문이다(롬 8:28-29; 고전 1:9, 26). 선행적 은혜가 때로는 불가항력적(irresistible)이라고 묘사되는데, 이 표현은 많은 신학적 문제를 발생시켰다. 첫째, 불가항력적이라는 표현은 택자가 성령의 내적 역사에 전혀 저항하지 않는다는 오해를 불러 일으켰다. 택자가 일시적으로 하나님의 부르심에 저항을 할 수 있다. 그러나 궁극적으로는 하나님의 효과적인 은혜가 택자의 완고함을 극복하시고 긍정적인 변화를 산출하신다.[29] 둘째, 불가항력적이라는 표현은 인간의 영혼에 하나님이 억압과 강요를 행사한다는 잘못된 인식을 줄 수 있다. 인간의 의지에 외부적으로 어떤 압력을 가해 인간의 영혼을 통제하는 것은 하나님의 본성과 하나님이 창조하신 인간의 영혼의 본성에도 어울리

---

[29] 불가항력적 은혜라는 말은 원래 개혁주의에서 만든 것이 아니라 예수회(Jesuits)와 알미니안의 추종자(Remonstrants)들이 개혁주의 신학을 비판하기 위해 만든 것이다. 그러나 시간이 지나면서 개혁주의는 이 단어를 하나님의 은혜가 거부되지 않고 받아들여진다는 의미에서 조심스럽게 사용하였다. Herman Bavinck, *Reformed Dogmatics* (Grand Rapids: Baker, 2008), 4: 82-83.

지 않는다.³⁰⁾ 하나님의 은혜가 인간의 자유의지와 도덕적 책임성을 무시하고 비인격적이며 기계적으로 이루어지지 않는다.³¹⁾ 죄인이 비록 전적으로 타락했고 영적으로 죽어 있지만 기계와 같은 비인격적인 존재가 아니라 여전히 자신의 선택에 책임을 져야 하는 도덕적 존재이다. 복음에 저항하는 인간의 죄성에 대하여 "위압적인 강요"(overmastering compulsion)가 아니라 "절대로 확실한 매력"(infallible attraction)으로 성령께서는 죄인의 마음을 설득하시고 인격적인 방법으로 변화시키신다.³²⁾ 이런 이유로 상당수 침례교 신학자들이 불가항력적이라는 표현을 거절하고 효과적이라는 표현을 사용한다.

반면, 알미니안주의는 성령의 효과가 제한적인 이유는 죄인들이 자유의지로 성령의 역사를 거절하기 때문이라고 믿는다. 선행적 은혜가 모든 죄인에게 보편적으로 주어진다는 성경적 근거들로 종종 디모데전서 2장 3-4절("하나님은 모든 사람이 구원을 받으며 진리를 아는데 이르기를 원하느니라")과 디도서 2장 11절("모든 사람에게 구원을 주시는 하나님의 은혜가 나타나")이 거론된다. 그리스도의 일반 속죄가 모든 죄인의 출생 시에 아담으로부터 전가된 죄책을 제거하고 타락이 가져온 부정적 결과들을 무효화한다. 그 결과로 죄인의 의지는 마치 타락 이전의 아담의 의지처럼 구원의 은혜에 협력하거나 거절할 수 있는 중립적 상태로 변한다. 따라서 하나님의 은혜는 개인의 선택에 따라 거절될 수도 있다(resistible).³³⁾ 그러나 디모데전서 2장 3-4절은 단지 모든 죄인들이 구원받기를 원하시는 하나님의 원하심을 말할 뿐이다. 모든 죄

---

30) Strong, *Systematic Theology*, 792.
31) Timothy F. George, *Amazing Grace: God's Initiative—Our Response* (Nashville: LifeWay, 2000), 74.
32) N. P. William, *Grace of God*, 40. Lewis and Demarest, *Integrative Theology: Historical, Biblical Systematic, Apologetic, Practical* (Grand Rapids: Zondervan, 1996), 3:56에서 인용됨.
33) Roger E. Olson, *Against Calvinism* (Grand Rapids: Zondervan, 2011), 67. Olson 이외에 알미니안적 선행적 은총론을 지지하는 다른 대표적 침례교 신학자들은 다음과 같다: Dale Moody, *The Word of Truth: A Summary of Christian Doctrine Based on Biblical Revelation* (Grand Rapids: Eerdmans, 1981), 343, 360; Henry C. Thiessen, *Lectures in Systematic Theology* (Grand Rapids: Eerdmans, 1987), 344-45.

인의 구원을 위한 하나님의 원하심 때문에 모든 죄인들이 전적 타락으로부터 회복되었다는 성경적 근거는 존재하지 않는다. 디도서 2장 11절이 말하고자 하는 것은 그리스도 안에 있는 하나님의 구원이 모든 사람들에게 제시되었다는 것이다.[34] 복음을 듣기 이전 모든 죄인들이 이미 의지에 있어 중립적이라는 사상은 성경적 근거가 없다.[35] 죄인은 하나님의 진노 아래에 있으며(롬 1:18; 3:5), 죄 가운데 죽은 상태로 마귀를 따라 살아가며(엡 2:1-2), 영적으로 눈먼 상태에 있다(고후 4:4). 알미니안주의의 선행적 은혜는 전적 타락의 교리를 사실상 무용지물로 만든다.[36]

저자는 효과적인 은혜가 알미니안적인 선행적 은총보다 더 성경의 증언에 가깝다고 믿는다. 주님은 악한 자나 선한 자 모두 복음 잔치에 "청함을 받았으나"(말씀 선포를 통한 일반적인 부르심) 그 잔치에 참여하도록 "택함을 받은 자는 적다"(성령의 사역을 통한 특별한 효과적인 부르심. 마 22:14)고 하셨다. 효과적 은혜를 받지 못했다고 하나님을 원망할 수 없는 두 가지 이유가 있다. 첫째, 불신자들의 무능력은 복음의 내용을 이해할 수 없는 타고난 지적 무능력이 아니라 자신의 의지로 죄를 선택하기 때문에 발생한 도덕적, 영적인 무능력이다.[37] 하나님의 효과적 은혜가 죄인들 안에서 도덕적, 영적 어리석음과 고집을 만들어 내었기 때문에 복음을 거절하는 것이 아니다. 둘째, 하나님께서는 어떤 특정 죄인을 구원해야 할 의무가 없다. 그분의 공의에 따르면 모

---

34) Marshall, *Pastoral Epistles*, p. 268; T. D. Lea & H. P. Griffin, *1, 2 Timothy, Titus* (Nashville: B&H, 1992), 310.
35) Erickson, *Christian Theology*, 857; Clark H. Pinnock, "From Augustine to Arminius: A Pilgrimage in Theology," in *The Grace of God, the Will of Man*, ed. Clark H. Pinnock (Grand Rapids: Zondervan, 1989), 22.
36) Jack W. Cottrell, "The Classical Arminian View of Election," in *Perspectives on Election: Five Views*, ed. Chad Brand (Nashville: B&H, 2006), 121.
37) Andrew Fuller는 자연적 무능력(natural inability)과 도덕적 무능력(moral inability)을 구분하였다. 죄인들이 복음을 거절하는 것은 자연적 무능력이 아니라 도덕적 무능력 때문이므로 죄인들은 언제나 회개와 믿음의 의무 아래에 놓여있다고 주장했다. *The Complete Works of Rev. Andrew Fuller: With a Memoir of His Life*, vol. 1, (Bonston: Lincoln, Edmands & Co., 1833), 405. Strong 또한 거의 비슷한 논점을 제시하고 있다. *Systematic Theology*, 791.

든 죄인이 멸망에 이르러야 한다. 효과적 은혜를 하나님의 의무로 만드는 것은 구원을 더 이상 하나님의 은혜가 아니라 그분이 갚아야 할 빚으로 전락시키는 것이다. 어떤 이들은 모든 사람을 향한 복음으로의 초대가 정말로 진정성 있는 것이 되려면 그 초대된 복음에 반응할 능력을 모든 죄인들이 가지고 있어야 한다고 주장한다.[38] 그러나 율법은 전적으로 타락한 인간들에게 마음과 몸과 뜻을 다해 하나님을 사랑하라고 명령한다(마 22:37). 율법을 행할 수 없음에도, 주어진 명령과 그에 대한 순종으로 인해 발생할 복도 진실된 것이다. 만일 이런 율법의 명령이 영적으로 죽어 있는 죄인들에게 주어지는 것이 정당하다면, 왜 같은 죄인들에게 복음으로의 초대가 주어지는 것이 위선적인 것인가?[39]

## III. 구원의 시작

### 1. 회심(Conversion)

#### 1) 회심과 중생의 논리적 순서

회심은 죄로부터 돌이켜(turning from sin) 그리스도께로 향하는(turning to Christ) 것이다(롬 6:11; 골 3:3; 행 3:26과 11:21). 회심과 중생(거듭남; 새로운 출생) 중 어떤 것이 구원의 과정에서 더 먼저 발생하는가에 대한 논쟁이 있어 왔다. 물론 우리가 말하는 순서는 시간적 순서가 아니라 어디까지나 논리적 순서이다. 시간적으로는 회심과 중생이 동시 발생적인 것이다.[40] 칼뱅주의자

---

38) Lewis and Demarest, *Integrative Theology*, 3: 59. Lewis와 Demarest는 이런 잘못된 전제는 율법을 지키라는 명령은 인간이 율법을 지킬 수 있는 능력을 전제로 한다는 펠라기우스의 오류와 비슷하다고 본다.
39) Strong, *Systematic Theology*, 791.
40) Lewis and Demarest, *Integrative Theology*, 3: 56; Strong, *Systematic Theology*, 793. 스트롱은 논리적으로는 중생이 먼저이지만 시간적으로는 중생과 회심이 함께 발생하는 것으로 본다. 에릭슨은 논리적으로 회심이 먼저라고 본다. Erickson, *Christian Theology*, 863-864. 반면 그루뎀은 중생과 회심이 거의 동시적으로 발생하는 것처럼

들은 중생→회심의 순서를 주장한다. 전적 타락으로 죽어 있는 영혼이 먼저 새 생명을 받아 살아나지 않는다면 회개와 믿음이라는 반응 자체가 불가능하다고 믿기에 중생이 회심 이전에 발생한다고 믿는다. 반면 알미니안주의자들이나 온건한 칼뱅주의자들은 중생은 회개와 믿음을 전제로 주어진다고 믿기에 회심이 중생 이전에 발생한다고 본다. 성경은 회심→중생의 논리적 순서를 제시하는 것으로 보인다(요 1:12-13; 행 2:38;16:31; 요일 5:1). 그러나 회심과 중생은 논리적으로든, 시간적으로든 서로 분리될 수 없다.

### 2) 회심과 중생의 차이

중생과 달리, 회심의 과정에서 인간은 수동적이지 않고 매우 능동적이다(사 55:7; 겔 33:11; 행 2:38; 17:30). 성경은 인간에게 "[네 자신을] 중생 시키라", "의롭게 만들라"라는 능동태 명령을 주지 않지만 "회개하라", "믿으라"라는 능동태 명령을 주고 있다. 인간의 회심은 성령의 역사에 대하여 적극적으로 반응해야 할 책임성 있는 행동(a responsive and responsible act)이지 구원에 어떤 공헌을 하는 선행(a meritorious work)이 아니다. 따라서 복음전파와 설교에서 회개와 믿음에 대한 바르고 정당한 촉구를 요구하는 것을 인위적인 것이라고 비판해서는 안 된다. 죄를 회개하고 예수 그리스도 안에 있는 구원에 대한 하나님의 약속을 믿어야 하는 쪽은 인간이지 성령이 아니다. 그러나 회심이 구원의 다른 어떤 과정보다 인간의 전적인 책임성과 능동성을 강조한다고 해서 회심이 인간에 의해 창출되는 것은 아니다. 하나님의 역사 없이 전적으로 타락한 인간이 회개와 믿음을 행사할 수는 없다. 성경은 하나님이 주시는 회개(행 5:31; 11:18)와 하나님이 주시는 믿음(고전 2:4-5; 벧후 1:1)에 대해 말하고 있다. 그러므로 회개와 믿음은 인간이 적극적으로 반응해야 한다는 의미에선 능동적인 것이지만 하나님께로부터 주어진다는 의미에선 수동적이다.

---

보일 수 있지만 논리적으로뿐만 아니라 시간상으로도 중생이 회심보다 어느 정도 앞서는 것으로 이해한다. Wayne Grudem, *Systematic Theology: An Introduction to Biblical Doctrine* (Grand Rapids: Zondervan, 2009), 34.c.

### 3) 회개

회개는 회심의 소극적 측면으로 죄로부터 돌아서는 것이다. 회개는 전인격적인 것으로 지, 정, 의 세 요소를 가지고 있다. 첫째, 회개는 성경적 의미에서의 죄에 대한 지적인 깨달음과 인정이 포함된다(롬 3:20; 눅 15:17). 둘째, 회개는 죄에 대한 탄식과 죄 용서에 대한 갈망이라는 감정적 요소가 있다(시 51:1; 고후 7:9). 셋째, 회개는 감정적 후회 그 이상으로 내적인 전환이다. 가룟 유다는 자신의 죄를 후회해서 자살을 했지만 회개하지 않았고 결국 멸망의 자식으로 남게 되었다. 회개는 방향의 전환이기 때문에 죄에 대한 감정적인 탄식이 실제로 행동의 변화를 가져올 때 비로서 진정한 회개로 볼 수 있다: "악한 길에서 떠나 스스로 겸비[repentance]하면… 내가 그 죄를 사하고"(대하 7:14); "이르되 싫소이다 하였다가 그 후에 뉘우치고 갔으니"(마 21:29). 회개를 율법적 행위로 보거나 회개 없는 믿음만을 구원의 방편으로 주장하는 것은 비 성서적이다. 예수님과 사도들에게는 "회개하라"는 메시지가 복음의 중요한 내용이었다. 의식적이며 진정한 회개가 없다는 것은 죄로부터 구원받은 은혜에 대한 진정한 인식이 부족하다는 말도 된다. 회개에 대한 강조가 사라지면 헌신에 대한 열의도 떨어지게 된다. 회개는 죄에 대한 고백과 회개에 합당한 열매를 맺게 한다. 그러나 회개의 열매가 회심을 가져오는 것은 아니다. 회개는 하나님께 드려지는 우리의 죄에 대한 보상이 아니라 예수 그리스도를 영접하기 위해 "필요한 마음의 조건"(condition of the heart necessary)인 것이다.[41] 회개와 믿음은 동시 발생적이며 동전의 앞뒤와 같이 회심이라는 한 영적 실체의 두 가지 구분되는 측면이다. 그리스도께로 연합되는 믿음 없이 참된 회개란 있을 수 없다.

### 4) 믿음

회심의 적극적 측면은 믿음이다. 성경은 믿음에 대해 명사(*pistis*)와 동사(*pisteuein*) 두 가지를 사용하고 있다. 요한복음이 동사만을 사용한 것은 명사

---

41) Thiessen, *Lectures*, 270.

로서의 믿음의 용어나 개념에 어떤 문제가 있거나 의미상에 차이가 있어서가 아니라 믿음의 역동성을 강조하기 위한 것이다. 믿음은 구원의 근거(ground)가 아니라 믿음의 수단(means)이다. 구원의 근거는 예수 그리스도의 구속 사역이다. 그렇다면 우리는 왜 "믿음으로 구원받는다"는 말을 하는가? 그것은 구원의 효력이 오직 믿음을 통해서만(through) 우리에게 전달되기 때문이다. 성경은 믿음이라는 단어를 사용하지만 구원에 이르지 못하는 경우를 언급하고 있다(마술사 시몬의 믿음-행 8:13; 귀신들의 믿음-약 2:19). 따라서 우리의 관심사는 회심의 적극적 요소인 구원받는 믿음(saving faith)의 본질이다. 회개와 마찬가지로, 믿음도 전인격적인 것이므로 지, 정, 의 세 측면이 있다. 첫째, 구원 얻게 하는 믿음은 하나님의 아들로서의 구원자와 주님되시는 그리스도의 정체성과 그분의 대속적 죽음과 부활에 대한 기본적인 지적 이해와 동의가 있어야 한다(요 17:3; 롬 10:9; 고전 15:3-4; 살전 4:14; 살후 2:13). 그러나 구원 얻는 믿음이 기독교의 모든 핵심 교리나 그리스도에 대한 모든 진리를 알고 받아 들여야 한다는 것은 아니다. 마술사 시몬과 귀신들의 문제는 그리스도에 대한 기본적인 지식만 있었기 때문이 아니라 오직 지적인 신념(belief)만 가지고 있었다는 것이다. 둘째, 진리에 대한 기쁜 감정적 반응이 뒤따르게 된다(시 106:12; 마 13:20; 요 5:35). 그러나 기쁨으로 복음을 받아들인다고 해서 이것만으로 참된 구원 얻는 믿음으로 볼 수 없다. 왜냐하면 이런 감정적 반응들이 일시적이며 부분적인 복음에 대한 열납으로 묘사되고 있기 때문이다. 셋째, 구원 얻게 하는 믿음은 구원자와 주님 되시는 그리스도에 대한 의지적이며 인격적인 신뢰(trust in Christ)가 있어야 한다. 이 의지적이며 인격적 신뢰가 구원 얻는 믿음에서 가장 중요한 요소가 된다. 의지적이며 인격적 신뢰란 하나님이 그리스도 안에서 약속하신 구원의 진리에 나 자신을 완전히 의탁하여 그리스도와 영적으로 연합하게 되는 의지적 행위와 주되신 그리스도께 전적으로 순복하고자 하는 헌신을 말한다(마 11:28-30; 요 1:12; 8:12; 롬 1:5).[42]

---

[42] *The 2000 Baptist Faith and Message*는 구원 얻는 믿음을 "예수 그리스도를 영접하는 것과 주와 구세주로서의 예수 그리스도에 대한 전인격적 헌신"으로 규정하고 있다.

그러므로, 우리는 제2차 바티칸 회의를 통해 보편화된 "암시적인 믿음"(implicit faith)과 포괄주의적 구원론을 거부한다. 로마 가톨릭은 이전과는 달리 암시적 믿음이라는 개념으로 타종교들인들의 구원을 수용하였다.[43] 로마 가톨릭 신앙의 우월성을 유지하면서, 현대 가톨릭교회는 성령께서 신비한 방법으로 모든 인간(심지어 무신론자)에게 구원의 은혜를 분여할 수 있다고 선언한다. 가톨릭 신학자 라너(Karl Rahner)는 예수 그리스도를 전혀 들어보지 못한 불교승이라도 자신의 양심에 따라 살면 인간 존재의 심연으로부터 성령의 역사에 반응하는 실존적 구조가 있기 때문에 구원을 받을 수 있다며 "익명의 기독교"(anonymous Christianity)를 주장하였다.[44] 온건한 칼뱅주의 침례교 신학자들인 스트롱(Strong)과 에릭슨(Erickson)은 포괄주의적 구원의 사건을 일반적인 현상으로 보지는 않지만 그런 사건이 발생할 가능성을 열어 두었다.[45] 구약의 성도들이 예수의 이름도 십자가의 죽음도 알지 못했지만 자신들의 의를 저버리고 우상이 아닌 참 신이신 전능한 하나님의 긍휼하심을 의지해 구원받았다. 따라서, 복음을 듣지 못한 이방인들 중 어떤 사람은 자연계시 안에 드러나 하나님의 진리를(하나님의 긍휼에 의지하여 죄 사함을 받음) 믿었다면 구원받을 수도 있다는 것이다.[46] 그러나 구약 성도들이 구원을 받은 것은 단순히 하나님의 긍휼하심에 대한 의지와 인간의 의로움에 대한 포기 때문이 아니었다. 그들은 원복음(창 3:15)부터 시작되었으며 희생제사를 통해 점진적으로 계시된 오실 메시야에 대한 진리를 믿음으로 구원받은 것이다.[47] 그들은 믿음으로 장래에 오신 그리스도와 이미 연합했던 것이다. 〈2000

---

43) Second Vatican Council, *Lumen Gentium 16; Nostra Aetate 3*.
44) Karl Rahner, *TI*, 5:115-34.
45) Strong, *Systematic Theology*, 842; 138-41.
46) 특별히 에릭슨은 John Piper의 포괄적 구원론에 대한 비판을 거절하면서 Piper가 롬 2:13-16(이방인들의 마음에 심겨진 율법)을 주목하지 않았다고 지적한다. Erickson, *Christian Theology*, 140. 각주 37. 그러나 바울은 이방인이 그 마음의 율법으로 구원받을 수 있다고 말한 것이 아니다. 이방인이나 유대인이나 다 범죄하여 율법의 정죄 아래 놓여있다(롬3:19, 23).
47) Grudem, *Systematic Theology*, 117. 히 11장에서 구약 성도들이 약속된 것을 바라보았다고 말한다. 모세는 그리스도를 위하여 고난을 받았으며(히 11:26), 아브라함은 그

BF&M〉 4항은 예수 그리스도에 대한 "개인적인 신앙"(personal faith) 없이는 구원도 없다고 선언함으로써 가톨릭의 포괄적 구원론 뿐만 아니라 스트롱, 에릭슨의 주장 또한 거절한다.

## 2. 중생(Regeneration)

중생(*palingenesia*, 딛 3:5)은 영적인 거듭남(born again/*anōthen*)으로 위로부터, 즉 하나님께로부터 다시 태어나 영생을 얻게 되는 것이다. 이 역사는 사람의 뜻이나 육체가 아닌 하나님에 의해서 이루어진다(요 1:12-13). 중생은 성부의 뜻에서 시작되었으며(요 1:13; 약 1:18) 그리스도의 죽으심과 장사지냄과 부활에 기초한(벧전 1:3) 성령의 활동(요 3:6-8)이다. 성령께서는 하나님의 말씀을 사용하여 사람을 중생케 하신다(벧전 1:23). 따라서 구원에 대한 복음의 말씀이 전파되지 않는다면 중생케 하는 성령의 사역도 기대할 수 없다. 중생한 사람은 "새 생명을 얻고(요 3:5-7; 요일 5:11-12), 새 본성에 참여한 자가 되며(벧후 1:4), 마음의 할례를 통해 새 마음을 받고(렘 24:7; 겔 11:19; 36:26), 새 피조물이 되며(고후 5:17; 엡 4:24), 그리고 새로운 순결함을 경험하게 된다(고전 6:11; 딛 3:5)."[48] 죄로 인해 파괴된 하나님의 형상이 중생을 통해 회복된다. 즉 타락 이전의 아담의 순종을 통해 얻고자 하나님이 의도하셨던 인간성이 중생을 통해 서서히 이루어져 가는 것이다. 물론 중생하였다고 죄 된 옛 본성이 사라진 것은 아니다. 중생이 죄 없는 혹 죄를 더 이상 짓지 않는 완전함(sinless perfection)을 산출하지는 않는다. 다만 중생을 통해 이전에 지배적인 죄의 통치가 사라지고 하나님을 향한 새로운 기질을 분여 받았기 때문에 신자는 변화의 삶을 분명히 경험하게 된다. 진정한 그리스도인은 더 이상 습관적으로 죄를 짓지 않게 되며 오히려 죄에 대하여 습관적인 승리의 삶을 살게 된다(요일 3:9; 5:4, 18. 계속적인 동작을 의미하는 현재 시제가 사용됨).

---

리스도의 날을 보고 즐거워하였으며(요 8:56), 믿음으로 의롭게 된다는 복음을 들었다(갈 3:8). 아브라함과 구약의 성도들은 자연 계시가 아니라 특별 계시에 의해 그리스도를 바라보았다.
48) Keathley, "Salvation," 739-40.

육체적 출생과 영적인 출생인 중생 사이에는 몇 가지 비슷한 점들이 있다. 첫째, 육적, 영적 출생에서 출생자는 모두 수동적이다. 중생시키다는 동사 게나오(*gennaō*)는 언제나 수동태로 쓰인다. 인간의 행위가 주된 요소이며 능동적인 역할을 하는 회심과 달리 중생은 하나님의 단독 행위에 의해서 이루어진다. 왜냐하면, 중생은 전적으로 신적 의지의 결과이기 때문이다(약 1:18). 둘째, 육적, 영적 출생 모두 순간적으로 완성된다. 산모가 진통하는 과정이 있지만 아이가 태어난 것은 어떤 특정한 순간에 이루어진다. 마찬가지로 한 사람이 중생에 이르는 과정이 있을 수 있지만 하나님의 자녀로 태어나는 중생 그 자체는 과정이 아니라 순간이다. 그러기에 성경은 중생을 진행 중인 과정(being born again)이 아니라 과거에 완성되었음을 강조하는 완료 형태(having been born again, 엡 2:5; 벧전 1:23; 요일 2:29; 5:1, 4)나 행동의 어떤 진행이 아닌 과거의 어떤 한 순간에 발생한 행동을 강조하는 부정 과거(*aorist*) 형태를 사용하였다(born again, 요 1:13; 벧전 1:3).[49] 셋째, 육적, 영적 출생 모두 전(whole) 인간성에 영향을 미친다. 로마서 8장 10절이 우리 영의 소생을 언급하지만, 그것은 우리의 전 인간성이 소생될 때 비물질적인 인간 내면의 영도 역시 소생하기 때문이다. 우리가 허물과 죄로 죽었다고 할 때(엡 2:1), 우리의 영만 죽었던 것이 아니다. 인간성 전체가 죄로 죽어 있었다. 그러므로 중생을 통해 우리가 그리스도 안에서 새로운 피조물이 될 때, 새로워지는 것은 삼분론에서 주장하는 영만이 아니라 그리스도 안에 있는 인간 자체이다(고후 5:17).

### 3. 그리스도와의 연합(Union with Christ)

요한과 바울이 그리스도인의 구원을 묘사할 때 가장 중요한 주제 중 하나가 믿음을 통한 그리스도와의 연합이다. 바울 서신에서는 "그리스도 안에서"(in Christ) 혹은 이와 동일한 주제를 다르게 나타낸 표현들이 216번, 그리고 요한의 글들 가운데서는 26번이 등장한다.[50] 우리가 그리스도 안에 있다는 표현은

---

49) Erickson, *Christian Theology*, 874.
50) Demarest, *The Cross and Salvation*, 313. 대표적으로 요 14:20; 롬 8:1-2; 고후 5:17; 엡 2:13; 요일 2:6.

우리가 그분으로부터 받게 되는 하늘의 기업들(선택, 구속, 칭의, 거룩함, 영광)과 관련이 있으며, "그리스도가 우리 안에"(Christ in us) 있다는 표현들은(요 14:20; 롬 8:10) 그리스도께서 우리를 자신과 닮아가도록 만드시는 그분의 내적인 사역들(중생과 성화)과 관련이 있다.[51] 그리스도와의 연합은 단순히 구원의 한 측면이 아니라 구원의 전 과정을 포함하며 예정, 칭의, 성화, 영화와 같은 구원의 열매들은 우리가 그리스도와 믿음으로 연합하게 된 결과물들이다(엡 1:4-5; 롬 8:1; 엡 2:10; 롬 8:17).[52] 오랫동안 로마 가톨릭은 성례전을 통한 그리스도와의 연합을 주장해왔다. 특별히 성만찬을 통해 실제 그리스도의 피와 살을 먹음으로써 참여자의 영혼이 생명을 얻게 된다고 믿는다(화체설-이 교리는 교회론에서 더 살펴보기로 하겠다). 그러나 로마 가톨릭의 성례전적 연합 사상은 그리스도의 말씀에 대하여 정당화 될 수 없는 문자적 해석에 근거하고 있으며, 인간 사제를 그리스도와의 연합에 중재자로 세움으로써 그리스도 이외의 중재자를 부인하는 성경적 원리에 어긋난 것이다.[53]

그리스도와의 연합에 몇 가지 중요한 특징들이 있다. 첫째, 그리스도와의 연합은 법정적인 연합이다. 첫 사람 아담이 모든 죄인의 대표이듯, 마지막 아담 그리스도는 모든 신자들의 대표이다(롬 5:12-21). 우리의 죄는 그리스도에게 전가되었고 그리스도의 의가 우리에게 전가되는 것은 그분과의 연합이 가지고 있는 법정적인 성격 때문이다(고후 5:21). 그러므로 그리스도 안에 있는 자에게는 칭의 받지 못한 자에게 임하는 하나님의 정죄하심이 없다(롬 8:1). 그리스도인은 그리스도 안에서 새로운 법정적 지위를 받아 하나님의 자녀가 된 것이다. 둘째, 그리스도와의 연합은 영적인 연합이다. 이 연합은 성령의 사역에 의해(롬 8:9-10; 3:16-17) 그리스도의 영과 우리의 영이 연합되는 것이다. 그러나 이 연합은 삼위일체에서 세 위격들에게만 해당하는 신성한 본

---

51) Michael Horton, *The Christian Faith: A Systematic Theology for Pilgrims on the Way* (Grand Rapids: Zondervan, 2011), 596.
52) Erickson, *Christian Theology*, 877; John Murray, *Redemption Accomplished and Applied* (Grand Rapids: Eerdmans, 1955), 165.
53) Erickson, *Christian Theology*, 880.

질의 일치를 의미하지는 않는다. 성경이 하나님과 그리스도의 연합으로부터 유비적으로 신자와 삼위일체 하나님의 연합에 대해 말하는 것이 사실이다(요 14:20, 23 그리고 17:21-23). 그러나 이 유비는 신자가 신화(deification-하나님처럼 되어감)의 과정을 통해 그리스도와 하나님이 공유하시는 것과 동일한 신적 본질(substance)과 본성(nature)을 그리스도인도 소유하게 된다는 것을 의미하지 않는다.[54] 이 유비의 핵심은 그리스도와 신자가 은혜와 사랑과 뜻을 공유하는 영적 공동체 안에 있게 될 것을 의미한다.[55] 성부와 성자의 연합은 필연적인 것이며 본질적인(essential) 것이지만(요 10:30), 우리의 영과 그리스도의 영과의 연합은 자발적인 의지의 결정이며, 관계적인(relational) 것이다(15:4, 7). 셋째, 그리스도와의 연합은 생명을 얻게 하는 연합이라는 것이다. "생명을 얻게 하는 연합"으로 신자는 자신의 인격적 특성을 유지하면서도 동시에 그리스도의 영에 의해 생동력을 얻게 된다.[56] 포도나무와 가지의 유비는 (15장) 우리가 신성한 본성(divine nature)에 참여자가 되었음을 보여준다(벧후 1:4). 초대 교회에 있었던 어떤 이단들은 포도나무(그리스도)와 가지(신자)의 유비로부터 신자가 그리스도처럼 완전한 신-인 혹은 그리스도와 동등한 신성을 갖게 될 것이라고 주장했다. 이에 대해 교부들은 유비를 예시(illustration)가 아닌 문자적 실재로 해석하는 오류를 지적하며 그리스도와 연합한 신자들은 본성이 아니라 양자됨의 은혜에 의해 하나님의 아들들이 된다고 가르쳤다.[57] 신의 본성에 참여한다는 것도 우리 안에 하나님의 신적 본질이 주입되

---

54) 신화론은 고대 교부들(특별히 동방 교부들)의 구원론의 하나로, 하나님의 자녀로 입양된 그리스도인들이 하나님처럼 불멸하는 영생을 얻게 되며, 도덕적으로 영적으로 하나님의 성품을 반영하게 된다는 교리이다. 그러나 교회사에서 이 교리를 오용하여 인간이 실제로 하나님의 본성과 동일한 본성(the same nature)를 가진다고 주장한 이단들이 존재해 왔다.

55) Henry C. Thiessen, *Lectures in Systematic Theology* (Grand Rapids: Zondervan, 1972), 615.

56) Strong, *Systematic Theology*, 795.

57) Augustine, *Homilies on the Gospel of John*, 53.1 (NPNF 7:344); Cyril of Alexandria, *Commentary on John*, 1.2 (Down Grover: IVP, 2015), 212-13. Augustine과 Cyril 모두 성자의 아들 됨은 그분이 본질상 가지고 계신 완전한 신성의 표현이며 우리의 아들 됨은

어 우리를 작은 하나님으로 또는 다른 그리스도로 또는 신성과 인성이 뒤섞인 제 3의 새로운 반신-반인의 슈퍼맨이 되는 것이 아니다.[58] 그것은 인간의 전인격이 그리스도의 인성 가운데 나타난 하나님의 도덕적 성품과 불멸하며 썩지 않는 생명을 공급받는다는 의미이다. 영적인 생명을 분여받는 것은 개인적이며(갈 2:20) 또한 교회의 형제들과 연합되는 공동체적인 것이기도 하다(롬 12:4-5; 고전 12:12-27; 엡 2:19-22; 벧전 2:4-8).

### 4. 칭의(Justification)

죄는 인간에게 두 가지 문제를 가져왔다. 첫째, 죄로 인해 인간은 타락한 본성을 가지고 태어난다. 이 문제는 성령의 중생케 하시는 주관적 사역으로 해결된다. 둘째, 죄는 하나님의 법적 심판과 형벌을 초래하였다. 이 문제를 해결하는 것이 칭의(*dikaiōsis*)이다. 칭의는 죄인이 하나님 앞에 설 수 있는 바른 관계, 즉 새로운 법적 지위를 부여한다.[59] 칭의는 그리스도의 사역을 기반으로 우리를 위하여 성부가 주도하시는 객관적 사역이다(롬 3:24; 8:33). 미국 침례교인들의 〈뉴햄셔 신앙고백문〉(1833) 5장은 칭의를 다음과 같이 정리하였다: "그리스도를 믿을 때에 그리스도께서 보장해 주시는 복음의 위대한 복이 칭의이다. 칭의는 죄 용서와 의에 근거한 영생의 약속을 포함한다. 칭의는 우리가 행한 어떤 의로운 행위에 대한 고려에서가 아니라 구속자의 보혈에 대한 믿음으로만 부여된다. 믿음에 의해서만 그리스도의 완전한 의가 값 없이 하나님으로부터 우리에게 전가된다. 칭의는 우리를 하나님과 누리는 가장 복된 평화와 호의의 상태로 이끌며 현재와 영원 동안 필요한 모든 다른 복을 보

---

양자의 은혜로 얻게 된 것이다. 따라서 그리스도는 그분의 신성에 있어 우리들 중한 형제가 될 수 없다. Augustine, *John*, 82.4 (NPNF 7:347); Cyril, *John*, vol. 1 (Down Grover: IVP, 2013), 60, 65, 71, 85.

58) Lewis and Demarest, *Integrative Theology*, 3:106. 바르트는 인성과 신성이 분리나 혼합되지 않은 채 한 인격 안에 완전히 연합할 수 있는 것은 오직 그리스도 안에서만 가능했으며 이런 연합은 어떤 선지자나 사도에게도 허용되지 않는 것이라고 말한다. Barth, *CD* II.1, 486.

59) Thiessen, *Lectures*, 275; Erickson, *Christian Theology*, 883.

장한다." 이 신앙고백문에는 칭의의 근거(그리스도의 율법에 대한 순종과 대속의 죽음), 수단(오직 믿음), 법정적 성격(죄 용서와 의의 전가), 결과(죄사함과 영생의 분여)가 나타나 있다.[60]

### 1) 칭의의 동기와 법정적 본질

칭의의 동기는 전적으로 하나님의 은혜이며 인간 행위에 대한 보상이 아니다(롬 3:24; 갈 2:16). 만일 칭의가 은혜로 된 것이면, 인간의 선행과 경건은 철저하게 칭의의 동기에서 배제되어야 한다. 그렇지 않다면, 칭의는 은혜가 아니라 일하는 자에게 마땅히 지불되어야 하는 삯이 될 것이다(롬 4:4). 그러므로 칭의는 노력의 대가로 달성하는 것이 아니라 하나님의 선물로 얻게 되는 것이다.[61] 칭의가 전적으로 은혜이기 때문에 칭의 받기 이전뿐만 아니라 그 이후에 나타난 신자의 선행도 칭의의 궁극적인 동기가 될 수 없다. 왜냐하면, 구원 얻은 하나님의 자녀가 아무리 경건하게 살아도 죄로 인해 그 경건이 완전할 수 없기 때문이다.

칭의의 법정적 본질은 "의롭게 하다"라는 헬라어 동사 디카이오오($\delta\iota\kappa\alpha\iota\acute{o}\omega$)의 어원학적 분석에서 나타난다. 디카이오오는 사람을 실제로 의롭게 만드는 (to make righteous) 것이 아니라 어떤 사람이 고소된 사안에 대해서 죄가 없다고, 즉 의롭다고 선언하는(to declare rightoues) 재판장의 행위이다.[62] $o\omega$로 끝나는 헬라어 동사가 도덕적 자질과 관련될 때는 "만들다"라는 의미가 아니라 "~처럼 선언하다"라는 의미를 가진다. 따라서 호모이오($\acute{o}\mu o\iota\acute{o}\omega$)는 "동일하게 만들다"는 의미가 아니라 "같은 것으로 선언하다"를, 악시오오($\acute{\alpha}\xi\iota\acute{o}\omega$)는 "가치있게 만들다"는 것이 아니라 "가치있는 것으로 여긴다"를 의미한다. 디카이오오는 하나님을 목적어로 갖기도 한다: "모든 백성과 세리들은… 하나

---

60) 4장 "구원의 길"에서 그리스도께서 개인적 순종으로 신성한 율법을 지키신 것이 그분의 대속적 죽음과 함께 우리 구원을 위한 구속의 한 축임을 선언하고 있다.
61) Erickson, *Christian Theology*, 887.
62) Leon Morris, *The Epistle to the Romans* (Grand Rapids, Eerdmans, 1988), 145. 각주 175.

님을 의롭다 하되"(눅 7:29); "주께서 주의 말씀에 의롭다 함을 얻으시고"(롬 3:4). 하나님은 내면적으로 더 의롭게 변할 수가 없는 분이다. 이 경우 '의롭게 하다'는 하나님이 의로운 분이라고 선언하는 것이 분명하다. 칭의와 정죄의 대조적인 신학적 용례 또한 칭의가 법정적인 선언임을 보여준다. 로마서 8장 33-34절에서 칭의는 사악함(sinfulness)이 아니라 법적인 정죄(condemnation)와 대조되고 있다. 성경에서 정죄는 인간 내면에 악을 주입되는 것이 아니라 재판장의 법정적 선언이다.[63] 칭의와 정죄의 법적 선언의 본질은 신명기 25장 1절에 잘 나타나있다: "재판장은 그들을 재판하여 의인은 의롭다 하고 악인은 정죄할 것이며." 따라서 정죄의 반대되는 개념인 칭의도 당연히 의로움이 인간 안에 주입되는 것이 아니라 재판장이신 하나님의 법적인 선언이다. 만일 칭의가 인간 내면을 의롭게 바꾸는 것이라면 잠언 17장 15절의 말씀은 의미가 없게 된다: "악인을 의롭다 하고 의인을 악하다 하는 이 두 사람은 다 여호와께 미움을 받느니라." 칭의가 사람을 거룩하게 만드는 것이라면 오히려 악인을 의롭게 해 주는 것은 하나님께 미움이 아니라 칭찬을 들어야 할 것이다.[64] 칭의는 법정적인 선언이기 때문에 과정이 아니라 순간적으로(instantaneously) 그리고 단회적으로(once and for all) 완성된다. 바울은 믿음을 통해 칭의가 과거에 이루어진 것으로 묘사하고 있다(롬 3:22; 4:3, 5, 6, 9, 11, 13, 22; 5:1, 9).[65] 만일 믿음으로 죄 사함과 그리스도와 연합이 이루어진다면, 칭의는 믿는 바로 그 순간 완전하게 이루어지는 것이며 부분적인 칭의란 존재하지 않는다.[66]

---

63) James Petigru Boyce, *Abstract of Systematic Theology* (Philadelphia: American Baptist Publication Society, 1899), 350.
64) Grudem, *Systematic Theology*, 724.
65) 바울이 사용한 칭의의 미래시제에 대한 신학적 의미는 N. T. Wright의 종말론적 칭의론에 대한 평가에서 설명하겠다.
66) Paul Enns, *Moody Handbook of Theology* (Chicago: Moody, 2008, rev. ed.), 337; Louis Berkhof, *Systematic Theology* (Grand Rapids: Eerdmans, 1996, new ed.), 513; Louis Berkhof, *Systematic Theology* (Grand Rapids: Eerdmans, 1996, new ed.), 513.

## 2) 칭의의 요소들

칭의에는 두 가지 요소들이 있다. 첫번째 요소는 그리스도의 피를 통해 우리가 진 빚이(죄가) 탕감(용서함)되는 것이다(5:9). 그러나 죄의 책임과 형벌이 사라지는 것은 단순히 타락 이전의 아담이 가지고 있던 무죄의 상태로 돌아가는 것일 뿐 하나님의 심판을 통과할 법정적이지만 실제적인 의를 제공하지는 못한다. 이 문제는 두번째 요소로 해결된다. 그 두번째 요소는 그리스도께서 모든 율법의 요구에 순종하셔서 얻으신 완전한 의의 법적인 전가이다(롬 5:19; 고전 1:30).[67] 전가(imputation)는 로기조마이($λογίζομαι$)라는 헬라어에 대한 번역으로 종교개혁가들이 칭의론에서 선호했던 단어이다. 로기조마이는 한글 성경들에서는 "여기다"로, 영어 성경들에서는 credit, reckon, count, impute로 다양하게 번역되었다. 그 근본적인 뜻은 타인의 계좌에 크레딧을 준다는 뜻이다. 바울이 빌레몬에게 도망간 그의 노예 오네시모로 인해 발생한 피해를 자신의 계좌로 달아놓으면 자신이 대신 갚겠다고 한다(몬 17-18). 이것이 바로 법적 전가의 한 예이다. 칭의의 첫번째 요소인 죄 사함도 일종의 전가를 통해 일어난다. 하나님이 우리의 죄를 우리에게 "전가하지 않으시고"($μὴ$ $λογιζόμενος$, 고후 5:19, 롬 4:8 참조) 그리스도께 전가하여(사 53:6; 벧전 2:24; 3:18) 그분을 "우리를 대신하여 죄로 삼으신" 것이다(고후 5:21). 이 첫 번째 전가를 통해 그리스도는 우리의 죄 값을 지불하셨고 하나님은 우리에게 죄 사함의 선언을 해 주신다(롬 4:7). 두 번째 전가는 그리스도가 율법을 준수함으로써 얻으신 완벽한 의가 믿음을 통해 우리에게 전가되어(4:6, 11 "의로 여기심을 받음") 하나님 앞에 의로운 자로 설 수 있게 되는 것이다(고후 2:21, 고전 1:30 참조). 그리스도가 우리를 대신하여 죄의 형벌을 받으신 것은 그가 개인

---

[67] 롬 5:19 "한 사람의 불순종으로 많은 사람이 죄인된 것 같이 한 사람이 순종하심으로 많은 사람이 의인이 되리라."(shall many be made righteous) 혹자는 "의인이 된다"라는 표현으로부터 칭의는 사람의 본성을 의롭게 변화시키는 것이라고 이해한다. 그러나 Charles Hodge, Martin Lloyd Jones, John Stott가 지적하듯, 19절의 "되다"라는 동사는 내면적 변화가 아니라 아담과 그리스도의 행위로 인해 법적으로 하나님 앞에 죄인이나 의인으로 분류된다는 뜻이다. Stott의 5:19절 주석참조. *The Message of Romans: God's Good News for the World* (Down Grover: IVP, 1994).

적으로 죄를 경험해서가 아니라 법정적 전가에 의해 우리의 죄책을 받으셨기 때문이다. 그러나 그분에게 전가된 우리의 죄들에 대한 법적인 책임들은 그분을 내적으로 악하게 만들지 않았다. 만일 우리의 죄악된 도덕성이 그분 안으로 들어갔다면 그분은 우리를 위해 죽으신 의인이 아니라 자신의 죄로 죽으신 죄인이 될 것이다. 마찬가지로 우리에게 전가된 의도 그리스도의 도덕적 의로움이 아니라 인성 안에서 하나님의 종으로서 성취하신 율법적 "의로움 즉 율법의 요구들에 대한 완전한 충족-의 영광스런 결과(의로운 법적 지위)가 믿는 자에게 전가되는 것이다."[68] 그래서 하나님은 우리에게 전가된 이 법정적 의로움으로 인해 우리를 의롭다라고 선언하시고 의인으로 대해 주신다. 이 전가된 의는 우리가 만들어 낸 것이 아니며 우리의 죄 된 본성에는 낯선 의(alien righteousness)이다.

그러나 로마 가톨릭은 우리 영혼 안에 주입된 의(infused righteousness)를 통해 도덕적 의로움을 획득하는 것을 칭의로 이해한다.[69] 칭의가 순간적이며 단회적인 법적 선언이 아니라 점진적인 과정이다. 로마 가톨릭의 칭의론은 개혁가들의 칭의론을 정죄했던 트렌트(Trent) 회의(1546-47)에서 잘 드러난다. 트렌트에 따르면, 칭의는 신인 협력을 통해 점진적으로 증가하며 죄 사함에 대한 선언뿐만 아니라 중생과 성화를 포함한다.[70] 점진적 칭의에서 얻게 되는 의는 우리 안에 "내재하는(inherent)" 도덕적 의이다.[71] 이 의는 언제나 불완전하기 때문에 하나님이 계시로 확증해 주기 전까지는, 그 누구도 자신의 칭의가 완성되었다고 확신할 수 없다. 누군가는 부분적인 칭의 마저도 상실

---

68) Pendleton, *Christian Doctrine*, 237, 281.
69) *Catechism of the Catholic Church*, 3.2.1. http://www.vatican.va/archive/ENG0015/__P6Y.HTM
70) *The Council of Trent,* the Sixth Session, chapter 5, 7, 10. http://history.hanover.edu/texts/trent/ct06.html. 제2차 바티칸 회의 이후 로마 가톨릭교회가 개신교에 대해 이전보다 호의적이지만 트렌트가 내린 이신칭의 신앙에 대해 정죄를 아직까지 취소한 적이 없다.
71) *The Council of Trent*, the Sixth Session, chapter 7.

하게 된다.[72] 그러나 바울은 불완전한 성화에도 불구하고 얻는 완전한 칭의를 주장했다: "그리스도 예수 안에 있는 자에게는 결코 정죄함이 없나니… 의롭다 하신 이는 하나님이시니 누가 정죄하리요"(롬 8:1, 33-34). 1999년 에큐메니컬한 루터교 세계 연맹과 로마 가톨릭교회가 함께 발표한 〈칭의론에 대한 공동 선언문〉(Joint Declaration on the Doctrine of Justification)은 그 에큐메니컬한 목적 때문에 원래 루터의 가르침과 가톨릭의 입장 모두를 분명하게 제시하지 않았다. 은혜의 정의에 있어서 하나님의 전적 호의라는 루터의 이해와 본성을 변화시키는 성령의 능력이라는 가톨릭의 이해 모두를 포용하였다. "오직 믿음만으로"(by faith alone)라는 표현 대신 "믿음 안에서"(in faith)라는 표현을 사용했다. 따라서 칭의의 근거가 우리나 우리의 믿음 안이 아니라 그리스도 안에 있으며, 믿음은 칭의의 근거가 아니라 수단이라는 성경적 가르침이 약화되었다.[73]

반면 바울의 새 관점(The New Perspective on Paul) 운동은 루터가 바울을 오해했으며 로마 가톨릭의 칭의론에 대하여 과잉반응을 보였다고 주장한다.[74] 라이트(N. T. Wright)는 칭의의 법정적 성격을 인정하면서도 재판장의 내면적 의로움이 무죄를 선고 받은 죄인에게 전달될 수 없다는 이유로 개혁가들의 전가된 의라는 사상을 거절한다. 그러나 개혁가들이 말한 전가된 의는 하나님의 본질적인 의가 아니다. 루터와 칼뱅은 가톨릭교회가 주장하는 '의'의 내적 주입론과 오시안더(Osiander)가 주장한 '그리스도의 신성한 의로움에 참여'한다는 사상을 정죄하였다. 라이트의 법정적 이해에는 재판자와 죄인만 있

---

72) *The Council of Trent*, the Sixth Session, chapter 12-16.
73) "The Joint Declaration on the Doctrine of Justification in Confessional Lutheran Perspective," (The Lutheran Church-Missouri Synod, 1999), 44.
74) 새 관점에 대한 평가는 다음의 자료를 참조하라. D. A. Carson, Peter T. O'Brien, and Mark A. Seifrid, eds., *Justification and Variegated Nomism: The Paradoxes of Paul* (Grand Rapids: Baker, 2004). Thomas R. Schreiner, *Faith Alone: The Doctrine of Justification: What the Reformers Taught…and Why It Still Matters* (Grand Rapids: Zondervan, 2015), 17-21장.

지 중재자이신 그리스도가 제대로 조명되지 않았다.[75] 그리스도는 인간으로서 완전한 순종을 통해 율법의 모든 의를 이루셨고, 하나님은 그 의로움의 법적 지위를 그리스도와 연합한 신자에게 전가하신다. 라이트에게 있어 칭의의 의는 언약에 대한 하나님의 신실함이며 믿음 또한 언약의 멤버십을 유지하는 데 필요한 신실함의 문제로 본다. 그러나 바울이 율법의 행위와 대조시킨 것은 언약에 대한 신실함이 아니라 불의한 자를 행위가 없이도 선물로 칭의를 주시겠다는 하나님을 신뢰하는 믿음이다.[76] 또한 라이트는 로마서 2장 1–16절을 기초로 칭의의 현재적 측면과 종말적 측면을 구분한다. 현재적 측면은 오직 하나님의 은혜만을 근거로 죄를 용서하시는 선언인 반면 종말적 측면은 최후 심판석에서 그리스도인의 선행을 근거로 이루어지는 칭의 선언이다.[77] 칭의는 오직 그리스도의 사역에만 달린 것이 아니라 성령의 변화시키시는 사역(성화)에 달려 있다는 것이다.[78] 이것은 정확히 로마 가톨릭이 주장하는 성화로서의 칭의론이다. 이런 칭의가 복음이 될 수 있는가? 라이트는 칭의는 율법을 행하는 자에게 주어진다(롬 2:13)는 약속에 호소한다. 그러나 이 약속은 지속적으로 완전한 선을 행하는 자에게 주어진 것이다. 문제는 그런 사람은

---

75) Horton, *The Christian Faith*, 632; Erickson도 전가의 의는 양자 간(하나님과 신자)의 문제가 아니라 삼자 간(하나님-그리스도-신자)의 자발적인 법적 문제임을 지적하고 있다. *Christian Theology*, 887.
76) Horton, *The Christian Faith*, 635.
77) N. T. Wright, *Justification: God's Plan & Paul's Vision* (Downers Grove: IVP, 2009), 184, 225, 236, 239, 440; *Romans*, NIB (Nashville: Abingdon, 2005), 580. 바울이 칭의의 종말론적 선언을 언급했지만 결코 칭의에 그리스도인의 전 과정을 포함시키지 않았다. Garrett, *Systematic Theology*, 2:401.
78) Wright, *Justification*, 163-64. 칭의에 관련된 성령의 사역은 다음과 같다. 성령은 우리가 가진 '의'의 무가치함과 죄에 대해 책망하시고 오직 그리스도의 '의'만을 의지하도록 믿음을 창출하신다. 또한 성령은 우리를 그리스도와 연합되게 하시며 우리의 양심 속에 완성된 칭의에 대한 확신을 주신다. 그러므로 성령의 역사가 없다면 칭의도 존재하지 않는다. 그러나 칭의를 성령의 내적 사역에 근거시키려는 Wright의 시도는 옳지 않다. 비록 성육신이 성부, 성자, 성령 하나님의 공동 사역이지만 오직 성자만이 사람이 되셔서 대속의 죽음을 감당하셨다. 마찬가지로 칭의의 근거를 마련하기 위해서, 성령이 아니라 그리스도께서 율법에 순종하셨고 죽으시고 부활하셨다.

존재하지 않는다는 것이다(3:20). 죄가 부분적으로 섞여있는 신실함은 하나님의 정죄를 피할 수 없다. 다윗은 자신을 포함한 누구라도 하나님의 심판석에 설 수 없다고 부르짖었고(시 130:3), 이사야는 모든 인간의 의가 낡은 의복과 같다고 선언했다(사 64:6). 아브라함은 그가 이루게 될 미래의 성화에 근거한 칭의가 아닌, 칭의 당시 경건치 않은 자(악한 자)가 믿음을 통해 받게 될 하나님의 법정적 칭의의 예가 되었다.[79] 따라서 루터는 칭의를 받은 신자가 "[법정적으로는] 의롭지만 동시에 죄인"(simul iustus et peccator)임을 강조한다.[80] 물론 바울은 칭의를 미래 시제로 말하기도 했다(롬 2:13; 갈 2:16, 5:5). 바울은 믿음으로 칭의의 선언과 종말의 심판석에 있을 칭의의 선언을 동일시 하였다.[81] 그에게 있어 최후의 칭의는 이미 현재적인 실재이다(롬 8:1, 33). 칭의의 "아직 아님"(not yet)은 칭의의 새로운 내용이 아니라 현재 이미 신자 안에서 비밀스럽게 이루어진 법정적 칭의에 대한 공개적이며 공식적인 드러냄이다.[82] 심판석에 가서야 우리의 삶을 근거로 누가 칭의의 선언을 받을지 결정되는 것이 아니다. 그 결정은 그리스도와 연합되어 있는 우리에게 이미 이루어졌다.[83] 현재의 선언과 미래의 선언의 차이는 후자가 칭의의 공개적이고 우주적인 공표라는 것이다. 그리스도의 육체적 부활이 그의 무죄함과 메시야였음에 대한 법적인 칭의였듯이(딤전 3:16), 종말에 있을 그리스도인들의 육체적 부활은 누가 과거에 참으로 칭의를 받은 사람이었는가를 영광스럽게 보여줄 것이다. 즉 부활은 신자들의 미완성된 칭의 자체를 완성시키는 것이 아니라 칭의가 신자의 삶 속에 가져온 효과를 완전하게 나타낼 것이다.

---

79) D. A. Carson, "The Vindication of Imputation," in *Justification: What's at Stake in the Current Debates*, Mark Husbands and Daniel J. Treier, eds. (Downers Grove: IVP, 2004), 60-61; Herman Ridderbos, *Paul: An Outline of His Theology* (Grand Rapids: Eerdmans, 1997), 175.
80) Luther, *LW*, 26:232.
81) Moo, *Romans*, 216. Moo는 E. P. Sanders가 주장하는 경건의 행위에 근거한 종말적 칭의론를 비평하였지만 이 비평은 Wright에게도 적용된다.
82) Schreiner, *Faith Alone*, 157; Horton, *The Christian Faith*, 705.
83) F. F. Bruce, *The Gospel of John: Introduction, Exposition, Notes* (Grand Rapids: Eerdmans, 1983), 131.

### 3) 칭의에 있어서 믿음과 선행의 역할

개혁가들은 칭의의 수단(instrument)으로 행위가 아닌 오직 믿음(sola fide; by faith alone)을 주장했다(롬 3:25-26, 28; 갈 2:16; 3:8, 24; 빌 3:9).[84] 할례를 받지 않았지만 하나님의 약속을 믿었던 아브라함에게 칭의가 주어진 것은 아브라함처럼 믿음을 가진 우리도 칭의를 받기 위해서였다(롬 4:23-24). 은혜는 칭의를 베풂으로써, 믿음은 그 베풀어진 칭의를 받아들임으로써 함께 역사한다. 그러므로 자신의 칭의를 위해 그리스도의 사역에 의지하지 않고 자신의 행위로 칭의를 얻으려 노력하는 사람은 칭의를 받을 수 없게 된다.[85] 그런데 로마서 4장 3, 5, 9절("그의 믿음이 의로 여겨진 바 되니라")에서는 믿음이 칭의의 수단이 아니라 근거(ground)처럼 보인다. 따라서 건드리(Robert H. Gundry)는 하나님은 우리에게 전가된 그리스도의 의가 아니라 우리의 믿음을 우리의 의로 여겨주신다고 주장한다.[86] 다시 말하면, 하나님이 우리에게 전가시켜주시는 것은 그리스도의 의가 아니라 믿음이라는 것이다. 그러나 이런 주장은 하나님이 우선 우리의 믿음을 우리에게 의로 전가시켜 주시고 그 다음 이미 의가 전가된 믿는 자에게 또 다른(두번째) 의를 우리에게 전가시키신다는 것이다.[87] 믿음을 칭의의 근거로 주장하는 것은 칭의의 공로적 원인(meritorious cause)을 더 이상 그리스도의 사역이 아닌 우리의 믿음에 돌리는 오류이다. 바울에게 믿음은 의 자체가 아니라 의를 붙잡고 누리도록 하는 수

---

84) 16세기 종교개혁가들 이전에 이미 4세기 라틴 교부들(Victorinus와 Ambrosiaster)이 바울의 칭의론을 설명할 때 *sola fide*의 용어와 신학을 사용하였다. Dongsun Cho, "Justification in Marius Victorinu's Pauline Commentaries: *Sola Fide, Sola Christo, and Sola Gloria Dei*," *Journal for Baptist Theology & Ministry* 11:1(2014): 3-25; "Ambrosiaster on Justification by Faith Alone in His Commentaries on the Pauline Epistles," *The Westminster Theological Journal* 74:2(2012): 277-90.
85) Pendleton, *Christian Doctrine*, 286-87.
86) "The Non-imputation of Christ's Righteousness," in *Justification: What's Stake in Current Debate*, Mark Husbands and Daniel J. Treier, eds. (Downers Grove: IVP, 2004), 17-45. 이것은 또한 웨슬리의 견해이기도 했다. John Wesley, "Minutes of Some Late Conversations," *Works*, 8:277.
87) Carson, "The Vindication of Imputation," 64.

단이다. "믿음을 의로 여기셨다"는 것은 "마음으로 믿어 의에 이르고"(with the heart one believes unto righteousness, 롬 10:10)와 같이 믿음이 칭의의 수단이라는 표현이다. 로마서는 믿음이 칭의의 수단임을 분명히 보여주는 표현을 제시하고 있다(롬 3:28; 4:6, 11, 24; 빌 3:9).

야고보는 아브라함이 믿음과 행함으로 의롭게 되었다고 말한다(약 2:21-23). 그러나 야고보는 바울과 다른 칭의론을 제시하는 것이 아니라 잘못된 믿음의 정의를 교정한 것이다. 칭의를 받는 믿음은 단순한 지적인 진리에 대한 인정이(귀신들의 믿음, 19-20절) 아니라 행동으로 그 진정성이 나타나는 것이었다. 아브라함은 이삭을 바치는 헌신 때문에 의롭게 된 것이 아니다. 그 헌신의 행위는 이미 받은 칭의의 진정성을 입증해 준 것이다. 믿음이 뿌리라면 선행은 열매이다. 루터는 "칭의는 선행 없이도 효력을 지니지만 믿음은 선행 없이 존재하지 않는다… 믿음이 선행없이 칭의를 가져온다는 것과 믿음이 선행없이 존재한다는 것은 서로 다른 문제다"라고 주장함으로써 이신칭의는 율법 폐기론(antinomianism)을 허용하지 않음을 분명하게 했다.[88] "사랑으로 역사하는 믿음"(faith working through love, 갈 5:6)이라는 표현으로부터 가톨릭은 오직 믿음(sola fide)의 칭의론을 거절하고 믿음+경건의 행위에 근거한 칭의론을 주장했다. 칼뱅의 응답은 다음과 같다: "[죄인을] 의롭게 하는 믿음이 홀로 존재한다는 것은 우리의 교리가 아니다. 우리는 믿음은 반드시 선행을 수반한다는 것을 주장한다. 우리가 주장하는 것은 [선행 없이] 오직 믿음으로만 칭의에 충분하다는 것이다… 우리는 다시 한번 어떤 경우에라도 믿음이 중생을 가져오시는 성령과 분리될 수 있다는 것을 거절한다. 그러나 사람이 어떤 식으로(in what manner) 칭의를 받는가라는 질문이 제기될 때, 그때에야 우리는 모든 행위를 배제한다."[89] 갈라디아서 5장 6절은 칭의가 아니라 칭의 받은 그리스도인이 어떻게 살아야 하는가를 논하는 것이다. 만일 칭의에 어떤 경건의 행위가 도움이 되었다면, 바울은 율법에 대한 순종과 할례도 칭의에

---

88) 루터와 칼뱅 모두 주장을 하였다. Luther, *LW*, 34: 175-176
89) Calvin, *Commentary on Gal* 5:6. http://www.ccel.org/study/Galatians_5

필요하다고 말했을 것이다.

## IV. 구원의 지속과 완성

### 1. 성화

성화는 이미 중생에서 시작되어 그리스도인들의 신앙 여정 내내 계속되는 성령의 거룩하게 하시는 역사이다(살후 2:13; 롬 8:13; 15:16). 칭의와 성화의 차이는 무엇인가? 칭의는 의롭다라는 법정적인 선언이 목적이며, 단번에 완전하게 성취되어 모든 신자들이 칭의에서 차이가 없고, 인간의 협력이 필요 없는 전적으로 하나님만의 사역이다. 반면 성화는 성도들을 실제로 거룩하게 만드는 것이 목적이며, 시작점이 있으나 진행적이고 신자들 사이에 정도의 차이가 있고, 이 땅에서 완성되지 않으며, 성령의 역사에 믿음과 순종으로 협력해야 한다.

하나님은 성화를 통해 자신의 칭의를 정당화하신다. 성화의 단계들과 성화의 특징들에 대한 이해와 완전 성화론에 대한 평가가 성경적 성화론을 정립하는데 유익할 것이다.

#### 1) 성화의 세 단계들(위치적, 점진적, 종말적 성화)

위치적 성화(Positional sancntification)란 중생과 동시에 발생하는 것으로 성화의 시작이며, 성부께서 우리를 흑암의 권세에서 건져내사 그의 사랑의 아들의 나라로 옮기신 것이다(골 1:13). 거룩을 뜻하는 히브리어 카데쉬(*qadesh*)나 헬라어 하기아조(*hagiazō*)는 기본적으로 '하나님을 위해 구별된'이라는 뜻을 가지고 있다. 모든 신자는 중생과 함께 하나님의 목적을 달성하도록 구별된 사람들이다. 그렇기 때문에, 로마 가톨릭과 달리 신약 성경은 모든 그리스도인들을 성자들이라고 부른다(롬 1: 7; 고전 1: 2; 엡 1:1; 빌 1: 1; 골 1: 2). 위치적 성화는 분명한 도덕적, 영적 거룩함의 변화를 발생시키는 순간적인 사건이다. 고린도 교인들은 여전히 육적이었으나(고전 3:3), 이미 성령으로 거룩하게 되었다(6:11). 바울은 데살로니가 교인들의 성화를 위해 기도하면서(살전 5:23), 동시에 그들이 이미 거룩해졌음을 상기시키고 있다(살후 2:13).[90] 영적 성숙의 차이에도 불구하고 모든 신자는 중생의 순간에 이 위치적인 성화를 완전하게 소유하게 된다. 이 완전하게 이루어진 위치적인 성화를 삼분론에서 말하는 영의 완전한 성화와 동일시해서는 안 된다. 삼분론의 성화론과 달리, 성경은 영(the spirit)의 순간적인 완전 성화를 가르치지 않는다.[91] 바울은 성도들의 영의 점진적 성화를 위해 기도하며(살전 5:23), 영의 성화를 권면하고 있다(고후 7:1, 참조. 고전 7:34). 인간성의 그 어느 부분도 중생의 순간에 완전한 성화에 이르지 못한다. 점진적 성화(Progressive sanctification)는 신자의 중생과 육체적 죽음 사이에 이루어진다. 중생에도 불구하고 죄성이 여전히 남아 있기 때문에, 신자는 죄에 지배를 받지 않고 의에 순종하며(롬 6:12-13), 성령의 능력으로 육의 행실들을 죽여야 한다(8:13). 의에 순종하고 죄 된 행실을 죽이는 것의 목적은 그리스도를 닮기 위해서이다(고후 3:18). 바울은 자신도 완전(perfection)을 이루지 못했으며 그것을 향해 최선의 경주를 하고 있다고 고백했다(빌 3:3-14). 신자의 자기 부인, 죄의 멸절, 그리스도를 따르고자 하는 헌신은 날마다 "끊임없이 새로워져야"(being renewed, 골 3:10-새번역, 참조) 한다. 종말의 완전한 성화(Eschatological-Perfected sanctification)란 죄로부터의 완전한 자유와 완전히 그리스도를 닮는 것이다. 이 완전한 성화는 그리스도의 재림과 우리의 부활이 일어나는 종말에 이루어질 것이다.[92] 그리스도가 오실 때에 우리의 몸은 성령께 완전히 순종하는 영적인 몸으로 부활할 것이며, 하늘에 속한 그리스도의 완전한 형상을 입게 될 것이다(고전 15:49). 주님이 재림하실 때 신자들은 "티나 주름 잡힌 것들이… 없이 거룩하고 흠이 없게" 그리스도 앞에 서게 될 것이다(엡 5:27). 위치적, 점진적, 그리

---

90) Thiessen, *Lectures*, 289.
91) 저자는 삼분론을 지지하지 않지만 삼분론의 입장을 평가하기 위해 이 입장에서 영이라는 단어를 사용한다
92) Garrett, *Systematic Theology*, 402.

고 종말적 성화에 대한 건강한 균형을 잃으면 잘못된 완전론(perfectionism)이 생겨날 수 있다. 위치적 성화에 대한 강조가 상실되면, 가톨릭의 사제주의와 소수 성인 사상이 쉽게 정당화될 것이다. 반면 점진적 성화의 필요성과 종말적 성화에 대한 인식 없이 위치적 성화만 강조하면 극단적 형태의 실현된 종말론에 근거한 승리주의가 도출될 수 있다. 완전 성화가 철저하게 종말에 속한 것임을 인식하지 못하면 믿음에 의한 즉각적인 완전 성화가 가능하다는 공허한 약속을 주게 된다.

**2) 하나님의 역사에 대한 신자의 적극적인 협력의 필요성**

성화는 하나님의 역사에 신자가 협력해야 가능하다. 물론 신자 안에서 협력하고자 하는 "의지"와 "능력"을 주시는 분은 하나님이다(빌 2:13). 성화에 있어 하나님과 인간이 동등하거나 동일한 역할을 하는 것이 아니다. 다만 하나님은 로봇이 아닌 자유의지를 지닌 인간을 창조하셨기 때문에 자신의 창조 방식에 맞게 성화시키신다.[93] 그러므로 신자는 자신의 자유의지를 사용하여 "항상 복종하여 두렵고 떨림으로 너희 구원을 이루라"(12절)는 명령을 받는다. 성화에 있어서 이러한 인간의 협력이 펠라기우스적이거나 알미니안적인 신인협동 구원론(synergism)을 초래한다고 비난해서는 안 된다. 회심이 하나님의 역사임에도 회개와 믿음이 인간의 반응으로 요구된다면, 성화에서는 회개와 믿음 이외에 율법의 도덕적 요구와 그리스도의 명령에 대한 적극적이며 완전한 순종이 요구된다. 피 흘리기까지 죄와 싸워야 하며(히 12:4), 거룩하게 살도록 힘써야(히 12:14-새번역)하는 것은 성령이 아니라 신자이다. 인간의 협력 없이 하나님이 홀로 죄인을 구원하신다는 신단독 구원론(monergism)을 주장한 루터는 칭의와 성화의 '의'에 차이점이 있음을 지적했다. 칭의의 의는 전적으로 그리스도의 것으로 우리의 본성에 낯선 것이며 우리는 값없이 선물로 받는다. 그러므로 칭의에서 그리스도인은 "완전히 수동적이다"(completely passive). 그러나 성화의 의는 신자의 태도와 활동이 요구

---

93) Ibid., 400; Grudem, *Systematic Theology*, 753.

되는 "적극적인 의"(active righteousness)이기 때문에 신자는 칭의의 과정에서처럼 수동적이지 않다.[94]

### 3) 완전 성화론에 대한 평가

구원의 '이미와 아직 아님'(already and not yet)의 성경적 긴장관계를 왜곡시킨 여러 형태의 완전론들이 신자들에게 건강하지 않은 영성을 추구하도록 만들었다. 이단으로 정죄된 펠라기우스주의는 죄성 없는 본성을 바탕으로 율법을 힘써 지킨 "흠 없는" 혹은 "온전한"(노아, 욥, 사가랴), "죄 없는"(sinless) 완전 성화를 경험할 수 있다고 주장했다. 이런 주장은 전적타락에 대한 성경적 가르침에 정면으로 위배되며, 성도들이 사람들 앞에서 가지고 있던 상대적인 의에 대한 오해에서 비롯된 것이다. 웨슬리주의와 성결운동에서는 성화가 칭의처럼 믿음에 의해 즉각적으로 완성될 수 있다고 믿는다. 이런 완성은 "은혜의 두 번째 역사" 혹은 "두 번째 복"(second blessing)으로 불린다(웨슬리가 사용한 용어들은 아님). 웨슬리(John Wesley)의 "완전 성화"(entire sanctification)는 마음으로부터 하나님의 뜻에 어긋난 동기들을 제거하여 알려진 죄를 고의적으로 짓는 않는 상태로 사는 것이다.[95] 그러나 문제는 성경이 의식적이든, 무의식적이든 계시된 하나님의 뜻에 완전히 부합하지 않는 모든 것을 죄로 정의한다는 점이다. 또한 웨슬리가 죄성의 근절을 지지하기 위해 사용한 성경 구절들은 사실상 중생으로 인해 발생한 죄의 전반적인 지배력의 파괴와 죄로부터의 상대적인 자유에 대한 것들이다. 웨슬리주의와 다르게, 케직 사경회(The Keswick conferences)의 완전 성화론에서는 죄성의 완전한 제거를 믿지 않는다.[96] 케직의 성화론은 회심 이후 하나님의 뜻에 대한 "완전한 굴복"(full

---

[94] Uuras Saarnivaara, *Luther Discovers the Gospel: New Light Upon Luther's Way From Medieval Catholicism to Evangelical Faith* (Eugene: Wipf and Stock, 1951), 16.
[95] Lewis and Demares, *Integrative Theology*, 3: 178.
[96] 케직 사경회는 "더 높은 삶"(The Higher Life) 운동이라고도 불리운다. 1875년 영국 Keswick이라는 지역에서 시작되었으며 한때 퀘이커교도이었다가 플리머스 형제단에 합류한 Robert P. Smith와 그의 아내 Hannah Smith, Evan H. Hopkins, Andrew

surrender)을 통해 "죄에 대한 욕망, 죄의 능력, 그리고 심지어 죄에 대한 의식으로부터 자유롭게" 될 정도로 "알려진 죄들에 대한 완벽한 승리"의 삶과 "최고조의 영적" 삶을 살게 될 것을 약속한다.[97] 이것이 "더 높은 삶"(higher life)이고 "정상적인 그리스도인의 삶"이다. 이 정상적인 그리스도인의 승리하는 삶은 육적(carnal) 그리스도인이 아닌 영적 그리스도인에게 허용된다. 승리로 이끄는 믿음은 하나님의 계명에 대한 적극적 순종이 아니라 우리 안에 계신 그리스도께 모든 의지를 굴복시켜 그분이 친히 성령의 능력으로 우리를 위해 죄를 극복하는 승리를 가져오시도록 기다리는 수동적 자세이다.[98] "너희 의지를 내려놓고 하나님으로 일하게 하라"(Let go and let God) 또는 "노력하는 것을 멈추고 신뢰하기를 시작하라"(Stop trying and start trusting)가 이런 케직 성화론의 구호이다. 윗치만 니(Watchman Nee)는 이 케직 성화론을 대중화하는데 기여하였다. 이 케직 성화론은 하나님께서 신자의 성화에 있어 인간의 적극적인 순종을 요구하셨다는 사실을 간과하고 있다. 케직 성화론의 수동적인 믿음은 사실 성령께서 가장 보편적으로 사용하시는 인간의 의지와 지성적 사고를 좌절시키고 소위 영의 흐름이라 부르는 내적 충동을 권장하는 정적주의(quietism)에 더 가깝다.[99] 순종은 수동적일 수 없다. 참된 성화론의 구호는 "하나님을 신뢰하고 실천하라"이다. 만일 죄에 대한 회개가 정상적인 그리스도인의 모습이라면(마 6:12; 요일 1:7-10; 약 5:16), 그리고 육체와 성령의 소욕이(영과 혼의 투쟁이 아님) 끊임없이 투쟁을 한다면(갈 5:17; 롬 7:14-25), 알려진 죄들에 대한 완벽한 승리와 이 완벽한 승리의 지속적 삶이 정상적인 그리스도인의 모습은 아닐 것이다. 온전히 순종해야 한다(ought)는 명령과 실제로 온전히 순종할 수 있다(can)는 능력은 다른 것이다.[100]

---

Murray 등이 주요 강사였고 미국에서는 D. L. Moody의 지지를 받았다.
97) Lewis and Demares, *Integrative Theology*, 3:182
98) J. I. Packer, *Keep in Step With the Spirit: Finding Fullness in Our Walk With God* (Grand Rapids: Baker, 2005, rev. ed.), 120-21.
99) Ibid., 127.
100) Horton, *The Christian Faith*, 667.

## 2. 성도의 견인

### 1) 견인의 성경적 근거들

성도의 견인이란 참된 신자들이 죽을 때까지 하나님의 능력에 의해 그리스도에 대한 신앙을 지켜낸다는 교리이다. 성도의 견인은 성경의 일관된 가르침이다. 예수님과 바울은 같은 진리를 가르치셨다. 그리스도의 이 땅에 오심은 성부의 뜻을 이루기 위해서였다. 그 뜻은 그리스도에게 성부가 "주신 자 중에" 그리스도가 "하나도 잃어버리지 아니하고 마지막 날에 다시 살리는" 것이었으며 결국 이루셨다. 그러므로 그 어떤 것도(신자의 불완전한 의지도 포함하여) 그리스도 안에 있는 하나님의 사랑에서 신자를 떨어지게 할 수 없다(롬 8:39). 하나님은 예수 그리스도 안에서 자신이 시작하신 구원의 일을 완성하실 것이다(빌 1:6). 그러므로 신자가 주님의 재림 때까지 "책망할 것이 없는 자로 끝까지 견고하게" 설 수 있는 것은 약속을 지키시는 하나님의 신실함(고전 1:8-9a; 빌 1:6; 히 7:25)과 그 약속을 완수할 수 있는 하나님의 능력(딤후 1:12c; 4:18a) 때문이다.

개혁주의자들과 대부분의 침례교인들은 성도의 견인을 고백하고 있다. 〈1963/2000 침례교 신앙고백문〉은 견인에 대한 신앙을 다음과 같이 고백한다: "모든 참된 신자들은 끝까지 견디게 된다. 하나님이 그리스도 안에서 받아주시고 그분의 영으로 거룩하게 하신 자들은 은혜의 상태로부터 결코 떨어져 나가지 않을 것이고 끝까지 견인할 것이다. 신자들은 나태함이나 유혹을 통해 죄에 떨어질 수도 있다. 그런 것들로 인해 신자들은 성령을 근심케 하고, 자신들의 은혜와 위로를 손상시키고, 그리스도의 사역에 치욕을 가져오고, 자신들 위에 일시적인 심판을 불러올 수도 있다. 그러나 그들은 하나님의 능력에 의해 믿음을 통해 구원으로 지켜질 것이다." 침례교 역사에서 대부분의 신앙고백서들과 저명한 신학자들은 칼뱅의 전통에 있는 사람들과 마찬가지로 성도의 견인을 성경적 진리로 고백해 왔다.[101] 위의 고백문은 끝까지 견

---

101) 영국의 알미니안적 침례교 목사 Thomas Helwys의 *A Declaration of Faith* (1611), 18세기 초 미국에서 생겨난 Free Will 침례교단, Southern Baptist Theolgoical Semi-

인하는 자가 참된 성도이며 누군가 배교했다면 그것은 처음부터 진정으로 거듭난 사람이 아니라는 것을 암시한다. 성도의 일시적 타락은 인정하지만 궁극적인 배교는 있을 수 없다.

### 2) 배교의 가능성

그럼에도 불구하고, 이 견인의 교리가 모든 개신교인들에게 수용되고 있는 것은 아니다. 알미니우스를 따르던 항거자들은 The Five Articles of Remonstrance(1610)에서 배교의 가능성은 어떤 확신을 갖고 말하기 이전에 성경으로부터 더 연구되어야 할 질문이라고 선언했다(제5항 참조). 물론 웨슬리와 그의 신학적 후손들은 배교의 가능성을 성경적 진리로 확신하였다. 루터교인들은 어거스틴과 같은 입장이다. 즉, 하나님이 참으로 선택한 사람들은 끝까지 견인되지만, 중생한 모든 사람이 선택된 사람들은 아니다. 중생한 자들 중에서 어떤 사람은 구원을 상실할 수 있다.[102] 배교의 가능성을 지지하는 견해는 다음과 같은 주장들을 한다. 씨 뿌리는 자의 비유에서 바위 위에 그리고 가시떨기에 떨어진 씨앗들은 "잠시 믿었지만"(눅 8:13) 끝내는 배교한 신자를 의미한다. 마술사 시몬도 "믿고 침례"를 받았지만 배교한 경우에 해당한다(행 8:13). 신앙의 건축물이 불타고 없어진다는 것은 구원의 상실을 의미한다(고전 3:10-15). 심지어 바울은 자신이 다른 사람들에게 복음을 전한 뒤 버림받을 수 있음을 믿었다(9:27). 후메네오와 알렉산더가 믿음에서 파선한 것은 믿음과 선한 양심을 끝까지 붙들지 않았기 때문이다(딤전 1:19-20). 이런 배교자들은 원래 중생한 신자들이었다(요일 2:19). 그러므로 견인은 조건적인 것이다: "만일 너희가 믿음에 거하고 터 위에 굳게 서서 너희 들은 바 복

---

nary 교수였던 무디(Dale Moody) 등은 배교의 가능성을 인정했다. 그러나 알미니안적 침례교회의 신앙고백서인 *The Orthodox Creed* (1679)는 성도의 견인을 확고하게 고백하고 있다.

102) John Jefferson Davis, "Perseverance of the Saints: A History of the Doctrine," *JETS* 34/2 (1991): 216; Douglas A. Sweeny, "Was Luther a Calvinist?" The Gospel Coalition. July 15, 2014. Accessed April 28, 2016. https://www.thegospelcoalition.org/article/was-luther-a-calvinist. Horton, *The Christian Faith*, 686.

음의 소망에서 흔들리지 아니하면 그리하리라"(골 1:23. 참조 요 8:51). 그러나 이미 우리는 신약 성경이 지적인 동의로서의 믿음과 인격적이며 실존적인 신뢰와 헌신으로서의 믿음을 구분하고 있음을 보았다(약 2장). 바울은 구원의 상실이 아니라 하나님의 사역에서 더 이상 사용당하지 못할 것에 대해 염려한 것이다. 요한1서 2장 19절이 말하는 배교자들은 신자들의 모임으로부터 (went from us) 나오기는 했지만 애초에 신자들이 아니었다(they were not out of us). 조건문과 배교에 대한 경고들은(히 6:4-6; 10:26-29) 신자들에게 실제적인 위협으로 주어진 것이다. 그런 것들은 신자들로 하여금 영적인 나태함으로부터 정신을 차리고 성도로서 마땅히 하나님을 적극적으로 의지하여 주님의 명령에 순종하도록 촉구하기 위한 경건의 수단들이다. 떨어지면 죽을 수밖에 없는 위험천만한 길을 운전할 때 나타나는 위험을 알리는 경고 "사인들"(signs)은 우리로 하여금 정신을 차리고 생명의 길을 가도록 강력한 동기를 부여해 준다.[103] 성화에서와 마찬가지로, 견인의 과정에서 신자에게 믿음과 순종을 요구하는 것이 행위 구원을 주장하는 것은 아니다. 그러므로, "한번 구원받으면 영원히 구원받는다"(once saved, always saved)라는 신학은 견인이 자동적이며 기계적인 것이 아니라 자발적이며 지속적이며 인격적인 성도의 순종을 전제로 함을 보여준다. 그럼에도 불구하고 견인의 궁극적인 근거는 성도의 경건성이 아니라 그 신자의 믿음을 붙들어 주시는 하나님의 능력이라고 선언되어야 한다.

### 3) 견인의 신학적 근거들

우선 영생의 뜻 자체에 주목해야 한다. 영원한(*aionios*) 생명은 질적으로는 육신의 생명과는 근본적으로 다른 종류의 하늘에 속한 생명이라는 뜻이지만 양적으로는 끝이 없는 생명이라는 뜻이다. 만일 영생이 사라진다면 신자가 받은 생명은 영생이 아닐 것이다.[104] 우리의 불순종으로 인해 영생이 상실된

---

103) Thomas R. Schreiner, "Perseverance and Assurance: A Survey and a Proposal," *SBJT* 2:1 (1998):52-53; Boyce, *Abstract of Systematic Theology* 384.
104) Demarest, *The Cross and Salvation*, 445.

다면, 하나님의 법정적 선고가 뒤바뀌는 것을 전제로 하는데 이런 일은 불가능하다.[105] 칭의의 상실은 칭의가 그리스도의 대속적 죽음과 의로움이 아니라 우리의 경건성에 근거한 것이 되므로 이신칭의 교리가 부인되는 것이다. 또한 견인은 예정에 따른 필연적 결과이다. 바울은 부정 과거(*aorist*)를 사용하여 예정과 부르심, 칭의가 성부 하나님의 계획 속에서 확정된 것임을 보여준다(롬 8:29). 그렇다면 부르심과 칭의를 현실화시킨 동일한 구원의 근거인 예정의 은혜는 신자를 영화롭게 할 것이다. 신자는 끊어질 수 없는 그리스도와의 연합 안에 있다(요 10:27-29). 그리스도께서 베드로의 믿음이 완전히 사라지지 않도록 기도하셨고, 베드로는 심각한 위기를 경험했지만 결국 믿음을 유지하게 되었다(눅 22:32). 그리스도의 기도로 하나님의 능력을 경험한 베드로는 신자들이 "믿음으로 말미암아 하나님의 능력으로 보호하심"을 받고 있다고 말할 수 있었다(벧전 1:5). 전적으로 타락한 상태에서 복음을 거부하던 죄인의 의지도 성령의 효과적인 역사로 마침내 자발적으로 그리스도와 연합하게 되었다면, 이미 구원의 보증과 인치심을 받았고 성령의 내주하심 가운데 사는 신자의 의지는 더욱 더 성령의 역사에 순종하여 끝까지 믿음 안에서 보존될 것이다. 만일, 하나님이 불순종의 상태에 있는 신자를 포기하신다면 신자는 배교하게 될 것이다. 그러나 하나님이 신자와 맺은 언약에 의하면 하나님은 신자가 완전히 은혜로부터 멀어지도록 나두지 않으신다.[106] 그러나 하나님께서는 우리를 홀로 두지 않으시면 완전한 넘어짐으로부터 "지켜 주시고" 결국은 "자기의 영광 앞에 기쁨으로 서게" 하신다(유 24). 견인에 나타나는 하나님의 능력은 배교하고자 하는 자유의지를 강제적으로 억압함으로 신자를 믿음 가운데 있게 하는 것이 아니라 그의 의지를 인격적으로 감화시켜 그리스도와의 연합을 추구하도록 만든다. 따라서 신자는 배교를 할 수 없는 것이 아니라 그것을 선택하지 않을 것이다.[107]

---

105) Horton, *The Christian Faith*, 680.
106) Pendleton, *Christian Doctrines*, 322.
107) Erickson, *Christian Theology*,

# V. 실천적 적용

## 1. 하나님의 예정과 복음 전파

많은 사람들은 하나님의 무조건적인 그리고 주권적으로 선별된 예정이 사실이라면, 복음을 전파할 이유가 없다고 주장한다. 그러나 바울이 복음 전파에 수반되는 여러 고난들을 인내할 수 있었던 것은 선택받은 자들이 복음 전파를 통해 구원에 이를 수 있다고 믿었기 때문이다(행 18:9-10; 딤후 2:10). 하나님의 예정이 역사 속에서 선택된 자가 복음에 대하여 믿음으로 반응해야 할 의무를 무효화하지 않는다. 복음 전파 역시 하나님이 구원의 통로로 예정하신 것이다(행 13:48; 18:10). 그러므로, 모든 사람에게 복음을 전파하는 것이 우리에게 명령으로 주어진 것이다(1:8). 하나님은 구원으로 선택된 자가 복음을 듣고 받아들임으로써 그가 영원 전에 예정하신 구원의 은혜가 실현되도록 하신다. 우리는 누가 선택된 자인지 알 수 없다. 그러므로 모든 사람에게 복음을 전파해야 한다. 주님은 성부께서 모든 사람들이 아니라 어린아이들과 같은 자신의 참 제자들에게 구원을 계시해 주신 것을 감사하면서도(마 11:25-26), 복음의 초대는 모든 사람에게 하셨다(28절).[108] 또한 예정론은 복음 전파자에게 전도의 대상자들 가운데 선택된 자는 언제가는 믿고 구원받을 것이라는 소망을 가지게 해 준다. 이같은 믿음이 윌리엄 캐리(William Carey)와 아도니람 저드슨(Adoniram Judson)과 같은 침례교 선교사들로 하여금 사역의 열매가 적음에도 불구하고 척박한 환경에서 인내하고 사역할 수 있게 만들었다. 또한 하나님이 우리를 선택하신 것이 우리 자신만의 구원이 아니라 또 다른 사람에게 복음을 전파하도록 하기 위함이라는 믿음과 예정 안에 나타난 하나님의 값없는 은혜와 사랑에 대한 감격보다 더 강력한 복음 전파의 동기는 없을 것이다.

## 2. 복음을 듣지 못한자의 운명과 유아의 구원

어떤 이들은 사람이 복음을 듣고 거절하면 하나님의 심판을 받지만 듣지 못

---
108) Stevens, *Doctrines of the Christian Religion*, 215.

해 거절조차 할 수 없었다면 사후에 두 번째 구원의 기회를 갖게 될 것이라고 주장한다. 대표적인 근거 구절은 베드로전서 3장 19-20절이다. 이런 주장은 본문의 전후 문맥을 무시한 것이며 성경 전체에서 말하는 죽음 이전에 일어나야 할 회개의 필요성을 약화시키는 것이다. 복음을 듣지 못한 사람이 정죄되어서는 안 된다는 주장은 사람이 하나님의 저주와 심판을 받는 첫 번째 원인이 복음의 거절 때문이라는 잘못된 신학에서 나온 것이다. 하나님의 정죄는 일차적으로 사람의 죄 때문이다. 복음을 듣지 못한 이방인들도 모두 죄 아래에 있으며 하나님의 정죄를 받는다(롬 2-3장). 복음 전파는 영원한 형벌을 받을 수밖에 없는 죄인들에게 구원의 기회를 주는 것이지 영적으로 중립 상태에 있던 사람을 죄인으로 만드는 것이 아니다. 복음을 거절한다면 이전부터 있던 죄와 형벌이 더욱 가중될 뿐이다. 또 다른 이들은 침례교회의 전통이 주장하는 것처럼 죽은 유아들이 복음을 듣지 않고도 구원을 받는다면, 복음을 듣지 못하고 죽은 이교도들도 구원의 기회를 갖게 될 것이라고 주장한다. 이들은 죽은 유아나 죽은 이교도들이 복음 자체에 반응할 수 없다는 점을 강조한다. 침례교 역사에서는 비 칼뱅주의적 침례교인들 뿐만 아니라 과거 존 길(John Gill)이나 스펄전 그리고 현재의 알버트 몰러(Albert Mohler), 존 파이퍼와 같은 칼뱅주의 침례교인들이 유아의 구원을 인정한다.[109] 그러나 복음을 듣지 못한 사람의 운명과 유아의 구원이 동일한 것은 아니다. 도덕적인 책임을 져야 할 이교도와 달리 죽은 모든 유아는(이교도의 유아도) 비록 아담으로부터 전가된 죄성을 갖고 태어났지만 성경이 말하는 심판의 대상은 아니다. 성경은 아담으로부터 물려받은 죄가 아니라 그 전가된 죄로 인해 발생하는 개

---

109) 대다수 칼뱅주의/ 비 칼뱅주의 침례교인들과 적지 않은 근대의 개혁주의 신학자들(Charles Hodge, B. B. Warfield)이 죽은 유아들의 구원을 지지한다. R. Albert Mohler, Jr. and Daniel L. Akin, "The Salvation of the 'Little Ones': Do Infants who Die Go to Heaven?" July 16, 2009. Accessed May 8, 2016. http://www.albertmohler.com/2009/07/16/the-salvation-of-the-little-ones-do-infants-who-die-go-to-heaven/. 특별히 칼뱅주의적 침례교인들은 죽은 유아들을 다 선택된 자들로 본다. 하나님은 주권적으로 그리스도의 은혜를 선택된 그러나 죽음에 이른 모든 유아들에게 베푸신다고 믿는다.

인적이며 도덕적 죄악을 심판의 기준으로 삼고있다(고후 5:10). 그러므로 많은 침례교인들은 선과 악을 구분할 수 없는 유아들은 아직 심판을 받을 도덕적 행위자들이 아니라는 점을 지적해 왔다. 선과 악을 구분하지 못했기에 부모의 반역에 참여하지 않았던 이스라엘의 유아들이 가나안에 들어간 것처럼, 하나님은 유아기에 죽은 모든 이들에게 그리스도의 은혜를 주신다. 그러므로 선과 악을 구분하는 도덕적 책임자들에게는 속히 복음을 전해야 한다. 또한 스펄전과 같이, 죽은 유아의 불신자 부모들에게는 그들이 회개하고 복음을 믿음으로 자신들의 유아가 있는 천국에 이르도록 권면해야 한다.

### 3. 제자도(Discipleship)

구원 얻는 믿음을 예수님의 구원자 되심(Saviorship)으로만 제한하여 복음의 객관적 사실에 대한 이해로서의 믿음만을 강조하고 죄에 대한 분명한 회개와 그분의 주님 되심(Lordship)에 대한 헌신은 제자훈련이나 신앙의 성숙을 위한 것으로 이분화하는 것은 성경적이지 않다.[110] 회개와 그리스도의 주권에 대한 헌신을 요구하지 않고 복음에 대한 지적인 동의를 근거로 구원을 선언하는 복음전파를 'Easy believism'(쉽게 믿기주의)이라 부른다. Easy believism은 복음을 성화 없는 칭의로만 축소시켜버리고, 성화를 제자로의 삶 속에 필수가 아닌 추천할만한 것으로 만든다. 복음 전도지의 내용에 지적으로 동의하고 영접 기도를 한다고 해서 다 구원받는 믿음을 가지는 것은 아니다. 이렇게 복음을 받아들인 사람들 중 적지 않은 수가 교회 생활을 하지 않거나 성화의 열매를 맺지 않고, 때로는 마치 배교한 사람처럼 살아가는 것을 보게 된다. 예수 그리스도에 대한 믿음에서 그분의 주되심에 대한 헌신이 배제된 경우 본

---

110) 1980년대에 미국 복음주의 안에서 John MacArthur의 그리스도의 주님되심과 달라스 신학교(Dallas Theological Seminary)의 교수였던 Zane C. Hodges와 Charles C. Ryrie의 자유 은혜론(Free Grace) 사이에 논쟁이 일어났다. MacArthur는 그리스도의 주권에 헌신됨 없이 구원 얻는 믿음을 가질 수 없다는 주장을 했고 Hodges와 Ryrie는 그리스도의 주권에 대한 강조가 율법주의를 가져온다고 비판하였다.

훼퍼가 말한 값싼 은혜(cheap grace)가 생겨난다.[111] 값싼 은혜는 제자도가 없는 기독교 신앙을 말한다. 제자도는 자기를 부인하고 자기 십자가를 지는 것이다(눅 14:27). 즉, 제자도는 그리스도를 닮아가는 성화의 삶이다. 제자도에는 희생의 값이 기다리고 있다. 그 값은 자기 부인뿐만 아니라 사랑의 징계(히 12:5-11)와 심지어 많은 핍박과 순교를 요구한다(마 10:24; 요 15:20). 물론 신자가 제자도의 희생이나 완성을 근거로 구원되는 것은 아니다. 그러나 제자도 없는 신자의 신앙고백은 야고보가 말한 행함 없는 죽은 믿음과 같은 것이다.

---

111) Dietrich Bonhoeffer, *The Cost of Discipleship* (London: SCM, 2005), 4, 135-36.

## ■ 참고문헌

Arminius, James. "A Declaration of Sentiments." Vol. 1. *The Works of James Arminius.* Grand Rapids: Christian Classics Ethereal Library, 2002.

Augustine. *Homilies on the Gospel of John.* NPNF I:7. Peabody: Hendrickson, 1994.

Barth, Karl. *Church Dogmatics.* 2.2 Edingburgh: T & T Clark, 1957.

Berkhof, Louis. *Systematic Theology.* Grand Rapids: Eerdmans, 1996.

Bonhoeffer, Dietrich. *The Cost of Discipleship.* London: SCM, 2005.

Boyce, James Petigru. *Abstract of Systematic Theology.* Philadelphia: American Baptist Publication Society, 1899.

Browne, Edward Harold. *An Exposition of the Thirty-nine Articles: Historical and Doctrinal.* New York: E. P. Dutton, 1874.

Brunner, Emil. *Dogmatics I: The Christian Doctrine of Go.* Translated by Olive Wyon. Philadelphia: Westminster, 1946.

Bruce, F. F. *The Gospel of John: Introduction, Exposition, Notes.* Grand Rapids: Eerdmans, 1983.

Calhoun, Robert L. *Lecture on the History of Christian Doctrine.* 1948, self-published.

Carson, D. A. *A Call to Spiritual Reformation: Priorities from Paul and His Prayers: Priorities From Paul and His Prayers.* Grand Rapids: Baker, 1992.

\_\_\_\_. *How Long, O Lord?: Reflections on Suffering and Evil.* Grand Rapids: Baker, 2nd ed., 2006.

\_\_\_\_. Peter T. O'Brien, and Mark A. Seifrid, eds. *Justification and Variegated Nomism: The Paradoxes of Paul.* Grand Rapids: Baker, 2004.

\_\_\_\_. "The Vindication of Imputation." In *Justification: What's at Stake in the Current Debates.* Edited by Mark

Husbands and Daniel J. Treier. Downers Grove: IVP, 2004.

*Catechism of the Catholic Church.* http://www.vatican.va/archive/ENG0015/__P6Y.HTM

Charles P. Karuth, *The Conservation Reformation and Its Legacy.* Minneapolis: Augusberg, 1963.

Cho, Dongsun. "Justification in Marius Victorinus' Pauline Commentaries: *Sola Fide, Sola Christo,* and *Sola Gloria Dei.*" *Journal for Baptist Theology & Ministry* 11(2014): 3-25

____. "Ambrosiaster on Justification by Faith Alone in His Commentaries on the Pauline Epistles." *The Westminster Theological Journal* 74 (2012): 277-90.

Chrysostom, John. *Homilies on Romans.* NPNF I:11. Peabody: Hendrickson, 1994.

Cottrell, Jack W. "The Classical Arminian View of Election." In *Perspectives on Election: Five Views.* Edited by Chad Brand. Nashville: B&H, 2006.

Cyril of Alexandria, *Commentary on John.* Down Grover: IVP, 2015.

Davis, John Jefferson. "Perseverance of the Saints: A History of the Doctrine." *JETS* 34 (1991): 213-28.

Demarest, Bruce. *The Cross and Salvation: The Doctrine of Salvation.* Wheaton: Crossway, 1997.

Dockery, David S. *Southern Baptist Consensus and Renewal: A Biblical, Historical, and Theological Proposal.* Nashville: B&H, 2008.

Enns, Paul. *Moody Handbook of Theology.* Chicago: Moody, 2008. Revised Edition.

Erickson, Millard J. *Christian Theology.* Grand Rapids: Baker, 2014. 3rd Edition.

Fitzgerald, Allan D. ed., *Augustine Through the Ages.* Grand Rapids: Eerdmans, 1999. s.v. "Evil"; "Predestination."

Forster, Roger T. and V. Paul Marston, *God's Strategy in Human History.* Wheaton: Tyndale, 1973.

Fuller, Andrew. *The Complete Works of Rev. Andrew Fuller: With a Memoir of His Life.* Vol. 1. Bonston: Lincoln, Edmands & Co., 1833.

Garrett, James Leo. *Baptist Theology: A Four-Century Study.* Macon, GA: Mercer University Press, 2009.

———. *Systematic Theology: Biblical, Historical, and Evangelical.* Vol. 2. Dallas: Bibal, 2001. 2nd Edition.

George, Timothy F. *Amazing Grace: God's Initiative—Our Response.* Nashville: Life-Way, 2000.

Grudem, Wayne. *Systematic Theology: An Introduction to Biblical Doctrine.* Grand Rapids: Zondervan, 2009.

Gundry, Robert H. "The Non-imputation of Christ's Righteousness." In *Justification: What's Stake in Current Debate.* Edited by Mark Husbands and Daniel J. Treier. Downers Grove: IVP, 2004.

Horton, Michael. *The Christian Faith: A Systematic Theology for Pilgrims on the Way.* Grand Rapids: Zondervan, 2011.

John Calvin, *Concerning the Eternal Predestination of God.* Louisville: Westminster John Knox Press, 1997.

———. *Institutes of the Christian Religion.* Vol.1. Edited by John T. McNeill. Louisville: Westminster, 1975.

Klein, William. *The New People of God: A Corporate View of Election.* Grand Rapids: Zondervan, 1990.

Lea, T. D. & H. P. Griffin, *1, 2 Timothy, Titus.* Nashville: B&H, 1992.

Lewis, Gordon R. & Bruce A. Demarest, *Integrative Theology: Historical, Biblical, Systematic, Apologetic, Practical.* Grand Rapids: Zondervan, 1996.

Luther, Martin. *Luthers Werke.* Vol. 26. Ulan, 2011.

Marshall, I. H. *The Pastoral Epistles.* ICC. New York: Bloomsbury T&T Clark, 2004.

Mohler, Jr. R. Albert and Daniel L. Akin, "The Salvation of the 'Little Ones': Do Infants who Die Go to Heaven?."

Accessed May 8, 2016. http://www.albertmohler.com/2009/07/16/the-salvation-of-the-little-ones-do-infants-who-die-go-to-heaven/.

Moo, Douglas J. *The Epistle to Romans*. NICNT. Grand Rapids: Eerdmans, 1996.

Moody, Dale. *The Word of Truth: A Summary of Christian Doctrine Based on Biblical Revelation*. Grand Rapids: Eerdmans, 1981.

Morris, Leon. *The Epistle to the Romans*. Grand Rapids, Eerdmans, 1988.

Olson, Roger E. *Against Calvinism*. Grand Rapids: Zondervan, 2011.

Packer, J. I. *Keep in Step With the Spirit: Finding Fullness in Our Walk With God*. Grand Rapids: Baker, 2005. Revised Edition.

Pelagius. *Pelagius's Commentary on St Paul's Epistle to the Romans*. Translated by Theodore De Bruyn. Oxford, Clarendon: 1998.

Pendleton, J. M. *Christian Doctrines: A Compendium of Theology*. Philadelphia: The American Baptist Publication Society, 1945.

Pinnock, Clark H. "From Augustine to Arminius: A Pilgrimage in Theology." In *The Grace of God, the Will of Man*. Edited by Clark H. Pinnock. Grand Rapids: Zondervan, 1989.

Ridderbos, Herman. *Paul: An Outline of His Theology*. Grand Rapids: Eerdmans, 1997.

Rowley, H. H. *The Bible Doctrine of Election*. London: Lutterworth, 1950.

Saarnivaara, Uuras. *Luther Discovers the Gospel: New Light Upon Luther's Way From Medieval Catholicism to Evangelical Faith*. Eugene: Wipf and Stock, 1951.

Schreiner, Thomas R. Faith Alone: *The Doctrine of Justification: What the Reformers Taught...and Why It Still Matters*. Grand Rapids: Zondervan, 2015.

\_\_\_\_. "Perseverance and Assurance: A Survey and a Proposal." *SBJT* 2 (1998):32–62.

Stevens, William W. *Doctrines of the Christian Religion*. Grand Rapids: Eerdmans, 1967.

Stott, John. *The Message of Romans: God's Good News for the World*. Downers Grove: IVP, 1994.

Strong, A. H. *Systematic Theology: A Compendium and Common place Book*. Philadelphia: Judson, 1943. Reprinted.

Sweeny, Douglas A. "Was Luther a Calvinist?." The Gospel Coalition [on line]. Accessed April 28, 2016, https://www.thegospelcoalition.org/article/was-luther-a-calvinist.

*The Council of Trent.* http://history.hanover.edu/texts/trent/ct06.html

The Lutheran Church-Missouri Synod, "The Joint Declaration on the Doctrine of Justification in Confessional Lutheran Perspective." 1999.

Thiessen, Henry C. *Lectures in Systematic Theology.* Grand Rapids: Eerdmans, 1987.

Wesley, John. "Minutes of Some Late Conversations." *Works.* 8.

____. "Predestination Calmly Considered." *Works.* 10.

Wright, N. T. *Justification: God's Plan & Paul's Vision.* Downers Grove: IVP, 2009.

____. *Romans.* NIB. Nashville: Abingdon, 2005.

8장
교회론

# BAPTIST SYSTEMATIC THEOLOGY

# 8장. 교회론

조동선

## I. 교회론의 중요성

죄인에게 가장 중요한 것은 구원받는 것이므로 많은 이들이 구원론이나 구원을 주시는 삼위일체 하나님에 대한 신론이나 구세주이신 그리스도에 대한 기독론을 가장 중요한 기독교 교리로 주장하는 것은 당연하다. 그러나 교회론이 죄인에게 가장 최우선하는 교리가 아니라고 해서, 교회론이 중요하지 않다는 것은 아니다. 일찍이 이단과 분파들로부터 정통 교회를 지키기 위해 노력했던 키프리안(Cyprian)과 어거스틴(Augustine)은 "교회 밖에는 구원이 없다"(*Extra Ecclesiam Nulla Salus*)는 말과 "교회를 어머니로 갖기 전에는 하나님을 아버지로 가질 수 없다"는 말로 교회와 구원의 밀접한 관계를 주장해 왔다. 물론 이들의 주장은 중세 로마 가톨릭의 성례전과 사제 중심의 구원론에 신학적 근거가 되었다.[1] 교부들의 주장과 달리 교회가 생겨나기 이전 이미 예수님의 제자들은 하나님을 아버지로 가지고 있었으며 교회 없이 구원에 이르렀다. 교회를 어머니로 가져야 한다는 것은 구원의 문제를 그리스도가 아닌 교회에

---

1) 중세 로마 가톨릭교회에서는 교회가 제정하고, 안수받은 사제에 의해 집례된 의식들과 권위에 순종해야만 구원을 얻을 수 있었다. 따라서 이교도들 뿐만 아니라 모든 비 로마 가톨릭 교도들은 구원을 얻을 수 없다고 선언되었다(Fourth Lateran Council[1215], Pope Boniface VIII, *the Bull Unam Sanctam*, 1302, Pope Eugene IV, *the Bull Cantate Domino*, 1441). 그러나 제2차 바티칸 회의 이후의 가톨릭교회는 로마 가톨릭교회가 제공하는 복음의 수단들(고해성사, 성례들, 교황의 권위에 대한 복종)이 제시되었을 때 의도적으로 거절한 자만이 가톨릭교회 밖에 있는 자들이라고 재해석했다. *The Catechism of the Catholic Church*, 846.

의존하도록 만들어 버렸다.[2] 그러나 종교개혁가들은 가톨릭의 그릇된 구원론은 배격하면서도 키프리안과 어거스틴이 강조했던 교회의 중요성은 부인하지 않았다. 교회의 제도와 의식이 구원을 산출하는 것은 아니지만, 구원은 중생한 사람들을 제도와 의식을 가지고 있는 교회와 연합되도록 한다.[3] 성육신하신 하나님이 교회를 사랑하사 자신을 주셨으며(엡 5:25-27), 그 과정에서 자신의 피 값으로 사신 것이 교회이다(행 20:28). 교회는 하나님의 영원한 계획의 본질에 속하며 하나님이 자신을 계시하시는 통로이다.[4] 삼위일체 하나님의 구원 역사의 핵심이 자신을 위한 교회를 얻는 것이고, 교회는 자신을 창조하신 삼위일체 하나님의 존재와 행위를 반영해야 한다. 따라서 교회는 "복음의 논리에 내적인(internal) 것이며 단순히 복음의 액세서리이거나 우연한 것이 아니다."[5] 그러므로 교회론은 기독교 신앙의 비본질적 혹은 이차적인 것들(아디아포라/adiaphora)이 아니라 본질에 속하는 것이다.

## II. 교회의 본질

### 1. 교회(에클레시아)의 정의

#### 1) 교회의 어원적 의미

교회가 무엇인가를 정의하기 위해 교회라고 번역된 헬라어 에클레시아(ekklēsia)라는 단어의 어원적 의미와 용례를 살펴보는 것이 필요하다. 에클레시아는 ek(~부터 나오다)와 kalein(부르다)이라는 두 헬라어 단어의 합성어이다.

---

2) A. H. Strong, *Systematic Theology*, vol. 3 (Philadelphia: Judson, 1907), 901.
3) 신약 성경에서 다음의 세가지는 동일한 한 가지 구원 사건의 다양한 측면들로 묘사되고 있다: 회심하는 것, 침례 받는 것, 지역 교회의 일원이 되는 것. D. A. Carson, "Why the Local Church Is More Important Than TGC, White Horse Inn, 9Marks, and Maybe Even ETS," *Themelios*, 40.1 (2015): 6.
4) Gregg R. Allison, *Sojourners and Strangers: The Doctrine of the Church* (Wheaton: Crossway, 2012), 58.
5) John Webster, "On Evangelical Ecclesiology," *Ecclesiology* 1:1 (2004): 9.

고대 헬라 사회에서 이 단어는 원래 국가나 도시의 공적인 부름을 받아 자신의 집으로부터 나와 그 부름의 목적을 이루기 위해 모인 시민들의 모임을 의미했다. 그러나 AD 1세기에 이르러는 "부르심을 받아 나온 자들"의 의미는 약화되고 에클레시아가 단순히 군중들의 모임을 의미하게 되었다. 실제로 신약 성경은 에클레시아를 단순히 군중들의 모임을 의미하기 위해 사용하기도 했다(행 19:32, 39, 41). 그러나 신약 성경에 나타난 에클레시아의 신학적 용례를 살펴 본다면(롬 1:6-7; 고전 1:2), 초기 그리스도인들이 에클레시아의 고전적 의미에 기초하여 교회를 하나님께로부터 부르심을 받은 자들이 세상으로부터 나와 자신들을 부르신 하나님의 뜻을 이루기 위해 구성한 모임으로 이해했음을 알 수 있다.[6] 초기 그리스도인들 이전에 이미 헬라어를 사용하는 유대인들은 구약의 이스라엘을 지칭하는 단어로 에클레시아를 사용하고 있었다. 70인역(the Septuagint, LXX)은 구약 성경에 있는 콰할(qahal)을 에클레시아로 번역했는데, 콰할 역시 단순한 군중의 모임이 아니라 하나님의 부르심을 받고 모여 그 부르심을 좇아 사는 구약의 이스라엘을 의미했다. 이런 맥락에서 신약 성경은 구약의 이스라엘도 에클레시아로 부르고 있다(행 7:38; 히 2:12). 따라서 신약 교회로서의 에클레시아는 단순한 모임이 아니라 구약의 이스라엘과 같이 하나님의 부르심을 받아 그분의 뜻을 성취하기 위하여 모인 신약 성도들의 모임이다.

### 2) 교회의 신학적 의미

첫째, 에클레시아의 가장 대표적인 의미는 한 특정 지역에 성도들이 함께 모이는 가시적인(visible) 지역 교회(local church)이다. 지역 교회는 예루살렘이나 고린도와 같은 도시에 모인 "하나의 교회"(행 8:1; 고전 1:2) 혹은 도시보다 더 광범위한 지역에 있기 때문에 한 교회로서 모일 수 없는 여러 회중들로

---

[6] John S. Hammett, *Biblical Foundations for Baptist Churches: A Contemporary Ecclesiology* (Grand Rapids: Kregel, 2005), 26. Hammett은 Paige Patterson이 개인적으로 발표한 "The Church in the 21st Century"라는 페이퍼에 있는 주장에 동의하고 있다.

구성된 복수의 "교회들"로 이루어졌다(고전 16:1, 고전 1:9, 고후 8:1).[7] 이런 지역 교회는 회중의 규모와 사정에 따라 성전(행 2:46), 개인의 집(롬 16:5; 고전 16:19; 골 4:15; 몬 2), 강의실(두란노 서원-행 19:9)에서 모이기도 했다. 그러나 성도의 가정집이 가장 대표적인 교회의 모임 장소가 되었다. 이것은 교회가 가정에서 모여야 한다는 신학적 당위성 때문이 아니라 기독교에 대한 핍박이 본격화 되면서 생겨난 불가피한 현상이었다.[8] 신약 성경에 기록된 도시에 있던 가정 교회들은 17세기 독일 경건주의나 20세기 개신교 안에 일어난 '교회 안에 존재하는 작은 교회들'(ecclesiola in ecclesia)로서의 가정 교회가 아니었다.[9] 신약의 가정 교회는 그 자체로 완전한 "교회로서"(en ekklēsia, as a church), 즉 교회의 정체성을 갖고 교회의 사명을 감당하고 있던 회중의 모임이었다(고전 11:18).[10] 가정 교회가 작은 회중임에도 불구하고 교회로 불린 것은 교회의 본질이 회중의 크기나 장소의 형태에 있는 것이 아니라, 교회로서

---

[7] 신약 성경에 "에클레시아"가 총 114번 나타난다. 그중 3번은 일반 군중의 모임을, 2번은 구약의 이스라엘을 지칭한다. 신약 교회와 관련해서는 총 109번이 사용되었다. 학자들마다 차이는 있지만 그중 지역 교회에 대한 언급은 90-93번 정도로 보고 있다. James Leo Garrett, *Systematic Theology*, vol. 2 (Dallas: Bibal, 2001, 2nd ed.), 503. 각주 31; Hammett, *Biblical Foundations*, 31.

[8] 가정에서 모이는 교회의 장점이 있지만 그런 장점 때문에 성경이 가정에서만 교회가 모여야 한다든지, 가정이 가장 좋은 교회의 환경이라고 주장할 신학적 근거는 없다. 기독교 핍박이 사라진 콘스탄틴 황제 이후부터는 교회들이 가정을 벗어나 많은 사람들을 수용할 수 있는 예배당을 건축하기 시작했다.

[9] 모든 교인을 가정 교회 안으로 모이게 하는 현대의 가정 교회 운동과 달리, 경건주의에서는 작은 교회 회원들이 루터교라는 국가 교회 안에서 자신들을 중생하지도 않고 세례를 받은 교인들과 분리하여 따로 모였다. 현대의 가정 교회 운동과 경건주의의 작은 교회 운동이 자신들의 모임들을 교회 안에 있는 또 다른 교회라고 생각한 점에서는 동일하다. 그러나 성경은 교회 안에 있는 믿음이 미성숙한자와 성숙한자 그리고 이름뿐인 거듭나지 않은 멤버 등 다양한 사람들의 존재를 언급하고 있지만, 교회 안의 작은 교회들에 대해선 가르치고 있지 않다.

[10] 헬라어 표현 "*en ekklēsia*"는 장소로서의 교회 건물을 말하는 것이 아니라 교회로서의(as a church) 정체성을 가지고 함께하는 성도들의 모임(assembly)을 뜻한다(고전 14:19, 28, 35). David E. Garland, *1 Corinthians*, BECNT(Grand Rapids: Baker, 2003), 536; Anthony C. Thiselton, *The First Epistle to the Corinthians*, NIGTC (Grand Rapids: Eerdmans, 2013), 857

모이는 그 모임 자체에 있기 때문이다.[11] 지역 교회는 몇몇 성도들의 단순한 연합을 넘어(마 18:16-17), 합당한 교회의 직분자들을 세우며, 교회의 의식(침례와 주의 만찬)을 준수하고, 그 구성원을 치리하고, 선교를 주도하며, 다른 지역 교회들과 협력하는 영적, 사회적, 행정적 체계를 지닌 모임이다.[12] 이런 교회로서 모인 회중은 다른 어떤 교회나 여러 교회들의 협의체에 의해 행정적으로 법적으로 감독을 받지 않는 독립된 조직체였다. 치리가 필요한 형제가 있으면 그가 속한 지역 교회가 최종 결정을 내렸다(마 18:17-18; 고전 5:4-5, 12-13; 고후 2:6-8). 이런 독립적인 가정 교회가 큰 도시에 복수로 존재했을 것이다. 사울이 교회를 핍박할 때 "집집마다(*kata oikous*) 찾아 들어가서"(행 8:3-새번역) 형제, 자매들을 체포하였는데, 이 집들은 아마도 교회로 모였던 집들이었을 것이다.[13] 흥미롭게도, 성경은 그 도시의 교회들을 단수 형태의 예루살렘 교회나 고린도 교회로 부르며 도시 교회를 향해 "온 교회"(the whole church)라는 표현을 사용한다(행 5:11; 15:22; 롬 16:23; 고전 14:23).[14] 그렇다면, 어떻게 여러 교회들이 존재했음에도 그 교회들이 단수의 교회로 불렸을

---

11) Millard J. Erickson, *Christian Theology* (Grand Rapids: Baker, 2014, 3rd ed.), 956; Hammett, *Biblical Foundations*, 30.
12) John L. Dagg, *Manual of Theology* (Harrisonburg, VA: Gano, 1982), 80-83; H. E. Dana and L. M. Sipes, *A Manual of Ecclesiology* (Kansas City: Central Seminary, 1944.2nd ed.), 35-36; Hammett, Biblical Foundations, 28.
13) John B. Polhill, Acts: *An Exegetical and Theological Exposition of Holy Scripture*, NAC (Nashville: B&H, 1992), 212. "집에서"(*kata oikos*)라는 표현은 가정 교회를 지칭할 때 사용했던 기술적인 표현이었다(고전 16:19; 롬 16:5; 골 4:15; 몬 1:2). Gordon Fee는 에베소의 이단들이 "가정집들에 들어간"(enter into households-NASB, 딤후 3:6) 것은 아무 가정집이나 들어간 것이 아니라 한 명이나 혹 두 명의 장로인 목사가 인도하는 가정 교회가 모이던 집으로 들어간 것으로 믿는다. 에베소에는 아굴라와 브리스길라의 가정 집에도 교회가 모이고 있었다(고전 16:19). "Reflection on Church Order in the Pastoral Epistles, with Further Reflection on the Hermeneutics of Ad Hoc Documents," *Journal of the Evangelical Theological Society* 28 (1985):144-45.
14) "온 교회"라는 표현은 교회가 한 가정 교회에만 모인 것이 아니며 그 지역에 여러 복수의 가정 교회들이 있었음을 암시한다. Allison, *Sojourners and Strangers*, ; Hammett, *Biblical Foundations*, 30; Gerald F. Hawthorne and Ralph P. Martin, eds., *Dictionary of Paul and the His Letters* (Downers Grove, IL: InterVaristy Press 1993), s.v. "Church."

까? 예루살렘의 "온 교회"는 모든 구성원들이 동시에 하나님의 거룩과 심판을 경험했다(행 5:11). 또한 중요한 신학적, 행정적 문제를 사도들과 장로인 목사들의 리더십 아래에서 "온 교회"가 모여 함께 결정했다(15:22). 바울은 고린도의 "온 교회"가 예배를 드리기 위해 함께 모이는 경우에 어떻게 질서를 유지해야 하는지에 대해 말하였다(고전 14:23).[15] 사도들이 순회하며 목회를 하던 때에 대체적으로는 신학적으로 동일한 가르침들이 유지되었기 때문에 오늘날과 같은 교단도 존재하지 않았다. 또한 신약의 가정 교회들은 각각 하나의 완전한 교회로 존재하되 신앙의 내용과 형식면에서 서로 간에 보편성과 일관성을 지니고 함께 믿음을 실천해 나아갔기 때문에 단수의 교회로 불렸던 것이다. 결론적으로 신약 성경에 나타난 지역 교회는 그 어원적, 신학적 의미에서 비추어 볼 때 다음과 같이 정의 될 수 있다: "주 예수 그리스도의 신약 교회는 침례를 받은 형제들이 믿음과 복음의 교제 안에서 언약을 맺어 연합되어 있으며, 두 가지 의식들(침례와 주의 만찬)을 준행하며, 그분의 법에 따라 통치되고, 그분의 말씀으로 그들 안에 부여된 은사들과 권리들과 특권들을 행사하며 복음을 세상 끝까지 전하려고 노력하는 자치적인 지역 회중이다."[16] 둘째, 에클레시아는 우주적 교회(the universal church)를 의미한다. 우주적 교회는 "모든 세대에 걸쳐, 현재 살아있거나 천국에 있거나", 예수 그리스도에 대한 신앙을 통해 성령으로 중생한 모든 그리스도인들의 영적인 몸을 의미한다.[17] 이런 의미의 우주적 교회에 대한 언급은 에베소서와 골로새서에서 많이 발견된다. 주님이 "내 교회"를 세우겠다고 하셨을 때(마 16:18), 이 교회는 특정 지역에 모이는 교회가 아니라, 그리스도에 대한 신앙고백 위에 세워질 모든 신자들

---

15) 고린도의 온 교회가 모일 때는 가이오의 집이 사용된 것으로 보인다(롬 16:23). Dana and Sipes, *A Manual of Ecclesiology* (Kansas City: Central Seminary, 1944.2nd ed.), 43; John Stott, *The Message of Romans: God's Good News for the World* (Down Grover: IVP, 1994), 402.

16) *The 2000 Baptist Faith and Message*, 6항 교회.

17) James Leo Garrett, *Systematic Theology*, vol. 2 (Dallas: Bibal, 2001, 2nd ed.), 503; William W. Stevens, *Doctrines of the Christian Religion* (Grand Rapids: Eerdmans, 1967), 302.

의 우주적 교회였다. 지역 교회에는 신앙을 고백했지만 실제로는 중생하지 않은 사람들이 있을 수 있다. 그러나 이 우주적 교회는 오직 중생한 성도들로만 이루어진다. 오랫동안 신학자들은 지역 교회를 보이는 교회로 우주적 교회를 보이지 않는 교회로 나누어 왔지만, 이미 천국에 간 그리스도의 제자들을 제외한다면 모든 중생한 성도는 지역 교회를 통해 그들의 신앙을 가시적으로 나타내야 한다.[18] 이런 이유로 신약 교회에는 오늘날 소위 '가나안'(신앙은 있지만 지역 교회의 멤버십을 거부하는) 성도라 불리우는 그런 계층의 제자들은 존재하지 않았다. 사도행전은 교회가 세워지지 않은 선교적 상황에서의 회심을 제외하고는 회심자들이 바로 그 도시의 교회에 "더해졌다"(행 2:47, 17:11 즉 멤버가 되었다). 회심한 사람이 지역 교회와 연합되어야 한다는 것은 논의의 여지가 없는 것으로 신약 성경은 지역 교회의 멤버가 되는 것을 당연한 것으로 취급하고 있다.[19] 그리스도를 머리로 하는 이 우주적 교회의 연합은 WCC와 같은 교회 일치 운동(Ecumenism)에 의해서 진행되는 지역 교회들 간의 제도적 통합이나 신학적 타협에 의해서가 아니라 영적인 연합이어야 하며 진리에 대한 같은 고백을 전제로 한다. 우주적 교회의 제도적 연합을 지지하기 위해 종종 사도행전 15장에 나오는 예루살렘 교회의 회의가 지적된다. 그러나 그런 모임은 사도가 존재하지 않는 오늘날 교회에 적용될 수 없다. 완전한 연합은 종말에 주님의 나타나심으로 영광스럽게 완성될 것이다(엡 5:23-27).

## 2. 교회의 기원

### 1) 이스라엘과 교회

어거스틴 이래로 로마 가톨릭과 개혁주의 신학은 교회가 구약의 이스라

---

[18] Dagg, *Manual of Theology*, 121-25. Dagg는 우주적 교회의 보이지 않는 측면을 부인하지 않으면서도 이 땅에 있는 살아있는 참된 성도들의 우주적 교회를 보이지 않는 (invisible) 교회라고 부르는 것은 부정확할 뿐만 아니라 사람들을 오류에 이르게 할 수 있다고 주장한다. "보이지 않는"이라는 형용사로 인해 많은 이들이 우주적 교회를 영적인 실재가 아니라 단지 어떤 정신적 개념으로만 생각한다.

[19] Henry C. Thiessen, *Lectures in Systematic Theology* (Grand Rapids: Eerdmans, 1987), 317.

엘로 존재해 왔다고 믿는다. 종종 이스라엘이 에클레시아로 언급된 것을(행 7:38; 히 2:12) 지적하는데, 신약 성경은 이스라엘 회중이 신약 교회라서가 아니라 에클레시아의 사전적 의미에 따라 그렇게 부른 것뿐이다. 물론 새 언약과 옛 언약 사이에 연속성이 존재한다. 이스라엘과 교회는 하나의 올리브 나무로 묘사되는 한 하나님의 백성(one people of God)이라는 측면에서 연속성이 있다는 것이다(롬 11:17). 또한 이스라엘과 교회의 구성원 모두는 하나님의 주권적인 선택의 은혜에 의해서 구원받고 믿음으로만 칭의를 얻으며 교회는 영적 이스라엘로도 불린다. 이것이 이스라엘이나 교회가 하나님의 한 백성(one people of God)으로 갖게 되는 공통점이다.[20] 이런 이유로 신약 성경의 저자들은 교회를 설명할 때 구약의 이스라엘을 묘사하는 유비들과 구약의 제사장 직분과 거룩한 나라됨을 교회에 적용한 것이다. 그러나 이런 영적인 공통점이 교회와 이스라엘을 동일한 존재로 만드는 것은 아니다. 두 언약 사이는 엄연한 불연속성에서 존재한다. 신약의 교회는 구약의 모세와 희생제물보다 탁월하신 제사장과 제물이 있기 때문에 옛 언약이 쓸모없게(obsolete–ESV) 되었고 사라져 버렸다(히 8:6–7, 13). 또한 옛 언약과 새 언약은 멤버십에 큰 차이를 보인다. 옛 언약의 멤버십은 영적으로 거듭나지 못한 이스라엘인과 거듭난 이스라엘이 모두 섞여 있었으며 아브라함의 육체적 자손이면 모두 언약 백성이 될 수 있었다. 즉, 옛 언약은 제도적으로 육적인 이스라엘인이 언약 공동체 안에 멤버가 되는 것을 허용하였다. 이런 근거에서 어거스틴과 개혁주의 전통은 이스라엘과 교회를 섞인 몸(the mixed body)으로 규정한다. 마태복음 13장에 알곡과 가라지가 한 밭에 같이 자라고 있었으며 주님은 종말까지 그대로 두라고 하셨기 때문에, 〈웨스트민스터 신앙고백문〉 25

---

[20] J. N. Darby나 C. I. Scofield가 주장한 고전적 세대주의(Classical dispensationalism)는 이스라엘과 교회를 서로 다른 하나님의 두 백성들(the two peoples of God)로 주장했다. 그러나 현재의 세대주의를 이끄는 과정주의 세대주의(Progressive dispensationalism)는 이스라엘과 교회를 하나님의 한 백성으로 보고 이스라엘의 영적인 복들이 교회 안에서 이미 부분적으로 이루어지고 있음을 인정한다. 다만 과정주의 세대주의는 이스라엘이 지상 천년왕국 때에 교회가 아닌 민족적 이스라엘로 존재할 것을 주장한다.

장(교회론)은 교회의 멤버십으로 신앙을 고백한 자들과 "그들의 자녀들"(their children)로 선언하였다. 여기서 자녀들은 중생의 증거가 없을 뿐 아니라 중생 자체를 하지 않는 자녀들까지도 말한다. 그러나 예수님이 말씀하신 밭은 교회가 아니라 세상이다(마 13:38). 핵심은 왜 우리가 중생하지 않은 자를 교회 멤버십에서 제거하지 말아야 하는 것이 아니라 왜 주님이 종말 때까지 불신자들을 이 세상에서 제거하지 않는가 하는 것이다.[21] 어거스틴과 개혁주의의 섞인 몸에 근거한 이스라엘과 교회의 일치는 옛 언약과 새 언약 사이에 있는 성경적 차이점을 인식하지 못한 결과이다. 그러므로 이방인들은 혈육 관계에 의해서가 아니라 오직 믿음으로 중생한 영적 이스라엘로 새 언약의 멤버십을 갖게 된다(행 2:39; 엡 2:11-13).[22] 성도의 자녀가 하나님의 섭리 가운데 있겠지만 그가 신앙을 고백하기 전까지 새 언약의 멤버가 된 것은 아니다. "언약의 자녀들"(covenant children)이라는 개념은 옛 언약이 영적인 것뿐만 아니라 민족적이며 이 땅에 속한 약속과도 연관이 있기 때문에 가능했던 것이다. 그러나 새 언약은 그런 민족적이며 이 땅에 속한 부분들을 폐지하였다. 교회는 옛 언약의 이스라엘과 달리 한 민족의 국가가 아니다. 새 언약의 멤버십은 구약의 옛 언약의 멤버십과는 근본적으로 다른 제도적 구조를 가지고 있다.[23] 즉, 중생을 통해 완전한 죄 사함을 경험했으며 내주하시는 성령님으로 인쳐진 영적 이스라엘인들만 새 언약 공동체인 교회의 멤버가 되는 것이다(겔 36:24-27; 렘 31:29-34; 고후 3:3-11).[24] 옛 언약과 새 언약의 차이는

---

21) Strong, *Systematic Theology*, 3: 887-88.
22) Martyn Lloyd-Jones, *Great Doctrines of the Bible (Three Volumes in One): God the Father, God the Son; God the Holy Spirit; The Church and the Last Things* (Wheaton: Crossway, 2012), 40-42.
23) 이스라엘과 교회의 영적인 공통점들과 차이점들에 대해선, 다음의 자료를 참조하라. Gordon R. Lewis & Bruce A. Demarest, *Integrative Theology: Historical, Biblical, Systematic, Apologetic, Practical* (Grand Rapids: Zondervan, 1996), 3: 307-63.
24) Peter J. Gentry and Stephen J. Wellum, *Kingdom through Covenant: A Biblical-Theological Understanding of the Covenants* (Wheaton: Crossway, 2013). 이 책은 왜 칼뱅주의적 침례교인들이 성경에 흐르는 언약의 사상을 인정하면서도 개혁주의가 제시하는 언약 신학을 거절하는지에 대한 성서 신학적 답변을 제시하고 있다. Thomas

성령의 역사에서도 나타난다. 바울은 고린도후서 3장에 옛 언약과 새 언약을 대조하면서 율법과 성령의 사역을 대조하였다. 구약에 나타난 성령의 활동과 달리 메시야의 오심으로 인해 시작된 새 언약 시대에는 중생한 모든 하나님의 백성에게 주어질 보편적인 성령의 부어짐이 약속되었다(욜 2:28-29). 그리고 이 약속은 오순절에 성취되었다(행 2:16). 새 언약의 공동체가 더 이상 이스라엘이 아니라는 것이 하나님이 더 이상 민족적인 이스라엘에 대해 어떤 계획도 가지고 있지 않다는 것은 아니다. 원래 올리브 나무에서 잘려나간 가지인 이스라엘은 이방인의 충만한 수가 회심하게 되면 다시 원래의 자리로 회복될 것이다(롬 11:25-31). 따라서 이스라엘이 신약의 교회로 대치되었고 민족으로서의 이스라엘은 더 이상 하나님의 계획 속에 있지 않다는 대체 신학(Replacement theology or Supersessionism)은 거절되어야 한다. 하나님의 부르심에는 후회가 없으시므로 민족적 이스라엘을 버리신 것이 아니다. 결국에는 모든 이스라엘(문자적으로 모든 개별적 유대인은 아니라 해도 많은 유대인들)이 복음을 영접하여 교회에 합류할 것이다.[25]

### 2) 오순절 교회의 탄생

교회는 예수 그리스도의 사역을 기반으로 설립되어 오순절과 함께 그 공식적인 시작을 하게 되었다고 보아야 한다.[26] 지역 교회뿐만 아니라 우주적 교회의 멤버들도 오순절 이후에 생겨난 것이다. 물론 교회의 탄생에 구약의 옛 언약과 이스라엘이 완전히 무관한 것은 아니다. 아브라함에게 주어진 이방인

---

R. Schreiner, Shawn D. Wright, *Believer's Baptism: Sign of the New Covenant in Christ* (Nashville: B&H, 2015), 105.
25) 민족으로서의 이스라엘이 미래에 구원받고 교회에 편입될 신앙에 대한 비-세대주의 신학의 전통이 계속되어 왔다. Thomas Aquinas, *Super Epistolam Ad Romanos*, II.2; John Calvin, *Commentary on Romans* on 11:26; John Murray, *The Epistle to the Romans* (Grand Rapids: Eerdmans, 1997), 99; Millard J. Erickson, *Christian Theology* Grand Rapids: Baker, 2013, 3rd ed.), 965.
26) Thiessen, Lectures, 312-13; James Leo Garrett, *Systematic Theology*, vol. 2 (Dallas: Bibal, 2001, 2nd ed.), 508-509; Allison, *Sojourners and Strangers*, 78-82; Erickson, *Christian Theology*, 969-70.

에게 미칠 복음에 대한 약속(갈 3:8)은 "교회의 임신"을 의미하며, 메시야와 만인에게 부어질 성령의 강림을 기다리던 구약 시대는 "교회의 잉태" 시기였으며, 예수님의 사역은 "교회의 임박한 출산에 대한 준비"의 때였다.[27] 그러므로 아직 탄생하지 않은 교회에 구약의 성도들을 포함할 수는 없다. 그러나 그루뎀은 사도행전과 달리 누가복음이 교회라는 단어를 사용하지 않은 것은 오순절 사건이 아직 일어나지 않아서가 아니라 아직 하나님의 백성들이 소수로서 어떤 가시적인 모임으로 나타날 수 없었기 때문이라고 주장한다.[28] 그루뎀의 문제는 그가 하나님의 백성과 교회를 동일한 개념으로 본다는 것이다. 비록 교회가 하나님의 백성이지만 모든 하나님의 백성이 곧 교회인 것은 아니다.[29] 또한 회중의 수가 적고 모임이 잘 조직되지 않았어도, 바울은 작은 가정 교회 모임을 교회로 불렀다. 예수님이 베드로에게 자신의 교회를 세우시겠다고 말씀하셨을 때 교회는 아직 세워지지 않은 미래의 것이었다(마 16:18). 바울은 성령의 침례를 받아 그리스도인들이 그리스도의 몸, 즉 교회에 들어오게 되었다고 말한다(고전 12:13, 28). 그리스도께서 교회의 머리가 되신 것은 그분의 부활과 승천 이후에 발생했다(엡 1:20-21). 성령 침례는 그리스도께서 승천하신 후 오순절에 일어났다. 더욱이 신약 성경은 구약의 성도들을 그리스도인이라 부른적이 없다. 따라서 교회는 구약 이스라엘의 단순한 연속이나 확대가 아니라 그리스도의 사역으로 세워진 신약의 새로운 언약 공동체로 오순절날 태어난 것이다.

### 3) 교회와 하나님의 나라

하나님은 온 땅의 왕(시 47:7)이시며 이 세상의 모든 왕권을 가지고 계신다(단 4:25). 이 땅과 그 거주민만이 아니라 천상의 존재들까지 그분의 통치를 받는다(35절). 그분의 왕국은 영원하다(눅 1:33). 이스라엘은 그분의 직접 통

---

27) Hammett, *Biblical Foundations for Baptist Churches*, 33.
28) Wayne Grudem, *Systematic Theology: An Introduction to Biblical Doctrine* (Grand Rapids: Zondervan, 2009), 854. 각주4.
29) Allison, *Sojourners and Strangers*, 80.

치를 받는 신정 국가로서 하나님의 통치를 반영하도록 부르심을 받았다. 그러나 이스라엘은 계속된 불순종으로 여러차례 하나님의 심판을 받았다. 하나님은 다윗에게 그의 후손을 통한 영원한 왕국을 약속하셨는데, 이 약속은 다윗의 자손이며 인자로 오신 그리스도의 삶과 사역 속에서 성취되어 갔다. 그분은 하나님 나라에 대한 복음을 전파하셨고(막 1:14-15) 하나님의 나라는 제자들 가운데 이루어지고 있었다(눅 17:20-21). 그러나 하나님 나라가 아직 완전히 완성된 것은 아니었다(마 8:11, 26:29). 구약의 이스라엘이 하나님 나라가 이 땅에 이루어지는 사명을 받았듯, 지금은 그리스도의 사역으로 시작된 교회가 이 땅의 하나님의 거룩한 나라(벧전 2:9)로서 그 사역을 이어가고 있다. 조지 래드(George E. Ladd)가 지적했듯, 교회는 하나님 나라의 공동체이기는 하지만 하나님의 나라 그 자체는 아니다.[30] 교회는 복음 전파를 통해 천국의 열쇠를(마 16:19; 18:18, 19) 행사한다. 복음을 듣고 회개하여 그리스도를 영접하는 자는 죄와 심판으로부터 자유롭게 풀려지겠지만 거부하는자는 죄와 심판에 묶여 있게 될 것이다.[31] 교회의 멤버들은 하나님 나라의 시민으로 그분의 뜻을 이 땅에 실행하여 소금과 빛이 되어야 한다. 자유주의자들과 많은 파라 처어치 그리고 이머징 처어치 그룹들은 하나님의 나라가 교회보다 더 큰 개념이라는 근거로 하나님 나라의 복음 전파에 가장 중요한 수행자인 교회의 성경적 가치를 인식하는데 실패해 왔다. 반면 로마 가톨릭은 자신의 교회를 하나님 나라와 동일시하여 성경의 권위 위에 교회의 권위를 세웠고 근본주의 개신교회들은 자신의 교회에만 집중하여 이 세상 속에서 하나님 나라의 윤리를 실천하고 적극적으로 복음을 전파하지 못한 한계를 나타내었다. 침례교회는 자유주의나 파라 처어치 그리고 이머징 처어치들이 범할 수 있는 위험으로부터 교회의 중요성을 잘 보전해 왔다. 지역 교회는 단순히 하나님 나라의 사명을 감당하는 여러 대리인들 중 하나가 아니라 주님이 피 값을 주고 사신 가장 중요한 선교적 대리인이다. 지역 교회에 대한 이런 침례교회의 헌신은 지속

---

30) *A Theology of the New Testament* (Grand Rapids: Eerdmans, 1993), 111.
31) Allison, *Sojourners and Strangers*, 94.

되어야 한다. 동시에 침례교회는 이 악한 세상과 맞서 하나님의 주권을 선포하고 확장하는 하나님 나라의 식민지로서 존재하고 있을 잊지 말아야 한다.[32]

## 3. 교회에 대한 이미지들

### 1) 하나님의 백성

하나님의 백성으로서의 교회의 본질은 다음의 구절에서 잘 나타난다: "너희는 택하신 족속이요 왕 같은 제사장들이요 거룩한 나라요 그의 소유가 된 백성이니 이는 너희를 어두운 데서 불러 내어 그의 기이한 빛에 들어가게 하신 이의 아름다운 덕을 선포하게 하려 하심이라. 너희가 전에는 백성이 아니더니 이제는 하나님의 백성이요"(벧전 2:9-10). 이방인이 교회 안에서 하나님의 백성으로 포함될 것은 이미 구약에서 예언되었던 것이다(호 1:10; 2:23; 암 9:11-12). 교회의 구성원들은 그들의 어떤 덕이나 아름다움 또는 하나님 나라에 기여할 수 있는 어떤 가치와 무관하게 전적으로 하나님의 은혜로운 주권적 결정으로 선택된 것이다. 하나님의 선택을 받았기 때문에 교회는 하나님께 특별한 보물이 된 것이다(출 19:5, 새번역). 따라서 교회는 하나님의 특별한 사랑과 관심의 대상이며 교회는 하나님께 절대 복종하고 그분을 영화롭게 할 사명을 갖게 되었다. 그분을 영화롭게 하는 것은 자신들을 죄악의 어두움 속에서 부르셔서 하나님의 백성으로 창조해 주신 하나님을 찬양하는 것이다. 이 찬양은 예배와 복음전파를 통해 이루어진다.

### 2) 그리스도의 몸

그리스도의 몸이라는 이미지는 지역 교회에서 연합의 실재(reality)와 계속적인 연합의 필요성을 보여준다. 그리스도 안에서 발생하는 성도들의 연합은 성령 침례(고전 12:13)라는 공동의 영적 경험을 통해 발생했으며 주의 만찬의 근거이자 목적 중 하나이기도 하다(10:16-17). 교회의 연합은 은사의 사용(12장)

---

32) Russell D. Moore and Robert E. Sagers, "The Kingdom of God and the Church: A Baptist Reassessment," *SBJT* 12(Spring 2008): 68-87.

과 신앙의 고백(one faith, 엡 4:4-5)에서 나타나야 한다. 그리스도의 몸으로서 지역 교회는 멤버들 상호 간의 연합을 유지해야 한다. 그러나 이런 지역 교회 안에서의 성도들의 연합이 획일성을 의미하는 것은 아니다. 로마서 12장 4-5절과 고린도전서 12장 14-20절은 서로의 다양성을 존중하면서 이루어지는 연합을 강조한다. 그러나 성경이 말하는 연합의 테두리 안에서의 다양성은 은사의 다양함이지 교리와 같은 믿음의 다양함은 아니다. 어떤 침례교 사역자들은 "교리는 교회를 나누고 사역은 교회를 연합시킨다" 혹은 "침례교인이 된다는 것은 교리적 제약들로부터 자유로워지는 것이다"라고 말한다. 그러나 이것은 교회란 신앙고백의 일치 위에서 세워진다는 침례교회의 역사적 유산뿐만 아니라 그리스도의 몸은 한 믿음을 가진다는 성경적 원리와도 배치되는 것이다.[33] 또한 그리스도의 몸은 멤버들 상호 간의 사랑과 돌봄을 통해 서로를 그리스도의 형상으로 세워주어야 함을 전제로 한다(엡 4:15-16; 갈 6:2; 고전 12:26). 교회의 멤버는 그 누구도 홀로 존재할 수 없으며 본질적으로 자신의 형제와 자매에게 절대적으로 상호 의존적인 관계에 있다. 역사적으로 침례교회는 교회를 하나님과 형제들에게 자신의 삶을 헌신하겠다는 언약을 맺는 성도들의 모임으로 규정하였다(고후 8:5; 히 10:19-26).[34] 마지막으로 교회가 그리스도의 몸이라는 것은 교회가 머리이신 그리스도로부터 영적 자양분을 얻고(엡 4:16; 골 2:19), 모든 권위 위에 뛰어나신 그분의 권위로

---

33) Hammett, *Biblical Foundations for Baptist Churches*, 39. 역사적으로 침례교회들은 새 신자나 새 교우가 되고자 하는 사람들에게는 자신들의 신앙고백에 동의하고 서명할 것을 요구해 왔다. 남침례회의 마크 데버(Mark Dever)의 Capitol Hill Baptist Church, 침례교 일반 연맹(Baptist General Conference)에 소속되어 있고 존 파이퍼(John Piper)가 목회했던 Bethlehem Baptist Church와 크리스웰(Criswell)이 목회했던 First Baptist Dallas 교회를 참조하라.

34) 침례교회들은 신앙고백서뿐만 아니라 교회 언약서도 교회 멤버십의 조건으로 사용해 오고 있다. 교회 언약서의 내용들은 주로 믿음에 대한 공개적인 증거의 삶을 계속하며, 형제애와 신실한 경건성을 격려하고, 기꺼이 교회의 치리를 받아들이며, 목회자의 목회 활동을 후원하며, 정규 예배를 위해 모이고, 신실한 헌금 생활하는 것에 대한 것이었다. Thomas White, Jason G. Duesing, and Malcolm B. Yarnell III., *Restoring Integrity in Baptist Churches* (Nashville: B&H, 2007), 6장. 이 책은 누가 출판사에서 *21세기 교회의 순전함 회복-침례교회를 중심으로* (2016)라는 제목으로 번역되었다.

통치를 받는다는 것을 보여준다(엡 1:20-23; 골 2:10). 따라서 교회의 정치 구조, 직분, 남편과 아내의 관계는 그리스도의 머리되심이 신실하게 표현되는 방향으로 실행되어야 한다.

### 3) 성령의 전

교회는 성령의 성전으로 묘사되기도 한다(고전 6:19). 구약의 지리적이며 물리적인 제한 속에서 특정 가문에 속한 제사장 직분과 동물의 희생제사 제도로 이루어진 성전과 달리 신약의 교회는 성령 하나님의 주도와 능력에 의존하고 있다. 하나님이 건물이 아닌 성령의 역사하심으로 성도들의 모임 속에 임재하신다(엡 2:22). 따라서 교회의 모임이 있는 건물이나 교회들의 연합체인 교단이 교회가 될 수 없다. 성령의 기름부음으로 목회자 그룹뿐만 아니라 모든 중생한 교회 멤버가 제사장으로 세워졌다(전신자 제사장 직분-벧전 2:5, 9; 계 1:6, 5:10).[35] 신약의 제사장 직분은 기본적으로 복음을 간증하는 희생적 삶을 사는 것이며(롬 15:16; 벧전 2:9; 계 5:9-10) 영적 은사(롬 12:4-8; 고전 1:4-11, 27-31; 엡 4:7-14; 벧전 4:10-11)나 교회의 리더십(딤전 3:1-13; 딛 1:5-9)과는 무관하게 구원받은 모든 교회의 신자에게 해당한다. 신약의 제사장들이 드려야 할 제물들은 거룩한 제사로서의 삶 자체(롬 12:1; 엡 5:2; 롬 6:13), 선행(히 10:24; 13:16), 금전적, 물질적 은혜의 나눔(히 13:16; 빌 4:18), 찬양과 기도와 고백을 통한 예배(히 13:15; 계 5:8; 8:3-4), 복음 선포(롬 15:16, 고전 16:15) 등이다. 교회는 거룩한 영이신 성령의 전이기 때문에 거룩을 향해 나아가야 한다. 이런 이유 때문에 바울은 교회가 간음의 죄를 제거해야 한다고 요구했다(고전 6:15-18). 성령께서는 교회에게 생명을 주었을 뿐만 아니라 거룩하게 하신다(벧전 1:2). 성령의 전으로서의 교회는 교리적 순결도 유지해야 한다. 성령은 진리의 영이시며(요 16:13), 성경의 저자이시다(벧후 1:21). 따라서 교회가 영적으로 바르게 건축되고 있는지는 그 교회가 성경적 진리를 고백

---

35) 전신자 제사장 직분(The priesthood of all believers)은 루터에 의해 회복되었지만 이 신앙은 침례교회에서 더욱 철저하게 실천되었다.

하고 실천하는가에 달려 있다.

### 4. 교회의 참된 표징들(The true marks of the church)
#### 1) 연합, 거룩함, 보편성, 그리고 사도성 – 초대 기독교회가 제시한 표징들

콘스탄티노플 종교회의(AD 381)의 니케아 신조에 따르면 참된 교회의 표징은 "하나의 거룩한, 보편적인, 그리고 사도적"(one holy, catholic, and apostolic)이어야 한다고 선언했다. 1) 초대 교회(2–5세기의 교부시대)가 말한 하나 됨은 정통 교회들의 영적, 신학적, 행정적 연합이었다. 그들은 그리스도의 우주적 교회가 한 몸(엡 4:4)이라는 사실을 강조하며 자신들과 분리해서 모이는 이단들을 정죄하는 과정에서 정통 교회들의 하나 됨을 강조했다. 중세 가톨릭에서는 이 교회의 하나 됨이 로마를 중심으로 한 가톨릭교회에 대한 연합으로 바뀌었다. 물론 16세기 개신교 종교개혁가들은 이런 로마 가톨릭의 제도적 연합을 거절하며 모든 참된 교회들의 영적인 연합을 주장했다. 교회의 연합은 선택이 아니라 반드시 유지해야 하는 교회의 의무이다. 성부, 성자, 성령께서 신성 안에서 하나의 영적인 교제를 이루시듯, 하나님의 백성이며 그리스도의 몸이며 성령의 전인 교회 또한 같은 복음에 대한 같은 고백 위에서 영적인 교제의 연합을 이루어야 한다(요 17:21).[36] 침례교회는 일찍이 우주적 교회의 영적 연합을 믿고 지키려 했다. 1644년 〈제1차 런던 침례교 신앙고백서〉 47항은 침례교회 각 회중이 그 자체로 완전한 교회이지만 하나의 동일한 진리의 법 아래에서 필요할 경우 한 우주적 교회의 멤버들(즉, 지역 교회들)로서 공동의 신앙을 위해 서로 의논하고 도와야 한다고 고백했다. 그렇지만 우주적 교회의 영적 연합을 지킨다는 명목으로 복음의 본질을 왜곡하거나 약화시키는 에큐메니컬 운동은 성경적 연합이라 할 수 없다.[37] 2) 초대 교회가 말

---

36) Garrett, *Systematic Theology*, 3:522.
37) William R. Estep, *Baptists and Christian Unity* (Nashville: Broadman, 1966)168-94. Estep은 왜 남침례교인들이 WCC나 가톨릭과 다른 개신교들이 주도하는 교회일치 운동에 참여할 수 없는지에 대한 신학적, 교회적, 방법론적, 목적론적 이유들을 제시한 뒤 신약 성경이 제시하는 연합의 내용과 방법을 제시하고 있다. Estep 역시 신약 성경

한 거룩함은 구약적 의미의 사제주의(sacerdotalism)를 기초로 한 성례의 거룩함과 제도적 교회(로마 가톨릭이든 동방 정교회든)의 거룩함을 주장한다. 종교개혁가들은 초대 교회와 중세 가톨릭과 달리, 교회의 거룩함을 사제주의나 성례 자체의 거룩함이 아니라 교회가 세상으로부터 분리되어 하나님께 예배와 봉사를 위해 따로 세워진 모임이라는 의미에서 찾았다. 침례교회는 종교개혁가들의 교회의 거룩함에 있어서 대부분 동의했지만 교회의 거룩함이 중생한 자들만으로 구성되는 교회의 멤버십 안에서 나타나야 한다는 점에서는 차이를 보이고 있다. 물론 침례교회에는 구원받지 않는 사람이 한 사람도 없다는 뜻은 아니다. 그러나 만일 교회가 "섞인 몸"이라는 잘못된 해석에 근거하여 유아 세례를 정당화 한다면, 교회는 제도적으로 중생하지 않은 사람들을 교회 안으로 허용하게 될 것이다. 유아 세례를 받은 유아가 자라면서 중생할 수도 있지만 그렇지 않은 경우도 많다. 무엇보다 성경에서 교회의 멤버들이 "구원받은" 사람들(행 2:47), "믿는 사람들"(4:4), "제자가 된 자들"(14:21), 그리고 무엇보다 "성도들"로 묘사되고 있기 때문에 중생한 자만의 교회 멤버십이 교회의 거룩성을 나타낸다고 본다. 3) 초대 교회가 말한 보편성은 한 지역에만 한정되어 있던 이단 교회들과 달리 정통 신앙을 유지하는 교회들이 전 세계에 흩어져 있다는 것을 강조하기 위한 것이었다. 종교개혁가들은 새로운 교회들을 세웠기 때문에 지역적으로 한정되어 있었고 그들의 이신칭의는 확실히 중세 로마 가톨릭에서 분명하게 제시되지는 않았다. 개혁가들은 자신들의 신학이 비록 중세 가톨릭과는 심각한 차이를 보이지만 교부들(특별히 어거스틴)을 제대로 해석했다고 주장했다. 그러나 침례교회는 고대 교회에서 다수가 믿었던 신앙이 아니라 1세기 신약 성경의 사도들이 가르쳤던 신앙의 회복과 실천을 주장한다. 그러므로 교회의 보편성은 그런 성경적 신앙이 선포되어지는 지역과 시대마다 존재한다고 믿는다. 또한 교회의 보편성은 고대에 완성된 것이 아니라 종말론적 특징을 지니는 것으로 세계에 복음이 전파됨으

---

의 우주적 교회의 연합은 제도적인 것이 아니라 오히려 같은 신앙고백 위에서 이루어져야 함을 지적하고 신약 성경의 핵심이 우주적 교회의 연합이 아니라 지역 교회의 신실함에 있음을 상기시키고 있다.

로써 참된 교회의 보편성이 확립된다고 본다.[38] 4) 초대 교회가 주장한 사도성은 원래 2세기 정통 교회를 설립한 사람들이 사도들이거나 사도와 관련 있는 교회의 리더들이 세웠기 때문에 이단의 모임들과는 달리 복음을 전수받아 보존하고 있다는 뜻이었다. 실제로 적지 않은 교회들이 그런 역사적 교회의 족보를 입증할 수 있었다. 그러나 중세 로마 가톨릭에 들어서 이 사도성은 그리스도의 대리자인 베드로가 사도의 대표자의 권위를 안수를 통해 로마 교회의 주교에게 넘겨 주었고 그것이 교황을 통해 로마 가톨릭교회 안에 계속 보존되고 있다는 주장으로 바뀌었다. 종교개혁가들은 안수를 통한 사도성의 승계가 아니라 사도적 복음의 승계를 주장하였다. 그래서 어떤 교회라도 사도적 가르침에 의한 복음을 설교하고 실천한다면 바로 그 교회가 사도적 교회라고 말한 것이다. 이 점에 있어 침례교회는 종교개혁가들에게 동의하지만 그들보다 더 근본적으로 성경적 교회론에 순종하고자 하였다.

### 2) 바른 복음의 선포와 바른 교회 의식의 집행 - 종교개혁가들이 제시한 표징들

로마 가톨릭의 초대 교회의 4가지 참된 교회의 표징들-하나의 교회, 거룩성, 보편성, 그리고 사도성-에 대한 오류를 바로 잡고자, 종교개혁가들은 그 4가지 표징들을 재해석했을 뿐만 아니라 두 가지 새로운 표징들을 더하였다. 첫째, 참된 교회는 바른 복음의 선포를 하는 교회였다. 특별히 종교개혁기의 상황에서는 이신칭의의 신앙을 의미했다. 그런데 로마 가톨릭교회는 이신칭의의 신앙을 부정했으므로 참된 교회가 되기를 부정한 것이었다. 물론 종교개혁가들이 바른 복음의 선포는 신학적 오류가 전혀 없는 설교를 의미한 것은 아니었다. 설교에 신학적 오류가 부분적으로 있을 수 있지만 복음의 핵심 내용에 대해선 오류가 있어서는 안 된다는 것이다.[39] 둘째, 참된 교회는 교회 의식(침례와 주의 만찬)을 바르게 집행하는 교회이다. 모든 개신교 개혁자들

---

38) Mark E. Dever, "A Catholic Church," in Phillips, Ryken, and Dever, *The Church: One, Holy, Catholic, and Apostolic* (Phillipsburg, NJ: P&R, 2004), 70; Garrett, *Systematic Theology*, 2:523.

39) Edmund P. Clowney, *The Church* (Downers Grove: IVP, 1995), 102.

은 그리스도의 전적인 은혜를 사제들의 권위에 종속시키고 구원의 은혜를 실제화시키는 성령의 사역을 성례(the sacraments)라는 의식으로 대체시킨 가톨릭교회의 성례전 신학을 배격하고자 한 것이었다. 그런데 한가지 문제는 바른 교회 의식의 집행에 있어서 모든 개혁 운동들이 그것들을 동일하게 이해하고 실천했던 것이 아니라는 것이다. 여전히 루터의 공재설은 화체설의 그림자를 드리우고 있었다. 재침례교를 제외하고는 믿는 자의 침례를 실행하지 않았으며, 재침례교도들도 초기에는 아직 침수를 회복하지 못했다.

### 3) 교회의 본질(esse)에 대한 표징들과 교회의 복지(bene esse)에 대한 표징들의 구분[40]

그러므로 한 교회가 침례와 주의 만찬을 거절하게 만드는 방식으로 집행되거나 성경과는 다른 방식으로 복음이 재해석되는 식으로 집행되지 않는 한 교회의 본질을 유지하고 있다고 봐야 한다. 물론 공재설이나 유아세례나 관수례가 성경적이지 않음은 분명하지만 이런 실행들은 교회의 오류에 해당하는 것이지 교회 됨을 무효화하는 것은 아니다. 바른 강해 설교와 교회 치리 그리고 성경적 자격을 갖춘 교회 리더십(목사와 집사)의 형성은 교회를 교회로서 존재하게 하는 필수 사항이라기 보다는 교회를 건강하게 만드는 요소로 볼 수 있다. 현대 교회는 초대 교회와 종교개혁자들이 제안한 참된 교회의 본질에 대한 표징들 이외에 한 가지를 추가하는 것이 필요해 보인다. 그것은 모임의 구성원들이 스스로를 교회로 모였으며 성경이 제시한 교회의 모든 기능과 사명을 완수하겠다는 자의식이다. 오늘날 너무나 많은 파라 처어치 그룹들이 있으며 심지어 설교뿐만 아니라 주의 만찬까지도 자신들의 그룹 내에서 행하고 있기 때문이다. 그러나 그런 그룹들이 지역 교회라는 자의식을 갖고 있지 않으며 의도적으로 그렇게 되고자 하지 않는다. 물론 어떤 그룹은 The Christian and Missionary Alliance(C&MA)처럼 스스로 교회로 전환한 단체도 있다. 선

---

[40] Hammett, *Biblical Foundations for Baptist Churches*, 62-66; Thomas White, "What Makes Baptism Valid?" in Thomas White, Jason G. Duesing, and Malcolm B. Yarnell III., *Restoring Integrity in Baptist Churches* (Nashville: B&H, 2007), 113.

교 단체들이 지역 교회에 본질에 해당하는 표징들을 가지고 있고 교회로서의 분명한 자의식까지 가지고 있다면 그런 단체들은 파라 처어치로 남기보다는 C&MA처럼 교회로 전환되어 지역 교회로서의 책임과 다른 지역 교회와의 연대를 추구하는 것이 더 바람직할 것이다.

## III. 교회의 직분과 정치 구조

### 1. 교회의 직분

#### 1) 조직으로서의 교회

어떤 이들은 교회란 유기체(organism)이지 결코 조직(organization)이 아니라고 말한다. 그러나 이것은 유기적인 생명체는 제도라는 조직을 가질 수 없다는 잘못된 이원론적 전제에서 나온 것이다. 성경은 교회의 제도와 조직에 대한 많은 언급들을 하고 있다. 교회는 멤버십의 숫자를 계수함으로써 누가 멤버의 자격이 있고 없는지에 대한 기준을 갖고 있었음을 알 수 있다(행 2:41; 4:4). 주님은 침례와 주의 만찬을 제정하셔서 특정한 자격을 갖춘 사람들이 반드시 실행하도록 하셨다(마 28:19; 26:26-29). 교회는 리더십을 세우는데 필요한 자격 요건들과 그것들에 맞는 사람들을 선출할 의무를 가지고 있다(행 6:1-6; 딤전 3:1-13; 딛 1:6-9). 또한 교회는 치리의 절차(마 18장)와 특별히 목회자인 장로에 대한 치리시의 조건(딤전 5:19-20)을 제시한다. 교회는 헌금의 사용에 있어서도 도움을 받아야 할 과부의 조건과 구제의 절차(딤전 5:3-12)와 목회자의 사례에 대한 성경적 원리를 제시한다(딤전 5:17-18). 신약 교회는 모든 회중의 공예배 시간 중에서 특별히 주의 첫날(일요일) 또는 주의 날을 정해서 모였고(요 20:19, 26; 행 20:7; 계 1:10), 그 모임 속에서 성도들의 헌금을 거두어 모았다(고전 16:2). 성경은 우리가 해결해야 할 교회의 제도적 문제에 대한 원리와 지혜를 제공하는데 충분한 원천임을 잊지 말아야 한다(딤후 3:17).

### 2) 사도와 선지자 직분의 부활?

신약 성경에는 사도(apostolos)가 두 가지 의미로 사용되었다. 첫째는 사전적 의미인 '메시지의 전달자'라는 뜻으로 에바브로디도(빌 2:25)나 바울의 선교팀들(고후 8:23) 그리고 예수님(요 13:16; 히 3:1)에게 사용되었다. 둘째는 주님의 임명을 받은 교회의 직분자로서의 사도를 의미한다. 이런 두번째 의미의 사도는 예수님의 12제자들과 예수님의 동생 야고보와 바울과 바나바에게 제한적으로 사용되었다.[41] 베드로나 바울과 같이 계시를 받아(엡 3:5) 교회를 인도했던 사도의 직분이 오늘날 교회에도 지속되는가? 에베소서 4장 11절에 근거하여 자칭 사도인 피터 와그너가 주도하는 신사도 운동(New Apostolic Movement)과 캔사스 주의 IHOP과 같은 단체들은 그렇다라고 답한다.[42] 그러나 이런 주장은 성경적으로도 2세기 교부들의 증언에서도 지지될 수 없다. 사도는 부활하신 예수님을 직접 목격한 증인이어야 하며(행 1:21–22; 고전 9:1) 그분에 의해 직접 사도로 임명이 되어야 한다(마 10:1; 행 1:24–25; 갈 1:1). 그러나 바울은 고린도전서 15장 8절에서 부활하신 주님을 본 제자들 중 자신이 "맨 나중"(*에스카탄*/ last of all or finally)에 보았다고 한다. 이 에스카탄이라는 헬라어는 마가복음 12장 6절에서 포도원 주인이 "최후로" 자신의 아들을 보낼 때 쓴 말로 어떤 일련의 사건들이 완전히 종결되어 더 이상의 것을 기대하지 않도록 하는 부사어이다. 그러므로 바울은 자신 이후에 누군가가 부활하신 예수님을 볼 것을 기대하지 않은 것이며, 초대 교회가 사도들의 유일무

---

41) "사도들에게 좋은 평을"(롬 16:7-새번역) 듣고 있던 안드로니고와 유니아가 기술적 의미의 사도들인지에 대한 논란이 있었다. Leon Morris는 그들이 사도들일 것이라고 생각하지만, Robert H. Mounce와 Douglas Moo는 이들을 여행하며 복음을 전하는 선교사들로 보고 있다. Mounce, *Romans*, NAC (Nashville: B&H, 1995), 275; Moo, *The Epistle to Romans*, NICNT (Grand Rapids: Eerdmans, 1996), 923-24. 유니아가 남자인지 여자인지 교부들의 글에 호소하는 것은 별로 의미가 없다. Ephiphanius는 남자로서의 유니아라는 감독을 언급한 적이 있으며 Chrystostom은 유니아를 여성의 이름으로 보았다.

42) 신사도 운동의 사상적 배경은 '늦은 비 운동'(The latter Rain movement)에서 비롯되었다. 이런 주장은 이미 1949년 하나님의 성회 교단(The Assemblies of God USA)에서 정죄를 받았다.

일한 기능의 한시성을 알고 있었다는 증거가 된다.[43] 또한 사도들과 선지자들이 교회의 터를 세우는 것과 하나님께로부터 계시를 받아 복음을 기록하던 역할은 1세기 종결과 함께 완성될 것이었다(엡 2:20; 3:5).[44] 그러므로 바울의 후기 저서인 목회 서신에서는 교회의 리더십으로 목사와 집사에 대해 언급할 뿐이다.[45] 예루살렘 교회는 야고보가 헤롯에 의해 죽었을 때 가룟 유다의 자리를 대신할 맛디아를 선출했을 때와 달리 더 이상 새로운 사도를 뽑지 않았다.

### 3) 목사의 자격과 기능

(1) 목사에 대한 성경의 표현들(목사[poiman]=장로[presbyteros]=주교[episcopos])

성경은 목사와 장로와 주교를 목회자에 대한 동의어로 사용하고 있다. 바울은 에베소 장로들(행 20:17)을 감독들이라 불렀으며(28절), 장로와 감독을 동의로 사용했다(딛 1:5, 7). 베드로는 장로와 감독 그리고 목사를 모두 사용하여 하나님의 양 무리를 이끄는 목회자의 사명을 묘사했다: "너희 중 장로들에게 권하노니… 너희 중에 있는 하나님의 양 무리를 치되(shepherd/목양을 하되) 부득이함으로 (감독)하지 말고… 자원함으로 하며"(not overseeing out of compulsion but freely)(벧전 5:1-2). 목사와 장로와 주교는 목회자의 다양한 역할들에 대한 묘사로 보인다. 목사는 하나님의 양떼인 교회를 말씀으로 먹이며 그들의 필요를 돌보아 주는 목자의 역할을, 장로는 교회라는 하나님의 집을 지혜와 경험으로 이끄는 영적 리더로서의 역할을, 감독은 교회를 신학적으로, 행정적으로 감독하여 이단들이 들어오지 못하게 하며 교회에 분쟁이 생기지 않도록 하는 역할을 보여준다. 신약 성경은 목사[목자-shepherd]라는 명칭보다는(목사는 명사로 오직 한 번만 언급되었다-엡 4:11), 장로를 많

---

43) Grudem, *Systematic Theology*, 911. 각주 9.

44) John Stott, *Baptism And Fullness: The Work of the Holy Spirit Today* (Downers Grove: IVP, 2006, 3rd ed.), 100-101.

45) Martin Lloyd Jones, *Christian Unity* (Grand Rapids: Baker, 1987), 189-91; The Assemblies of God, "Endtime Revival–Spirit-Led and Spirit-Controlled: A Response Paper to Resolution 16," August 11, 2001.

이 사용하였다. 그렇다고 목사라는 표현이 옳지 않거나 장로가 더 좋은 표현이라고 볼 수 없다. 주님도 목자들[목사들]의 대표자로(벧전 5:4) 혹은 큰 목자(히 13:20)로 불리셨다.[46] 실제로 주님은 자신의 사역을 양을 돌보시는 목자의 일로 보셨다(마 9:36; 26:31; 눅 2:8; 요 10:2). 감독이라는 명칭이 장로와 목사의 그것보다 높은 권위 있는 직분으로 바뀐 것은 2세기 안디옥의 목회자였던 이그내시우스(Ignatius)라는 교부에 의해서였다. 이런 감독 중심의 정치가 로마 가톨릭교회와 동방 정교회 그리고 영국 성공회에 받아들여졌다. 그러나 1세기 말 로마 교회의 목회자 중 한 명이었던 클레멘트(Clement)는 고린도 교회에 보낸 서신서에 장로들과 감독들을 동일시하였다. 이런 장로와 감독의 동일성은 2세기 또 다른 교부인 이레니우스(Irenaeus)에 의해서도 유지되고 있었다. 목사인 장로의 직분이 목사로 안수 받은 가르치는 장로(teaching elders)와 평신도인 치리 장로(ruling elders)로 나뉘이게 된 것은 칼뱅에 이르러 실행된 것이다.[47]

(2) **목사의 자격**(딤전 3:1-7; 딛 1:6-9)

첫째, 목회자는 복음을 전하는 말씀 사역에 특별한 부르심을 받아야 한다(고전 9:16-17; 행 26:15-20; 골 4:17). 목회자는 교회 전체를 책임지고 돌보도록 하나님의 주권적인 선택과 임명을 받게 된다(엡 4:11; 딤후 1:11). 가정 교회로 모이는 교회의 소그룹 리더와 목사의 차이는 신학교 졸업장의 차이도 아니며 전시간 봉사인가 아닌가의 차이도 아니다. 바울은 목회자의 자격으로 체계적인 교육 수준을 요구하지 않았으며 자기 자신이 때로 직업을 갖고 교회를 돌보았다. 목회자를 교회의 다른 리더와 구분짓는 첫 번째 요인은 목회

---

[46] 목자(shepherd)라는 말이 라틴어 성경에서는 pastor로 번역되었고 이 단어가 그대로 영어의 목사(pastor)가 되었다.

[47] 이중적 장로 직제가 이미 초대 교부 시대에 존재한 것처럼 Oecolampadius와 Peter Martyr이 주장했고 실제로 교회의 정책으로 시작한 것은 John Calvin이다. 그러나 북아프리카 교회에 있던 장로들(seniors)은 연장자로서 주교와 집사를 도왔을 뿐 결코 성경의 장로인 presbyter라고 불린적이 없다. T. F. Torrance. "The Eldership in the Reformed Church," *SJT* 37:4 (1984): 503.

자로서의 부르심이다. 둘째, 설교와 가르침의 은사가 있어야 한다(딤전 3:2; 5:17; 딛1:9). 보통 성도들이 가지고 있는 성경에 대한 이해력을 넘어 복음을 교회 앞에서 설교하고 이단적 가르침을 배척하여 바른 교리로 교회를 인도하는 말씀 사역의 능력이 있어야 한다. 설교와 교리를 가르치는 것이 일부 장로의 사역이 아니라 모든 장로의 의무였다(행 20:20; 딤전 3:2; 딛 1:9). 흥미로운 것은 개혁주의 안에 치리만 하는 평신도 장로를 성경적 의미의 장로가 아니라 장로교 전통의 산물로 보는 사람들이 있다.[48] 치리를 하는 평신도 장로 제도의 배경으로 디모데전서 5장 17절이 칼뱅에 의해 사용되었고 NIV의 번역(those whose work is preaching and teaching)도 마치 장로들 중에 설교를 하는 장로와 그렇지 않은 장로가 따로 구분되어 있는 것처럼 해석을 했다. 그러나 헬라어 성경에서는 단순히 모든 장로 중에서 특별히 설교라는 사역에 다른 장로들보다 더 많은 봉사를 하고 있는 장로들을 더욱 후원하라는 뜻이다.[49] 카슨(Alexander Carson)은 디모데전서 5장 17절의 '다스린다'의 뜻은 회의를 주재하는 것이 아니라 군대의 지휘관처럼 말로 지침과 목표를 전달하는 리더십임을 보여주었다.[50] 즉 모든 장로는 설교와 가르침을 통해 교회를 다스린다. 다만 그 설교와 가르침의 사역에 모두가 같은 정도로 참여하

---

48) Mark Brown, ed., *Order in the Offices: Essays Defining the Roles of Church Officers* (Classic Presbyterian Government Resources, 1993). Banner of Truth의 편집장이었던 Ian Murray와 스코틀랜드의 개혁주의 신학자 T. F. Torrance 는 칼뱅의 딤전5:17의 해석을 거절했다. 장로교의 평신도 장로 직제는 성경이 아닌 장로교 전통에 근거한다고 인정했다. "The Eldership in the Reformed Church," 503-18. Murray와 달리 Torrance 는 평신도 장로 제도를 스코틀랜드 장로교 전통에서 없애고자 했지만 이 제안은 수용되지 않았다.

49) Iain H. Murray, "The Problem of the 'Eldership' and its Wider Implications," an Address given at *the 1995 Leicester Minister's Conference*. Murray는 KJV의 번역이 원문에 더 가깝다고 본다. ESV와 NASB도 같은 식으로 번역되어 있다.

50) *The Ecclesiastical Polity of the New Testament* (Paris, AK: The Baptist Standard Bearer, 2006), 46-49. 살전 5:12 참조. 설교와 가르침이 장로가 교회를 다스리는(인도하는) 가장 보편적이며 우선되는 방법이다. George W. Knight III, *The Pastoral Epistles*, NIGTC (Grand Rapids: Eerdmans, 2013), 232); T. C. Skeat, "'Especially the Parchments': A Note on 2 Timothy IV. 13," *JTS* 30 (1979): 173-77.

는 것은 아닐 뿐이다. 오늘날로 이해하자면, 부목사들이 설교와 가르침의 사역을 하지만 담임 목회자 만큼 집중적으로 그 사역만을 하는 것은 아닌 것과 같다. "그러므로 만일 침례교회가 장로교 전통에서조차도 그 성경적 근거를 입증하기 어려운 평신도 치리 장로 직제를 택하게 된다면, 그것은 성경적으로나 침례교회의 교회론에 있어서나 바람직한 것은 아닐 것이다."[51] 역사상 최초의 침례교 목사였던 스미스(John Smyth)나 영국 최초의 침례교 목사였던 헬위스(Thomas Helwys) 모두 치리 장로 제도를 거절하였고 칼뱅주의 침례교인들은 칼뱅과 달리 제2차 런던 신앙고백문에서 장로와 목사를 동일시하였다.[52] 셋째, 목사는 건강한 가정의 리더이어야 한다. 목사는 한 아내의 남편이어야 하며(딤전 3:2; 딛 1:6) 그 자녀가 믿는 자로서 방탕하거나 아버지에게 불순종해서는 안 된다(딤전 3:4; 딛 1:6). 그렇다고 목회자가 반드시 결혼한 남자이어야 한다는 것은 아니다. 예수님과 바울은 싱글이었다. 그러나 당시 목회자들이 대부분 결혼한 상태의 남자들이라는 전제에서 보면 자연스런 것이다. 한 아내의 남편이 된다는 것이 무슨 뜻인가? 위어스비(Waren Wiersbe)에 따르면, 목회자 후보생의 [성경이 허용하지 않는 이유에 근거한] 이혼을 금지하는 의미로, 파이퍼(John Piper)는 이혼한 후 재혼에 대한 금지의 의미로, 그루뎀(Wayne Grudem)은 일부 다처제에 대한 금지의 의미로, 또 해밋(John S. Hammett)은 과거에 이혼을 했더라도 현재 모델적인 가정의 가장일 경우는 목회직을 수행할 수 있다는 의미로 해석한다.[53] 성경은 간음의 경우 또는 불신

---

51) John Piper가 목회했던 Bethlehem Baptist Church와 Mark Dever가 목회 중인 Capital Hill Baptist Church는 복수의 장로들이 인도하는 회중 정치를 해 왔다. 그곳에서는 병원 심방이나 소그룹에서 평신도 장로들이 설교하고 가르치도록 했는데 이것은 신약성경이 말하는 설교와 가르침의 사역이 아니다. 신약에서는 회중 전체를 상대로 공예배에서 말씀을 선포하는 사역을 뜻한다. Piper와 Dever의 복수 장로 정치는 성경적이라기보다는 칼뱅의 교회론을 성경적으로 정당화하려는 시도로 보인다.

52) James Leo Garrett, *Baptist Theology: A Four-Century Study* (Macon, GA: Mercer University Press, 2009), 25; *Systematic Theology*, 2:366-37. Garrett 또한 복수의 평신도 치리 장로 제도가 침례교안에 들어오게 된 것은 현대의 초 교파적 독립 교회들과 칼뱅의 교회론에 영향을 받은 침례교 리더들에 의해 도입되고 있다고 분석하였다.

53) Wiersbe, *Be Faithful* (Wheaton: Victor Books, 1986), 42; Piper, http://www.desiring-

자 배우자가 자신의 남편이나 아내의 기독교 신앙 때문에 헤어지기를 요구할 경우에 이혼을 허용하고 있다(마 5:32; 19:9; 고전 7:15). 그리고 젊은 과부나 배우자가 죽은 성도의 재혼을 그리스도 안에서 허용하고 있다(고전 7:39). 그러므로 성경적 근거로 재혼하는 목회자는 한 아내의 남편이라는 자격을 위배하지 않는 것이다. 비록 성경적인 이유가 아닌 다른 이유로 과거에 이혼했지만 현재 좋은 남편인 사람은 목회자가 될 수 있다는 주장이 있지만 자신은 이미 과거에 이혼을 했으면서 교인에게 이혼하지 말라고 상담하는 것이 무슨 유익이 있겠는가? 디모데전서 5장 9절에 있는 과부의 명부에 올린 "한 남편의 아내"이어야 한다는 표현은 디모데전서 3장 2절이 일부 다처제를 염두에 두었다는 주장을 반박한다. 왜냐하면 바울은 일처 다부제를 한 여자는 안 된다고 말한 것이 아니기 때문이다. 바울이 말하는 것은 한 번에 한 아내만 있어야 한다는 것이다. 이전의 아내가 간음을 하여 이혼 한 후 재혼을 했거나 혹 아내를 사별하고 재혼을 한 경우 목사로서의 결격 사유가 없는 것이다. 그러나 성경이 허용하지 않는 이유로 이혼을 하고 다른 여자와 결혼을 한 경우 그 남자는 목회직이 아닌 다른 사역을 해야 할 것이다. 넷째, 목사의 직분이 남자에게만 허용된다고 여겨진 전통적 견해는 많은 신학적 논쟁 가운데 있게 되었다. 20세기 후반부터 여성도 목사의 직분을 가질 수 있다는 견해가 대두되었다.[54] 이 견해의 신학적 근거는 다음과 같다. ① 구약의 여 선지자들이 있었고 특별히 드보라(삿 4장)는 사사로서 백성들을 심판하고 있었다. 신약에도 빌립의 딸들이 예언을 하였다. ② 예수님이 사도들 가운데 여자를 선출하지 않으신 것은 구속사의 과정에서 당시 유대인 문화를 수용하신 것뿐이다. 그러나 이런 문화적 수용은 오늘날에는 적용되지 않으며 따라서 남자 중심의 사역 리

---

god.org/messages/biblical-eldership-part-1a; Grudem, *Systematic Theology*, 917; Hammett, *Biblical Foundations*, 168.

54) 여성 목사를 지지하는 침례교 신학자들의 주장은 다음의 글에 나타나고 있다. Stanley J. Grenz and Denise Muir Kjesbo, *Women in the Church: A Biblical Theology of Women in Ministry* (Downers Grove: IVP Academic, 1995); Erickson, *Christian Theology*, 1007. 미 남침례교단(SBC)을 탈퇴한 Cooperative Baptist Fellowship(CBF)이 여성 목사를 시행하고 있으며, 2013년 기독교 한국 침례회도 여성 목사를 허용하였다.

더십은 교회를 향한 하나님의 항구적 계획이 아니었다. 또한 예수님은 부활의 첫 증인들로 여자들을 선택하셨다. 바울 역시 많은 여자 사역자들에 대해 언급하고 있으며 특별히 브리스길라는 아볼로를 가르쳤다. ③ 디모데전서 2장 11-15절에 나오는 여자의 가르치는 것과 권위 행사에 대한 금지는 교육받지 못한 여인들이나 이단에 빠져 교회의 질서를 어지럽게 했던 여인들 때문에 바울이 에베소 교회에 주었던 한시적인 조치였다.[55] ④ 바울은 "유대인이나 헬라인이나 종이나 자유인이나 남자나 여자나" 그리스도 안에서 동등하다고 선언하였다(갈 3:28). 교회에서 여성이 가지고 있는 리더십의 제한을 언급한 서신들(고전 11:3-16; 14:34-35; 딤전 2:11-15)은 교회 안에서 남녀가 가지고 있는 사회적 평등성에 대한 갈라디아서의 선언 이후에 기록되었기 때문에 갈라디아서 3장 28절이 여성과 교회의 리더십과 관련된 구절들에 대한 "해석학적 우선성(hermeneutical priority)"을 가지고 있다.[56] 반면, 목사의 직분은 남자에게만 제한된다는 견해는 다음과 같다.[57] ① 드보라의 사역은 남성 사역자를 바로 세우는 조력자의 역할을 하였다. 비록 드보라가 바락에게 무엇을 해야 하는지에 대한 하나님의 명령을 지시하였지만 다른 남성 사사들처럼 전쟁의

---

55) Grenz는 딤전 2:12에 있는 "주관하다"라는 헬라어 authenteō(to rule over) 동사를 바울이 부정적 의미에서 사용했다고 주장한다. 즉 바울이 금지한 것은 여자가 가르치거나 설교와 같은 목회적 활동을 할 수 없다는 것이 아니라 이단적 영향을 받았거나 교육이 부족하기 때문에 교회가 허용하지 않은 권위를 파괴적으로 행사하려는 여인들의 활동을 금지했다고 주장한다. Grenz and Kjesbo, *Women in the Church*, 132-34.

56) Grenz and Kjesbo, *Women in the Church*, 106-107.

57) 남성에게만 목회직이 허용된다는 침례교 신학자들의 주장은 다음의 글에 나타나고 있다. John Piper and Wayne Grudem, eds., *Recovering Biblical Manhood and Womanhood (Redesign): A Response to Evangelical Feminism* (Wheaton: Crossway, 2012). Piper, Grudem, D. A. Carson, H. Wayne House, Paige Patterson 등의 주장을 볼 수 있다. 또한 Andreas J. Köstenberger and Thomas R. Schreiner, eds., *Women in the Church: An Interpretation and Application of 1 Timothy* 2:9-15 (Wheaton: Crossway, 2016, 3rd ed.)을 참조하라. 현재 SBC는 *2000 Baptist Faith and Message* 6항 교회론에서 다음과 같이 고백하여 여성 목사를 금지하였다: "남자와 여자들이 모두 교회의 봉사를 위해 은사들을 받았지만 목사의 직분은 성경에 의하면 자격을 갖춘 남자로 제한되어 있다." 여성과 남성의 역할과 리더십의 차이를 지지하는 The Council on Biblical Manhood and Womanhood (CBMW) 그룹에 많은 침례교 신학자들이 참여하고 있다.

최고 리더가 되어 백성을 모으고 직접 명령하고 전쟁을 직접 수행하는 주도적 역할을 수행하지는 않았다. 선지자로서의 드보라의 사역도 개인적이며 사적인 것이었다(삿 4:5). 우리는 나무 아래에 앉아 있는 여 선지자에게 개별적으로 나아오는 성인 남자들과 이스라엘 사람들을 볼 수 있다. 선지자 사무엘, 이사야, 예레미야, 에스겔과 같은 남자 선지자들은 개별적으로 자신에게 나아오는 이스라엘인들을 사적으로 지도하기 위해 한 곳에 앉아 기다리지 않았다. 그들의 사역은 백성들이 모여있는 공개적 장소로 나아가 이스라엘 온 회중을 대상으로 이루어졌다. ② 예수님은 진실로 여자 제자들을 높이셨다. 그러나 그들을 사도로 선출하지 않은 것은 단순히 구원사의 과정에서 유대 문화에 순응하신 것이 아니라 창세기의 창조원리(남자의 머리됨)를 유지하기 위한 것이었다. 예수님은 하나님 말씀에 어긋나는 사회적 금기 사항들을 부정하시는데 전혀 주저하지 않으셨다. 가룟 유다를 대신할 사도를 뽑을 때 예루살렘 교회도 남자들만을 후보자로 선출하였다. 브리스길라는 남편과 함께 팀이 되어 아볼로를 가르쳤으나 이것은 그녀의 공식적 목회 활동이 아니라 아볼로에 대한 부부의 사적인 도움이었다. ③ 디모데전서 11-15장에서 바울이 여자들로 하여금 남자를 상대로 교회의 공적 가르침과 권위를 행사할 수 없다고 한 것은 문화적 이유가 아니라 창조의 원리(남자가 먼저 창조되었음-가정과 교회에서 남자의 머리됨) 때문이라고 말한다. 또한 바울이 금지한 여자들은 배우지 못했거나 이단에 영향을 받은 여자들만이 아니라 예배에 참여하는 모든 여자들이었다.[58] 교회의 모든 여자들이 단정함에 대한 명령(9절)을 받았고 같은 여자들이 교회의 공 집회에서 가르치거나 남자에게 권위를 행사 할 수 없다

---

[58] Grenz와 달리 Al Wolters는 초기 교부들의 글들로부터 바울이 딤전 2:12에서 사용한 "주관하다"(authenteō, to rule over)라는 동사가 부정적인(교육 받지 못한 여인들이 남자들에게 권위를 행사하는 것을 금하는) 혹은 경멸적인(이단의 가르침을 퍼트리는 여인들이 남자들에게 권위를 행사하는 것을 경멸하는) 의미로 사용되지 않았다는 것을 보여주고 있다. Wolters에 따르면, 딤전 2:12의 문맥은 바울이 그 자체로는 긍정적인 것들인 교회의 공적인 가르침과 남자에 대한 권위 행사가 여자들에 의해서는 수행될 수 없다는 것을 말했다는 것을 지지한다. Al Wolters, "The Meaning of Αὐθεντέω," in Women in the Church, 65-115.

는 명령을 받았다(12절). 바울은 남성 목회자 자격 요건에(딤전 3:1-7) 교육을 포함시키지 않았다. 따라서 교육을 받지 못했다는 이유 때문에 여성 목회자를 금지하지는 않았을 것이다. 어떤 교회의 상황에 의해 도출된 명령이라고 해서 자동적으로 한시적인 것은 아니다. 신약 서신서들의 교훈들은 각 교회들의 어떤 특정한 상황들에 대한 응답으로 주어졌지만 항구적이다.[59] ④ 갈라디아서 3장 28절은 칭의의 일반적 은혜를 말한 것이지 교회 직분을 말하고 있는 것이 아니다.[60] 혹 이 구절이 어떤 사회적 적용점을 갖는다 해도 남자와 여자의 차이는 다른 두 가지 차이(헬라인이나 유대인이; 종이나 자유자)와 다르다. 하나님은 창조 시작부터 남자와 여자의 기능적 차이와 리더십의 차이를 만드셨으므로 완전한 종말이 이루어질 때까지는 유지되어야 하지만 노예 제도와 인종적 차별은 하나님이 창조시에 계획하지 않았던 것이므로 사라져야 할 것들이었다. 다섯째, 목사는 도덕적 자질들에서 교인들의 모범이 되어야 한다. 목회자가 완전히 성화될 수는 없지만 교회 안과 밖에 있는 사람들에게 책망받을 도덕적 결함이 없어야 한다(딤전 3:2; 딛 1:6).

### (3) 목사의 역할

장로이자 감독인 목사는 하나님의 집의 청지기이다(딤전 1:7). 교회의 주인은 그리스도이고 청지기인 목회자는 교회를 그분의 뜻에 따라 세워갈 책임

---

[59] 공집회에서 장로이자 감독인 목사에게 허용된 권위 있는 설교와 가르침을 아내가 남편에게 여자가 남자에게 행할 수 없다는 것은 에베소 교회만의 원칙은 아니었다. 엘리스(E. Earl Ellis)는 딤전 2: 9-13은 고전 14: 34-35, 벧전 3:3-6절에 있는 여성도들에 대한 신약 교회의 일반적 가르침과 어긋나지 않는다고 결론지었다. *Pauline Theology Ministry and Society* (Eugene, OR: Wipf & Stock, 2005), 73. 고전 14:34-35, 벧전 3:3-6가 여자 목사의 금지를 주장하는 것은 아니지만 딤전 2:9-13처럼 여성 성도들이 특정 상황에서 말하는 것을 허용하지 않고 그 대신 남편이나 남자들의 리더십에 복종할 것을 요구한다는 점에서 같은 맥락에 있다.

[60] 흥미롭게도 Erickson은 비록 교회 사역에 있어서 완전한 여성의 동등함을 주장하는 Christians for Biblical Equality(CBE) 그룹에 속해 있지만 갈 3:28이 여성 목사를 지지하는데 사용 되는 것을 반대한다. Erickson에 따르면, 바울이 말하는 동등함은 칭의라는 구원의 은혜를 누리는 특권에서의 동등함이지 교회 사역에서의 남녀의 동등함을 말하는 것은 아니다. Erickson, *Christian Theology*, 500-501

이 있다. 목사는 장로이자 감독으로서 목회자의 다스리는 권위를 가지고 있다(5:17). 그러나 이 다스림은 경찰이나 독재자의 다스림이 아니라 가정에서 아버지가 보여주는 사랑과 자기희생적 리더십이다(3장). 하나님의 집이자 그리스도의 양떼인 교회를 바르게 세우는데 있어서 목사의 가장 중요한 사명은 하나님 말씀으로 교회를 인도하는 것이다(행 20:31; 히 13:7, 17; 딤전 5:17; 엡 4:11; 딛 1:9). 목사는 이단적 가르침으로부터 양떼를 보호하는 신학적 돌봄(행 20:28)과 교회의 영적, 육체적 필요들을 해결하는 목회적 돌봄을 해야 한다(벧전 5:2; 약 5:14). 목사는 하나님이 주시고 교회에 의해 인정받은 권위 있는 행정력으로 바른 교리를 거스리는 자를 징계(책망과 활동의 중지)해서 악이 교회 내에 퍼지지 않게 해야 한다(딛 1:9-10). 복음의 진리를 가르칠 다음 세대를 양성하고 훈련시키는 것도 목회자의 중요한 사명이다(딤후 2:1-2). 결국 목사는 자신이 돌보는 회중의 영적 상태에 대해 하나님 앞에서 책임을 지게 될 것이다(히 13:17).

### 4) 집사의 자격과 역할
#### (1) 집사의 자격

집사의 어원은 디아코노스(*diakonos*)로서 "식탁을 섬기는자"이다. 이들의 자격은 도덕적 순전함, 영적 성숙함, 건강한 가정에 대한 요구에 있어서 목사의 자격과 비슷하다. 한 가지 목사의 자격과 크게 차이가 나는 것은 집사에게는 가르치는 은사가 요구되지 않는다. 집사는 성경에 무지해도 된다는 것이 아니라 목회자 만큼의 전문적인 성경과 신학 지식이 요구되지 않는다는 뜻이다. 그 이유는 집사는 교회에서 설교 사역을 위해 부르심을 받은 것이 아니기 때문이다. 그러므로 집사에게는 목사에게 허용된 교회 전체를 다스리는 리더십이 주어지지 않았다. 그렇다고 집사가 교회에서 어떤 권위도 없다는 것은 아니다. 비록 사도행전 6장에 나오는 7명의 교회 일꾼들의 임명식이 집사 임명식은 아니라 해도 교회사에는 이들의 임명식이 후에 교회의 집사 임명식에 전조가 되었을 것이라는데 일반적 동의가 있다. 7명의 일꾼들은 어떤 특정한 임무를 수행하도록 위임되었으므로 그 일을 수행할 정당한 권위를 받았다(행 6:3). 사도라는 단어와 마찬가지로 집사라는 단어도 두 가지 방식으로 사용되었다. 첫째는 단순히 섬기는 자를 의미한다. 그리스도(롬 15:8; cf. 마 20:28)와 바울이 디아코노스로 묘사되었다(고후 3:6; 엡 3:7; 골 1:23, 25). 둘째는 지역 교회의 직분으로서의 집사를 의미한다(빌 1:1; 딤전 3:8, 12). 어떤 이들은 뵈뵈(롬 16:1, 2)와 "여자들도 이와 같이"(딤전 3:11)라는 구절로부터 여자 집사가 성경적이라고 주장한다(저자는 성경의 집사직을 현재 우리 한국 교회의 안수 집사에게만 제한한다). 그러나 뵈뵈는 집사의 직분자가 아니라 예수님과 바울처럼 교회를 섬겼던 자매로 보아야 자연스럽다. 문맥에서는 직분에 대한 어떤 암시도 없다. 역사적으로 초기 교회역사에서는 2세기 이단들의 교회를 제외하고는 여자가 감독이 되거나 집사가 된 경우가 없다. 비록 서방 교회와 달리, 동방 교회에서 여자 집사들이 임명되었지만 남자 집사와 달리 안수를 받지 않고 그냥 임명만 되었다. 그렇다면 디모데전서 3장 11절의 "이와 같이"는 어떻게 해석해야 하는가? 디모데전서 3장 11절의 "이와 같이"는 그 여자들이 집사가 아님을 보여준다. 왜냐하면 디모데전서 2장 9절과 3장 8절은 다른 그룹을 지칭할 때 "이와 같이"라는 문구를 사용하였다. 따라서 그들은 감독과 대비되는 집사의 그룹이 아니다. 여자들에 대한 자격이 집사에 대한 자격에 대한 논의들(딤전 3:8-9과 12-13) 사이에 놓여 있다. 논리적이라면 감독, 남자 집사, 그리고 여자 집사의 순서로 되었어야 한다. 8절과 10절에 명확하게 사용된 집사라는 단어가 11절에는 사용되지 않고 다시 12-13절에 사용된 것은 여자들이 여 집사가 아닌 집사들의 아내들이라는 것을 지지해 준다.[61] 집사의 아내와 달리, 감독의 아내에 대한 조건이 없는 것은 감독의 설교 사역에 아내가 동역하는 것이 아니기 때문일 것이다. 감독과 집사 모두 동일한 가정적 자격 요건들을 가지고 있다. 즉 건강한 가정의 가장들이어야 한다. 따라서 만일 감독의 직무에 여자가 포함되지 않는다면 집사의 직무에도 여자가 포함

---

[61] Geroge W. Knight III., *The Pastoral Epistles: A Commentary on the Greek Text*, NICNT (Grand Rapids: Eerdmans, 1992), 171-72.

되지 않음이 자연스런 결론일 것이다.

(2) **집사의 역할.** 집사가 탐욕스럽지 말아야(딤전 3:8) 한다는 것은 집사가 교회의 재정을 담당했기 때문일 것이다. 사도행전 6장의 일꾼들은 사도들이 하던 교회의 재정적 직무를 넘겨 받았고 교회사는 2세기부터 발전된 초대 교회에서 재정 담당자들이 실제로 집사였음을 보여준다. 또한 집사가 일구이언하지 말아야 하며(8절) 그들의 아내들도 정숙하고 모함하지 말라는 조건(11절)은 집사들이 교회에서 상담과 심방 사역을 하였음을 보여준다. 집사가 가정을 잘 다스려야 한다는 것은 그들이 장로와 감독인 목사를 도와 교회의 행정적 사역도 함께 하는데 필요한 조건이었을 것이다. 중세부터 종교개혁기까지 교회의 사회적 필요, 즉 과부, 고아, 가난한 자, 병든 자들을 돌보고 심방하는 사역이 주로 집사들에 의해 이루어져 왔다. 침례교회는 전통적으로 집사가 돌보아야 할 테이블을 3가지로 보았다: 주의 만찬 식탁, 목회자의 식탁, 가난한 자의 식탁.[62] 침례교회의 역사에서 집사는 침례와 주의 만찬을 준비하고 목회자를 도와 의식을 집행해 왔으며 목회자의 삶이 존엄성을 가지고 교회의 사랑과 후원을 받고 살도록 돌보았고 구제하는 사역을 감당해 왔다. 그러나 원리적인 측면에서 보자면 집사의 역할은 목회자가 말씀과 기도와 교회를 감독하는데 집중할 수 있도록 돕고 목회자가 다른 일로 신경이 분산되지 않도록 돕는 교회의 강력한 동역자이다.

## 2. 교회의 정치 제도

### 1) 감독 정치

로마 가톨릭과 동방 정교회 그리고 영국 성공회는 기본적으로 감독 정치를 시행한다. 감독은 대주교나 동료 감독들에 의해 선출되며 감독보다 낮은 직분자들은 감독의 선출에 참여할 수 없다. 사도의 권한은 사도가 안수한 감독에 의해 다음 세대로 전달된다고 주장한다. 로마 가톨릭의 감독 정치는 로마의 감독을 우주적 교회의 머리로 인정한다는 점에서 다른 두 교회의 감독 정

---

62) Benjamin Keach, *The Glory of a True Church* (Conway, AR: Free Grace, 2015), 66.

치와 다르다. 목사인 장로보다 더 높은 권위를 가진 감독 정치의 성경적 근거는 없지만 여러 장로들(목사들) 중에서 한 명의 대표가 세워져 그들을 통솔하는 형태가 자연스럽게 발전하게 되었을 것으로 주장한다. 실제로 교회의 그런 정치 형태는 2세기 이그내시우스라는 교부에 의해 시작되었다. 그러나 신약 성경에는 장로와 목사보다 높은 감독이라는 직책이 없으며, 한 감독이 자신이 목회하는 교회가 아닌 다른 지역의 교회들을 다스린 적이 없다. 한편, 로마 가톨릭은 마태복음 16장 18-19절("내가 이 반석 위에 내 교회를 세우리라… 천국 열쇠를 네게 주노니")과 요한복음 21장 15-17절("내 양을 먹이라")에 근거하여 그리스도의 교회가 베드로라는 감독을 통해 세워졌고 그리스도의 권위가 베드로를 통해 그가 안수한 다른 감독들에게 전달되었다고 믿는다. 그러나 로마 가톨릭의 주장과 달리, 주님이 말씀하신 반석은 인간 베드로가 아니라 베드로의 신앙고백이다.[63] 그렇다고 베드로가 교회의 설립에 아무런 관계도 없다는 것은 아니다. 주님은 베드로의 설교와 리더십을 통해 오순절 이후 교회의 시작을 여셨다. 물론 베드로처럼 신앙을 고백한 다른 사도들과 선지자들도 주님께서 교회의 기초를 놓는데 사용하셨다(엡 2:20-21). 또한 성경은 다른 사도에 대한 베드로의 우위권을 지지하지 않는다. 베드로는 바울에게 책망을 들어야 했고(갈 2:1-14), 예루살렘 회의에서 최종 결정을 도출한 것은 야고보였다. 주님이 베드로에게 내 양을 먹이라는 것은 그에게만 해당하는 것이 아니라 그와 같이 주님을 배반했지만 회개하여 돌이킨 모든 제자들에게 주신 부탁이다. 베드로가 사도들의 대표였다는 것과 주님이 그에게 교회의 전권을 주셨다는 것은 완전히 별개의 문제이다. 마태복음 18장 18절에서 베드로뿐만 아니라 다른 제자들도 천국의 열쇠를 사용할 것을 "너희"라는 말로 표현하셨다. 바울은 교회를 장로인 감독들의 손이 아니라 하나님과 그분의 은혜의 말씀에 의탁하였다(행 20:28-30).

---

63) John Chrysostom, *Homiles on Matthew*, NPNF 1.10(333).

### 2) 장로 정치

장로 정치는 감독 정치와 달리 장로와 감독을 동일 직분에 대한 다른 표현으로 이해한다. 회중이 장로들을 선출하고 장로들은 당회(session)를 만들어 지역 교회를 다스린다. 이 당회의 장로들은 치리를 담당하는 평신도 장로들과 설교를 하고 가르치는 목사인 장로로 구성된다. 이런 이중 장로 직제의 대표적인 성경적 근거는 디모데전서 5장 17절이라고 주장한다. 칼뱅이 평신도 장로 제도를 도입한 것은 오랫동안 중세 가톨릭교회에서 만연했던 일인 감독 체제의 문제를 해결하기 위함이었고 유아 세례를 받아 교인이 되었지만 중생하지 않는 교인을 치리하는데 평신도 치리 장로 제도가 유익하다고 보았다. 여러 개의 지역 교회 당회 멤버들이 모여 노회를 구성하고 몇 개의 노회들이 모여 대회를 구성하거나 더 큰 총회를 구성한다. 노회의 멤버들은 지역 교회보다 상위 기관인 노회를 통해 다른 지역 교회를 다스릴 수 있다. 지역 교회 회중은 자신들의 목회자를 선택할 수 있지만 노회로부터 그들의 선택에 대한 인준을 받아야 한다. 우리는 이미 신약 성경에는 가르치는 장로와 다스리는 장로의 구분이 없음을 보았다. 말씀을 권위있게 해석하고 전하여 진리를 보전하는 것은 모든 장로들의 공통된 의무이다(행 20:31; 딛 1:9). 바울은 다스리는 장로에게 존경을 표하라고 했는데 헬라어 원어의 존경은 정신적인 존경뿐 아니라 장로의 사역에 대한 감사를 표하는 사례비(honorarium)의 의미가 있다. 즉 교회가 복수의 장로-목사들이 사역을 할 경우, 모든 장로-목사에게 존경심을 담은 재정적 사례를 하되 특별히 교회의 공적인 설교와 가르침의 사역에 모든 시간을 희생하는 장로(오늘날로 말하면 담임 목사)에게는 더욱 많이 하라는 뜻을 전달하고 있다.[64] 그러나 칼뱅과 그를 따르는 개혁 전통에서는 바울의 가르침과 달리 평신도인 다스리는 장로에게 사례를 하지 않는데 그 이유는 아마도 칼뱅 스스로도 자신이 주장하는 다스리는 평신도 장로와 신약 시대의 장로 사이에 있는 어떤 차이를 이미 인지했기 때문일 수도 있다. 더욱이 한 교회의 장로가 지역 교회보다 상위 기관인 노회나 총회에 소속되어 다른 지

---

64) Alexander Carson, *The Ecclesiastical Polity*, 45, 49.

역 교회를 다스리는 것은 성경에 근거가 없다. 흔히들 장로 정치를 지지하는 사람들이 사도행전 15장의 예루살렘 공의회에 호소하지만 그 어떤 현대적 장로교 노회나 총회도 사도적 권한을 주장할 수 없다. 만일 예루살렘 교회의 결정을 사도들뿐만 아니라 장로들도 함께 했기 때문에 오늘날에도 장로들의 연합에 의한 결정을 다른 지역 교회가 순종해야 한다면, 한 교회의 회중 전체가 내린 결정을 다른 지역 교회가 순종해야 한다는 것도 주장해야 한다. 왜냐하면 예루살렘 교회의 결정에는 사도들과 장로들과 그리고 예루살렘 교회 전체가 참여했기 때문이다(행 15:22).[65] 그러나 장로 정치를 하는 교회들 중 그 어떤 교회도 이런 주장을 실행에 옮기지는 않을 것이다. 장로 정치가 이단이나 신학적 이탈을 막고 지역 교회의 심각한 행정적 문제를 가장 효율적으로 다룰 수 있다고 주장하지만, 감독 정치를 하는 교회들은 자신들이 장로 정치보다 그런 측면에서 더 효과적이라고 주장할 것이다. 장로 정치의 문제는 노회나 총회가 신학적인 순전함을 상실하거나 도덕적으로 타락하게 될 때, 하위 기관인 지역 교회들이 타락한 리더들의 결정에 불가피하게 많은 영향을 받게 된다는 것이다. 이런 문제는 전통적인 칼뱅주의에서 이탈하여 성경의 무오성을 포기하고 동성애를 허용한 장로교 교단에서 쉽게 발견될 수 있다.

### 3) 회중 정치

회중 정치는 한 지역 교회가 그리스도의 통치 아래 그 교회를 향한 최종적 결정을 내릴 자율권을 가지고 있다고 믿는다. 따라서 교회는 외부로부터 그 교회가 내린 결정에 대해 방해를 받아서는 안 된다. 회중이 목회 리더십의 가르침과 인도함을 받지만, 결국 그 교회의 중요한 문제들을 감독이나 장로들의 모임이나 목사와 집사들의 운영 위원회가 아닌 회원 다수의 의견에 따라 민주적으로 결정된다. 침례교회의 회중 정치는 고립된 개교회주의가 아니다. 세 번에 걸친 남침례교회의 신앙고백서들(1925, 1963, 2000)은 모두 "협력"이라는 항목에서 하나님 나라의 확장을 위해 침례교회들이 지방회와 총회를 통

---

65) Grudem, *Systematic Theology*, 926-27.

해 협력할 것을 권면한다. 그러나 지방회와 총회는 개교회의 권위를 훼손할 수 없으며 오직 개교회를 돕고자 하는 "자발적이며 조언을 해 주는" 협력 기관들일 뿐이다. 대신 지방회나 총회는 지역 침례교회가 바른 신앙에서 이탈할 경우 그 교회와의 협력을 단절할 권리가 있다. 대다수의 의견으로 성경적 원리가 훼손되는 것을 방지하기 위해 2000년도 신앙고백문은 제 6항 교회론에서 그리스도의 주권을 개교회의 자율성과 민주주의적 절차보다 먼저 선언함으로써 침례교회는 믿음과 실천에 있어 자유 방임주의적 회중이 아님을 분명히 하였다. 그리스도의 주권 아래에서 침례교회가 이런 회중의 자율적이며 민주적인 정치 구조를 실행하는 이유는 단순히 교회의 멤버들이 성령이 내주하시는 중생한 자들로 이루어졌기 때문이다.[66] 뿐만 아니라 침례 교인들은 그리스도께서 자신과 언약을 맺은 지역 회중에게 자신들의 모임을 스스로 통치하고 운영할 수 있는 소위 "교회의 능력"(church power)을 주셨다고 믿었다.[67] 주님이 중생한 자들로만 형성된 교회에 자치(self-government)의 능력을 주셨다고 믿는 이런 신념은 2차 런던 신앙고백문 26장 7항에서 발견된다: "그분[그리스도]의 생각에 따라 그리고 그분의 말씀 안에서 선포된 대로 모인[즉, 중생한 멤버로 모인] 각각의 교회들에게, 그분은 그 교회들이 예배와 치리에 있어서 자신이 세운 질서를 수행하기에 필요한 모든 능력과 권위를 주셨으며, 그 능력을 합당하고 바르게 사용하기 위한 명령들과 규례들도 함께 주셨다." 회중 정치에 대한 성경적 근거는 다음과 같다. 주님과 바울은 회개하지 않는 형제를 징계할 때 교회가 내리는 결정이 최종적임을 보여주

---

66) 어거스틴과 종교개혁자들의 "섞인 몸"과는 다르게, 침례교회의 선구자들 오직 중생한 성도들로만 모인 회중의 순결한 교회를 추구했으며 회중 정치를 중생한 자만의 교회 멤버십이라는 성경 신학의 당연한 결론으로 보았다. Leon McBeth, *The Baptist Heritage* (Nashville: Broadman Press, 1987), 75; Justice C. Anderson, "Old Baptist Principles Reset," *Southwestern Journal of Theology 31* (Spring 1989): 5-12; J. L. Reynolds, "Church Polity or the Kingdom of Christ, in its Internal and External Development," reprinted in *Polity*, 345.

67) 존 해밋, "중생한 자만의 교회 멤버십," 29-30, 화이트, 두싱, 그리고 야넬, *21세기 교회의 순전함 회복중*에서.

었다(마 18:17; 고전 5:2). 바울은 고린도후서 2장 6절에서 고린도 교인의 "다수에 의해"(by the majority-NASB) 징계가 이루어졌음을 지적하였다. 사도였음에도 불구하고, 바울은 간음한 고린도 교회의 형제를 개인적으로 치리하지 않았다. 마찬가지로 바울은 갈라디아 교회 안에서 문제를 일으키는 유대주의자들을 자신의 사도권으로 출교시키지 않고 갈라디아 교회 회중으로 하여금 치리하도록 요청하였다(갈 5:12). 로마 교회는 누군가를 자신들의 교제권 안으로 즉 멤버십 안으로 받아들일 것인가 말 것인가를 결정할 수 있었다(롬 14:1). 역시 바울은 로마에 있는 믿음이 연약한 자들에게 개인적으로 로마 교회의 멤버십을 허용하지 않고 로마 교회에게(로마의 감독이나 장로들이 아닌) 부탁하였다. 교회의 일꾼을 선택하는 것도 그 지역 교회의 회중에게 권한이 있었다. 비록 사도들이 일꾼에 대한 기준을 제시하고 선출된 자들에게 안수를 했지만, 그 제시된 기준에 따라 실제로 일꾼을 선출한 것은 예루살렘 교회의 회중이었다(행 6:5). 또한 지역 교회의 회중은 교회 리더십과 함께 중요한 선교 정책이나 신학적 방향을 결정하기도 했다. 안디옥 교회가 바울과 바나바를 선교사로 파송했다는 직접적 보고는 없으나 그들이 선교 여행에서 돌아와 보고할 때는 안디옥 교회의 선지자나 교사 앞에서가 아니라 온 교회 앞에서 했다(14:27). 안디옥 교회의 회중은 할례와 칭의의 문제를 해결하기 위해 바나바와 바울을 예루살렘 교회로 보냈으며(15:2-3), 예루살렘 교회의 회중은 사도와 장로들과 함께 이방인 교회를 위로하도록 몇 사람을 뽑았다(22절). 비록 사도들이 각 교회에서 "장로들을 임명"(14:23-새번역)했다는 표현이 있지만 이는 사도들이 감독 정치를(가톨릭의 감독들처럼) 했다는 것은 아니다. '임명하다'라는 헬라어는 사도행전 14장 23절에 디도가 아시아 여러 교회들의 헌금을 사도 바울과 함께 예루살렘에 전달하는 사역을 위해 많은 교회들에 의해 "선출된"(고후 8:19) 사람이라고 말할 때 사용되었다. 즉 사도들은 각 도시의 가정집에 장로를 세울 때 그 회중의 의견을 반영했을 것으로 이해할 수 있다. 성도들에 의한 교회 일꾼의 선출 방식은 이미 사도행전 6장에서 세워졌고 이런 선출 방식은 15장 안디옥 교회와 예루살렘 교회에서 계속해서 반복되었다. 놀랍게도 이렇게 회중의 다수로 하여금 교회의 사역자를 선출하게 하는 방식은 신약 성경 시대를 넘어서 디다케(*the Didache*, 15:1)가 기록된 2세기에도 유지되었고 서방 교회에서는 감독 정치를 정착시킨 3세기 키프리안에게서도 발견된다.[68] 그리고 동방 정교회는 지금까지도 감독과 집사의 선출 시 회중의 승인을 구하고 있다. 회중 정치라고 해서 교회의 모든 일들 전체 멤버가 다 결정해야 한다는 것은 아니다. 앞서 언급된 성경적 예들과 교회 역사를 살펴 보면, 교회의 리더들(집사와 목사)의 선출, 교회 멤버의 허입과 치리와 출교, 선교의 방향과 보고, 교리적 문제들의 해결, 교회의 예산과 결산 등 교회 전반에 걸쳐 영향을 줄 수 있는 이슈들에 대하여 회중의 결정을 요구하였다. 회중 정치라 하여 안수 받은 목회자(들)와 집사들의 정당한 리더십을 방해하거나 약화시켜서는 안 된다. 성경은 말씀으로 교회를 인도하는 장로인 목회자 리더들에게 순종할 것을 명령하고 있다(살전 5:12; 히 13:17). 회중 정치의 주된 유익은 다음과 같다. 첫째, 회중 정치는 회중을 그리스도의 직접 통치 아래에 놓음으로써 그리스도의 주권이 개교회에 보다 분명하게 이루어지게 한다. 감독 정치나 장로 정치는 회중으로 하여금 그리스도보다 그들의 인간 리더들에게 직접적으로 복종하게 유도한다. 회중 정치는 모든 그리스도인들로 하여금 그들의 머리 되신 그리스도께 직접적인 인도와 책임을 지도록 만든다.[69] 둘째, 회중 정치는 왕 같은 제사장이며(벧전 2:9) 영적 제사장인 모든 중생한 회중으로 하여금 책임감 있게 자신들의 영적 제물들을 드리며 교회의 비전과 정책, 교리의 교육과 사역에 적극적으로 참여하도록 격려한다. 물론 모든 회중이 다 동일하게 신학적, 영적 문제들을 이해하는 것은 아니며 은사도 다르다. 그러므로 모두가 동등한 리더십을 행사할 수는 없지만 회중 정치

---

[68] 키프리안(Cyprian)은 새로운 감독이 기존의 감독과 장로들의 지지뿐만 아니라 온 회중의 투표로 결정되었고 이런 실행이 로마 교회에서도 동일하게 이루어지고 있었다고 보고한다. Francine Cardman, "Laity and the *Development of Doctrine: Perspectives from the Early Church,* "in *Common* Calling: The Laity and Governance of the Catholic Church, Stephen J. Pope, ed. (Washington D.C.: Georgetown University, 2004), 40-49.

[69] Hammett, *Biblical Foundations*, 149.

는 성도 개개인이 성경적 결정을 책임감 있게 행사하도록 돕는 제도적 장치를 가지고 있다.[70] 셋째, 회중 정치는 성도들로 하여금 자신의 지역 교회에 대한 건강한 충성심과 헌신을 산출할 것이다. 교회의 신학적, 정책적 방향과 사역에 더 참여할수록 성도들은 자신들의 교회를 더욱 사랑하고 즐거이 그리고 희생적으로 교회를 보존하려고 노력할 것이다. 넷째, 감독 정치나 장로 정치와 달리 회중 정치는 교회나 교계의 신학적 이탈을 바로잡을 수 있는 가장 좋은 정치 구조이다. 지금까지 감독 정치나 장로 정치의 교단과 달리, 회중교회들은 아래로부터 위로의 의사 결정 방식을 가지고 있다. 따라서 교단의 리더들, 신학교, 개교회의 목회자들이 비성경적 가르침을 받아들였을 경우라도, 침례교회의 회중은 그 리더들을 치리하여 교회, 신학교, 교단을 다시 복음주의적인 방향으로 회복시킬 수 있다.

## IV. 교회의 의식(The ordinances of the church)

### 1. 교회 의식에 대한 서론

#### 1) 교회 의식의 본질

교회의 의식과 관련하여 교회사에서 사용된 보다 보편적인 용어는 성례(sacraments)라는 것이다. 성례는 라틴어 사크라멘툼(*sacramentum*)에서 왔는데, 이는 원래 로마 군인들의 국가에 대한 충성을 맹세하는 의미였다. 라틴어 Vulgate역에서는 헬라어 *mysterion*(신비)에 대한 번역으로 *sacramentum*을 사용했는데 헬라어 성경은 침례와 주의 만찬에 신비라는 말을 결코 사용하지 않았다. 침례교회에서는 오해의 소지가 다분한 성례라는 단어 대신 예수님이 교회를 위해 제정하신 의식(ordinances)이라는 표현을 선호한다. 교회 의식의 본질에 관하여 1) 가톨릭교회에서는 침례와 주의 만찬 의식 자체가 참가자의

---

[70] James Leo Garrett, "The Congregational-Led Church," in *Perspectives on Church Government,* Chad Owen Brand and R. Stanton Norman eds. (Nashville: B&H, 2004), 185, 193.

믿음이 없어도 구원에 이르는 은혜를 참가자에게 전달해 준다는 사효적 효과(ex opere operato-from the work done)를 주장한다. 사효적 효과는 대표적으로 유아 세례에 의한 원죄의 사함과 떡과 잔이 실제로 주님의 몸과 피가 되어 영생을 공급해 준다는 사상에서 나타난다. 2) 언약의 표식과 인(a sign and seal of the covenant). 개혁주의 전통은 침례와 주의 만찬의 사효적 효력은 거절하였지만 그것들은 단순한 상징이 아니라 은혜의 방편이다(means of grace). 벌코프는 교회 의식들은 이미 성령에 의해 마음속에 이루어진 내적 은혜를 강화시키는 수단이라고 말한다.[71] 구약의 언약 표식인 할례가 언약 백성과 그들의 자녀들에게 주어졌기 때문에 새 언약의 표식인 침례(세례)는 유아들에게 주어져야 마땅하다고 본다. 웨스트민스터 대요리 문답서(Larger Cathecism) 177는 유아가 세례를 통해 그리스도 안으로 접붙혀진다고 주장하며 웨스트민스터 신앙고백문 28,6은 세례 의식의 올바른 실행으로 은혜가 성령에 의해 유아에게 수여된다고(conferred) 선언한다. 주의 만찬도 주님께서 약속하신 특별한 은혜가 있어 우리 영혼의 영적 자양분(spiritual nourishment)을 제공한다고 주장한다. 3) 새 언약의 상징적 표식. 침례교회를 비롯하여 신자의 침례를 믿는 교회들은 침례나 주의 만찬을 신자가 믿음을 통해 이미 경험한 내적인 구원 역사를 가시적으로 나타내는 새 언약의 상징적 표식으로 이해한다. 이 견해는 침례 의식이 믿음도 없는 유아를 실제로 그리스도의 몸에 접붙이고 그에게 실제로 은혜를 제공한다는 것과 성만찬에만 특별히 허용된 영적 자양분이 있다는 견해를 거절한다. 그러나 침례교인들은 그들이 그리스도의 명령에 순종하여 침례나 주의 만찬에 참여하고 그분의 은혜를 생각하며 재헌신을 다짐할 때 은혜 안에서 성장하는 성화를 경험하게 된다고 믿는다.[72]

### 2) 의식의 수

가톨릭은 7성례를 주장한다(영세, 성체성사, 견진성사, 고해성사, 결혼성사,

---

71) Louis Berkhof, *Systematic Theology* (Grand Rapids: Eerdmans, 1965), 618.
72) Henry C. Thiessen, *Lectures in Systematic Theology* (Grand Rapids: Eerdmans, 1987), 323.

신품성사, 병자성사). 중세 신학자 람바드(Peter Lombard)가 성례의 수를 7가지로 정리했고 플로렌스 회의(the Council of Florence, 1439)에서 공식화하였다. 그러나 종교개혁가들에 따르면, 교회의 의식은 그리스도께서 직접 제정하신 것이어야 하며 그 의식의 의미가 그리스도의 구속을 직접적으로 상징하는 것이어야 하기 때문에 오직 침례와 주의 만찬만이 교회의 의식이 될 수 있다. 혹자는 세족식(요 13:14-15)을 교회의 의식에 포함하기도 하지만 세족식이 교회의 의식이 될 수 없는 것은 그 핵심이 그리스도의 대속적 죽음에 대한 복음의 선포가 아니라 섬김이기 때문이다.[73]

### 3) 합당한 집행자

순회 선교사들에 의해 교회가 없는 상황에서 침례를 받은 자들도 있었지만(이디오피아의 내시 간다게) 그것은 어디까지나 아직 교회가 세워지지 않았기 때문이었다. 신약의 보편적 패턴은 교회가 복음 전하는 자를 파송하고(롬 10:15), 복음을 듣고 믿어 침례를 받아 지역 교회의 멤버가 되는 것이다. 침례자의 자격과 심사 집행 그리고 침례 후 교회의 멤버십 획득은 지역 교회에 의해 진행되었다(행 2:41). 고린도 지역에서 바울이 직접 침례를 베푼 자들이 많지는 않지만 그들은 모두 고린도 교회의 멤버들이었다. 주의 만찬도 지역 교회에 맡겨진 것이다. 고린도 교회는 교회로서 모여 주의 만찬을 집행했다(고전 11:18). 따라서 지역 교회가 아닌 단순한 기독교 모임들(성경 공부, 초교파적인 선교 단체, 지방회, 총회)이 우주적 교회의 하나 됨을 표현한다는 이유로 교회의 의식을 집행할 수 없다. 또한 침례와 주의 만찬은 교회가 한 몸으로서 헌신하는 공식적이며 단체적인 순종의 행위이기 때문에 교회에 속해 있다 하더라도 교회의 전체를 대변할 수 없는 교회의 한 부서나 목장 모임 등과 같은 소그룹이 단독으로 침례와 주의 만찬을 실행하는 것은 그 의식이 의도한 한 몸과의 연합을 부지불식간에 부인하는 것이다. 모든 사람이 교회의 의식을 집

---

73) D. A. Carson, *The Gospel According to John*, PNTC (Grand Rapids: Eerdmans, 1991), 468.

행하고자 한다면 교회는 질서를 상실하고 혼돈에 빠질 수 있다. 침례교회는 아무나 교회의 의식을 집행할 수 없다는 개혁자들의 주장에 동의하지만 안수 받은 목회자만 집행할 수 있다고 주장하지는 않았다. 그럼에도 불구하고 침례교회가 주로 목회자로 하여금 교회의 의식을 집행하게 한 것은 그 목회자가 이미 교회에 의해 합당하게 임명된 대표자이며 교회의 의식을 가장 잘 설명할 수 있는 교회의 공식적인 교사로서 의식을 질서 있게 집행할 권한과 의무가 있기 때문이다. 그러나 목회자의 부재나 비상시에는 교회의 인정을 받은 교인의 대표(안수 집사)가 교회의 의식을 질서 있게 집행하는 것을 예상할 수 있다. 그러나 전도를 한 사람이기 때문에, 가족이기 때문에 침례를 베풀거나 돌아가면서 성도들이 주의 만찬을 집행하는 것은 교회 의식을 아직도 개인적이며 사적인 신앙 활동으로 인식하는 한계를 보여주는 것이다.

## 2. 침례

### 1) 의미

침례는 지역 교회의 멤버십 안으로 들어가는 최초의 의식이다. 영적인 성령 침례에 의해 우주적 그리스도의 몸에 연합하게 되듯이(고전 12:13), 물 침례를 통해 지역 교회에 가입하게 된다(행 2:47). 옛 언약에서는 육체적 할례를 통해 이스라엘이라는 언약 공동체 안으로 들어갈 수 있었듯, 새 언약에서는 영적인 할례인 중생의 경험을 가시적으로 표현하는 침례를 통해 교회라는 언약 공동체 안에 들어가게 된다(골 2:11). 침례라는 신앙의 행위를 통해 침례자와 침례 받는자 그리고 교회가 다 함께 하나님과 세상 앞에 공개적으로 예수 그리스도의 구원 역사의 중요성을 고백하고 확증하게 된다. 따라서 침례라는 상징적 행위가 없다면 "온전한 순종이란 불가능한 것이다."[74] 하나님의 부르심에 대한 인간의 반응으로서의 침례는 다음과 같은 신앙의 내용을 고백한다: 침례 받는 이가 예수 그리스도의 죽으심, 장사지냄, 부활하심에 연합함(롬 6:3-5),

---

74) Mark Barth, *Die Taufe - ein Sakrament?* (Zurich: Evangelischer Verl., 1951), 522.

그리스도의 구속 사역으로 인한 죄 사함 받음(막 1:4; 행 2:38; 22:16),[75] 거룩한 삶에 헌신함(롬 6:4, 6), 그리고 삼위일체 하나님의 주권에 순종하는 삶("아버지와 아들과 성령의 이름으로"). 주님이 침례 요한에게 침례를 받아 모든 의를 이루려 하심은 요한의 침례 사역이 하나님께로부터 온 것이었기 때문이었다(마 21:25-27). 하나님의 경륜에 순종하셨던 주님은 이제 우주의 주권자로서 교회에게 복음 전파와 제자 삼는것 그리고 침례 주는 것에 순종하라고 명령하셨다(28:19). 누구든지 그리스도의 제자라면 그분처럼 하나님이 명하신 침례를 성경대로 이루어야 할 의무가 있다.

### 2) 합당한 대상

복음의 진리를 듣고 회개와 믿음으로 그리스도를 영접한 그분의 제자들만이 침례의 대상이 된다. 베드로의 전한 복음을 "받아들인 자들"(행 2:41), 빌립이 전한 하나님 나라에 대한 기쁜 소식을 "믿은"(8:12) 자들, "성령을 받은" 고넬료와 그의 친구들, 가족들(10:47-48)이 침례를 받았다. 복음을 마음속에 받아들이고 그 진리를 지정의를 통해 믿고 성령의 침례를 체험한 그리스도의 제자들만이 침례를 받았다. 또한 신약 성경에는 침례→교회 멤버십→복음 전파→회심의 순서가 아니라 언제나 복음 전파→회심→침례→교회 멤버십의 교회 질서를 제시하고 있다(막 16:16; 행 8:35-36; 16:13-15, 30-34; 18:8).[76] 유아 세례는 성경의 분명한 교회의 질서를 뒤집어 놓았다. 웨스터민스터 신앙

---

[75] 행 2:38의 "침례를 받고 죄 사함을 받으라"는 침례 중생설의 근거로 사용되어 왔다. 그러나 헬라어 eis는 "무엇을 위하여"라는 목적어로도 사용되지만 "무엇이라는 근거 때문에"로도 이해될 수 있다. 즉 죄 사함을 받아 그 근거로 침례를 받는 것이 마땅하다라는 뜻이다. 누가에게 있어서 죄 사함은 침례가 아닌 회개와 연결되어 있다(눅 24:47; 행 3:19; 5:31). J. B. Polhill, Acts, NAC (Nashville: B&H, 1992), 117. 벧전 3:21("너희를 구원하는 표니 곧 침례라")도 침례 중생설을 지지하는 구절로 사용된다. 그러나 베드로는 바로 그리스도의 부활이 구원의 근거임을 분명히 하였다. 구원하는 표라는 말은 "침례라는 표식에 의해 우리가 하나님의 자녀로 인정되기를 원하다는 것을 공개적으로 고백하는 것"이다. John Calvin, *Institutes*, 4.15.13.

[76] Karl Barth, "The Teaching of the Church Regarding Baptism" 44-45; Garrett, *Systematic Theology*, 2: 576.

고백문 28.6은 침례의 효력은 침례가 베풀어지는 당시에 꼭 일어나지 않는다고 말하여 유아들이 받은 침례의 은혜가 실제로는 미래에 효력을 발휘할 것이라고 주장한다. 그러나 성경에는 이런 미래적 효력을 기대하여 침례를 받은 자들이 없다.

바울은 침례를 받는 사람의 복음에 대한 최소한의 지적, 감정적, 의지적 헌신을 요구하고 있다. 침례에 참여하는 침례 대상자들은 하나님이 그리스도를 죽은 자들로부터 다시 살리신 것을 믿어야 하며(골 2:12) 자신들의 선한 양심을 위해 하나님께 호소한다(벧전 3:21). 유아들이 부활의 신앙을 믿고 자신의 선한 양심을 위해 하나님께 호소할 담대함을 가질 수 있는가? 그럴 수 없다.[77] 침례를 받는 자들은 침례 받는 것이 그리스도와 연합되어 있음을 선포하는 것임을 알아야 한다(롬 6:3). 즉 침례에는 지적인 측면이 있다는 것이다. 그렇다면 성경적 원리에 배치되는 유아 세례는 언제 시작되었고 그 성경적 근거들로 제시되는 것은 무엇인가? 유아 세례를 처음으로 언급한 북 아프리카의 터툴리안(Tertullian, 160-220 AD)은 유아 세례를 금지하였다. 유아 세례의 신학적 기틀은 3세기 오리겐과 키프리안에 의해 시작되어 5세기 어거스틴에 의해서 체계화되었다. 그러나 이때까지도 유아 세례는 성도의 의무가 아니었다. 암브로스와 어거스틴 모두 성인으로 신자의 침수 침례를 받았다.

유아 세례는 원죄(original sin)에서 발생하는 원죄의 책임(original guilt)으로부터 침례가 유아를 구원해 줄 수 있다는 신념 때문에 발전하게 되었다.[78] 루터는 천 년이 넘는 유아 세례의 오랜 역사가 이 실행의 정당성을 부여한다고 주장했으며 심지어 침례 받는 유아가 모친의 태에 있던 침례 요한처럼(눅 1:44) "유아의 믿음"(infantile faith)을 유아 세례의 근거로 제시하였다. 개혁주

---

77) Grudem, *Systematic Theology*, 974-75. 그리고 각주17.
78) Neville Clark, "The Theology of Baptism," in Alec Gilmore, ed., *Christian Baptism* (Cambridge, UK: Lutterworth, 1959), 320. Schreiner and Wright, *Believer's Baptism*, 169. 오히려 4세기 동방 교부였던 그레고리 나지안주스(Gregory of Nazianzus)는 응급상황(아이가 죽기 직전)에만 유아 세례를 허용했으며 정상적인 상황에서는 그것을 거절하였다. 그 이유는 유아는 회개할 죄가 없으며 그러므로 회개를 전제로 하는 침례를 받을 필요가 없기 때문이다.

의자들은 언약 신학에 근거한 할례와 유아 세례의 동일성을 주장했으며, 그 외에도 가족 침례(household baptism, 행 11:14; 16:33; 18:8), 주님이 어린 아이들에게 안수하심(막 10:14), 기독교인 부모로 인해 자녀가 거룩해짐(고전 7:13-14) 등을 이유로 제시하였다. 이미 우리는 침례 중생설을 평가했으므로, 루터교와 개혁주의 전통의 주장들을 살펴보겠다. 루터의 유아 세례의 오랜 전통에 대한 호소는 그의 오직 성경(*sola scriptura*)의 원칙에 스스로 위배되는 것이다. 또한 침례 요한이 엘리사벳의 뱃속에서 이미 중생에 필요한 믿음을 가졌다는 주장은 2가지 오류를 범하고 있다. 첫째, 이런 주장은 하나님의 섭리적 역사와 중생의 역사를 혼돈하고 있는 것이다. 누가는 모친의 태속에 있던 침례요한이 개인적 믿음으로 중생했음을 말하는 것이 아니라 그의 인생 가운데 역사하시는 하나님의 섭리와 임재를 의미한 것이다.

사도 바울도 자신이 갈라디아서 1장 15절에서 하나님이 이미 자신을 어미의 태에서부터 택함을 받았다고 말한다. 그러나 바울의 중생은 다메섹 도상에서 그가 부활하신 주님을 영접함으로써 발생한 것이다. 그러므로 아직 태어나지도 않고 모친의 태속에 있는 택자에게 임하시는 하나님의 특별한 섭리적 역사를 유아도 구원받는 믿음을 가질 수 있다는 식으로 주장하는 것은 잘못된 것이다. 둘째, 유아가 중생하는 믿음을 가질 수 있다는 루터의 주장은 개인적인 믿음이 없다면 유아도 구원받을 수 없다는 루터의 생각에서 비롯된 것이다. 그러나 이미 우리가 이 책의 구원론에서 살펴 보았듯이, 선악 자체를 구분할 수 없는 유아의 구원은 유아의 개인적인 믿음의 반응에 의해서가 아니라 모든 죽어가는 유아에게 그리스도의 구속의 은혜를 무조건적으로 적용하시는 하나님의 결정에 의해서 이루어진다(유아의 구원에 대한 다수의 침례교인들과 현대 개혁주의 신학자들의 견해에 대해선 이 책의 구원론을 참고하기 바란다). 칼뱅과 개혁주의 전통이 가지고 있는 언약 신학의 문제점과 할례가 침례로 대치된 것이 아님에 대해선 이 글의 II.2-1)과 IV.1-1)을 참조하라.

유아 세례는 구약과 신약이 가지고 있는 고유한 신학들의 가치를 있는 그대로 인정하지 않고 두 언약 사이에 있는 차이점들을 무시하는 해석학으로 인한 것이다. "구약을 마치 신약인 것처럼 읽으므로써 구약을 기독교화"(Christianizing)하고 동시에 "신약을 마치 구약인 것처럼 읽으므로써 신약을 유대주의화"(Juaizing)한 성경 읽기의 결과가 언약 신학이 주장하는 유아 세례이다.[79] 한 가지 덧붙이자면, 유대주의자들이 이미 침례를 받은 성도들에게 또 다시 할례를 받으라고 강요했다는 것은 적어도 바울과 바울의 대적자들은 할례와 침례를 동일시하지 않았다는 것이다. 가족 침례에 어린 유아가 포함되었을 것이라는 주장은 기껏해야 추측에 지나지 않는다. 고넬료 집안 사람들이 침례를 받은 것은 그들이 모두 방언을 하며 하나님을 찬양했기 때문이다(행 10:44, 46). 빌립보 간수의 경우는 모든 식구들이 그의 회심으로 기쁨에 차 있었다(16:34). 회당장 그리스보의 온 집은 주님을 믿었다(18:8). 만일 당신의 자녀가 방언으로 찬양을 하며, 회심으로 기쁨에 차 있고, 주님을 개인적으로 영접한다면, 당신과 함께 침례를 받는 것이 성경적일 것이다. 그리고 예수님이 어린 아이들을 축복해 주신 것(막 10:14)을 침례 의식으로 볼 수 없다. 문맥에는 어떤 물도 나타나지 않는다.

어린 아이들에 대한 하나님의 사랑과 섭리적 보호를 그 아이들의 구원으로 혼돈해서는 안 된다. 바울은 부모의 태에서부터 택함을 받았고 하나님의 섭리 가운데 있었지만 다메섹 도상에서 회심하기 전까지는 복음의 원수였다. 만약 기독교인 부모 중 한명으로 자녀가 거룩하게 되기 때문에 자녀에게 침례를 줄 수 있다면 왜 성인 배우자인 불신자에게는 침례를 금하는가? 바울은 그 성인 배우자도 거룩하게 될 수 있다고 말한다. 고린도전서 7장 13-14절은 구원을 말하는 것이 아니라 불신자라 하더라도 그(그녀)가 성도의 정당한 배우자이며 그들 사이에서 태어난 아이들도 정당한 자녀들이라는 것이다. 유아 세례는 명령이나 교훈이나 허용이나 예(example)나 어떤 형태로든 하나님의 말씀에 존재하지 않는다. 바르트는 침례에 대한 칼뱅의 신학이 일관성을 결여하고 있다고 탄식한다. 칼뱅이 정의한 대로 침례가 모든 그리스도인과 우리가 같은

---

79) Paul K. Jewett, *Infant Baptism and the Covenant of Grace* (Grand Rapids: Eerdmans, 1978), 93.

진리에 동의하는 것이며 하나님의 이름으로 맹세하여 이루어지는 믿음에 대한 공개적 확증이며 그리스도를 따라 살겠다는 의지의 표명이라면, 유아 세례라는 것 자체가 존재할 수 없다.[80] 비 침례교인으로서 유아 세례를 거부하고 제자들만의 침례를 주장한 대표적 현대 신학자들은 바르트(Karl Barth), 그의 아들 마르쿠스 바르트(Markus Barth), 부르너(Emil Brunner), 알랜드(Kurt Aland), 그리고 로이드 존스(Martyn Lloyd-Jones) 등이 있다.[81]

### 3) 침례의 형태

'침례를 주다'라는 헬라어 동사 밥티조(*baptizo*, 명사 *baptisma*)는 물속에 담구다, 집어넣다, 잠기게 하다라는 뜻이 있으며 배가 물속에 가라앉다 또는 천을 물감 속에 담가 염색하다라고 말할 때 사용한다. 뿌리다라는 헬라어 란티조(*rhantizo*)는 유대인의 피 뿌리는 정결 의식과 관련되어 네 번 사용되었지만(히 9:13, 19, 21; 10:22) 기독교인의 침례에는 사용되지 않았다. 온 몸을 물 속에 담구는 침수로서의 종교 의식은 예수님 이전과 당시에 쿰란 공동체와 유대인들의 개종 의식에서 사용되었고 믹베(*Mikveh* 또는 미크바라 불림)라는 유대들의 정결 의식법에서 요구되었다. 루터(Luther's Works, 35.1)나 칼뱅(Institutes, 4.15.19)도 침수가 예수님과 사도들이 행했던 침례의 형태였다는 것은 인정했다. 로마 가톨릭교회의 백과사전(Catholic Encyclopedia)에선 침수(immersion)가 가장 오래된 침례의 형태라는 것은 논의의 여지가 없다고 밝히고 바울의 서신들(엡 5:26; 롬 6:4; 딛 3:5)이 그것을 지지한다고 말한다. 또한 서방 교회에서는 침수가 12세기까지 가장 보편적인 침례의 형태였고 심지어 어느 지역에서는 16세기까지도 시행되었으며 붓는 것과 뿌리는 것은 13세기

---

[80] The Teaching of the Church Regarding Baptism, trans. Ernest A. Payne (London: SCM, 1959), 48.

[81] Barth, *The Teaching of the Church Regarding Baptism: Church Dogmatics*, IV.4; Markus Barth, *Die Taufe - ein Sakrament?* (Zurich: Evangelischer Verl., 1951); Aland, *Did the Early Church Baptize Infants?* (Eugene: Wipf & Stock, 2004); Lloyd-Jones, *Great Doctrines of the Bible*, 41-43.

부터 서방 교회에서 보편화되기 시작했다고 기록하고 있다.[82]

그럼 13세기에 무슨 일이 생긴 것일까? 토마스 아퀴나스(Thomas Aquinas)는 침수가 보편적이고 다른 방식보다도 "더 안전한"(safer) 방식이지만 뿌리는 것이나 붓는 것이나 침수와 효과 면에서는 별로 차이가 없다고 주장했다(Summa Theologica, III.66.7). 같은 주장을 한 칼뱅은 아마도 아퀴나스를 염두에 두고 말했던 것 같다. 그러나 침수의 방식은 오늘날까지 동방 정교회가 시행해 왔으며 현재 영국 성공회의 주된 침례 형태가 침수이다. 더욱이 21세기 메시야닉 유대인들(삼위일체 신앙을 고백하며 예수 그리스도를 구원자로 인정하며 예배하는 유대인 그룹)의 영어 번역 성경에선 baptizo가 기독교인의 침례를 언급할 때면 언제나 침수(immersion)로 번역하였다. 그렇다면 왜 이렇게 역사적이며 초교파적인 침수 침례에 대한 동의에도 불구하고 보수적 개혁주의 신학자들은 침수의 중요성을 인정하지 않는 것일까? 침수 침례에 대한 반대 의견은 다음과 같다. 첫째, 동사 밥티조(baptizo, 막 7:2-4; 눅 11:38)와 명사 밥티스모이(baptismoi, baptisma의 복수형, 히 9:10, 13, 19, 21)가 침례가 아니라 씻음(washing)을 의미한다.

어떻게 손과 그릇에게 침례를 줄 수 있는가? 그러나 1세기 유대인들이 손과 그릇을 씻을 때 물을 부어서가 아니라 물속에 담금으로써 씻었기 때문에 비록 기독교의 침례 의식은 아니지만 문자적인 의미에서는 밥티조(baptizo)와 밥티스마(baptisma)를 사용할 수밖에 없었다.[83] 둘째, 어떻게 3천 명이나 되는 새신자들이 12사도들에 의해 침례를 받을 수 있었으며 요단강에서 받을 수 있었는가? 이런 주장은 몇 가지 잘못된 전제를 가지고 있다. 주님은 사도들만 침례를 주라고 한 적이 없으시며, 침례를 꼭 강에서 받아야 한다고 명령하신 적도 없다. 또한 예루살렘에만 150여개의 미크바(Mikveh, 침례)를 위한

---

82) Catholic Encyclopedia, s.v. Baptism. http://www.newadvent.org/cathen/ 02258b.htm#iv
83) 데이비드 알렌, "죽음을 상징하는 침수례, 침례의 바른 형태," 화이트, 야넬, 두싱 편집, 21세기 교회의 순전함 회복 – 침례교회를 중심으로 (서울: 누가, 2016), 123, 130, 148. G. R. Beasley-Murry, "βαπτίξω," in New Testament Theology, ed. Colin Brown, 144

침수탕이 있었고 각 회당 또한 근 거리에 침수탕이 있었다. 성전에는 성전 예배에 들어오는 자들을 위한 큰 물 저장고들이 있었다.[84] 크리소스톰은 자신의 사역자들과 함께 수 천명의 침례 후보자들에게 부활절 한 날에 침례를 주었다. 셋째, 침례의 가장 중요한 의미는 죄 씻음(washing)이기 때문에 관수례만으로도 충분하다는 것이다. 물론 침례의 의미 중 하나가 죄 씻음이다. 그러나 침례는 그 이상이다.

침례의 가장 근원적인 의미는 그리스도와의 연합이다.[85] 그의 죽으심과 장사지냄과 부활은 복음의 핵심이며(고전 15:3-4) 침수가 아닌 그 어떤 형태도 그리스도 안에서 일어난 옛 자아의 죽음과 옛 세상과의 완전한 단절인 장사지냄과 부활을 통한 새 사람의 탄생을 표현할 수 없다. 넷째, 중요한 것은 내용이지 형태가 아니라는 주장이 있다. 그러나 주님이 침례를 명하셨을 때 침수 이외의 다른 뜻은 없었다. 크리소스톰에게는 침수만이 옛 사람이 죽어 장사지낸 바 되어 확실히 없어지고 새 사람이 산출됨을 보여주며, 루터에게는 침수가 주님께서 우리 안에 영적으로 일어난 그리스도와의 연합에 대하여 완벽하게 표현하도록 제정하신 형태이다.[86]

## 3. 주의 만찬

### 1) 용어

가톨릭교회가 사용하는 미사는 피 흘림 없는 그리스도의 희생을 의미한다. 효력 면에서는 십자가에서 완성하신 그리스도의 구속 사역과 차이가 나지 않는다. 따라서 주의 만찬이 집행될 때마다 그리스도의 희생이 발생하는 것이다. 종교개혁가들은 이 가톨릭의 미사가 단번에 완성된 그리스도의 구속 사건

---

84) 알랜, "죽음을 상징하는 침수례," 147. John Gill, *Commentary on Acts* 2:41.
85) Martyn Lloyd-Jones, *Great Doctrines of the Bible*, 398. 마28:19; 롬6:3-6; 고전12:13; 갈3:26; 골2:12; 대니얼 에이킨, "침례의 의미," *21세기 교회의 순전함 회복*, 화이트, 야넬, 그리고 두싱 (서울: 누가, 2016).
86) Chrysostom, *Homilies on the Gospel of John*, 25.2; Luther, *Three Treatises* (Minneapolis: Fortress 1960), 191.

을 부인하는 것이라고 바르게 지적하였다. 주의 만찬은 '감사'라는 뜻의 유카리스트(the Eucharist)라고도 불린다(마 26:27; 막 14:23; 눅 22:17; 고전 11:24). 또한 '교제'(the Communion, 고전 10:16)로 불리기도 한다. 그러나 침례교회에서는 가톨릭의 성례전적 신학을 피하기 위해 단순하게 주의 만찬이라는 용어를 즐겨 사용한다(고전 11:20).

### 2) 주의 만찬의 의미

주의 만찬은 침례와 달리 반복적이다. 침례가 결혼식과 같다면, 주의 만찬은 매번 정기적으로 반복되어야 할 결혼 기념일 축제와 같다. 첫째, 그리스도의 죽으심을 기억하는 것이다(11:24b, 25b, 26). 그런데 이 기억은 단순히 과거 사건에 대한 정보를 회상하는 것이 아니라 과거의 사건을 실존적으로 재현하는 것을 의미한다. 마치 광복의 사건을 연극 배우로서 드라마 안에서 재현할 때 나라가 다시 광복되는 것은 아니지만 참가자들이 당시의 상황에 감정이 이입되며 회상함으로써 새롭게 애국심을 고취하게 되는 재현이다.[87] 둘째, 주님의 죽으심을 그분의 재림 때까지 선포하는 것이다(26절). 떡을 떼는 것은 그분의 몸이 십자가에서 찢겨지신 것을, 포도주의 잔은 십자가에서 흘리신 그분의 피를 상징한다. 그리스도의 구속 사역이 아니라면 누구도 하나님 앞에 설 수 없음을 선포하는 것이다. 셋째, 감사를 드리는 것이다(고전 11:24; 눅 22:19; 막 14:23; 마 26:27). 주의 만찬을 시행할 때마다 우리는 자신을 희생하신 그리스도께 감사를 드려야 한다. 넷째, 주님과 그분의 몸인 지역 교회와 교제를 한다(고전 10:16-17). 모든 멤버가 주님의 희생적 사랑을 닮고자 하는 열망과 형제들 간의 하나 됨을 깊이 경험하게 된다. 다섯째, 종말을 기대하고 준비한다(막 14:25). 주의 만찬은 과거를 회상만 하는 것이 아니라 미래에 만날 주님을 사모하게 한다.

---

87) Jean-Jacques von Allmen, *The Lord's Supper* (Cambridge, UK: James Clarke & Co, 2003), 23-24, 26.

### 3) 주님의 임재 방식

교회사에는 4가지 견해가 존재해 왔다. 첫째, 가톨릭의 화체설(transubstantiation)이다. 빵과 포도주의 모양, 맛, 형태는 바뀌지 않은 채 본질이 예수님의 살과 피로 바뀐다는 것이다. 주님의 "이것은 내 몸이니, 내 피니"와 같은 말씀을 문자적으로 해석한다. 성경적인 것 같지만 사실은 아퀴나스가 아리스토텔레스의 본질(substance)은 바뀌지만 사물의 우연(accidents-맛, 형태)은 바뀌지 않는다는 철학적 개념을 주의 만찬에 적용한 것이다. 오직 로마 가톨릭의 사제에 의해서 본질이 바뀔 수 있으며 주님의 신비한 능력이 그 만찬의 요소에 있는 것이다. 따라서 참가자는 가벼운 죄가 용서되며 육체적 질병이 치유될 수 있다. 이 견해는 성경의 비유적 언어를 문자적으로 해석한 오류를 범하고 있다. 주님이 자신의 몸과 피라고 말했을 때 그분의 육체는 말하시는 그분께 있었는가 아니면 또 다른 육체가 생겨난 것인가? 성경은 사제의 말로 만찬의 본질이 바뀐다는 사상을 전혀 언급하고 있지 않다. 둘째, 루터교는 공재설(Consubstantiation)을 주장하는데, 이것은 빵과 포도주의 본질이 바뀌는 것이 아니라 그것들은 그대로 있고 주의 만찬을 집행할 때 그리스도의 몸과 피의 본질이 빵과 포도주의 본질과 '함께' 혹은 '안에' 거하는 것이다. 이 공재설은 그리스도의 부활하신 육체가 한 장소에 제한을 받지 않고 편만하게 존재할 수 있다는 기독론에서 나온 것이다. 그러나 츠빙글리와 칼뱅은 그리스도의 부활하신 육체는 여전히 공간적으로 한 곳에만 머물 수 있고 성경은 그분이 하늘에 머무신다고 했기 때문에 주의 만찬의 요소와 함께 거할 수는 없다고 반박했다. 셋째, 칼뱅은 그리스도의 영적 임재를 주장한다. 루터와 달리, 칼뱅은 그리스도의 부활 육체는 천국에 있다가 재림시에 나타난다고 주장한다. 침례와 마찬가지로 주의 만찬도 단순한 상징이 아니라 언약의 인(seal, 印)으로서 은혜의 방편이 되며 영적 자양분의 역할을 한다.

사제에 의해서가 아니라 참가자의 믿음에 의해서 주님의 영적 임재를 경험하게 되고 그분과의 교제를 통해 만찬은 영적 자양분이 된다. 넷째, 초기 츠빙글리(후기 츠빙글리는 칼뱅과 유사한 견해로 수정하였다)와 아나뱁티스트들과 침례교인들은 기념적 상징주의적 접근을 한다. 그렇지만 주의 만찬에 참여하는 것을 단순히 상징물을 통한 과거의 기억이 아니라 그 상징물들을 통해 실제로 주님과 교회 형제들과의 영적 교제를 통해 성화에 이르는 은혜를 경험하게 된다. 다만 칼뱅과 달리, 이 네 번째 견해는 주의 만찬에 의도된 특별한 은혜가 있다는 개념은 거절한다. 왜냐하면 꼭 떡과 포도주를 먹어야만 얻어지는 특별한 은혜란 중세의 화체설이나 루터의 공재설은 아니라 해도 여전히 어떤 의미에선 신비스런 성례주의(sacramentalism)의 자취가 남아있음을 보여주기 때문이다.[88]

### 4) 참여자

세 가지 주요 견해가 있다. 첫째, 열린 주의 만찬(Open Communion)은 침례(혹은 신자의 침수 침례) 유무에 상관없이 모든 그리스도인에게 허용되어야 한다는 견해이다. 존 번연, 찰스 스펄전, 그리고 21세기의 존 파이퍼가 대표적인 인물들이다. 이들은 신자의 침수 침례를 받지 않았다고 주의 만찬에서 제외시키는 것은 그리스도의 사랑을 위배하는 것이라고 믿는다. 이 견해의 약점은 주의 만찬은 성경에서 우주적 교회의 연합을 강화하기 위해서 사용된 적이 없다는 것이다. 또한 단순히 형제를 차별하는 것과 침례교회로서의 신학적, 실천적 순전함을 구분하려는 노력은 다른 것이다. 주의 만찬이 제정된 대상과 이 의식을 집행해야 하는 책임은 모두 지역 교회에게 주어졌다. 그렇다면 침례교회는 어떤 사람들로 구성되는가? 중생한 자이어야 하며 성경적으로 침례를 받은, 즉 신자의 침수 침례를 받은 자야 한다. 주님이 주의 만찬을 제정할 당시 이미 제자들은 중생하여 침수 침례를 받은 상태였다. 어떤 자들은 성경에 오직 침수 침례를 받은 사람만 주의 만찬에 참여시키라는 말이 없다고 주장한다. 그러나 성경에는 오직 중생한 자만 주의 만찬에 참여시키라는 말도 없다. 많은 경우 교회의 실천적 이슈는 성경의 명확한 표현뿐만 아니라 초대 교회들이 실천했던 패턴들과 논리적 신학적 추론에 의

---

88) Dana, *A Manual of Ecclesiology*, 293-94.

해 결정되어야 한다.

베드로의 설교를 듣고 침례를 받은 자들이 그 후에 떡을 떼었다(행 2:41, 46). 바울은 고린도 교회가 주의 만찬을 진행할 때 교회로서(고전 11:18) 함께 모여(17, 20, 33, 34) 실행한다고 했다. 아무나 고린도 교회의 주의 만찬에 참여할 수는 없었다. 그런데 교회의 멤버십은 신자의 침수 침례에서 나온다. 이런 이유로 어떤 이들은 '엄격한 주의 만찬'(Stric Communion)을 주장한다. 이것은 오직 개교회의 멤버들만 주의 만찬에 참여하는 것이다. 특별히 바울은 자기 자신을 살피라고 했으며(고전 11:28, 31), 교회의 삶으로부터 배제되어야 하는 사람들이 있음을 지적했다(고전 5:11-13[공개적인 부도덕의 죄를 짓고 회개치 않는자], 딛 3:10[거짓 교리를 가르치는 자], 롬 16:17[분란을 일으키는 자]). 엄격한 개교회주의자들은 같은 교단 사람들도 주의 만찬을 허용하지 않는다. 그 이유는 개교회가 방문객들의 영적 상태를 가늠할 수 없기 때문이다. 그러나 역사적으로 대부분의 침례교회는 엄격한 주의 만찬보다 좀 더 완화된 '닫힌 주의 만찬'(Close Communion)을 주장한다. 주의 만찬의 문을 모두에게 열지 않았다고 해서 사랑이 없는 것이 아니다. 오히려 진정한 형제애는 오류 가운데 있는 형제를 바로잡아 주는 것이다. 대신 이 견해는 주님의 뜻대로 주의 만찬을 보존하려는 헌신을 반영하므로 신자의 침수 침례를 받은 복음주의 성도가 여행 중 교회를 방문했을 때 그를 주의 만찬에 허용한다. 바울과 그의 전도팀도 드로아의 교회 멤버들이 아니면서 그 교회의 주의 만찬에 참여했다(행 20:7).

## V. 실천적 적용

### 1. 지교회와 캠퍼스 교회들?

과연 오늘날 실행되고 있는 여러 예배 처소(캠퍼스)를 가진 단일 교회와 한 지역 교회가 같은 도시나 타도시에 지교회를 세우는 것이 성경적인가? 신약의 지역 교회는 "교회로서" 모일 뿐만 아니라 "동일한 장소"(epi to auto, 행 2:44, 고전 11:20; 14:23)에 모이는 신앙 공동체였다.[89] 그러므로 미국 달라스에 있는 교회가 서울에 지교회를 세워 예배를 따로 드리거나 어떤 도시에 있는 한 교회가 여러 장소에 흩어져 다른 장소에 있는 형제들과는 분리된 채 예배드리고 훈련하는 캠퍼스-교회(multisite campus-church)의 개념은 성경적이라고 볼 수 없다. 어떤 작은 회중이 다른 교회에서 세워졌다는 이유로 또는 모임의 규모가 작다는 이유로 어느 큰 교회에 예속된 지교회로 또는 도시에 있는 어떤 교회에 소속된 단순한 예배 공동체로 부르는 것은 성경적이지 않다. 또한 단순한 교회적 소그룹(그 이름이 가정 교회이든, 목장이든, 구역이든, 셀이든)을 교회로 부르는 것도 바람직하지 않다. 오늘날 어떤 소그룹이 교회로서의 분명한 정체성을 지니고자 하며 교회의 사명과 기능을 수행하기를 원한다면, 그 모임은 개척 교회로 전환되는 것이 바람직할 것이다.

### 2. 오픈 멤버십을 허용할 것인가?

오픈 멤버십은 신자의 침수 침례를 받지 않은 유아 세례자 또는 관수례자들을 침례교회의 멤버로 인정하는 것이다. 그러나 이것은 침례교회의 역사적 유산을 가장 위협하는 요인이다. 또한 목회자가 신학적 일관성을 결여하고 있다는 메시지를 성도들에게 주게 될 것이다. 강단에서 침례의 주제나 본문을 설교할 때면 신자의 침수 침례가 성경적이라고 외친다. 그러나 강단에서 내려와 주의 만찬상 앞에서는 침례가 아닌 세례를 받은 사람을 주의 만찬에 참여하도록 허용한다. 이렇게 함으로써 청중들은 침수 침례는 받으면 좋은 것이나 반드시 순종해야 할 성경적 명령으로는 받아들이지 않게 된다. 신자의 침수 침례를 받지 않고도 한 침례교회의 멤버가 되고 심지어 교회의 리더까지 될 수 있다면 누가 굳이 불편함을 겪으면서 자존심에 상처를 줄 수 있는 침수 침례에 순종하려고 하겠는가? 그러나 침수 침례야말로 가장 가시적인 침례교회의 특징이다.

---

89) Thiselton, *The First Epistle to the Corinthians*, 862.

개릿(Garrett)은 "아이들에게 신자의 침수 침례를 설명했다는 이유로 목에 칼을 차고 공개적으로 처벌을 받았던 벤자민 키치(Benjamin Keach)에게, 유아 세례는 진정한 침례가 아니라고 외쳤던 윌리엄 키핀(William Kiffin)에게, 침수 침례에 동의해 침례교인이 되었다는 단순한 이유 때문에 하버드 대학의 총장직에서 사임하도록 강요당한 헨리 던스터(Henry Dunster)에게, 침수 침례를 받고 선교 후원을 상실하고서도 신자의 침수 침례에 대한 자신의 확신을 저술한 버어마의 선교사 아도니람 저드슨(Adoniram Judson)에게 침수 침례가 개인이 원하지 않으면 순종하지 않아도 되는 선택의 문제인지 물어보라!"고 도전한다.[90] 복음은 순종을 요구한다. 그렇다면 신자의 침수 침례에 순종하도록 요구하지 않는 것은 분명 "내가 너희에게 분부한 모든 것을 가르쳐 지키게 하라"는 주님의 말씀에 순종하지 않는 것이다. 또한 목회자가 사람들에게 침례를 개인적 선택의 문제로 전락시킴으로써 그들을 말씀에 충성하지 않아도 좋은 그리스도인이 될 수 있다는 착각 속에 살게 하는 것이다.

---

90) James Leo Garrett, "Should Baptist Churches Adopt Open Membership?" *White Paper* (April 2010) at Southwestern Baptist Theological Seminary.

■ 참고문헌

화이트, 토마스, 제이슨 G. 두싱, 그리고 말콤 B. 야넬 III. 『21세기 교회의 순전함 회복-침례교회를 중심으로』. 조동선 역. 서울: 누가, 2016.

Aland, Kurt. *Did the Early Church Baptize Infants?* Eugene: Wipf & Stock, 2004.

Allison, Gregg R. *Sojourners and Strangers: The Doctrine of the Church*. Wheaton: Crossway, 2012.

Allmen, Jean-Jacques von. *The Lord's Supper*. Cambridge, UK: James Clarke & Co, 2003.

Anderson, Justice C. "Old Baptist Principles Reset." *Southwestern Journal of Theology* 31 (Spring 1989): 5-12.

Aquinas, Thomas. *Exposito Super Epistolam Ad Romanos.*

Barth, Mark. *Die Taufe - ein Sakrament?* Zurich: Evangelischer Verl., 1951.

Barth, Karl. *Church Dogmatics*. IV. 4. *The Doctrine of Reconciliation*. New York: Bloomsbury T&T Clark, 2010.

\_\_\_\_. *The Teaching of the Church Regarding Baptism*. Translated by Ernest A. Payne. London: SCM, 1959.

Beasley-Murry, G. R. "βαπτίζω." In New International Dictionary of *New Testament Theology*. Vol.1. Edited by Colin Brown. Grand Rapids: Zondervan, 1980.

Catholic Encyclopedia, s.v. "Baptism. http://www.newadvent.org/cathen/02258b.htm#iv

Berkhof, Louis. *Systematic Theology*. Grand Rapids: Eerdmans, 1965.

Brown, Mark. ed. *Order in the Offices: Essays Defining the Roles of Church Officers*. Classic Presbyterian Government Resources, 1993.

Calvin, John. *Commentary on Romans*. Grand Rapids: Baker, 1979.

_____. *Institutes of the Christian Religion.* Vol.2. Edited by John T. McNeill. Louisville: Westminster, 1975.

Cardman, Francine. "Laity and the *Development of Doctrine: Perspectives from the Early Church.*" In *Common Calling: The Laity and Governance of the Catholic Church.* Edited by Stephen J. Pope. Washington D.C.: Georgetown University, 2004.

Carson, Alexander. *The Ecclesiastical Polity of the New Testament.* Paris, AK: The Baptist Standard Bearer, 2006.

Carson, D. A. *The Gospel According to John,* PNTC. Grand Rapids: Eerdmans, 1991.

_____. "Why the Local Church Is More Important Than TGC, White Horse Inn, 9Marks, and Maybe Even ETS." *Themelios* 40 (2015): 1–9.

*Catechism of the Catholic Church: Revised in Accordance With the Official Latin Text Promulgated by Pope John Paul II.* New York: Doubleday, 2000.

Chrysostom, John. *Homiles on Matthew.* NPNF 1.10. Peabody: Hendrickson Publishers, 1994.

Clark, Neville. "The Theology of Baptism." In *Christian Baptism.* Edited by Alec Gilmore. Cambridge, UK: Lutterworth, 1959.

Clowney, Edmund P. *The Church.* Downers Grove: IVP, 1995.

Dagg, John L. *Manual of Theology.* Harrisonburg, VA: Gano, 1982.

Dana, H. E. and L. M. Sipes. *A Manual of Ecclesiology.* Kansas City: Central Seminary, 1944. 2nd Edition.

Dever, Mark E. "A Catholic Church." In Phillips, Ryken, and Dever, *The Church: One, Holy, Catholic, and Apostolic.* Phillipsburg, NJ: P&R, 2004.

Ellis, E. Earle. *Pauline Theology Ministry and Society.* Eugene, OR: Wipf & Stock, 2005.

Erickson, Millard J. *Christian Theology.* Grand Rapids: Baker, 2014. 3rd Edition.

Estep, William R. *Baptists and Christian Unity.* Nashville: Broadman, 1966.

Fee, Gordon. "Reflection on Church Order in the Pastoral Epistles, with Further Reflection on the Hermeneutics of Ad Hoc Documents." *Journal of the Evangelical Theological Society* 28 (1985):141-51.

Garland, David E. *1 Corinthians,* BECNT. Grand Rapids: Baker, 2003.

Garrett, James Leo. *Baptist Theology: A Four-Century Study.* Macon, GA: Mercer University Press, 2009.

\_\_\_\_. Garrett, James Leo. "The Congregational-Led Church." In *Perspectives on Church Government.* Edited by Chad Owen Brand and R. Stanton Norman. Nashville: B&H, 2004.

\_\_\_\_. "Should Baptist Churches Adopt Open Membership?" *White Paper* (April 2010) at Southwestern Baptist Theological Seminary.

\_\_\_\_. *Systematic Theology.* Vol. 2. Dallas: Bibal, 2001. 2nd Edition.

Gentry, Peter J. and Stephen J. Wellum, *Kingdom through Covenant: A Biblical-Theological Understanding of the Covenants.* Wheaton: Crossway, 2013.

Gill, John. *Commentary on Acts.* http://www.biblestudytools.com/commentaries/gills-exposition-of-the-bible/acts-4-12.html

Grudem, Wayne. *Systematic Theology: An Introduction to Biblical Doctrine.* Grand Rapids: Zondervan, 2009.

Hammett, John S. *Biblical Foundations for Baptist Churches: A Contemporary Ecclesiology.* Grand Rapids: Kregel, 2005.

Jewett, Paul K. *Infant Baptism and the Covenant of Grace.* Grand Rapids: Eerdmans, 1978.

Keach, Benjamin. *The Glory of a True Church.* Conway, AR: Free Grace, 2015.

Knight III, George W. *The Pastoral Epistles: A Commentary on the Greek Text.* NIGTC. Grand Rapids: Eerdmans, 2013.

Lewis, Gordon R. & Bruce A. Demarest, *Integrative Theology: Historical, Biblical, Systematic, Apologetic, Practical.* Grand Rapids: Zondervan, 1996.

Lloyd-Jones, Martyn. *Christian Unity.* Grand Rapids: Baker, 1987.

\_\_\_\_. *Great Doctrines of the Bible Three Volumes in One): God the Father, God the Son; God the Holy Spirit; The Church and the Last Things.* Wheaton: Crossway, 2012.

Luther, Martin. *Three Treatises.* Minneapolis: Fortress 1960.

McBeth, Leon. *The Baptist Heritage.* Nashville: Broadman Press, 1987.

Moo, Douglas. *The Epistle to Romans,* NICNT. Grand Rapids: Eerdmans, 1996.

Moore, Russell D. and Robert E. Sagers. "The Kingdom of God and the Church: A Baptist Reassessment." *SBJT* 12 (2008): 68-87.

Mounce, Robert H. *Romans,* NAC. Nashville: B&H, 1995.

Murray, Iain H. "The Problem of the 'Eldership' and its Wider Implications." An Address Given at *the 1995 Leicester Minister's Conference.*

Murray, John. *The Epistle to the Romans.* Grand Rapids: Eerdmans, 1997.

Polhill, John B. *Acts: An Exegetical and Theological Exposition of Holy Scripture.* NAC. Nashville: B&H, 1992.

Reynolds, J. L. "Church Polity or the Kingdom of Christ, in its Internal and External Development." Reprinted in Mark Dever, *Polity: Biblical Arguments on How to Conduct Church Life (A Collection of Historic Baptist Documents),* Washington, D. C. Center for Church Reform: 2001.

Schreiner, Thomas R. and Shawn D. Wright, *Believer's Baptism: Sign of the New Covenant in Christ.* Nashville: B&H, 2015.

Skeat, T. C. "'Especially the Parchments': A Note on 2 Timothy IV. 13." *JTS* 30 (1979): 173-77.

Southern Baptist Convention, *The 2000 Baptist Faith and Message*

Stevens, William W. *Doctrines of the Christian Religion.* Grand Rapids: Eerdmans, 1967.

Stott, John. *Baptism And Fullness: The Work of the Holy Spirit Today.* Downers Grove: IVP, 2006. 3rd Edition.

\_\_\_\_. *The Message of Romans: God's Good News for the World.* Down Grover: IVP, 1994.

Strong, A. H. *Systematic Theology.* Vol. 3. Philadelphia: Judson, 1907.

The Assemblies of God. "End time Revival-Spirit—Led and Spirit—Controlled: A Response Paper to Resolution 16." August 11, 2001.

Thiessen, Henry C. *Lectures in Systematic Theology.* Grand Rapids: Eerdmans, 1987.

Thiselton, Anthony C. *The First Epistle to the Corinthians*, NIGTC. Grand Rapids: Eerdmans, 2013.

Thomas White, "What Makes Baptism Valid?" In *Restoring Integrity in Baptist Churches.* Edited by Thomas White, Jason G. Duesing, and Malcolm B. Yarnell III. Nashville: B&H, 2007.

Torrance, T. F. "The Eldership in the Reformed Church." *SJT* 37 (1984): 503-18.

Webster, John. "On Evangelical Ecclesiology." *Ecclesiology: The Journal for Ministry, Mission and Unity* 1 (2004): 9-35.

White, Thomas, Jason G. Duesing, and Malcolm B. Yarnell III., *Restoring Integrity in Baptist Churches.* Nashville: B&H, 2007.

Wiersbe, Warren W. *Be Faithful.* Wheaton: Victor Books, 1986.

## 9장
## 종말론

# BAPTIST SYSTEMATIC THEOLOGY

# 9장. 종말론

김인허

## I. 종말론의 중요성

### 1. 교회의 종말론적 정체성
#### 1) 교회: 그리스도 예수님의 재림을 준비하기 위해 존재한다

교회는 하나님의 비밀을 맡은 곳이고(엡 3:9-10; 골 1:25-26) 그리스도 예수님의 사역을 통해 시작되었다. 교회는 복음을 맡은 곳이면서 성령님의 능력을 통해 주님의 사역을 지상에서 수행하는 도구이기 때문에 승천하신 주님께서 지속적으로 지상에서 임재하시는 방법이다(요 17: 7-11; 엡 1:22; 골 1:25-29). 교회는 주님께서 승천하실 때 가시적으로 실행되었고 주님의 재림으로 그 역할을 완성하게 될 것이다. 이런 의미에서 교회는 철저하게 종말론적 실체이다. 여기서 종말론이란 그리스도 예수님께서 재림하심으로 완성하실 역사의 의미, 즉 창조계에 향하신 하나님의 뜻과 계획의 완성을 말한다.[1] 이 종말론은 주님의 승천하심으로 돌이킬 수 없는 방향으로 시작되었

---

1) 종말론이란 단어는 성경에서 찾을 수 없지만 성경적 계시와 예언을 근거로 마지막에 이루어질 일들에 대한 신학적 연구를 가리키는 단어이다. 이 말의 어원은 두 개의 헬라어 단어의 조합으로 *eschatos*, 즉 마지막이란 뜻과 *logia*란 연구, 학문이란 뜻을 가진 단어들의 합성이다. 문자적으로 정의한다면 '마지막에 대한 연구'이다. 하지만 성경과 정통 기독교 신학이 추구하는 마지막에 대한 연구의 중점은 마지막 때를 예견하거나 마지막 때에 일어나는 일련의 사건들에 있지 않고 왜 마지막이 있어야 하고, 마지막 때엔 이러한 사건들이 왜 일어나게 되는지에 대한 의미를 추구하는 것에 있다. 즉 마지막을 특정하게 정하실 뿐 아니라 거기에 의미를 부여하시고 완성으로 이끄시는 주체로서 하

고, 교회를 통해 그 방향이 지속적으로 제시되고 보여지며, 주님께서 왕중 왕, 심판주로 재림하실 때 완성된다. 그렇다면 교회는 주님께서 다시 오심을 알리며, 준비하며, 맞이하는 목적을 지닌다. 이렇게 기독교 종말론은 교회가 가진 소망의 이유를 설명할 뿐 아니라 기독교를 다른 종교, 특히 유대교와의 사이에서 근본적 구분을 보여준다. 즉, 기독교 종말론에 대한 바른 이해는 기독교 신앙을 기독론 중심적이고, 그렇기 때문에 교회론적으로 이해하게 하는 유익이 있다. 발 사우어(Val J. Sauer)는 유려한 문체로 성경적 종말론을 정의한다:

> "성서적 종말론은, 하나님의 피조물들과 마지막 날들, 미래에 대한 하나님의 약속 그리고 이 약속으로부터 비롯되는 소망을 향하신 하나님의 최종적 행위들을 다룬다. 성서는 마지막 일들의 절정으로서 예수 그리스도의 오심에 초점을 맞추고 있다. 성서적 종말론은 하나님이 예수 그리스도의 죽음과 부활에서 행하신 일들에 근거를 두면서, 그리스도의 재림으로 이루어질 절정의 시간을 기대한다. 성서적 종말론은 일차적으로, 이미 계시된 예수 그리스도와 또한 '…간절히 그리스도를 바라는 자들을 구원하기 위해 두 번째 나타나실'(히 9:28) 예수 그리스도에 대한 대망을 언급한다."[2]

이 종말론적 목적은 교회에 후천적으로 부과된 것이 아니라 교회의 존재적 의미이고 분리될 수 없는 정체성으로 이해해야 한다. 즉, 한 마디로 말하

---

나님의 사역에 그 중점이 있다. 그렇기에 기독교 종말론은 종말의 의미와 하나님 자신에게 그 초점을 맞춘다.
2) 발 사우어(Val J. Sauer), 「평신도를 위한 종말론」, (서울: 나눔사, 1992), 17. 앞의 정의와 더불어 사우어의 정의는 기독교 종말론이 얼마나 기독론 중심인지를 보여준다. 하나님의 약속의 중심과 성취가 예수 그리스도이시고, 하나님의 사역의 목적으로서 구원의 근거와 완성이 바로 예수 그리스도에 의해, 통해서, 그리고 그분 안에 있으므로(by, through, and in Christ) 기독교 종말론은 기독론 중심이란 것이다. 이렇게 예수 그리스도께서는 역사의 의미와 완성으로서, 그리고 하나님의 약속의 성취와 모든 소망의 근거로서 바로 '종말의 그분'이 되신다.

면 교회는 철저하게 주님께서 다시 오심을 위해 존재한다. 물론 교회가 없으면 주님께서 재림을 못하시는 것이 아니고(오직 그분은 하나님의 뜻에 따라 성부께서 정하신 시간에 오신다!) 교회가 주님의 재림 없이는 그 존재의 의미가 없다는 말이다. 그렇다면 교회는 전적으로 종말론적 단체이다. 교회는 "마라나타, 주 예수여 오시옵소서"(고전 16:22; 계 22:20)란 고백이 얼마나 진실되며, 유일한 인류의 소망인지를 보여줄 뿐 아니라 이 고백 위에 그 존재의 의미를 가지고 있는 것이다: "근신함과 의로움과 경건함으로 이 세상에 살고 복스러운 소망과 우리의 크신 하나님 구주 예수 그리스도의 영광이 나타나심을 기다리며"(딛 2:12-13) 왜냐하면 교회는 인간의 모든 문제는 인간 스스로 해결할 수 없을 뿐 아니라 그 해결이 인간의 소유와 능력의 많고 적음에 있지 않다는 것을 보여주는 주체가 되어야 한다. 교회는 오직 하나님의 나라와 뜻이 이 땅에서 완전히 이루어질 때 궁극적이고 영원히 해결될 수 있다는 고백과 믿음 때문에 가능한 존재이기 때문이다.

교회가 단지 인간의 필요에 의해 구성된 단체가 아니라, 그 존재와 생명과 능력이 그리스도 예수님이시라면, 그 능력을 잃어버림은 주님의 교회라는 정체성을 상실했거나 바른 방향에서 이탈했다는 뜻이 된다. 교회의 정체성이 본질이고 또는 존재적으로 종말론적이라면, 교회가 정체성을 상실했다는 것은 교회가 종말론성을 상실했다는 뜻이 될 수 있다. 즉 그리스도 예수님의 재림으로부터 교회의 방향성과 관점이 떠나서 믿음이 아닌 물질(물질주의)로, 소망이 아닌 현상(합리주의)으로, 그리고 사랑이 아닌 성취(실용주의)로 사는 세속주의와 현세주의에 빠지게 된 것이다. 이럴 때 더 이상 주님의 재림을 기다리지 않을 뿐 아니라 그분의 재림이 부담이 되고 무시하고픈 대상이 된다. 교회 안에서는 하나님의 축복이라는 핑계로 온통 인간을 높이고, 현실의 번영이 목적이 되며, 하나님께서 사랑이 아닌 사용의 대상이 되는 우상숭배에 빠지게 되어 성령님의 능력이 소멸되는 것이다. 교회의 겉모습과 상관없이 교회가 정체성을 상실할 때 더 이상 교회가 될 수 없고, 교회가 교회성을 잃어버릴 때 맛을 잃은 소금처럼 되어 결국 세상에서조차 버림받게 될 것이다. 종말론적으로 표현한다면 교회가 주님의 다시 오심에 대한 기대와 중심성을 상실하는 순간 교회는 더 이상 교회가 아니게 된다. 이러한 표현이 지나친 것이 아니라면 종말론에 대한 교회의 지속적인 연구와 바른 인식은 반드시 필요하다.

### 2) 교회가 종말론을 외면케 된 이유들
#### (1) 후기근대주의의 도전

근대주의(modernism)는 하나님의 위치에 이성합리주의를 놓아 인간이 인간과 세상의 주인이 되려 하여 성경적 신앙을 부인했지만, 미래를 위해 현재를 참고 노력하는 미래지향적 구조를 가지고 있다. 그러므로 어느 부분에선 근대주의가 비록 세속화되어 변질되었더라도 성경적 가치가 잔재해 있다. 여기서는 성경적 종말론을, 즉 하나님께서 역사에 의미를 부여하시고, 그분의 뜻에 따라 역사를 이끄시고 완성시키신다는 믿음은 부정했지만 더 나은 미래를 위해 준비하고 노력하는 미래주의(futurism)적인 태도를 가진다. 그러나 후기근대주의(post-modernism)에서는 두 번의 세계대전을 통하여 인간의 노력으로 더 나은 미래를 만들어간다는 진보주의(progressivism)에 대해 절망하게 되었고, 하지만 과거에서 배우려는 전근대적인 태도도 무시하며, 오직 "지금 여기"(here and now)만을 외치는 주관적 개인주의를 통해 더욱 깊은 현세주의와 쾌락주의에 빠지는 경향을 보이고 있다. 그래서 후기근대주의 시대인 현대는 더욱 종말론에 대해 의도적이고 감정적인 거부를 보인다. 즉, 이성합리주의인 근대주의는 미래에서 하나님을 빼버렸고, 쾌락적이고 순간적인 후기근대주의는 미래 자체를 외면함으로써 성경적 종말론을 교회에서조차 부담스럽고 외면하고픈 대상으로 만들고 있다. 이는 세계관을 통해 주님의 다시 오심을 소망하게 하는 교회를 무너트리려는 사탄의 영적 전쟁이다.

(2) 시한부 종말론의 폐해

현대 교회에서 성경적 종말론을 외면케 하는 또 다른 힘은 위에 언급한 외부적인 시대정신과 달리 기독교 내부에서 온다. 이것은 기독교 역사만큼 오래되었고, 시대말적 분위기가 생길 때마다 그 세력을 얻어 교회를 어지럽힌 소위 "시한부 종말론"이라는 이단적 가르침이다. 성경적 종말론은 하나님 중심인데("하나님께서 그분의 은혜와 사랑으로 어떻게 구속사를 완성시키시고 죄와 사망을 없애시나?") 반해, 시한부 종말론은 인간 중심이고("우리가 어떻게 미래를 준비하고 임박한 재앙을 피할까?" 등), 의미 중심이("왜 하나님께서 이러한 종말적 계획을 하셨나?") 아니라 사건 중심이고("말세에 어떤 징조들이 있으며 언제 그리스도께서 재림하시나?"), 그리스도게 대한 소망 중심이("그리스도께서 재림하심으로 어떻게 교회를 신원하시고 영접하실지?") 아니라 미래에 대한 인간 자신의 노력 중심이며("미래와 종말적 사건을 위해 무엇을 어떻게 준비하나?"), 하나님의 약속에 대한 믿음이 동기가 아니라 불확실한 미래에 대한 두려움이 동기가 된다. 어떤 형태이든 시한부 종말론은 성경적 종말론을 가리고 어지럽혀 교회의 정체성을 상실케 하는 이단적 가르침인 것이다. 그런데도 종말론 하면 자연스럽게 시한부 종말론을 떠오르게 할 만큼 현재 교회 내에선 많은 거짓 선지자들과 교회 밖에선 이단들을 통해 시한부 종말론으로 사람들을 두려움과 이기심으로 사로잡는 상황이어서 주님의 교회로 하여금 종말론 자체를 외면하게 하는 풍조가 많아지고 있다. 즉 종말론을 말하거나 믿으면 흡사 정상적인 크리스천이 아니라 광신도이고 이단인듯하여 종말론 자체를 기피하는 현상을 말한다. 하지만 종말론을 거부하게 될 때 기독교 신앙은 믿음과 소망에 근거를 두지 않고 현상과 경험에만 기초하게 되어 그 자체가 왜곡되게 된다. 이 또한 진리를 왜곡시키므로 주님의 다시 오심을 소망하게 하는 교회를 무너트리려는 사탄의 영적 전쟁인 것이다.

(3) 유물론적 현세주의

이 외에도 교회 내에서 종말론에 대한 정당한 관심을 앗아가 버리는 요인들 중 하나는 특히 미국과 한국 등과 같이 경제적으로 풍요한 곳에서 보이는 현세 중심 신앙이다. 도래할 하나님의 나라를 열망하거나 그리스도 예수님의 재림을 소망하는 종말론적 신앙을 버리고 현재 삶의 번영과 윤리적 성취에 초점을 맞추는 현세 중심 신앙은 우선 잘못된 신학적 접근과 경제적 풍요가 큰 요인이 된다. 여기서 지적하는 잘못된 신학적 접근이란 영적인 것들을 물질적으로 치환하는 유물주의적 접근이다. 구원과 천국 등을 생각할 때 현세에서 경험되는 삶의 최고의 상태로 생각하고 표현하는 것이다. 예를 들어 기독교 신앙을 현세에서 번영하고 성공하는 목적으로 여기고 천국을 인간이 가질 수 있는 최고의 물질을 향유하는 곳으로 생각하는 것이다. 이러한 접근은 비단 비성경적일 뿐 아니라 기독교 신앙, 구원, 천국 등을 물질 문명과 과학 등의 발전으로 성취될 수 있는 하찮은 것으로 전락시켜 결국 아무런 진실된 가치가 없는 것들이 되게 할 뿐 아니라 하나님이 필요치 않은 종교가 되게 한다. 인간의 노력으로 얼마든지 성취될 수 있고 현실에서 이미 많은 것을 누리고 있다면 굳이 하나님의 손에 맡기는 불확실한 미래보다는 조금 부족해도 현재 노력해서 성취한 것들을 누리는 것이 더 선호되는 것이다. 이러한 현세 중심 신앙은 교회의 정체성인 종말론을 상실케 하고 있다.

### (4) 비성경적 신학

위에서 소개한 이유 외에 좀 더 신학적으로 세련된 형태로 기독교 신앙을 현세 중심으로 왜곡시키는 노력들이 있다. 그것은 하나님의 성품에 대해 편중된 이해와 죄에 대한 의도적 간과를 통해 종말론적 신앙을 부정하는 것이다. 성경에서 계시하는 하나님의 성품은 거룩하시고 공의로우신 사랑의 하나님이신데도 불구하고, 그분의 성품을 사랑으로만 편중되게 강조하여 하나님의 거룩성과 공의성을 축소하거나 배제하여 죄에 대한 치명성과 결과를 부정하는 것이다. 즉 매우 거칠게 표현하자면 하나님은 사랑이셔서 크리스천만 사랑하시는 것이 아니라 모두를 사랑하시는 그분의 성품과 최후의 심판과 징벌 등은 어울릴 수가 없는 가르침이라는 주장이다. 구원에 있어 포괄주의(inclusivism), 다원주의(pluralism), 만인구원론(universalism), 그리고 영혼소멸설(annihilationism) 등의 잘못된 신학들은 모두 하나님의 성품을 성경대로 이해하지 않고 자신들의 신학에 맞춰 편중되게 이해한 논리적 결과물들인 것이다. 그리스도를 영접하는 것이나 성화를 추구하는 삶과 상관없이 어차피 신자나 비신자 모두가 저절로 구원받게 된다면 그리스도 유일 신앙에 기초한 종말론적 신앙과 교회의 거룩함은 그 당위성과 필수성을 대부분 상실케 된다. 그렇다면 신앙이란 좀 더 바람직한 삶을 영위하는 현세 중심적 가치로만 남게 된다. 현대 목회적 상황에서 유행하는 신앙의 심리학화와 긍정적 사고방식의 강조는 죄와 심판 등의 현대인에게 인기 없는 부정적 요소들을 의도적으로 축소하거나 심지어 숨겨버려 사람들로 하여금 그리스도의 십자가의 참된 의미를 알 필요가 없게 할 뿐 아니라 주님의 재림을 소망할 필요도 없게 만든다. 그러나 교회는 사람들로 하여금 긍정적이고 즐거운 삶을 영위하게 하는 것이 아니라 오히려 죄의 치명적인 능력과 끔찍한 결과에 대해 누구보다 민감하게 반응하여야 한다. 그럴 때에 비로소 죄를 사하시는 하나님 은혜의 깊이를 진정으로 찬양하게 되고, 거룩한 삶과 영적인 삶에 가치를 두기 때문에 성령님께 더욱 의지하게 된다. 성령님께 인도받게 될 때 크리스천들은 결코 현세 중심적 삶에 대한 추구에 만족할 수 없는 사람이 되고 영원 속에서만 삶의 의미와 가치가 있음을 깨달아 그리스도 예수님의 삶을 쫓아가게 되므로 전적으로 종말론적 신앙을 가지게 된다.

## 2. 바른 기독교 종말론을 위한 전제들

### 1) 종말론은 미래학이 아니다(Eschatology vs. Futurology)

단정적으로 말한다면 종말론은 미래학이 아니다. 20세기에 들어 2차에 걸친 세계대전을 통해 진보주의에 대한 절망과 인간을 앞서는 급진적인 물질문명의 발달은 오히려 사람들로 하여금 미래를 두려워하는 만큼 더욱 관심을 가지게 하였다. 이 경향은 21세기에 들어서도 계속 지속되어 미래학에 대한 관심은 더욱 커지고 있다. 미래학이란 역사, 문화, 경제, 환경, 정치 등 다양한 인간의 삶의 조건들을 연구하여 미래의 방향과 모습을 예견하는 것으로 다음과 같은 전제들을 가지고 있다: 1) 미래는 인간 노력에 의해 결정된다, 즉 미래는 현재 활동의 결과이다; 2) 미래는 인간이 조정(control)할 수 있다. 이에 반해 기독교 종말론에선 미래는 하나님의 시간이고 하나님이 주인이시므로 하나님이 결정하신다는 전제를 가지고 있으므로 하나님의 계시와 성품에 근거한다. 미래학은 인간과 환경을 연구하여 미래를 예견하려는 노력이지만 기독교 종말론은 하나님의 계시인 예수 그리스도와 성경을 연구하므로 이미 하나님에 의해 돌이킬 수 없게 정해진 미래에 삶을 맞추려는 노력이다. 즉 크리스천들은 미래를 준비하는 사람들이 아니라 그리스도 예수님 안에서, 그리고 교회의 삶과 능력을 통해 미래를 이미 살아가는 사람들이 되는 것이다.

### 2) 종말론은 묵시론이 아니다(Eschatology vs. Apocalypses)

기독교 종말론은 묵시론이 아니다. 종말론과 묵시론이란 단어는 종종 기독교 내에서조차 동의어로 사용되고 있지만 엄밀히 나눌 필요가 있다. 묵시 또는 묵시론은 원어적으로 "막을 거둔다"(unveiling)는 의미로 감추인 것을 드러내는, 또는 밝힌다는 의미로써 미래에 있을 우주적인 혼란, 재난, 변화 등의 사건을 궁구하는데 그 중심을 가지고 있다. 하지만 종말론은 사건이 아니라 "마지막 때"를 말하는 것으로 하나님의 계획과 약속에 의해(하나님의 약속은 그분의 전능하심과 신실하신 성품 때문에 인간의 경험적 현실보다 더 확실하다는 것이 기독교 종말론적 믿음이다!) 이미 이루어진 미래에 비추어 과거를 해석하고 현재를 성찰하는 의미를 가진다. 일반적으로 시간의 흐름은 과거—현재—미래의 순서로 흐르지만 크리스천에게 있어 미래는 하나님께서, 그리고 그분 안에서 이미 돌이킬 수 없게 성취되었으므로, 그리고 그 성취가 역사와 개인의 삶과 현재에 의미를 보장하고 부여하므로 미래—현재—과거로 역전되는 삶을 살아가게 된다. 이 말은 문자적으로 크리스천들이 역전된 시간의 순서로 산다는 것이 아니라 크리스천들에게 있어 성경을 포함한 과거에 대한 해석의 기준과 근거가, 그리고 현재에 어떻게 살아야 하는 기준과 근거가 하나님께서 완성하신 미래에 의해 주어진다는 것을 의미한다. 그래서 교회는 신구약 성경을 해석함에 있어 문자적, 언어적, 문법적, 역사적으로만 해석을 하는 것이 아니라 성경적 기독론을 중심으로, 그리고 구속사에 의해 조명된 종말론에 의해 해석해야 한다는 것을 의미한다. 그리고 개개인으로서 크리스천들은 자신들의 환경과 경험에 대한 해석과 어떻게 살아가야 하는지에 대한 정당성을 종말론에서 얻어야 함을 또한 의미한다. 그렇다면 크리스천들은 하나님 나라를 이루려고 사는 것이기 보다는 이미 완성된, 그리고 하나님의 시간에 틀림없이 도래할 하나님의 나라에 의해 살아가므로 하나님 나라를 증거하고 사는 것이다.

이렇게 사는 것이 바로 크리스천이 믿음과 소망으로 산다는 의미이다. 히브리서 기자가 "믿음은 바라는 것들의 실상(또는 보장)이요 보지 못하는 것들의 증거니"라고 말할 때 믿음의 의미를 개인이 가진 꿈이나 비전에 대한 강한 신념으로 이해하는 것은 바른 성경 해석이 아니다. 즉 "믿으면 이루어진다"(심지어 말로 선포하면 이루어진다)는 식으로 해석을 하면 믿음의 대상은 결국 인간 자신으로 전락되어 버린다. 히브리서 11장 전체의 내용을 미루어, 그리고 종말론적으로 해석한다면 믿음은 자기의 생각이나 꿈이 이루어질 것을 믿는 것이 아니라 믿음의 유일한 대상이신 하나님을 믿고 그분의 말씀과 약속과 성품과 하실 일을 믿는 것을 말한다. 그렇다면 여기서 "바라는 것들"은 개인의 꿈이나 원함이 아니라 하나님의 약속과 그분이 하실 일을 바라는 것이어야 한다. 즉 여기서 말하는 믿음은 하나님과의 관계에 의해 제한된 것이지 인간이 주체가 된 모든 형태의 믿음에 대한 정의가 아니다. 이 하나님께 대한 믿음은 크리스천으로 하여금 현재의 시간과 경험과 한계를 초월해 미래의 시간과 완성에 의해 살 수 있게 하므로 크리스천에게 있어 역전된 시간으로 살게 하는 것이다. 이 역전된 시간 속에서 크리스천은 소망으로 살 수 있게 될 뿐 아니라 그 소망이 헛되지 않음을 알게 하여 그 소망은 믿음이 된다. 묵시론은 장차 있을 사건을 미리 알아 준비하므로 미래를 향해 살게 하지만 그 미래란 주로 현재와 대립적으로 현재를 부정하는 해석과 형태로 나타나게 된다. 묵시론이 이끄는 최악의 형태는 시한부 종말론으로 나타나고, 소극적으로는 그리스도의 재림보다는 대환난의 면제에 소망의 초점을 두는 대중화된 휴거 교리 등의 모습을 띠며,[3] 일반적으로 미래의 상급 등 가시적이고 개인 중심적 동기에 호소하는 경우가 대부분이다. 반면에 기독교 종말론은 사건보다는 의미에 초점을 맞추어 역사와 시간과 개인 삶의 의미를 하나님이 부여하신 목적(telos)으로부터 볼 수 있게 함으로써 현재에서 미래를 살게 한다. 종말론은 크리스천으로 하여금 성경의 예언적이거나 묵시적인 부분을 통해 마지막 때를 이해하지 않고 하나님의 계시인 성경 전체를 통해, 특히 바로 그 계시인 그리스도 예수님의 삶과 죽음과 부활과 재림을 통해 이해하게 한다.

### 3) 기독교 종말론에 함의된 시간의 개념

성경에 의하면 모든 피조물 중에 오직 인간만이 하나님의 형상(image Dei)에 의해 지음 받았고 그것이 무엇을 의미하든지 우선 인간만이 육신 안에서 영적 존재라는 의미를 함의한다.[4] 인간이 영적 존재이기 때문에 인간만이 유한한 육체 가운데 영원을 품을 수 있고, 영원 안에서 삶의 의미를 찾을 수 있고, 하나님의 부르심에 믿음과 소망으로 응답할 수 있고, 그 응답에 의

---

[3] 휴거 교리(Doctrine of Rapture)는 세대주의적(Dispensational) 전천년주의(Premillenialism)와 전환란기설(Pretribulationism)에 근거하는 것으로 7년 대환난 전에 그리스도의 비밀스럽고 공중에 나타나는 첫 번째 재림에 의해 교회가 "들림"을 받으므로 교회 시대가 끝나고 대환난이 시작된다는 주장이다. 휴거 교리가 크리스천의 소망이 그리스도의 재림이 아닌 휴거에 둬야만 한다고 가르치거나 모든 휴거를 믿는 크리스천들이 그렇게 주장하지는 않지만 휴거를 주제로 한 영화, 소설 등을 통해 대중적으로 알려진 휴거는 묵시론적이고 휴거에 소망을 두게 하는 개연성을 가지고 있고, 실제로 그러한 영향을 주어왔다.
[4] 여기서 인간을 영적이라고 말하는 것이 인간의 구조가 영과 육으로 이뤄진 이분적이거나, 영·육·혼으로 이뤄진 삼분적이라고 주장하려는 것이 아니라 성경적 표현인 "육적" 즉 하나님의 뜻에 따르지 않고 자신이 우상이 되어 탐욕에 의해 살아가는 삶에 반하여, "영적" 즉 하나님을 인정하고 그분께 의존하여 그분을 반영하는 삶을 말한다.

해 자신의 삶이 이생에서 끝나는 것이 아님을 알 수 있는 존재이다. 특히 크리스천은 하나님께서 정하신 마지막 때가 주는 의미를 통해 자신의 삶을 평가하고 역사를 이해할 수 있다. 이러한 해석 방법은 특정한 시간관을 전제로 한다. 인간은 시간과 공간이란 3차원 세계 안에서 살기 때문에 인간의 삶과 생각을 판단하게 하는 세계관과 특정한 시간관에는 불가분한 관계가 있다. 시간관에 의해 세계관이 형성된다고 말해도 아주 지나치지만은 않을 것이다. 시간에 대한 논의는 자칫 종말론을 지나치게 철학적으로 접근한다고 여겨질 수 있지만 이 시간관에 대한 바른 이해와 정립 없이는 바른 종말론은 물론 성경 전체에 대한 구속사적 이해나 크리스천 삶에 대한 바른 이해와 방향설정이 어렵기 때문에 이것에 대한 이해는 필수적이다. 특히 현대는 기독교 신학이라는 이름을 사용하는 일부 사조들조차 성경적 또는 기독교적 시간관을 왜곡하거나 부정하고 있기 때문에 성숙한 크리스천이 된다는 것은 기독교적 시간관을 전제로 사고 하는 것을 포함할 수밖에 없다.

시간에 대한 관점을 크게 두 가지로 나눈다면 "순환적 시간관"(cyclical view of time)과 "직선적 시간관"(linear view of time)이 있다. 순환적 시간관이란 동서양을 막론하고 대부분 문화에서 분명하게 발견되는 관점으로 기본적으로 춘하추동의 영구적인 반복처럼 시간은 애당초 원형 또는 나선형을 그리는 끊임없는 반복이라고 본다. 이러한 시간관에선 역시 역사를 시작도 끝도 없게 봄으로 시간, 또는 역사에 내재적 의미나 개개인의 삶과 세계에 진정한 가치가 있다고 믿지 않는다. 왜냐하면 시간의 끝없는 원형적 반복에서는 시간의 방향성이 부정되고, 특히 마지막이 없는 반복에는 의미가 부정되기 때문이다. 이 관점에서는 진정한 의미에서 새 것은 없고 단지 옛 것이 되돌아오는 것에 불구하고, 사계절의 변화처럼 삶과 세계는 생성-번성-쇠락-소멸의 변화를 보이는 듯 하지만, 큰 그림에서 보면 이 변화는 지속적인 반복을 하므로 결국 진정한 의미의 변화도 없게 된다. 특히 불교와 힌두교는 이러한 시간관을 철학화하여 윤회란 개념을 주장한다. 순환적 시간관에선 변화만 없는 것이 아니라 모든 개체의 특성과 인격성까지 부정되는 비성경적인 세계관으로 발전한다.

기독교적, 즉 성경적 시간관은 직선적으로 하나님에 의해 창조로 시작된 시간과 역사는 그리스도의 재림이란 하나님께서 정하신 종말에서 끝나게(또는 완성되게) 되므로 특정한 방향과 목표가 있게 된다. 시간이 특정한 방향과 목적을 가졌다는 것은 특정한 결과가 있게 되고 그 결과에서 특정한 의미를 찾을 수 있게 된다. 역사가 의미가 있다면 개개인의 삶도 그 역사 안에서 의미를 찾을 수 있게 된다. 이러한 특정한 시간관은 소위 "쉐마" 즉 유일신 하나님에 대한 신앙과 이 분이 다름 아닌 무에서 유를 창조하신 창조주이시자 타락한 창조계를 구속하시는 구원자라는 유대 기독교(Judeo-Christian) 사상에 기초하고 있다. 이 사상에선 하나님께서 시간을 만드시고 역사를 그분께서 정하신 방향으로 섭리하시기 때문에 역사를 구속사로 보게 하는 성경적 관점이 가능해진다. 구속사에서 역사는 창조라는 정해진 시작과, 하나님의 지속적 사역을 통해 보여지는 그분의 구속을 가능케 하시는 섭리라는 정해진 과정과, 예수 그리스도의 초림이라는 역사의 정해진 중심과, 그리스도 재림으로 완성되는 구속이라는 정해진 목표를 가지게 되므로 역사는 무의미하고 방향성이 없는 반복이 아니라 하나님께서 인간을 만나주시고 섭리하시는 거대한 은혜의 공간이 되므로 가치를 지니게 된다. 이 방향성과 성취는 인간의 노력이 아니고 오직 하나님께서 정하시고 인도하시지만 역사 안에서 인간은 하나님의 뜻을 대행하는 책임 있는 대리인의 역할을 하므로 부여된, 그러나 빼앗길 수 없으므로 흡사 내재적으로 보이기까지 하는 진정한 가치를 지닌 존재가 된다. 이 방향성과 성취 때문에 시간은 단지 과거-현재-미래로 흐르는 시간(크로노스, *kronos*)를 넘어 하나님께서 정하시고 사역하시는 "때"(카이로스, *kairos*)가 되어 하나님의 도구로서 역할을 하기에 그 가치와 의미를 가지게 된다는 뜻이다.[5] 시간은 가치 있게 창조되었으나 인간의 타

---

5) *kronos*는 시계가 가듯이 과거-현재-미래로 흐르는 물리적 시간을 뜻하는 단어로 사용되었다. 그러나 성경에서 *kairos*는 하나님에 의해 정해진 시간으로 구속사 안에서 특별한 의미와 위치를 가진 시간을 말할 때 사용되었다(마 8:29; 26:18; 눅 19:44; 21:8; 요 7:3; 행 1:7; 24:25; 살전 5:1; 살후 2:6; 엡 5:16; 골 4:5; 딤전 2:6; 6:14, 15; 딛 1:3; 벧전 1:5, 11;

락과 함께 죽음이 들어오므로 시간에게 불가분한 허무성이 부여되어 그 의미를 상실하게 되었지만, 그리스도의 성육신(incarnation)으로 대표되는 하나님의 은혜적 사역으로 말미암아 시간의 가치가 회복되었고, 그리스도의 부활(resurrection)로 대표되는 성령님의 능력에 의해 시간은 미래를 가진 소망의 장소가 되었고, 그리스도의 재림(Parousia)으로 대표되는 하나님의 약속의 성취에 의해 시간은 영원으로 승화될 것이다.

## II. 기독교 종말론

### 1. 신약의 종말론

#### 1) 예수님의 종말론적 자기 이해

그리스도 예수님의 선포는 공생애 첫 선포부터 시작하여(마 4:17, "회개하라 천국이 가까왔느니라") 모두 종말론적 선포였다(눅 7:22; 요 2:11). 그분의 지상 사역 시작과 함께 하나님 나라는 이미 시작되었고, 그리스도께서는 하나님 나라를 전제로 하여 어떻게 반응할 것인지에 대한 결심을 촉구하는 선포를 하셨을 뿐 아니라 자신의 선포에 한번도 어긋나지 않게 실천하며 사셨다. 즉 하나님 나라라는 미래에 의해 현재를 사시므로 그분은 철저히 종말론적 삶을 사신 것이다. 그분은 스스로 메시야란 호칭을 사용하지 않으셨지만 모든 제자들에 의해 그분의 메시야 됨은 확인되고 선포되었으며, 자신에게 인자란 호칭을 많이 사용하셨다.[6] 그리스도께서는 인자란 호칭을 "고난 받는 종"과 연결해 사용하셨고(마 20:28; 막 10:45; 요 12:33; 13:31), 죄를 사하시는 권세가 있음을 밝히실 때 사용하셨고(마 9:6), 하나님의 아들이시고 그리스도이심을 알리실 때 사용하셨고(16: 13-17), 재림의 예언과 연결하여 사

---

4:17 등).

[6] 메시야란 용어는 복음서에서 53번 쓰였으나 복음서 밖에선 280번 쓰였고, 반면에 인자란 호칭은 복음서에서 80번, 복음서 밖에선 단지 4번밖에 쓰이질 않았다.

용하셨고(마 24:27; 눅 18:8), 세상을 심판할 자로 사용하셨고(요 5:27), 구원과 연결하여 사용하셨고(6:53), 하나님의 보좌 우편에 계신 분으로 사용되었다(행 7:53). 이렇듯 종말은 예수 그리스도의 사역과 함께 시작되었고 미래는 그분의 죽음과 부활과 영화 안에서 돌이킬 수 없게 제시되었다. 특히 그분의 부활과 영화는 모든 크리스천들의 궁극적 운명이 될 것이고(고전 15:20; 벧전 1:3), 하나님 뜻의 완성의 예표이다.

### 2) 공관복음의 종말론적 이해

종말은 그리스도와 함께 시작되었고 그분의 다시 오심에 의해 완성되기 때문에 교회는 그분의 초림과 재림 사이에 있는 중간기적 존재로 이해되었다. 하지만 그리스도의 재림의 시기를 알려는 노력은 그분 자신에 의해 철저히 금지되었기 때문에(마 24:36) 공관복음의 중점은 재림의 시기가 아니라 복음전파를 비롯한 교회의 참된 삶을 통해 어떻게 재림에 맞춰 신실하게 살수 있는가에 있다. 종말은 언제나 전제하여 살아야 할만큼 임박한 것으로 이해되기도 하지만(막 9:1; 13:30; 마 24:34; 눅 21:32), 인간의 노력과 능력으로 어찌해 볼 수 없을 만큼 먼 미래의 일로 예견되어(막 13:10; 13:31; 마 24:35; 눅 21:33) 균형을 이루고 있다. 그렇다면 중간기는 수동적이고 패배적인 기다림의 시기가 아니라 주님의 이름을 만민에게 전파하는 능동적이고 승리적인 기간으로 이해했다(마 28: 18-20; 막 16:12-20). 특별히 마태복음은 그리스도 예수님의 소위 "지상명령"(마 28:18-20)으로 마치는 구조를 통해 복음전파가 바로 종말을 준비하는 삶임을 제시한다.

예수 그리스도께서 바로 구약의 약속의 성취이시기 때문에 그분이 오시므로 성취의 시대가 시작되었고 그분께서 다시 오심으로 그 성취는 완성될 것이다. 그분의 초림으로 교회의 시대는 바로 "천국이 가까이" 온 때이고 "천국복음"이 땅 끝까지 이르러 전파될 때인 것이다. 이렇게 예수 그리스도께서는 옛 시대와 새 시대를 잇는 역할을 하시므로 역사에 가치와 의미를 부여하시는 분이 되신다. 그것들은 바로 그분의 사역들, 기적 행함, 부활과 승천,

그리고 성령님을 보내심을 통해 증명이 된다. 이러한 삶과 가르침의 증거를 교회에 맡기셨고, 성령님을 보내심으로 크리스천들은 세상에서 혼자가 아니라 모든 일을 그분의 이름 안에서 그리고 성령님 안에서 행하게 된다. 이렇게 그리스도는 크리스천에게 살아있는 소망의 이유가 되시며, 세상에 대한 두려움을 이길 힘의 근원이 되시며, 복음전파의 능력이 되신다.

### 3) 요한복음의 종말론적 이해

요한복음은 그리스도 예수님께서 하나님의 바로 그 말씀이시며, 창조주이시며, 세상을 위해 오신 빛이시며, 성육신하신 하나님의 아들이심을 분명히 시작부터 밝히고 있다(요 1:1-18). 그 후 가나의 혼인잔치에서 물을 포도주로 만드시고(2:1-11) 베데스다 연못에서 삼십팔 년 된 병자를 고치시고(5:1-9), 오병이어의 기적을 베푸시고(6:1-21), 죽은 나사로를 살리시는(11:1-44) 이적들을 행하시므로 자신이 메시야 되심 뿐 아니라 종말론적 완성의 표적들을 보이셨다. 이와 더불어 자신의 신성에 대해(5:19-47), 생명의 떡이 되심에 대해(6:22-40), 생수가 되심에 대해(7:37-38), 선한 목자가 되심에 대해(10:1-18), 부활과 생명이 되심에 대해(11:25) 가르치고 선포하시므로 메시야 되심의 정체성에는 종말론적 함의가 있음을 알리셨다. 무엇보다도 요한복음 13장부터 17장 사이에서 십자가 대속 죽음을 통한 영광의 의미와(13:31-32; 14:13; 17:4), 성령님에 대한 가르침과(14:15-26; 16:7-15), 교회를 위한 기도와(17:1-26), 예비하실 처소와(14:1-14), 재림에 대해서와(16:16-33), 영생과(17:2-3), 삼위일체의 하나 되심에 근거한 교회의 하나 됨에 대하여(17:1-26) 가르치시므로 가장 종말론적 가르침을 주고 계신다. 그리스도 예수님을 통하여 과거와 현재와 미래가 연결되었고, 구원과 영화가 연결되었고, 죽음의 극복과 영원한 삶이 연결되어 그분께서 바로 종말의 주인이심을 보여주고 계시다. 사도 요한은 "오직 이것을 기록함은 너희로 예수께서 하나님의 아들 그리스도이심을 믿게 하려 함이요 또 너희로 믿고 그 이름을 힘입어 생명을 얻게 하려 함이니라"(20:31)고 복음서의 목적을 기술하므로 종말의 주인이신 그리스도를 증거하고, 구속자로서 그분의 사역과 부활 후 영화되신, 그리고 창세전부터 성자로서 하나님이시고 현세에 성육신하신 하나님의 아들이시고 미래에 영생의 주인이신 그분의 정체성을 연결하므로 복음서의 종말론적 정체성을 밝히고 있다.

### 4) 바울 서신의 종말론적 이해

사도 바울은 현실을 부정하므로 마지막 때를 수동적으로 기다리는 묵시론자가 아니라 철저하게 그리스도의 십자가에 연합한 삶을 살아가므로(고전 7:22-24; 갈 2:20; 6;14; 엡 2:19-22; 빌 1:20-21; 3:7-14; 딤후 2:11-12), 그분과 교회에 대한 사랑을 수행하고(롬 8:31-39; 12:9-18; 13:8-10; 14:7-9; 갈 4:19), 복음전파에 열정적이고 신실한 삶을 살아가므로(롬 1:14-17; 고전 1:17-25; 2:1-5; 9:16, 26-27; 10:31-33; 고후 5:17-19; 갈 1:7-10; 빌 4:8-13; 골 1:24-29), 부활과 주님의 재림을 소망하는 증거로 삼은(롬 6:6-11; 고전 1:7; 4:5; 빌 4:5-7; 살전 5:23; 딤후 4:8; 딛 2:13) 종말론적 사람이었다(고후 5:8-10). 그는 그리스도의 삶과 죽음과 부활로 이미 종말이 시작되었으므로 마지막 시대에 살고 있다고 믿었고(빌 4:5-7) 주님의 재림을 대망하면서도(살전 5:21; 빌 1:19-26) 임박한 재림을 믿었다기보다는 (고전 7:29, 31; 빌 4:5-7; 살전 4:15), 승천과 재림 사이의 과도기를 믿음의 기간으로(고후 5:7), 기다림의 기간으로(롬 8:23-25) 그리스도께 연합 된 삶과 신실한 제자의 삶을 살아나감에 더욱 무게를 두었다. 그래서 그에게 있어 '그리스도 안에서'(*en Christos*) 사는 것은 현재에서 미래를 살아가고, 이 땅에서 하나님 나라의 백성으로 살며, 죽을 운명을 가지고 부활의 능력으로 살며, 육신 안에 살면서도 그리스도의 재림에 의해서 사는 삶의 길이었다.

바울에게 있어 그리스도와 연합만큼 중요한 개념은 부활이었다. 그는 육신적 부활을 믿었고 전적인 변화, 즉 영화(glorification)로서 부활의 의미를 알았지만 그 부활은 또한 전적으로 종말론적 성취임을 알았다. 그리스도와 연합은 그분의 십자가 고난과 죽음에 연합함으로 그분의 부활과 영광에 연합하는 것을 의미하므로 그에게 있어 그리스도의 부활로 보증된 종말적 성취에 대한 소망과 믿음 안에서 신실하게 사는 것만이 바로 미래를 준비하는 것이었다. 그리스도의 죽음은 종말론적 사건으로 이 대속적 죽음에 의해 구원받은 자는 이미 최후의 심판에서 건짐을 받고 하나님 나라 백성의 신분이 부여되었다(갈 1:4; 골 1:13; 2:14-15). 마찬가지로 그리스도의 부활도 종말론적 사건으로 "사망을 폐하시고 복음으로써 생명과 썩지 아니할 것을 드러내셨다"(딤후 1:10). 결정적 종말론적 사건인 그리스도의 죽음과 부활로 말미암아 크리스천들과 교회는 그리스도 안에서 새 피조물이 되었고(고후 5:17) 새 시대의 삶을 살게 되었다. 결국 새 피조물이 된 것은 그리스도 안에 있게 되므로 시작되었고 그분의 재림 시에 완성될 그리스도와 연합에 의해, 그리고 그분을 향하여 사는 삶의 형태인 것이다. 그러므로 바울에게 있어 가장 중요한 신학적 용어인 '그리스도 안에서'는 전적으로 종말론적 어휘인 것이다. 크리스천과 교회는 '그리스도 안에' 있으므로 이미 새 시대, 곧 하나님 나라의 능력과 충만함을 경험하는 삶을 살므로(롬 6:3-4; 고후 5:17; 엡 2:6) 그리스도를 반영하여 세상에 보여주는 주체들이 되어야 하는 것이다.

바울 서신에는 종말론적으로 중요한 세 개의 단어가 나오는데 모두가 그리스도의 재림에 연관하여 사용된 것들로 그것은 '강림' 또는 '오심'을 뜻하는 파로우시아(*Parousia*)이고 다른 하나는 '나타내다' 또는 '베일을 벗다'란 뜻을 가진 아포칼륍시스(*apokalupsis*)이며, 마지막으로 '나타내심'을 뜻하는 에피파네이아(*epipaneia*)이다. 그리스도께서는 죽은 자들을 살리시고(고전 15:23), 크리스천들을 모으시고(살후 2:1), 악을 폐하시기 위해(8절) 강림(*parousia*)하시고 재림 시에는 그분의 영광과 능력과 참된 정체성(왕중왕과 심판주로)으로 나타나신다(*apokalupsis*). 또한 그분께서는 "사망을 폐하시고 복음으로써 생명과 썩지 아니할 것으로 드러내시기 위해"(딤후 1:10) 그리고 "복스러운 소망과 우리의 크신 하나님 구주 예수 그리스도의 영광"(딛 2:13)으로서 나타나심(*epipaneia*)으로 소망으로 교회를 약속되고 성취된 미래로 이끄신다.

## 2. 개인적 종말론
### 1) 죽음

종말론은 개인적 차원과 우주적 차원, 즉 죽음과 죽음을 넘어선 개인의 운명과 연관한 개인적 종말론과 인류와 현재 세계의 마지막으로서 우주적 종말론을 나누어 생각할 필요가 있다. 둘의 범주와 모양이 여러모로 다르기 때문이다. 또한 우주적 종말은 하나님께서 정하신 시간에 단회적이고 우주적으로 일어나기 때문에, 그리고 그 시간이 오기 전까지 모든 인간들이 경험하게 되는 것은 개인적 종말이기 때문에 둘 다 중요한 분야가 된다. 개인적 종말론은 무엇보다 죽음이 그 범주가 된다. "지혜자의 마음은 초상집에 있으되"란 전도서 기자의 말씀처럼(7:4) 죽음은 기피의 대상이 아니라 성찰과 궁구의 대상이 되어야 한다. 죽음은 실재이며 궁극적이고 불가피하기 때문에 결코 피하거나 외면함으로 해결될 수가 없기 때문이다. 하나님의 계시는 죽음에 대해 무엇이라고 말하며, 어떻게 죽음을 극복해야 하는지, 죽음은 언제나 부정적인 것인지, 죽음 앞에서 인간은 무엇을 소망할 수 있는지 등을 성찰해야만 할 것이다.

어거스틴은 "세상의 모든 것은 불확실하다. 그러나 죽음만은 확실하다"(incerta omnia, sola mors certa)라고 모든 인간에게 있어 죽음의 확실성과 필연성을 말하였다. 죽음을 생물학적으로 정의한다면 "한 유기체의 돌이킬 수 없는 전체적인 유기적 조직체의 기능 상실" 또는 "외부의 자극에 완전한 무반응 상태" 등 주로 기능적인 면에서 이해하고 있다. 하지만 성경에선 죽음을 관계적으로 보고 있다. 우선 "죄의 삯" 즉 결과로서 죽음이란 정의에서 (롬 6:23, 참조 창 2-3장) 죄는 하나님에 대한 거역으로 정의되고 죽음은 생명의 근원이신 하나님과의 분리로 보게 된다. 종말에 일어날 "둘째 사망"(요 21:8)은 하나님과 전적으로 분리되는 상태를 가리킨다. 또한 성경은 육적인 죽음과 영적인 죽음의 구분을 지적한다(마 10:28, "몸은 죽여도 영혼은 능히 죽이지 못하는 자들을 두려워하지 말고 오직 몸과 영혼을 능히 지옥에 멸하시는 자를 두려워하라" 참조 눅 12:4-5). 인간을 이분론(dichotomy)적으로 보는 전제를 가지고 이 구절을 보면 육체적 죽음은 영혼과의 분리로 볼 수 있다. 하지만 예수님께서 이 말씀을 하실 때 신학적으로 이분론을 지지하시려는 목적은 아니고 하나님만을 경외해야 함을 가르치시는 것이고 "몸과 영혼" 모두의 죽음은 하나님과의 영원한 분리를 말하는 것으로 해석할 수도 있어 이분론에 대한 근거로 사용될 수 없다고 주장할 수 있다. 어느 쪽을 지지하든 분명한 것은 "한 번 죽는 것은 사람에게 정하신 것이요 그 후에는 심판"(히 9:27)이 있다는 것이 성경적 가르침이다. 여기서 생각해야 할 것은 '과연 죽음은 자연스러운 것인가'이다.

최소한 죽음은 타락 이후엔 자연스러운 것이 되었다. 인간은 본래부터 죽을 수밖에 없는 존재이고(창 3:19, 22; 시 89:48; 전 2:16; 3:19-20; 7:2) 태어나는 순간 죽음으로 날아가듯 진행하고(시 90:10) 본질적으로 죽음을 전제로 살기 때문에(전 9:5) 존재 안에 헛됨을 가지고 있다(12:8). 그러나 성경은 죽음이 원래는 자연스러운 것이 아니라 죄의 결과임을 밝히고 있다(창 3:3, 22-23; 롬 6:23). 심지어 바울은 죽음을 원수로 지칭하였다(고전 15:26). 그렇다고 인간이 육체적으로나 영적으로 불멸한 존재였다가 죄 때문에 죽을 운명을 가지게 되었다고 여기는 것은 성경적으로 보기 어렵다. 성경은 분명 하나님만이 불멸하시다(딤전 6:16)고 선포하기 때문이다. 우선 영혼불멸 사상은 교회역사 초기부터 현재까지 큰 영향을 가지고 있지만 이에 대한 성경적 근거는 찾을 수 없고 플라톤적 이원론의 영향으로 보는 관점들이 현대에 이르러 많이 주장되고 있다.[7] 신학적인 입장에서 영혼불멸을 받아들이기 어려운 이유는 우선 성경에서 결정적 근거를 찾을 수 없기 때문이고, 그 다음엔 불멸이란 단어가 가진 문제가 심각하기 때문이다. 타락 전 인간이 죽음과의 관계성에서 어떻게 창조되었든 인간은 하나님의 형상으로 지음 받았고 삶과

---

7) 영혼불멸 사상은 초대 교부들이나 심지어 루터, 칼뱅 등 종교개혁자들도 지지한 사상이나 그 내용에서 플라톤적 이원론과는 분명한 차이를 보일 뿐 아니라 대부분의 교부들, 특히 종교개혁자들은 영혼불멸 사상이 플라톤의 영향으로 해석되는 것을 경계했다. 이러한 노력에도 불구하고 영혼불멸 사상은 본문에서 지적한 문제들에서 자유롭기 어렵다는 것이 본 글의 주장이다.

존재의 모든 측면에서 온전히 하나님을 의지하는 삶을 살도록 창조되었다. 하지만 비록 하나님이 그렇게 지으셨다고 가정하더라도 영혼이 불멸하게 지음 받았다고 주장한다면, 영혼은 하나님 없이도 스스로 존재할 수 있고, 나아가 스스로 가치가 있다고 결론지어야 하기 때문이다. 설혹 최초의 인간이 죽지 않을 운명을 가졌거나, 또는 최소한 죽지 않을 수 있는 가능성을 가지고 창조되었다고 하더라도 그것은 절대적인 불멸의 존재가 아니라 상대적인 불멸 상태, 즉 하나님께 의존되어 있는 이상 죽지 않는 상태로 보아야 할 것이다. 에덴 동산에 "생명나무"가 있었다는 사실은 인간이 원래부터 불멸의 존재가 아니라는 근거로 볼 수 있다(창 3:22). 또한 성경에서 구원의 결과로 받게 되는 영생을 시간을 초월한 개념이나 영원히 연장되는 무한한 시간 개념으로 설명하지 않고 특별한 형태의 삶, 즉 하나님과 그리스도와의 관계에서만 정의되는 삶으로 표현하는 것을(요 17:3, "영생은 곧 유일하신 참 하나님과 그의 보내신 자 예수 그리스도를 아는 것이니이다") 주지하여야 한다.[8] 이것이 맞다면 종말에 죽음이 정복되고 크리스천이 받게 되는 영원한 삶도 불멸의 개념이 아닌 인간이 죄를 질 가능성이 없어지므로 하나님과 분리 가능성이 없어지는 상태로 이해하여야 할 것이다.

그렇다면 죽음은 부정적인가? 죽음은 죄의 결과이고, 하나님과 분리이기에 저주이고, 많은 경우 하나님께서 형벌로 사용하시고, 모든 가능성의 상실이고, 사랑하는 사람들과 돌이킬 수 없는 이별이니 분명 부정적이다. 이러한 부정적 결과들은 특히 불신자들에게 그대로 적용되고 크리스천들에게도 최소한 표면적 영향으로 경험된다. 즉 크리스천도 죽음에서 결코 자유롭지 못하지만 그리스도 안에서 새 사람이 된 구속 받은 자들에겐 죽음조차 변화된 것으로 경험된다. 그리스도 예수님께서 십자가에서 스스로 저주가 되심으로 죽음의 저주를 감당하셨기 때문에(갈 3:13) 크리스천들에겐 죽음의 저주가

---

8) 영생을 초월된 시간으로 보는 것은 플라톤적인 개념이지 성경적 개념으로 볼 수 없다. 하지만 영생을 영원한 기간 동안 연장되는 무한한 시간 개념은 성경에서 찾을 수 있다. 다만 여기서는 인간 존재가 본질적으로 얼마나 하나님 의존적인가를 강조하기 위해 영생의 관계적 측면을 부각시킨 것이다.

사라졌다.[9] 죽음은 크리스천들에게 이미 정복되어 그 능력을 상실하였다고 바울은 선포한다: "이 썩을 것이 썩지 아니함을 입고 이 죽을 것이 죽지 아니함을 입을 때에는 사망이 이김의 삼킴 자 되리라고 기록된 말씀이 응하리라. 사망아 너의 이기는 것이 어디 있느냐? 사망아 너의 쏘는 것이 어디 있느냐?"(고전 15:54-55).

저주와 공포의 권능을 빼앗긴 사망은 크리스천에게 있어 오히려 긍정적 역할도 하게 된다. 죽음은 인간에게 스스로의 주인이 될 수 없음을 가르쳐 준다. 즉 인간은 피조물에 불과하여 창조주께 의존될 때만 죽음이 극복될 수 있다는 사실을 깨닫게 해 준다. 죽음은 하나님께서 인간과 얼마나 질적으로 차이가 있는지를 또한 깨닫게 한다. 아울러 인간은 자신의 생명만이 아니라 자신이 추구하고 소유하는 모든 것들은 죽음 앞에 얼마나 유한하고 허무한지를 깨달아 특히 크리스천들에겐 참된 소망이 무엇인지를 알게 한다. 이렇게 죽음은 인간에게 궁극적인 겸손함을 가질 수 있게 할 뿐 아니라 크리스천들은 하나님을 아는 지식이 있으므로 죽음을 통해 지혜를 얻을 수 있다 (시 90:12). 인간에게 있어 죽음은 궁극적 상실이고 허무이기 때문에 죽음을 준비한다는 자체가 무의미한 것이라고 생각할 수 있지만 크리스천에게 있어 죽음은 결코 끝이 아니고 죽음을 포함한 모든 존재의 형태가 영원하신 하나님 앞에(coram Deo) 서 있는 것이므로 참된 의미에서 죽음을 준비할 수 있게 된다.[10] 무엇보다 죽음 앞에서 크리스천들은 하나님께서만 오직 영원하심을

---

9) 밀라드 에릭슨(Millard J. Erickson), 「복음주의 조직신학: 하」 신경수 역(서울, 크리스챤 다이제스트, 1995), 373-4. 참조, Bernard Ramm, Then He Glorified (Grand Rapids: Wm. B. Eerdmans Publishing Co., 1963), 83.

10) 김균진은 죽음을 준비하는 의미가 죽음의 예행 연습이 아니라 죽음을 전제로 하는 삶의 태도임을 잘 설명하고 있다. 그에게 있어 "'죽음의 준비'는 ① 자기의 삶이 죽음으로 제한되어 있다는 사실을 늘 의식하면서 삶의 참 가치와 목적을 향하여 사는 삶의 자세를 가리키는 동시에, ② 죽음의 마지막 한계선에서 자신의 죽음을 받아들일 수 있는 죽음에의 태도 내지 준비성(Bereitschaft)을 가리킨다." 그는 또한 크리스천이 아름다운 죽음을 맞이하려면 인간의 삶이 무한하지 않고 죽음에 의해 제한되어 있음을 인지하고 "자기의 삶의 날을 계수하는 마음으로 하루하루를 하나님 앞에서 의미 있고 가치 있게 살아"가므로 "자기의 삶의 의미가 무엇인가를 알아야 하며, 그 의미를 분명히"

고백하며 살아계신 그분의 "구원의 역사"는 계속 됨을 찬양하게 된다: "이 하나님과 그의 구원의 역사가 인간의 궁극적 희망이다."[11] 그리스도 예수님의 구속 사역의 성취와, 생명을 주시고 창조하시는 성령님의 지속적 사역과, 종말에 죽음을 폐하시고 영생을 주시는 만유의 하나님 때문에 크리스천들은 믿음과 소망 안에서 더 이상 죽음을 두려워하지 않을 수 있다.

### 2) 중간 상태

죽음에 대한 논의는 죽은 후에 인간은 어떤 상태가 되는 가란 질문을 자연스럽게 가지게 한다. 중간 상태란 이름을 붙인 교리는 죽음과 부활 사이의 인간 상태에 대한 연구이다. 이에 대해선 성경에 분명한 가르침이 없을 뿐 아니라 특정한 인간론(예를 들어 이분법, 삼분법, 또는 영육 통일체론)에 따라 달라지기 때문에 궁구하기 어려운 문제이다. 특히 초대 교회에선 일부 임박한 재림이 이루어지지 않는 상황에 대한 당혹함을 느끼는 경우까지 포함해서(참조 살전 4장) 인간의 중간 상태에 대해선 관심을 보이지 않고 그리스도의 재림과 심판 후 최종 상태에 관심이 집중되었기에 중간 상태는 연구의 대상이 되기에 그 성경적 자료가 너무 부족하다. 그럼에도 죽음이 삶의 한 부분인 현실에서 가족의 일원을 떠나 보내는 사람들과, 그들을 보살피는 교회와 목회 상황에선 실제적인 사역의 문제이기 때문에 관심이 높은 주제이기도 하다. 그래서 '연옥' 교리 같이 전혀 비성경적인 주장도 나왔고 '영혼의 잠' 같은 신학적 해석이 주장되어 왔다. 목회적 중요성을 가졌지만 중간 상태 교리 자체로는 구원에 직접적 연관이 없는 지엽적인 교리에 불과 함을 반드시 인식하여야 한다. 또한 여러 가지 이유로 중간 상태에 대해 무시하거나 부정하는 것도 바른 태도가 아니다. 그렇다고 해서 비성경적인 주장들을 목회적이고 상황 윤리적인 입장에서 용인할 수 있다는 것은 아니다.

---

알아야 한다고 조언한다. 김균진,「*죽음의 신학*」(서울: 대한기독교서회, 2002), 42-43.
11) Ibid., 45.

(1) 연옥(Purgatory) 교리

우선 연옥(purgatory)은 전적으로 로마 가톨릭 교리로 히브리서 9장 27절에 근거하여 인간의 죽음 시에 즉각적인 심판, 즉 영원한 상태가 결정된다는 교리에 기초하고 있다.[12] 비 크리스천들은 지옥으로 가고 크리스천들은[13] 천국으로 가는 것이 결정되는데, 크리스천 중 천국으로 직접 갈 만큼 영혼이 성숙하거나 순전하지 않은 사람들은, 즉 용서 받을 수 있는 죄를 살아있을 때 고해성사나 선행으로 탕감하지 않고 죽은 크리스천들은 연옥으로 가서 그 죄만큼의 값을 다 치를 때까지 형벌을 받는다는 주장이다. 이 교리는 공식적으로 로마 가톨릭교회의 제2 리용 공의회와 베네딕트 XII세의 베네딕투스 데우스(Benedictus Deus) 문서, 그리고 1439년 플로렌스 공의회에서 선언되었다. 로마 가톨릭은 마태복음 12장 32절, 고린도전서 3장 15절 등을 성경적 근거로 들지만, 가장 직접적인 성경적 근거는 개신교가 인정하지 않는 외경의 하나인 마카비후서 12장 43-45절이다. 여기에 죽은 자들을 위한 기도와 속죄의 제물의 근거가 명시되어 있는 것이다. 그러나 위에 언급한 두 성경에 대한 바른 해석과 다른 여러 성경 본문들은(예를 들어 갈 3:1-14; 엡 2:8-9 등) 연옥 교리가 비성경적임을 보여주고 마카비서는 개신교에선 합당한 이유로 성경이라고 인정하지 않는다. 죄 값은 이생에서 치르지 않으면 연옥에서까지 반드시 치러야 함은 윤리적 입장에선 일단의 장점이 있어 보이지만, 구원은 인간의 윤리성이나 업적에 근거하지 않고 전적으로 하나님의 은혜로만(sola gratia), 그리고 죄 사함은 그리스도의 대속적 죽음만이라는 성경적 구원론은 연옥 교리와 조화되지 않는다. 로마 가톨릭은 연옥 교리 외에도 인간

---

12) 그렇다고 히브리서 9:27이 연옥 교리를 가르치거나 함의한다는 뜻은 아니다. 이 성경 본문은 인간의 죽음과 심판의 확정성을 말하는 것이고 로마 가톨릭은 이것을 자신들의 신학에 맞춰 죽음 직후에 최종 상태가 결정된다는 교리를 발전시킨 후, 그 교리에서 준펠라기우스적, 즉 인간의 구원은 하나님의 은혜와 인간의 행위의 협력이라는 자신들의 교리에 맞춰 연옥 교리를 만들어 낸 것이다.

13) 여기서 크리스천이란 로마 가톨릭교회에 속한 사람들을 지칭하는 것부터 무기명 크리스천, 즉 한번도 복음을 듣거나 영접하지 않았지만 그리스도를 통해 구원받는다는 칼 라너(Karl Rahner)의 주장까지 포함한 로마 가톨릭이 정의한 크리스천들을 말한다.

의 중간 상태로 그리스도 이전 시대에 죽은 하나님의 백성들이 가는 장소로 '선조 림보'(limbus partum)와 미처 세례를 통해 원죄를 씻고 교회에 입적하기 전에 죽은 유아들이 가는 '유아 림보'(limbus infantium)를 주장하여 목회적 입장에서 사람들에게 심리적 평안을 주어 교회의 영향력을 유지, 또는 키우는 데 공헌을 하지만 개신교, 특히 침례교는 성경적 근거가 없는 인간의 신학적 추론뿐이기 때문에 동의하지 않고 오직 그리스도의 재림과 심판의 확정성에만 그 소망과 믿음을 둔다.

### (2) 영혼의 잠(Soul Sleep) 교리

영혼의 잠이란 인간이 죽은 후부터 부활 사이에 그의 영혼은, 또는 그의 존재는 잠드는 것과 같이 무의식 상태로 있게 된다는 주장이다. 이 주장은 성경에서 죽음을 잠으로 비유하는 경우가 종종 있음을 근거로 삼는다(마 9:24; 막 5:39; 눅 8:52; 요 11:11, 14; 행 7:60; 고전 15:6, 18, 20, 51; 살전 4:13-15). 이 주장은 주로 인간의 영혼과 육을 하나인 통일체로 보는 견해를 가진 사람들에 의해 개진된다. 이 견해에 의하면 인간은 통일체이기 때문에 이분법이나 삼분법에서처럼 인간이 죽으면 육체는 썩어져도 의식적인 영혼이 남아 있게 되는 것이 아니라 영혼도 잠에 빠지듯이 모든 기능을 멈추거나 심지어 존재하기를 멈추었다가 그리스도 재림에 일어날 우주적 부활 시에 영혼의 잠에서 깨어나듯 부활된 상태로 존재하기 시작한다. 영혼과 육을 통일체로 보는 인간론을 가진 사람들에게 영혼의 잠은 중간 상태를 설명하기에 매력적인 교리가 될 것이지만 다른 인간론적 견해를 가진 사람들에게는 그렇지 않을 것이다. 특히 성경에는 죽은 후 인격적이고 의식적인 존재로 지속되는 듯이 이해되는 성경본문들이 있다. 그중 거지 나사로의 비유(눅 16:19-31)가 가장 직접적이지만 이 본문은 실제 있는 일이 아니라 비유라고 할 때 그 중요성이 감소된다. 하지만 주님께서 한편 강도에게 "오늘 네가 나와 함께 낙원에 있으리라"(23:43)는 말씀은 영혼의 잠 교리가 해결해야 할 어려운 문제이다. 에릭슨은 이 외에도 죽음을 잠으로 보는 것은 단지 "완곡어

법" 또는 수사적 표현이지 실제로 영혼의 잠을 지지하기 어렵다는 견해를 피력한다.[14] 하지만 에릭슨은 인간이 죽은 후 아무것도 남지 않고 소멸된다면 부활 시에 무엇이 소생할 것인지를 물으며 그럴 경우 부활한 사람은 동일한 사람일 수 없다고 주장하는 것이나, 죽음 이후의 사람을 구성하는 분자들은 파괴되었거나, 새로운 합성물들을 형성하였거나, 혹은 심지어 "다른 사람의 몸의 일부가 될 수 있기" 때문에 영혼의 잠을 반대하는 이유들은[15] 부활과 종말을 말하면서 물질불변의 법칙 등 합리적 과학을 언급하는 듯이 보여 매우 빈약한 논점으로 본다.

### 3. 우주적 종말론

우주적 종말론은 하나님 구속사의 성취로서 역사의 마지막 사건들과 의미들을 범주로 가진다. 지면의 한계로 가장 중요한 요소들을 성경적 가르침을 중심으로 가능한 간단히 다루려 한다. 반드시 언급해야 할 요소들로는 그리스도의 재림, 최후의 심판, 부활, 최후의 상태, 그리고 논쟁의 요소가 많은 교리들로는 휴거, 천년왕국, 시한부 종말, 만인 구원론 등이 있다.

#### 1) 그리스도의 재림

침례교인을 포함한 복음주의 크리스천에게 있어, 그리고 역사적 정통 기독교 신앙에 있어 그리스도의 재림은 죽음만큼이나 궁극적 확실성이다. 아니 죽음보다 더 확실한 믿음이다. 기독교에게 있어 죽음은 그 예기가 이미 꺾여서 결국 정복당할 적이며 그리스도의 재림 시에 살아있는 자들은 경험하지 않을 것임을 성경적 계시에 근거하여 믿는다. 하지만 그리스도의 재림이 없다면 하나님의 계시가 진리일 수 없으며, 따라서 크리스천의 구원도 근거가 없게 된다. 아울러 그리스도의 재림은 크리스천의 소망의 내용이자 하나님 계획의 완성으로 이르는 유일한 문이기 때문에 재림이 없다면 기독교

---

14) 에릭슨, *복음주의 조직신학*, 380.
15) Ibid.

의 정당성도 없게 된다. 이 재림의 확정성에 대해 침례교의 저명한 신약학자인 조지 래드(George E. Ladd)는 신약 성경에서 가르치는 구속 교리 중 필수불가결한 것으로, 재림이 없다면 하나님의 구속 사역은 "영원히 불완전할 것"이라고 주장했다. 그는 이어 구속사에 있어 초림 시 "구속의 중심"은 십자가이고 미래의 "구속의 완성"은 그리스도의 재림임을 천명한다.[16] 또한 그는 그리스도의 가시적이고 육체적 재림을 부인하는 풍조에 대해 우려하며, 실제적 재림이 없는 기독교 신앙은 구속사를 통해 이뤄질 하나님의 뜻과 상관없는 개인적 신앙으로 전락할 것이라고 평가했다. 그리스도의 재림만이 하나님의 뜻을 완성시키는 유일한 길인 것이다.[17] 에밀 브루너(Emil Brunner)는 그리스도의 재림에 대한 "기대가 없는 신앙은" 아무런 구속력도 없고 가치도 없는 보증이며 진정성이 없는 공허한 약속에 불과하다고 유려하게 표현한다.[18] 불행하게도 헤롤드 가이(Harold Guy), 존 로빈슨(John A. T. Robinson)을 비롯한 대부분의 자유주의 신학자들은 예수 그리스도의 육체적, 가시적, 종말적 재림을 전부 또는 부분적으로 부인하고 있다. 그러나 성경은 한 번이 아니라 여러 차례 그리스도의 재림을 확증하고 있을 뿐 아니라 무엇보다도 주님께서 자신의 재림을 직접적으로 확증하고 계신다(마 24:27, 37, 42, 44, 30-31; 26:64; 막 14:62; 눅 21:27; 요 14:3; 행 1:11; 3:19-21; 고전 1:7; 15:23; 빌 3:20-21; 4:5; 살전 2:19; 3:13; 4:15-16; 5:23; 살후 1:7, 10; 2:1, 8; 딤전 6:14; 딤후 4:1, 8; 딛 2:13; 히 9:28; 10:37; 약 5:7-8; 벧전 1:7, 13; 벧후 1:16; 3:4, 10, 12; 요일 28; 계 3:11; 22:20 등). 즉 그리스도의 재림을 제외한다면 신약 성경 전체와 초대 교회의 소망은 무너지게 된다.

그리스도의 재림은 그분께서 승천하신 그대로 다시 오시기 때문에 인격적 또는 개인적이며(요 14:3; 행 1:11; 살전 4:16) 가시적이다(행 1:11; 살전

---

16) George E. Ladd, *The Blessed Hope* (Grand Rapids: Wm. B. Eerdmans Publishing Co., 1956), 6.
17) Ibid.
18) Emil Brunner, *Eternal Hope*, trans. Harold Knight(London: Lutterworth Press, 1954), 138-9.

4:16, 히 9:28; 요일 3:2). 재림을 나타내는 중요한 세 개의 단어인 파로우시아(*Parousia*), 아포칼루시스(*apokalupsis*), 그리고 에피파네이아(*epipaneia*) 모두가 이 가시적 재림을 함의하고 있다. 그리고 그분의 재림은 영적이고 비밀스러운 것이 아니라 위의 성경 본문과 세 단어가 또한 육체적 재림임을 확인한다. 그리고 초림 때와는 반대로 승리의 용사, 왕중왕, 그리고 세상에 대한 절대적 심판주로 오신다(마 24:30; 25:31-46; 막 13:26; 눅 21:27; 살전 4:16). 그러나 그리스도께서는 자신의 재림의 시기를 짐작할 징조들은 가르쳐 주셨음에도 불구하고 정확한 시기에 대한 예측은 금하셨다. 제자들은 두 번이나(부활 전과 후에) 예수님께 그 시기를 알려 달라고 하였으나 주님께서는 "그 날과 그 때는 아무도 모르나니 하늘의 천사들도, 아들도 모르고 오직 아버지만 아시느니라"(마 24:36), 그리고 "때와 기한은 아버지께서 자기의 권한에 두셨으니 너희의 알 바가 아니요"(행 1:7)라고 시기에 대한 예측이 허락되지 않은 것임을 확정하셨다. 그러나 그분께서 재림의 시기를 알려주시지 않은 것은 재림이 불확정적인 것이라서가 아니라 단지 정확한 시간을 알려 주시지 않으시고 대신에 제자들에게, 아울러 모든 크리스천들에게 적용되도록, 재림을 전제로 하여 항상 깨어있고 세상 끝까지 증인이 되어야 함을 강조하신 것이다. 이렇게 성경은 재림의 시기를 예측하므로 매일의 일상과 제자적인 삶에서 분리되거나, 자기 수도에 치우친 구도자적인 삶을 사는 것을 재림을 준비하는 가능한 방법들로 인정하고 있지 않다. 그리스도 예수님의 재림을 전제로 해서 사는 삶이란, 즉 종말론적으로 사는 삶이란 지속적인 복음전파를 통해 유일한 소망이신 예수 그리스도를 전파하고, 성령님의 인도하심에 순응하여 그리스도의 제자로서 그분을 반영하는 삶을 살고, 착한 행실을 통해 하나님께 영광을 돌리므로 하나님이 계심을 보여주고, 나아가 자기 십자가를 지고 주님의 십자가를 쫓으므로 그리스도와 연합을 향한 삶인 것이다.

그럼에도 불구하고 그리스도 재림의 시간을 알려는 노력은 교회 역사에서 꾸준히 지속되어 왔다. 하지만 우선적으로 주님께서 그토록 분명히 금하셨고 하나님에 의해 감추어진 것이기에 시간을 안다고 하는 그 누구도 거짓을 말하는 자가 되며[19] 다음과 같은 이유로 잘못된 것이다. 첫째, 마지막 날을 알려는 노력은 역사의 전체를 알려는 노력으로 인간의 유한성에 배치되는 노력이다. 이러한 시도는 흡사 아담이 에덴 동산에서 하나님의 명령을 어기고 스스로 자존하는 존재가 되기 위해 선악과를 따먹은 의도와 같다고 볼 수 있다. 하지만 오직 시간과 공간을 초월하신 영원하신 하나님만이 이러한 전체적인 지식을 가지신다. 둘째, 마지막 날을 알 수 있게 된다면 미래는 계산하여 준비할 수 있는 대상이 되고, 인간은 미래를 조정할 수 있게 되므로 미래의 주인이 되려 하는 유물주의적인 자세로 성경적 가치관에서 벗어나기 때문이다. 미래를 인간의 힘으로 준비하고 조정하므로 궁극적 안전을 스스로의 힘으로 보장하려는 노력은 역시 인간의 유한성을 부정하고 하나님의 위치에 서려는 아담 이후로 끊임없이 존재해 온 인간의 원죄와 같은 죄 된 본성인 것이다. 이러한 노력은 종말론이 주는 교훈을 전혀 이해하지 못함에 기인한다. 종말이란 하나님께서 마련하신 목적이 그분께서 정하신 때에 이뤄지므로 인간이 해야 할 일은 자신의 삶과 목적을 그분의 목적과 때에 맞춰야 한다는 교훈을 주고 있다.[20] 미래에 대한 예견이나 그것을 위한 징조 등을 원하는 정서 저변에는 삶과 미래에 대한 불확실성에서 오는 불안과 두려움이 자리잡고 있다. 이는 어떤 경우에라도 하나님의 성품과 언약을 신뢰함으로 갖게 되는 성경적 소망에 의해 사는 종말론적 신앙을 거부하고, 미래를 조정하므로 불확실성에서 오는 불안과 두려움을 해소하려는 인간의 헛된 노력인 것이다.

그리스도 예수님의 재림에 대한 불예측성에 대한 본문들은 성경 여러 곳에서 찾을 수 있다(마 24:36-39, 42-44, 50; 25:1-13; 막 3:34-37; 눅 12:40;

---

[19] 그리스도 재림의 시기를 예언한 자들은 대표적으로 그 시기를 여러 번 예언하였으나 한 번도 맞지 않은 여호와의 증인들과 William Miller, Joshua V. Himes, Charles Taze Rusell, Edgar Cayce, Erika Berschinger, Jim Jones, Vernon Wayne Howell, Luc Jouret, Hal Lindsey, Edgar Whisenant 등 교회 역사에 많은 사람들이 거짓된 예언으로 사람들을 미혹하여 왔으나 모두가 틀렸다.

[20] Hans Schwarz, *Eschatology* (Grand Rapids: Wm. B. Eerdmans Publishing Co., 2000), 310.

살전 5:2; 벧전 3:3-4). 하지만 모든 나라에 복음이 전파되고, 대환난이 임하고, 이적과 기사를 행하는 거짓 선지자들이 일어나고, 하늘의 표적들이 보이고, 불법의 사람이 나타나고 반역이 일어나며 이스라엘이 구원되는 등 재림의 징조를 알리는 본문들 또한 여러 곳에서 보인다(마 24:14-30; 막 3:7-25; 눅 21:25-27; 롬 11:12, 25-26; 살후 2:1-10). 재림은 노아의 홍수 때처럼 아무도 예측을 할 수 없고, 스스로 안전하다고 느낄 때 갑자기 임하고, 너무 급박히 이루어지는 까닭에 준비할 시간이 전혀 없다고 한 편에서 말하지만 위에 언급한 대로 재림을 예측하게 하는 징조들을 또한 성경에서는 가르치고 있다. 이에 대해 이 두 가지 상반되어 보이는 가르침을 조화시키려는 노력이 있어왔다. 세대주의에서는 그리스도의 재림이 두 번이고 위의 성경 본문들은 각각 다른 재림에 대한 말씀이라고 제안하기도 하고, 재림에 대한 모든 표적과 징조들은 이미 성취되었기 때문에 그리스도의 재림은 언제든지 일어날 수 있다고 주장하기도 하고, 이 표적들과 징조들이 사실 언제 성취되는지는 아무도 정확히 모르기 때문에 "그리스도의 재림에 대한 기대를 더욱 고조시키는" 것으로 이해해야 한다고 주장하기도 한다.[21] 어떤 견해를 택하든지 모두가 동의하는 결론에 이르기는 어렵겠지만 성경은 분명 교회에게 항상 주님께서 언제든지 오실 수 있다는 것을 인정하는 태도로 항상 깨어있어 지속적으로 소망하고, 사모하고, 준비하고 있어야 함을 권고하고 있다. 그리스도께서는 성부 하나님께서 정하신 시간에 재림하실 것이고, 그 시간을 알 수 없기 때문에 그리스도께서는 언제든지 재림하신다 말할 수 있다. 그분께서 아무도 예상치 못할 시기에 오신다 해도 종말론적 신앙을 가지고 주님의 재림을 소망한 크리스천들에게는 사랑하는 사람이 예상보다 일찍 왔을 때 느끼는 기쁨의 놀라움이 있을 것이고 재림을 부정하고 무시한 사람들에게는 도적같이 임하시는 재림이 되어 두려움과 후회의 놀라움이 될 것이다.

---

21) 웨인 그루뎀(Wayne Grudem), 『조직신학, 하』, 노진준 역 (서울: 은성, 2007), 307-405.

### 2) 휴거: 그리스도의 비밀스런 공중 재림

그리스도의 재림과 연관하여 휴거를 성찰할 필요가 있다. 휴거는 세대주의 신학의 해석법에 근거한 교리이다. 즉 이스라엘과 교회의 철저한 분리를 근거로 한 신학적 전제와 교회 시대를 다니엘의 70주 중(단 9:24-27) 69주와 70주 사이의 중간기 또는, 하나님께서 이스라엘에 대한 언약의 진행에서 추가적 시기로서, 소위 "괄호 안의 시기"라고 보는 관점에서 생겨난 교리이다. 찰스 라이리(Charles Ryrie) 등 세대주의 신학자들의 강변에도 불구하고 휴거는 교회 역사에 없던 주장이었다가 19세기에 영국 플리모스 형제교회(Plymouth Brethren Church)의 존 다비(John Nelson Darby)에 의해 처음 체계적으로 주장되었고 미국 최초의 주석 성경인 스코필드 바이블(Scofield Bible)과 홀 린제이(Hal Linsey) 등의 대중적 소설에,[22] 그리고 달라스 신학대학원(Dallas Theological Seminary), 탈봇 신학대학원(Talbot Theological Seminary), 그레이스 신학대학원(Grace Seminary) 등의 신학 교육에 의해 널리 인기 있는 교리가 되었다.

세대주의적 전천년주의와 전환란기론에 의하면 그리스도의 재림은 두 단계에 걸쳐 일어나는데 첫 번째는 7년 대환난이 일어나기 전 공중에 비밀스런 재림, 즉 교회 성도들을 위한 '나타나심'이 일어나 교회를 데려가신다는 주장이다. 7년 대환난이 끝날 때 그리스도께서는 다시 한 번 재림을 하시는데 이때는 교회와 함께 오시는 지상 재림이 되며 지상에서 천년왕국을 세우신다는 주장이다. 첫 번째 공중 재림, 즉 교회를 데려가시기 위해 오시는 비밀스런 재림을 휴거라고 불렀다. 이 교리의 성경적 근거는 "그 후에 우리 살아남은 자도 저희와 함께 구름 속으로 끌어 올려 공중에서 주를 영접하게 하리니"(살전 4:17)로서 "끌어 올려"의 라틴어 표현인 라피오(*rapio*)에서 파생한 단어가 휴거(rapture)의 근거가 된 것이다. 세대주의는 재림을 의미하는 세

---

22) 린제이는 휴거를 소설화시켜 대중들이 대환난과 휴거로부터 제외될 것을 두려워하게 하여 교단과 신학적 전통을 넘어 세대주의가 아닌 많은 교회들과 크리스천들이 휴거 교리를 자연스럽게 받아들이도록 하는데 큰 공헌을 하였다. 대표적인 소설은 Hal Linsey, *The Late, Great Planet Earth* (Grand Rapids: Zondervan, 1970)이다.

단어 중 파로우시아(*Parousia*)가 휴거를 의미하는 단어이고 나머지 두 단어는 주님의 두 번째 재림을 지칭한다고 주장한다. 이 파로우시아가 바로 대환난이 시작 되기 전에 이 세상으로부터 구출 될 신자들의 복된 소망이라고 주장한다.[23]

많은 침례교인을 포함한 전천년주의자들은 이 세대주의의 영향을 받아 휴거 교리를 받아들였지만 그렇지 않은 사람들도 다수 있다. 모든 세대주의자는 전천년주의자이지만 모든 전천년주의자가 세대주의자가 아니고 모든 전천년주의자가 이러한 내용의 휴거 교리를 받아들이지는 않았다.[24] 휴거 또한 위에서 말한 내용과 시기와 달리 환란기 중간(Gleason Archer 등) 또는 후에 일어난다고 주장한 학자들도 있다. 그중 래드는 휴거를 그리스도 재림 시 죽은 자들은 모두가 부활하지만 살아남은 성도들은 죽음을 맛보지 않고 부활한 몸으로 변화를 입고, 공중으로 들려 올림을 받아 신랑 되신 그리스도를 맞이하여 지상으로 다시 내려오는 것이 바로 바울의 의도였다고 주장하므로 세대주의적 휴거와 다른 주장을 하였다.[25] 원래 들림을 받았다라는 단어의 어원인 아판테이시스(*apantesis*)는 중요한 방문자를 맞아 함께 떠나는 것이 아니라 맞이해 들이는 환영의 의식으로 사용되었기에 래드의 주장을 뒷받침한다.[26] 그렇다면 세대주의의 성경에 충실하고 그물망 짜듯 하는 노력

---

23) 이 문단에서 소개한 휴거의 내용은 소위 일단의 고전적 세대주의자들(Classical Dispensationlists)에 의해 주장되었고 대중적으로 인기를 끌어 알려진 형태를 소개한 것이다. 휴거의 시기와 내용은 특히 진보적 세대주의자들(Progressive Dispensatioalists)를 포함한 여러 학자들에 의해 여러 가지 형태가 제안되었다.

24) 블룸버그(Craig L. Blomberg)는 전천년주의 입장에서 휴거를 온건하게 그러나 분명히 비판하고 있다. 크레이그 블룸버그(Craig L. Blomberg), "Why I am a Historic Premillennialist" *Criswell Theological Review*, n.s., 11/1(Fall 213), 71-87. 이 글은 특히 한국적 상황과 맥락을 고려하고 있다는 점과 무천년주의에 대한 성찰력 있는 비판도 도움이 된다.

25) George E. Ladd, *A Theology of the New Testament*, rev. edition (Grand Rapids: Wm B. Eerdmans Publishing Co., 1993), 610-1.

26) Erick Peterson, "*apantesis*," *Theological Dictionary of the New Testament*, vol. I. ed. Gerhard Kittel, trans. Geoffrey W. Bromiley(Grand Rapids: Wm. B. Eerdmans, 1964), 380.

에도 불구하고 신약 성경 어디에도 교회가 환난 전에 들림을 받아 올라간다는 가르침의 결정적 증거를 찾기는 어렵다는 주장은 힘을 얻을 수 있다. 또한 신약 성경에서 그리스도의 재림이 두 단계로 일어날 것에 대한 결정적 가르침을 찾기가 힘들다. 즉, 그리스도의 비밀스러운 공중 재림은 세대주의 신학 구조에 의한 성경 해석이 아니고선 동의하기 어려운 것이다. 예를 들어 "번개가 동편에서 나서 서편까지 번쩍임 같이 인자의 임함도 그러하리라"란 구절에서도(마 24:27) 그리스도의 재림으로 파로우시아(*Parousia*)가 쓰였지만 이것을 공중의 비밀스러운 재림으로 보긴 어려운 것이다. 무엇보다 휴거가 교회의 복된 소망이 된다는 것은 십자가 신학으로 보는 성경해석법과 대치가 된다. 주님은 크리스천과 교회에게 환난 때 함께 하시고 이기도록 능력을 주시고 그들을 위해 그 시기와 고난의 정도를 감해 주신다고 약속하셨지 환난 또는 고난의 면제를 약속하신 적이 없기 때문이다. 오히려 교회와 크리스천의 고난은 그리스도를 증거하고 그분에 대한 소망을 키우므로 세상과 자신들에게 복이 되는 것이다(살후 1:6-7, 벧전 1:7, 13; 벧후 4:13). 나아가 크리스천의 삶의 방식은 자기들의 십자가를 지고 주님의 세상을 위해 짊어지신 십자가를 쫓는 것이므로 환란에서 면제 되는 휴거와 조화될 수 없다는 것이다. 설혹 세대주의적 휴거설이 그 주장대로 맞는다고 하더라도 최소한 휴거가 교회의 복된 소망이란 사상은 버려야 하는 것이다.

### 3) 천년왕국(Millennial Kingdom)

천년왕국은 "…그리스도로 더불어 천년 동안 왕 노릇하니"(계 20:4)라는 성경에 근거하여 크게 세 가지 또는 네 가지 견해로 주장되어 왔다. 천년왕국은 최후의 심판에 앞서 그리스도께서 신자들과 함께 이 땅을 가시적으로 다스리시는 기간을 지칭한다. 계시록 20장 전반부가 이 교리의 유일한 성경적 근거이며 교리의 통일성에 이르지 못했을 뿐 아니라 성경은 물론 요한계시록 안에서조차 중요한 교리가 아닌 부수적 교리의 위치에 불과하여 모두가 동의할 수 있는 일관되고 정확한 교리가 되는 것은 불가능하다. 천년왕국설의 성경적 위치는 교리의 중요성으로는 미미하지만 어느 관점의 천년왕국설을 택하는지는 많은 경우 개개인의 신학적 전제에 의해 택해질 뿐 아니라 종말과 교회의 삶을 이해하는 전제 역할을 하기 때문에 중요하다.

우선 후천년주의(Postmillennialism)는 매우 낙관적인 견해로서 하나님의 나라가 각 개인의 마음 안에서 시작되었고 성공적인 복음 전파로 인해 악은 무시해도 될 만큼 축소되고 세계는 기독교화되었을 때 그리스도께서 재림하신다고 주장한다. 이 견해에 따르면 하나님 나라는 미래가 아닌 현재적 실재로서 천년왕국을 문자적인 왕국으로 그리고 그 기간을 1,000년으로도 보지 않고 상징화하여 교회 시대와 동일시하는데, 대환난이 없이 그 시대가 완성된 후에 재림이 일어나기 때문에 후천년설이라 불리게 된 것이다. 복음은 정치, 사회, 문화, 경제 등 삶의 모든 면에 영향을 끼쳐 교회만이 아니라 세계를 진보적으로 만들어 결국 세계는 기독교화 될 것이라 주장한다. 그리스도의 재림은 가시적이고 모든 인간들의 부활이 있다고 믿는다.

이 낙관적인 견해는 시대 조류에 영향을 받아 해석된 교리이고 시대적 상황에 따라 받아들여졌다. 초대 교회 첫 3세기는 핍박의 시기였기에 현재 전천년설에 가까운 종말론적 사조가 교회를 이끌었지만 로마제국의 기독교화 후에 교회의 폭발적 성장에 힘입어 낙관적인 후천년주의가 대두되었다가 로마제국의 패망과 더불어 사그러 들었다. 그 후 19세기와 20세기 초 서양 제국주의의 팽창과 더불어 철학적으로 진보 사관이 그 정점을 이루었고, 이방 세계에 대한 기독교 선교가 유례없이 확장되고 사회복음 운동이 강렬해지는 시기에 후천년주의는 진보 사관으로 무장하며 또 다시 힘을 입었다. 개인 전도와 회심을 강조한 복음주의와 달리 사회 변혁을 강조한 자유주의는 기본적으로 후천년주의를 신봉하였으나 소수의 복음주의자들도 선교적인 측면에서 후천년주의를 수용하였다. 또한 1930년대 히틀러 치하의 극단적 민족주의 발흥에 맞춰 독일 교회도 국가적 시책과 천년왕국을 동일시하는 주장을 하였다. 그러나 두 번의 세계대전을 거치면서 진보 사관은 쇠퇴하였고 따라서 후천년주의도 급격히 쇠퇴하여 지금은 복음주의에선 소수만이 수용하지만 선교적 구호와 동기 부여 속에 그 사상이 남아 있다. 후천년설은 성경적 근거로 구약에서 하나님의 영광과 이름이 만천하에 널리 알려지거나 찬양되는 구절이나(시 47편; 72편; 100편; 사 45:22-25; 호 2:23), 신약에서 땅 끝까지 복음이 전파될 것을 가르친 구절들(마 24:14; 28:18-20)을 들지만[27] 후천년설을 반대하는 직접적이고 분명한 많은 성경의 가르침들이 또한 존재한다(마 7:13-14; 24:12-30; 눅 18:8; 살후 2:2-4:24; 딤후 3:1-5, 12-13; 4:3-4). 특히 예수님의 재림 전에 일어날 일들에 대한 계시는 매우 부정적인 것을 감안하면 후천년주의는 성경적 가르침이기보다는 진보적 시대 조류를 통해 성경을 본 것으로 보인다.

무천년주의(Amillennialism)는 천년왕국설 앞에 '없다'는 접두어 'a'를 붙인 이름이다. 이름의 문자적 의미대로 이 땅 위에서 행해지는 천년 동안의 통치로서 천년왕국은 실재적인 것이 아니라는 주장이다. 미래적 천년왕국은 없고 오직 그리스도의 다스리심은 재림 전에는 오직 영적인 것으로 크리스천 개인의 영이나 교회의 삶에만 실재한다고 믿는다. 하나님의 나라는 교회 시대에 이미 현존하다가 교회 시대가 끝날 때 천년왕국의 중간에 전이 기간 (transitional period)이 없이 영원한 하나님 나라가 도래한다고 무천년설은 믿는다. 이 견해에 따르면 그리스도의 재림에 앞서 성경에 계시하는 이스라엘의 회개(롬 11:26), 배교와 대환난의 발생(마 24:2-24; 막 13:9-22; 눅 21:22-24), 적그리스도와 거짓 선지자들의 출현 등이 일어나고 그 후에 그리스도께서 가시적, 육체적, 그리고 개인적 재림을 하시는데 그날과 시간은 그 누구도 알 수 없다. 주님의 재림은 신자, 비신자를 망라한 모든 사람들의 부활과 그들에 대한 심판이 행해진다. 이 무천년설은 후천년처럼 역사를 지나치게 낙관적으로만 보지 않기 때문에 20세기 후천년주의가 쇠퇴한 후 그 자리를 대신한 견해이다. 그러므로 주장하는 학자들 사이에 차이를 보이기는 하지

---

[27] 이 점에 대해 그루뎀은 "지상명령은 그리스도에게 주어진 권세에 관해 말하지만, 반드시 그리스도께서 이 세상의 대다수의 인구를 회심시키기 위해서 그 권세를 사용하실 것을 의미하는 것은 아니다"라고 설명한다. 또한 세상은 "점점 기독교화되어"가고 있기보다는 "점점 악해지고 있다는 것도 사실임을 강조"한다. 그루뎀, *조직신학*, 433.

만 후천년주의와 여러 측면에서 동일하고 심지어 어느 면에선 구분이 불가능하기까지 하다.[28] 또한 무천년주의는 성경, 특히 구약의 예언들을 미래적으로 보지 않고 과거에 성취된 역사적이거나 상징적으로만 보는 문제가 있다.

전천년주의(Premillenniallism)는 주님의 재림 전에 있게 될 가시적이고 지상적인 천년왕국을 인정한다(계 20:1-15; 고전 15:23-26). 그리고 그리스도의 재림 전에 세상은 매우 악하게 될 것이고(살후 2: 3-1; 딤후 3:1-5; 벧후 3:3-7) 적그리스와 거짓 선지자들이 나타나(벧후 2:1-22; 요일 2:18-19; 요이 1:7) 대규모적 기적 행사로 많은 사람들을 미혹하여 큰 배도가 일어나며 아마겟돈 전쟁으로 불리는 마지막 전쟁에 이르러 환란은 절정에 이르게 된다(벧후 3:8-13; 계 6:5-17; 8:6-13; 9:1-21; 14:17-20; 16:16, 17-21; 17장). 그러나 결국 주님의 재림으로 모든 악의 세력은 처참하게 패하고 그리스도께서 교회와 함께 다스리시는 천년왕국이 시작된다(계 20:4-6). 천년왕국은 이스라엘 왕국의 시대가 신약의 교회 시대를 예비하였듯이 천년왕국도 새 하늘과 새 땅으로 일컬어지는 영원한 하나님의 나라를 예비하는 목적을 가진다. 이러한 기본적 관점을 가지고 있는 전천년주의는 역사적, 그리고 세대주의적 전천년주의로 나뉜다.[29]

먼저 역사적 전천년주의(Historical Millennialism)는 세대주의와는 달리 교회와 이스라엘의 연계성을 강조하고 성경, 특히 예언의 모든 것을 문자적으로 이해하지는 않는다. 또한 세대주의적 휴거에 동의하지 않고 교회가 대환난을 겪을 것으로 믿는다. 이 견해에 따르면 천년왕국은 미래적이고, 가시적이고, 실재적이지만 그리스도의 다스리심은 이미 그리스도의 부활과 더불어

---

28) 에릭슨, *복음주의 조직신학*, 419.
29) 여기서 역사적 전천년주의와 분명한 차이를 보이는 세대주의는 고전적 세대주의(Classical Dispensationalism)의 주장이고 진보적 세대주의(Progressive Dispensationalism)는 역사적 전천년주의와 그 차이가 많이 줄어들고 있다(불룸버그, 75). 진보적 세대주의에 대해 유익한 소개서는 Craig A. Blaising &Darrell L. Bock, Progressive Dispensationalism(Bridge Point: Wheaton, 1993). 짧은 글은 Craig A. Blaising, "Premillennialism: A Progressive Dispensationalism" *Criswell Theological Review*, n. s. 11/1(Fall 2013): 63-70.

영적으로 시작되었다고 주장한다. 그리고 이 영적 다스림은 그리스도의 재림과 신자들의 부활에 두 번째 단계로 진행되고, 마지막 날, 최후의 심판 때 완성될 것으로 설명한다. 문자적 천년왕국을 수용하지만 메시야적 왕국은 훨씬 더 확장된 개념으로 이해하는 것이다. 그래서 교회 시대는 대환난 끝까지 지속되며 그 끝에 주님께서 재림하셔서 천년왕국을 세워 부활된 육체를 가지고 다스리실 것으로 이해한다.

세대주의는 교회와 이스라엘의 분명한 구분과 이스라엘과 맺은 하나님의 언약은 교회로 전이되거나 대체되지 않고 반드시 이뤄지는데(시 72:1-20; 사 2:1-4; 11:1-9, 11-16; 65:18-25; 렘 23:5-6; 31:31-34; 미 4:1-4; 슥 14:1-9) 천년왕국을 바로 그 시기로 본다. 교회는 이스라엘이 스스로 언약으로부터 멀어진 유예기간 동안 그리스도의 복음을 세상에 전파하다가 7년 대환난 전에(전환란기론) 휴거 되지만, 교회의 복음은 7년 환난기간 동안 이스라엘의 남은 자들에게(계 7:3-8에 나오는 십사만 사천 명의 인침을 받은 이스라엘 사람들) 하나님의 말씀을 기억나게 하는 역할을 한다. 모든 견해 중에서 세대주의적 전천년주의는 철저한 문자적 해석의 입장을 견지하여 성경을 있는 그대로 해석하려는 노력은 높이 사나 지나친 부분들에 의해 특히 종말론에서는 성경의 예언 이상을 신학적으로 만들어 내어 오히려 이성합리주의적이고 상식실재주의(common sense realism)의 철학에 빠진 오류라고 비판받기도 한다.[30]

---

30) 여기서 소개하는 상식실재주의 철학에 대한 설명은 매우 제한적이고 부분적인 것을 인지해야 한다. 이 철학의 전체를 설명하는 것은 여기서는 불가능한 일이기 때문에 자세한 설명 없이 이 사조가 가진 문제의 개연성을 지적하는 것에 불과하다는 것을 미리 알려둔다. 상식실재주의(common sense realism) 철학의 본 이름은 스코틀랜드 학파의 상식실재주의 철학(Scottish School of Common Sense Realism Philosophy)이다. 이 철학은 18-19세기 영국에서 유행되었던 사조로 데이비드 흄(David Hume)의 철학, 즉 인식론적이고 형이상학적이고 도덕론인 회의론을 극복하려는 시도였다. 최초의 주창자는 장로교 목회자였던 토마스 리이드(Thomas Reid)로 그는 외부의 대상에 대한 인식을 직관적 지식, 즉 상식과 자연적 실재에 의해 가능하다고 주장하였다. 그 이유는, 리이드의 주장에 따르면, 인간의 정신은 하나님에 의해 실재에 대한 직접적 지식을 가질 수 있도록 구성되었기 때문이다. 이것이 인간의 상식으로 이 상식은 증명될 필요가

어떤 천년주의도 모두가 동의하고 성경을 바로 해석했다고 하기엔 첫째, 성경적 근거가 너무 부족하고, 둘째, 성경적 예언의 해석이 어려운 부분들이 많고, 셋째, 모든 천년주의 견해들이 자체적으로 작고 크게 오류 또는 한계를 가지고 있다는 점을 인지해야 한다. 무엇보다 천년왕국설이 직접적인 구원에 관계된 교리가 아니므로 어느 한 견해를 진리의 중심처럼 주장하거나 다른 견해를 이단시하는 것은 바람직하지 않다. 그렇다고 모두가 맞거나 천년왕국에 대해 의도적으로 외면하는 것은 더욱 옳은 태도가 아니다. 비록 짧은 지면의 한계로 충분하고, 심지어 필요한 논의도 충분히 하지 못했지만 역사적 전천년주의가 그래도 비교적 가장 오류가 적고 성경에 충실한 면을 좀 더 가지고 있다고 판단할 수 있다. 오직 성경만이 무오하고 완성되었고, 성경 외의 모든 책과 견해는 완전하지 못하고 성경에 의해 분석, 평가, 비판받아야 한다. 따라서 모든 신학은 완성되지 않고 더 발전되어야만 한다. 특히 천년왕국설은 그러하다.

### 4) 부활

인간의 궁극적 확실성이고 실재인 죽음에 대해서 모든 것이 무로 돌아가는 끝으로 보거나, 불교나 힌두교 등처럼 환생설이나 플라톤 철학처럼 영혼 불멸과 영육의 이원론을 통해 육신의 죽음을 영혼의 해방으로 보는 등의 이해를 제시하고 있지만 기독교는 그리스도 예수님의 부활과 성경의 계시를 근거로 모든 사람들의 부활에 대한 신앙을 견지한다. 성경은 부활에 대해 분

---

없는 자명한 것이기 때문에 이 상식을 통해 하나님과 자연과 외부에 대한 실제적 지식을 가질 수 있게 되는 것이다. 흄의 회의론과 칸트의 불가지론은 하나님을 학문적 대상에서 제외해 버렸는데 이 상식실재주의 철학은 하나님에 대한 객관적 지식이 가능하다고 하여 기독교 신학을 객관적 지식으로, 즉 과학으로 만드는데 공헌을 하게 되었다. 그래서 소위 "구프린스톤 학파"(The Old Princeton School)의 보수주의적 신학자들의 기본 철학이 되었다. 하지만 마찬가지로 예일의 자유주의자들, 하버드의 단일론자들(Unitarians)에 의해서도 사용되었다. 그러나 기독교 신앙이 과학이 되었을 때 한편으로 기독교를 이성합리주의자들의 비판과 공격으로부터 변호할 수 있는 도구가 되지만, 신앙은 이성합리주의의 방법론과 범주 안에서 갇히게 된다.

명하고 확신적인 계시를 하고 있다. 신약만큼 발전된 부활에 대한 강조가 없지만 구약에서도 여러 곳에서 부활 신앙을 피력하고 있다(시 17:15; 73:24-25; 잠 23:14; 사 26:19; 단 12:2; 겔 37:12-14). 신약 기자들도 부활 신앙을 구약의 가르침에서 찾고 있다(막 12:24-27; 행 2:24-32; 13:32-37; 히 11:19). 또한 그리스도 예수님의 부활과 그 부활에 기초한 사도들의 신앙과 가르침들은 부활 신앙을 확인해 주고 있다.

성경은 분명 그리스도 예수님의 부활은 역사적이고, 육체적이고, 가시적이고, 인격적임을 기록하고 있다. 부활로 말미암아 예수님께 주님과 하나님의 아들이란(롬 1:4) 호칭이 주어졌고, 교회란 기독교 공동체는 예수님의 부활 때문에 그분께서 바로 그리스도시며 하나님의 아들이란 해석과 신앙에 도달할 수가 있었다. 기독교의 첫 설교의 중심은 그리스도의 부활이었고(행 2:23-24, 32; 3:14-15; 4:10; 10:39-40) 그 부활의 역사성은 기독교 신앙이 설 수 있는 토대였다(고전 15:12-19).

그리스도께서 첫 창조의 주체이시자 시작이셨듯이(요 1:3; 골 1:16) 주님의 부활은 모든 인간들의 마지막 부활의 예표이자 보증으로 새 창조, 즉 완전한 창조의 시작점이 된다. 하나님께서 능력으로 죽은 그리스도를 변화된 몸으로 다시 살리셨듯이 그리스도의 부활은 하나님께서 모든 죄와 타락에도 불구하고 현 창조계를 포기하지 않으시고 구속과 변화를 통해 새 창조에 이르게 하심의 보증과 증거이기 때문에 그분의 부활은 진정한 소망이 된다. 비록 발전된 형태는 아니지만 구약에도 부활에 대한 기대를 찾아 볼 수 있으나, 부활 신앙은 유대교 배경에서 점진적으로 발전되어 온 것이 아니라 근본적으로 그리스도 중심적이다. 바울이 그리스도께서 부활하시므로 "잠 자는 자들의 첫 열매가 되셨도다"(고전 15:20)라고 선포할 때 단지 그리스도께서 모든 사람들이 부활할 것에 앞서 첫 번째 부활하신 분이시거나 예표에 불과하다는 것이기보다 그분의 부활은 만인 부활을 가능케 한 근거이자 범주가 된다고 이해해야 한다. 왜냐하면 그리스도께서는 자신의 죽음으로 인간들의 죄를 대속하셨고, 자신의 부활로 죽음의 권세를 이기시므로 인간들의 구원과 부활을 가능케 하셨기 때문이다. 부활은 다시 살아났다가 결국 죽는 소생(resuscitation)이 아니라 영생으로 다시 살아남기 때문에 그리스도의 부활은 현시대에 유일무이한 사건일 뿐 아니라 새 시대적 삶의 원형이 된다. 즉 주님의 부활이 없다면 어떤 사람들의 부활도 가능치 않고 모든 부활은 그리스도의 부활에 의거한다. 그래서 침례를 통해 그리스도의 죽음과 부활에 연합하는 예식을 하는 것은 그분이 구원의 주체이시자 부활의 소망의 대상이란 고백 정도가 아니라 그분께 연합하지 않으면 구원받을 수도 부활할 수도 없음을 고백하는 것이다. 종말적 신앙이란 이런 측면에서 표현한다면 성령님에 의해 시작된 그리스도와 연합을 통해 교회의 일원이 되고 그리스도의 몸이 됨에 합당한 삶을 지속적으로 살아가므로 그 연합의 완성을 소망하고 준비하는 것이다. 부활의 실재는 죽음이 존재의 끝이 아니라 미래에 대해 열려 있음이고, 부활을 주시는 생명의 하나님이 유일한 소망이심에 대한 고백이며, 인간의 죄에도 불구하고 구원하시길 기뻐하시는 사랑의 하나님에 대한 증거이며, 마지막 원수인 죽음에 대한 전능자께서 내리시는 심판의 선고이다.

부활은 단지 영적인 것만이 아닌 육신을 포함한 전인적 부활을 의미한다(롬 8:11; 고전 15:44; 빌 3:20-21). 그리스도의 부활은 그리스도의 영화된 모습을 미루어 전적으로 변화된 모습을 가지게 될 것으로 여겨지므로 부활은 단지 현 상태의 지속이나 더 나아진 상태가 아니라고 결론지을 수 있다. 이 것을 바울은 "썩을 것으로 심고 썩지 아니할 것으로 다시 살며, 욕된 것으로 심고 영광스러운 것으로 다시 살며, 약한 것으로 심고 강한 것으로 다시 살며, 육의 몸으로 심고 신령한 몸으로 다시 사니니"(고전 15:23-33)라고 표현하였다. 또한 그분의 부활을 통해 죽기 전의 개인적 정체성이 유지됨을 또한 알 수 있다. 그러나 그것은 죽기 전과 동일한 본성과 모습을 유지한 정체성이 아니라, 영화(glorified)되어 영원한 삶에 합당하게 변화되어, 죄와 유한한 본성과는 단절되었지만 개인으로서 정체성이 유지되는 것이다. 그러나 그리스도 재림 시 일어날 부활은 크리스천에게만 해당되는 것이 아니라 모든 사람에게 적용되는 것이라고 성경은 가르친다. 단지 신자는 "생명의 부활로"

비신자는 "심판의 부활로" 나아오게 된다(요 5:28-29; 행 24:14-15).

### 5) 최후의 심판

성경은 분명히 최후의 심판을 선포하고 있다(마 16:27; 25:31-33; 요 5:27-29; 행 17:31; 24:25; 롬 2:5; 고전 4:5; 히 9:27; 10:2. 벧후 3:7; 계 20:11-15). 그러나 이 최후의 심판은 "지금-여기"만을 위해 사는 현대인들에겐 가장 거리끼는 개념이고 심지어 교회에서조차 부정적으로 여겨 종말론을 기피하게 하는 요인이 되고 있다. 스스로 인정하지 않아도 모든 인간들은 죄인이기 때문에 그 죄성에 의해 심판을 본능적으로 두려워하고 부정하려고 한다. 그리고 자유주의 신학 등에서 하나님의 성품을 사랑으로만 강조하는 오류에 의해 최후의 심판은 유명무실한, 심지어 미신적인 것으로 간주되기까지 한다. 특히 심판의 절대적 기준이 인간의 윤리성이 아니라 그리스도와의 관계라는 성경에 바탕을 둔 복음주의의 주장은 여러 측면에서 공격과 따돌림을 받는 이유가 되기도 한다. 그러나 침례교인은 최후의 심판이 가진 부정적인 요소들은 바로 죄의 결과이고 그리스도 안에 있는 성도들에겐 오히려 간절히 기다려지는 것임을 인정한다: "그리스도께서는 모든 사람들을 의 안에서 심판하실 것이다: 불의한자들은 영원한 형벌이 있는 장소인 지옥으로 가게 된다. 의로운 자들은 그들의 부활되고 영화된 몸으로 상급을 받게 될 것이고 주님과 함께 천국에서 영원히 살게 될 것이다."[31] 그리스도 안에 있는 자들에게 있어 최후의 심판은 형벌을 받게 되는 심판이 아니고(요 5:24) "그들의 삶의 정당성을 입증해 줄" 것이고,[32] 그들의 선택이 옳았음을 입증할 뿐 아니라 모든 불의와 불공평과 고난과 창조의 한계성에 대한 해결과 극복과 승리가 된다.

심판의 주체, 즉 심판주는 예수 그리스도이시다(마 25:31-33; 행 10:42; 고

---

31) Charles S. Kelley Jr., Richard Land, & R. Albert Mohler Jr. *The Baptist Faith & Message* (Nashville, TN: LifeWay Press, 2007), 113. 저자 번역.
32) 에릭슨, *복음주의 조직신학*, 406.

후 5:10). 그분은 하나님으로부터 심판의 권위를 위임받으셨고(요 5:22, 27) 영광의 보좌에 앉으셔서 모든 나라를 심판하시며(마 25:31-33) 공의로 심판하실 것이다(행 17:31). 그리고 심판의 대상은 모든 사람들이다(마 25:32; 롬 14:10; 고후 5:10; 히 9:27). 더 나아가 악한 천사들도 심판을 받게 될 것이고(벧후 2:4) 선한 천사들은 모든 사람들을 심판대에 모으므로 심판주 그리스도를 돕는 역할로 심판에 참여하게 될 것이다(마 13:41; 24:31). 그 심판의 근거는 개개인의 선악 간의 행위이지만(요 5:29; 고후 5:10) 계시된 하나님의 말씀으로서 그 말씀에는 율법도 포함되어 있고(롬 2:12) 궁극적으로는 바로 "하나님의 그 말씀"(the Word of God)이시고 살아계신 말씀이신 예수 그리스도이시다. 결국 그리스도를 영접하기를 거부하는 자들은 구원에의 초청이었던 주님의 복음이 오히려 심판을 위한 증인이 될 것이다(요 3:17-21; 12:46-48). 그리고 한 번 선고된 심판은 취소되거나 변개치 않는 최종적이다(마 25:46). 즉 인간 개인은 그리스도에 대한 그의 응답에 따라 영원한 상태가 결정되는 것이다(요 3:16-18, 36; 5:24, 26-29). 최후의 심판은 우선 "하나님의 주권과 하나님의 영광을 나타낼 것"이고, "각 사람이 받게 될 상급과 심판의 정도를 나타낼 것"이며, "한 사람으로 하여금 그리스도에 대한 자신의 시인 여부를 선택할 기회를 제공"하는 장소가 될 것이다.[33] 최후의 심판을 하나님께서 기준이 없거나 보복적 기준에서 선고를 하신다고 이해해선 안 된다. 그분께서는 "외모로 보시지 않고 각 사람의 행위대로 판단하시는 분"(벧전 1:17)이시며 "외모로 사람을 판단하지 않으"시는(롬 2:11) 공의로우신 분이시므로 그분의 심판에 대해 아무도 불평할 수 없게 될 것이다(롬 3:19; 계 19:1-2).

여기서 가지게 되는 의문은 인간이 구원받는 것은 전적으로 하나님의 은혜이지 인간의 행위가 아니라는 구원 교리와 하나님께서 행위대로 심판하신다는 최후의 심판 교리가 어떻게 조화될 수 있는가이다. 인간의 행위는 그 사람의 의지의 표출로서 신앙적인 측면으로 보자면 결국 하나님과의 관계를 반영한다. 즉 하나님 앞에선 인간의 행위는 자신이 하나님과 그분의 기준인

---

33) 사우어, *평신도를 위한 종말론*, 128.

선에 맞추어졌는지 아니면 떠나 있는지를 보여주는 객관적 기준이 된다. 그렇다면 행위에 따라 심판하는 것은 믿음으로 구원받는, 즉 하나님과의 관계에 의해 구원받는다는 가르침과 다르지 않다. 야고보서에 따르면 행위는 믿음이 있는지 없는지에 대한 기준이 되기 때문이다. 그러므로 믿음과 연관된 행위는 인간적 윤리가 기준이 아니라 바로 하나님의 은혜 안에 있는 상태의 표출이며 그분께 의존된 삶을 말한다. 이런 의미에서 심판의 기준은 인간의 행위이지만 결국 전적으로 하나님의 자비에 의존된 것이다. 그분의 자비는 이미 예수 그리스도의 십자가에서 대속적인 죽음이라는 최고의 형태로 베풀어졌다. 그 죽음을 의지하여 그리스도 안에 있는 자들은 하나님의 자비에 전적으로 의지한 자들이고 새로운 삶의 형태를 가지게 된 자들이므로 최후의 심판에 하나님의 자비에 따른 결과가 주어지게 된다. 즉 인간의 행위는 자기의 도덕성의 발로이거나 선을 이루려는 목적이 아니라 자기가 하나님의 자비에 속하여 모든 삶의 부분에서 그분의 뜻에 반응하는지를 나타내는 객관적 증거가 되는 것이다. 이런 의미에서 최후의 심판이 왜 그리스도를 믿는지 안 믿는지가 절대적 기준이 되는지에 대한 설명이며, 십자가에서 이미 결정된 것에 대한 실행인 것이다.

### 6) 새하늘과 새땅, 그리고 영원한 상태

그리스도의 재림은 마지막 심판을 대단원으로 드디어 역사는 완성되고 의로운 자들이나 불의한 자들이나 영원한 상태로 들어가게 된다. 의로운 자들, 즉 그리스도 안에 있는 자들은 하나님의 신적 성품에 참여하여 천국에서 영원한 삶을 허락받게 되고 불의한 자들은 다시는 회복의 기회가 없이 소위 지옥이라는 곳에서 영원한 형벌을 받게 된다.

천국은 하나님 나라에 대한 마태복음적 표현이다(마 13:24, 31, 44, 47; 20:1; 22:2; 25:1). 신약에서 하늘은 하나님의 거처로 나타난다. 예수님이 가르쳐 주신 기도가 대표적으로 여러 곳에서 "하늘에 계신 너희 아버지"(5:16, 45; 6:1; 7:11; 18:14) 또는 "하늘에 계신 내 아버지"(7:21; 10:32, 33; 12:50;

16:17; 18:10, 19)란 표현이 나오고 있다. 주님께서는 하늘에서 내려오신 분으로 표현이 되고(요 3:13), 하나님 옆에서 수종을 드는 것으로 알려진 천사들도 하늘에서 내려오고(마 28:2; 눅 22:43) 하늘로 돌아간다(눅 2:15). 그리고 마지막 날에 그리스도께서 나타나시는 것도 하늘로부터이다(살전 1:10; 4:15; 살후 1:7). 또한 바른 해석을 하려면 문맥에 대한 이해가 필요하지만 주님께서는 최후의 만찬 시에 제자들에게 처소를 마련하기 위해 "아버지 집" 즉 천국으로 가신다고 말씀하셨다(요 14:2-3). 때때로 하늘은 하나님에 대한 동의어로 성경에서 사용되었다(마 21:25; 눅 15:18, 21; 요 3:27).[34] 바로 이 천국이 그리스도 안에 있는 자들이 영원히 살게 될 장소이다(살전 4:17).

천국에 대해 인기는 있지만 바르지 못한 이미지는 "큰 물질적인 즐거움이 있는 장소"로 "지상에서 가장 소망하였던 모든 것이 최대한으로 성취되는 장소로 묘사"되므로 천국을 "단순히 지상적인(혹은 심지어 세속적인) 상황들이 확대된 것처럼" 여기는 것이다.[35] 그러나 이것은 천국을 물질화시켜 궁극적으론 별 의미가 없는 곳으로 전락시키는 잘못된 견해이다. 과학과 물질문명의 발전에 의해 현재의 한계와 부족함을 채워나가 궁극적인 상태를 이뤄나간다고 믿게 된 현대에선 이런 식의 천국은 소망하고 추구될 가치를 상실하게 되기 때문이다. "모든 눈물을 그 눈에서 씻기시매 다시 사망이 없고 애통하는 것이나 곡하는 것이나 아픈 것이 다시 있지 아니하리니"(계 21:4)라는 말씀에 의거해서 천국에서의 삶은 분명 행복하고 기쁜 삶이 될 것이다. 그러나 여기서 기쁘고 행복한 것은 단지 물질에 대한 풍요로운 누림이거나 개인적인 원함이 성취되는 곳이기 때문으로 생각하는 것은 성경적 근거가 없을 뿐 아니라 천국을 이방 종교적인 개념으로 보거나 세상의 연장으로 보는 오류이다. 천국이 행복하고 기쁜 것은 크리스천들이 소유하게 될 상급이나 영원한 삶 자체가 아니라, 하나님이 새로운 창조를 통해 성도들을 포함한 모든 것을 변화시키시고("… 처음 것들이 다 지나갔음이러라… 내가 만물을 새롭

---

34) *TDNT*, vol. 5, 521-2.
35) 에릭슨, *복음주의 조직신학*, 437.

게 하노라" 21:4-5), 더 이상 먹이 사슬에 갇혀 다른 생명의 값으로 살아가는 삶의 형태가 그치기 때문이며("… 나는 알파와 오메가요 처음과 나중이라 내가 생명수 샘물로 목마른 자에게 값없이 주리니" 21:6), 생명과 진리와 의미의 근원이신 하나님과의 분리되지 않는 영원한 관계에 들어가기 때문이다("나는 저의 하나님이 되고 그는 내 아들이 되리라" 21:7). 한 마디로 천국은 하나님의 임재이다. 하나님의 임재가 나타나는 것이 바로 영광이다. 그러므로 천국은 하나님의 영광이 가득한 곳이 되고, 그 영광이 사람들이 존재하며 기쁨의 찬양을 하는 곳이 될 것이다. 그렇기 때문에 천국은 영원한 예배의 장소가 될 것이다.

하나님께서는 인간을 하나님의 형상으로 지으시고 가장 친밀한 교제의 대상으로 삼으셨고 기뻐하셨다(창 2장). 그러나 인간은 하나님과 함께하기 보다 스스로 자기 삶의 주인이 되고자 하나님을 거역하여 죄에 빠지게 되었다. 그러나 하나님은 그분의 놀라운 은혜로 인간을 죄의 삯인 사망, 즉 멸망에 놔두시지 않으시고 구원하시기 위해 구속사를 계획하여 시작하시고, 성자 예수님을 통해 십자가에서 대속 죽음을 통해 구원을 성취하시고, 성령님을 통해 이끄시고 가능케 하시어, 마지막 날에 그분의 백성들을 천국으로 이끄시어 첫 창조의 의도였던 인간과 영원한 교제를 천국에서, 즉 "새 하늘과 새 땅"에서 완성시키실 것이다. 이때가 바로 모든 것을 복종시키시어 "하나님이 만유의 주로서 만유 안에" 계시므로(God will be all in all, 고전 15:28) 우주와 창조는 영원 속으로 완성되게 될 것이다. 에릭슨은 천국의 특징 중 하나로 안식을 제시하며, 안식은 "단순한 활동의 정지일 뿐만 아니라, 결정적인 중요성을 갖고 있는 목표에 도달하는 경험"이라고 바르게 설명한다.[36] 안식은 지적한 바와 같이 단지 노동이 그친 상태가 아니다. 노동은 인간에게 삶을 유지시킬 뿐 아니라 생산성과 소유의 보장을 통해 자신의 삶의 주인이 되게 한다고 믿어지는 방법으로 현대인에게 여겨지고 있다. 즉 노동을 통해 하나님이 필요 없는 삶을 살 수 있으므로 노동을 신성하게까지 여기게 된다. 크

---

36) Ibid., 439.

리스천들은 이러한 수단인 노동을 의도적으로 그치고 예배를 드리고 성도의 교제와 봉사를 위해 시간을 사용하고 교회를 위해 헌신을 하여 안식의 참 된 의미를 기리고 연습한다. 즉 안식의 참된 의미는 오직 하나님만이 삶의 근원이시자 그 유지를 가능하게 하시는 분이심을 고백하는 것이다. 천국은 이 고백이 바로 실재화되고 영속화되는 곳이 될 것이다. 즉 영원한 안식에 들어가 오직 하나님의 은혜와 생명으로만 만족하고 기뻐하며 충만하게 살아가게 될 것이다. 그러므로 이 땅 위에서 교회는 바로 이러한 하나님을 의지하는 삶을 경험하는 곳이고 세상을 향하여 종말적인 삶의 평화와 기쁨을 제시하는 곳이어야 한다.

요한계시록 21장 1-8절은 구속받은 하나님의 백성들이 영원히 살 곳인 천국에 대해 "새 하늘과 새 땅"이란 표현을 쓰고 있다. 이것은 이사야서의 예언과(사 65:16; 66:22) 베드로후서 3장 13절에 나오는 예언의 성취이다. 이 성취는 하나님의 창조적 활동, 즉 새 창조에 의해 이루어지는데, 첫 창조는 무에서 유가 창조된 것에 반해 새 창조는 현 창조를 전적으로 변화시키는 현 창조로부터의 창조이다. 신약에서 사용된 "새로움"(new)을 뜻하는 헬라어 단어는 두 개인데 네오스(*neos*)와 카이노스(*kainos*)가 있다. 네오스는 "시간 안에서 새로움"이고 카이노스는 "본질에서 새로움"으로 더 나아진다는 의미를 함의하고 있다.[37] 바로 카이노스가 바울이 그리스도 안에 있는 사람은 누구나 "새 창조"라고 말할 때 사용한 단어로써(고후 5:17) "새 하늘과 새 땅"이 무에서 유로서가 아닌 현 창조의 변화임을 잘 보여준다. 즉 첫 창조 후 인간의 타락으로 함께 타락하고 왜곡되었던 세상은 완전히 변하여("처음 땅이 없어졌고 바다도 다시 있지 않더라" 계 21:1) 온전한 상태가 되었다. 요한계시록 21장 5절에서 주님께서 "내가 만물을 새롭게 하노라"고 선포하신 것은 하나님의 구속 사역이 완성되는 것을 가르친다. 구약과 신약에서 많은 곳이 바로 이 순간을 예언하고 있다: "새 언약"(렘 31:31); "새 이름"(사 62:2; 계 2:17; 3:12); "새 노래"(사 42:10; 계 5:9; 14:3); "새 영"과 "새 마음"(겔 11:19; 18:31;

---

37) *TDNT*, 388.

36:26). "새 땅"은 바로 "새 예루살렘"이 하늘로부터 내려와 위치할 곳으로(계 21:2), 바로 "하나님의 영광이 있어 그 성의 빛이 지극히 귀한 보석 같고 벽옥과 수정 같이 맑"은 곳이다(11절). 종말적 완성은 단지 크리스천들이 천국으로 올라가 영원히 사는 것이 아니라 천국이 내려와(2절) 세상을 변화시키고 완전히 새롭게 하여 "새 땅"이 되는 것이다. 이 "새 땅"이 의미하는 바는 단지 타락한 창조계의 새로워짐 뿐만 아니라 하나님의 창조의 완성인 것이다.

성경은 불의한 자들의 미래에 맞게 될 영원한 상태가 지옥이라고 가르치고 있다. 이 영원한 형벌은 초대교회 때부터 지지되었고 가르쳐져 왔지만 18세기 초부터 자유주의 신학자들에 의해 비이성적인 것으로 거부가 시작되었고, 19세기에 이르러 그 거부하는 세력이 더욱 커졌고, 현대에도 사그러 들지 않고 있다. 만인구원론 또는 보편주의는 특히 이 지옥에 대한 교리를 부정하는데 그들은 하나님의 공의를 배제하고 오직 사랑만 그분의 성품으로 강조하기 때문이다. 사우어의 정리에 의하면 그들의 신학적 논거는 세 가지인데: "① 하나님의 목적은 만유를 원래의 존엄성에로 회복하는 것이다(행 3:21), ② 이러한 회복의 수단은 그리스도를 통해서 이루어진다(롬 5:8; 히 2:9), ③ 이 회복의 성격은 모든 사람과 하나님과의 연합이다(고전 15:24-28)."[38] 일견하기엔 아무런 문제가 없어 보이고 이 세 가지 논거 모두 성경적 근거가 충분해 보인다. 하지만 문제는 죄를 미워하시고 심판하시는 하나님의 거룩성과 그에 따른 성경 전체에 퍼져 있는 계시를 의도적으로 무시하거나 배제한 데에 있다. 보편주의자들은 일단의 성경 본문을 거론하며(엡 1:9-10; 빌 2:10-11) 이 세상에서 구원받지 못한 사람들도 결국 그리스도 재림에 의해 진실을 깨닫고 영접하게 될 것이라는 주장을 한다. 하지만 모든 것을 "그리스도 안에서 통일 되게" 하는 것이나 모두가 "예수 그리스도를 주라 시인" 하는 것이 모든 사람의 구원을 뜻하지 않는다. 특히 계시록은 멸망당하는 자들도 그분을 인정하는 모습을 볼 수 있고 "타락한 인간을 하나님과의 교제로 회복시키는 것이 아니라, 다른 조치들 가운데에서, 죄를 주님께 굴복

---

38) 사우어, *평신도를 위한 종말론*, 134.

시킴으로써 창조의 조화를 회복하는 것이다."[39]

지옥에 대한 성경적 이미지들은: "영영한 불"(마 25:41), "바깥 어두운 흑암"(8:12), "영원한 벌"(25:46), "고난"(계 14:10-11), "무저갱"(9:1-2, 11), "하나님의 진노"(롬 2:5), "둘째 사망"(계 21:8), "주의 얼굴과 그의 힘의 영광을 떠나 영원한 멸망의 형벌"(살후 1:9)이다. 지옥은 여러 면에서 천국과 반대되는 개념이다. 그렇다면 제일 우선되고 근본적인 특징은 바로 하나님의 부재이다. 죄 가운데 사는 인간들은 자기들의 마음에 "하나님 두기를" 싫어하지만(롬 1:28), 그럼에도 불구하고 당장은 큰 문제가 없이 살 수 있는 이유는 아직 하나님의 일반적 은혜 가운데 살고 있기 때문인 것이다. 하지만 하나님의 부재, 즉 생명과 의미와 행복의 근원이신 하나님과 분리가 얼마나 고통스럽고 비참한 상태인지는 지옥에서 깨닫게 될 것이다.

## III. 종말론 교리의 교회를 위한 적용

지금까지의 논의를 통해 주님의 교회는 미래는 준비하는 것이 아니다는 결론에 이르러야 한다. 미래는 사람들이 준비하든지 안 하든지 하나님께서 정하신 시간에 그리스도 예수님께서 재림하셔서 심판하시고 만물을 새롭게 하실 것으로 돌이키거나 변할 수 없게 정해졌다. 교회에게 있어 미래는 살아가는 것이다. 하나님의 구속 계획의 완성과 하나님의 나라라는 미래에 의해 매일의 삶을 살아가는 것이다. 즉 그리스도의 재림을 전제로 사는 것이다. 이 재림을 전제로 사는 첫 번째 태도는 역사와 삶에는 하나님께서 정하신 의미와, 부여하신 가치와, 이끌어 가시는 분명한 방향이 있음을 인정하는 것이다. 이것을 위해 순환적 시간관에 익숙한 문화와 관점을 직선적 시간관으로 바꾸는 노력을 해야 한다. 순환적 시간관에서는 궁극적 의미가 없으므로 영원에 대한 소망을 버리고 오직 현세의 고통을 해결하는 목적만을 가지게 된

---

39) 에릭슨, *복음주의 조직신학*, 446.

다. 매일의 순환적이고 반복적인 삶에도 불구하고 시간과 삶에 의미가 없다는 세상이 가르치는 생각에 지속적으로 저항을 하며 매일, 매 순간이 하나님의 뜻에 의해 살 수 있고, 그럴 때 삶의 의미와 존엄과 가치가 있음을 교회는 서로를 격려하고 인정할 수 있도록 도와야 할 것이다. 비록 기도가 응답되지 않는 듯한, 그래서 현재의 고난과 어려움이 지속되어 삶이 나아지지 않을 듯한 절망에 빠지는 사람이 없도록 서로서로 기도의 삶을 격려할 뿐 아니라 주님의 이름으로 서로의 아픔을 짐 지고 돕는 성도의 교제를 통해 소망의 하나님의 손길을 느낄 수 있도록 해주어야 할 것이다. 분명한 방향과 의미가 시간과 삶에 있다는 의미는 크리스천은 삶의 책임을 져야만 한다는 의미인데 이렇게 매일의 삶을 사는 것이 궁극적인 것에 책임을 지는 삶이 될 것이다. 주님의 재림 시 심판대 앞에 책임 있는 자로 서는 것은 이렇듯 매일의 삶의 태도로 인해 가능해지기 때문이다.

    재림을 전제로 사는 두 번째 태도는 종말을 사모하며 사는 것이다. 종말을 사모하며 사는 삶은 소망에 의해 사는 삶이다. 종말은 끝이 아니라 새로운 시작이자 영원을 향한 바른 시작이기 때문에 종말을 사모하며 사는 삶은 영원 속에서 삶의 의미를 찾으며 주님과 함께 하는 영원한 삶을 소망하는 것을 의미한다. 크리스천에게 있어 소망의 이유는 과거에 십자가에서 죽으신 예수 그리스도이시고, 부활하신 주님이시고, 다시 오실 심판주이시다. 그분의 삶과 사역과 운명은 크리스천이 왜 이러한 특정한 삶, 즉 교회와 예배와 복음의 삶을 살아야 하는 이유를 설명하며, 그 삶이 결국 가장 존엄하고 가치 있으며 옳았다는 정당성의 증거가 된다. 이 소망 때문에 크리스천들은 말씀을 붙잡고 매일의 고난과 아픔을 서로 나누어짐으로써 극복하며 살아가기도 해야 하지만 이러한 극복과 해결은 결코 이 땅에서 성취되지 않는다는 것을 인정하는 삶을 살아야 한다. 극복과 해결을 위한 노력을 지속하면서도 그 성취는 인간의 노력이 아니라 하나님께서만 하실 수 있는 것이라는 믿음의 역설이 소망의 근거가 될 수 있다. 극복과 해결이 되지 않아도 절망하지 않고 극복과 해결이 되어도 그것이 삶이 추구하는 전부라고 만족하지도 않는다.

이 땅에서의 삶은 결코 이 땅에서 상급이나 성취로 완성되는 것이 아니라 미래에 하나님께서 하실 일의 성취에서 주어지는 것이라는 믿음이 소망의 실재가 될 것이다.

주님께서는 반드시 성경에 계시하신 데로 재림하시고 심판하실 것이다. 이것이 진실이라는 것은 재림의 사건이 실제로 일어나기 전까지는 오직 교회만이 입증할 수 있다. 이것을 입증하여 주님이 필요하다는 것을 세상이 알게 하므로 교회는 세상의 소망이 될 수 있다. 이 일을 위해 교회는 존재한다. 그리스도 안에서 교회라는 특정한 삶의 형태를 통해, 하나님이 누구신지를 반영하고 거룩에 의해 판단하고 복음을 가르치며 소망을 살아가는 것이 종말론적 삶을 사는 것이다. 교회는 "마라나타 주여 오시옵소서"란 고백이 얼마나 능력이 되며 소망이 되며 진리가 되는지를 입증하며 살아야 하고, 이것을 잊는다면 교회 됨도 상실하는 것이고, 교회가 이 사명을 잊으면 세상도 그리스도 예수님께서 유일한 소망되심을 알 길이 없게 된다.

# ■ 참고문헌

## 1. 국내서적

김균진, 「죽음의 신학」, 서울: 대한기독교서회, 2002.

## 2. 번역서

Erickson, Millard J. 「복음주의 조직신학: 하」 신경수 역. 서울, 크리스챤 다이제스트, 1995.

Grudem, Wayne, 「조직신학, 하」, 노진준 역. 서울: 은성, 2007.

Sauer, Val J. 「평신도를 위한 종말론」, 서울: 나눔사, 1992.

Sauter, Gerhard. What Dare We Hope? Reconsidering Eschatology. 「소망의 이유를 묻는자들을 위하여: 종말론

입문」, 최성수 역. 서울: 한들출판사, 1999.

## 3. 외국서적

Bauckhan, Richard & Hart, Trevor. *Hope Against Hope: Christian Eschatology at the Turn of the Millennium*. W. B. Eerdmans, 1999.

Blaising, Craig A. & Bock, Darrell L.. *Progressive Dispensationalism*. Bridge Point: Wheaton, 1993.

Blomberg, Craig L. "Why I am a Historic Premillennialist" *Criswell Theological Review*, n.s., 11/1, Fall: 2013.

Brunner, Emi. *Eternal Hope*, trans. Harold Knight. London: Lutterworth Press, 1954.

Garrett, James L. Jr. *Systematic Theology: Biblical, Historical, & Evangelical*, vol. 2. Grand Rapids: Eerdmans, 1990.

Grenz, Stanley J. *Theology for the Community of God*. Grand Rapids: Broadman &

Holman, 2000.

Kelley, Charles S. Jr., Land, Richard, & Mohler, R. Albert Jr. *The Baptist Faith & Message*. Nashville, TN: LifeWay Press, 2007.

Ladd, George E. *The Blessed Hope*. Grand Rapids: Wm. B. Eerdmans Publishing Co., 1956.

_____. *A Theology of the New Testament*, rev. edition. Grand Rapids: Wm B. Eerdmans Publishing Co., 1993.

Linsey, Hal. *The Late, Great Planet Earth*. Grand Rapids: Zondervan, 1970.

Moody, Dale. *The Word of Truth*. Grand Rapids: W. B. Eerdmans, 1981.

Moore, Russell D. "The Doctrine of Last Things" in *A Theology for the Church*. Daniel L. Atkins ed. Nashville: B & H Publishing, 2007.

Peterson, Erick. "*apantesis*," *Theological Dictionary of the New Testament*, vol. I. ed. Gerhard Kittel, trans. Geoffrey W. Bromiley. Grand Rapids: Wm. B. Eerdmans, 1964.

Ramm, Bernard, *Then He Glorified*. Grand Rapids: Wm. B. Eerdmans Publishing Co., 1963.

Sauter, Gerhard. *Eschatological Rationality: Theological Issues in Focus*. Grand Rapids: Baker Books, 1996.

Schwarz, Hans. *Eschatology*. Grand Rapids: Wm. B. Eerdmans Publishing Co., 2000.

Strong, Augustus H. *Systematic Theology*. Westwood, N.J.: Reell, 1907.

Theissen, Henry C. *Lectures in Systematic Theology*, rev. by Vernon D. Doerksen. Grand Rapids: Eerdmans, 1979.

Tinder, Glenn. *The Fabric of Hope*. Grand Rapids: W. B. Eerdmans, 1999.

# 10장
# 침례교회의 신학적 정체성

# BAPTIST SYSTEMATIC THEOLOGY

# 10장. 침례교회의 신학적 정체성

조동선

## I. 성경의 권위

침례교인들은 종종 "그 책의 사람들"(The People of the Book)이라 불린다. 왜냐하면 침례교인들은 신앙과 그 신앙의 실천에 있어서 하나님의 계시로 기록된 성경이 "최고의 권위와 절대적 충분성"을 가지고 있다고 믿을 뿐만 아니라 그들의 모든 종교적 문제에 있어서 이런 신념을 실제로 적용하고자 하기 때문이다.[1] 그래서 침례교인들은 "이것이 성경이 가르치는 것인가?" 혹은 "성경은 이것에 대해 무엇을 말하는가?"라는 질문들을 한다. 침례교인들이 왜 신자의 침수 침례를 교회의 멤버십의 조건으로 요구해 왔는가? 하나님의 계시인 성경이 이 원칙을 가르치고 순종을 요구하기 때문이다. 1609년 처음으로 네델란드에서 침례교회를 시작한 스미스(John Smith, 1570-1612)나 그의 교인 중 한 명으로 영국 최초의 침례교회를 시작한 헬위스(Thomas Helwys, 1575-1616 )나 초기 칼뱅주의적 침례교회인 특수침례교회들은 1640년대까지는 유아 세례를 거부하고 신자만의 침례(관수례)를 시행했으나 침수의 형태를 회복하지는 못했다. 그러나 그들은 곧 성경 연구를 통하여 성경적 침례는 신자라는 자격뿐만 아니라 침수라는 형태까지도 요구한다는 확신을 갖게 되었고 그 이후로는 관수례를 허용하지 않고 오직 침

---

1) R. M. Dudley, "The Distinctive Baptist Way: Our Reasons for the Separate Existence of the Baptists," Timothy and Denise George, eds., *Baptist Why or Why Not* (Nashville: B&H, 1996), 26.

수만을 성경에서 유일하게 가르치는 침례의 형태로 가르치고 고백해 왔다.[2] 칼뱅주의 신학을 가지고 있던 특수침례교회들(Particular Baptist churches)의 첫 신앙고백문인 제1차 런던 신앙고백서(The London Confession of Faith, 1644) 40항은 성경이 요구하는 침례의 유일한 형태는 물 아래로 몸이 완전히 잠기는 것이라고 선언하고 있다. 알미니안적 신학을 가지고 있던 일반 침례교인들(General Baptist churches)의 표준 신앙고백(The Standard Confession of Faith, 1660) 11항은 유아에게 관수례를 주는 것을 금하고 신자의 침수 침례를 주는 이유를 다음과 같이 설명한다. 첫째, 유아에 대한 관수례가 "성경에 근거가 없는 것"(Scriptureless thing)이다. 둘째, 성경에서 침례는 "담그는 것"(to dip)을 의미하는데 관수례는 "침례라 잘못 불린 것"(falsely called Baptisme)이다. 침례교인들은 기독교 역사에서 보존된 정통 신학과 교회의 건강한 전통을 존중하지만 그 어느 것이라도 성경의 명백한 가르침과 위배될 때에는 비록 자신들의 전통(관수례)이라도 버리고 성경의 가르침(침수)에 순종했던 사람들이다.

침례교인들과 다른 개신교인들의 차이는 성경이 신앙과 행습에 있어서 최고의 권위를 갖는다는 고백이 아니라 그 고백의 일관된 실천에 있다. 침례교인들이 신자의 침수 침례를 주장한 것은 교회적인 전통이 아니라 성경의 권위가 침례의 의식에서 인정되고 준수되어야 한다는 그들의 확신 때문이다. 침례뿐만 아니라 중생한 자만의 교회 멤버십, 회중 정치, 개교회의 자치성과 지역 교회들 간의 협의, 전신자들의 제사장 직분 등은 침례교회가 시작될 당시에는 실행되기 어려운 신념들이었다. 그리고 성경의 권위에 대한 순종이 언제나 쉽거나 유쾌한 것만은 아니었다. 역사적으로 침례교인들은 자신들의

---

2) 1640년대에 특수침례교회가 침수를 침례의 형태로 채택하였고 1644년 그들의 첫 공동 신앙고백문인 제1차 런던 신앙고백문(The London Confession of Faith) 40항에서 침례의 유일한 합법적 형태로 침수를 선언하였다. 일반침례교회는 1650년대에 침수를 채택하였고 1660년 그들의 첫 공동 신앙고백문인 표준 신앙고백서(The Standard Confession) 11항에서 침례는 곧 물에 잠기는 것이라고 선언한 이후 그 어떤 침례교 신앙고백서도 침례의 방법에서 침수를 선택사항으로 제시하거나 관수례의 가치를 인정한 적이 없다.

신앙을 지키는 과정에서 로마 가톨릭뿐만 아니라 같은 개신교인 성공회, 장로교회들, 회중교회들로부터도 엄청난 핍박을 받았다. 그럼에도 불구하고, 17세기 초의 침례교인들은 "자신들의 신앙을 부인하기보다는 차라리 핍박을 받을 뿐만 아니라 가진 재산과 자신들의 목숨마저도 희생할 것을 결심한" 사람들이었다.[3] 침례교인들에게는 성경만이 우리가 예배하고 섬겨야 할 하나님에 대한 지식, 의무를 기록하고 있으며, 성경만이 "어느 곳이나 언제나 모든 성도에게 요구되는 거룩과 순종의 법"이다.[4] 성경만이 하나님을 예배하고 섬기는데 필요한 "모든 구원얻는 지식, 믿음 그리고 순종에 대한 유일하게 충분하며, 확실하며, 오류가 없는 법"이며 하나님은 자신의 뜻을 모두 성경으로 기록되게 하셨다.[5] 따라서 유일하게 충분하며, 확실하며, 오류가 없는 하나님의 법인 성경은 그 어떤 전통이나 경험보다 우월한 권위를 갖고 있기 때문에 모든 전통과 경험은 늘 성경을 통해 평가받아야 한다. 이것이 초기 침례교인들이 가톨릭과 성공회의 비성경적인 전통뿐만 아니라 인간의 내적 경험을 계시의 수준으로 격상시킨 퀘이커 교도들의 내적 빛(inner light)이라는 사상을 정죄한 이유이다. 1679년에 나온 정통 신조(The Orthodox Creed) 37항은 성경의 충분성과 신성한 권위와 완전한 영감성은 우리로 하여금 소위 직접 영감이라고 주장하는 꿈이나 예언적 예견 혹은 어떤 사람에 의한 영감도 부인해야 한다고 주장한다. 이는 오늘날 소위 은사운동을 한다고 하면서 성경의 계시를 인정하지만 성경뿐만 아니라 계속된 예언이 필요하다는 주장을 반박하는 것이다.

침례교인들이 성경의 권위에 절대적으로 순종하려고 했던 것은 성경의 모든 부분이 하나님의 영감으로 기록되었으며 성경이 확정하는 것은 어떤 것

---

3) *The Standard Confession of Faith*, 서문.
4) *The first London Confession*, 8항.
5) *The Second London Confession* (1689), 1.1: "The Holy Scripture is the only sufficient, certain, and infallible rule of all saving knowledge, faith, and obedience… Therefore it pleased the Lord… to commit the same wholly unto writing; which makes the Holy Scriptures to be most necessary, those former ways of God's revealing His will unto His people being now completed."

이라도 오류가 없다는 성경 원전의 무오성에 대한 신앙 때문이다. 성경의 모든 부분, 즉 사상과 문자가 모두 영감되었다는 축자 영감설과 성경은 영적인 부분뿐만 아니라 역사, 과학에 있어서도 성경이 확정한 것들은 오류가 없다는 무오성은 침례교만의 신앙은 아니다. 이것은 기독교 역사에서 지켜져 온 우주적 교회의 공동 유산이다. 물론 이런 관점은 현재 크게 도전을 받고 있다. 많은 사람들이 성경의 무오성은 교부들이나 종교개혁가들에게서는 찾아볼 수 없는 것이며 기껏해야 19세기 중엽 이후부터 발전된 구 프린스톤 학파(The Old Princetone School)의 보수적 신학으로 기독교 역사에서는 새로운 신학적 산물이라고 주장한다. 또한 남침례교회에서 탈퇴한 중도주의자, 자유주의 침례교인들이 만든 협동 침례교(Cooerpativce Baptist Fellowship, 이하 CBF)는 탈퇴의 이유로 당시 보주주의자들의 성경 무오성을 인정할 수 없다는 것이었다. CBF는 자신들이 성경의 영감과 권위를 누구보다도 인정한다는 말도 잊지 않았지만 성경의 무오성을 인정하지 않고 성경의 역동적 영감설(성경의 구원에 대한 내용은 영감된 것이나 역사적, 과학적 기술은 오류가 있으며 문자가 영감되었다고 믿지는 않음)을 믿는 사람은 분명히 성경의 전체적인 영감성을 믿지 않는 것이다. CBF의 대표적 신학자이며 머서 대학교(Mercer University)의 교수인 셔든(Walter B. Shurden)은 성경의 무오성을 전천년주의나 닫힌 주의 만찬(closed communion)과 같이 개인의 선택 사항이며 침례교 신앙의 주변 교리들 중 하나로 규정하고 있다.[6] 성경은 결코 무오성을

---

[6] Walter B. Shurden, *The Baptist Identity: Four Fragile Freedoms*(Macon, GA: Smyth and Helwys, 1993), 58. CBF의 대표적 평신도 리더들은 카터(Jimmy Carter)와 클린턴(Bill Clinton)이고, 대표적인 신학자는 셔든이며 Mercer University가 CBF의 대표적인 학교이다. CBF는 "자유"(freedeom)를 침례교회의 가장 근본적인 가치로 보며 특별히 개인과 개교회의 자유를 강조한다. 이런 신학을 잘 나타낸 것이 Shurden의 책 *The Baptist Identity: Four Fragile Freedoms*(Macon, GA: Smyth & Helwys, 1993)이다. 중도주의자들과 자유주의자들은 성경의 무오성을 부인하며 여성 목사를 지지한다. 다만 중도주의자들은 성경이 무오하지는 않지만 구원의 문제에 있어선 가장 큰 권위라고 생각한다. 반면 자유주의자들은 성경이 여러 신학의 자료들 중 하나에 불과하다. 또한 동성애에 대하여 중도주의자들은 대체로 부정적인 반면, 모든 자유주의자들은 매우 긍정적이다.

주장한 적이 없기 때문에 우리도 그런 것을 주장해서는 안 된다는 것이다.

이미 이 책의 '계시론'에서 성경의 영감과 무오성이 논의되었고 저자는 한국 침례교회의 목회자들과 교회들이 성경의 축자 영감설과 무오성을 고백한다고 전제를 하기 때문에 이 부분에 대한 주석학적, 교리적 논의는 하지 않겠다. 그러나 침례교회가 이 두 신앙을 정통 기독교와 교류해 왔다는 역사적 사실을 지적할 필요가 있다. 왜냐하면 중도주의 침례교인들은 이 교리들이 기독교 정통 신학의 내용도 아니었으며 침례교회의 역사적 유산도 아니라고 주장하기 때문이다. 5세기 어거스틴은 성경의 저자들이 "오류로부터 자유로 웠다"(free from errors)라고 말했다. 만일 오류처럼 보이는 것이 있다면, 그것은 "성경 사본이 오류가 있거나 번역자가 원문의 의미를 파악하지 못했거나 아니면 내가 이해하지 못하고 있는 것이라고 말하는데 주저하지 않겠다"라고 어거스틴은 성경 원전의 무오성을 주장한다.[7]

16세기 루터는 "성령과 성경이 사용한 단어들뿐만 아니라 구문 조차도 신성한 것이다"라고 말했으며 요한복음 16장 16-23절을 해석하면서 어거스틴이 성경을 "무오한"(inerrant) 것이라고 묘사했음을 자신의 독자들에게 상기시켰다.[8] 초기 17세기 영국 침례교인들도 원전의 무오성을 믿고 있었다. 제2차 런던 신앙고백서(The Second London Confession, 1677/89) 1.8은 구약과 신약 원문들의 즉각적인 영감을 지적하고 있다. 또한 일반침례교회의 대표적인 신학자인 그랜썸(Thomas Grantham, 1634-92)도 성경 원전의 무오성(inerrancy of autographs)을 옹호했다. 그러나 원전도 없기 때문에 현재의 사본으로 번역된 성경도 하나님의 말씀으로 믿을 수 없다는 공격에 직면했을 때, 그는 이렇게 답하였다. 첫째, 원전이 보전되지 않은 것은 하나님의 섭리 가운데 악한 자들에 의해서 진리가 훼손되는 것을 막기 위한 것일수도 있다. 둘째, 신약 시대의 모든 교회들이 신약 성경들의 원본을 사용할 수는 없었기 때문에 그것들은 복사되어 사용되었을 것이다. 즉 원전의 사본이 하나님

---

7) Augustine, *Letter* (Letter of St. Augustine to St. Jerome), 82. 3.
8) Luther, *WA*, 40 III, 254; *WA*. 34 I, 347.

의 말씀으로서의 권위를 상실하는 것이 아니다. 셋째, 현 사본들 속에 오류가 있을 수 있지만 사본들의 숫자가 많기 때문에 사본들의 비교를 통해 오류를 알아 낼 수 있다. 따라서 하나님의 섭리 가운데 보존된 사본들을 신실하게 번역한 개신교의 영어 성경은 하나님의 말씀으로 인정되어야 한다.[9] 스펄전(Charles Spurgeon, 1834–1892)은 성경의 첫 장부터 마지막까지 어떤 실수라도- 그것이 자연적 또는 물리적 과학에 대한 것이든 역사에 대한 것이든 - 존재한다는 것을 믿을 수 없다고 했다. 그는 만일 성경의 그 어떤 부분이라도 하나님의 말씀이 아니라면 성경은 자신에게 "단 1페니의 가치도 없다"고 설교하였다.[10] 만일 성경에 오류가 있다면 그리고 그 오류로부터 진리를 가려내야 한다면, 우리에게는 오류가 없는 안내자가 반드시 필요하다. 문제는 우리가 오류 투성이기 때문에 만일 우리가 성경으로부터 오류와 진리를 가려내려 한다면 영원히 우리 자신의 오류를 교정하게 될 것이라는 것이다.[11] 스펄전은 자기 당대의 자유주의 침례교인들에게만 설교한 것이 아니다. 그의 설교는 성경의 완전한 영감과 무오성을 잃어버린 현대 중도주의/자유주의 침례교인들의 문제를 선지자적으로 지적한 것이다.

미국 침례교인들도 성경의 무오성을 고백하고 있다. 미국 침례교회의 선구자인 윌리암스(Roger Williams, 1603–1683)는 "성경에 있는 모든 단어, 음절 그리고 점이 하나님의 말씀, 즉 직접적으로 계시된 하나님의 뜻이다"라고 확증하였다.[12] 미국 침례교회의 최초의 조직신학자라 불리는 대그(John L. Dagg, 1794–1884)는 '계시를 완전하게 전달하도록 하는 영감이 성경의 사상

---

9) L. Russ Bush & Tom J. Nettles, *Baptists and the Bible. Revised and Expanded* (Nasville: B&H, 1999), 24-25.
10) Charles Spurgeon, *Micah's Message for To-day*, Sermon No. 2328, at the Metropolitan Tabernacle, August 22, 1889.
11) Spurgeon과 비슷한 맥락에서 John A. Broadus도 부분적 영감설의 문제점은 성경의 독자가 성경의 어떤 부분을 진리로 받아들일 것인가를 "자기 기분에 따라"(*ad libitum*) 판단하게 된다고 지적하고 있다. Three Questions as to the Bible(1883), "A Biblical Heritage,"에서 인용됨. http://www.sbc.net/aboutus/heritage.asp
12) Perry Miller, *The Complete Writings of Roger Williams* [(New York: Russell and Russell, 1963), 5:387.

뿐만 아니라 문자에게도 적용되었는가?'라는 질문에 대하여 이미 바울이 "그렇다"라고 답했다고 주장한다: "사람의 지혜에서 배운 말(words)로 하지 아니하고, 성령께서 가르쳐 주시는 말(words)로 합니다"(고전 2:13-새번역).[13] 맨리(Basil Manly, 1825-1892)는 축자 영감설을 옹호하면서 "성경의 모든 부분이 무오류의 진리(the infallible truth)와 신적인 권위"(the divine authority)를 가지고 있으며 신적 계시는 그리스도 안에서는 "인격적"이었지만 성경 안에서는 "언어로"(verbal) 되어있다는 점을 지적하였다.[14]

1900년도 남침례교 주일학교 위원회에서 출판된 책 『Baptist, Why and Why Not』에서 당시 위원회 대표였던 프로스트(J. M. Frost, 1848-1916)는 남침례교단은 성경의 "충분성", "하나님의 말씀의 절대 무오성"(absolute inerrancy), 그리고 성경의 "유일한 권위"를 받아들인다고 선언하였다.[15] 침례교 최고의 신약 학자 중 한 명이었던 로버트슨(A. T. Robertson, 1863-1934)은 하나님이 원래의 자연도 오류가 없게 만드셨듯이, 성경의 원문들은 오류가 없다고 고백하였다. "파괴적인 고등 비평가들"이 성경에 "오류가 있다"고 말함으로서 "말씀의 명령을 자신들의 구미에 맞도록 변개시키는 것"이라고 비판하였다.[16] 1963년 남침례교 신앙고백서가 새로 작성될 때 교단 총회장이었던 홉스(Herschel H. Hobbs, 1907-1995)도 1970년대의 교단의 출판부가 내놓은 자유주의 신학의 관점에서 쓰여진 창세기 주석에 대해 비판하면서 성경의 무오성을 주장하였다. 1981년 총회에서 자신이 주도한 1963년 남침례교 신앙고백서(Baptist Faith and Message, 이하 BF&M)에 나타난 "성경은 그것이 말하는 것에 어떤 오류도 섞이지 않은 진리이다"라는 표현에 대한 해

---

13) John L. Dagg, *Mannual of Theology* (Charleston, SC: Southern Baptist Publication Society, 1859), 23.
14) Basil Manly, *The Bible Doctrine of Inspiration: Explained and Vindicated* (New York: A. C. Armstrong, 1888), 59.
15) J. M. Frost, "Introduction," in *Baptist Why and Why Not* (Nashville: Sunday School Board, 1900), 12.
16) *The Relative Authority of Scripture and Reason*, "A Biblical Heritage,"에서 인용됨. http://www.sbc.net/aboutus/heritage.asp

석을 요청받았을 때, 홉스는 디모데후서 3장 16절에 근거하여 다음과 같이 답하였다: "모든 성경이 하나님의 감동으로 되었다는 것은 성경 전체의 하나 하나 모든 부분들이 하나님이 호흡해내신 것이라는 의미이다. 그리고 진리의 하나님은 오류를 호흡해 낼 수 없다."[17] 성경의 진리에 관하여 "무오류한"(infallible)과 "무오한"(inerrant)이라는 단어 중 어떤 것이 더 적합한가라는 질문에 대하여, 홉스는 "무오류한"은 성경의 진리를 표현하는데 약한 단어라고 믿었다.[18] 사전적인 의미에서 "무오류는" 어떤 오류로 없다, 즉 무오하다라는 뜻도 있지만, 오류가 있어도 그 존재의 목적을 달성하는데는 문제가 없다는 뜻도 있다. 톱니가 여기저기 빠져 버린 칼도 끈을 자르는 목적에 있어서는 실패하지 않는다. 비록 칼 자체는 문제가 있지만 목적은 달성한다는 뜻이다. 그러나 홉스는 이런 식의 무오류성은 성경에 해당하지 않는다며 성경의 진리를 표현하는 더 강한 단어인 '무오한'(inerrant- without error)이라는 단어를 선택하였다.[19] 다시 말하면, 성경은 "종교의 문제뿐만 아니라 역사와 과학과 같은 모든 분야에 있어서도 영감되었으며, 진실하며, 무오하며, 권위적이다."[20]

침례교인들이 죽기를 마다하고 성경 말씀에 순종하고자 하는 것은 성경이 충분하고 무오한 하나님의 계시일 뿐만 아니라 그것이 교회의 머리이신 그리스도의 주권에 순종하는 것이기 때문이다. 그리스도는 친히 성경이 자신에 대한 증거(요 5:39)라고 말씀하셨다. 구약은 그리스도의 영이 선지자들 안

---

17) Leon McBeth, *A Sourcebook for Baptist Heritage* (Nashville: Broadman, 1990), 527.
18) 무오류성(Infalliblity)과 무오성(inerrancy)의 차이는 성경의 부분적 영감설을 지지하는 진보주의적 신학자들에 의해 만들어진 현대적인 구분이다. 종교개혁가들과 17-19세기 침례교인들이 사용해 온 무오류성(infallibility)은 사실상 무오성의 개념을 포함하고 있었다.
19) Herschel H. Hobbs, "People of the Book: The Baptist Doctrine of the Holy Scripture" in *Baptists Why and Why Not Revisited*, edited by Timothy George and Richard Land (Nashville: Broadman and Holman, 1997), 14.
20) David S. Dockery, "The Life and Legacy of Herschel H. Hobbs(1907-1995)," *SBJT* 7:1 (2003): 77. n.31.

에서 역사하신 결과이며(벧 1:11) 신약은 부활하신 그리스도께서 성령을 통하여 사도들에게 계시하신 것이다(요 16:13-16). 우리는 성경의 제자가 아니라 살아계신 그리스도의 제자들이다. 우리는 성경을 예배하는 것이 아니라 성경이 계시하고 있는 그리스도 안에서 성령의 능력과 임재를 통해 하나님 아버지께 나아간다. 그러나 교회의 머리이신 그리스도의 뜻을 어떻게 분별하는가? 그것은 그분에 대한 오류가 없는 증거인 성경을 통해서만 가능하다. 따라서 그리스도께서 교회의 존재론적 권위(ontological authority)가 되신다면, 성경은 우리를 그분의 주권에 순종하도록 이끄는 교회의 "인식론적 권위"(epistemological authority)가 되는 것이다.[21]

2000년에 개정된 BF&M는 1963년 BF&M의 몇 가지 표현들이 중도적/자유주의적 성향의 침례교인들에 의해 오용되는 것을 막고 더 분명하게 성경의 완전 영감성과 무오성을 나타내고자 했다. 첫째, 1963 BF&M에서 성경을 "하나님의 계시의 기록"(the record of God's revelation)이라고 정의한 표현을 없애고 성경을 "하나님의 계시"(God's revelation)라고 하였다. 성경이 "하나님의 계시의 기록"이라는 표현 자체가 틀린 것은 아니다. 1960년도에 논쟁이 되었던 창세기는 신화가 아니라 실제 존재했던 역사적 사건들과 인물들에 대한 진실된 기록이기 때문에 우리가 성경이 묘사하고 있는 것을 신뢰할 수 있다. 그러나 "기록"이라는 말은 바르트 신학에 영향을 받은 중도주의나 자유주의 신학을 가진 침례교인들에 의해서 성경이 계시라는 믿음을 반박하기 위해 서서히 오용되기 시작했다. 바르트에 의하면, 하나님의 계시는 언제나 구원 역사 안에서 일어나는 하나님의 사건이며 하나님에 대한 개인의 실존적 경험을 통해서만 주관적으로 전달되는 것이다. 따라서 계시는 글 안에 객관적인 진리로 표현될 수 없다. 또한 성경이 계시의 기록에 불과하다면 성경은 하나의 중요한 책일 뿐이다. 따라서 기독교 신앙의 궁극적인 규

---

21) Malcolm B. Yarnell, *The Formation of Christian Doctrine* (Nashville: B&H, 2007), 23-24.

범은 살아있는 인격자 그리스도이지 성경이 아니라는 주장이 제기되었다.[22] 그러나 신약 성경은 말씀에 대한 불순종을 그 성경을 통해 우리에게 말씀하시는 하나님에 대한 불순종으로 보았다.[23] 둘째, 2000년도 BF&M은 1963년 BF&M의 "[성경의] 내용에 있어서 어떤 오류의 혼합도 없는 진리"(truth, without any mixture of error, for its matter)라는 표현 다음에 "그러므로, 모든 성경은 전적으로 참되며 신뢰할 수 있다"(Therefore, all Scripture is totally true and trustworthy)라는 새로운 표현을 첨가하였다.

이 새로운 표현은 성경이 구원의 문제뿐만 아니라 성경이 확증하는 모든 부분에서 무오하다는 것을 강조한 것이다.[24] 만일 무오한 성경의 원전이 없다면, 더 이상 사본을 연구하는 것은 의미가 없다. 또한 중도주의자들이 사본의 어떤 부분이 계시된 것인가를 판단하는 것도 의미가 없다. 왜냐하면 구원에 대한 부분이라 해도 원전에서 오류가 없는지 어떻게 확신할 수 있는가? 그러나 원전이 무오하다면 본문 비평(textual criticism)은 반드시 필요한 것이다. 그리고 우리의 사본들이 원전이라고 확인된다면 그것은 참으로 하나님의 말씀이다. 셋째, 2000 BF&M은 1963 BF&M으로부터 "성경이 해석되어야 하는 유일한 기준은 그리스도이다"라는 표현을 제거하였다. 이 표현은 1925 BF&M에 없던 것이었다. 또한 1925 BF&M 전문에는 침례교인들의 신앙과 행습에서 유일한[절대적] 권위는 신구약 성경이라고 표현했는데 1963 BF&M에서는 성경이 사라지고 그리스도가 제시되었다. 이런 표현들로부터 중도주의자들은 성경의 의미가 독자에게 분명하게 파악되지 않거나, 혹 예수님과 바울이 모순되는 것처럼 보인다면, 바울보다는 예수님을 따라야 한다는 것이다. 그러나 과연 성경이 모순되며 일관성이 없는 것인가? 즉, 예수님의 말씀과 성령의 감동을 받아 하나님의 계시를 전달한 사도들의 말

---

22) Robert Torbet, "Baptistst/Biblical Authority," *AkB* 24(May 1962), 14.
23) Dagg, *Mannual of Theology*, 40; J. P. Boyce, A Brief Catechism of Bible Doctrine (Kindle Locations 29-32).
24) 물론 성경의 무오성이 성경의 단순한 문자적 해석을 지지하는 것은 아니다. 성경의 무오성에 대한 시카고 선언문(Chicago Statement on Biblical Inerrancy)을 참조하라.

씀이 조화가 될 수 없다는 말인가? 또한 사도들이 그리스도에 대한 성경의 기록과 그리스도를 분리하여 가르쳤는가? 만일 우리 신앙의 최종 근거가 하나님의 말씀인 성경을 통해 계시된 그리스도가 아니라 우리의 개인적인 실존적 경험을 통한 그리스도라면, 우리는 자신의 마음과 생각이 상상해낸 그리스도를 따르게 될 것이다. 그리고 이런 그리스도는 우상에 불과한 것이다. 오직 성령님이 구약과 신약을 통해 계시하신 그리스도가 우리가 의지해야 할 믿음의 대상이다. "그리스도라면 어떻게 할 것인가?"가 아니라 "그리스도께서 무엇을 하셨으며 무엇을 말씀하셨는가?"가 우리의 주된 관심이 되어야 한다. 그러므로 초기 침례교인들은 모든 기독교의 주장들(신론, 기독론, 구원론, 교회론 등)이 성경에 의해서 검증되어야 한다고 일관되게 주장해 왔다.[25] 그러므로 2000 BF&M은 우리가 개인적으로 믿으려고 하는 주관적인 그리스도가 아니라 신구약 성경이 우리 신앙과 행습의 유일한 [절대적] 권위라는 1925 BF&M의 표현을 회복시켰다.

부시(L. Russ Bush)와 네틀즈(Tom J. Nettles)는 「침례교인들과 성경」(Baptists and the Bible)이라는 책의 서문에서 왜 침례교인들이 17세기부터 현재까지 성경의 완전 영감성과 무오성에 기반한 계시의 충분성과 최종 권위를 지키기 위한 노력에 헌신해왔는지 그리고 왜 계속적으로 침례교인들의 삶 속에 성경의 권위가 신학적 기반이 되어야 하는지를 보여준다: "역사적으로, 침례교인들은 그들의 신학을 하나의 강력한 기반으로부터 세워나갔다. 성경은 글로 기록된 하나님의 무오한 계시로서 인식되어졌다. 하나님이 말씀하신 것을, 침례교인들은 믿었다. 비록 침례교인들이 자신들의 교리적 고백서들을 쓰고 확증하는데 주저하지 않았지만 어떤 신조도 모든 침례교인들을 함께 묶어놓지 못했다. 강력하게 작성된 교회 언약서들을 채택하지 않은 침례교회가 거의 없다시피 하지만, 어떤 교회 언약서도 모든 침례교회들에게 의무적인 것이 되지 못했다. 성경이 [모든 침례교인들의] 주춧돌, 공동의 근

---

25) 1655년 특수침례교회들의 Midland Confession, 3항; 1677년 제2차 런던 신앙고백서, 1.9; 1678년 정통 신조(The Orthodox Creed) 서문.

거, 연합의 근거가 되어왔다."26)

## II. 신앙고백주의(Confessionalism)

사우스웨스턴 침례신학대학원(Southwestern Baptist Theological Seminary)의 창설자인 캐롤(B. H. Carroll, 1843-1914)은 신조와 신앙고백이 없는 그리스도인은 존재하지 않는다는 점을 바로 지적하였다: "신조는 당신이 믿는 것이며 신앙고백은 당신이 믿는 것을 선언하는 것이다. 신앙고백이 말로 이루어지거나 문서로 기록되기도 하며, 표현되지 않을 수도 있고 표현되기도 한다."27) 침례교인들은 결코 어떤 신조나 신앙고백서를 성경보다 더 권위있는 것으로 보지 않았으며 성경에 비추어 언제나 교정될 수 있다고 믿어 왔다. 문제는 우리가 성경의 진리를 신실하게 증거하는 신조나 신앙고백서를 가지고 있는가 하는 것이다. 침례교인들은 성경의 권위에 대한 충성심을 타협하지 않으면서도 바른 성경해석을 위해 교회의 전통이 가지고 있는 상대적인 권위와 역할을 부인하지도 않았다.28) 오랫동안 "오직 성경으로만"의 외침은 침례교회의 명예로운 구호가 되어 왔지만 이 구호만큼 오해되고 오용된 것도 없을 것이다. 성경만이 하나님의 완전한 계시이며 최종 권위를 가지고 있다는 고백은 복음적인 그리스도인에게 필수적인 것이지만 충분한 것은 아니다. 왜냐하면 수많은 이단적 그룹들과 침례교가 아닌 개신교회의 거의 모든 기독교 단체들도 "오직 성경으로만"(Sola Scriptura)를 주장하기 때문이다. 실제로 니케아 종교회의(The Council of Nicea, 324)에서 호모우시오스 (*homoousios* 성부와 성자는 동일한 신성을 가지고 있음)라는 신학적 용어를 선택한 것은 아리우스주의자들이(Arians) 성경적 표현들을 사용하면서도 그리

---

26) Bush and Nettles, *Baptists and the Bible*, 4.
27) B. H. Carroll, "Creeds and Confessions of Faith," in *Baptists and their Doctrines*, eds. Timothy and Denise George(Nashville: B&H, 1995), 81.
28) Yarnell, *The Formation of Christian Doctrine*, 28.

스도에 대한 신성을 부인하는 쪽으로 해석을 하였기 때문이다.[29] 정통 교회의 과제는 동일한 성경적 표현에 대한 바른 해석을 제시할 신학적 용어를 찾는 것이었다. 이는 마치 설교자가 성경 구절을 단순히 반복하는 것만이 아니라 성경에는 없는 단어이지만 성경의 사상을 설명하기 위해 신학적 용어를 사용하는 것과 같다(삼위일체, 성육신 등). 따라서 니케아 신조는 그리스 철학의 영향을 받은 정통 기독교의 정치적 산물이 아니라 신약의 기독론에 충실하고자 했던 신뢰할 수 있는 해석학적 장치로 이해되어야 한다.[30] 그렇기 때문에 많은 침례교인들은 역사적으로 신뢰할 만한 신조 혹은 신앙고백서들을 성경의 진리에 대한 요약으로 간주하였다.

침례교회 신앙고백주의의 특징과 관련하여 가장 많이 논의되는 것이 신앙고백의 성격에 대한 것이다. 20세기 초에 생겨난 멀린스(E. Y. Mullins, 1860-1928)의 인간 개인의 자유에 대한 강조와 20세기 중반부터 일어난 "남침례교의 보수주의 회복"(SBC Conservative Resurgence) 운동으로 인해 현재 미국 침례교 안에는 신앙고백의 권위와 역할에 대한 세 가지 견해들이 나타났고 이 세 가지 견해들이 침례교 정체성에 대한 각각의 정당성을 주장하고 있다. 신앙고백주의에 대한 첫번째 견해는 침례교회는 어떤 신조도 그리고 신앙고백도 만들 수 없다는 철저한 반-신조/신앙고백주의(anti-creedal or confessionalism)이다. 이 견해는 철저하게 개인의 자유만을 강조한다. 이 그룹의 구호는 "신조가 아니라 성경만"(No creed but the Bible alone) 혹은 "성경 이외에는 아무것도 필요 없다"(nothing but the Bible) 등이다. 최초의 남침

---

[29] Craig A. Blaising, "Chalcedon and Christology: A 1530th Anniversary," *Bibliotheca Sacra* 138(1981), 332. 아타나시우스에 따르면, 정통 신학자들이 성경적 표현만을 사용하려고 하자 아리우스와 그의 추종자들은 서로 눈짓을 통해 정통주의자들이 신학적 해석이 없는 성경적 표현들만 사용한다면 자신들의 신학이 문제되지 않을 것이라는 신호를 보냈다. 이것을 알아차린 정통주의자들은 성경의 표현을 명확하게 할 신학적 단어로 *homoousios*를 택했다. 사실 이 단어는 아리우스가 사용하기를 거절했던 단어이기도 했다.

[30] Craig A. Blaising, "Creedal Formation as Hermeneutical Development: A Reexamination of Nicaea," *Pro Ecclesia*, 19: 4(2010): 371-88.

례교 총회장이었던 존슨(W. B. Johnson, 1782-1862)은 교단의 첫 총회 연설(the Address to the Public)에서 남침례교단이 "새로운 신조 위에서 세워지는 것이 아니며", "성경 이외의 모든 신조들에 대한 혐오감"을 가지고 있다고 선언하였다.[31] 웨이랜드(Francis Wayland, 1796-1865)는 침례교인들에게는 신조는 없지만 누구나 이해해야 하며 연구해야 할 "성경"이 그들을 하나로 묶어주는 "연합의 견고하며 분명한 기반"(a solid and definite bassi of unity)이라고 보았다.[32] 아미타지(Thomas Armitage, 1819-1896)는 "성경의 지지를 받을 수 없는 신조는 아무 가치가 없으며" 비록 그 신조가 성경의 지지를 받는다 해도 우리는 신조가 아닌 성경을 의지해야 한다고 주장했다.[33] 현재 미국의 CBF와 함께 일하는 상당수 신학자들이 위에 언급된 침례교 선조들의 주장에 근거하여 반-신조/신앙고백주의를 침례교회의 역사적 정체성 중 하나로 제시하고 있다.[34] 심지어 셔든은 남침례교단의 설립(1845) 목적이 "선교적인 것이었지 교리적인 것이 아니었다"라고 주장한다.[35] 이 말의 신학적 의미는 침례교회의 지방회나 총회는 교리적 연합에 관여할 것이 아니라 선교적 연합만을 목적으로 해야 한다는 것이다. 이런 "신학이 없는 선교만을 위

---

[31] Pool, *Against Returning to Egypt*, 61.
[32] Francis Wayland, *Notes on the Principles and Practices of Baptist Churches* (Watertown, WI: Baptist Heritage Press, 1988; reprint of original publication, New York: Sheldon, Blakeman and Co., 1857), 15.
[33] Thomas Armitage, "Baptist Faith and Practice" in C. A. Jenkyns, ed. *Baptist Doctrines* (St. Louis: Chancy R. Barns, 1882), 34.
[34] 다음의 책들은 모두 Smyth & Helwys 출판사에서 나왔다. Grady C. Cothen, *What Happened to the Southern Baptist Convention?: A Memoir of the Controversy* (Revised edition, 1993); Walter shurden, *The Baptist Identity;The Priesthood of All Believers (Proclaiming the Baptist vision)* (1993); *The Struggle for the Soul of the SBC: Moderate Responses to the Fundamentalist Movement* (1994); Robert U. Ferguson, *Amidst Babel, Speak the Truth: Reflections on the Southern Baptist Convention Struggle* (1993); William P. Tuck, *Our Baptist Tradition* (2005); Gary E. Parker, Principles Worth Protecting (1993).
[35] *Not an Easy Journey: Some Transitions in Baptist Life* (Macon, GA: Mercer University Press, 2005), 210.

한 연합"이 현재 CBF의 정책이기도 하다. 원래 CBF의 헌장에는 이 단체가 그리스도의 지상명령을 수행하기 위한 침례교인들의 모임으로서 "신조들(신앙고백서들)의 도움 없이 성경의 권위"(the authority of the Bible without the aid of creeds)에만 의지한다고 명시하였다. 그러나 2005에는 "성경의 권위"가 삭제되었고 오직 네 가지의 자유(영혼, 성경, 교회, 종교)에 대한 원칙만을 소유한다고 헌장을 수정하였다.

그러나 이런 반-신조/신앙고백주의에 대한 역사적, 신학적 고찰이 필요하다. 미국 식민지 시대의 침례교인들은 당시 식민지의 공식 종교였던 성공회와 회중교회의 공식 신조들에 위배된다는 이유로 많은 핍박을 받아 왔다. 따라서 이런 국가 교회의 강제적인 신조에 반대한다는 의미에서 침례교회는 반-신조주의적이다. 그러나 반-신조주의가 신조나 신앙고백서 자체를 부정하는 것이라면 틀린 것이다. 침례교인들은 자발적인 동의에 의해 수용되는 신조나 신앙고백서를 개인의 종교적 자유를 억압하는 것으로 보지 않았다. 왜냐하면 종교의 자유를 위해 가장 많은 투쟁을 해온 침례교회들이 동시에 자신들의 신앙을 알리고 공동체의 연합을 유지하기 위해 택한 방법 중 가장 영향력 있는 것이 신앙고백서의 작성이었기 때문이다. 존슨이 말한 남침례교회가 가지고 있는 혐오감은 신조 자체가 아니라 국가 교회에 의해서 강요되는 신조를 말하는 것이다.[36] 만일 그가 신조나 신앙고백 자체에 대한 혐오감을 의미했다면, 그것은 전혀 역사적 근거가 없는 지극히 개인적인 견해일 뿐이다. 1845년 남침례교회가 구성될 때 모였던 대의원 거의 모두가 이미 필라델피아 신앙고백서(*The Philadelphia Baptist Confession of Faith*, 1724)나 이 신앙고백문의 요약서를 자신들의 신앙고백서로 채택한 교회에서 온 사람들이었다.[37] 따라서 새로운 교단의 구성원들은 이미 신학적 연합을 가지고 모였던 것이기에 따로 새로운 신조나 신앙고백서를 채택할 필요가 없었다.

---

36) Timothy George, "The Priesthood of All Believers and the Quest for Theological Integrity," *Criswell Theological Review* 3:283-294 (1989), 288.
37) Nathan Finn, "On the Baptist Confession of 1689," Between the Times, http://betweenthetimes.com/index.php/tag/confessions-of-faith/(Accessed on June 17, 2016).

웨이랜드와 아미타지가 신조가 아니라 성경을 더욱 연구하고 의지해야 한다는 말은 오늘날 우리에게도 필요한 것이다. 또한 어떤 특정 단체의 신조나 신앙고백서가 모든 기독교인들을 다 연합시킬 수 없는 것도 사실이다. 그러나 적어도 하나의 신앙고백문은 그것을 수용하는 공동체(혹은 공동체들) 내에서는 신학적 연합을 이루도록 돕는다. 뿐만 아니라 침례교회의 신앙고백은 기독교의 근본적 교리에 있어 다른 복음주의 단체들과 함께한다는 헌신을 나타내었다. 1678년에 나온 일반 침례교인들의 '정통 신조'(The Orthodox Creed)의 목적은 "모든 참된 개신교인들을 기독교란 종교의 근본적 신앙의 사항들에 있어서 연합시키고 확증하기 위한" 것이었으며 캐핀(Matthew Caffyn)이라는 일반침례교회의 지도자가 퍼트린 호프만식 기독론(the Hoffmanite Christology—그리스도의 인성이 마리아에게서 온 것이 아니라 하나님이 천국에서 직접 창조하신 것이라는 사상)을 배척하기 위한 것이었다.[38]

'정통 신조'는 성경에 대한 진술 다음에 세 가지 신조들(니케아 신조, 아타나시우스 신조, 사도신경)을 언급하며 이 신조들은 "철저하게 받아들여져야 하며, 믿어져야 한다"(ought thoroughly to be received, and believed)고 선언했다. 그 이유는 이 신조들에 나타난 신학적 내용들이 "의심의 여지가 없는 권위를 가지고 있는 성경에 의해 증명될 수 있으며" "성경을 기반으로" 쓰여진 것들이기 때문이었다.[39] 이 세 가지 신조들의 내용들은 "그리스도의 사역자들에 의해서" 모든 그리스도인들이 이해할 수 있도록 가르쳐져야 하는데, 그 이유는 그 신조들이 "이단을 방지하며" "우리의 구원을 위해 근본적으로 알아야만 하는 모든 것들을 간략한 형태로 포함하고 있기 때문이다."[40] 1689년에 공식적으로 채택된 제 2차 런던 신앙고백문은 1646년 장로교의 표준 고백서인 웨스트민스터 신앙고백서(The Westminster Confession of Faith)와 1658년 회중교회의 사보이 선언(The Savoy Declaration)에 대한 침례교적 개정판으로

---

38) Lumpkin, *Confessions*, 295.
39) Ibid., 326.
40) Ibid., 326.

특수침례교회가 장로교와 회중교회와 함께 근본적인 기독교 신앙에서 함께 연합하고 있다는 것을 선언한 것이다.

"성경 이외에는 아무것도 필요없다"(nothing but the Bible)라는 구호는 언뜻 보면 경건한 신앙 문구처럼 보이지만 매우 위험한 것이다. 물론 성경 이외에는 무오한 하나님의 진리가 없다. 그러나 이 "성경만으로"라는 구호가 하나님의 뜻을 발견하는데 있어서 기독교 역사도, 신학적 전통도, 성경 주석도 아닌 오직 성경 읽기만 하면 된다는 뜻이라면, '성경만으로'의 구호는 자칫 설교자가 객관성과 보편성을 결여한 개인주의적이며 지극히 경험 중심의 주관적인 신학을 제시하고 있음을 의미한다. 이런 의미에서 개릿(Jaems Leo Garrett)은 침례교인들에게 바람직한 성경의 권위는 신학 작업에 있어서 오직 성경만 사용한다는 원칙이 아니라 신학의 자료 중에서 성경이 최고의 권위를 가지며 모든 자료는 성경에 비추어 판단되어야 한다는 성경의 최고 우월성(suprema Scriptura)이라고 잘 지적하였다. 이 성경의 최고 우월성이 사실상 종교개혁가들이 주장한 '오직 성경으로만'(sola Scriptura)의 바른 해석이다.[41] 보이스(J. P. Boyce, 1827-88)는 당시 남침례교 안에서 분명한 교리적 기준의 선언문 선택을 반대하며 '오직 성경으로만'의 구호를 외친 자들은 역사적 침례교의 전통에 있는 것이 아니라 캠벨(Alexander Campbell, Church of Christ의 창설자)의 영향을 받은 것이라고 주장했다.[42]

웨이랜드와 아미타지는 필라델피아 침례교 신앙고백서(The Philadelphia Baptist Confession of Faith, 1724)와 뉴햄프셔 침례교 신앙고백서(The New Hamphsire Baptist Confession of Faith, 1833)가 미국 침례교인들의 연합에 가

---

41) James Leo Garrett, *Systematic Theology: Biblical, Historical, and Evangelical*, 2nd ed., (North Richland Hills, TX: BIBAL, 2001), 1:206-9. Garrett이 반대한 것은 설교와 성경공부에서 성경 이외의 교회가 가지고 있는 다른 2차적 자료나 권위적 해석은 필요없고 성경의 바른 해석이 오직 독자의 성경 읽기로부터 가능하다는 nuda Scripture의 개념이다.
42) Timothy George, "The Priesthood of All Belivers," in Paul Basden and David S. Dockery, ed., *The People of God: Essays on the Believer's Church* (Nashville: Broadman, 1991), 289.

져다 준 신학적 공헌을 과소평가하였다. 미국 초기의 교회들간의 연합은 신앙고백에 대한 동의를 기초로 이루어진 것이다. 특별히 개교회의 자치성을 가장 많이 강조했던 로드아일랜드(Rhold Island) 주의 워렌 지방회(Warren Baptist Association)도 필라델피아 신앙고백서를 채택하였다. 필라델피아 신앙고백서의 개정판이라 할 수 있는 뉴햄프셔 신앙고백서는 필라델피아 신앙고백서보다 더욱 유명해졌으며 결국 제1차 남침례교단의 신앙고백서인 1925년 침례교 신앙과 메세지(The Baptist Faith and Message)의 모델이 되었다.

셔든의 '신학은 없고 선교적 협력만 있는 침례교의 정체성'에 대한 주장은 같은 중도주의자인 레오나르드(Bill J. Leonard)에 의해서 교정될 필요가 있다. 레오나르드에 따르면, 남침례교인들은 교단의 형성기에 자신들의 연합을 "선교적이며 교리적"이라고 이해했고 스스로를 "교리적으로 연합되어 있으며 신학적으로 동질성을 가진" 그룹으로 인식했다.[43] 어떤 신조도 거부하는 CBF조차도 2000년에는 동성애에 대한 공식적인 정책을 채택하였다. 하나의 교회 협력 기관으로서의 CBF는 동성애를 지지하지 않으며 동성애를 지지하거나 실행하는 사람을 직원으로 채용할 수 없다고 선언했다. 그러나 개인과 개교회의 자유를 신학적 청지기 직분보다 더 중요시 여기는 CBF는 동성애자와 동성애 안수를 주는 교회들을 정죄하거나 교제를 금할 수 없다고 선언했다. 더욱이 선교를 위해선 동성애를 지지하는 교회들과 동성애를 반대하는 교회들이 협력해야 한다고 강조하였다.[44] CBF는 모든 신조나 신

---

43) Bill J. Leonard, *God's Last and Only Hope*(Grand Rapids: Eerdmans, 1990), 37, 37-39.
44) SBC를 탈퇴하고 CBF에 소속된 South Carolina 주의 Greenville에 소재한 First Baptist Church와 Texas 주의 Fort Worth에 소재한 Broadway Baptist Church와 같은 동성애를 지지하는 교회들과 역시 동성애를 지지하는 CBF의 대표적 평신도 리더들인 카터(Jimmy Carter), 클린턴(Bill Clinton) 등이 CBF의 멤버십을 가지고 있다. 2000년 CBF의 총회에서 여성 분과 위원 중 한 명인 거니(Becca Gurney)는 SBC가 소속 교회들에게 여자가 목사가 될 수 없다고 말할 수 없듯이, CBF는 소속 교회들에게 동성애자가 목사가 될 수 없다고 말할 권리가 없다는 주장을 했다. Albert Mohler, "When 'Discernment' Leads to Disaster," Albert Mohler, Aug. 15, 2015, http://www.

앙고백서의 정당한 권위를 거부했지만 그 대신 개인과 개교회의 자유를 그들의 신조로 삼았다. 따라서 CBF는 신조의 내용을 바꾸었을 뿐이지 신조의 필요성과 기능을 부인할 수는 없었다. 이 철저한 반-신조/신앙고백주의는 침례교 역사의 선구자들의 신념 속에는 존재하지 않던 것이며 신앙고백서의 가치를 높이 평가하고 적극 활용해 온 침례교인들의 일관된 신학적 헌신에 대한 명백한 왜곡이다. 이 철저한 반-신조/신앙고백주의는 개교회든 교회들 간의 협력 기관이든 정통 기독교의 신앙과 침례교적 정체성으로부터 이탈되는 개인이나, 목회자나, 신학교 교수들과 총회 직원들에게 책임을 물을 수 없는 치명적인 약점을 가지고 있다.

신앙고백주의에 대한 두 번째 견해는 신앙고백서에 대하여 최소한의 실용주의적(pragmatic) 입장을 취하는 것이다. 이 견해를 지지하는 사람들은 정도의 차이는 있지만 상황에 따라 공동체의 근본적 신앙을 유지하기 위한 최소한의 신학적 선언이 필요한 것을 인정한다. 그러나 신앙고백과 신조를 엄격하게 구분한다. 또한 신앙고백이 필요하다고 해도 그것이 개인 영혼의 자유를 억압하게 될 것이라는 두려움을 가지고 있었다. 이 입장은 멀린스(E. Y. Mullins)의 영혼의 능력(soul competency)과 개인의 자유에 대한 강조에서 비롯되었고 멀린스의 신학적 후계자인 홉스에 의해 더욱 발전하였다. 이 견해가 가지고 있는 신조와 신앙고백의 차이점은 맥베스(Leon McBeth)에 의해 잘 요약되었다: "침례교인들은 언제나 신앙고백의 사람들(a confessional people)이지 신조의 사람들(a creedal people)이 아니다." "신조는 사람들을 배제

albertmohler.com/2015/08/18/when-discernment-leads-to-disaster (accessed on June, 14, 2016); Russell D. Moore, "CBF to Approve Funding for Pro-Homosexual Groups; Gay Church Literature Featured in CBF Exhibit," *Baptist Press*, June 30, 2000, http://www.bpnews.net/6113/cbf-to-approve-funding-for-prohomosexual-groups-gay-church-literature-featured-in-cbf-exhibit (accessed on June 14, 2016); "Address to the Public. The Founding Document of Cooperative Baptist Fellowship," adopted by Cooperative Baptist Fellowship, May, 9, 1991, http://baptiststudiesonline.com/wp-content/uploads/2007/02/cbf-address-to-the-public.pdf (June 14, 2016).

하고 신앙고백은 사람들을 포용한다. 신조는 당신이 무엇을 믿어야 하는가를 당신에게 말하며, 신앙고백은 당신이 믿고 있는 것을 확증해준다."⁴⁵⁾ 같은 맥락에서 드위스(Charles Deweese)는 신조와 신앙고백은 그 내용이 아니라 적용에 있어서 차이가 난다고 말한다. 신조는 어느 일정한 수준의 신학적 동질성이나 일치성을 추구한다면 신앙고백은 자발적인 동의를 추구한다. 드위스 역시 신앙고백이 한 신앙 공동체에 구속력을 가지는 권위는 없다고 주장한다. 철저한 반-신조/신앙고백주의와 달리 이 최소한의 실용주의적 입장은 총회에 소속된 직원들(총회 이사들, 신학교 교수들, 선교사들)에 대한 일정한 수준의 신학적 충성을 요구할 수 있다고 믿는다.

1914년 남침례교 교단이 멀린스의 주도로 교리 진술문들이 포함된 효율성 위원회 보고서(Efficiency Commission report)를 채택하였다. 당시 북침례교단을 지배하던 자유주의 사상이 남침례교단 안으로 들어오기 시작했다. 신학적 이탈을 막기 위해 남침례교단은 멀린스로 하여금 협력에 필요한 신학적 동의에 대한 연구를 지시했으며, 결론은 남침례교단이 근본적인 이슈에서 성경해석이 다른 북침례교회들과 협력할 수 없다는 것이었다.⁴⁶⁾ 당시 해외선교부의 대표였던 러브(J. F. Love)는 중국에 있던 몇몇 남침례교 선교사들이 연합 사역을 허락해 달라는 요청을 거절하면서 다음과 같이 답하였다: "남침례교단의 정서는 우리의 전통적 신앙을 그렇게 무시하는 사람들과 연합하는 것을 압도적으로 반대하고 있습니다."⁴⁷⁾ 마침내 멀린스는 남침례교단이 자신들을 자유주의 사상들로부터 보호하기 위해선 교단 차원의 신앙고백서가 필요하다고 주장했다: "침례교인들은 언제나 그들의 믿음을 명확하

---

45) Greg Depends on How it's Used," *The Alabama Baptist*, August 3, 2000, http://www.thealabamabaptist.org/print-edition-article-detail.php?id_art=698(accessed on June 16, 2016).

46) Gregory A. Wills, *Southern Baptist Seminary* 1859-2009(Oxford: Oxford University Press, 2009), 285-86. 당시 남침례교단의 총무였던 갬브럴(J. B. Gambrell)은 멀린스가 제시한 신학적 기틀로 인해 남침례교단의 선교 사역을 해치는 흐름에 용감하게 맞설 수 있게 만들었다며 Efficiency Commission의 교리적 선언문을 환영하였다.

47) Wills, *Southern Baptist Seminary*, 286.

고 공식적인 방법으로 선언할 그들의 권리를 주장해왔다. 그리고 자신들에게 동의하지 않는 교사들과 설교자와 같은 사람들을 중요한 위치에 두기를 거절함으로서 자신들을 보호해 왔다.

이런 그룹의 자기 보호는 어떤 개인의 권리만큼이나 성스러운 것이다. 만일 침례교인들이라고 알려진 일단의 사람들이 자기 자신들을 어떤 위대한 진리들의 관리자들이라고 여긴다면, 그들은 교단 안에서 그런 진리들을 반대하는 다른 사람들로부터 공격받지 않고 그 진리들을 보존하고 선전해야 할 양도할 수 없는 권리를 가진다. 그 반대자들은 자신들과 동의하는 자들과 다른 그룹을 만들 권리가 있다. 그러나 그들은 침례교단을 프리랜서들의 클럽으로 만들려는 시도를 할 권리는 없다."[48] 하나님과 인간 영혼 사이에 영향을 미치려는 어떤 외부적 권위에도 부정적이었던 멀린스조차도 신조들이 "적절하게 사용될 때는 종교적 삶의 자연스럽고 정상적인 표현"이 될 수 있음을 인정하였다.[49] 같은 학교의 선교학 교수였던 카버(W. O. Carver)와 다른 사람들의 반대에도 불구하고, 멀린스는 침례교회의 자유는 "과장된 개인주의"(an exaggerated individualism)가 아니며 어떤 신앙의 그룹이라도 자신들의 신앙을 지키고 선전할 자유가 있기 때문에 교단 차원에서 신앙고백서를 채택하는 것이 개인의 신앙의 자유를 침해한다는 주장을 거절하였다.[50] 멀린스에게 있어 1925 침례교 신앙고백문은 잘못된 신학의 사조(성경의 초자연주의를 부인하는 자유주의 신학)를 바로잡고 우리가 어디로 떠내려가는지를 알도록 도와줄 수 있다고 믿었다.[51]

그렇다고 멀린스가 신앙고백서를 아주 긍정적으로 본 것은 아니었다. 그는 신앙고백서의 교리적 진리에 대한 충성심이 하나님과 인간의 영혼 사이

---

48) E. Y. Mullins, "Baptists and Creeds," in *The Axioms of Religion*, eds. Timothy and Denise George(Nashville: B&H, 1997), 189-90.
49) E. Y. Mullins, *Baptist Beliefs* (Philadelphia: Judson, 1925), 6.
50) Tom J. Nettles, "On the Other Hand: The Decline of Confessions," *Founders Journal*, 49(2002). http://founders.org/fj49/on-the-other-hand-the-decline-of-confessions/
51) Nettles, "On the Other Hand."

에 있는 살아있는 인격적 관계를 대체할 것을 매우 염려하였다. 멀린스에 따르면, 일단 신조나 신앙고백이 어떤 구속력을 가지게 되면 공동체는 나뉘게 되며 사람들을 어떤 신념의 획일화를 받아들이도록 강요받을 것이라고 염려하였다. 이런 염려는 충분히 이해할 만 하다. 우리는 기독교 역사에서 신조나 신앙고백문을 수용했지만 중생하지 않은 사람들을 보았고 국가 교회가 영국이나 미국 식민지에서 자신들의 신조(유아 세례와 국가와 교회의 연합)를 지지하지 않는다는 이유로 침례교인들을 핍박해 온 것을 잘 알고 있다. 그러나 멀린스가 신조에 대해 염려했던 것은 단지 신조의 오용 가능성 때문만은 아니었다. 그는 당시 유행하던 보스턴 철학 학파의 대표자였던 바운(Borden P. Bowne)의 인격주의(personalism)라는 철학에 상당한 영향을 받았다. 이 인격주의는 진리에 대한 객관적 진술문에 대하여 회의적인 태도를 가지고 있었다. 성경은 하나님의 계시를 전달하지만 그것은 교리적 계시가 아니라 인격자인 하나님의 인격적 자질에 대한 것이라는 계시의 이분법적 사고방식을 낳았다.[52]

1963년 교단의 총회장이던 홉스도 거센 신학적 도전에 직면한 남침례교단의 정체성을 새로운 신앙고백서의 작성으로 보존하려고 노력하였다. 1963 BF&M는 엘리엇(Ralph Elliott)의 자유주의 사상이 가득한 『창세기 주석』(The Message of Genesis)으로 인한 논쟁에서 성경의 기록이 진실되다는 침례교회의 전통적 신앙을 지키기 위한 노력이었다. BF&M는 특별히 "교육"이라는 항목에서 학문의 자유와 학문의 책임 사이에 적절한 균형이 필요하다고 선언하면서 기독교 신앙에서 인간의 자유는 예수 그리스도의 뛰어나심과 성경의 권위와 신학교들이 존재하는 이유들로 인해 어느 정도 제한될 수밖에 없으며 따라서 절대적인 학문의 자유란 존재할 수 없음을 밝혔다. 홉스도 멀린

---

[52] Bowne의 교리적 진리에 대한 바르트주의적 의심에 대하여는 다음의 자료를 참조하라. Sarah H. Lancaster, "in *The Oxford Handbook of Methodist Studies*," eds., William J. Abraham and James L. Kirby(Oxford: Oxford University Press, 2009), 493-94; Bill C. Thomas, "Edgar Young Mullins: A Baptist Exponent of Theological Restatement"(Ph.D. diss., Southern Baptist Theological Seminary, 1963), 139-51, 183-97.

스처럼 침례교단의 교육 기관은 침례교회의 정체성을 보존하며 발전하기 위해 존재한다는 것을 지적한 것이다. 1963년의 BF&M이 1925 BF&M, 2000 BF&M와 다른 것은 홉스가 침례교인들의 신앙을 그리스도에 뿌리를 내린 "살아있는 신앙"(a living faith)으로 규정한 것이다. 문제는 홉스가 '살아있는 신앙'을 '교리적인 신앙의 고백'과 반대되는 개념으로 제시했다는 것이다.[53] 개릿은 홉스의 이분법적 사고방식을 "부적절한 대립구도"(an improper antithesis)로 평가하면서 살아있던 신앙과 신앙고백에 대한 바른 관계를 다음과 같이 제시하였다: "살아있는 믿음의 반대는 죽은 믿음이다. 신조나 신앙고백적인 믿음의 반대는 애매한 또는 내용이 없으며 정의되지 않은 믿음이다. 의문의 여지없이, 신앙고백서들이 신조들과 다를 수도 있으며 생명력을 상실하여 죽어가는 신앙의 위험은 반드시 인지되어야만 한다. 그러나 우리의 기독교 신앙은 살아있는 것이면서 신앙고백적인 것이어야만 한다! 뼈가 없는 소로부터 최고의 고기를 먹을 수 없으며, 철로된 구조물이 없는 초고층 빌딩 안에서 안전하게 일할 수 없는 것처럼, 그 누구도 기본적인 기독교 교리들에 대한 확증 없이 기독교 종교를 실행하거나 소개할 수 없다."[54]

다커리(David S. Dockery)는 홉스의 이런 이분법을 "개인주의와 영혼의 능력"(soul competency)에 대한 그의 강조에서 비롯된 것이라고 보았다.[55] 한 지역 침례교회나 침례교회들이 고백한 신앙이 어떤 권위도 없다는 것은 과장된 것이다. 확실히 신앙고백서가 기독교 신앙에서 성경과 같은 일차적인 권위를 가질 수는 없지만 상대적인(이차적인) 권위로 사용되어 왔다.[56] 다커리는 홉스가 가지고 있던 침례교 유산을 보존하려는 노력과 성경의 권위에 대한 헌신이라는 장점에도 불구하고 침례교 역사에 나타난 교리적 선언문들

---

53) David S. Dockery, "The Life and Legacy of Herschel H. Hobbs(1907-1995)," *SBJT* 7:1 (2003): 66.
54) Garrett, *Systematic Theology*, 1:5.
55) David S. Dockery, "Herschel H. Hobbs," in *Theologians of the Baptist Tradition* (Nashville: B&H, 2001), 221.
56) David S. Dockery, "The Life and Legacy of Herschel H. Hobbs(1907-1995)," *SBJT* 7:1 (2003): 66.

이 가지고 있던 "규범적 본성"(normative nature)에 대해서는 홉스보다는 개릿이 더 정확하게 대변하고 있다고 보았다.[57]

신앙고백주의에 대한 세 번째 견해는 침례교 역사에서 신조와 신앙고백은 내용상 동의어였으며 신앙고백은 성경에 대한 신실한 요약으로서 상대적인 권위를 갖게 된다는 것이다.[58] 목회자들의 설교가 성경과 동등한 권위를 가질 수 있는가? 목회자들의 설교가 오류가 없는가? 모든 침례교 목회자들은 "아니다"라고 답할 것이다. 그렇다면, 설교는 오직 성경의 내용을 묘사하고 요약하는 기능만 하는가? 아니면 설교는 성경에 진리에 대한 묘사뿐만 아니라 어느 정도의 권위적인 해석으로 회중을 향한 교정 가능하며 상대적인 규범적(prescriptive) 권한도 가지고 있는가? 거의 모든 설교자들이 후자를 지지할 것이다. 침례교 목회자가 강대상에서 신자의 침수 침례를 성경적 원리로 입증하여 설교하였다면 그 설교는 단지 성경을 요약한 것뿐만 아니라 그 교회에 누가 멤버가 될 수 있는지에 대한 권위있는 해석을 내린 것이다. 그렇다면 역사적인 정통 기독교 신앙과 우리 침례교회의 정체성에 대해 신뢰할 만한 목회자들과 신학자들과 개교회들이 연구하고 수많은 기도를 통해 얻어진 신앙고백을 왜 적극적으로 사용하지 않는가? 침례교회가 추구한 신앙고백은 개인이나 개교회의 자유를 억압하지 않는데 그 이유는 그 누구도 신앙고백서에 서명하도록 강요하지 않기 때문이다. 물론 한 신앙 공동체는 자신들이 선택한 신앙고백서의 내용에 위배하는 자를 그 공동체에 더 이상 참여하지 못하도록 배제할 자유와 권리 또한 가지고 있다. 그리고 그런 공동체의 신앙에 동의할 수 없는 개인이나 지역 교회는 다른 신앙 공동체를 찾아야 한다. 이것은 이미 신앙의 자유를 가장 많이 주장했던 멀린스의 지적이기도 하다. 신앙고백이 자발적으로 채택이 되고 그 내용이 성경적 진리들을 신실

---

57) Dockery, "The Life and Legacy of Herschel H. Hobbs," 73.
58) Roger Nicole, "Confessions of Faith in Baptist History," *Founders*, http://founders.org/fj27/confessions-of-faith-in-baptist-history/(accessed on June 16, 2016); Gregory A. Wills, "Baptists, the Bible and Confessions – The Need for Statements of Faith," *The Southern Seminary Magazine*, 68:4 (2000), 13-15.

하게 증거하는 만큼 그 신앙고백은 성경 다음으로 이차적인 권위를 갖는다고 볼 수 있다. 이런 견해는 남침례교 보수주의 회복 운동(SBC Conservative Resurgence Movement)의 리더들에 의해 지지받고 있다.

유럽에서 남침례교단 해외선교부 책임자로 봉사했던 파거(G. Keith Parker)는 17세기 초 침례교 운동의 배경이 되었던 16세기 유럽과 특별히 영국의 분리주의 개혁운동으로부터 침례교회들의 신앙고백과 실행을 연구하였다. 이 연구로부터 파거는 유럽의 침례교회들이 필요시에는 신앙고백을 "신학 교육"뿐만 아니라 "치리와 이단을 처리하기 위해 사용하였음"(used for discipline or to deal with heresy)을 밝혔다.[59] 1644년 영국 침례교 역사상 최초의 공동 신앙고백서(제1차 런던 신앙고백서/*The First London Confession of Faith*)는 런던 지역 특수 침례교인들에 의해서 "가치있는 교리적 기준으로서 그리고 교회 협력의 기반으로서" 받아들여졌다.[60] 1663년에 개정된 표준 신앙고백서(*The Standard Confession*)는 "40년 이상 일반 침례교도들의 삶 속에서 그들 간의 연합의 근거였고 그들이 극심한 핍박을 받았을 때 지킬 수 있었던 특정한 교리들의 총합이었다."[61] 1665년 보스턴에 세워진 보스턴제일침례교회(The First Baptist Church of Boston)는 교회 설립 때부터 모든 교인들이 수용해야 할 신앙고백서를 가지고 있었으며 이 신앙고백서의 신학이 19세기 말까지 이 교회를 지배하고 있었다.[62]

성경의 최고 권위를 인정하는 침례교인들은 신앙고백서가 성경의 권위를 가지지 못함을 분명히 하면서도 그 고백서가 성경의 진리에 대한 신실한 요약이며 설명이라면 성경의 권위와 달리 상대적이며, 이차적인 권위를 가질 수 있다고 믿었다. 그러기에 한 교회나 교회들의 연합체에서 성경에 대한 신

---

59) G. Keith Parker, *Baptists in Europe: History and Confessions of Faith*(Nashville: Broadman, 1982), 18-19.
60) Lumpkin, *Baptist Confessions*, 146.
61) Ibid., 223.
62) *The History of the First Baptist Church of Boston(1665-1899)* (Philadelphia: American Baptist Publication Society, 1899), 348.

실한 요약이라고 믿어지는 신앙고백서를 채택하면 그 공동체에 들어오고자 하는 개인과 단체에게 그들의 신앙에 대해 질문하고 그들에게 그 공동체의 신앙고백에 동의할 것을 요구하는 것을 당연한 것으로 여겼다. 1826년 켄터키(Kentucky) 주 침례교 주 총회장이었던 노엘(S. M. Noel, 1783-1839)은 주 총회 산하의 모든 교회들에 보낸 편지에서 이러한 입장을 잘 표현하였다. "신조라는 말로, 우리는 성경이 가르치는 것의 발췌, 즉 간략한 표현을 의미"하며 또한 누군가 신앙고백서에 동의한다는 것은 "그가 자신이 어떻게 성경을 이해하고 있는지를, 다시 말하면 성경이 가지고 있는 교리들이 무엇인지를 진심어린 행위로 선언하는 것이다."[63]

노엘 목사는 신앙고백서가 가지는 상대적 권위가 교회 멤버십과 직분자의 임명에 필수적이라고 보았다: "우리가 사람들이 가지고 있는 신조에 대해 조사해보지도 않고 새로운 멤버들을 교회 안으로 허입하고 직분을 주어야만 하는가? 그런 조사도 없이 사람들을 설교자로 자격을 부여하고 안수를 주어야 하는가? 우리가 그들에게 신학적 원칙들이나 교리들에 관해 질문을 하지 않을 것인가? 우리가 그저 설교 후보생들에게 그들이 성경을 그들의 안내자로 취할 것을 동의하는지만 물어본 채 그리스도를 믿는다는 일반적인 신앙고백만으로 그 후보자들에게 자격을 부여하고 안수할 것인가? 우리가 이런 식으로 해서 교회의 연합과 순결성과 평화를 유지할 수 있는가?"[64] 노엘 목사의 대답은 '결코 아니다'이다. 같은 신앙고백을 할 수 없다면 교회는 연합과 순결성과 평화를 유지할 수 없다.

19세기 중엽 레이놀즈(J. L. Reynolds, 1812-1877) 역시 교회가 진정한 의미에서 한 몸이 되기 위해선 근본적인 기독교 신앙의 내용에 대한 동의가 있어야 모든 교인들이 진정으로 헌신할 수 있다고 보았다: "만일 '두 사람이 서로 합의가 되지 않고서는 함께 걸어갈 수가 없다면' 만일 기독교의 신앙

---

63) 노엘은 신조와 신앙고백서를 동의어로 사용하고 있다. S. M. Noel, "Circular Letter on Confessions of Faith," in Treasures from *the Baptist Heritage*, eds. 2 Timothy and Denise George(Nashville: Broadman & Holman, 1996), 140.
64) Noel, "Circular Letter on Confessions of Faith," 140.

고백자들이 무엇이 기독교인가에 대한 그들의 견해에 있어서 동의가 되지 않는다면, 그들은 하나의 조화롭고 효과적인 몸을 거의 만들지 못할 것이다. 만일 그들이 바른 견해를 가지는 것이 바람직하다면, 그 바른 견해들을 기록된 형태로 표현하는 것도 똑같이 바람직 한 것이다… 진정한 교회의 통일성은 '모두가 같은 말을 하고 너희 가운데 분쟁이 없이 같은 마음과 같은 뜻으로 온전히 합하는' 사람들 가운데에서만 가능한 것이다(고전 1:10). 모순들의 연합은 불가능한 것이다. 의견의 동의가 기독교 연합의 기반이다."[65] 그렇다면 신자의 침수 침례와 같은 침례교회의 원칙들과 복음주의 기독교의 근본 진리들에 동의하지 않는 사람은 복음주의 침례교회의 멤버가 될 수 없다.

남침례신학대학원들도 신앙고백서를 연합의 조건으로 사용하였다. 서던(Southern) 신학교는 그 학교의 설립자인 보이스가 총회와 지역 교회에 대한 신학적 투명성을 지키기 위해 신학교 교수들로 하여금 "원칙들의 요약"(The Abstract of Principles, 1858)에 서명하도록 요구하였다. 이것은 지금까지도 서던 신학교의 전통으로 유지되고 있다. 사우스웨스턴(Southwestern) 신학교 역시 그 설립자인 캐롤(B. H. Carroll)에 의해 모든 교수들이 뉴햄프셔 고백서에 서명하도록 요구하였다. 뉴올리언스(New Orleans) 신학교는 모든 교수들에게 그 신학교 총장이 작성한 신앙고백문 "Articles of Religious Beliefs"에 서명할 것을 요구하였다. 1920년 어떤 사람들은 해외선교부가 신앙고백서를 채택한 것은 침례교 전통에 없던 새롭고 혁명적인 것이라고 비난했다. 이에 대해 당시 선교부 총무였던 러브는 두 가지 사실을 지적했다.[66] 첫째, 이미 거의 모든 남침례교회들이 자신들의 신앙고백서를 가지고 있다. 둘째, 개교회들의 신앙고백서들과 해외선교부의 신앙고백서가 내용상 다른 것이 없다. 오히려 해외선교부가 자신의 멤버십을 구성하기 위해 신앙고백서를 채

---

65) Reynolds, "Church Polity or the Kingdom of Christ," 337, 342.
66) J. F. Love, "The Statement of Belief by the Foreign Mission Board," *The Religious Herald* (July 8, 1920), 7.

택했다는 것을 비판하는 것이 침례교회의 삶 속에 "새롭고 혁명적"(new and revolutionary)인 것이라고 반박하였다.

신앙고백서의 언어가 얼마나 구체적이어야 하는가? 앞서 언급된 켄터키 주 침례교의 리더였던 노엘이 1826년 프랭크린 지방회(Franklin Baptist Association)에 보낸 편지에서 지혜로운 답변을 주고 있다: "신앙고백서는 교회가 광야에서 어려움들에 처했을 때 평화와 순결과 충성스런 상태로 보존될 수 있도록 교회의 필요를 채울 수 있을 만큼 충분히 포괄적이어야 한다. 그리고 신앙고백서는 가장 연약한 [주님의] 양의 마음속에도 머물수 있을 만큼, 즉 믿음 안에 건전하게 남을 수 있도록 충분히 간략해야 한다."[67]

영국과 미국의 침례교회들이 개교회와 지방회와 총회 차원에서 신앙고백서를 작성하여 신학적 순결함과 의미있는 연합을 이루려 했던 것처럼, 한국 침례교단 안에도 개교회와 지방회와 신학교를 포함한 총회 기관들이 공동으로 고백할 수 있는 성경적인 신앙고백들을 선언하는 그날을 기대해 본다. 또한 개교회와 교회들 간의 또는 교단들 간의 협력 사역이 신학이 없는 선교를 위해서가 아니라 바른 신학 위에 세워진 선교가 이루어져야 할 것이다.

### III. 언약 공동체로서의 교회

듀크(Duke) 대학의 기독교 윤리학 교수인 하우어와스(Stanley Hauerwas)는 오늘날 교회가 자기 마음대로 할 개인적 권리를 존중해야만 한다는 확신을 공유하며 이런 비슷한 생각을 가진 사람들끼리의 모임으로 전락하게 되었다고 비판하면서 그 원인이 16세기 아나뱁티스트들과 유럽의 침례교인들이 퍼트린 자발적 참여주의(voluntarism) 때문이라고 보았다.[68] 그리하여 교

---

67) Timothy George, "How Old Are the Baptists? Baptists Celebrate 400th Anniversary, Acknowledge Earlier Contributions," *The Alabama Baptist*, 174:36 (2009), http://www.beesondivinity.com/howoldarethebaptists (accessed on June 16, 2016).

68) Stanley Hauerwas, "Whose Church? Which Future? Whither the Anabaptist Vision?,"

회는 소비자주의(Consumerism)가 지배하게 되었고 교회를 개인적 취향에 따라 선택하게 되었으며 성경해석은 공동체적 평가나 역사적 전통과는 무관한 개인적 신앙 활동이 되어버렸다는 것이다. 침례교회의 자발적 참여주의가 16세기와 17세기 유럽의 종교개혁기에는 국가 교회에 반하는 "선지자적" 목소리였지만 현재는 "자율성에 대한 세속적인 헌신"(secular commitment to autonomy)으로 전락하고 말았다고 평가한다.[69] 실제로 영국 침례교 신학자 홈즈(Stephen R. Holmes)는 침례교 신학의 핵심을 철저하게 개인주의(individualism)로 해석하고 있다. 하나님은 사람들을 "개인"들로서 부르시며 개인들은 각자 하나님의 부르심에 전적인 책임을 져야 하며 이런 개인적 관계만이 중요하다고 말한다.[70] 개인이 하나님과 실제적인 관계를 맺어야 한다는 강조는 개인의 영적 책임감이 약화되어 있는 가톨릭이나 다른 국가 종교에서 좋은 도전이 될 수 있다.

그러나 이런 개인적 측면만이 침례교 신학의 핵심은 아니다. 공동체와의 언약적 책임감을 갖지 않는 개인주의적 자치권에 대한 과도한 강조는 18세기 계몽주의나 근대주의의 산물이다. 초기 침례교인들에 의하면 하나님이 원하시는 것은 신앙의 문제에 있어 개인의 자발적 참여뿐만 아니라 그 개인이 교회 공동체의 일원이 되는 것이라고 믿었다. 1609년 역사상 최초의 침례교회를 세웠던 스미스(John Smyth, 1570-1612)는 1606년 혹 1607년에 이미 교회의 언약서를 작성하였고 교회의 언약은 수직적으로는 하나님과 수평적으로는 교회 형제들과 맺는 것으로 이해했다.[71] 침례는 그리스도의 형

---

In *Good Company: The Church as Polis* (Notre Dame: University of Notre Dame, 1995), 71. E. Glenn Hinson, "Forming Baptist Identity(ies) in American Higher Education," *Perspectives in Religious Studies*, 34:4(Winter 2007): 366. 실제로 침례교 신학자 Hinson은 "침례교 전통의 핵심은 종교에 있어서 자발적 원칙"이라고 주장한다.

69) Hauerwas, "Whose Church?" 73.
70) Stephen R. Holmes, *Baptist Theology* (Edinburgh: T & T Clark International, 2012), 6, 95. 안타깝게도 Holmes는 개인주의가 침례교 신학의 전부인 것처럼 이해하고 있다.
71) John Smyth, *Principles and Inferences concerning the Visible Church* (1607), printed in W. T. Whitley (ed.), *The Works of John Smyth*, vol. I (Cambridge, 1915), 254.

제들이 이룬 언약 공동체인 교회에 가입하는 의식으로 이해되었다. 헬위스(Thomas Helwys, 1575-1616)도 역시 교회를 침례 의식을 통해 하나님과 형제들에게 언약을 맺고 가입하는 공동체로 보았다.[72] 스미스처럼 헬위스도 신자의 침례가 아닌 유아 세례로는 교회의 언약 공동체에 가입할 수 없다고 보았다.[73] 왜냐하면 유아는 하나님의 부르심에 자발적 헌신이라는 신약의 언약이 요구하는 조건을 충족시킬 수 없기 때문이다. 주의 만찬의 잔은 새 언약의 피를 상징하였다. 교회는 주의 만찬을 시행할 때마다 주님과 맺은 언약을 기억하고 그 언약에 신실하겠다고 재헌신하는 것이다.

제1차 런던 신앙고백서 34항은 침례와 주의 만찬을 교회에게 주신 하나님의 언약의 상징들로 이해했다. 1655년 특수침례교회들의 신앙고백서인 미드랜드 지방회 고백서(The Midland Association Confession)은 15항에서 교회를 "침례를 받은 자들이… 하나님이 기회를 주시는대로, 하나님의 뜻에 따라 서로를 돌보는 동료로서, 사도적 교리와 교제, 떡을 떼는 것(주의 만찬), 기도를 계속할 것을 자발적으로 동의한" 모임으로 묘사하였다. 서머셋 신앙고백서(The Somerset Confession of Faith, 1656) 24항도 교회를 사도행전 2장 42절에 나오듯, "그리스도의 명령들을 따라 연합하여 함께 동행하며(walk together) 세상으로부터 구별되어 복음을 전하는 남녀의 무리"로 표현했다. 제2차 런던 신앙고백서 26.6 역시 교회를 하나님의 뜻에 따라 먼저 자기 자신을 주님께 드리고 서로에게 헌신한 성도들이 그리스도께서 지정하신 대로 함께 동행하겠다는 자발적으로 동의한 사람들로 묘사했다.

초기 침례교 신앙고백서는 언약이라는 말을 직접 쓰지는 않았지만 바른 교리와 상호적인 돌봄과 치리에 있어서 "자발적 동의를 한다"거나 "함께 동행한다"라는 말로 교회의 언약 공동체됨을 나타내었다. 1774년 미 남부의 가장 대표적인 찰스톤(Charleston) 침례교 지방회도 교회를 다음과 같이 정의

---

72) Lumpkin, *Baptist Confessions*, 119.
73) Fiddes, 'Church and Sect', 48-49 cited in Goodliff, "Why Baptist Ecclesiology is Non-Voluntary," 11.

하였다: "하나의 특정한 복음 교회는 특별한 언약에 의해서 하나의 구별되는 몸 안으로 연합되며 상호 간에 덕을 세워주며 성령을 통하여 하나님의 영광을 나타내기 위해 그리스도의 모든 계명 안에서 서로 간의 교제와 그들의 머리이신 그리스도와의 교제를 즐기기 위해 한 장소에 함께 모이는 일단의 성도들로 구성된다."[74] 이 언약 공동체로서의 교회에 대한 관점은 세 번에 걸친 남침례교 신앙고백서 모두에 나타난다. 모든 남침례교 BF&M은 교회를 믿음과 복음의 교제 가운데서 침례와 주의 만찬이라는 교회의 의식을 준수하며, 주님의 법에 따라 통치를 받고, 그분의 말씀으로 자신들에게 주어진 모든 은사, 권리, 특권을 사용하여 세상 끝까지 복음을 전하겠다고 언약을 맺은 침례받은 자들의 회중으로 설명하고 있다.

침례교인들이 발견한 언약 공동체로서의 교회에 대한 성경적 근거는 무엇인가? 스미스의 경우 주로 마태복음 18장 19-20절에 있는 주님의 약속이다. 두세 명의 제자들이 주님과 그리고 서로 언약을 맺고 모일 때, 주님은 치리의 능력을 주신다. 영국이나 미국 침례교인들에게 치리는 교회 언약을 이해하는 매우 중요한 요소였다. 스미스는 또한 고린도후서 6장 16-18절에 있는 하나님과 교회 간의 상호 약속을 주목했다. 언약을 통해 하나님은 우리의 하나님(아버지)이 되시고 우리는 그분의 백성(자녀들)이 된다. 또 다른 침례교인들은 마케도니아 지역에 있는 교회들에 대한 바울의 묘사에서 언약의 이중적 측면을 보았다: "그들이 먼저는 자기 자신들을 주께 그리고 하나님의 뜻에 의해 우리에게도 주었다."(They first gave themselves to the Lord and to us by the will of God, NASB 고후 8:5)

스미스의 언약 사상을 연구한 리(Jason Lee)는 특별히 히브리서 8-10장이 침례교회가 가지고 있는 교회론적 언약 신학의 근거를 제시한다고 본다: "죄 사함을 주시는 하나님의 언약 행위에 대한 긴 해석 이후(히 8:1-10:18), 히브리서 기자는 하나님으로부터 죄 사함을 경험한 사람의 바람직한 반응에 대해 언급하고 있다. 죄를 용서받고('우리의 마음이 뿌림을 받아 악한 양심으로

---

74) James Leo Garrett, *Baptist Church Discipline* (Nashville: Broadman, 1962), 28.

부터 깨끗하게 되고') 침례를 받은('우리의 몸은 순결한 물로 씻음을 받은') 믿는 이는('믿음의 완전한 확신을 가지고') 다른 믿는 이들과 함께 공동체적 의무들을 가지게 된다. 이런 공동체적 권고들은(우리가~하자) '흔들리지 않고 우리 소망에 대한 고백을 굳건히 붙잡는 것', '사랑과 선행으로 어떻게 서로를 자극할 것인지를 생각하는 것', '함께 모이는 것'에 일관성이 있으며, '서로를 격려하며', 그리고 '의도적으로 죄 짓는 것'을 피하도록 서로 돕는 것이다."[75] 교회란 하나님의 은혜로우신 구원의 부르심에 감사함으로 반응하고자 하는 자들이 서로 언약을 맺어 함께 주님의 명령대로 하나님을 섬기고자 헌신하는 언약 공동체이다.[76]

따라서 침례교인들에게 교회란 그냥 생각이 같은 사람들끼리 모이거나 시간이 맞는 개인들이 자발적으로 모인 종교적 그룹이 아니다. 그럼에도 불구하고, 어떤 사람들은 침례를 자신의 개인적 신앙고백의 시간으로, 주의 만찬을 개인적인 재헌신의 시간으로, 설교 말씀을 개인적으로 적용하는 시간으로 이해한다. 그리고 한 지역 교회의 멤버십을 갖는 것을 순전히 자신의 선택에 달린 문제로 본다. 이런 사고방식은 마치 시장에서 내 마음대로, 원하는 가게에서, 원하는 물건을, 원하는 때에 살 권리가 있다고 생각하는 것과 같다. 그들은 자신들이 그 지역 교회를 선택하기 이전에 하나님께서 그들을 한 몸을 이루도록 선택하셨다는 사실을 깨닫지 못하고 있다. 한 지역 교회의 멤버십은 개인이 자발적으로 동의하고 선택해야 할 문제이지만 그것이 전부는 아니다. 만일 하나님과 형제들과 맺는 자발적인 언약에 대한 헌신이 없다면, 자발성과 자치성과 양심의 자유를 주장하는 침례교회는 그야말로 무정부 상태가 될 것이다.

그러나 언약으로 맺어진 침례교회는 질서와 평화를 갖게 된다. 구원받은 자를 특정한 지역 교회로 인도하시는 것은 하나님이시며 그의 멤버십은 이

---

75) 제이슨 리, "침례와 언약," 토마스 화이트, 제이슨 두싱, 말콤 야넬 편집, *21세기 교회의 순전함 회복-침례교회를 중심으로*, 조동선 역 (서울: 누가, 2016), 188-89.
76) Andy Goodliff, "Why Baptist Ecclesiology is Non-Voluntary," *Baptistic Theologies*, 7:2 (2015), 7.

미 언약 관계를 이루고 있는 교회 공동체의 동의와 허락을 받아야만 가능한 것이다. 데버(Mark Dever)는 교회의 멤버십을 누가 허용하는 것인지 질문해 보라고 우리에게 도전하고 있다. 놀랍게도 데버는 성경적인 의미에서 교회의 멤버십은 개인이 결정하는 것이 아니라 하나님과 교회 공동체에게 달린 문제라고 답하고 있다.[77] 그 근거는 무엇인가?

첫째, 사도행전 2장 47절은 날마다 새신자를 교회에 더해주신 분이 하나님이심을 보여준다. 죄인이 구원받도록 회개하는 마음과 믿음을 주신 분도 하나님이시며 그렇게 구원받은 자가 하나님의 언약 공동체에 가입하도록 인도하시는 분도 하나님이시다. 둘째, 신약 성경에서 치리의 원리(마 18장; 고전 5장; 고후 2장)는 멤버십의 유지 여부와 재허입의 권한이 개인의 결정이 아니라 교회라는 언약 공동체에 있음을 보여주고 있다. 신자가 어떤 특정한 교회에 참여하고자 하는 자발적 열망을 갖는 것은 교회 멤버십에 필요한 것이지만 충분한 것은 아니다. 교회 공동체가 멤버가 되고자 원하는 후보자를 자신들의 언약 관계 안으로 받아들이겠다는 의향이 최종적으로 필요한 것이다. 교회라는 언약 공동체에 가입하는 것은 그 교회가 가지고 있는 신앙고백을 검토한 후에 이루어져야 한다. 자신의 거주지에 있는 침례교회의 신앙 내용에 문제가 있어서가 아니라 자신이 선호하는 교회 음악이나, 프로그램 때문에 멀리있는 유명한 침례교회를 선택한다면, 이런 그리스도인은 지역 교회를 통해 하나님과 형제들을 섬기고자 하는 종이 아니라 자신의 필요만을 채우려는 소비자로서 교회를 찾는 자이다.[78]

먼저는 하나님과 다음에는 형제들 간에 맺은 언약으로 이해하는 침례교회의 교회론은 교회 언약서의 작성이라는 전통을 만들었다.[79] 이렇게 멤버십

---

77) 마크 데버, "의미있는 교회 멤버십 회복하기," 토마스 화이트, 제이슨 두싱, 말콤 야넬 편집, *21세기 교회의 순전함 회복-침례교회를 중심으로*, 조동선 역(서울: 누가, 2016), 62-63.
78) 토마스 화이트, "서론," 토마스 화이트, 제이슨 두싱, 말콤 야넬 편집, *21세기 교회의 순전함 회복-침례교회를 중심으로*, 조동선 역(서울: 누가, 2016), 12.
79) Deweese, *Baptist Church Covenants*. 이 책은 400년 침례교 역사에서 만들어진 수백 개의 교회 언약서들 중에서 대표적인 예로 79개의 교회 언약서를 제시하고 있다.

에 대한 언약식에 서명하는 성경적 전례는 느헤미야 9-10장이나 이사야 44장 5절에서 찾아 볼 수 있다.[80] 느헤미야 9장 38절은 이스라엘 백성들이 "언약을 굳게 세우고, 그것을 글로 적었으며, 지도자들과 레위 사람들과 제사장들이 그 위에 서명하였다"고 기록하고 있다. 이 언약은 "구속력을 갖는 동의"(binding agreement-NIV)로 이루어졌다. 그리고 자신들이 언약을 맺어 무엇을 이루고자 하며 무엇을 하지 않을 것인지에 대하여 분명하게 표현하였다. 이사야는 이스라엘이 회복될 때 주의 백성들이 자신들이 주님께 속한 언약 백성임을 기록으로 나타낼 것임을 예언하였다. 따라서 오늘날 교회들은 자신들이 언약 공동체로서 하나님과 서로에게 헌신할 내용에 대해 구체적으로 명시할 수 있다.

미국의 침례교인들은 교회 언약서를 채택하여 멤버십의 조건으로 사용하였다. 17세기 미국의 북부 뉴잉글랜드(New England) 지역에 있는 교회들은 그 지역을 지배하던 미국 회중교회의 영향으로 교회 언약서를 통해 멤버들을 받아들였다. 중부 식민지에는 벤자민 키치(Benjamin Keach)와 그의 아들 엘리아스 키치(Elias Keach)가 1697년 작성한 교회 언약서가 "미국 중부 식민지역에 있던 침례교회들 가운데 가장 많이 사용되는 교회 언약서"가 되었고 이 교회 언약서에 따르면 잠재적인 교회 멤버가 회중 앞에서 공개적으로 자신의 신앙을 고백한 후 침례를 받고 교회 언약서에 직접 서명함으로써 교회의 일원이 될 수 있었다.[81] 미국 남부 식민지의 침례교회들 역시 스크리븐(William Screven)의 주도하에 교회 언약서를 사용하였다. 몇몇 사우스캐롤라이나(South Carolina) 지역에 있는 교회들은 1697년 키치 부자가 만든 언약서를 개정하여 1800년대까지도 사용하고 있었다.[82] 이 지역 침례교회들의 교회 언약서 중에 흥미로운 것은 1812년 세일럼 교회(the Salem church)는 흑인

---

80) John S. Hammett, *Biblical Foundations for Baptist Churches: A Contemporary Ecclesiology* (Grand Rapids: Kregel, 2005), 118-19; 리, "침례와 언약," 192.
81) Charles W. Deweese, *Baptist Church Covenants* (Nashville: Broadman Press, 1990), 42, 59-60.
82) Deweese, *Baptist Church Covenants*, 43.

노예들을 예배에 참석하도록 격려하며, 잔인하게 다루지 않으며, 주일에 쉬도록 하며, 글을 읽을 수 있도록 교육시키는 것을 교회 멤버들의 의무로 규정하였다는 것이다.[83] 교회 언약서와 신앙고백서의 작성은 미국 대각성 운동 이후에도 계속되었다. 1740년대에 일어난 미국 대각성 운동으로 회중교회 안에 부흥 운동파(the New Light)가 일어났으며, 이 부흥 운동파에서 유아세례를 거부하고 신자의 침례를 받아들인 분리파들이 결국 분리주의 침례교회들(the Separatist Baptist churches)로 전환되었다. 이 분리주의 침례교회 운동의 대표자였던 바쿠스(Isaac Backus)는 자신이 목회하던 회중교회를 침례교회로 전환하면서 새로운 신앙고백서와 새로운 교회 언약서를 작성하였다. 바쿠스는 누구라도 자신과 함께 새로운 침례교회를 형성하고자 하는 사람들을 향해 언약서를 큰 소리로 읽었고 그 다음은 한 사람씩 엄숙한 언약식를 통해 언약서에 서명을 해야 했다.[84] 이 바쿠스의 언약서는 뉴잉글랜드 지역의 많은 지방회들에 의해 채택되어 소속 교회들의 지침서로 사용되었다. 이 언약서의 영향력은 뉴잉글랜드를 넘어 중부로는 필라델피아, 북으로는 캐나다 침례교회들까지 이르렀다. 초기 남부의 분리주의(Separate) 침례교회들은 자신들의 교회 언약서에 칼뱅주의 신앙을 포함시켰다.

침례교회들은 교회 언약서와 교회 치리에 대한 밀접한 관계를 인식하고 있었다. 1742년 필라델피아 침례교 지방회는 제2차 런던 신앙고백서를 지방회의 신학적 지침서로 채택하면서 동시에 교회 치리에 대한 문서를 출판하였다. 치리는 성도가 다음과 같은 언약의 사항을 실행하지 않을 때 발생한다. 그것들은 다음과 같다: 1) 거짓과 위선 없는 사랑을 추구한다. 모든 성도들의 일은 사랑 안에서 이루어져야 한다. 2) 평안의 매는 줄로 성령이 이루신 연합을 유지하도록 노력함. 3) 회중 전체의 덕 세움과 영적 혜택을 위해 노력함. 모든 성도들이 주님 안에서 그리고 주님을 위하여 거룩한 성전으로 자라가도록 함. 4) 선을 위하여 서로 죄를 짓지 않도록 지켜줌. 5) 함께 그리

---

83) Ibid.
84) Ibid., 44.

고 서로를 위해 기도함. 6) 신성한 예배를 드리며 서로의 영적 혜택을 증진시키기 위해 함께 모이는 것을 무시하지 않음. 7) 하나님의 집(교회)을 적절한 질서와(도덕적, 영적) 청결함 속에 유지하기 위하여 서로에게 그리고 모두에게 상처를 주지 않는 방식으로 대하되, 의식적으로 성실하게 노력하며 그리고 성도에게 단번에 전달된 믿음과 진리를 성경에 따라 그 순결함 속에서 지키기 위해 모두가 한마음으로 투쟁하는데 있어서 모든 수단을 사용함.[85] 특별히 미국 남부에서는 찰스톤 지방회가 채택한 언약서가 영향력을 행사했다.

침례교회의 역사에 나타난 언약서들의 내용은 시간을 거치면서 다양해졌지만 그럼에도 불구하고 대부분 교회 언약서들은 5가지 공통된 특징들을 가지고 있다.[86] 그것들은 첫째, "하나님의 은혜로운 역사에 대한 고백"이다. 이 부분은 삼위일체 하나님, 구속, 교회, 종말과 같은 아주 근본적인 기독교 교리들에 대한 간결한 언급을 포함한다. 기본적 교리에 대해 아주 간결하게 표현하는 이유는 기독교 신학을 무시해서가 아니라 대부분의 교회들이 교회 언약서와는 별도로 교회의 신앙고백서를 통해 보다 자세히 기독교 신학의 근본들에 대해 논의하고 있었기 때문이다. 그럼에도 불구하고 근본적인 기독교 신학에 대해 간결하게 언급하는 것은 교회가 같은 신앙을 통해 언약을 맺기 때문이다. 둘째, "상호 돌봄과 교제의 가치"를 강조한다. 이것이 교회 언약서에서 가장 많이 강조되었다. 부정적으로는 형제를 험담하지 않는 서약을 그리고 긍정적으로는 형제에 대한 사랑의 의무를 모든 기회를 이용해 실천하겠다는 서약을 포함한다. 셋째, "공동체에 대한 관심"이 나타난다. 공동체의 필요를 돌볼 뿐만 아니라 언약 공동체인 교회가 단체적으로 자신들의 삶을 통해 복음을 세상에 증거하겠다는 헌신이다. 넷째, 교회 치리의 중요성을 강조하였다. 교회와 언약을 맺는 것은 형제들의 치리를 기꺼이 받아들이겠다는 겸손과 문제가 있는 형제를 사랑으로 교정하는데 헌신하겠다는

---

85) Deweese, *Baptist Church Covenants*, 49.
86) 리, "침례와 언약," 189-91.

두 가지를 약속하는 것이다. 다섯째, 회중 예배의 실행들에 대한 강조가 포함된다. 침례와 주의 만찬을 신실하게 지키겠다는 것과 정규 예배에 성실히 참여하겠다는 것을 약속한다.

그렇다면 왜 많은 현대 침례교인들에게는 언약 사상과 교회 언약서가 낯선 것인가? 미국 침례교회에서 교회의 언약 사상과 언약 문서가 쇠퇴하기 시작한 것은 19세기 말부터였다. 드위스(Deweese)는 일곱 가지 이유를 제시했지만 오늘날 우리 교회에 실제적으로 적용되는 네 가지 이유를 구체적으로 살펴보겠다.[87] 첫째, 1853년에 발행된 브라운(J. Newton Brown)의 침례교회 언약서의 인기로 인한 역효과 때문이다. 브라운의 교회 언약서가 너무나 인기를 끌면서 교회들이 스스로 자신들의 교회에 맞는 언약서를 만들었던 행습을 버리고 하나의 통일된 유명한 교회 언약서를 채택하였다. 따라서 교인들은 교회 언약서의 중요성을 상실하기 시작했고 자신들이 만든 것이 아니므로 채택은 하였지만 그 정신을 따르지 않게 되었다. 둘째, 19세기 말에서 20세기 초에 증가된 미국의 급격한 세속화 때문이다. 도덕적 기준은 추락하고 부는 급등했으며 도시화가 가속되면서 공동체의 의식이 약화되기 시작했다. 셋째, 신앙고백문에 나타난 교회론에 대한 진지한 헌신의 부재 때문이다. 언약 공동체로서의 교회에 대한 정의는 1925년과 1963년 침례교 신앙고백문에 나타나 있다(2000년 침례교 신앙고백문에도 역시 교회는 언약 공동체로 묘사되고 있다). 그런데 문제는 침례교회들이 교회에 대한 신학적 개념에서는 언약 사상을 유지하면서도 실제로 언약식을 교회에서 거의 실천하지 않는다는 것이다. 그러므로 책임감 있는 교회 멤버십은 너무나 약화되었다. 넷째, 교회들이 중생한

자만의 교회라는 원칙을 희생하면서까지 수적 성장을 추구하였기 때문이다. 이 네 번째 원인이 가장 심각하게 교회 언약식의 실행을 약화시켰다. 기업의 성장 원리가 교회에 영향을 미쳐서 목회자의 성공이 교회에 가입한 새로운 멤버의 숫자로 평가되었고 새로운 교인은 기독교 신앙 안에서 훈련이

---

87) Deweese, *Baptist Church Covenants*, 89-91.

필요한 사람이라기보다는 교회 예산의 새로운 공급원으로 여겨지기 시작했다. 교회 예산의 확대를 위해, 교회는 누구라도 멤버가 될 수 있도록 입교자들에게 거의 어떤 요구도 하지 않게 되었다. 그 결과 교회 멤버에게 요구되는 성경적 의무들에 대해선 들어보지도 못한 무책임한 교인들이 양산되었고 교회 교적부에는 있지만 실제로는 교회 생활을 거의 하지 않는 장기 결석자들이 생겨났다. 이것보다 더 심각한 문제는 교회의 예배는 출석하지만 헌신하지는 않는 멤버들이 교회의 주류가 되었다는 것이다.

이전까지 한 번도 교회 언약서를 채택해 보지 않은 교회라면 우선 교회 회중들을 상대로 설교, 성경공부, 특별 세미나 등을 통해 성경에 나타난 교회의 언약 공동체적 의미와 언약서의 목적, 내용, 형태에 대한 교육이 이루어져야 한다. 교회 언약서의 회복은 개교회의 교리적 신앙고백에 대한 분명한 헌신을 통해 이루어져야 한다. 신앙고백과 교회 언약서가 밀접하게 연결되지 않는다면, 교회 언약서는 방향을 잃은 배가 될 것이다. 또한 교회 언약서는 침례와 주의 만찬의 실행과 실제적으로 연계되어야 한다. 신자의 침수 침례에 순종하지 않는 자는 교회 언약서에 서명하도록 허용되어서는 안 된다. 침례식은 교회 언약서에 나타난 하나님께 대한 헌신과 그리스도의 한 몸인 교회의 형제들에 대한 헌신을 공개적으로 서약하는 의식이 되어야 한다. 주의 만찬은 하나님과 형제들에 대한 언약을 명백하게 위배하고도 회개하기를 거절하는 자에게 허용되어서는 안 된다. 이렇게 교회 언약의 내용들이 구체적으로 교육되어졌다면 회중들과 함께 언약식을 이행해야 할 것이다. 이런 언약식에 초대되었음에도 참석하지 않거나 서명을 거부하는 사람들은 그들의 신앙과 행습에 일치하는 다른 지역 회중과 연합하는 것이 옳을 것이다.

만일 교회의 언약서에 서명하기를 거절하지만 계속적으로 그 교회의 예배에 참석하고자 한다면 교인이 아닌 한 명의 거듭난 그리스도인으로 예배에 참석할 수 있지만 그 교회의 어떤 리더십이나 사역에 참여할 수는 없을 것이다. 이 교회 언약서의 내용은 항구적으로 계속되어야 하기 때문에, 많은 침례교 신학자들은 교회 언약식를 정기적으로 재 갱신할 것을 제안한다.[88] 교회 언약식을 새롭게 함으로써 그동안 여러 가지 이유로 더 이상 그 교회의 신앙고백과 언약서의 내용에 동의할 수 없거나 실천할 수 없는 사람들이 자연스럽게 멤버십으로부터 정리될 수 있게 된다. 따라서 교회는 그 교회의 방향에 동의하지 않거나 적극적으로 거스르는 사람들을 치리를 통해서가 아니라 그들에게 선택할 수 있는 기회를 제공함으로써 평화롭게 교회의 일관된 신앙고백과 언약 공동체를 유지해 나갈 수 있게 된다. 또한 계속해서 한 특정 지역 교회의 멤버로 남고자 하는 신자는 자신의 헌신을 돌아보고 다시금 다짐하는 뜻 깊은 시간을 갖게 될 것이다.

## IV. 교회의 능력(Church Power)과 전신자 제사장 직분

침례교회의 신앙고백문들에 나타난 교회의 정치 형태는 언제나 회중 정치였다. 회중 정치에 대한 침례교인들의 확신은 첫째로 성경의 권위에 대한 순종에서 비롯되었다. 17세기 유럽은 민주적 절차에 의해 결정되는 회중 정치라는 것을 받아들일 준비가 되어 있지 않았다. 그러나 침례교인들은 성경을 통해 감독 정치나 장로 정치가 아니라 회중 정치에 대한 분명한 자료들을 보았다. 둘째로 회중 정치에 대한 침례교인들의 확신은 그리스도께서 교회에 위임하신 교회의 능력(church power)이라는 성경적 개념을 보았기 때문이다. 만일 중생한 신자들 안에 성령께서 내주하시고 그 성령의 내주하심을 통해 그리스도께서 통치하신다면, 중생한 자들로 이루어진 교회는 자신을 스스로 다스릴 수 있는 능력을 가지게 된다고 보았다.[89] 제1차 런던 신앙고백서 36항은 "모든 지역 교회가 그들의 복지를 위해 그리스도로부터 받은

---

88) Hammett, *Biblical Foundations for Baptist Churches*, 118. n. 25.
89) John S. Hammett, "From Church Competence to Soul Competence: The Devolution of Baptist Ecclesiology," *Journal for Baptist Theology and Ministry* 3:1 (2005): 148.

능력"이 있다고 선언한다. 이 능력에 의해 개교회는 자신들의 회중을 말씀으로 인도하고 다스리고 세워나갈 교회 리더들을 선출하게 된다. 이 선언문에 동참한 침례교인들은 교회의 능력에 대한 다음과 같은 성경적 근거를 보았다: 행 1:23, 26; 6:3(교회 리더 선출), 15:22, 25(중요한 교회의 신학적, 행정적 결정); 롬 12:7, 8(다스리는 은사); 딤전 3:2, 6, 7(감독과 집사의 선출); 고전 12:8, 28(교회를 다스리도록 직분과 은사들이 주어짐); 히 13:7, 17(교회의 인도자들에게 순종할 것); 벧전 5:1-4(장로에게 순종할 것). 정통 신조(The Orthodox Creed) 34항도 역시 교회의 다스리는 능력에 대해 고백하고 있다: "우리는 위대한 왕이시며 법을 제정하신 분이시며, 교회의 우주적인 그리고 유일한 머리이신 그리스도께서 교회의 번영과 질서와 통치를 위해, 자신의 영광을 위하여, 교회의 유익과 선을 위하여, 자신의 가시적 교회(지역 교회)에게 (자신에게) 종속된 능력(a subordinate power), 또는 권한(authority)을 주셨음을 믿는다"고 고백하고 있다. 정통 신조는 그리스도께서 위임하신 교회의 통치력을 다음과 같은 성경에서 찾았다: 사 9:6(통치자 그리스도); 마 28:18(권세자 그리스도의 위임권); 마 18:17, 11(교회의 치리권), 계 2:3; 고전 5:4(치리권); 히 13:7, 17(인도자에게 순종할 것); 살후 3:6(사도들이 전한 전통에 충실할 것); 살전 5:12-14(교회를 다스리고 형제를 권면하는 자들이 있음); 고후 2:5-7; 레 19:17, 18; 마 18:15-17(치리권).

2차 런던 신앙고백문 26장 7항 역시 교회의 능력에 대해 말한다: "그분[그리스도]의 생각에 따라 그리고 그분의 말씀 안에서 선포된 대로 모인[즉, 중생한 멤버로 모인] 각각의 교회들에게, 그분은 그 교회들이 예배와 치리에 있어서 자신이 세운 질서를 수행하기에 필요한 모든 능력과 권위를 주셨으며, 그 능력을 합당하고 바르게 사용하기 위한 명령들과 규례들도 함께 주셨다." 2차 런던 신앙고백서는 교회의 통치 능력에 대한 근거로 교회 치리에 대한 구절들을 제시하였다(마 18:17, 18; 고전 5:4, 5, 13; 고후 2:6-8). 17세기 침례교회들이 이해했던 교회의 능력에 대한 몇 가지 특징을 정리해 보면 다음과 같다. 첫째, 개교회는 그 교회의 최종적인 치리, 임명, 그리고 행정의 능력을 가지고 있다. 교회 외부의 어떤 권위(국가, 지방회)도 개교회가 가지고 있는 통치 능력(권한)을 지배할 수 없다. 둘째, 개교회가 가지고 있는 권한은 절대적인 것이 아니라 늘 주권자이신 그리스도의 통치를 실현하기 위한 종속적인/위임된 권한임을 보여준다. 따라서 교회의 능력은 단순히 다수 교인의 뜻이 아니라 성경에 계시된 그리스도의 뜻을 집행하기 위해 사용되어야 한다. 셋째, 개교회의 능력은 소수 영적 엘리트가 아닌 모든 중생한 회중에게서 나온다. 따라서 회중 정치와 교회의 능력은 불가분 연결되어 있다. 넷째, 교회의 능력은 회중에게서 나오지만 목회자 역시 회중을 인도하는 상대적인 권한과 능력을 가지고 있다. 다시 말하면, 회중 정치라고 해서 모든 교인이 교회에서 동일한 권위를 가지는 것은 아니다. 그리스도의 권위는 단체적으로 교회 회중에게 주어진 것이지만 개인적으로는 교회의 목회자들에게도 위임되었다.

그러나 어떤 사람들은 교회의 능력이 아니라 영혼의 능력(soul competency)이 회중 정치의 기반이 된다고 말하고자 할 것이다. 멀린스에 따르면, 영혼의 능력은 인간이 자기 자신을 위해 스스로 하나님께 반응할 수 있는 자유, 능력, 그리고 책임감을 의미한다고 보았다.[90] 이 영혼의 능력은 모든 중요한 침례교회 원칙들의 "모체가 되는 원칙"(mother principle)이라고 소개되었다.[91] 멀린스는 이 원칙으로부터 6가지 기독교 신앙의 원칙들을 도출해 내었다. 그러나 이 글에서는 우리의 주제에 가장 부합하는 신학적, 종교적, 교회적 원칙들만 간략하게 소개하겠다.[92] 영혼의 능력에 근거한 신학적 원칙은 하나님이 인간의 자유를 존중하시는 아버지 되신다는 것이다. 종교적 원칙은 모든 인간이 하나님께 직접 접근할 수 있는 동등한 권리를 가지고 있기

---

[90] Fisher Humphreys, "Edgar Young Mullins," in Timothy George and David S. Dockery, eds., *Theologians of the Baptist Tradition* (Nashville: B&H, 2001), 187.
[91] E. Y. Mullins, *The Axioms of Religion: A New Interpretation of the Baptist Faith* (Philadelphia: American Baptist Publication Society, 1908), 59, 73.
[92] Mullins는 위의 세 가지 이외에 도덕적, 종교적-시민의, 그리고 사회적 원칙들도 제시하고 있다.

에 우리의 신앙을 타인이나 의식이 대신할 수 없다는 것이다. 유아 세례, 주교 정치, 성례전적 신앙생활은 영혼의 능력이라는 원칙에 위배되는 것이다. 교회적 원칙은 모든 신자들이 차별 없이 동등한 특권을 가지게 되며 개교회의 권위는 그 어떤 외부적 요소(지방회, 총회)로부터도 지배를 받지 않는다는 것이다. 멀린스에게 있어 영혼의 능력은 신자 개인의 영혼이 신앙에 관계된 모든 이슈들을 자기 이외의 어떤 전통과 권위로부터 독립되어 스스로 판단할 능력을 의미한다.[93] 멀린스에게 종교는 인간의 영혼과 하나님 사이의 직접적인 문제이기 때문에 종교적 문제의 결정에 있어서 그 어떤 인간이나 전통이나 제도의 간섭도 허용하지 않으려 한다. 멀린스의 영혼의 능력이라는 사상은 거의 모든 중도주의 침례교인들의 전폭적인 지지를 받고 있다.

그러나 영혼의 능력을 하나님의 은혜와 성령의 역사 없이도 인간이 하나님과 교제할 수 있다는 것으로 의미해서는 안 된다. 바울은 성령의 역사가 없다면 하나님께 속한 것들을 알 수 없다고 했다(고전 2:14). 중생하기 이전에는 모든 사람은 죄와 허물 속에 죽어 있다(엡 2:1). 따라서 영혼의 능력을 말하기 이전에 우리는 영혼의 "무능력"(soul incompetence)을 고백해야 한다.[94] 심지어 중생하였다 해도 우리의 영혼만으로는 하나님의 뜻을 분별하고 실천하기 어렵다. 그렇지 않았더라면 우리가 중생시 그리스도의 몸으로 연합될 필요가 없었을 것이다. 멀린스가 말한 영혼의 능력이 가지고 있는 신학적 장점은 모든 인간이 하나님 앞에 영적, 도덕적 책임을 직접 가지고 있다는 것이다. 침례교회가 유아 세례나 국가 종교 그리고 폭력적인 신조 등을 부인한 것은 인간이 하나님 앞에서 가지고 있는 고귀한 책임성을 찬탈하기 때문이다. 부모가 기독교인이기 때문에, 유아 세례를 받았기 때문에, 그리고 신조를 외우고 있기 때문에 하나님의 자녀가 되는 것이 아니다. 역사적으로 침례교회는 개인이 직접 회개하고 구세주이신 그리스도를 주님으로 영접해

---

93) R. Albert Mohler, "Introduction to The Axioms of Religion," by E. Y. Mullins (eds., Timothy and Denise George, Nashville: Broadman & Holman, 1997), 15.
94) George, "The Priesthood of All Belivers," 86.

야 할 책임이 있다고 세상에 외쳐 왔다.

그러나 멀린스의 영혼의 능력이 영혼의 책임감(soul accountablility)을 넘어서 그리스도인의 제자도 과정에서 교회 공동체의 도움과 건강한 비평 없이도 개인이 홀로 하나님에 대한 모든 것을 바르게 이해하고 결정할 수 있다는 자아의 충분성을 의미해서는 안 된다. 개릿(Garrett)은 멀린스가 '영혼의 능력'을 1905년 이후로 침례교 정체성에 대한 가장 중요한 단서로 만들기 전까지는 침례교 전통에서 거의 찾아보기 어려운 사상이라고 지적하였다.[95] "진정한 기독교는 언제나 개인주의적"이어야 한다는 주장과 개인의 영혼이 타고난 권리(rights)를 가지고 있다는 멀린스의 견해는 신약 성경적이라기보다는 계몽주의 사상에 더 가까운 것이었다.[96] 스미스와 멀린스의 전신자 제사장 직분을 비교한 후, 야넬(Malcolm B. Yarnell)은 멀린스의 영혼의 능력은 초기 침례교인들이 보존하려고 했던 "개인과 공동체 사이에 있는 기독론 중심적이며 교회와 개인 사이에 있는 다이내믹한 관계성을 완전히 뒤엎어버린 것"이라고 평가했다.[97] 하나님께 직접 다가갈 수 있다는 멀린스의 영혼의 능력은 개인주의적 제사장 직분에 대한 강조점과 함께 침례교회의 특징이었던

---

95) James Leo Garrett Jr., "Should Baptist Churches Adopt Open Membership?" *White Paper* 34,. April 2010. Paul M. Harrison는 영혼의 능력이 침례교회의 역사에서 가장 중요한 신학적 원리였다는 것을 부인하면서 초기 침례교 신앙고백서에는 영혼의 능력이 아니라 하나님이나 성령님의 자유에 대해 더욱 관심을 가졌다고 말한다. *Authority and Power in the Free Church Tradition: A Social Case Study of the American Baptist Convention* (Princeton, NJ: Princeton University Press, 1959), 18-19. 반면, Arnold T. Ohrn은 침례교회의 역사에서 가장 중요한 신학은 영혼의 능력이 아니라 그리스도의 주재권(the lordship of Christ)이라고 주장한다. "Christ Only Is King," Holland Foundation Lectures, Southwestern Baptist Theological Seminary, Feburary 1950 (TC 2596, Roberts Library, SWBTS).
96) Fisher Humphreys, "E. Y. Mullins," in *Theologians of the Baptist Tradition*, eds. Timothy George and David S. Dockery (Nashville: Broadman & Holman, 2001), 186, 199.
97) "Changing Baptist Concepts of Royal Priesthood: John Smyth and Edgar Young Mullins," in *The Rise of the Laity in Evangelical Prostetantism*, ed. Deryck w. Lovegrove (New York: Routledge, 2002), 245-49.

신자의 교회론 중심의 삶을 약화시켰고 그리스도의 제사장 직분은 사실상 별 의미가 없어졌다.

멀린스가 가르친 영혼의 능력을 침례교회의 가장 중요한 원칙으로 보는 사람들은 신학적 책임성보다는 개인의 자유를 더욱 중요시 여긴다. 그들은 성경적 진리가 위협당하고 침례교회의 정체성이 흔들리는데도 개인의 자유와 영혼의 능력이 침해될 가능성 때문에 분명한 교리적 내용을 담은 신앙고백을 작성하지 않거나 고백된 신앙고백서의 어떤 규범적 성격도 부인하려고 한다. 영혼의 능력에 근거한 종교적 자유를 옹호하는 가장 대표적인 현대 미국 침례교회의 신학자는 셔든이다. 그는 역사적 침례교회의 정체성을 묘사할 수 있는 한 단어가 있다면 그것은 "자유"라고 말한다.[98]

침례교회의 신학은 성경의 자유, 영혼의 자유, 교회의 자유, 종교의 자유로 표현될 수 있으며 이것들은 "역사적 침례교의 확증"(historic Baptist affirmation)이라고 주장한다.[99] 성경의 무오성을 저버리는 것을 자신의 종교적 자유라고 주장하는 것은 셔든뿐만 아니라 그와 함께 머서 대학교에서 2006년까지 총장으로 있었고 CBF의 또 다른 대표적 신학자인 갓세이(R. Kirby Godsey)에 의해서도 발견된다. 갓세이의 저서 *When We Talk About God...: Let's Be Honest*(1996)가 출판되었을 때 많은 침례교인들은 그가 역사적으로 이단으로 규정한 신념을 가르치고 있음을 알게 되었다. 갓세이의 이단성은 그의 기독론에서 더욱 분명하게 나타난다. 그리스도는 참 하나님이 아니며 우리의 신앙의 대상도 아니다. 그리스도를 하나님으로 예배하는 것은 교회가 만들어낸 것이라고 주장했다.[100] 2005년 조지아 주 침례교주 총회(Georgia Baptist Convention)가 그의 이단적 사상 때문에 머서 대학교와의 협력을 단절하였을 때, 2006년 갓세이의 동료들(Shurden과 William D. Underwood)은 놀랍게도 그의 이단적 사상에 대한 어떤 언급도 없이 오히려

---

98) Shurden, *The Baptist Identity*, 55.
99) Ibid., 5.
100) Godsey, *When We Talk About God*, ix, 117, 119-20.

조지아 주 총회가 갓세이의 책을 잘 읽어보지도 않고 정죄했다고 비난하였다.[101] 그동안 머서(Mercer)에 재정적 지원을 통해 협력 관계에 있던 조지아 주 총회가 커비(Kirby)의 이단적 사상에 대해 조사하려고 했을 때, 셔든은 이것을 근본주의자들이 침례교인들의 지성과 정신을 통제하려는 것이며 머서대학의 이사들은 그런 신학적, 제도적 전제주의에 맞서 싸울 것이라고 반발하였다.[102]

그러나 이런 태도는 17세기부터 계속해서 신앙고백서를 발표하고 최소한의 신학적 경계선을 신앙 공동체(개교회나 지방회 혹은 총회)에 제시해 온 침례교인들의 행습과는 맞지 않는 것이다.[103] 침례교인들이 지키려 했던 것은 성경의 진리였고 그 진리를 보존하고 전달하고 선포하는데 신앙의 자유가 가장 적절한 환경을 마련한다고 믿어 왔다. 그러나 비성경적이거나 역사적 침례교회의 유산과는 배치되는 사상들이 종교적 자유라는 미명 하에 묵인되거나 수용되어서는 안 된다. 17세기 초 침례교인들에게는 종교의 자유가 비성경적인 교리에 대한 용인을 의미하진 않았다. 표준 고백서(*The Standard Confession*) 17항은 "그리스도의 참된 교회는… 모든 이단들을 거절해야 하며(딛 3:10, 11)… 그리스도인들이 배운 그리스도의 교리에 반하여 분쟁이나 범죄를 범하는 어떤 것들로부터도 주님의 이름으로 분리되어야 한다"라고 선언한다.[104]

---

101) R. Kirby Godsey, Walter B. Shurden, and William D. Underwood, *The Baptist Summit at Mercer University : 19-20 January 2006: Three Addresses* (Macon, GA: Mercer University, 2006), . Shurden은 Kirby의 책이 "경건주의적 신학"(devotional theology)에 대한 것이라며 Kirby를 두둔하고 있다.
102) James C. Hefley, *The Truth in Crisis: Conservative Resurgence or Political Takeover?*, vol.3. The Controversy in Southern Baptist Convention (LaVergne, TN: Hannibal Books, 1998), 190.
103) James A. Patterson, "Reflections on 400 Years of the Baptist Movement: Who We Are, What We Believe," David S. Dockery, Ray Van Neste, and Jerry Tidwell, eds., *Southern Baptists, Evangelicals, and the Future of Denominaltionalsm* (Nashville: B&H, 2011), 202.
104) William L. Lumpkin, *Baptist Confessions of Faith* (Valley Forge:, 1969), 230.

진화론으로 인해 남침례교단 안에 성경의 초자연주의적이며 기적적인 성격들이 부정될 시점에 이르렀을 때, 멀린스조차도 1923년 교단 신학교 교수들에게 다음과 같은 것을 요구하였다: "우리는 위에 언급된 진리들[성경이 하나님의 계시임, 그리스도의 인성과 신성, 대속적 죽음, 육체적 부활, 승천, 재림]과 사실들에 대한 신학적 충성이 우리 침례교 학교들에서 봉사하고자 하는 교사들에게 필요한 조건이라고 믿는다. 우리는 위에 제시된 진술들에 어울리는 신앙에 대한 긍정적인 내용을 주장한다. 오늘날 가장 중요한 이슈는 자연주의와 초자연주의 사이에 있다. 우리는 기독교 안에 있는 초자연적인 것들을 단호하게 지지한다. 우리 교단의 학교들에서 가르치는 교사들은 이점에 있어서 어떤 배신의 의혹을 가지고 있다는 의심을 사지 않도록 조심해야 한다. 우리는 성경에 계시된 기독교의 사실들에 충성스런 모든 학교들과 교사들을 지지한다."[105]

그럼에도 불구하고 멀린스의 영혼의 능력은 봉사를 목적으로 하는 공동체적 제사장 직분에 대한 침례교적 이해를 약화시켰다. 침례교 역사신학자인 조지(Timothy George)는 전신자 제사장직이 의미하지 않는 것과 바르게 이해되야 할 의미에 대해 다음과 같이 설명한다: "전신자 제사장 직분은 '내가 제사장이다. 그러므로 나는 내가 원하는 것을 무엇이나 믿을 수 있다'는 것을 의미하지 않는다. 오히려 그 직분은 '신자들이 언약을 맺은 공동체의 제사장으로서, 나는 성도들에게 단번에 전달된 믿음으로부터(유 3) 나의 회중이 이탈되지 않도록 지키고 깨어 있어야만 한다'는 것을 의미한다."[106]

신약 성경에서는 신자의 개인적 제사장 직분은 존재하지 않는다(the priesthood of a believer). 제사장 직분은 언제나 복수 형태로 단체적인 직분으로 존재한다(the priesthood of believers). 그리고 대제사장이신 그리스도께서 이 단체적인 제사장들을 부르신 목적은 그들이 개인적으로 누려야 할 어떤 특

---

105) Annual of the Southern Baptist Convention, 1923, 19-20.
106) Timothy George, "The Priesthood of All Believers and the Quest for Theological Integrity," *Criswell Theological Review*, 3 (Spring 1989), 286-87.

권을 부여하시기 위한 것이 아니라 한 몸인 교회를 이루어 성부 하나님을 섬기도록 하기 위함이었다(계 1:6). 그러므로 제사장들이 드려야 할 제물에는 자신들의 삶 전체가 포함되어야 한다(롬 12:1; 엡 5:2; 롬 6:13). 또한 찬양, 기도, 고백을 통한 예배를 드려야 한다(히 13:14; 계 5:8; 8:3-4). 복음 전파를 통해 죄인을 그리스도께 인도해야 한다(롬 15:16; 고전 16:15). 그리고 그리스도와 교회를 위해 순교하는 제물도 있다(딤후 4:6). 제사장들이 드려야 할 제물들이 하나님을 봉사하기 위한 것이며 이 봉사에서 제사장들은 개인별로 제사를 드리는 것이 아니라 함께 한 몸인 교회를 이루어 제물을 드리도록 명령을 받았다. 물론 제사장 직분은 개인이 자발적으로 시작하는 것이지만 교회론적 컨텍스트에서 진행된다. 제사장들의 봉사 영역은 또한 서로를 돌보는 형제애에서 나타난다. 서로에게 선한 일을 행하는 제사를 지내야 하며(히 10:24; 13:16), 재정적으로 서로를 도와주는 제물을 드려야 한다(히 13:16; 빌 4:18). 그리스도께서 우리를 제사장-왕들로 삼으셨기 때문에 그리스도의 대리자로서 다스리는 사역을 하게 되었다(벧전 2:9 ; 계 5:10; 계 20:22, 27). 이 제사장-왕들의 통치권은 교회의 능력의 기반이 된다.

21세기 북미 침례교인들 가운데 성경적 제사장 직분을 개인 중심의 제사장 직분으로 오해하도록 가장 큰 영향을 미친 인물은 홉스일 것이다. 그는 멀린스의 영혼의 능력이라는 개념 위에서 전신자 제사장 직분을 이해하려고 했다. 전통적으로 사용되어오던 "신자들의 제사장 직분"(the priesthood of all believers) 대신에 개인주의적 측면이 강화된 "신자의 제사장 직분"(the priesthood of the believer)이라는 표현을 선호했으며 1963 BF&M에 이 표현을 사용하였다. 루터가 주장했던 서로를 위한 섬김의 전신자 제사장 직분과 달리, 멀린스와 홉스는 그리스도인 개인이 한 명의 제사장으로서 다른 인간 중보자의 도움 없이 하나님 앞에 직접 나아갈 수 있다는 개인의 권리를 강조하였다.[107] 때로는 영혼의 능력에 기반을 둔 이런 사적인 제사장주의가 평범

---

[107] 맥그래스(Alister McGrath)는 루터가 성경에 대한 사적인 해석의 권위만을 강조하여 보통의 성도들보다 더 권위적이며 뛰어난 교회적인 성경해석의 권위를 부인했다

한 교인이 목회자보다 자신을 더 권위 있는 성경 해석자로 인식하게 만들거나 교회 공동체의 신앙고백과 권위를 부정하는 행위를 정당화시켜주는데 사용되었다.[108] 전신자 제사장 직분은 가톨릭의 특정 개인의(안수 받은 사제만의) 제사장 직분도 거절하지만 목회자의 정당한 리더십을 부인하는 "완전 평등주의적" 제사장주의도 부인한다.[109] 공동체 앞에 책임을 지지 않는 사유화된 개인의 제사장 직분은 교회 목회자의 정당한 권위를 약화시켰을 뿐만 아니라 가톨릭의 교황 제도를 정죄하면서도, 정작 수 만의 개신교인들로 하여금 신앙의 문제에 있어서 스스로 교황이 되도록 만들었다.

이런 사유화된 개인주의적 제사장 직분을 언약 관계 안에서의 책임 있는 공동체적인 제사장 직분으로 바로 잡기 위하여 2000 BF&M은 1963 BF&M이 말하는 제사장 직분에 몇 가지 변화를 주었다. 1963 BF&M에서 단수로 사용된 "신자의 제사장 직분"(the priesthood of the believer)이라는 표현을 2000 BF&M에서는 "신자들의 제사장 직분"(the priesthood of believers)으로 바꾸었다. 또한 "영혼의 능력"과 "신자들의 제사장 직분"을 그리고 "그리스도 안에 있는 자유"와 "하나님의 말씀 아래에서 서로에게 가져야 하는 책임감"을 묶어 놓으므로써, 전신자 제사장 직분의 성경적 핵심은 특권이 아니라 책임감이라는 것을 강조하였다. 이런 단체적이며 봉사를 위한 그리고 말씀의 권위 아래에서 책임감 있는 제사장 직분에 대한 침례교회의 이해는 루터가 자신의 전신자 제사장 직분에서 강조하고자 했던 것들이다.[110]

---

고 결론지었다. Alister McGrath, *Christianity's Dangerous Idea: The Protestant Revolution—A Historyfrom the Sixteenth* Century to the Twenty-First (New York: Harper Collins, 2007), 53. 그러나 이 견해는 루터의 초기 저작(1522년 이전)에만 국한되며 그 이후 발전된 루터의 전신자 제사장 직분에 대한 공정한 평가는 아니다. Rogers, "A Dangerous Idea?," 120.
108) 말콤 야넬, "신자들의 제사장 직분-왕 같은 제사장직분에 대한 성서적 교리의 재발견," 토마스 화이트, 제이슨 두싱, 말콤 야넬 편집, *21세기 교회의 순전함 회복-침례교회를 중심*으로, 조동선 역(서울: 누가, 2016), 354.
109) 야넬, "신자들의 제사장 직분," 361.
110) Martin Luther, *The Babylonian Captivity of the Church, in Three Treatises* (2d ed.; ed. and trans. A. T. W. Steinhauser; rev. Frederick C. Ahrens and Abdel Ross Wentz;

루터 신학자인 알싸우스(Paul Althaus)에 따르면, 루터의 전신자 제사장 직분은 신자 개인이 어떤 인간적 조력자의 도움 없이 하나님과 직접적인 관계를 형성한다는 종교적 개인주의와는 전혀 반대의 개념으로서 신앙 공동체인 교회가 함께 하나님과 세상을 섬기는 것을 말한다.[111] 루터와 멀린스는 제사장으로서의 개인의 성경해석의 권리에 있어서도 다른 이해를 가지고 있다. 비록 루터가 로마 가톨릭 교권에 대항하여 자유로운 성경해석의 권리를 모든 제사장-신자가 가지고 있다고 말했지만, 그 권리란 기독교 정통 신학(루터에게 있어선, 2-5세기까지의 교부들의 정통 신학)과 교회라는 공동체의 신학적 정체성 테두리 안에서 개인이 행사하는 권리를 의미했다. 그러나 멀린스의 신학은 신조나 신앙고백서의 유익을 인정하지만 그것들이 신자의 영혼에 어떤 권위를 행사하려는 것을 부정한다. 멀린스의 문제점은 그가 강조한 영혼의 자유와 제사장 직분의 개인적 권리가 신약 성경보다 계몽주의에 더 근거하고 있다는 것이다.[112]

조지(George)가 지적했듯이, 개인의 사적인 성경 읽기는 회중교회 선교사였다가 유아 세례의 비성경적 요소를 발견한 후 침례교인이 된 저드슨(Adoniram Judson)에게는 축복이었다. 그러나 19세기 적지 않은 침례교인들이 자신들의 성경 읽기를 통해 보편 구원론자들(universalists)이 되었던 슬픈 역사도 있다.[113] 또한 1830-33년대에 수많은 침례교인들이 자신들의 성경 읽기를 통해 침례교적 전통을 떠나 캠벨(Campbell)파에 합류하게 되었다. 따라서 공동체의 성경 읽기를 배제한 철저한 사적인 성경해석은 침례교적이지도 않으며 신약 성경적이지도 않다. 신약 성경은 교회의 성육신적인 신학에 반대하는 이들을 적그리스도 또는 거짓 선지자로 부르고 있다(요일 4:1-3).

---

Philadelphia: Fortress, 1970), 245; Mark Rogers, "A Dangerous Idea?: Martin Luther, E. Y. Mullins, and the Priesthood of All Believers," *The Westminster Theological Journal*, 72:1(2010), 119-24; Brian Gerrish, "Priesthood and Ministry in the Theology of Luther," *Church History* 34 (1965), 411.

111) Paul Althaus, *The Theology of Martin Luther* (Philadelphia: Fortress, 1966), 3
112) Humphreys, "E. Y. Mullins," 199.
113) George, "The Priesthood of All Believers, 287.

루터의 전신자 제사장 직분과 역사적 침례교회의 전신자 제사장 직분 사이에 있는 차이는 침례교회가 회중 정치를 통하여 전신자 제사장 직분을 치리하는 것과 행정력에 있어서 더욱 일관성 있게 실천하고 있다는 것이다. 교회에 대한 신약 성경의 가르침은 교회가 "하나부터 열까지 단체적인" 것이라는 점이다.[114] 교회라는 말 자체가 성도들의 모임이며 교회에 대하여 사용된 이미지들이 개인이 아닌 개인들의 단체적이며 유기적인 영적 모임을 묘사하고 있다. 따라서 지역 교회의 멤버가 되고자 하는 사람은 "어느 정도는 자기 자신의 자치성을 교회에 이양하는" 것을 전제로 한다.[115] 왜냐하면 교회는 멤버들 상호 간에 자발적으로 다음과 같은 것들에 동의하는 언약 공동체이기 때문이다: 필요시 교회의 치리를 기꺼이 받아들임; 교인으로서의 책임을 다함; 교회의 세워짐을 위해 헌신함.

## V. 지역 교회의 자치성과 협력주의

침례교회의 개교회주의는 지역 회중이 다른 침례교회들이나 다른 교단의 복음주의 교회들과 교제를 단절해야 한다는 것을 의미한 적이 없다. 침례교회의 시초부터 지역 회중의 개교회주의는 여러 침례교회들의 협의체의 필요성과 정당성을 인정해 왔다. 침례교인들이 본 지방회의 성서적 배경은 다음과 같다. 첫째, 신약 교회는 기독교 신앙에서 연대하고 있었다(엡 4:4-5; 행 14:26-28 [바울이 세운 교회들과 안디옥 교회의 연결]; 골 4:16 [골로새 교회와 라오디게아 교회는 바울의 같은 가르침에 따라 신앙생활을 해야 했음]). 둘째, 신약 교회는 교리의 통일성을 유지했다(갈 1:8-9 [누구라도 거짓 복음을 전하는 자는 저주를 받을 것이라]; 요일 2:19 [적그리스도에게 속한 무리들이 정통 교회에서 나가 자신들의 교회를 세움]). 셋째, 신약 교회는 신앙의 실천에 있어서 통일성

---
114) Hammett, *Biblical Foundations*, 69.
115) Ibid., 69.

을 유지했다(행 15장 [유대인과 이방인 교회의 관계]; 고전 11:16 [하나님의 교회들에서는 여자의 긴 머리가 논의의 여지없는 바른 행실로 받아들임]; 고전 14:33-34 [모든 하나님의 교회들에서 여자는 교회에서 잠잠할 것]; 주의 첫 날 헌금하기(고전 16:1-2 고린도 교회뿐만 아니라 갈라디아에 있는 교회들도 마찬가지임)). 넷째, 신약 교회는 목회적 협력 공동체였다(사도나 교회가 목회자들을 추천하여 다른 교회들에서 사역을 하도록 함 - 행 18:27; 롬 16:1; 고전 16:12; 고후 3:1). 다섯째, 신약 교회는 재정적인 협력 공동체였다(고후 8:7-11).

역사적으로는 제1차 런던 침례교 신앙고백문 47항은 개교회가 같은 침례교들과 함께 우주적 교회를 이루어 내야 한다고 말한다: "비록 개별적인 지역 회중들이 서로 구별되며 서로 다른 지역 교회를 이루고 있지만… 그 모든 개교회들은 하나의 동일한 법에 따라 신앙을 실행해야 한다. 그들 모두의 머리이신 그리스도의 통치를 받아 같은 신앙 안에서 한 몸의 지역 교회 지체들이 그러하듯(서로 협력해야 하듯이), 지역 교회들도 모든 가능한 방편을 통해서 서로 의논하여 교회의 모든 필요한 사업을 위해 서로 도와야만 한다." 1687년 일반침례교회들의 정통 신조 39항 역시 여러 교회들의 대표자들이 모여 하나의 교회(one Church), 즉 우주적 교회를 이룬다고 말하였다. 이 신조는 계속해서 이렇게 지방회로 모여 우주적 교회를 이루는 것이 연합을 이루고 이단과 분열을 방지할 수 있는 가장 좋은 길이라고 소개한다.

제2차 런던 신앙고백서도 침례교회는 단순히 독립교회(independent church)가 아님을 보여주었다. 같은 고백문 26.14는 "각 [침례]교회와 그 교회의 모든 멤버들이 그리스도의 모든 교회들의 선과 번영을 위해 계속적으로 기도할 의무"가 있으며 "하나님의 섭리에 의해 세워진 교회들은 할 수 있는 기회가 있고 유익이 되는 한 그들의 평화, 사랑의 증진, 서로 간에 덕 세우기를 위하여 자신들 안에서 교제를 유지해야만 한다"고 선언한다. 즉 하나의 침례교회가 완전한 행정적, 사법적 자치성을 가지고 있지만 같은 신앙과 같은 행습을 하는 침례교회들 간에 영적 교제의 필요와 유익 또한 주님이 뜻하신 것임을 명시하고 있다. 고백문 26.15는 어떤 특정한 교회가 교리나 행정에 문제나 어려움이 생겼고 진리와 질서에 어긋나게 절차와 징계가 이루어져 교회의 어떤 멤버나 멤버들이 상처를 입었을 경우에 그 문제를 해결할 지방회의 역할에 대해 언급하고 있다. 교회들 간에 협의체(지방회)가 함께 모여 서로 다르게 이해되는 문제에 대하여 조언을 줄 수는 있다. 그러나 지방회는 개교회를 지배할 수 있는 그런 행정적, 사법적 권한을 가지고 있지 않으며 문제가 되고 있는 교회와 직분자들에게 지방회의 결정을 강요할 수 없다고 선언했다.

개교회의 자치성을 존중하면서 다른 교회들과 연합하는 것이 주님의 뜻이라는 확신은 미국 최초의 침례교 지방회였던 필라델피아 지방회에 의해 1742년에 발표된 필라델피아 신앙고백서에서 그대로 계승되었다. 침례교회들 간에 협력 또는 침례교회와 다른 복음주의 단체들과의 협력에 대한 강조는 모든 BF&M(1925, 1963, 2000)의 "협력"이라는 항목에 동일하게 선언되었다: "신약 교회들은 그리스도의 왕국의 확대를 위해 선교적이며 교육적인 선한 사역들을 수행하는데 있어서 서로 협력해야 한다. 신약적 의미에서 기독교적 연합이란 공동의 목적들을 위한 영적인 조화와 자발적인 협력이며… 다른 기독교 교단 사이에서도 바람직한 것이다." 물론 교회들 간에 그리고 교단 간에 협력은 한 가지 조건을 가지고 있다: "그런 협력은 양심에 위배되거나 그리스도와 신약 성경에 계시된 그분의 말씀에 대한 충성을 타협하는 것이 되어서는 안 된다."

침례교회들이 지방회(후에는 국가적인 총회)를 결성하여 협력하려고 했던 5가지 주요 영역은 다음과 같았다: 1) 핍박 중에 침례교회들 간의 교제를 보존하기 위해서. 2) 이단들과 타 교단들의 신학적 도전으로부터 침례교회의 교리를 분명히 설명하고 방어하기 위해서. 3) 당시 사회적으로 소수에 속해 있던 침례교회의 지위를 보존하기 위해서. 4) 침례교회의 정체성을 위협하는 외부로부터의 도전에 효과적으로 대응하기 위해서. 5) 침례교회의 신학과 실행을 외부에 선전하는데 연합하기 위해서.[116]

---

[116] G. Hugh Wamble, "The Concept and Practice of Christian Fellowship: The Connec-

그러나 교회 간 협력이라는 신약 성경의 명령을 지키려는 침례교인들의 역사적 노력에도 불구하고, 19세기부터 미국 침례교 안에는 교회들 간 공동체적 책임성이 약해지면서 개인의 자유와 자치성이 강조되었다. 이 원인은 크게 세 가지로 볼 수 있다. 첫째, 당시 미국 사회가 공동체적인 책임과의 협력보다는 개인의 가치를 우선하는 문화였다. 둘째, 근본주의와 자유주의 운동의 대립이었다. 근본주의는 신학적으로 타락해 가는 교단으로부터 개교회의 순전함을 유지하기 위해, 자유주의는 보수적인 교단의 신학적 흐름으로부터 벗어나기 위해 교회들 간의 협력과 책임을 약화시켰다. 셋째, 침례교회들 간의 협력이 선교를 위한 재정적 협력이라는 아주 제한된 의미로 이해되기 시작했다. 이런 변화는 아이러니하게도 1925년 남침례교단이 시작한 협동 프로그램(the Cooperative Program)으로부터 시작된 것이다.[117] 협동 프로그램이 침례교회들 간의 신학적 협력을 약화시키려는 의도로 시작된 것은 아니었지만 협동이라는 말과 교단적 사역이 너무나 과도하게 선교에만 집중되었기 때문에 일어난 현상이었다. 이로 인해 개교회의 자치성은 같은 믿음과 실행을 하는 교회들의 연합체인 지방회, 총회와는 어떤 신학적 언약 관계도 없이 오직 실용주의적 유익 때문에 필요하다고 보기 시작했다. 개교회보다는 지방회와 총회 같은 보다 조직적인 연합체가 교회 개척과 해외 선교에 더 효율적이라고 보였기 때문이었다.

그러나 17세기 침례교회가 지방회와 교단을 형성한 이유는 단지 선교 사역의 극대화를 위해서만은 아니었다. 또 다른 중요한 이유는 회원 교회들 간에 기본적으로 신학적 연대를 강화하기 위한 것이었다.[118] 어느 침례교회도

---

tional and Inter-Denominational Aspects Thereof, Among Seventeenth Century English Baptists"(unpublished Doctor's dissertation, Southern Baptist Theological Seminary, 1955), 313-20.

117) Chute, Finn, and Haykin, *The Baptist Story*, 341.

118) H. Leon McBeth, "Baptist Beginnings," *The Baptist History and Heritage Society* June 4, 2016); "이르게는 1624년에 그리고 1630년에 다시 한 번 런던에 있던 몇 개의 일반침례교회들이 교리를 논의하기 위해서 그리고 다른 믿는 이들과 교류하기 위해서 함께 행동하였다." McBeth, *The Baptist Heritage*, 96-7. 1654 최초의 일반침례교

그 도시에서 나 홀로 존재할 수 없다. 목회자들이 서로 이동하며 교인들도 서로 이동하고 있으며 더욱이 성경적이지 않은 사상들과 침례교회의 정체성을 위협하는 사상들은 이 교회에서 저 교회로 퍼져 나가고 있다. 한 지역 침례교회의 신학적 이탈과 혼란이 그 교회에만 국한되는 것이 아니다. 그 지역에 있는 모든 교회들, 특별히 같은 신앙고백과 실행을 하는 침례교회는 더욱 큰 영향을 받게 된다. 이럴 때 지방회와 총회는 개교회가 신학적 혼란기에 질서를 회복하고 바른 성경적 가르침을 따르도록 신학적 조언과 역사적 교훈들을 제시해 줄 수 있어야 한다. 또한 개교회도 도움을 요청할 수 있는 겸손이 있어야 하며, 형제 교회들은 어려움에 처한 교회를 사심 없이 섬길 수 있어야 한다. 그러므로 개교회의 자치권은 비성경적이며 비침례교적인 신념을 정당화하기 위한 방편으로 사용되어서는 안 된다. 개교회의 자치성는 단순히 외부적인 권위로부터의 독립성을 넘어 복음의 진리들에 대한 강력한 헌신을 위한 자유를 의미한다.[119]

개교회는 자신들이 성경적이라고 믿는 것을 선언하고 실행할 수 있는 자치성이 있지만 그 교회가 어떤 지방회나 총회에 소속되어 있다면 그 단체와 협력하는 한 그 단체의 신앙고백에 대한 책임도 가지고 있는 것이다. 그러므로 지방회와 총회는 자신들의 공동체에 돌이킬 수 없는 갈등을 유발한 개인이나 교회를 제명할 수도 있다. 그렇다고 해도 지방회와 총회의 제명은 개교회의 재산이나 리더십을 해체할 수 없으며 개교회의 결정을 강제적으로 바꿀 수 없다. 1825년 레드스톤 지방회(The Redstone Baptist Association)는 그리스도의 교회(The Church of Christ)를 창설한 캠벨(Alexander Campbell)파를 제명하였다. 그 이유는 캠벨의 추종자들이 신자의 침수 침례 이외에는 거의 모든 근본적 이슈에서 침례교회의 신학에 일치할 수 없었기 때문이었다. 1992년 남침례교단은 남자 동성애자들의 결혼을 승인한 교회와 동성애자에

---

회 총회가 형성되었는데 목적은 그리스도의 복음의 일들을 논하는 것이었고 그중에는 침례교회에 대한 신학적 오해를 해소하기 위한 것들이 있었다. 특수침례교회의 지방회도 기본적인 목적은 신학적인 것이었다.

119) Chute, Finn, and Haykin, *The Baptist Story*, 342.

게 설교할 수 있는 자격을 부여한 두 개의 노스캐롤라이나(North Carolina)에에 있는 침례교회들과의 교제를 단절하였다. 1998년엔 텍사스에 있는 주 총회 BGCT(Baptist Gernal Convention of Texas)는 오스틴(Austin) 소재 대학침례교회(University Baptist Church)가 동성애를 지지하였기 때문에 주 총회에서 제명하였다. 개교회의 자치성을 성경적 원리와 침례교회의 역사적 신앙고백으로부터 이탈할 수 있는 자유방임적 권리가 아니라 복음의 진리를 개교회가 그리스도의 주도 아래에서 자유롭게 표현할 수 있는 책임으로 이해해야 한다.

## 참고문헌

마크 데버, "의미있는 교회 멤버십 회복하기," 토마스 화이트, 제이슨 두싱, 말콤 야넬 편집, *21세기 교회의 순전함 회복-침례교회를 중심으로*, 조동선 역. 서울: 누가, 2016.

말콤 야넬, "신자들의 제사장 직분-왕 같은 제사장직분에 대한 성서적 교리의 재 발견," 토마스 화이트, 제이슨 두싱, 말콤 야넬 편집, *21세기 교회의 순전함 회복-침례교회를 중심으로*, 조동선 역. 서울:누가, 2016.

제이슨 리, "침례와 언약," 토마스 화이트, 제이슨 두싱, 말콤 야넬 편집, *21세기 교회의 순전함 회복-침례교회를 중심으로*, 조동선 역. 서울:누가, 2016.

토마스 화이트, "서론," 토마스 화이트, 제이슨 두싱, 말콤 야넬 편집, *21세기 교회의 순전함 회복-침례교회를 중심으로*, 조동선 역. 서울:누가, 2016.

Althaus, Paul. The Theology of Martin Luther. Philadelphia: Fortress, 1966.

Armitage, Thomas. "Baptist Faith and Practice." In C. A. Jenkyns, ed. Baptist Doctrines. St. Louis: Chancy R. Barns, 1882.

Arnold T. Ohrn, "Christ Only Is King," Holland Foundation Lectures, Southwestern Baptist Theological Seminary, Feburary 1950 (TC 2596, Roberts Library, SWBTS).

Augustine, Letter (Letter of St. Augustine to St. Jerome), 82 [on line]. Accessed August 10. 2016. http://www.newadvent.org/fathers/1102082.htm

Blaising, Craig A. "Chalcedon and Christology: A 1530th Anniversary." Bibliotheca Sacra 138 (1981): 326-35.

_____. "Creedal Formation as Hermeneutical Development: A Reexamination of Nicaea." *Pro Ecclesia* 19 (2010): 371-88.

Boyce, J. P. A B*rief Catechism of Bible Doctrine* (Kindle Locations).

Broadus, John A. "Three Questions as to the Bible (1883)" [on line]. Accessed August 10, 2016. http://www.sbc.net/aboutus/heritage.asp

Bush, L. Russ. & Tom J. Nettles. *Baptists and the Bible. Revised and Expanded.* Nasville: B&H, 1999.

Carroll, B. H. "Creeds and Confessions of Faith." In *Baptists and their Doctrines.* Edited by Timothy and Denise George. Nashville: B&H, 1995.

Cothen, Grady C. *What Happened to the Southern Baptist Convention?: A Memoir of the Controversy.* Macon, GA: Smyth & Helwys, 1993.

Dagg, John L. *Manual of Theology.* Harrisonburg, VA: Gano, 1982.

Dockery, David S. "Herschel H. Hobbs." In *Theologians of the Baptist Tradition.* Nashville: B&H, 2001.

\_\_\_\_. "The Life and Legacy of Herschel H. Hobbs (1907-1995)." *SBJT* 7 (2003): 62-78.

Dudley, R. M. "The Distinctive Baptist Way: Our Reasons for the Separate Existence of the Baptists." Edited by Timothy and Denise George. B*aptist Why or Why Not.* Nashville: B&H, 1996.

Deweese, Charles W. B*aptist Church Covenants.* Nashville: Broadman, 1990.

Ferguson, Robert U. *Amidst Babel, Speak the Truth: Reflections on the Southern Baptist Convention Struggle.* Macon, GA: Smyth & Helwys, 1993.

Finn, Nathan. "On the Baptist Confession of 1689." Between the Times [on line]. Accessed June 17, 2016, http://betweenthetimes.com/ index.php/tag/ confessions-of-faith/

Frost, J. M. "Introduction." In *Baptist Why and Why Not.* Nashville: Sunday School Board, 1900. Hobbs, Herschel H. "People of the Book: The Baptist Doctrine of the Holy Scripture." In *Baptists Why and Why Not Revisited.* Edited by Timothy George and Richard Land. Nashville: Broadman and Holman, 1997.

Garrett, James Leo. *Baptist Church Discipline.* Nashville: Broadman, 1962.

\_\_\_\_. "Should Baptist Churches Adopt Open Membership?." *White Paper* [on line]. Accessed April 5, 2016, http://www.baptisttheology.org /white-papers/

should-baptist-churches-adopt-open-membership.

_____. *Systematic Theology: Biblical, Historical, and Evangelical.* North Richland HE-dition.

George, Timothy. "How Old Are the Baptists? Baptists Celebrate 400th Anniversary, Acknowledge Earlier Contributions." *The Alabama Baptist*, 174 (2009). Accessed on June 16, 2016, http://www.beesondivinity.com/howoldarethebaptists

_____. "The Priesthood of All Belivers." In *The People of God: Essays on the Believers' Church*. Edited by Paul Basden and David S. Dockery. Nashville: Broadman, 1991.

Gerrish, Brian. "Priesthood and Ministry in the Theology of Luther." *Church History* 34 (1965): 404-22.

Godsey, R. Kirby, Walter B. Shurden, and William D. Underwood, *The Baptist Summit at Mercer University : 19-20 January 2006: Three Addresses*. Macon, GA: Mercer University, 2006.

Goodliff, Andy. "Why Baptist Ecclesiology is Non-Voluntary." *Baptistic Theologies.* 6 (2014):1-13.

Hammett, John S. *Biblical Foundations for Baptist Churches: A Contemporary Ecclesiology.* Grand Rapids: Kregel, 2005.

_____. "From Church Competence to Soul Competence: The Devolution of Baptist Ecclesiology." *Journal for Baptist Theology and Ministry* 3(2005): 145-63.

Harrison, Paul M. *Authority and Power in the Free Church Tradition: A Social Case Study of the American Baptist Convention*. Princeton, NJ: Princeton University Press, 1959.

Hauerwas, Stanley. *Good Company: The Church as Polis.* Notre Dame: University of Notre Dame, 1995.

Hinson, E. Glenn. "Forming Baptist Identity(ies) in American Higher Education." *Perspectives in Religious Studies*, 34 (Winter 2007): 365-75.

Holmes, Stephen R. *Baptist Theology*. Edinburgh: T & T Clark International, 2012.

Humphreys, Fisher. "Edgar Young Mullins." In *Theologians of the Baptist Tradition*. Edited by Timothy George and David S. Dockery. Nashville: B&H, 2001.

James C. Hefley, *The Truth in Crisis: Conservative Resurgence or Political Takeover?*. Vol.3. The Controversy in *Southern Baptist Convention*. LaVergne, TN: Hannibal Books, 1998.

Leonard, Bill J. *God's Last and Only Hope*. Grand Rapids: Eerdmans, 1990.

Love, J. F. "The Statement of Belief by the Foreign Mission Board." *The Religious Herald* (July 8, 1920): 7.

Lumpkin, William. *Baptist Confessions of Faith*. King of Prussia, PA: Judson, 1969.

Manly, Basil. *The Bible Doctrine of Inspiration: Explained and Vindicated*. New York: A. C. Armstrong, 1888.

Martin Luther, *The Babylonian Captivity of the Church, in Three Treatises*. Translated by A. T. W. Steinhauser and Revised by Frederick C. Ahrens and Abdel Ross Wentz. Philadelphia: Fortress, 1970.

McBeth, H. Leon. *A Sourcebook for Baptist Heritage*. Nashville: Broadman, 1990.

_____. "Baptist Beginnings," *The Baptist History and Heritage Society* [on line]. Accessed June 4, 2016, http://www.baptisthistory.org/baptistorigins/baptist-beginnings.html

McGrath, Alister. *Christianity's Dangerous Idea: The Protestant Revolution—A History from the Sixteenth Century to the Twenty-First*. New York: Harper Collins, 2007.

Miller, Perry. *The Complete Writings of Roger Williams*. New York: Russell and Russell, 1963.

Mohler, R. Albert. "Introduction to The Axioms of Religion." In E. Y. Mullins, The Axioms of Religion. Edited by Timothy and Denise George. Nashville: Broadman & Holman, 1997.

_____. "When 'Discernment' Leads to Disaster." Albert Mohler [on line]. Accessed Aug. 15, 2015, http://www.albertmohler.com/2015/08/18/when-discernment-leads-to-disaster

Moore, Russell D. "Address to the Public. The Founding Document of Cooperative Baptist Fellowship," adopted by Cooperative Baptist Fellowship, May, 9, 1991, http://baptiststudiesonline.com/wp-content/uploads/2007/02/cbf-address-to-the-public.pdf (June 14, 2016).

_____. "CBF to Approve Funding for Pro-Homosexual Groups; Gay Church Literature Featured in CBF Exhibit." *Baptist Press* [on line]. Accessed June 30, 2000, http://www.bpnews.net/6113/cbf-to-approve-funding-for-prohomosexual-groups-gay-church-literature-featured-in-cbf-exhibit

Mullins, E. Y. Baptist Beliefs. Philadelphia: Judson, 1925.

_____. "Baptists and Creeds." In *The Axioms of Religion,* eds. Timothy and Denise George. Nashville: B&H, 1997.

_____. he Axioms of Religion: A New Interpretation of the Baptist Faith. Philadelphia: American Baptist Publication Society, 1908.

Nettles, Tom J. "On the Other Hand: The Decline of Confessions." *Founders Journal* [on line] 49(2002). Accessed August 10, 2016, http://founders.org/fj49/on-the-other-hand-the-decline-of-confessions/

Nicole, Roger. "Confessions of Faith in Baptist History." *Founders Journal* [on line]. Accessed on June 16, 2016, http://founders.org/fj27/confessions-of-faith-in-baptist-history/

Noel, S. M. "Circular Letter on Confessions of Faith." In *Treasures from the Baptist Heritage.* Edited by Timothy and Denise George. Nashville: Broadman & Holman, 1996.

Parker, Gary E. *Principles Worth Protecting.* Macon, GA: Smyth & Helwys, 1993.

Parker, G. Keith. *Baptists in Europe: History and Confessions of Faith.* Nashville: Broadman, 1982.

Patterson, James A. "Reflections on 400 Years of the Baptist Movement: Who We Are, What We Believe." In *Southern Baptists, Evangelicals, and the Future of Denominaltionalsm*. Edited by David S. Dockery, Ray Van Neste, and Jerry Tidwell. Nashville: B&H, 2011.

Rogers, Mark. "A Dangerous Idea?: Martin Luther, E. Y. Mullins, and the Priesthood of All Believers," *The Westminster Theological Journal* 72(2010): 119-24.

Sarah H. Lancaster, "Scripture and Revelation." In *The Oxford Handbook of Methodist Studies*. Edited by William J. Abraham and James L. Kirby. Oxford: Oxford University Press, 2009.

Shurden, Walter B. *Not an Easy Journey: Some Transitions in Baptist Life*. Macon, GA: Mercer University Press, 2005.

____. *The Baptist Identity; The Priesthood of All Believers (Proclaiming the Baptist vision)*. Macon, GA: Smyth & Helwys, 1993.

____. *The Struggle for the Soul of the SBC: Moderate Responses to the Fundamentalist Movement*. Macon, GA: Smyth & Helwys, 1994.

Smyth, John. *Principles and Inferences concerning the Visible Church* (1607). Printed in *The Works of John Smyth*. Edited by W. T. Whitley. Vol. I. Cambridge, 1915.

Spurgeon, Charles. *Micah's Message for To-day*, Sermon No. 2328.

Thomas, Bill C. "Edgar Young Mullins: A Baptist Exponent of Theological Restatement." Ph.D. diss., Southern Baptist Theological Seminary, 1963.

Timothy George, "The Priesthood of All Believers and the Quest for Theological Integrity." *Criswell Theological Review* 3 (Spring 1989): 283-94.

Torbet, Robert. "Baptistst/Biblical Authority." *AkB* 24 (May 1962): 24.

Tuck, William P. *Our Baptist Tradition*. Macon, GA: Smyth & Helwys, 2005.

Yarnell, Malcolm B. "Changing Baptist Concepts of Royal Priesthood: John Smyth and Edgar Young Mullins." In *The Rise of the Laity in Evangelical Prostetantism.* Edited by Deryck. Lovegrove. New York: Routledge, 2002.

_____. *The Formation of Christian Doctrine* . Nashville: B&H, 2007.

Wamble, G. Hugh. "The Concept and Practice of Christian Fellowship: The Connectional and Inter-Denominational Aspects Thereof, Among Seventeenth Century English Baptists." Unpublished Doctor's dissertation, Southern Baptist Theological Seminary, 1955.

Wayland, Francis. *Notes on the Principles and Practices of Baptist Churches.* Watertown, WI: Baptist Heritage Press, 1988; Reprint of original publication, New York: Sheldon, Blakeman and Co., 1857.

Wills, Gregory A. *Southern Baptist Seminary 1859-2009* . Oxford: Oxford University Press, 2009.

Wills, Gregory A. "Baptists, the Bible and Confessions - The Need for Statements of Faith." *The Southern Seminary Magazine.* 68 (2000): 13-15.

Wood, Nathan Eusebius. *The History of the First Baptist Church of Boston (1665-1899)*. Philadelphia: American Baptist Publication Society, 1899.

# 11장
# 침례교회의 기원과
# 영·미·한 침례교회 역사

# BAPTIST SYSTEMATIC THEOLOGY

# 11장. 침례교회의 기원과 영·미·한 침례교회 역사

김승진

## I. 프롤로그

교회사에서 종교개혁기(1517-1648)를 마르틴 루터가 95개조를 비텐베르크 성 교회(Castle Church, Schlosskirche, Wittenberg)에 게시한 날(1517)로부터 30년 전쟁 후 맺어진 베스트팔리아 평화조약의 때(1648)까지로 잡는다면,[1] 필자는 침례교운동(Baptist Movement) 역시 종교개혁운동의 범주 안에 포함시켜야 한다고 생각한다. 왜냐하면 최초의 침례교회가 1609년에 암스테르담에서 창립되었고, 1611/12년에는 이들 중 일부가 런던 스피탈필드(Spitalfield)로 돌아가 일반침례교회(General Baptist Church)를 이루었기 때문이고, 최초의 특수침례교회(Particular Baptist Church)는 1638년에 런던 써덕(Southwark)에서 시작되었기 때문이다.

처음부터 침례교인들은 교회는 어디까지나 신자들의 모임이어야 하고, 유아나 불신자가 아니라 신자(believer)에게만 뱁티즘을 베풀어야 한다고 믿었다. 다시 말하면 침례교인들은 신약 성서가 말하는 교회(New Testament Church)란 그리스도 안에서 거듭난 신자들(born-again believers), 즉 영적인 출생(spiritual birth)을 경험한 신자들의 영적인 공동체라고 믿었다. 또한 신

---

1) Earle E. Cairns, *Christianity through the Centuries* (Grand Rapids: Zondervan Publishing House, 1996), 267-354. Cairns의 책을 비롯해서 거의 대다수의 교회사개론 책들이 종교개혁사의 시기를 1517년-1648년, 약 130여 년으로 잡고 있다.

약 성서적 교회란 세속국가와는 무관한 교회, 즉 국가교회나 시교회가 아닌 자유교회(Free Church)여야 한다고 믿었다. 그리고 침례교인들은 각 지역 교회(each local church)는 상호 독립적이며 자치적이어야 한다고 믿었다. 침례교인들은 교회는 지역 교회의 회중에 의해 그리스도 중심적인 민주적 회중정치(Christ-centered Democratic Congregationalism)의 원리에 따라 운영되어야 한다고 믿었다. 이러한 믿음을 신약 성서로부터 발견하고 실천하려고 했던 침례교인들은 또 다른 위대한 개혁가들이었다.

본고에서 필자는 침례교회의 기원에 관한 여러 가지 학설들을 살펴보고, 오늘날 침례교 역사학계에서 대다수가 지지하고 있는 통설인 영국 분리주의 파생설(영국 분리주의자 후예설)의 입장에서 다른 학설들을 비판적으로 고찰하고자 한다. 그리고 침례교회는 자유교회 운동의 전통 속에 있는 교회임을 전제하면서, 자유교회 운동이 태동하게 된 배경과 자유교회가 일반적으로 믿고 있는 신앙에 관하여 설명하고자 한다. 또한 영국과 미국과 한국의 침례교회 역사를 약사(略史, a brief history) 형식으로 다루면서 400여 년에 걸친 침례교 역사를 개관하고자 한다.

## II. 침례교 기원에 관한 학설들

침례교회는 언제 어디에서 시작되었는가에 대해서는 시대에 따라 다양한 학설들이 전개되어 왔다. 20세기의 처음 한 세대까지만(1930년경) 해도 미국 침례교회에서는 침례교회는 개신교회(Protestant Church)가 아니며, 종교개혁의 산물이 아니라 예수님이 이 지상에 세우셨던 교회가 1900여 년의 역사 속에서 면면히 이어져 왔다는 주장(침례교회들의 전승설)이 통설이었다. 그러나 이러한 주장은 믿음일 수는 있지만, 학술적이고 문헌적인 증거가 부족해 오늘날에는 침례교 역사학계에서 가치 있는 학설로 인정을 받지 못하고 있다.

로버트 토벳(Robert G. Torbet) 박사는 그의 저서「침례교인들의 역사」(A History of the Baptists)에서 "전승설"(Successionist Theory), "아나뱁티스트 영혈설"(Anabaptist Spiritual Kinship Theory), "영국 분리주의자 후예설"(English Separatist Descent Theory) 등 세 가지로 구분하여 침례교회의 기원에 관한 학설들을 설명하고 있는데,[2] 본고에서는 미국 사우스웨스턴 침례신학원(Southwestern Baptist Theological Seminary) 교수를 역임한 바 있는 레온 맥베스(H. Leon McBeth) 박사의 구분에 따라 설명을 하고자 한다.[3]

## 1. 침례교회들의 전승설

이 학설은 이 땅 위에 세워지고 조직화된 침례교회들이 기독교 역사 전 과정을 통하여 여러 세대를 거쳐 계속적으로 지상에 존속되어 왔다는 학설(Succession of Baptist Churches Theory)이다.[4] 간단히 말해서 예수님께서 이 지상에 세우셨던 교회가 바로 침례교회였으며, 이 교회는 지난 2,000여 년 동안 로마 가톨릭교회의 조직과 역사 밖에서 계속적으로 명맥을 유지해 왔다는 것이다. 이 견해는 침례교회의 기원을 원시 기독교(Primitive Christianity)에까지 소급하고 있다.

이 학설은 "제이제이제이 이론"(JJJ Theory)이라고도 불린다.[5] 예수님(Jesus)께서 침례 요한(John the Baptist)으로부터 요단강(Jordan River)에서 침수례에 의한 뱁티즘(immersion)를 받으심으로써 침례교회는 시작되었으며, 오순절 날 성령이 강림함으로 시작되었던 교회는 다름 아닌 침례교회라는 것이다(행 2:37-42). 예수님께서 "내가 이 반석 위에 내 교회를 세우리니 음부의 권세가 이기지 못하리라"(마 16:18)고 말씀하시며 지상에 세우셨던 교회가 바로 침례교회였다는 것이다. 따라서 침례교회는 종교개혁 이전에도 존

---

2) Robert G. Torbet, *A History of the Baptists* (Valley Forge, PA: Judson Press, 1982).
3) H. Leon McBeth, *The Baptist Heritage: Four Centuries of Baptist Witness* (Nashville, TN: Broadman Press, 1987).
4) Ibid., 58-60.
5) Ibid.

재해 왔기 때문에, 종교개혁의 산물이라고도 볼 수 없으며, 따라서 프로테스탄트교회(Protestant Church, 개신교회)라고 보아서는 안 된다는 것이다.[6]

기독교회의 역사 속에는 신약 성서적인 교회의 모습을 유지하려 애씀으로써, 로마 가톨릭교회라는 주류에 합류하기를 꺼려하거나, 형식화되고 관료화되었던 기득권 체제에 항거하고 도전했던 분파들(sects, dissidents, non-conformists)이 존재해 왔다. 4세기의 도나티스트들(Donatists), 11세기의 알비파들(Albigenes, "Cathari"), 12세기의 왈도파들(Waldenses), 그리고 16세기 종교개혁기의 아나뱁티스트들(Anabaptists)처럼 기득권 체제로부터 핍박을 받으며 "피흘린 발자취"(trail of blood)를 남겼던 그리스도인들이, 비록 그 명칭은 시대에 따라 달랐지만 그들이 모두 침례교인들이었다는 주장이다.

특히 1931년에 「피흘린 발자취」(The Trail of Blood)[7]라는 소책자를 출간한 캐롤(J. M. Caroll) 목사는 "기독교 역사에 의하면… 침례교인들은 예수 그리스도 이후 끊어지지 않은 교회들의 연결고리를 가지고 있다"고 말하였다. 그는 책의 말미에 1900여 년에 걸친 교회 지도(church map, 교회가 분열되고 분화된 내용을 마치 지도처럼 그림으로 그렸다-필자 주) 위에 붉은 점을 찍어 순교의 피를 흘렸던 그리스도인들을 표시하고 있는데, 이들이 "침례교인"(Baptist)이라는 이름을 사용한 것은 아니라고 할지라도 이들 순교자들 모두는 침례교인들이라고 주장하였다. 로마 가톨릭교회 밖에서 순수한 신약 성서적인 신앙을 추구했던 모든 참된 그리스도인들이, 그들에게 붙여졌던 명칭 여하를 불문하고 바로 침례교인들이라는 것이다.

이렇게 볼 때 전승설은 "침수례의 전승"(Succession of Immersion Baptism)을 중요한 기반으로 삼고 있다.[8] 오늘날 침례교인들이 베풀고 받고 있는 "침례"와 예수님이 침례 요한으로 받았던 "침례" 그리고 예수님과 제자들이 베풀었던 "침례" 사이에는 눈에 보이지 않는 연결고리가 있다고 상정하는 것

---

6) Ibid., 62.
7) J. M. Carroll, The Trail of Blood (n.p.: n.p., 1931).
8) McBeth, The Baptist Heritage, 44.

이다. 나에게 침례를 베풀었던 목사님, 그 목사님에게 침례를 베풀었던 목사님, 또 그 목사님에게 침례를 베풀었던 목사님… 이렇게 1900여 년을 거슬러 올라가면 바로 예수님과 침례 요한에게까지 소급하여 올라가게 된다는 것이다. "그러므로 너희는 (가서 모든 민족을 제자로 삼아) 아버지와 아들과 성령의 이름으로 침례를 베풀어라"(마 28:19)라는 예수님의 유언도 지키지 않고 따르지 않는 교회들은 예수 그리스도의 제자들이라고 볼 수 없고 인간적인 사교단체(human fellowship societies)에 불과하다는 것이다. 마치 로마 가톨릭교회가 "베드로의 수사도권"(Head-apostleship, 교황권)의 전승을 교회의 역사적 정통성의 근거로 여기고 있듯이, 전승설을 믿었던 침례교인들은 "침수례"(Immersion)의 전승을 침례교회의 역사적 정통성의 근거로 삼았던 것이다. 그래서 이 학설은 단순하게 "전승설"(Successionist Theory)이라고도 불린다.

이러한 주장은 캐롤 이외에도 아담 테일러(Adam Taylor),[9] 오처드(G. H. Orchard),[10] 그레이브스(J. R. Graves),[11] 크램프(J. M. Cramp),[12] 레이(D. B. Ray),[13] 존 크리스챤(John T. Christian)[14] 등이 전승설에 입각하여 침례교 역사를 서술하였다.

결국 전승설은 가정이나 추측이나 바램에 근거하고 있는 학설이다. 다른 말로 하면 역사적인 문헌적 증거나 사료(historical facts)에 근거한 학설이 아니라는 것이다. 그것은 신앙적인 확신일 수는 있지만 학문적인 논리는 전혀 결여된 주장이다. 그러나 전승설은 침례교회의 교세가 상대적으로 타 개신교단들에 비해 취약했던 시절에, 그리고 교단들 상호 간에 성장을 위한 경쟁

---

9) Adam Taylor, *The History of the English General Baptists* (1818).
10) G. H. Orchard, *A Concise History of Baptists in England* (1838).
11) J. R. Graves는 19세기 중반 미국 남침례교총회 내에서 "지계석주의"(Ladmarkism) 운동을 주도했던 지도자인데, 그는 철저하게 "침례교회들의 전승설"의 역사관에 입각하여 자신의 신학과 신앙운동을 전개했던 사람이다.
12) J. M. Cramp, *Baptist History: From the Foundation of the Christian Church to the Close of the Eighteenth Century.*
13) D. B. Ray, *Baptist Succession: A Handbook of Baptist History* (1883).
14) John T. Christian, *A History of the Baptists* (1922).

이 심했던 시절에, 침례교인들에게 (비록 착각이기는 했지만) 교단적인 자긍심과 충성심 그리고 역사적 정통성을 심어주는데 중요한 역할을 했던 주장이었다.

## 2. 성서적 가르침들의 계속설

이 학설은 침례교회들의 전승설처럼 "조직화된 침례교회들"(organized Baptist Churches)이 지상에 계속적으로 존재해 왔다고는 주장하지 않지만, 오늘날의 침례교인들이 가지고 있는 신앙과 신앙행습 그리고 교리와 신학 등의 "성서적 가르침들"이, 초대교회 이후 신실한 그리스도인들에게 지속되어 왔다는 학설(Continuation of Biblical Teachings Theory)이다.[15] 다시 말해서 성서, 특히 신약 성서의 가르침을 최종의 권위로 여기며 그 가르침에 따라 살아가려고 노력했던 그리스도인들이, 기록된 교회 역사 밖에서 현실적으로 존재해 왔다는 것이다. 이렇게 볼 때 신약 성서 시대로부터 현재까지, 소위 말하는 기독교 분파들(christian dissenting groups, 도나티스트, 왈도파, 알비파, 아나뱁티스트 등)을 통해서 오늘날 침례교회들이 믿고 있는 "성서적 가르침들"이 계속적으로 이어져 왔다는 견해이다.

이러한 주장을 하는 대표적인 학자들은 토마스 크로스비(Thomas Crosby-),[16] 조셉 아이비미(Joseph Ivimey),[17] 데이비드 베네딕트(David Benedict),[18] 토마스 아미티지(Thomas Armitage),[19] 리챠드 쿡(Richard Cook),[20] 앨버트 뉴만(Albert H. Newman),[21] 헨리 베더(H. C. Vedder)[22] 등이다.

---

15) McBeth, *The Baptist Heritage*, 56.
16) Thomas Crosby, *History of the English Baptists* (1738-1740).
17) Joseph Ivimey, *History of English Baptists* (1812-1830).
18) David Benedict, *A General History of the Baptist Denomination in America and Other Parts of the World* (1813).
19) Thomas Armitage, *A History of the Baptists* (1887).
20) Richard Cook, *The Story of Baptists in All Ages and Countries* (1884).
21) Albert Newman, *A History of Baptist Churches in the United States* (1894).
22) Henry C. Vedder, *A Short History of the Baptists* (1892).

그러나 성서적인 가르침 혹은 침례교적인 가르침이 교회 역사 속에 계속적으로 존재해 왔다는 그 자체가 침례교회의 기원을 설명해 주기에는 문제가 없지 않다. 어떤 사상이나 개념, 그리고 그 영향력이 특정 교단의 역사적 발생 혹은 기원이 될 수는 없는 것이다. 지상에 존재하는 유형적 교회의 기원을 설명해 주려면 분명한 역사적 연결고리를 가지고 있어야 한다.

### 3. 성서적 아나뱁티스트 영향설

이 학설은 침례교회가 종교개혁 시대(16세기)에 등장했던 성서적 아나뱁티스트들(Biblical Anabaptists)의 영향으로부터 기원했다고 보는 견해(Influence of Biblical Anabaptist Theory)이다. 이러한 견해를 주장하는 학자들은 침례교회가 영국의 분리주의(English Separatism) 운동으로부터 유래했다고 할지라도, 유럽 대륙에서 발생한 아나뱁티스트 운동과 영국 땅으로 은밀히 잠입해 들어온 대륙의 아나뱁티스트들의 활동이, 영국 땅에서 분리주의 운동의 길을 열었다고 본다.[23] 이 학설은 "아나뱁티스트 영혈설"(Anabaptist Spiritual Kinship Theory)[24]이라고도 불린다. 즉 침례교인들은 16세기 유럽 대륙에서 발생했던 아나뱁티스트들과 영적인 혈연관계에 있고, 그들을 직접적이고 역사적인 조상들로 간주한다는 것이다.

프로테스탄트 종교개혁운동을 큰 범주로 분류하면, 관료후원적 종교개혁(Magisterial Reformation)과 근원적 종교개혁(Radical Reformation)으로 나눌 수 있다. "관료후원적 종교개혁가들"은 마르틴 루터, 울리히 츠빙글리, 장 칼뱅, 그리고 영국 왕들과 영국국교회의 개신교 지도자들이다. 기본적으로 이들은 자신들의 개혁사상에 공감을 했던 당시의 세속 권력가들, 즉 관료들의 후원을 입어서 개혁을 완성시켜 나간 개혁가들이었다. 루터는 독일 삭소니(Saxony) 주의 정치가 현자 프레드릭(Fredrick the Wise)의 후원을 입었고, 츠빙글리는 스위스 취리히(Zurich) 시의회의 의원들, 그리고 칼뱅은 스위스 제

---

23) McBeth, *The Baptist Heritage*, 52.
24) Torbet, *A History of Baptists*, 19-20.

네바(Geneva) 시의회 의원들의 정치적 후원과 도움으로 개혁을 이루어갔다. 영국국교회는 영국의 국왕 헨리 8세(Henry VIII)에 의해 로마 교황청과 로마 가톨릭교회와의 관계를 단절하였고(1534년, 수장령), 그의 자녀들(메리 여왕, 에드워드 6세 왕, 엘리자베스 1세 여왕)에 의해 영국 고유의 독자적인 교회(영국국교회 Anglican Church, 성공회 Episcopal Church)를 이끌어 갔던 것이다. 따라서 관료후원적 종교개혁은 기본적으로 종교와 정치 그리고 교회와 국가 간의 유대와 결탁을 전제로 하는 국교 체제 혹은 시교 체제의 교회(state church or city church)를 이루면서 시작된 개혁이었다. 이들 개혁가들은 수백 년 동안 로마 가톨릭교회 내에서 행해져 왔던 유아 세례(Infant Baptism) 전통을 견지하였다.

이에 비해 "근원적 종교개혁가들"은 신약 성서가 가르치는 참 교회는 예수 그리스도를 믿는 신자들(believers in Jesus Christ)만으로 구성되는 영적 공동체(spiritual community)여야 하며, 따라서 교회와 국가 그리고 종교와 정치는 서로 분리되어야 한다고 주장하였다. 따라서 이들은 뱁티즘은 어디까지나 신자들(believers)에게만 베풀어져야 하며, 신자들은 신앙고백의 수단으로 뱁티즘을 받아 교회 회원(church member)이 된다고 믿었다. 이들은 유아 세례가 성서적이지 않고 인간이 고안해 낸 종교적 발명품(human religious invention)에 불과하다고 주장하였다. 그들에게 "아나뱁티스트"(Anabaptists, Wiedertaeufer)라는 별명이 붙여졌지만, 그들은 "다시, 두 번째로"(ana, wieder) 뱁티즘을 받는 것이 아니라, 어릴 때 자신도 모르게 받았던 유아 뱁티즘(Infant Baptism)은 의미 없는 종교행위에 불과했던 것이고, 예수 믿고 신앙고백에 근거하여 받는 신자의 뱁티즘(Believer's Baptism)이야말로 처음으로 제대로 신약 성서적으로 받는 뱁티즘이라고 주장하였다.

근원적 종교개혁가들은 극단적인 신비주의자들(extreme Spiritualists)로부터 극단적인 이성주의자들(extreme Rationalists)에 이르기까지 다양한 그룹들이 있었지만, 이들 가운데에서 성경만을 최종적인 권위로 인정하면서 지상에 가시적인 신자들의 교회(visible believer's church)를 세우고자 했던 자들을

"성서적 아나뱁티스트들"(Biblical Anabaptists)이라고 부른다. 유럽 대륙, 특히 스위스 지역에서 시작된 바로 이러한 성서적 아나뱁티스트들 역시 침례교인들의 조상으로 간주해야 한다고 하는 주장이 "아나뱁티스트 영향설"이다.[25] 사우스웨스턴 침례신학원의 역사신학 교수였던 윌리엄 이스텝(William R. Estep) 박사는, 침례교회는 "영국의 분리주의자들을 아버지로 하고 대륙의 성서적 아나뱁티스트들을 어머니로 하여 탄생하였다"고 주장하였다.[26] 그의 주장을 "이중 조상설"(Dual Parentage Theory)이라고 부를 수 있을 것이다.

성서적 아나뱁티스트들과 뱁티스트들(침례교인들) 사이에는 차이점과 유사점이 동시에 존재하는데, 아나뱁티스트 영향설을 주장하는 학자들은 유사점에 보다 더 큰 비중을 두고 논리를 전개하였다. 특히 영국 일반침례교회의 창시자로 간주되는 존 스마이드(John Smyth)가 종교적인 탄압을 피하여 분리주의자들의 교회인 게인즈보로 교회(Gainsborough Church)를 이끌고 네덜란드 암스테르담으로 이주했는데, 이 학설을 주장하는 학자들은 이들이 네덜란드의 아나뱁티스트들(메노나이트들, Mennonites) 가운데 온건파인 워터랜더(Waterlanders)파 교인들과 실제적인 접촉을 하며 영향을 주고 받았음을 강조하였다.[27]

아나뱁티스트 영향설을 주장하는 대표적인 학자들은 언더우드(A. C. Underwood),[28] 어니스트 페인(Ernest A. Payne),[29] 제임스 모스텔러(James D.

---

[25] 이 학설은 Robert G. Torbet이 지칭한 "아나뱁티스트 영혈설"(Anabaptist Spiritual Kinship Theory)과는 뉘앙스를 약간 달리하고 있다. Torbet은 "아나뱁티스트 영혈설" 속에 McBeth가 분류하고 있는 "성서적 가르침들의 계속설"(Continuation of Biblical Teachings)의 개념을 상당 부분 포함하고 있다. "아나뱁티스트 영혈설"에서는 도나티스트들, 노바티안들, 헨리시안들, 페트로브루시안들, 왈도파들 등도 아나뱁티스트들과 함께 침례교의 조상들로 간주하고 있다. Robert G. Torbet, *A History of the Baptists*, 19-20.

[26] William R. Estep, *The Anabaptist Story: An Introduction to Sixteenth-Century* (Grand Rapids, MI: William B. Eerdmans Publishing Company, 1996), 271-3.

[27] Ibid., 283-303.

[28] A. C. Underwood, *A History of English Baptists* (1956).

[29] Ernest A. Payne, "Contacts between Mennonites and Baptists", *Foundations*, 39-55.

Mosteller),[30] 마이클 왓츠(Michael R. Watts),[31] 캘빈 파터(Calvin Pater),[32] 글렌 스타쎈(Glen H. Stassen),[33] 로니 클리버(Lonnie D. Kliever),[34] 윌리엄 이스텝(William R. Estep)[35] 등이 있다.

20세기에 들어오면서 근원적 종교개혁운동에 대한 관심이 증대되어 많은 자유교회 전통(Free Church Tradition)의 학자들이 〈Mennonite Quarterly Review(MQR)〉와 같은 학술지에 아나뱁티스트들과 침례교회를 포함한 자유교회의 전통 그리고 그들의 역사에 관한 논문들을 집필하면서, 이들 양자 간의 관계에 관한 논의가 활발하게 진행되고 있기는 하지만, 아나뱁티스트 영향설은 아직 소수파의 견해에 불과하다. 대륙의 아나뱁티스트들을 침례교회의 조상으로 간주하기에는 문헌적 사료가 부족하고 역사적 연결고리가 분명치 않은 한계가 있다.[36]

그리고 오늘날 성서적 아나뱁티스트들을 "직접적인 역사적 조상들"(direct historical ancestors)로 여기고 있는 기독교 교파들이 있는데, 메노나이트들(Mennonites)과 후터라이트들(Hutterites) 그리고 아미쉬들(Amish) 등이다. 메노나이트들은 스위스 취리히에서 시작된 "스위스 형제단"(Swiss Brethren, 콘라드 그레벨, 게오르게 블라우락, 펠릭스 만쯔 등)과 네덜란드 신학자 메노 시몬즈(Menno Simons)를, 후터라이트들은 제이콥 후터(Jacob Hutter)를, 아미쉬들은 제이콥 아만(Jacob Ammann)을 그들의 직접적인 신앙의 조상으로 여

---

30) James D. Mosteller, "Baptists and Anabaptists," *The Chronicle*, January 1957, July 1957.
31) Michael R. Watts, *The Dissenters* (1978).
32) Calvin A. Pater, *Karlstadt as the Father of the Anabaptist Movement*(1984).
33) Glen H. Stassen, "Anabaptist Influence in the Origin of the Particular Baptists"(1962).
34) Lonnie D. Kliever, "General Baptist Origins: The Question of Anabaptist Influence" (1962).
35) William R. Estep, "Anabaptists and the Rise of English Baptists", "On the Origin of English Baptists."
36) 이와 관련해서는 필자의 졸고, "침례교회의 기원과 관련한 아나뱁티스트 영혈설에 대한 비평적 고찰," 김승진, 「침례교회와 역사」 (대전: 침례신학대학교출판부, 2005), 41-73 참조.

기고 있다.

### 4. 영국 분리주의 파생설

이 학설은 침례교회는 영국의 분리주의 운동으로부터 파생되었다고 보는 견해(Outgrowth of English Separatism Theory)이다. 침례교회는 17세기 초에 영국국교회(Anglican Church, Episcopal Church, 성공회)를 떠나서 참 교회를 추구했던 영국 분리주의자들(English Separatists)을 직접적인 믿음의 조상으로 하며, 신자의 뱁티즘과 회중 정치를 핵심적인 신앙 원리로 수용했던 신자들을 그 조상으로 한다는 견해이다. 침례교회의 기원을 분리주의 운동이 꽃을 피움으로써(flowering of Separatism) 이룩된 결과로 보며, 따라서 1600년대 이전에 영국 땅에서 아나뱁티스트들의 존재나 영향력은 미미했다고 보는 견해이다. "영국 분리주의자 후예설"(English Separatist Descent Theory)[37]이라고도 불린다.

이 학설은 아나뱁티스트 영향설과는 달리 아나뱁티스트들과 침례교인들 사이의 유사성보다는 차이성을 강조하며, 침례교 신앙과 실천의 특징들이 유럽 대륙에서 기원한 아나뱁티스트들이 아니라 영국 땅에서 발생한 분리주의운동(Separatist Movement) 자체 안에 내재해 있다는 점을 강조한다.

1534년에 영국 왕 헨리 8세(Henry VIII)에 의해 영국 땅에 소재한 모든 교회들이 로마 교황청과 결별하면서 영국 왕을 머리로 하는 영국국교회가 태동하였다. 이 교회는 그의 아들 에드워드 6세(Edward VI)에 의해 개신교 방향으로, 그리고 그의 첫째 딸 "피의 여왕" 메리(Mary "the Blood")에 의해 로마 가톨릭교회의 방향으로 되돌아갔다가, 둘째 딸 엘리자베스 1세(Elizabeth I) 여왕에 의해 양 극단을 조화하고 타협하는 선에서 "중도노선"(via media)을 취하게 되었다. 엘리자베스 1세 여왕은 1563년에 "39개조"(Thirty-nine Articles)를 발표하면서 영국국교회(오늘날의 성공회)의 기틀을 놓았다.

17세기에 들어오면서 영국 땅에 영어로 번역된 성경들이 활발하게 보급

---

37) Torbet, *A History of the Baptists*, 20-1.

되기 시작하면서, 의식 있는 신앙인들이 성경을 읽으며 신약 성서 시대의 참 교회의 모습과 당시의 영국국교회의 모습을 서로 비교하게 되었고, 여전히 부정적인 로마 가톨릭적 잔재를 많이 가지고 있던 영국국교회에 대하여 개혁과 정화(purify)를 요구하는 목소리들이 있었다. 그리고 일부 과격한 사람들은 영국국교회는 구제할 수 없는 적그리스도의 교회요 배도한 교회이기 때문에, 예수 그리스도를 진정으로 따르고자 하는 신자들은 영국국교회를 떠나야 한다(separate)고까지 주장하게 되었다. 전자의 온건한 자들을 청교도들(Puritans)이라고 부르고, 후자의 과격한 자들을 분리주의자들(Separatists)이라고 부른다. 침례교회는 바로 신약 성서적인 참 교회를 이루기 위하여 영국국교회를 과감하게 뛰쳐나온 분리주의자들을 그 조상으로 하는 교회라고 하는 것이 "영국 분리주의 파생설"(Outgrowth of English Separatism) 혹은 "영국 분리주의자 후예설"(English Separatist Descent Theory)이다.

이 학설을 최초로 주장했던 선구자는 미국 서던 침례신학원(Southern Baptist Theological Seminary)의 교회사 교수이자 총장이었던 윌리엄 휫짓(William H. Whitsitt) 박사였다.[38] 그는 1893년에 "침례교 역사에 관한 한 가지 질문: 아나뱁티스트들이 영국 땅에서 1641년 이전에 침수례를 베풀었는가?"(A Question in Baptist History: Whether the Anabaptists in England Practised Immersion before the Year 1641?)라는 논문을 발표하면서, 당시의 통설이었던 전승설을 비판하였다.

그는 영국 침례교의 각종 초기문헌들을 학자적인 자세로 연구하면서, 1641년 이전에는 영국 땅에서 침수례(Immersion)가 이루어진 흔적이 없음을 발견하고, 본격적인 의미의 침례교회는 1641년 이후에 영국 땅에서 기원하였고 따라서 침례교회의 역사는 400년에도 미치지 못함을 솔직하게 진술하였다. 이러한 주장은 침례교회는 예수님이 세우신 교회요 1900여 년의 역사를 지닌 교단이라는 자부심을 가지고 있던 당시의 침례교 목회자들로부터

---

38) Walter B. Shurden, *Not A Silent People: Controversies That Have Shaped Southern Baptists* (Macon, GA: Smyth & Helwys Publishing, Inc., 1995), 9-17.

강한 반발을 받게 되었다. 결국에는 그러한 목회자들과 남침례교총회의 압력에 못 이겨 휫짓 박사는 1898년에 총장직은 물론 교회사 교수의 직까지 사임할 수밖에 없었다. 결국 그는 시대를 앞서 살았던 예언자와 같은 인물이었기에 당대의 목회자들의 몰이해와 정치적 힘으로 인해 쓸쓸한 여생을 지낼 수밖에 없었다.

그러나 그의 주장은 20세기 후반에 들어오면서 비로소 양식 있는 교회사 학자들과 목회자들의 이해와 후원을 받게 되었고, 오늘날에는 침례교 역사 학계에서 통설 혹은 다수설의 지위를 얻게 되었다(그가 "1641년부터 침례교회가 시작되었다"는 주장에 대해서는 최근의 연구결과에 의해 수정되고 있다-필자 주). 영국 분리주의 파생설의 입장에 있는 학자들은, 윌리엄 휫짓을 비롯해서 헨리 덱스터(Henry M. Dexter),[39] 윌리엄 휫틀리(W. T. Whitley),[40] 윈스랍 허드슨(Winthrop S. Hudson),[41] 노만 마링(Norman H. Maring),[42] 키이스 스프룽거(Keith L. Sprunger),[43] 존 셰익스피어(John Shakespeare),[44] 챔플린 버라지(Champlin Burrage),[45] 윌리엄 맥라우플린(William G. McLoughlin)[46] 그리고 레온 멕베스(H. Leon McBeth) 등이 있다.

이 학설은 오늘날 침례교 신학계와 역사학계에서 통설로 인정받고 있으며, 구체적으로 영국 땅에 존재했었던 분리주의 교회들이 모체가 되어 영국의 일반침례교회와 특수침례교회가 탄생하고 발전하였음을 학술적으로 문헌적으로 입증해 주는 학설이다. 특히 옥스퍼드 대학교 내의 리젠트 파크 대학(Regent's Park College)의 역사신학 교수였던 배링턴 화이트(Barrington R.

---

39) Henry M. Dexter, *The True Story of John Smyth* (1881).
40) W. T. Whitley, *History of British Baptists* (1923).
41) Winthrop S. Hudson, "Baptists Were Not Anabaptists," *The Chronicle*, (1953).
42) Norman H. Maring, "Notes from Religious Journals"
43) Keith L. Sprunger, *Dutch Puritanism* (1982).
44) John H. Shakespeare, *Baptist and Congregational Pineers* (1906).
45) Champlin Burrage, *The Early English Dissenters in the Light of Recent Research* (1912).
46) William G. McLoughlin, *New England Dissent, 1630-1833* (1971).

White) 박사를 비롯해서 영국의 침례교 교회사 학자들은, 침례교회는 유럽 대륙의 산물이 아니라(즉 아나뱁티스트들의 영향으로 말미암은 것이 아니라는 의미임-필자 주), 섬나라인 영국의 산물(영국산, English Product)임을 강하게 주장하고 있다.[47]

 필자는 아나뱁티스트들과 침례교인들 사이에는 적지 않은 신앙적인 유사성이 있다고 생각한다. 무엇보다도 교회는 어디까지나 신자들의 공동체(community of believers)이어야 하며, 따라서 뱁티즘은 유아나 불신자가 아닌 신자에게만 베풀어야 한다는 점은 매우 중요한 유사점이라 하겠다. 다시 말해서 자유교회(Free Church) 혹은 신자들의 교회(Believer's Church) 전통을 공유하고 있다는 점에서, 아나뱁티스트들과 침례교인들은 결코 적지 않은 신앙적인 유사점들이 있다. 특히 네덜란드 암스테르담으로 피신했던 존 스마이드 목사와 그의 추종자들이, 주위에 있던 메노나이트 교회들로부터 유형 무형의 신앙적 영향을 입었던 것을 부인할 수는 없다. 그러나 필자는 영향을 받은 것과 역사적 연관관계를 가지는 것과는 엄연히 구별되어야 한다고 생각한다.

 전 세계 침례교인들을 하나로 묶어주는 국제기구가 있는데, "침례교세계연맹"(BWA, Baptist World Alliance)이다. 1905년에 영국 침례교 지도자들에 의해 런던에서 창립되어, 약 5년 정도마다 한 번씩 각 나라와 교단의 침례교 지도자들이 개최지를 바꾸어 가며 한 자리에 모인다. 일종의 침례교 선교축제와 전 세계 침례교인들의 교제의 장인 것이다. 그런데 2010년에 개최될 예정이었던 제20차 "침례교세계대회"(BWC, Baptist World Congress)[48]가 1년 앞당겨져서 2009년에 네덜란드 암스테르담에서 열렸다. 그 이유는 그 해가

---

47) B. R. White, *The English Baptists of the Seventeenth Century* (London: Baptist Historical Society, 1983), 21-57.

48) Study and Research Division, Baptist World Alliance, *We Baptists* (Franklin, TN: Providence House Publishers, 1999). 조직 자체의 명칭은 "침례교세계연맹"(BWA, Baptist World Alliance)이지만, 5년마다 열리는 침례교인들의 모임 자체는 "침례교세계대회"(BWC, Baptist World Congress)라고 불린다.

침례교 탄생 400주년이 되는 해였기 때문이었다. 1609년 암스테르담에서 태동한 침례교회의 역사를 축하하고 그 유산을 되새기며, 다섯 번째 세기를 향한 꿈과 비전을 나누기 위한 목적을 가지고 있었다. 전 세계 침례교 지도자들이 침례교회가 지상에 태동하게 된 때를 1609년으로 보고 있는 것이다.

또한 사우스웨스턴 침례신학원의 침례교회사 교수였던 레온 맥베스(H. Leon McBeth) 박사는 1987년에 방대한 침례교회사 책을 출간하였는데, 그 책의 영어 제목은 「침례교 유산」(The Baptist Heritage)이고, 그 부제는 "침례교 증언의 4세기"(Four Centuries of Baptist Witness)이다.[49] 맥베스 교수 역시 침례교회의 역사를 4세기, 즉 400년으로 보고 있는 것이다. 그는 17세기 초(1609)에 시작된 새로운 기독교 운동인 침례교운동(Baptist Movement)을 종교개혁의 산물로 보고 역사를 서술한 것이다. 종교개혁기를 1517-1648년으로 잡는다면, 필자는 1609년부터 시작된 침례교운동(Baptist Movement)은 종교개혁운동의 범주에 포함되어야 하고, 침례교회 역시 프로테스탄트 교회들 가운데 하나라고 보아야 한다고 생각한다.

아나뱁티스트들이 강조했던 "모인 교회"(Gathered Church), 신자의 뱁티즘(Believer's Baptism), 그리스도를 따르는 삶(Nachfolge Christi, following after Christ), 즉 그리스도를 향한 헌신적인 제자도, 양심과 신앙의 자유, 그리고 교회와 국가의 분리 등의 신앙 원리는 신약 성서가 가르치는 내용임과 동시에, 침례교회가 소중히 간직하고 있는 신앙 원리이기도 하다. 그러나 필자는 침례교회의 기원과 관련하여 근원적인 뿌리를 찾고자 할 때에는, 역사적인 연결고리(historical connections)가 확실한 영국의 분리주의 운동에서 찾아야 한다고 생각한다. 영국 일반침례교회의 모체가 되었던 분리주의자들의 교회인 게인즈보로 교회(Gainsborough Church), 영국 특수침례교회의 모체가 되었던 또 다른 분리주의자들의 교회인 제이엘제이 교회(JLJ Church) – 이러한 분리주의자 교회들로부터 연유한 신자들(Separatist Believers)이 "신자의 뱁티

---

49) H. Leon McBeth, *The Baptist Heritage: Four Centuries of Baptist Witness* (Nashville: Broadman Press, 1987).

즘"과 "회중주의 정치원리"를 중심으로 이룩한 교회들이 바로 침례교회들의 원 뿌리인 것이다.

## III. 자유교회 전통 속에 있는 침례교회

자유교회(Free Church)는 국가교회 혹은 시교회와 반대되는 개념이다. 결론부터 먼저 말하면 침례교회는 "자유교회" 혹은 "신자들의 교회"(Believer's Church)의 신앙적 전통 속에 있는 대표적인 교회이다.[50] 오직 예수 그리스도를 향한 신앙고백을 분명히 하는 거듭난 신자들에게만 뱁티즘을 베풀었던 성서적 아나뱁티스트들이 근대 자유교회 운동의 원천이 되었던 사람들이었다. 침례교인들은 성서적 아나뱁티스트들을 직접적인 역사적 조상으로 보지는 않지만, 그들이 가졌던 신자의 뱁티즘에 의한 신자들의 교회(Believer's Church by Believer's Baptism), 교회와 국가의 분리(Separation of Church and State, 국교 체제의 교회에 대한 배척), 신약 성서적 교회로의 회복(Restitution to the New Testament Church), 헌신된 제자도(Dedicated Discipleship, *Nachfolge Christi*), 양심과 신앙의 자유(Freedom of Conscience and Faith) 등을 추구한다는 점에서는 그들과 매우 유사한 신앙을 가지고 있다.

침례교회는 오직 거듭난 신자들로 교회 회원을 삼는 교회이다(regenerate church membership). 따라서 유아 세례(infant baptism)나 밥티스마에 의한 중생(regenerational baptism, 세례나 침례를 받으면 거듭난다는 주장—필자 주)을 인정하지 않는다. 오직 하나님의 은혜로 그리고 믿음으로(by God's grace AND by faith) 구원을 받는다고 믿으며, 신앙을 고백하는 성인에게만 침례를 베푼다(believer's baptism, adult baptism). 교회는 어디까지나 예수님을 믿는 신자들로 구성되는 영적인 공동체이고(spiritual body of believers in Christ),

---

50) 김승진, 「침례교 신앙의 관점에서 본 요한 칼빈: 그의 교회론은 신약 성서적인가?」(대전: 침례신학대학교출판부, 2007), 42-55.

교회는 국가나 세속 정치로부터 분리된다(separation of church and state). 지역 교회 자체는 독립적이고 자치적인 그리스도의 몸(independent and autonomous local church)이기 때문에, 회중주의적인 민주주의 정치(congregational democratic polity)를 이상으로 하고 있다.[51]

또한 침례교회는 자발성(voluntarism, 자원주의)을 신앙생활에 매우 중요한 요소로 보며, 따라서 그리스도 안에서의 자유(freedom in Christ)를 중요한 가치로 여긴다. 일반적으로 침례교인들은 "종교 문제에 있어서의 영혼의 유능성"(the competency of the soul in religion)을 강조한다.[52] 인간이 아담의 죄로 인해 타락해서 인간의 선행이나 의지로는 결코 스스로 구원받을 수 없다. 그러나 자유하신 하나님의 형상대로 피조된 인간은 비록 죄악에 물들고 깨뜨려진 자유의지이긴 하지만, 성령님의 역사하심과 도우심을 힘입어 복음 앞에서 "예!" 혹은 "아니오!"라고 대답할 수 있는 최소한의 능력(ability to say "yes" or "no")은 가지고 있다고 본다. 미국 사우스웨스턴 침례신학원의 침례교회사 교수였던 레온 맥베스(H. Leon McBeth) 박사는 우리가 즐겨 부르고 있는 복음성가, "주님 뜻대로 살기로 했네⟨×3⟩. 뒤돌아 서지 않겠네"(I have decided to follow Jesus⟨×3⟩. No turning back, no turning back)라는 찬송에 대해, 비록 그 가사는 매우 짧지만 침례교 신앙을 매우 잘 표현하고 있다고 설명하였다.[53]

"예수님을 따르기로 결정했네"(I have decided to follow Jesus). 결정할 수 있는 능력, 결단할 수 있는 능력, 예수님을 마음속에 영접하기로 결심할 수 있는 능력, 다시 말해서 신앙적인 문제에 대해 하나님의 도우심을 힘입어 "결정할 수 있는 능력"(power to decide)이 인간에게 내재해 있다는 것이다. 왜냐하면 자유하신 하나님께서 인간에게 자유의지를 주셨기 때문이다. 믿음

---

51) 김승진, 「침례교회와 역사」, 243.
52) Ibid.
53) H. Leon McBeth, "하나님은 영혼의 유능성과 모든 신자들의 제사장 직분의 원리를 주셨다," Charles W. Deweese, ed., 「21세기 속의 1세기 신앙」(*Defining Baptist Convictions*), 김승진 역 (대전: 침례신학대학교출판부, 2005), 107-21.

이 단순히 지식적인 동의(assensus)에 그치지 않고 의지적인 결단(fides)까지도 포함되어야 비로소 "구원하는 믿음"(saving faith)이요 "살아있는 믿음"(living faith)이라고 말할 수 있다.

구원하는 믿음, 다시 말해서 지식(知)과 감정(情)과 의지(意), 즉 전인격적으로 예수님을 믿는 믿음을 가져야 영적으로 거듭날 수 있고 영생을 얻을 수 있다고 침례교인들은 믿고 있다. 따라서 침례교인들은 믿음을 매우 적극적인 개념으로 이해한다. 은혜를 베푸시는 주체는 하나님이시고, 믿음의 주체는 인간이다. 인간이 하나님의 은혜를 힘입어 믿는 것이다. 물론 궁극적으로 회개케 하시는 분도 하나님이고 믿게 하시는 분도 하나님이지만, 회개하고 믿는 주체는 사람인 것이다. 사람이 회개하지 않고 사람이 예수 그리스도를 믿지 않고는 구원받을 길이 없다. 성경은 "주 예수를 믿으라 그리하면 너와 네 집이 구원을 얻으리라"(행 16:31)고 명령하고 있고 약속하고 있다. 인간이 하나님의 은혜를 힘입어 예수님을 "믿을 수 있으니까" "주 예수를 믿으라"고 명령하지 않았겠는가? 믿는 것은 "믿는 것"이지, "믿어지는 것"이나 "믿게 되는 것"이 아니다. 성경 어디에도 "믿는다"는 말을 수동태로 사용하고 있지 않다.

교회는 신약의 산물(Product of New Testament)이다. 예수 그리스도의 십자가 사건과 부활 사건의 유산이다. 교회의 탄생일은 사도행전 2장의 오순절 날, 즉 성령님이 강림하셨던 날이다. 예수님이 약속하셨던 대로 예루살렘 마가의 다락방에서 기도하고 있던 120명의 제자들에게 성령님이 강림하심으로, 그리고 제자들이 그 성령님을 마음속에 모심으로 지상에 최초로 교회(예루살렘 교회)가 탄생했다. 교회는 하나의 신비이다. 하나님께서 만세 전부터 계획하고 계셨던 것인데, "때가 차매"(갈 4:4) 예수님을 이 세상에 보내시고 결국에는 예수님이 부활하시고 승천하신 후, 오순절 날(행 2:1-4)에 지상에 교회라고 하는 신령한 기관(spiritual institution)을 탄생시키셨다.

구약시대에는 지상에 교회가 존재하지 않았다. 물론 구약 성경에 장차 오실 메시야이신 예수 그리스도와 장차 지상에 세워지게 될 교회에 대한 예언

(prophecy)과 모형(type)과 그림자(shadow)와 암시(hint)가 기록되어 있는 것은 사실이다. 사도행전 7장에서 스데반의 설교 가운데, 이스라엘 백성들이 광야에서 40년 동안 유리방황했던 때를 회상하며 "광야교회"(the assembly in the desert, 행 7:38, 사실 한글성경에서 "광야교회"라고 번역한 것에는 문제가 없지 않고 광야총회나 광야집회의 의미이다–필자 주)란 말을 사용하긴 했지만, 구약시대의 이스라엘 민족공동체를 신약 성서적인 의미의 교회라고 볼 수는 없다. 이런 의미에서 교회는 신약 성서적이어야 한다.

따라서 우리 그리스도인들은 구약 성경을 해석할 때 각별한 조심을 할 필요가 있다. 구약 성서를 신약 성서적인 관점에서, 다시 말해서 예수 그리스도의 십자가와 부활 사건을 통해서 보아야 구약 성서를 올바르게 해석할 수 있다. 유대교인 신학자가 보는 구약 성서와 그리스도인 신학자가 보는 구약 성서는 같을 수가 없다. 유대교인 신학자는 만약 그가 메시야이신 예수 그리스도를 믿지 않고 있다면 그에게는 생명(영원한 생명, eternal life)이 없지 않은가? 구약은 어찌 보면 선민의식에 사로잡혀 있던 유대인들의 실패의 역사이다. 그래서 구약 성경은 "저주에 대한 경고"(말 4:6, "그가 아비의 마음을 자녀에게로 돌이키게 하고 자녀들의 마음을 그들의 아비에게로 돌이키게 하리라. 돌이키지 아니하면 두렵건대 내가 와서 저주로 그 땅을 칠까 하노라 하시니라")로 막을 내리고 있다.

그래서 전혀 새롭게 출발해야 했다. "의로운 해"(righteous sun, 말 4:2)가 떠올라야 했다. 그래서 하나님께서 인간의 몸을 입고 이 땅에 오셔야 했다. 성육신(成肉身, incarnation)하신 것이다. 태양이 중천에 떠오르면 밤의 어둠을 밝히던 야등들은 빛을 잃어 버린다. 구약의 야등들은 신약의 태양, 예수 그리스도 앞에서 더 이상 빛을 발할 수 없다. 예수 그리스도의 십자가 죽으심과 부활하심의 유산으로 그리고 성령님의 강림하심으로, 이 지상에 교회가 비로소 출현한 것이다. 교회가 신약의 산물이라고 할 때, 구약 성서보다는 신약 성서에 우선적인 권위를 두고 교회론(ecclesiology)을 정립해야 신학적인 오류를 피할 수 있다. 예수 그리스도와 신약 성서를 통하지 않고 곧바로 구약 성서를 해석하기 때문에 많은 기독교적인 이단들이 발생하고 있다. 기독교는 기독(基督), 즉 그리스도를 믿는 종교이다. 그리스도는 구약 성서에는 암시적으로 비유적으로 소개되고 있지만, 신약 성서와 복음서들에는 이 땅에 성육신하신 그 분의 삶과 가르침이 생생하게 소개되고 있다.

관료후원적 종교개혁가들(Magisterial Reformers, 주류 종교개혁가들 Mainstream Reformers)은 바로 이러한 점에서 16세기 당시의 교회를 신약 성서적 교회로 회복시키는데 철저하지도 못했고 완전하지도 못했다. 그래서 그들의 개혁은 "아직도 미완성인 종교개혁"[54]이 되고 말았다. 프랭클린 리텔은 필립 샤프(Philip Schaff)를 인용하면서, 관료후원적 종교개혁가들과 근원적 종교개혁가들(Radical Reformers) 간의 기본적인 교회 개념의 차이를 이렇게 평가하고 있다:

(관료후원적) 종교개혁가들은 "성서에 의해서" 옛 교회를 개혁하려고 하였지만, 근원적 종교개혁가들은 "성서로부터" 새 교회를 세우려고 시도하였다(The reformers aimed to reform the old Church "by the Bible"; the radicals attempted to build a new Church "from the Bible").[55]

관료후원적 종교개혁가들은 "성서를 가지고"(with the Bible) 당시의 로마가톨릭교회를 많은 부분들에서 개혁(reform)은 했지만, 그들이 개혁한 교회가 충분히 "성서로"(to the Bible) 회복(restore)은 이루어지게 하지 못했다. 다시 말해서 신약 성서적 교회로의 파격적인 회복(restitution) 혹은 철저한 환원(restoration)을 하지는 못했다. 여기에 루터와 츠빙글리와 칼뱅 등 주류 종교개혁가들의 종교개혁에 한계가 있었던 것이다. 이것은 그들이 "16세기라는 시대의 아들들"(sons of the 16th century)로서의 한계이기도 했다. 그들이 당

---

54) 김승진, "제9장 아직도 미완성인 종교개혁," 「종교개혁가들과 개혁의 현장들: 아직도 미완성인 종교개혁」(서울: 나침반출판사, 2015), 319-49.
55) Franklin Hamlin Littell, "Introduction: A Working Definition of 'Anabaptist,'" *The Anabaptist View of the Church* (Boston: Starr King Press, 1958), xviii.

시의 세속 권력으로부터 자유하지 못했던 것이다.

관료후원적 종교개혁가들의 의식 속에는 로마 가톨릭적인 잔재들과 구약 성서적인 요소들이 상당히 많이 남아 있었다. 구약 성서적인 신정정치적(theocratic) 개혁을 이루고자 했던 것이라든지, 유아 세례를 구약의 할례(circumcision)와 연결시킨 것이라든지, 주의 만찬에서 로마 가톨릭교회의 "성례전주의"(sacramentalism)적인 요소를 여전히 간직하고 있었던 것이 바로 그러한 예이다. 그러다 보니 그들은 중세의 로마 가톨릭교회와 신약 성서적 교회 사이에서 어정쩡한 타협을 이루고 있었던 것이다.

콘스탄틴에 의한 기독교의 공인(313년)과 그로 말미암은 "정치와 종교의 종합"(synthesis) 혹은 "국가와 교회의 공생"(symbiosis)을 교회 타락의 시발점(始發點)으로 보았던 성서적 아나뱁티스트들의 역사적 안목은 정확한 것이었다. 유아 세례가 국가와 교회의 연결고리 역할을 하였던 것이다. 교회는 더 이상 신자들만의 공동체가 아니라 불신자들까지도 함께 공존하는 기구가 되어버린 것이다. 세상과 교회의 담이 허물어져 버렸고 교회는 점차 세속화되어 계급과 지위와 세속적 명예와 부와 권력을 향유하기 위한 다툼의 장이 되어 버렸다. 교회당(church building)은 으리으리한 자태를 가지게 되었으나, 정작 예수님이 세우셨던 순수한 참 교회(true church, Rechte Kirche)의 모습은 사라져 버렸다. 신약 성서에는 그 어디에도 교회당을 교회라고 말하고 있지 않다.

종교개혁기에, 참 교회는 신자들만으로 구성되어야 하며 교회의 구성원이 되기 위해서는 신자들에게만 베푸는 뱁티즘을 받아야 한다고 주장했던 성서적 아나뱁티스트들이야말로, 당시의 교회를 신약 성서적인 교회(New Testament Church)로 회복시키고자 했던 용감한 사람들이었다. 그들은 로마 가톨릭교회는 물론이요 관료후원적 종교개혁가들로부터도 이단자(heretics)라는 낙인이 찍혔으며 그들의 성서적 신앙으로 말미암아 엄청난 고난과 참혹한 핍박을 당해야 했다. 그들은 800-1000년 동안 교회 내에서 관습적으로 행해져 왔던 유아 세례 전통에 대해 과감하게 도전장을 던진 사람들이었다. 1525

년 1월 21일 밤에 펠릭스 만쯔(Felix Manz)의 집에서 콘라드 그레벨(Conrad Grebel)이 게오르게 블라우락(George Blaurock)에게 "그의 신앙고백에 근거하여" 물을 머리에 부음으로써 행했던 신자의 뱁티즘은 근대적인 의미의 "자유교회 운동"(Free Church Movement) 혹은 "신자들의 교회 운동"(Believer's Church Movement)의 분수령이 되었다.

이들 성서적 아나뱁티스트들이 침례교회의 직접적인 조상이라고 볼 수는 없다고 할지라도, 이들이 침례교회의 신앙과 영성에 끼친 영적 감화력은 결코 과소평가될 수 없다고 필자는 생각한다. 이들이 네덜란드와 영국 땅에 은밀히 잠입하여 아나뱁티스트 신앙을 유포하였고, 이들의 신앙적 영향력은 당시 영국 땅에서 일고 있던 청교도 운동(Puritanism)과 분리주의 운동(English Separatism)에 불을 지피는 역할을 하였다.

자유교회 전통의 관점에서 볼 때, 루터와 츠빙글리와 칼뱅 그리고 영국 국교회 등의 주류 종교개혁(Mainstream Reformation)은 당시의 교회를 충분히 신약 성서적 교회로 회복시키지 못하고 그 양자 사이에서 적절한 타협을 이루고 있는 "반(半)혁명적 종교개혁"(Half-revolutionized Reformation) 혹은 "과도기적 종교개혁"(Transitional Reformation)이었다고 진단할 수 있다. 16-17세기 유럽 땅 어느 곳에서도 핍박의 위협 없이 편안하게 예배를 드릴 수 없었던 아나뱁티스트들의 신앙이, 오늘날 교회와 국가의 분리, 신앙과 양심의 자유, 신자들의 공동체로서의 교회 등과 같은 복음주의적 기독교 신앙 가치로 인정받고 있음을 볼 때, 시대를 앞서 살아가는 사람들이 받는 핍박은 결코 하나님 앞에서 헛되지 않다는 사실을 역사적 교훈으로 받게 된다. 20세기에 들어와서야 비로소 성서적 아나뱁티스트들의 역사는 비로소 "이제는 말할 수 있는 이야기"(Now it can be told Story)가 되었다.

침례교 신앙의 특징이나 침례교회의 특징을 한 마디로 단정적으로 정의하는 것은 쉬운 일이 아니다. 17세기 초 유럽 대륙의 한 모퉁이(화란과 영국)에서 시작된 침례교 운동은 처음부터 정형화된 신학체계에서 연유한 것이 아니었다. 기본적으로 그들은 분리주의자들(Separatists)이었다. 기존의 신학과 교리체계나 교권 체제로부터 뛰쳐나와서 스스로 성경에서 발견한 신앙과 생활 원리를 따르고자 추구했던 사람들이었다.

영국국교회(Anglican Church, 오늘날의 성공회)가 비록 로마 가톨릭교회로부터 개혁된 교회이긴 했지만 여전히 부정적인 로마 가톨릭적 잔재를 가지고 있었고, 신약 성서적인 관점에서 볼 때 성서적이지 못한 신앙행습들을 가지고 있었던 점을 비판하면서, 예수 그리스도를 진정으로 따르고자 하는 자들은 영국국교회와는 분리된 새로운 신앙공동체를 이루어야 할 것을 주장했던 사람들이 침례교인들이었다. 따라서 초창기 침례교인들은 미리 정해 놓은 신학체계나 교리체계를 가지고 있지 않았다. 단지 그들은 성경, 특히 신약 성경이 가르치는 신앙과 삶의 원리를 발견하고 그 원리에 충실하고자 했던 사람들이다.

앞에서 살펴본 것처럼 기본적으로 침례교회는 자유교회 운동의 흐름 속에 있는 교회이다. 자유교회란, 무엇보다도 교회는 세속국가와 국가권력으로부터 자유해야 한다는 전제에서 출발한 교회다. 다른 말로 하면 국교 체제의 기독교가 아니라 국가의 개입이나 간섭을 배제하고 오직 성령님의 인도를 받고 머리 되신 예수 그리스도의 통치를 받는 순수한 교회이다. 이렇게 되기 위해서는 교회는 어디까지나 신자들의 공동체이어야 하며, 따라서 유아 세례(infant baptism)를 부정하고 신자들에게만 뱁티즘을 베푸는(believer's baptism) 교회이어야 한다. 예수 그리스도를 개인적으로 믿고 자신의 자유의사에 따라 자기가 섬길 교회를 선택하는 교회이어야 한다.

이를 다른 말로 하면 침례교회는 "회원교회"(Membership Church)이다. 유아 세례를 행하는 전통을 가진 교회는 일반적으로 국가교회(State Church) 혹은 교구 교회(Parish Church)의 체제 속에 있던 교회였다. 따라서 유아 세례를 받은 자녀는 자신의 의사와는 상관없이 "비자발적으로"(involuntarily) 부모가 속해 있던 교회의 회원이 되었다. 유아 세례는 대표적인 "대리 종교"(proxy religion)의 한 모습인데, 신약 성서는 기본적으로 대리 종교를 배격한다. 부모가 믿음을 가졌거나 어떤 교회에 속해 있다는 이유로, 죄 사함 받을 필요성이나 구원 받을 필요성에 대해 아무런 생각도 없는 갓난아기나 어린아이에게 뱁티즘을 베푸는 것은 신약 성서적이지 않다. 부모의 믿음에 근거하여 부모를 대리하여 갓난아기나 어린아이에게 뱁티즘을 베푸는 것은 신약 성서의 가르침에 비추어 볼 때 어불성설이다. 또한 유아 세례는 교회와 국가 혹은 종교와 정치를 연결하는 고리역할을 하였다. 아이가 태어나면 행정관청에 "출생신고"를 하고 동시에 그 행정관청과 긴밀히 연결되어 있는 국교 체제의 교구 교회(parish church)에서 유아 세례를 받음으로 "교적 신고"를 하였던 것이다.

그러나 자유교회에서는 영적 출생의 경험, 즉 예수 그리스도를 믿음으로 말미암는 중생(regeneration, born-again)을 강조한다. 그리고 자신의 자발성(voluntarism)에 근거하여 자신이 속하고 섬길 교회를 택하여 그 교회에 가입하여 회원이 되는 것을 강조한다. 또한 침례교인들은 신조(Creed)나 신경을 배격하면서 신앙고백(Confession)을 강조했던 사람들이다. 침례교회의 역사 속에서 침례교인들은 다양한 신앙고백들을 만들어 냈다. 신앙고백이 시대마다 지역마다 조금씩 달랐기 때문에 침례교 신앙 속에는 다양성(diversity)을 내포하지 않을 수 없었다. 예를 들면 성경이 하나님의 말씀인 것을 기본적으로 인정을 하면서도 무오성, 영감성, 성경해석 등에 관하여 침례교인들은 다양한 입장을 취하기도 하였다. 침례나 주의 만찬에 관해서도 시대에 따라 장소에 따라 강조점이 조금씩 달랐다. 침례교 신앙은 획일화된 교리체계나 어떤 위대한 인간(개혁가나 신학자나 목회자)이 만들어낸 신학체계를 배격하다 보니 자연히 다양성을 기저에 깔고 있는 것이다.

# IV. 영국침례교회 약사[56]

## 1. 영국 일반침례교회의 태동과 발전
### 1) 존 스마이드와 최초의 침례교회

침례교회는 한때 분리주의자였던 존 스마이드(John Smyth, c.1570-1612)에 의해 창립되었다. 그는 1607년에 박해를 피해 일단의 영국 분리주의자들(게인즈보로 교회 교인들)을 이끌고 네덜란드 암스테르담으로 이주해 갔다가, 1609년에 그곳에서 최초로 침례교회를 창립한 인물이다. 그는 "근대 침례교회의 창설자"(Founder of the Modern Baptist Church),[57] "침례교 역사의 분수령"(Fountainhead of Consecutive Baptist History)[58] 혹은 "침례교의 길을 연 개척자"(Baptist Pathfinder)[59] 등으로 불리고 있다.

당시 미들랜드 지역 링컨셔의 게인즈보로(Gainsborough, Lincolnshire)에 영국국교회를 떠난 분리주의자들이 교회를 이루어 모이고 있었다. 담임목회자가 공석인 상황에서 존 스마이드는 몇 차례 설교 요청을 받고 예배에 참석하여 설교하였다. 결국 게인즈보로 교회는 1606년에 스마이드를 담임목회자로 청빙하였고, 스마이드는 영국국교회를 떠나 그 교회에 취임하게 되었다. 그러나 그가 취임하기 전에 그 교회는 이미 내부적으로 두 부류의 성도들로 내분을 겪고 있었는데, 결국에는 새로운 담임목회자인 스마이드를 따르는 사람들(Thomas Helwys, John Murton 등)과 존 로빈슨(John Robinson)을 따르는 사람들(William Brewster, William Bradford 등)로 나누어지게 되었다.[60] 후자의 무리는 게인즈보로 서쪽에 있는 스크루비(Scrooby)에 있는 윌리엄

---

56) 이 부분은 필자의 논문, "영미침례교회 약사," 개교60주년기념 학술논문집 편집위원회, 「침례교회 정체성: 역사·신학·실천」(대전: 침례신학대학교출판부, 2014), 249-60에 게재되었던 글을 일부 수정한 것이다.
57) McBeth, *The Baptist Heritage*, 32.
58) A. C. Underwood, *A History of the English Baptists* (London: Kingsgate Press, 1947), 45.
59) James E. Tull, *Shapers of Baptist Thought* (Valley Forge: Judson Press, 1972), 9.
60) Bill J. Leonard, *Baptist Ways: A History* (Valley Forge: Judson Press, 2003), 23.

브루스터(William Brewster)의 대저택(Scrooby Manor)에 모여서 예배를 드렸기 때문에 "스크루비파"(The Scrooby)라고 불렸다. 이들은 핍박을 피해 네덜란드 라이덴(Leyden)으로 가서 신앙생활을 하다가, 1620년에 신대륙 미국 땅으로 건너간 최초의 프로테스탄트 신앙인들(필그림 조상들, Pilgrim Fathers)이 되었다.

결국 스마이드 그룹도 핍박을 피해 영국을 떠나 1607년경에 네덜란드 암스테르담(Amsterdam, Netherland)로 가게 되었다. 스마이드와 그의 추종자들이 암스테르담에 도착했을 때, 여호와 이레의 하나님은 그들을 향해 자비를 베풀어 줄 자들을 예비해 놓고 있었다. 암스테르담에서 빵 공장을 경영하고 있던 앤 문터(Jan Munter) 부부였다.[61] 아마도 당시 네덜란드에서는 범선을 이용한 무역이 성행하고 있었는데, 그들은 장기간 항해하는 많은 승객들과 승무원들을 위해 식사를 공급하는 업종에 종사했던 것 같다. 그리고 그 부부는 메노나이트들 가운데 온건파인 워터랜더파 교인들(The Waterlanders)이었다. 자연스럽게 스마이드와 피난민들은 빵 공장 주위에 있던 메노나이트 교인들(The Mennonites)과 교제하였고 그들의 신앙행습, 특히 신자들에게만 뱁티즘을 베푸는 모습을 감명 깊게 살펴보았다.

스마이드는 1609년에 오직 신앙고백을 분명하게 하는 신자에게만 뱁티즘(believer's baptism)을 베풀며, 하나님의 교회는 그렇게 뱁티즘을 받은 신자들(baptized believers)로 이루어져야 한다는 확신에 이르게 되어, 신자의 뱁티즘에 근거하여 최초의 침례교회를 세우게 되었다. 그는 먼저 스스로 자기 머리 위에 물을 부어 뱁티즘을 베푼 후(자기 뱁티즘, Se-baptism), 다른 사람들에게도 신앙고백에 근거하여 뱁티즘을 베풀었다. 근대적인 의미의 침례교회가 최초로 영국인 분리주의 신자들에 의해 네덜란드 땅 암스테르담에서 세워지게 되었다.[62] 그리고 당시에 베풀었던 뱁티즘은 침수례가 아니라 관수례(affusion)였다. 그들은 뱁티즘의 형식보다 내용, 즉 신앙고백을 분명히

---

61) McBeth, *The Baptist Heritage*, 34.
62) Ibid., 34-7.

하는 신자들에게 뱁티즘을 베풀어야 한다는 것을 더 중요하게 생각하였던 것 같다.

그런데 몇 달이 못 되어 스마이드는 자기가 자기에게 베풀었던 "자기 뱁티즘"(Se-baptism, Self-baptism)의 유효성에 대해 의심을 가지고 영적인 번민을 하기 시작하였다. 결국 자신이 스스로에게 베풀었던 뱁티즘은 "역사적인 연속성"이 결여된 것이라고 생각하였는데, 주위에 있던 메노나이트 교회야말로 올바른 뱁티즘의 전승을 가진 참 교회라는 인식을 하게 되었다. 결국 그는 자신이 설립한 최초의 침례교회를 해체하고 모두 메노나이트 교회로 들어가자고 교인들에게 제안을 하였다. 이때 이러한 존 스마이드의 제안에 강하게 반발했던 사람이 토마스 헬위즈(Thomas Helwys)였다.

메노나이트 교회로 이적하기 위해 자신이 세운 침례교회를 떠나 있던 존 스마이드는 폐결핵을 앓다가 1612년 8월 10일에 이 세상을 떠나고 말았다. 남아 있던 스마이드의 추종자들은 1615년 1월 21일에 가서야 메노나이트 교회에 영입이 되었다.[63] 신자의 뱁티즘에 의한 신자들의 교회(Believer's Church by Believer's Baptism)에 근거하여 침례교회를 창립한 사람은 존 스마이드였지만, 침례교회를 본격적인 궤도 위에 올려놓은 사람은 토마스 헬위즈였다.

### 2) 토마스 헬위즈와 일반침례교회

토마스 헬위즈(Thomas Helwys, c.1550-c.1615)는 상당한 부와 전통을 가진 명문가 출신이었다. 그는 아버지 에드먼드(Edmund)와 어머니 마가렛(Margaret) 사이에서 노팅검 시의 브록스토우 홀(Broxtowe Hall, Nottingham)에서 출생하였다. 그는 1593년 1월에 법학을 공부하기 위해 런던에 있는 그레이즈 인(Gray's Inn) 대학에 입학을 하였다. 그는 분리주의자들의 교회인 게인즈보로 교회에 담임목사로 부임한 존 스마이드를 만나 신앙적인 동지의식을 가지게 되었으며, 암스테르담으로 집단 이주를 할 때 자신이 거의 모든

---

63) Ibid., 38.

경비를 기꺼이 부담하며 동행하였다.[64]

스마이드와 그의 추종자들이 침례교회를 떠나자, 헬위즈와 그의 추종자들은 1611년에 "암스테르담에 남아 있는 영국 사람들의 신앙의 선언"(Declaration of Faith of English People Remaining at Amsterdam)이라는 신앙고백을 발표하였다.[65] 그들은 존 스마이드가 포기한 침례교 신앙 원리를 계속 고수할 것을 천명하였고, 아직 침수례를 주장하지는 않았지만 오직 신자들에게만 뱁티즘을 베풀어야 한다고 주장하였다. 분리주의자들이었을 때 가졌던 칼뱅주의적인 신앙을 버리고 알미니우스의 일반 속죄설(general atonement)을 받아들였다. 그들은 인간의 자유의지를 존중하는 입장을 취하여, 누구든지 진정으로 회개하고 예수를 믿기만 하면 구원을 받으며 은혜로부터 떨어질 수도 있다고 믿었다. 후대 사람들은 그들의 교회를 일반침례교회(General Baptist Church)라고 불렀다.

헬위즈는 1611년 혹은 1612년에 자신을 따르는 소수의 무리들을 이끌고 영국 땅으로 다시 돌아왔다. 그들은 런던 테임즈 강 북쪽에 위치한 스피탈필드(Spitalfield) 지역에서 모임을 가지며 구령사업을 계속하였다.[66] 이렇게 하여 영국 땅에 최초의 일반침례교회가 토마스 헬위즈와 그 추종자들에 의해 세워졌다.

헬위즈는 1612년에 초창기 침례교 역사에서 매우 중요한 글을 발표하였다. "불법의 신비와 관한 간략한 선언"(A Short Declaration of the Mystery of Iniquity)이라는 글인데,[67] 당시의 영국 왕 제임스 1세(King James I)에게 헌정한 것으로 완전한 신앙의 자유를 요구하는 내용을 담고 있었다. "왕은 죽을 수밖에 없는 사람이지 하나님이 아니다"[68]라는 선언이 헬위즈의 탄원을 요

---

64) Ibid., 102-3.
65) Ibid., 38.
66) Roger Hayden, *English Baptist History and Heritage* (Didcot, U.K.: Baptist Union of Great Britain, 1990), 28-33.
67) McBeth, *The Baptist Heritage*, 102-4.
68) Thomas Helwys, *The Mystery of Iniquity* (London: Kingsgate Press, 1935), xxv. H. Leon McBeth, *English Baptist Literature on Religious Liberty to 1689* (New

약한 말이기도 하다. 그는 사람인 왕이 하나님이 주장하셔야 할 영적인 일에 세속적인 권력으로 개입하지 말 것을 간절히 호소하였다. 왕은 교회 문제에 개입해서도 안 되고 개입할 필요도 없음을 강조하였다.[69]

시대를 앞서 간 이 글로 인해서 결국 헬위즈는 같은 해에 투옥을 당하게 되었고, 1614년까지는 살아 있었으나 1616년에 감옥에서 세상을 떠난 것으로 확인이 되었다. 헬위즈의 추종자들은 영국 왕실과 영국국교회로부터 가해지는 잔혹한 핍박 속에서도 굴하지 않고 열심히 전도하고 교회를 개척하였다. 영국의 일반침례교회는 1624년에는 5개의 교회로, 1650년에는 47개의 교회로 급성장하였다.

### 3) 댄 테일러와 뉴 커넥션 일반침례교회

18세기에 접어들면서 영국의 기독교계에서는 신학적인 자유주의(theological liberalism)와 만인구원론(universalism) 사상이 유행하게 되었다. 초창기 엄청난 박해 속에서도 성장을 거듭했던 일반침례교회도 이러한 사상을 받아들이면서 영적인 침체에 빠지게 되었다. 예수님이 인류 모두의 죄를 짊어지시고 이미 십자가를 지셨으니, 예수를 믿든지 믿지 않든지 간에 궁극적으로 모든 사람들이 구원을 받게 된다는 것이었다. 결국 예수님의 신성과 십자가 속죄 사역의 의미를 훼손시키는 신학적 자유주의 사상에 물들어버린 것이다.[70]

이러한 상황 속에서 영국에서는 새로운 영적 지도자 존 웨슬리(John Wesley, 1703-1791)가 등장하였다. 계몽주의 사조와 산업혁명으로 영적인 피폐를 겪고 있던 영국국교회는 그의 메소디스트 운동(Methodist Movement)으로 말미암아 영적인 부흥을 경험하였다. 웨슬리의 부흥운동에서 큰 은혜를 받았던 댄 테일러(Dan Taylor, 1738-1816)는 성경연구를 통해서 신자의 뱁티즘

---

York: Arno Press, 1980), 31에서 재인용.
69) McBeth, *English Baptist Literature on Religious Liberty to 1689*, 58-9.
70) McBeth, *The Baptist Heritage*, 155.

(Believer's Baptism)이 신약 성서의 가르침인 것을 확신하게 되었다. 그는 침례교회를 찾아가서 1763년 2월 16일 날 침례를 받았고 그해 7월 30일에 침례교 목사로 안수를 받았다.[71] 그러나 그는 일반침례교회 목회자들과 교제를 하면서 적지 않은 갈등을 겪었다. 교리적인 일탈과 복음에 대한 확신의 부족 그리고 영혼 구원에 대한 열정의 결핍 등을 일반침례교회의 지도자들에게서 보게 된 것이다.

결국 댄 테일러는 자신과 비슷한 신앙을 가진 동료들과 함께, 1770년 6월 6일 런던 근교 화이트채플(Whitechapel)에 모여서 "뉴 커넥션 일반침례교회"(New Connection of General Baptists)라고 하는 새로운 조직을 만들어 침례교단에 영적인 활력을 불었다. 그들의 목적은 "신앙과 실천에 있어서 원시기독교(Primitive Christianity)를 재현하자"는 것이었다. 동시에 그들은 "종교의 항목들"(The Articles of Religion, 1770)이라는 신앙고백을 채택하여, 인간은 타락한 존재임과 예수 그리스도의 인성과 신성을 강조하였고, 특히 믿음으로 구원을 받게 되며 성령의 역사가 함께 할 때 중생을 경험하게 된다고 주장하였다. 또한 뱁티즘에 관한 규정을 두어서 침수례(Immersion)가 성서적인 방법이며 침례를 받는 것이 교회 회원이 되는 필수불가결의 조건임을 명시하였다. 뉴 커넥션 일반침례교회 운동은 18세기 후반 일반침례교단 내에서 성서적인 구원론을 회복하기 위한 영적 부흥운동이었다.

## 2. 영국 특수침례교회의 태동과 발전

### 1) 존 스필즈버리와 특수침례교회의 태동

영국 특수침례교회의 모체가 되었던 교회는 1616년에 헨리 제이콥(Henry Jacob)이 개척했던 분리주의자들의 교회인 제이엘제이 교회(JLJ Church)였다.[72] 제이엘제이(JLJ)는 초창기에 이 교회를 담임했던 세 목사의 이름, 헨리 제이콥(Henry Jacob)과 존 래쓰랍(John Lathrop) 그리고 헨리 제씨(Henry

---

71) Ibid., 160-1.
72) Leonard, *Baptist Ways*, 28-9.

Jessey)의 이름 가운데 첫 글자를 따서 그렇게 불렸다.[73] 비록 이 분리주의자들의 교회는 영국국교회를 떠나 온 교회이긴 했어도, 일반침례교회와는 달리 영국국교회에 대하여 그렇게 적대적이지는 않았고 비교적 온건한 입장을 취하고 있었다.

제이엘제이 교회는 두 차례에 걸쳐서 큰 홍역을 치렀다. 영국국교회와 그 교회의 예배의식을 인정할 것인가 그리고 유아 세례는 성서적인가 하는 문제로 성도들 간에 격렬한 논쟁이 일었다. 결국 1633년 9월 12일에 사무엘 이턴(Samuel Eaton), 마크 루커(Marke Luker), 리차드 블런트(Richard Blunt) 등이 17명의 교인들과 함께 제이엘제이 교회를 떠나고 말았다.[74] 이들은 보다 간결한 예배와 신약 성서적인 신앙생활을 추구하며 자신들이 몸담았던 교회를 떠난 것이다. 두 번째의 홍역은 5년 후인 1638년에 일어났다. 이때에는 존 스필즈버리, 윌리엄 키핀 등을 비롯해서 6명의 핵심 회원들이 그 교회를 떠나게 되었다.[75] 이들이 교회를 떠난 근본 동기는 유아 세례 의식 때문이었다. 이들은 신약 성서를 연구하면서, 뱁티즘은 오직 신앙을 고백하는 신자들에게만(professing believers only) 베풀어져야 한다는 확신을 가지고 있었다.

존 스필즈버리(John Spilsbury, 1593–c.1668)는 5년 전에 교회를 떠났던 사무엘 이턴과 그의 동료들과 손을 잡고, 1638년에 런던 테임즈 강 남쪽에 있는 써덕(Southwark) 지역에서 "신자의 뱁티즘"(believer's baptism)에 근거하여 새로운 교회를 설립하였다. 그리고 그들이 붙잡았던 구원 신학은 칼뱅주의 구원론이었다. 이렇게 하여 영국 런던에서 또 다른 침례교회가 탄생하게 되었는데, 후대 사람들은 이들을 특수침례교회(Particular Baptist Church)라고 불렀다. 왜냐하면 그들의 구원관이 특수속죄론(particular atonement), 다시 말해서 장 칼뱅과 칼뱅주의자들의 제한속죄론(limited atonement)에 근거하고 있었기 때문이었다.[76] 예수님은 오직 하나님의 택함을 받은 사람들만을 위

---

73) McBeth, *The Baptist Heritage*, 42.
74) Ibid., 43.
75) Ibid., 44.
76) Robert G. Torbet, *A History of the Baptists*, (Valley Forge: Judson Press, 1982), 42-3.

해서 십자가를 지셨다는 구원론이었다.

### 2) 키핀 원고와 최초의 침수례

영국 특수침례교회가 초창기부터 주로 행했던 뱁티즘의 형식은 침수례(immersion)인데, 그것이 정확하게 언제부터 시행되었는지에 대해서는 논란의 여지가 있다. 그런데 제이엘제이 교회의 회의록에 다음과 같은 내용이 기록되어 있는데, 영국에서 최초로 침수례가 이루어진 것을 보여주는 문헌적 증거다. 스필즈버리의 동역자였던 윌리엄 키핀(William Kiffin, 1616-1701)에 의해 기록되었기 때문에 이를 "키핀 원고"(Kiffin Manuscripts)라고 부른다: "화란어를 알고 있었던 리차드 블런트(Mr. Richard Blunt)를 화란으로 파송하여 메노나이트들의 신자의 뱁티즘(Believer's Baptism)과 침례(Immersion)를 견학토록 하였다. 그가 화란에서 침례를 받고 돌아왔는지는 확실하지 않으나, 1641년에 블런트는 블랙락(Mr. Blalock)에게 침례를 베풀었고, 이 두 사람이 53명의 다른 사람들에게 침례를 베풀었다."[77] "키핀 원고"는 특수침례교회가 처음 설립된 것은 1638년인데, 최초의 침수례가 행해진 것은 1641년이었음을 보여주는 문헌적 증거가 된다.

존 스필즈버리는 "뱁티즘의 전승"(baptismal succession)이 가능하지도 않고 필요하지도 않다고 생각했다. 단지 믿음으로 그리고 예수 그리스도의 이름으로 뱁티즘을 받는 것이 중요하지 누구에게서 뱁티즘을 받느냐 하는 것은 그리 중요하지 않다고 여겼다. 그는 뱁티즘의 역사적 전승과는 상관없이, 1641년부터 자신의 교회에서 신앙고백의 수단으로 침수례(Immersion)를 베푸는 것을 중요한 신앙행습으로 채택했던 것이다.

### 3) 영국 특수침례교회의 전개

18세기에 들어오면서 칼뱅주의를 구원론으로 표방했던 특수침례교회는 극단적 칼뱅주의(hyper-calvinism), 결정론(determinism), 숙명론(fatalism), 반

---

[77] McBeth, *The Baptist Heritage*, 45에서 재인용. Leonard, *Baptist Ways*, 29-30.

율법주의(antinomianism) 등으로 극단화되어 가면서 교회는 영적 활력을 상실하게 되었다. 당시의 대표적인 극단적 칼뱅주의 침례교 신학자요 목회자는 존 길(John Gill, 1696-1771)이었는데, 그는 하나님의 절대주권(sovereignty)을 너무나 철저하게 믿었기 때문에 설교자나 전도자가 불신 죄인들에게 그리스도를 소개하는 것은 무익한 일이라고 주장하였다. 영생으로의 선택은 하나님에 의해 영원 전부터 이미 정해져 있는 것이고 인간의 회개와 신앙적인 결단에 의존하는 것은 아니라고 하였다.[78]

극단적 칼뱅주의는 매우 엄격하게 예수님은 오직 선택받은 자들만(the elect only)을 위해 돌아가셨음을 강조한다. 그것의 최대의 약점은 하나님의 절대주권을 지나치게 강조한 나머지 인간의 책임과 자유의지 그리고 잠재력을 무시한다는 점이다. 중생하지 못한 인간은 전혀 영적으로 선한 일(nothing spiritually good)을 할 수 없다는 것이다. 이러한 신학적인 틀 속에서는 영혼 구원을 위한 전도의 노력이 무의미해진다. 전도에 관한 설교나 불신자들의 구원을 위한 기도나 전도와 선교를 위한 최선의 전략은 하나님의 절대주권에 대한 도전이 될 수밖에 없는 것이다. 결국 교회의 강단은 불신자들의 회개를 촉구하는 설교가 점차 자취를 감추게 되었고, 초청이 없는 설교(non-invitational sermon)가 만연하게 되었다. 따라서 교회는 새롭게 구원받은 영혼들로 인한 기쁨과 환희를 상실하게 되었고, 또한 신자들의 책임 있는 도덕적인 삶이 고갈되어 갔다.

이러한 극단적 칼뱅주의 신앙에 대하여 도전장을 내민 인물이 앤드류 풀러(Andrew Fuller, 1754-1815)였다. 그는 1785년에 「만인이 받을만한 복음」(*Gospel Worthy of All Acceptation*)이라는 책을 출판하여, 극단적 칼뱅주의의 신학체계의 비복음성을 비판하였으며, 복음전도적 칼뱅주의(Evangelistic Calvinism)의 기치를 내걸고 교회의 영적인 부흥을 부르짖었다. 그는 회개하고 그리스도를 믿는 것이 죄인의 의무요 교회의 책임이라는 사실을 역설하

---

78) William L. Lumpkin, ed., *Baptist Confessions of Faith* (Valley Forge: Judson Press, 1983), 177.

였다.[79]

1792년 이른 봄에 영국 침례교목사 윌리엄 캐리(William Carey, 1761-1834)는 선교신학과 구체적인 선교전략을 담은 『질문서』(An Enquiry into the Obligations of Christians, to Use Means for the Conversion of the Heathens)라는 책을 써서 출판하였다.[80] 이 책은 근대 선교운동의 대헌장(Magna Carta of modern missionary movement)이요, 선교사들을 위한 선교의 지침서(guide)요, 19세기를 선교를 위한 "프로테스탄트 세계선교를 위한 위대한 세기"로 만든 선언문(manifesto)이었다.[81] 1792년 5월에 캐리는 노스햄프턴셔(Northamptonshire) 침례교 지방회 연차총회에서 "하나님으로부터 위대한 일들을 기대하라, 그리고 하나님을 위하여 위대한 일들을 시도하라"(Expect Great Things from God, Attempt Great Things for God)[82]는 주제로 설교하였을 때, 참석자들은 영혼 구원과 세계선교를 향한 캐리의 열정에 큰 감동을 받게 되었다. 같은 해 10월 달에 앤드류 풀러가 목회하고 있던 케터링(Kettering) 침례교회에서 해외선교에 관심을 가진 사람들이 모여 최초로 해외선교단체를 만들었는데, 그 명칭을 침례교선교협회(BMS, Baptist Missionary Society)[83]라고 하였다.

1793년 1월 10일의 모임에서 의사 존 토마스(John Thomas) 부부와 윌리엄 캐리 부부를 인도 선교사로 임명하였고, 같은 해 6월 13일에 그들은 인도를 향해 항해를 시작하였다. "근대 선교운동의 아버지" 윌리엄 캐리가 수행했던

---

79) James E. Tull, "Andrew Fuller: Theologian of Baptist Missionary Advance," *Shapers of Baptist Thought* (Macon, GA: Mercer University Press, 1984), 85.
80) 김승진, "제5장 근대 선교운동의 아버지 윌리엄 캐리(William Carey)," 『침례교회와 역사: 침례교회사의 주요 논제들』(대전: 침례신학대학교출판부, 2009), 164.
81) H. Leon McBeth, *The Baptist Heritage*, 185: Timothy George, *Faithful Witness: The Life and Mission of William Carey*, (Birmingham, AL: New Hope Publishers, 1991), 21-2.
82) McBeth, *The Baptist Heritage*, 185.
83) Ibid. "침례교선교협회"의 정식 이름은 "Particular Baptist Society for the Propagation of the Gospel among the Heathen"이었다.

40여 년 동안의 인도 선교사역은 단순히 인도라는 한 지역의 선교에 그친 것이 아니고, 그의 영향으로 인해서 영국과 미국에 있는 거의 모든 개신교 교단들이 세계선교에 눈을 뜨게 되었고 많은 해외선교단체들이 생겨나게 되었다. 그는 19세기를 "위대한 선교의 세기"로 만들었던 선교의 선구자였다. 그는 프로테스탄트 기독교가 유럽과 북미만의 종교가 아니라 세계의 종교가 되는 길을 열었다.

### 3. 침례교연맹(Baptist Union)의 결성과 교단통합

18세기의 처음 반세기가 영국의 침례교회로서는 영적인 빙하기(spiritual glacial epoch)와 같았다면, 19세기는 매우 고무적인 세기가 되었다. 1811년에 특수침례교회 지도자인 조셉 아이비미(Joseph Ivimey)는 "번영을 위해 필수 불가결한 연맹"(Union Essential to Prosperity)[84]이란 글을 발표하였는데, 이 글에서 그는 연맹을 결성함으로써 얻게 되는 유익들에 대해 설명을 하고 그러한 목표를 향한 구체적인 전략들을 내놓았다.

1813년 6월에 특수침례교회의 지도자들 46명은 런던에 모여 침례교연맹(Baptist Union)을 결성하였다. 이 전국총회의 목적은 "침례교 선교활동을 격려하고 지원하는 것을 우선적인 목적으로 삼아, 일반적으로는 그리스도의 뜻을 이루어 드리고 특수적으로는 침례교단의 목적을 성취하는 데"에 두었다.[85] 1832년과 1863년에 침례교연맹은 조직을 재정비하여 보다 많은 특수침례교회들과 목회자들이 총회에 관심을 가지고 협력할 수 있도록 도모하였다.[86]

1863년 이전부터 뉴 커넥션 일반침례교회들은 침례교연맹과의 협력을 의도적으로 시도해 왔는데, 결국 이러한 노력이 결실을 맺게 되어 1891년 6월

---

84) Joseph Ivimey, *A History of English Baptists*, 4 vols. (London: n.p., 1811-1830), 4:122 f.
85) Ernest A. Payne, *The Baptist Union: A Short History* (London: Carey Kingsgate Press Limited, 1959), 21.
86) McBeth, *The Baptist Heritage*, 292.

25일에 양 교단은 "영국침례교연맹"(BUGB, Baptist Union of Great Britain)이라는 이름으로 통합되었다. 영국의 침례교 역사학자 언더우드(A. C. Underwood)는 일반침례교회와 특수침례교회가 통합될 수 있었던 배경을 이렇게 설명하였다:[87] (1) 특수침례교인들 사이에 점차 칼뱅주의 신학과 신앙이 계속적으로 쇠잔하고 있었다는 점, (2) 양 교회에서 공개 만찬이 점차 일반화되고 있었다는 점, (3) 침례교연맹이 모든 침례교 사역들의 구심점 역할을 잘 수행해 왔기 때문에 양 교회가 그것을 상호 공통의 기반으로 여기게 되었다는 점.[88]

### 4. 영국침례교연맹

영국침례교연맹의 본부는 옥스퍼드셔 디드코트(Didcot, Oxfordshire)에 있는 3층짜리 벽돌 건물 "뱁티스트 하우스"(Baptist House, 129 Broadway, OX11 8RT, UK)이다. 이 건물에 해외선교를 전담하는 "침례교선교협회"(BMS)와 국내선교와 관련된 제반 사역들을 담당하는 "영국침례교연맹"(BUGB)이 공존하고 있다. "침례교선교협회"는 2000년부터 그 명칭을 "침례교선교협회 세계선교"(BMS World Mission)로 변경하였다. 현재 약 40개국에 350명의 선교사를 파송하고 있다.[89]

영국침례교연맹은 2014년 현재, 약 2,150개 교회들과 13개 지방회와 160,000여 명의 침례교인들이 회원으로 소속해 있다.[90] 영국침례교연맹에는 2001년 현재 13개의 지방회가 소속되어 있다.[91] 영국침례교연맹과 관련

---

87) Ibid., 306-7.
88) A. C. Underwood, *A History of English Baptists*, 202.
89) "BMS World Mission," Wikipedia, [온라인자료] http://en.wikipedia.org/wiki/BMS_World_Mission, 2015년 5월 1일 접속.
90) "Baptist Union of Great Britain," Wikipedia, [온라인 자료] http://en.wikipedia.org/wiki/Baptist_Union_of_Great_Britain, 2014년 3월 2일 접속.
91) Ibid. Central, East Midlands, Eastern, Heart of England, London, North Western, Northern, South Eastern, South Wales, South West, Southern Counties, West of England, Yorkshire Baptist Association.

을 맺고 있는 고등교육기관으로는 Bristol Baptist College, Northern Baptist College, Regent's Park College(Oxford), Scottish Baptist College, South Wales Baptist College, Spurgeon's College 등이 있고, 유럽침례교연맹(European Baptist Federation)에서 후원하고 있는 침례교 신학원인 International Baptist Theological Study Center(IBTSC)와 협력하고 있다.[92] 이 신학원은 1949년에 스위스 루쉴리콘(Ruschlikon)에 세워졌던 국제침례신학원(IBTS, International Baptist Theological Seminary)이었는데, 1997년에 체코공화국의 프라하(Prague)로 캠퍼스를 옮겼다가 2014년에 네덜란드 암스테르담(Amsterdam)으로 이전한 후 교명을 변경하였다. 이 신학원은 교수들이 영어로 강의를 하기 때문에 유럽의 여러 나라 침례교 학생들과 전 세계로부터 침례교 사역자로 훈련받기 원하는 학생들이 공부를 할 수 있는 신학교육기관이다.

영국침례교연맹의 핵심기관들 가운데 하나는 일 년에 두 차례 모이는 "침례교연맹협의회"(Baptist Union Council)인데, 각 지방회와 각 위원회와 각 대학으로부터 파송 받은 위원들과 전국 침례교회 지도자들을 포함해서 약 80여명으로 구성된 협의체이다. 영국침례교연맹에 속한 교회들의 공통된 관심 사안들을 토론 심의하고, 연맹의 장기발전 계획을 논의하고, 다음해 5월에 개최할 연차총회를 준비하는 일을 감당하고 있다.[93]

영국침례교연맹은 다른 침례교 기관들과도 긴밀한 협력관계를 맺고 있다: 침례교선교협회 세계선교(BMS World Mission), 침례교세계연맹(Baptist World Alliance), 유럽침례교연맹(European Baptist Federation), 앵그스 도서관과 문서보관실(Angus Library and Archive), 침례교보험사(Baptist Insurance Company), 은퇴침례교목회자들 주택협회(Retired Baptist Ministers Housing Society) 등.[94]

---

92) "Baptist Together," Wikipedia, [온라인자료] http://www.baptist.org.uk/Groups/220658/Colleges.aspx, 2015년 12월 29일 접속.
93) "Baptists Together," Wikipedia, [온라인자료] http://www.baptist.org.uk/Groups/220797/Council.aspx, 2015년 12월 29일 접속.
94) "Baptists Together," Wikipedia, [온라인자료] http://www.baptist.org.uk/Groups/

영국침례교연맹은 1908년에 침례교 역사협회(Baptist Historical Society)를 창설하여 침례교 역사자료의 발굴과 보존, 그리고 침례교 신앙과 역사와 관련한 논문들을 발표해 오고 있는데, 대표적인 학술지가 계간으로 발간되는 Baptist Quarterly다. "앵그스 도서관과 문서보관소"(Angus Library and Archive)는 옥스퍼드 대학교 내에 있는 리젠트파크 대학의 지하실에 있다. 윌리엄 캐리의 인도선교 자료들을 위시해서 역사적 가치가 있는 각종 사료들과 문서들이 보관되어 있다.

영국침례교연맹은 교단을 초월하여 이루어지고 있는 에큐메니칼 운동에도 참여하고 있는데, Churches Together in England, Churches Together in Britain and Ireland, Conference of European Churches, 그리고 World Council of Churches(WCC, 세계교회협의회)에 회원으로 동참하고 있다.[95] 이런 점에서 영국침례교연맹은 초교파적인 기독교단체들에 대해서 무척 개방적임과 동시에 신학적으로는 어느 정도 자유주의 쪽으로 경도되어 있다고 볼 수 있다. 영국침례교연맹의 인터넷 홈페이지는 www.baptist.org.uk이다.

## V. 미국침례교회 약사[96]

### 1. 미국 침례교회의 태동과 발전
#### 1) 로저 윌리엄스와 미국침례교회의 태동

미국 땅에 최초의 침례교회를 세운 인물은 로저 윌리엄스(Roger Williams, 1603-1683)였다. 그는 영국에서 대학과 대학원 시절을 거치면서 분리주의

---

263704 /Other_Baptist_Groups.aspx, 2015년 12월 29일 접속.
95) "Baptist Together," Wikipedia, [온라인자료] http://en.wikipedia.org/wiki/Baptists_Together, 2015년 4월 29일 접속.
96) 이 부분은 필자의 논문, "영미침례교회 약사," 개교60주년기념 학술논문집 편집위원회,「침례교회 정체성: 역사·신학·실천」(대전: 침례신학대학교출판부, 2014), 260-76에 게재되었던 글을 일부 수정한 것이다.

(Separatism) 사상에 물들어 있었다. 그는 신약 성서에 비추어 볼 때 영국국교회는 거짓 교회(false church)이기 때문에, 참 그리스도인(true Christians)이라면 그 교회를 떠나야 한다는 확신을 가지고 있었다.[97] 때마침 그는 1630년에 신대륙의 퓨리턴 교회인 보스턴 회중교회(Congregational Church)로부터 목회 초청을 받게 되었다. 그러나 그 교회는 청교도들의 공동체이긴 했지만 윌리엄스 자신의 신앙과 비교할 때, 충분히 영국국교회로부터 분리되어 있지 않은 교회였다. 결국 그는 보스턴 교회를 떠나 살렘(Salem)과 플리머스(Plymouth)에 있는 교회를 섬겼다. 그는 아메리칸 인디언들도 구원받아야 할 영혼들로 여겨서 그들의 언어를 습득하였고 그들의 사고방식과 생활방식을 익히고자 노력하였다. 그는 인디언들을 핍박하며 그들의 토지를 강탈하는 퓨리턴들을 비판하였고, 그 지역의 정치권력과 결탁한 국교회 체제인 회중교회에 도전하기도 하였다.

매사추세츠 식민정부는 1635년 10월에 윌리엄스를 보스턴 법정으로 소환하였다. 재판 끝에 그를 본국으로 강제 추방시킬 계획이었으나 하나님의 도우심으로 그는 탈옥을 하게 되었다. 그는 자신을 따르는 믿음의 형제자매들과 함께 오늘날 로드 아일랜드 주 프로비던스(Providence, RI)로 도망을 가서 그곳에서 집단농장(plantation)을 개척하였다.

로저 윌리엄스는 프로비던스에서 캐서린 스캇(Catherine Scott)이란 여인의 인도를 받아 신앙고백을 하였고, 평신도 지도자 이지키엘 홀리만(Ezekiel Holliman)으로부터 침례를 받았다. 곧 이어 윌리엄스는 홀리만(Holliman)과 추종자들에게 신앙고백에 근거한 침례를 베풀었다.[98] 동시에 이 교회는 신앙고백을 할 수 없는 유아들에게 침례 베푸는 것을 거부했으며, 정치와 종교가 분리되는 원리에 따라 양심과 종교의 자유를 보장한다는 원칙을 세웠다.

---

97) Carl J. Diemer Jr., "Roger Williams: Testing the Fruits of Religious Freedom," *The Lord's Free People in a Free Land*, William R. Estep ed. (Fort Worth, TX: Evans Press, 1976), 11.
98) *Winthrop's Journal: History of New England 1630-1649*, 1:279. McBeth, *The Baptist Heritage*, 131에서 재인용.

미국 땅에서 최초의 침례교회가 1639년 3월 16일에 로저 윌리엄스를 포함한 10여 명의 도망자들에 의해 로드아일랜드 주 프로비던스(Providence)에서 탄생하게 되었다. 오늘날 그 교회는 북침례교단인 American Baptist Churches, U. S. A. (ABCUSA)에 속해 있고, 교회 이름은 "미국제일침례교회"(The First Baptist Church in America)이다.

### 2) 초창기 미국침례교회들

1539년 로저 윌리엄스에 의해 미국 땅에 최초의 침례교회가 설립된 후, 1644년에는 존 클락(John Clarke, 1609-1676)에 의해 제이침례교회(The Second Baptist Church)가 로드아일랜드 주 남쪽에 있는 뉴 포트(New Port) 섬에 세워졌다.[99] 1665년에는 보스턴 시에서 제일침례교회가 토마스 굴드(Thomas Gould, c.1619-1675)에 의해 개척이 되었다. 특히 토마스 굴드는 1665년에 자신의 개인적인 신앙고백서를 작성하였는데, 이것이 개인이 진술한 미국 최초의 신앙고백이 되었다. 굴드는 유아 세례 의식이 성서적인 뒷받침이 없는 인간적인 고안물이라고 하면서, "유아 세례는 공허한 것이며 뱁티즘의 참 의미를 무효화 시키는 것이다"[100]라고 진술하였다.

식민지의 중부지방에는 지배적인 공식 교단이 특별히 존재하지 않았다. 다시 말해서 이 지역에는 일찍부터 종교의 다양성이 인정되고 있었고 종교와 신앙의 자유가 어느 정도 용인되고 있었다. 이렇게 된 데에는 펜실베이니아(Pennsylvania) 주를 개척했던 윌리엄 펜(William Penn, 1644-1718)의 영향력이 컸다. 그는 영국 땅에서 이단으로 취급받던 퀘이커 교도(The Quaker)로서 당시 종교적인 박해를 받던 많은 이민자들을 자신이 개척했던 식민지 주인 펜실베이니아 주에서 자유롭게 거주하며 신앙생활을 할 수 있도록 배려하였다.[101] 침례교회가 뉴잉글랜드 지방에서 시작되었지만, 차츰 종교의 자

---

99) Leonard, *Baptist Ways*, 76.
100) Ibid., 80.
101) McBeth, *The Baptist Heritage*, 145.

유가 용인되었던 지역인 필라델피아(Philadelphia) 근교에 많이 세워지게 되었고, 식민지 시대에는 이 곳이 침례교회들의 중심지가 되었다.

1684년에 펜실베이니아 주 필라델피아 근교인 콜드 스프링(Cold Spring)에서 토마스 던간(Thomas Dungan)에 의해 콜드 스프링 침례교회가 세워졌고, 1688년에는 로워 더블린(Lower Dublin)에 페니펙(Pennepeck) 침례교회가 엘리아스 키취(Elias Keach)에 의해 설립되었다.[102] 이 교회가 중추가 되어 필라델피아 근교에 많은 침례교회들이 설립되었고, 1707년에는 미국 땅에서 최초의 침례교 지방회인 필라델피아 침례교 지방회(Philadelphia Baptist Association)가 결성되었다. 1742년에는 영국 침례교인들의 "총회신앙고백"(Assembly Confession, 1677년의 제2차 런던신앙고백을 1689년에 특수침례교총회에서 수용했던 신앙고백)에 "시편 찬송"과 "침례 후 안수"에 관한 두 규정을 첨가하여 미국 최초로 지방회 차원의 신앙고백인 "필라델피아 침례교신앙고백"(Philadelphia Baptist Confession)을 채택하였다.

남부지방 최초의 침례교회는 찰스턴 제일침례교회인데, 이 교회는 메인 주 키터리(Kittery)에 있던 키터리 침례교회가 1696년에 사우스캐롤라이나 주 찰스턴(Charleston, SC) 시로 집단 이주하여 정착한 교회이다.[103] 특히 그 당시 찰스턴은 영국인 이민자들이 남부지방으로 들어오는 관문 역할을 한 항구도시였는데, 영국의 서부지역인 웨일즈 지방 사람들(The Welsh)이 대거 이민해 오면서 침례교회의 성장에 크게 기여하였다. 이들은 특별히 자녀교육과 영혼 구원을 위한 전도에 뜨거운 열정을 가진 사람들이었는데, 이들로 인해 미국의 남부지방의 서부 개척 지대에 많은 침례교회들이 개척되었다.

찰스턴 침례교 지방회는 주로 정규 침례교회들(Regular Baptist Churches)로 구성되었다. 노스캐롤라이나 주의 중부 리버티 시(Liberty, Randolph County, NC)에 있던 샌디 크리크(Sandy Creek) 침례교회는 남부지역의 분리 침례교회들(Separate Baptist Churches)의 모 교회와 조모 교회와 증조모 교회가 되

---

102) Ibid., 145-6.
103) Ibid., 147.

었다. 그 교회는 17년 동안 42개 교회를 개척하였고 125명의 목회자들과 국내 선교사들을 배출하였다. 그 교회가 중심이 되어 샌디 크리크 침례교 지방회(Sandy Creek Baptist Association)가 1758년에 설립되었다. 이 지방회에서는 1816년에 온건한 칼뱅주의 신앙의 입장을 취한 신앙고백인 "신앙의 원리들"(Principles of Faith)을 채택하였다.

### 3) 미국 최초의 침례교 전국총회인 일반선교총회(GMC)의 결성

아도니람 저드슨(Adoniram Judson) 부부와 루터 라이스(Luther Rice)는 미국 최초의 초교파 해외선교단체인 미국해외선교위원회(American Board of Commissioners for Foreign Missions)로부터 파송 받은 최초의 선교사들이었다. 회중교도들이었던 그들은 동남아시아 버마(미얀마)를 향해 항해하던 중, 선상에서 성경을 연구하다가 유아 세례가 성경적이지 못하다는 사실을 깨달았다. 그들은 신자들(believers)에게만 뱁티즘을 주어야 하고 그 형식도 침수례(Immersion)를 베푸는 것이 신약 성서의 가르침이라는 확신을 가지게 되었다.[104] 그래서 그들은 인도 캘커타에 당도하여 캐리침례교회(Carey Baptist Church)의 침례탕에서 윌리엄 캐리의 동역자 존 마쉬만(John Marshman) 선교사에게서 신앙고백에 근거한 침례(immersion by confession of faith)를 받았다. 결국 그들은 회중교회의 후원을 더 이상 받을 수 없는 상황에 이르게 되었다.[105] 그래서 루터 라이스는 선교후원의 중요성을 깨닫고, 미국으로 귀환하여 여러 침례교회들을 방문하면서 해외선교를 위한 후원을 역설하였다.

루터 라이스의 설득에 힘입어 미국 침례교지도자들은 해외선교를 위한 전국적인 조직이 절실히 필요하다고 생각하였다. 이윽고 1814년 5월 18일에 필라델피아 제일침례교회(First Baptist Church)에서 33명의 침례교 지도자들이 모여 최초의 침례교 전국총회인 "일반선교총회"(General Missionary Con-

---

104) Ibid., 345.
105) Ibid.

vention, 3년차 총회, Triennial Convention)를 결성하였다.[106] 창립총회에서 남부지방의 침례교 지도자요 찰스턴 제일침례교회 담임목사였던 리처드 퍼만(Richard Furman, 1755-1825)이 초대 총회장으로 선출이 되었다.[107]

일반선교총회에서는 1832년에는 14명, 1835년에는 72명, 1844년에는 111명의 해외선교사들을 파송하였다. 이 총회는 1817년부터는 국내선교 활동도 감당하기 시작하였고, 1832년에는 존 메이슨 펙(John Mason Peck)의 주도로 "미국침례교 국내선교회"(American Baptist Home Mission Society)를 설립하여 서부개척 지역과 인디언 주거지역에서 교회개척 활동을 활발하게 전개하였다.

## 2. 남침례교총회(SBC)의 태동
### 1) 노예 문제와 남·북 침례교회의 분열

일반선교총회는 10번의 총회를 가진 후 1845년에 남과 북으로 나누어지는 비극을 맞았다. 일반적으로 분열의 간접적인 원인은 총회 조직에 대한 남북 간의 견해 차이와 국내선교에 있어서 남북 간의 불평등한 차별 대우 때문이었고, 직접적인 원인은 노예제도에 대한 남북의 입장 차이 때문이었다.[108] 노예제도를 옹호했던 남부지역의 침례교도들과 그것의 철폐를 주장했던 북부지역의 침례교도들 간에 갈등이 심화되자, 일반선교총회 지도부에서는 교단의 분열을 우려해 중립을 지킬 것을 선언했다. 그러나 실제로는 노예 소유자들에 대한 인사 상의 차별이 그치지 않았다.

1844년 4월 조지아 주 침례교총회 실행위원회에서는 노예 소유주인 제임

---

106) Leonard, *Baptist Ways*, 165-6. 이 총회의 공식적인 명칭은 "해외선교를 위한 미국의 침례교단의 일반선교총회"(General Missionary Convention of the Baptist Denomination in the United States for Foreign Missions)였다. 이 총회는 당시 교통과 통신 수단이 불편하여 3년에 한 번씩 모였기 때문에 약칭으로는 "3년차 총회"(Triennial Convention)라고도 불렸으며, 간단히 "일반총회"(General Convention)이라고도 불렸다.
107) Ibid.
108) Robert A. Baker, *The Southern Baptist Convention and its People 1607-1972* (Nashville: Broadman Press, 1974), 148-54 ; McBeth, *The Baptist Heritage*, 381.

스 리브(James E. Reeve)를 조지아 주 탈라포사 침례교 지방회(Tallapposa Baptist Association)의 선교사로 임명해 줄 것을 일반선교총회의 국내선교협회에 요청하였다. 그런데 국내선교협회 이사회는 이 요청에 대한 조치를 차일피일 미루다가 결국은 리브(Reeve)의 임명에 관하여 심의하기를 거절하였다. 결과적으로 리브(Reeve)는 국내 선교사로 임명을 받지 못하게 되었으며, 그를 추천했던 조지아 주 침례교인들은 당혹하지 않을 수 없었다.[109]

또 다른 위기는 알라바마 주에서 발생하였다. 알라바마 주 총회는 1844년 11월 25일에 해외선교와 관련하여 일반선교총회에 몇 가지 가정적인 질문을 하기로 결의하였다.[110] 만약 이러한 질문에 대해 만족스러운 답변을 듣지 못하게 된다면 총회로 보낼 그들의 해외선교 헌금을 유보시키겠다고 결정하였다. 6가지 질문들 가운데 가장 핵심적인 두 번째 질문의 요지는, "노예를 소유하고 있는 성도도 노예를 소유하고 있지 않은 성도와 똑같은 자격으로 해외 선교사로서 파송 받을 수 있는가" 하는 것이었다. 1844년 12월 17일에 일반선교총회 이사회는 알라바마 주의 결의에 대한 회신을 보내 왔는데, "노예를 소유하고 또 노예를 자신의 사유재산으로 보유할 것을 고집하면서 선교사가 되기를 지원하는 사람이 있다면, 우리는 결단코 그를 선교사로 임명하지 않을 것입니다"라고 매우 단호한 입장을 천명하였다.[111]

남부지역의 침례교인들은 지도력을 장악하고 있던 북부의 침례교 지도자들이 견지하겠다던 중립의 원칙을 스스로 깨뜨린 것으로 받아들였다. 일반선교총회의 지도부가 그와 같은 단호한 입장을 취하고 있는 한, 노예를 소유하고 있거나 노예제도를 옹호하고 있던 남부지역의 침례교인들로서는 그들이 가야 할 길이 분명해졌다. 그것은 그들 독자(獨自)의 길이었다.

---

109) McBeth, *The Baptist Heritage*, 386-7. 이 사건을 "조지아 주의 시험"(Georgia Test Case)이라고 부른다.
110) Ibid., 이 사건을 "알라바마 주의 결의"(Alabama Resolution)라고 부른다.
111) McBeth, *The Baptist Heritage*, 387-8. H. Leon McBeth, ed., *A Sourcebook for Baptist Heritage* (Nashville : Broadman Press, 1990), 259.

## 2) 윌리엄 존슨과 남침례교총회의 태동

남침례교총회(Southern Baptist Convention) 탄생의 산파역을 맡았던 사람은 윌리엄 존슨(William B. Johnson, 1782-1862)이었다. 그는 1825년에 43세의 나이로 사우스캐롤라이나 주 총회 총회장으로 선출되었고, 1841년에는 볼티모어(Baltimore)에서 개최된 일반선교총회의 연차총회에서 총회장으로 선출되었다.[112] 그러나 그의 재임 기간이었던 1841-44년은 노예문제로 인해 남과 북의 침례교 지도자들 간에 갈등이 크게 심화되고 있던 때였다.

1844년 필라델피아에서 연차총회로 모였을 때, 노예문제는 총회 참석자들을 이미 내부적으로 나누어 놓고 있었다. 존슨은 총회 분열의 불행을 막고자 각고의 노력을 기울였지만 사태는 이미 구제불능이라고 느꼈다. 존슨은 건강상의 이유로 총회장 재선 출마를 사양하였다. 또한 조지아 주 침례교인들과 알라바마 주 총회가 제기했던 문제에 대한 국내선교협회와 일반선교총회 지도부의 대응 처사는, 남부지역 침례교도들과 지도자들의 자존심에 큰 상처를 안겨 주었다. 버지니아 침례교선교협회(Virginia Baptist Missionary Society)는 남부의 침례교회들이 더 이상 북부 침례교 지도자들로부터 수모와 차별 대우를 받으며 하나님의 일을 할 것이 아니라, 서로 한 마음으로 협력할 수 있는 교회들끼리 독립된 총회를 구성할 것을 결의하였다.[113]

버지니아 침례교선교협회가 제안했던 대로 1845년 5월 8일, 새로운 총회의 발기모임을 위해 남부지역의 침례교 지도자들과 목회자들 그리고 평신도들이 조지아 주 어거스타(Augusta, GA)에 모여들었다. 293명의 사신들이 참석을 하였다. 존슨이 발기총회의 사회자로 선출되어 회무를 인도하였다. 발기총회는 새로운 총회의 헌장 전문(前文)과 헌장 내용을 작성하도록 위임하기 위해 16명의 헌장기초소위원회를 선출하였는데, 존슨은 이미 새로운 총회의 조직과 헌장의 초안을 자신의 품에 안고 총회에 참석을 하였다. 헌장기

---

112) Hortense Woodson, *Giant in the Land: A Biography of William Bullein Johnson* (Nashville: Broadman Press, 1950), 109.
113) Ibid., 263-4.

초소위원회에서는 존슨이 이미 작성해 온 초안을 검토하며 토의하였고 약간의 수정과 보완을 거친 후 새 헌장을 작성하였다.[114] 존슨이 준비해 온 헌장안이 남침례교총회 헌장의 기본 골격이 된 셈이다.

지역 교회들의 독립성(independence)과 자치권(autonomy)을 침해하지 않고도 어떻게 효과적이고 능률적인 연합조직을 가질 것인가 하는 것은 오랫동안 침례교 지도자들이 고민해 온 문제였다. 남부지역 침례교인들의 정서를 잘 이해하고 있던 윌리엄 존슨은 새로운 침례교총회를 총회 체제(Convention System)를 근간으로 하여 구성하였다. 모든 지역 교회들이 한 총회 산하에 회원교회들로서 상호 협력함으로써 목회 및 선교사역에 능률성을 높이도록 하였다.

발기 총회의 제3일째 날인 5월 10일 토요일 오전에 헌장기초소위원회가 제출한 전문(Preamble)과 13개조의 헌장(Constitution)이 총회에서 통과됨으로써 남침례교총회는 정식 출범을 하였다.[115] 새 총회의 명칭은 남침례교총회(Southern Baptist Convention)로 확정되었다(헌장 제1조). 남침례교의 목적은 교단에 속한 모든 지역침례교회들의 에너지를 "유도해내고 연합시키고 인도하기 위하여"(to elicit, combine, and direct the energies of the whole denomination)라고 규정하였다.[116] 미국 남침례교총회의 태동은 침례교 역사에서 신기원을 이루었다.

## 3. 남침례교총회의 발달

### 1) 남침례교의 전개

남북전쟁(Civil War, 1861-1865) 이후 남부지방에서는 전쟁의 패배로 인한

---

114) James M. Morton, Jr., "Leadership of W. B. Johnson in the Formation of the Southern Baptist Convention," *Baptist History and Heritage*, vol. v, no. 1 (January 1970): 10.
115) 1845년 남침례교총회가 결성되었을 때 새 총회 산하에는 4,126개의 침례교회와 351,951명의 침례교인들이 있었다. 그리고 그 해에 23,222명이 침례를 받았다. McBeth, *The Baptist Heritage*, 391.
116) Baker, *A Baptist Source Book*, 116-8.

좌절감과 그 후유증이 심각하였다. 노예제도는 남부지방 사람들의 자발적인 의사에 따른 것이 아니라 강제적인 방법으로 해체되었기 때문에, 그로 인한 사회적 혼란은 북부지방에 비해 훨씬 심각하였다. 해방된 흑인 노예들 역시 거저 얻게 된 자유와 해방을 책임적으로 누릴 수 있는 준비가 되어 있지 않았다. 흑백 간에 빈부의 격차는 더욱 심화되었고, 해방된 흑인들은 소작농으로 전락하여 예전에 비해 더욱 처참한 경제적 곤란에 허덕이게 되었다.[117] 이러한 상황 속에서 남부지역의 침례교회들은 복음적인 신앙으로 무장을 하게 되었고, 부흥회식의 전도방법을 통해 개인 영혼의 구원사역에 박차를 가해 교회들의 양적인 성장을 위해 헌신하였다.

1850년대부터 남부지방에서 일기 시작했던 "지계석주의"(Landmarkism)는 미국 남침례교 역사에서 가장 격렬했던 교리적인 논쟁들 중의 하나였고 남침례교 교회론 형성에 지대한 영향을 끼쳤던 사건이었다. 그것은 "19세기 남침례교인들의 가장 심각한 내부적인 위기"[118]였다. 그것은 침례교 고교회주의(Baptist High Churchism)를 대내외적으로 각인시키려 했던 운동이었으나,[119] 결국은 남침례교 교회들과 총회로부터 거부를 받아 결국은 교단을 장악하는 데는 실패한 운동이었다.

지계석주의 운동의 "삼총사"(the great triumvirate)라고 불리는 인물들은 그레이브스, 펜들턴 그리고 데이턴이다. 그레이브스(J. R. Graves, 1820-1893)가 이 운동의 대표적인 창시자요 신학적인 진술자라고 말할 수 있다. 지계석주의 교회론을 요약하면 다음과 같다: 1) 교회는 신적인 기원을 가진다(Divine Origin of the Church), 2) 우주적 교회 개념을 배제하고 지역 교회만의 교회개념을 주장한다(Church as a Local Institution only), 3) 가시적인 교회와

---

117) McBeth, *The Baptist Heritage*, 392.
118) Robert A. Baker, *The Southern Baptist Convention and Its People*: 1607-1972, 208.
119) James E. Tull, *Shapers of Baptist Thought*, 129. Tull은 침례교 사상을 형성시킨 인물들 가운데 한 사람으로 그레이브스(J. R. Graves)를 다루면서 그를 "침례교 고교회주의의 챔피온"(Champion of Baptist High Churchism)이라고 소개하고 있다.

하나님의 왕국은 동일 연속선상에 있다(The Visible Church and the Kingdom of God are coterminous), 4) 타 교단 목회자들과의 강단교류를 하지 않는다 (No Pulpit Affiliation), 5) 침례교회 이외에서 받은 침례는 이방인 침례(Alien Baptism)로서 인정할 수 없다, 6) 주의 만찬은 오직 교회 회원들만 받을 수 있다(극단적인 폐쇄만찬, Extreme Closed Communion).[120]

지계석주의는 19세기 여러 교단들이 성장과 발전을 위해 상호 치열한 경쟁을 벌이고 있을 때, 침례교인들에게 침례교의 역사적인 정체성과 교단적인 충성심을 불러일으키는데 긍정적인 기여를 했다는 점도 간과할 수는 없다. 그것은 "침례교인들의 혈관 속에 철분을 주사했다."[121] 그러나 전혀 역사적인 증거에 근거하지 않은 "침례교회 전승설"에 대한 그들의 확신은 역사에 대한 맹목적인 태도를 갖게 하였고, 따라서 침례교회에 대한 배타적이고 외골수적인 자기 사랑에 빠지게 하는 부정적인 결과를 낳았다.

### 2) 신앙고백의 채택과 협동 프로그램의 도입(1925)

20세기에 들어와서 남침례교회는 폭발적으로 부흥하여 프로테스탄트 최대의 교단이 되었는데, 그것은 1925년 테네시 주 멤피스(Memphis)에서 개최된 연차총회에서 채택한 두 가지 중요한 결정 때문이라고 필자는 생각한다. 첫째는, 당시 침례교인들의 신앙을 요약 정리한 남침례교 최초의 신앙고백의 채택이었다.[122] 그것은 "침례교인의 신앙과 메시지"(Baptist Faith and Message)라는 이름으로 발표되었다. 이 신앙고백의 채택은 발전과 확장을 위해 큰 기지개를 켜고 있던 남침례교인들에게 신앙적 신학적 연대감을 갖도록 하였고, 더 나아가서는 그들로 하여금 침례교가 영혼을 사랑하는 복음적인 기독교임을 확신케 하여 교단적인 자긍심을 갖도록 하였다. 남침례교인들은 1963년도에 기존의 신앙고백을 수정하였고, 1979년부터 시작된 근본

---

120) McBeth, *The Baptist Heritage*, 450-3.
121) Ibid.
122) Timothy George, "The Southern Baptist Cooperative Program: Heritage and Challenge," *Baptist History and Heritage*, vol. xx, no. 2 (April 1985): 4.

주의적 보수주의 운동에 입각한 새로운 신앙고백을 2000년도에 수정 채택하였다.[123]

둘째는, 협동 프로그램(Cooperative Program)의 도입이었다.[124] 이것은 하나의 지역 교회가 감당할 수 없는 총회 차원의 대규모 국내외 선교, 신학교육, 구제 등의 사역을 모든 남침례교회들이 예산의 약 10% 정도씩을 자발적으로(voluntarily) 헌금함으로써 협동하는 선교 프로그램을 말한다. 1979년도 남침례교 연차보고서에 의하면 협동 프로그램이 다음과 같이 간략하게 정의되어 있다: "협동 프로그램이란 주 총회들과 남침례교 전국총회 간의 재정적인 협동 채널이다. 이 프로그램을 통해 모든 침례교인들은 주 총회와 전국총회가 펼치는 선교사업, 교육사업, 그리고 각종 자선사업 등을 지원하기 위해 그들이 소속한 지역 교회를 통해서 비작정 헌금(undesignated gifts)을 드린다."[125]

지역 교회들이 각 교회의 연간 예산 안에 자발적으로 협동 프로그램을 위한 예산을 미리 책정하고 책정된 예산을 주 총회로 헌금하면, 주 총회에서는 주 총회의 사업을 위한 금액을 공제한 후 전국총회로 보낸다. 그리고 전국총회에서는 그 직속기관인 "실행위원회"(Executive Committee)에서 각 기관에 대한 자금 배분을 하여 예산안을 작성한다. 그리고 이듬 해 연차총회에서 그 예산을 승인받는다. 참고로 1926년에 협동 프로그램을 채택했던 첫 해의 통계에 의하면, 전국에 산재해 있는 남침례교회들에서 평균적으로 헌금 수입의 약 10.86%를 협동 프로그램을 위해 헌금하였고, 1927년 이듬해에는 11.02%로 그 비율이 상승하였다.[126] 또한 초창기에는 주 총회와 전국총회가

---

123) 미국 남침례교 신앙고백과 관련해서는 필자의 다음 논문들을 참조할 수 있다. "제7장 미국의 대표적인 침례교 신앙고백들," 「침례교회와 역사」, 209-50; "남침례교 신앙고백 '침례교인의 신앙과 메시지'(2000년): 1963년판으로부터의 수정 및 첨가내용과 그 신학적 의미," 「복음과 실천」 49집 (2012년 봄): 155-80.
124) George, "The Southern Baptist Cooperative Program: Heritage and Challenge," 4.
125) Daniel Vestal and Robert A. Baker, *Pulling Together: A Practical Guide to the Cooperative Program* (Nashville: Broadman Press, 1987), 55.
126) Ibid., 11.

거의 50:50의 비율로 협동 프로그램의 기금을 배분하여 사용하였다. 이러한 비율들을 살펴볼 때 협동 프로그램을 발족시켰던 침례교 지도자들과 교회들이 새로운 총회운영의 방식에 대하여 얼마나 뜨거운 열정을 가졌었는지 엿볼 수 있다.

### 3) 남침례교총회의 주요기관들

1845년에 남침례교총회가 태동할 때에는 해외선교부(Foreign Mission Board)와 국내선교부(Home Mission Board) 두 개의 부로 시작되었고, 1891년에 침례교 주일학교부(Baptist Sunday School Board), 1917년에 실행위원회(Executive Committee), 그리고 1918년에 연금부(Annuity Board)가 증설되었다. 또한 부(Board)보다는 규모가 작은 부서로 7개의 국(Commission)들이 있었다. 남침례교총회에서는 1993년에 "프로그램과 조직연구위원회"(Program and Structure Study Committee)를 구성하여 방만한 조직으로 말미암은 낭비와 비효율이 없는지를 검토하도록 하였고, 보다 능률적인 체제로 21세기를 맞이할 수 있도록 2000년에 범 교단적인 구조조정을 하였다. 7개의 국들(Commissions) 중에 1개만을 남기고 6개의 국들을 4개의 부로 편입시켰다. 현재 남침례교총회 산하의 주요기관들은 다음과 같다.

"총회 실행위원회"(Executive Committee of SBC, 1917)는 전국총회가 개최되는 기간 이외에도 총회 업무의 계속성을 유지하는 상설기관이다. 사무실은 내슈빌(Nashville)에 소재한 남침례교총회 건물 안에 두었다. 총회장과 각 주 총회를 대표하는 2인 그리고 총회 기관장들과 총회장이 연차적으로 임명하는 위원들로 구성되며, 총회의 주요정책 결정, 장단기 계획 수립, 협동선교헌금의 관리와 배정, 총회 산하 주요기관의 책임자 선정, 연차총회의 성공적인 수행을 위한 준비 등 총회적인 차원의 주요 안건들을 심의하고 결정한다. "총회 실행위원회"는 마치 남침례교인들의 의회와 같은 역할을 한다고 볼 수 있으며, 인체의 기관들과 비유하면 남침례교단의 심장과도 같은 역할을 하고 있다.

"국제선교부"(International Mission Board, 1845)는 남침례교의 해외선교를 담당하는 부서이다. 전 세계에 흩어져 있는 선교현장과 동족 그룹(People Groups)에 많은 비중을 두고 선교사들을 훈련시키고 파송하고 관리하는 역할을 감당하며, 선교 현장의 목소리를 듣고 선교정책을 수립 집행한다. 본부는 버지니아 주 리치몬드(Richmond, VA)에 있다.

"북미선교부"(North American Mission Board, 1845)는 국내선교를 담당하는 부서이다. 그 동안 캐나다 지역을 해외선교부에서 관장해 왔는데, 지리적으로 가까이 인접해 있을뿐 아니라 언어나 습관 그리고 생활방식 등 여러 가지 면에서 유사한 캐나다 지역의 선교를 북미선교부에서 관장하게 되었다. 본부는 조지아 주 애틀란타 북쪽에 있는 알파레타(Alpharetta, GA) 시에 있다.

침례교 주일학교부(Baptist Sunday School Board, 1889)는 2000년부터 "생명길 크리스천 자원부"(Lifeway Christian Resources)라는 이름으로 새 출발을 하였다. 지역 교회들의 성경교육을 위해 출판, 훈련, 교사양육 등의 사역을 담당한다. 기존의 6개 주요 사역, 즉 성경교육, 제자훈련, 교회음악, 교회행정, 교회미디어와 도서관, 그리고 교회오락 등의 사역이 상호협력 하에 이루어져, 지역 교회들의 목회사역을 비옥하게 하는데 목적이 있다. 본부는 테네시 주 내슈빌(Nashville, TN)에 있다.

연금부(Annuity Board, 1918)는 2005년도에 "가이드스톤 재정자원부"(Guidestone Financial Resources)로 명칭이 바뀌었는데, 남침례교 목회자들과 사역자들의 보험, 은퇴 후 연금, 그리고 목회자들과 그 가족들의 재난구조 등의 업무를 관장한다. 본부는 텍사스 주 댈러스(Dallas, TX)에 있다.

"윤리 및 종교자유국"(Ethics and Religious Liberty Commission)은 기존의 "크리스천 생활국"(Christian Life Commission)을 개칭한 것인데, 기독교 진리를 실제의 도덕적인 삶에 적용시키고 침례교의 오랜 전통 중의 하나인 종교의 자유를 촉진시켜 나가는 것을 주요 임무로 삼고 있다. 본 기관의 사역은 세상을 향하여 성서적인 가치관이 무엇인지를 일깨우며, 정치, 경제, 행정,

교육, 가정, 여성 등 사회 각 부문의 부조리와 불합리성을 비판하고 교정하는 것이다. 본부는 내슈빌 총회 본부 건물에 있다.

남침례교총회 산하에 6개의 침례신학원들(Baptist Theological Seminaries)이 있다. 서던(Southern), 사우스웨스턴(Southwestern), 뉴올리언스(New Orleans), 골든게이트(Golden Gate), 사우스이스턴(Southeastern), 그리고 미드웨스턴(Mid Western) 침례신학원이 그것이다. 남침례교총회가 후원하는 이들 6개의 신학원들은 최양질의 신학 교육을 통해 지역 교회들과 총회 산하의 기관들이 요구하는 신실한 하나님의 종들을 배출하는데 최선을 다하고 있다. 협동 프로그램(Cooperative Program)을 통해 모금된 기금이 각 침례신학원의 경상비와 장학금으로 배정되기 때문에, 남침례교 신학원들에서는 학생들이 다른 사립 신학원들보다 훨씬 적은 금액(약 1/3)으로 등록할 수 있다.

"전국여선교회연합회"(Women's Missionary Union)는 종전과 마찬가지로 남침례교총회 산하의 직속기관이 아니고 보조협력기관(Auxiliary to the SBC)으로서 존재하며, 국제선교부와 북미선교부의 선교활동을 적극 지원하고, 지역 교회들에서 협동 프로그램(Cooperative Program)의 원활한 수행을 위한 모금활동에 앞장서며, 지역 교회의 선교교육과 선교활동을 다양한 방법으로 돕는다. 본부는 앨라배마 주 버밍햄(Birmingham, AL)에 있다.

남침례교총회(Southern Baptist Convention)는 2007년 현재, 약 1,600만여 명의 침례교인들이 있고 4,2000여 개의 지역 교회들이 있으며, 1,221개의 지방회와 41개의 주 총회가 있다. 약 5,000여 명의 해외선교사들이 전 세계 153개국에서 활발하게 선교활동을 감당하고 있으며, 국내선교를 위해서도 약 5,000여 명의 선교사들이 교회개척, 구제사업, 대도시 빈민선교, 인디언선교 등의 사역을 감당하고 있다.[127] 남침례교총회의 인터넷 홈페이지는 www.sbc.net이다.

---

127) "Southern Baptist Convention," [온라인 자료] http://www.sbc.net/aboutus/default.asp, 2007년 3월 22일 접속.

# VI. 한국침례교회 약사[128]

## 1. 말콤 펜윅 선교사와 엘라 씽 기념선교회
### 1) 말콤 펜윅 선교사

오늘날 "기독교한국침례회"라는 교단 명칭을 가지고 있는 한국의 침례교회는 그 역사를 말콤 펜윅(Malcolm C. Fenwick, 1863-1935) 선교사가 이 땅에 들어 왔던 1889년으로까지 소급하고 있다. 그가 처음 이 땅을 밟았을 때는 어떤 교단이나 선교단체의 파송을 받아 들어온 것이 아니었다. 혈혈단신 26세의 총각의 몸으로 망해가고 있던 조선의 잃어버려진 영혼들을 예수 그리스도의 복음으로 구원하기 위하여 들어온 것이다. 그의 신앙 여정에서 결정적으로 중요한 역할을 했던 사람은 스코틀랜드 목사 도날드 맥킨토시(Donald McIntosh)였는데, 그는 장로교회 즉 개혁교회(Reformed Church)의 신앙을 가졌던 목사였을 가능성이 많다.

펜윅은 당시 미국에서 활발하게 진행되었던 "나이아가라 성경사경회"에 참석을 하면서 많은 은혜를 받았는데, 1889년 7월 17일-24일에 열렸던 집회에서 한국선교의 비전을 확인한 후, 일본을 경유하여 12월 8일에 한국에 도착하였다. 펜윅은 그 당시 "나이아가라 성경사경회"에서 여러 유명 강사들이 강조해서 가르치던 세대주의적 전천년설(Dispensational Premillenialism)의 종말론 사상에 물들어 있었고, 예수 그리스도의 임박한 육체적인 재림을 믿는 근본주의적 신앙(Fundamentalistic Faith)을 가지고 있었다. 따라서 그에게는 세상의 종말이 가까웠으니 서둘러 복음을 증거하여 버려진 영혼들(lost souls)을 구원하는 일이 급선무라고 생각하였다. 그에게는 교단이나 교파나 특정인의 신학이 중요한 것이 아니었다.

펜윅의 한국선교 사역에서 매우 중요한 전기가 되었던 사건은 그가 약 3

---

128) "VI. 한국 침례교회 약사" 부분은 필자의 저서 「영·미·한 침례교회사」(대전: 침례신학대학교출판부, 2016) 제4부 한국 침례교회사의 내용을 요약하고 보완한 것이며, VI 부분에서는 각주를 생략하였음을 밝힌다.

년 동안(1893-1896, 봄) 한국을 떠나 캐나다와 미국을 방문한 것이었다. 이 기간에 그는 보스톤에 있는 클래런던 가(Clarendon Street) 침례교회의 담임목사 아도니람 저드슨 고든(Adoniram Judson Gordon, 1836-1895) 목사를 만났는데, 침례교 목사와 침례교회를 처음으로 접하게 되었다. 그는 그 교회에서 자체적으로 운영하는 보스톤선교사훈련학교(Boston Missionary Training School)에 입학하여 훈련을 받았다. 이 일은 펜윅이 침례교회와 침례교 신학과 신앙을 접할 수 있었던 절호의 기회가 되었다. 1894년에 펜윅은 앞으로의 한국 선교사역을 위해서 캐나다에서 "한국순회선교회"(CIM, Corea Itinerant Mission)라는 독립선교회를 조직하였다.

펜윅에게 있어서 3년간에 걸친 캐나다와 미국 방문은 앞으로의 한국 선교 사역에서 매우 중요한 전환점이 되었다. 무엇보다도 고든 목사와의 만남과 클랜런던 가 침례교회에의 출석을 통해서 침례교회를 처음으로 경험하게 되었고, 보스톤선교사훈련학교에서의 재학과 훈련을 통해서 어렴풋이나마 침례교 선교사로서의 정체성을 가지게 되었을 것이다. 그러나 그는 생존 기간 동안 공식적인 명칭으로 "침례교회"라는 이름을 사용한 적은 없었는데, 주위의 타 선교사들이 "유아들을 제외하고 신앙을 고백하는 신자들에게만 뱁티즘"(Believer's Baptism)을 베풀고, 또한 침수례 방식으로 뱁티즘(Immersion Baptism)을 베푸는 모습을 보고 그를 "뱁티스트"(Baptist)로 여기곤 했다고 한다. 그는 1896년 봄에 침례교 신앙에 대한 어느 정도의 이해를 가지고 자신의 선교현장인 한국으로 돌아왔다.

### 2) 엘라 씽 기념선교회

한국의 침례교회 역사에서 결코 간과할 수 없는 내용들 가운데 하나는 엘라 씽 기념선교회(Ella Thing Memorial Mission)와 그 활동이다. 왜냐하면 한국 최초의 침례교회들이 이 선교회에서 파송한 미국 선교사들에 의해 개척되었기 때문이다. 펜윅 선교사가 창립한 교단인 "대한기독교회"(Church Of Christ in Corea)도 이 교회들에 근거하여 이루어졌기 때문이다. 비록 약 6년에 걸친 짧은 선교 및 교회개척 사역이었지만 엘라 씽 기념선교회 선교사들이 개척했던 세 교회들이 올해로 120주년을 맞는 가장 오래된 교회들(강경침례교회, 칠산침례교회, 꿈의 교회-옛 이름은 공주침례교회)이다.

엘라 씽 기념선교회는 펜윅 선교사가 1893-1896년에 캐나다와 미국을 방문했던 기간 동안 예배에 참석했었고 선교사로 훈련받았던 클래런던 가 침례교회에서 발족하였다. 그 교회는 매우 선교지향적인 교회였다. 그 교회에 사무엘 씽(Samuel. B. Thing, 1833-1900) 안수집사가 있었는데, 그 교회에서 헌신적인 크리스천이었고 사회에서도 꽤 성공을 이룬 사업가였다. 씽 집사는 일찍 세상을 떠난 사랑하는 외동딸 엘라 씽(Ella Thing)의 유언을 받아들여 담임목사와 상의한 후에 엘라 씽 기념선교회를 만들었다. 아마도 그는 당시 한반도 땅에서 개신교 선교가 시작되고 있다는 소식을 듣게 되어서 선교기금을 한국 사람들의 영혼을 구원하는 일에 집중적으로 사용하기로 계획하였던 것 같다.

그래서 1895년에 엘라 씽 기념선교회로부터 최초로 파송되었던 선교사는 그 전해에 펜윅과 함께 안수를 받았던 에드워드 폴링 목사와 그의 부인(Rev. and Mrs. Edward C. Pauling)이었고 아만다 가들라인 자매(Miss Amanda Gardeline)가 동행하였다. 그리고 이듬해인 1896년 4월에 프레더릭 스테드만(Mr. Frederick W. Steadman), 세이드 애클즈(Sade Ackles) 자매와 아르마 엘머(Arma Ellmer) 자매가 추가로 파송되었다. 스테드만 선교사는 독신으로 한국에 들어왔다가 1897년 9월 29일에 서울에서 아그네스 브라이든(Agnes Taylor Bryden) 자매와 결혼하였다.

이들은 처음에는 서울의 서북 지역에 자리를 잡고 전도용 소책자들을 나누어 주는 등 노방전도와 개인전도를 하였다. 첫 번째 구령의 열매로 서울에서 침례를 받은 이는 지병석이라는 사람이었는데, 그는 인천 태생으로 서울에서 포목상을 하고 있었고 서울과 충청도 강경을 배편으로 오가며 장사를 하던 사람이었다. 지병석, 천성녀 부부는 폴링 선교사 부부와 가들라인 선교사와 함께 강경 옥녀봉 중턱에 있던 그들의 집에서 1896년 2월 9일에 첫 예배를 드림으로써 한국 최초의 침례교회인 강경침례교회를 세우는데 기틀이 되었다.

  당시 서울은 장로교와 감리교 선교사들이 본거지로 확보하고 있었기 때문에 엘라 씽 기념선교회 선교사들은 사역의 중심지를 충청도 지역으로 옮기게 되었다. 폴링 선교사 부부와 가들라인 자매는 강경 북옥동에서, 스테드만 선교사 부부와 애클즈와 엘머 선교사는 공주 반죽동에서 자리를 잡고 선교활동을 펼쳤다. 폴링 선교사 부부가 일신상의 사정으로 한국에서의 선교사역을 접고 미국으로 돌아가자, 스테드만 선교사 부부는 강경으로 사역지를 옮겨 칠산을 비롯한 금강 강변의 마을들을 두루 다니며 전도하여 구령의 결실들을 얻게 되었다.

  아도니람 고든 목사가 1895년에 세상을 떠나고 엘라 씽 기념선교회의 창설자인 사무엘 씽 안수집사마저 1900년에 눈을 감자, 선교회는 심각한 재정난을 겪게 되었다. 결국 마지막 남은 스테드만 선교사 부부도 1901년 4월에 한국을 떠나므로, 엘라 씽 기념선교회의 한국선교사역은 공식적으로 6년 만에 마감이 되었다. 비록 6명의 선교사들에 의해 6년이라는 짧은 기간에 이루어진 사역이긴 했지만, 그 열매는 결코 과소평가할 수 없다. 이들 선교사들은 미국 침례교회 출신이었고 한국 땅에 들어와 신앙고백을 분명하게 하는 신자들에게 신자의 침수례(Believer's Immersion Baptism)를 행했던 침례교 선교사들이었다. 이들이 사역했던 강경, 칠산, 공주 등지에는 오늘날까지 명맥을 유지하고 있는 오랜 역사의 침례교회들이 지역 사회의 등불로서 존재하고 있다.

## 2. 대한기독교회 시대(1906-1921)

### 1) 대한기독교회의 태동

  엘라 씽 기념선교회의 선교사들이 강경, 칠산, 공주 등지에 세워졌던 교회들이 2년 후에는 12개 교회가 되었고 1906년에 이르러서는 무려 31개로 증가되었다. 이러한 교세의 진보 뒤에는 펜윅 선교사가 신뢰할만한 제자로 여겼던 신명균의 역할이 컸다. 펜윅은 1905년부터 교단조직의 필요성을 느끼고 있었지만 모든 여건이 무르익을 때까지 기다리며 준비하였다. 그는 하나님께서 준비해 주시고 보내주신, 조직적 두뇌를 소유하고 있던 군관학교 출신의 신명균에게 교단조직이라는 큰일을 맡겼다.

1906년 10월 6일, 펜윅과 당시의 교회 사역자들과 신자들은 강경 교회당에서 첫 대화회(大和會)로 모여서 모두 14장 46조로 이루어진 "대한기독교회 교규"를 채택하면서, 외국의 선교기관이나 후원기관과 연계되지 않은 토착적인 새로운 교단, "대한기독교회"(Church of Christ in Corea)를 창립하였다. 초대 감목으로 펜윅이 추대되었고, 교단본부를 원산에 두고 원산총부라 칭하기로 하였다. 펜윅은 신명균에게 첫 목사안수를 하였고, 입포의 홍봉춘, 칠산의 장기영을 감로로, 장석천(장기영의 아들)을 교사로 임명하였다.

### 2) "대한기독교회 교규"의 주요내용

"대한기독교회 교규" 제1장 총칙 제1조는 대한기독교회가 지향하는 목적을 규정하고 있는데, 예수 그리스도의 십자가 속죄, 성령으로 말미암는 거듭남, 부활의 역사적 사실에 대한 믿음과 이미 죽은 성도들의 부활에 대한 믿음, 예수님의 재림과 심판 등의 교리를 강조하고 있으며, 구원받은 성도들이 성지(聖志) 즉 하나님의 거룩하신 뜻에 따라 순종하는 생활을 할 것을 강조하고 있다. 펜윅이 "나이아가라 성경사경회"에서 강사들이 가르친 근본주의적 신앙과 세대주의적 종말론 사상이 많이 포함되어 있고 임박한 그리스도의 육체적 재림 신앙이 강조되어 있다.

제2장 교역 및 그 직무, 제2조부터 제11조까지는 교회의 공적인 직분자들과 그들의 임무를 규정하고 있다. 교단의 공적인 직분자들은 감목, 목사, 감로, 당원이 있는데, 감로 산하에 교사, 총찰, 전도, 예비전도가 있고, 당원 산하에 통장, 총장, 반장이 있었다. 대한기독교회의 창립(1906)으로부터 강제해체(1944)까지 감목을 역임했던 지도자들과 재임 기간은 다음과 같다: 말콤 펜윅(1906-1914), 이종덕(1914-1924), 전치규(1924-1934), 김영관(1934-

1939), 이종근(1939-1944).

제5장 침례법, 제21조와 제22조에서는 유아 세례(infant baptism)를 배제하고 신앙고백을 분명하게 하는 신자에게만 침례(believer's baptism)를 베풀어야 한다고 강조하고 있다. "제21조, 침례는 중생의 경험을 받은 자에게 행한다." "제22조, 침례 지원자는 성령의 계시에 따라 성령을 체험한 자에게 행한다." "성령을 체험한 자"란 진정으로 회개하고 예수 그리스도를 나의 구주요 주님으로 영접한 자, 다시 말하면 마음속에 내적인 변화를 경험한 자, 영적인 출생을 경험한 자, 성령침례를 받은 자를 의미하는 것으로 해석할 수 있다.

앞에서 여러 계층의 상하위계 교단 조직이나 다양한 직분자들을 보면 대한기독교회는 감독정치적인 행정을 하는 교회로, 그래서 침례교회의 민주적 회중주의 정치와는 많이 차이가 나는 교회로 보인다. 그러나 신자의 침례(Believer's Immersion Baptism)를 행하고 그렇게 침례를 받은 신자들(Baptized Believers)로 교회를 이루는 모습을 보면 오늘날의 침례교회와 매우 유사한 면이 있음도 부정할 수 없다. 또한 대한기독교회는 첫 대화회 때부터 만주와 시베리아를 선교의 대상지역으로 간주하였음을 볼 때, 전도와 선교를 강조한 초대교회적인 복음전도적 교단이었다고 볼 수 있다.

### 3) 원산역 "신약젼셔", "복음찬미", "만민됴훈긔별"의 발간

펜윅 선교사는 1891년에 「요한복음전」을 인쇄하여 출판하였다. 1893년에는 「요한복음전」을 수정하여 원산에서 「약한의 긔록한대로 복음」이라는 제목으로 출간하였다. 1899년에는 빌립보서를 번역하여 요한복음과 빌립보서를 합본으로 발간하였다. 1913년에 펜윅은 일본의 요코하마 인쇄소에서 「요한」, 「빌립비 가라셔」, 「가랍태, 이불소」 등 신약성서의 단편 서신들을 번역 발간하였다.

펜윅은 1907년에 경북 울진에서 사역하고 있던 전치규를 원산총부로 불러서 자신의 성서번역 작업의 조력자로 삼았다. 펜윅은 전치규, 안대벽, 장데

부라의 도움을 받으며 독자적인 신약성서의 번역에 박차를 가하였다. 허담 교사도 가세하여 펜윅은 1915년 10월에 마침내 신약전서 27권을 완역하였다. 출판 경비가 마련되지 못하여 출판을 연기하다가, 1919년 10월 18일에 일본의 요코하마 인쇄소에서 「신약젼셔」라는 제목으로 발간하였다. 이것이 바로 원산역 성경이다.

1919년에 출판된 원산역 「신약젼셔」는 가능한대로 한글을 사용하고자 노력을 하였다. 펜윅은 서문에서 조선 사람들이 많이 이용하는 말을 사용했다고 언급하고 있다. 그래서 언어가 서민적이고 친근감을 준다. 그리고 중요한 어휘는 헬라어 원문을 음역하였고, 밥티스마를 "침례"로 표기하였다. 허긴 박사는 원산역 「신약젼셔」는 "펜윅의 근본주의 신앙에 바탕을 둔 그의 축자영감 사상과 성서 원어에 철저한 성서관 그리고 철저한 토착선교 정신을 생생하게 보여주고 있다"고 평가하고 있다.

또한 펜윅은 한국 사람들이 한국말로 찬송하기를 원했고 그렇게 할 수 있도록 찬송가집을 만들기 위해서도 노력하였다. 그는 1899년에 14곡으로 된 「복음찬미」를 처음으로 발간했는데, 손수 작사를 하였고 어떤 것은 손수 작곡까지 하였다고 한다. 「복음찬미」는 계속 증보 발간되었는데, 1900년에 20곡으로 제2판이, 1912년에는 모두 25곡으로 제3판이 발간되었다. 1913년에 발간된 제4판은 현존하는 것이 없고, 1921년에는 75곡으로 제5판이, 1925년에는 252곡으로 제6판이 증보 발간되었다. 1935년에는 256곡으로 증보 수록되어 제7판이 발간되었다. 「복음찬미」는 「신약젼셔」와 함께 대한기독교회 성도들의 신앙을 진작시켜 주는 훌륭한 하나님의 도구였다.

〈만민됴흔긔별〉은 5-6쪽의 얇은 전도용 소책자인데 1913년에 초판이 발간되었고, 1924년부터는 만주와 몽골 지역에 사는 중국인들을 전도하기 위해 "만민적 호신식"(萬民的 好信息)이라는 표제로도 발행되었다. 이 소책자의 서문에서 펜윅은 "이 글은 사람 글이 아니라 지극히 높으신 하나님의 묵시로 하신 말씀이라"고 적고 있으며, 불신자들에게 전도하기 위해 구원의 도리를 간략하게 요약해 주고 있다. "만민됴흔긔별"은 당시의 화폐로 2전(錢)의 헌찰을 받고 팔았다고 한다. 무료로 배포하면 하나님의 말씀의 가치가 폄하될까 염려하였기 때문이었다. 대한기독교회의 권서순회전도자들은 한 달에 5원 분량의 "만민됴흔긔별" 250권과 성경책들을 등에 짊어지고 한국의 오지인 "빈들과 산골"을 찾아다니며 주민들에게 복음을 증거하였다. 이 전도용 소책자가 1925년도에 제6판이 발행되었고, 1935년 2월 20일에는 제7판이 발간되었다.

### 3. 동아기독교회 시대(1921-1933)

#### 1) 교단명칭의 변경

1920년대에 들어오면서 일제는 교단 이름을 가지고 트집을 잡았다. "대한"이라는 용어가 은연중에 한국인들에게는 민족의식을 심어주는 말이라는 것이었다. 펜윅을 비롯하여 한국인 지도자들도 그들의 선교 영역이 한반도에 머물지 않고 만주와 시베리아 지역까지 확장되어 있고, 복음으로 회심한 중국인들까지도 포함하는 교회를 이루고 있는 만큼, 굳이 "대한"이라는 망국의 단어를 고집할 필요는 없다고 생각하였다. 제15차 대화회 때부터 교단명칭 변경에 관한 논의가 있었지만, 결국 1921년 제16차 대화회에서 교단의 이름을 "대한기독교회"(Church of Christ in Corea)에서 "동아기독교회"(Church of Christ in East Asia)로 변경하기로 결의하였다.

#### 2) 최초의 순교자들

1918년은 대한기독교회에서 최초의 순교자가 생긴 해였다. 박노기 목사, 김희서 교사, 전영태 총찰, 최응선 감로 등 네 사람들이 러시아 수청과 연추 지역으로 파송되었다. 그런데 안타깝게도 1918년 10월 20일에 항해를 하던 중 그들이 탔던 선박이 보시엘 해 모커우 지점에 이르렀을 때 거센 풍랑을 만나 파선하여 네 사람이 모두 해상에서 목숨을 잃었다. 이들을 기다리며 환영 행사를 준비하고 있던 수청과 연추 지역의 교인들은 비보를 듣고 아연실색하였다. 최성업 전도는 교인들을 인솔하여 조난현지로 가서 4구의 시신을 인양하여 정성껏 장례를 치루었다. 네 명의 선교사들은 선교지에 당도하지도 못했고 선교사역을 실행하지도 못했지만, 이들의 순교로 인해 동러시아에서는 많은 영혼들이 주님께로 돌아오는 큰 부흥이 일었다고 한다. 박성래 감로에 의하면, "네 분의 선교사들이 살아서 전도했을지라도 이처럼 많은 교인들을 얻지는 못했을 것이다"라는 말이 교인들 사이에 전해졌다고 한다.

### 3) 달편지

〈달편지〉는 대한기독교회의 감목이 교단의 교회들과 사역자들에게 "매달 배포하는 편지"라는 의미에서 붙려진 이름이다. 그러나 한 달에 한번 배포하는 것이 원칙이긴 했지만 특별한 경우에는 두 번 이상 보낸 때도 없지 않았다. 이것은 일종의 월보(月報)로서 교단 내에서 이루어지고 있는 사역들을 알리고 동시에 교회들과 교인들이 활용할 수 있는 성경공부 자료들을 수록해 주고 있다.

"달편지"는 대한기독교회가 살아 온 가장 생생한 역사요 권위 있는 공문서요 귀중한 사료이다. 그것은 한국개신교의 초기역사에 있어서 대한기독교회만이 간직하였던 최초의 독특한 홍보용 월보였으며 성경공부 자료였고 은혜와 체험의 편지였다. 그러나 1944년 5월 10일에 동아기독교 교단이 신사참배를 거부한다는 이유로 강제 해체를 당하면서, 교단의 모든 문서들이 일경에 의해 압수되어 소각되었기 때문에 교단총부에서 보관하고 있던 전체 달편지들도 모두 사라지고 말았다. 현존하고 있는 것들은 "달편지"의 수령자들이 단편적으로 보관해 오고 있는 것들뿐이며, 그것도 남북분단과 한국전쟁의 와중에 잔존해 있던 달편지들도 많이 소실되었다. 따라서 그것이 안타깝게도 정확하게 언제부터 그리고 언제까지 발행되었는지도 분명하게 알 수 없다.

### 4) 또 다른 순교자들

1921년 어느 주일, 손상열 목사가 자성구역의 오수덕(烏首德)에 있는 오봉

산(五峰山) 교회에서 예배를 인도하고 있는데, 일단의 일경들이 그를 체포하여 어디론가 압송하였다. 행방불명이 된 그가 시신으로 발견된 것은 2년이 지난 후 어느 깊은 골짜기에서였다. 그가 지니고 있던 유품들과 함께 발견된 그의 시신은 일본 군인들로부터 총격을 받고 순교한 것으로 밝혀졌다. 한적한 골짜기에서 외롭게 쓸쓸히 최후를 맞이했던 것이다.

1925년 4월경에는 6인의 전도인들이 만주지역에서 순교하였다. 김상준 교사와 안성찬 전도는 북만주의 화전현에서 일본군의 밀정이라는 누명을 쓰고 동족인 독립군 빨치산에게 체포되어 온갖 고문을 당한 후 서거하였고, 이창희, 박문기, 김이주, 윤학영은 일제의 밀정들로 오해를 받아 공산당 빨치산에게 처형되었다. 그런데 우리의 마음을 아리게 하는 것은 이들의 시신들이 다른 유물들과 함께 털모자로 확인이 되었다고 하는데, 그 털모자는 그들이 원산총부를 떠날 때 펜윅 선교사의 부인이 손수 양털실로 정성껏 짜준 모자였다고 한다.

몽골 지역에서 사역하던 이현태 교사는 1939년의 어느 날 야만적인 토족의 습격을 받아 치명적인 상해를 입었는데, 병원으로 옮겨졌으나 출혈이 너무 심해 생사의 기로에서 회복되지 못하고 죽음을 맞았다. 종성동교회를 섬기던 김영진 목사와 김영국 감로 형제는 공산당 빨치산들의 만행으로 1928년 9월에 순교하였다.

### 5) 세속학교 공교육의 거부

근본주의적 세대주의 전천년설의 종말론 신앙을 가졌던 펜윅은 황국신민화와 진화론을 가르치는 일본식 세속학교 교육을 학생들에게 불신앙을 조장하는 교육으로 생각하였다. 그래서 1926년 경북 점촌에서 개최된 제21차 대화회에서 동아기독교회에 속한 사역자들의 자녀들에게 학교공교육 거부조치를 내리게 되었다. 학교공교육 거부조치는 동아기독교회에 속한 모든 교역자들과 교인들의 자녀들을 학교로부터 자퇴시키라는 것이었다. 일부의 부모들은 이러한 조치에 항의하며 교단을 떠나기도 하였지만, 대다수는 펜윅의 명을 거역할 수 없었고 신앙을 지킨다는 명분으로 눈물을 머금고 자녀들을 학교에 못 가게 하였다. 동아기독교회에 속한 자녀들이 학교공교육을 받지 못하도록 한 펜윅의 조치는 시대를 역행하는 것이었으며 미래세대를 위한 준비에 아무런 대처를 하지 못한 것이었다.

### 4. 동아기독대 시대(1933-1940)

#### 1) 교단 명칭의 변경

1933년에 원산에서 모인 제28차 대화회에서 교단 명칭을 "동아기독교회"에서 "동아기독대"(East Asia Christian Flock)로 변경하기로 결의하였다. 이번 명칭 변경은 다소 성급하게 이루어진 것 같은데, 펜윅 선교사의 개인 의사가 강하게 작용한 것으로 보인다. 펜윅은 1930년대에 들어와서 "교회"라는 말이 한반도에서 너무나 세속화되고 있다고 보았고 동아기독교회는 다른 교단들의 교회들과는 차별화되고 성별된 기관이 되어야 한다고 생각했다. 성경이 말하는 에클레시아(ecclesia)는 "하나님의 성별된 양의 무리"(separated flock of God's sheep)로서, 목자 되신 예수 그리스도만을 따르는 양들(양떼, 양무리)이라는 의미로 "대"(隊) 자를 써서 동아기독대라는 명칭을 썼으리라 생각된다.

#### 2) 신사참배의 강요와 항거

1935년에 일제는 한국인들에게 황궁요배(皇宮遙拜)와 신사참배(神社參拜)를 강요하였다. 조선총독부는 경성의 남산 중턱에 조선신궁(朝鮮神宮)을 세우고 일본의 조국신인 아마데라스 오미가미(天祖大神)에게 제사를 드리도록 했으며 한국인들의 영혼 속에 신도(神道) 사상과 천황숭배 의식을 강제로 주입시키려 하였다. 신사참배를 가장 먼저 강요했던 곳은 학교와 교회였다. 이러한 조치에 대해 동아기독대는 분연히 항거하였다. 1934년 제29차 대화회에서 김영관 감목이 취임을 하였는데, 그는 종성동교회에서 공산당원들로부터 순교당한 김영진 목사와 김영국 감로의 막내 동생이었다.

김영관 감목은 〈달편지〉를 통해 교단 산하의 모든 교회들을 향하여 황궁요배와 신사참배의 부당성을 역설하며 일제의 강압에 항거할 것을 호소하였다. 신사참배에서 절을 하는 행위는 우상에게 절을 하는 것과 다름이 없으며 십계명의 가르침을 위반하는 행위임을 분명히 했다. 만약 황국요배와 신사참배를 거부했다는 이유로 일제가 불경죄를 적용하여 치죄한다면, 동아기독대의 교회들과 교인들은 성령님의 이끄심에 따라 순교를 각오해야 할 것이라고 비장한 표현까지 썼다.

### 3) 하인즈 사모와 펜윅 선교사의 서거

펜윅 선교사의 부인인 패니 하인즈(Fannie Hinds, 1864-1933) 사모가 1933년 1월 19일에, 35년 동안의 한국 선교사역에 헌신했던 삶을 마감하고 하나님 품에 안겼다. 하인즈 사모는 원산 자택의 뜰에서 실족하여 골절상을 입은 후, 그것이 악화되어 회복하지 못하고 4주간의 투병 끝에 세상을 떠나고 말았다.

말콤 펜윅 선교사는 아내를 천국으로 환송한 후 약 3년 만에 자신도 하나님의 부르심을 받고 원산 자택에서 영면함으로 이 땅에서의 삶을 마쳤다. 김용해 목사는 "편공부께서 1935년 12월 6일, 72세를 일기로 원산 자택에서 별세하여 그 부인의 묘지 옆에 평장(平葬)으로 이 나라에 묻치시었다[sic]"고 기록하고 있다. 1889년 12월 8일에 약관 26세의 나이로 독립 선교사로 이 땅에 들어온 지 약 46년만이었다.

펜윅 선교사의 사진을 보면 그는 외모 면에서도 비범한 면모를 보이고 있다. 한복과 갓을 즐겨 입고 썼던 그는 마치 한 사람의 걸출한 성격 배우와 같은 인상을 풍긴다. 확실히 펜윅은 범인이 함부로 범접하지 못할 위엄과 귀족적인 기품이 풍기는 풍채와 걸출한 체구를 지녔다. 그의 눈빛은 사람을 강하게 끌어당기는 듯한 매력을 발산하였다. 무엇보다도 펜윅은 신앙의 거인이었다. 그는 어떤 선교단체로부터도 아무런 재정적인 후원을 사전에 약속받지 않고, 하나님만을 바라보는 믿음으로, 당시 조선의 잃어버려진 영혼들을 주님께로 인도하고자 하는 일념으로, 혈혈단신 한반도를 찾아온 믿음 선교(Faith Mission)의 대변인이었다.

또한 그는 한국인 토착민들을 직접 훈련시켜 제자로 삼고 그들로 하여금 손수 "불고가사(不顧家事) 불고처자(不顧妻子)하는 권서순회전도자들"이 되게 하였다. 그는 다른 교단들의 선교사들에게서는 찾아볼 수 없는 독특한 "토착민들에 의한 오지선교"를 몸소 실천하였다. 72년의 그의 생애는 한국인들을 주님께로 인도하고자 하는 열정으로 충만했던 삶이었다.

### 5. 동아기독교 시대(1940-1949)
#### 1) 교단명칭의 변경
원산에서 모인 제35차 대화회에서는 교단의 명칭을 "동아기독대"에서 "동아기독교"(East Asia Christianity)로 변경하였다. "대"(隊)라는 말이 "양떼"(양무리)를 의미하기도 했지만 동시에 "군대"(軍隊)를 뜻하기도 했기 때문에, 일본의 황군(皇軍)에 대항하는 군대라는 쓸데없는 오해를 받지 않기 위해서 바꾼 것이 아닌가 생각된다. 또한 동아기독대라는 명칭은 펜윅 선교사의 일방적인 결정에 의해 변경된 것이었기 때문에, 대다수의 동아기독대 교회들과 사역자들이 그 명칭을 별로 선호하지 않아서 7년 만에 동아기독교로 변경한 듯하다.

#### 2) 원산사건과 교단해체령
1941년 12월 8일 미국령 하와이 진주만을 불시에 공격함으로 태평양전쟁을 일으킨 일본제국주의자들은 교회의 공식적인 집회 때마다 일장기 배례, 황궁요배, 출정 장병의 무운장구(武運長久)를 위한 묵념, 황국신민(皇國臣民) 선서를 강요하였다. 1942년 6월 10일에 원산 헌병대는 교단총부를 불시에 검문 수색하였고, 같은 날 이종근 감목을 체포 구금하였다. 그해 9월 11일에 가서야 구속이 종결되었다. 결국 일본 관헌들은 1942년 9월에 전국에 산재해 있던 동아기독교 지도자들에 대해 구인장을 발부하며 대대적인 검거에 들어갔다. 이 사건이 바로 32명의 동아기독교 지도자들을 원산구치소에 구속시킨 "원산사건"이다. 성직별로 분류하면 안사 1명, 감목 1명, 목사 11명, 감로 16명, 교사 2명, 평신도 1명, 도합 32인이었다.

　이들은 황궁요배나 신사참배를 우상숭배로 여겨 거부한 것밖에 없으나 구속되어 고문과 취조로 고통을 당해야 했다. 이들은 1943년 5월 1일에 관련서류들의 일체와 함께 원산구치소에서 함흥형무소로 이감되었다. 15일간의 함흥형무소의 재판 결과, 32명 가운데 이종근 감목을 비롯한 9명은 예심에 회부되어 투옥되었고, 나머지 23명에 대해서는 기소유예 처분을 받아 1943년 5월 15일에 석방되었다. 투옥된 지도자들 중 전치규 안사는 모진 고문과 혹독한 추위에 시달려 중병을 앓게 되어 결국 1944년 2월 13일에 차디찬 감방에서 향년 66세로 순교하고 말았다.

　드디어 올 것이 오고 말았다. 1944년 5월 10일에 함흥재판소에서 동아기독교에 대하여 교단해체령을 내렸다. 교단해체령의 요지는 동아기독교가 신사참배와 황궁요배를 거부함으로써 일본국과 일본천황을 모독했으며 교단의 교규 내용이 일본국의 국체명징(國體明徵)에 위배되는 불온사상을 지녔다는 죄목에 대한 판결이었다. 초법적인 교단해체령으로 인해 동아기독교 원산총부는 강제 폐쇄되었고, 모든 서류들과 역사적인 자료들과 도서들은 압수를 당하여 소각되었다. 전국에 산재해 있던 동아기독교 교회들은 예배와 집회를 금지당하였다. 1940년의 교규서 제출로부터 시작된 동아기독교에 대한 탄압이 마침내 1944년 5월 10일에 내려진 교단해체령으로 극에 달하였다.

　한 순간에 교회당들을 빼앗기고 지도자들을 잃어버린 동아기독교 교인들은 어찌할 바를 모르고 천지사방으로 흩어졌다. 동아기독교는 역사상 최대의 암흑기를 맞은 것이다. 1946년 제36차 강경 대화회가 열리기까지 동아기독교라는 교단은 약 2년 4개월 동안(1944년 5월 10일-1946년 9월 9일) 해체 상태에 있었고, 교인들은 뿔뿔이 흩어져 각 가정에서 예배를 드려야 했다. 교단의 강제 해체라는 조처에도 굴하지 않고 신사참배와 황궁요배를 거부했던 유일한 사람들이 동아기독교 교인들이었다.

### 3) 교단재건회의

그러나 암흑의 터널은 그리 길지 않았다. 교단이 해체를 당한 후 15개월 만에 일본 군국주의자들은 나가사키와 히로시마에 원자폭탄을 얻어맞은 후 연합군에 항복을 했다. 1945년 8월 15일에 한민족의 숙원이었던 해방이 하나님의 선물로 우리 민족에게 주어졌다. 그러나 그 선물은 반쪽짜리 선물이었다. 남북의 분단은 일제시대 원산에 본부를 두었던 동아기독교의 역사에 단절을 가져왔고, 이북에 존재하던 대부분의 교회들을 상실하는 비운을 겪어야 했다.

이러한 와중에서 충남 강경에 있던 김용해 목사가, 경북 점촌에서 교회를 추스리고 있던 노재천 목사에게 연락하여 교단재건 문제를 의논했다. 이들은 칠산에 있던 장석천 목사를 찾아가 강제 해체되었던 동아기독교의 재건을 위하여 교단재건회의를 소집하자고 합의하였다. 마침내 1946년 2월 9일에 충남 부여군 칠산에 있는 칠산교회에서 교단재건회의가 개최되었다. 9개 구역 대표 17명과 방청회원 5명 등 22명이 참석하였다.

칠산교회에서 모였던 교단재건회의는 가사상태에 있던 동아기독교를 다시 살려낸 획기적인 모임이었다. 당시 남한의 교회는 약 42여 개, 교인 수는 350여 명에 불과했는데, 이들이 그루터기가 되어 싹을 틔우고 가지를 뻗칠 수 있도록 생명을 불어넣은 회의였다. 동아기독교라는 교단이 법적으로 강제 해체가 된 것은 1944년 5월 10일이었지만, 1941년부터 1945년까지는 일제의 방해와 감시와 박해로 인해 대화회를 개최할 수가 없었다.

일제의 탄압과 교단 해체로 인해 1941년부터 1946년까지 5년 동안 모일 수 없었던 대화회를 1946년 가을에 강경에서 개최하여 동아기독교 역사의 연결고리를 다시 잇고자 결의했다는 점에서, 칠산교회에서 개최되었던 교단재건회의는 위대한 새 출발의 결단을 한 것으로서 그 역사적 의의는 결코 작지 않다고 하겠다.

### 4) 역사적인 제36차 대화회

노재천 대리감목은 칠산 교단재건회의의 결의에 입각하여 1946년 9월 9일에 "역사적인" 제36차 대화회를 강경교회에서 개최하였다. 1906년 강경에서 대한기독교회가 교단으로서 창립된 지 꼭 40년 만의 일이었다. "역사적인"(historic)이라는 표현을 쓰는 이유는 1940년에 제35차 대화회를 가진 이후 6년 만에 열리는 대화회였기 때문이기도 하고, 해방 후 처음으로 일본 제국주의자들의 간섭과 압력 없이 자유로이 치룬 대회였기 때문이다. 또한 본 대화회에서 교단의 정체를 감독정치 체제로부터 회중정치 체제로 변경하였고, 연차총회의 명칭도 대화회에서 총회로 바꾸었으며 교단 지도자들의 호칭도 많이 변경하였기 때문이다.

### 5) 남침례교 해외선교부와의 제휴

1948년 9월에 경북 점촌에서 개최된 제38차 총회는 동아기독교의 발전과 도약을 위해 매우 중요한 족적을 남긴 총회였다. 남한지역에 남아 있던 소수의 교회들로서는 제대로 교육받은 지도자들의 부족과 재정적인 핍절로 인해 생존 자체도 힘들었기 때문에 이러한 난국을 타개하고자 외국의 교단이나 선교단체와 제휴를 맺자고 하는 제안이 있었다. 이러한 제안을 했던 사람은 한기춘 목사였다. 그의 제안을 긍정적으로 받아들인 총회는 한기춘, 김용해, 안대벽 등 세 사람을 전권위원으로 임명하여 외국의 교단이나 선교단체와 제휴하는 문제를 위임하였다. 그런데 한기춘 목사는 이종덕 총회장과 장석천 목사를 설득하여 전권위임장을 받아내어 교단 임원들이 달가워하지 않던 인물인 우태호 목사를 만나, 동아기독교와 미국 남침례교 총회와의 교단 제휴 및 선교사 파송 문제를 교섭하도록 미국으로 보내는 일련의 일을 독단적으로 추진했다.

우태호 목사를 미국 남침례회 해외선교부(FMB, Foreign Mission Board)에 파송한 일로 인해 총회 지도자들 간에 불화와 갈등이 빚어졌다. 그렇지만 동아기독교와 미남침례교 해외선교부와의 제휴를 성공적으로 성취시킨 인물은 바로 우태호 목사였고, 그의 헌신적인 노력으로 인해 최초의 남침례교 선교사 부부가 이 땅에 들어오게 되었다. 동아기독교가 영적으로 재정적으로 핍절한 상황 속에 있을 때 발전과 부흥의 불씨를 지필 수 있게 된 것이 미국 남침례교와의 교단적 협력체제 구축이었다고 볼 때, 우태호 목사의 공로는 결코 과소평가될 수 없다고 하겠다.

우태호(1903-1955) 목사와 관련한 정보나 자료는 극히 제한적이다. 허긴 박사는 "우태호(禹泰浩)는 평양장로교신학교 출신인 우기모(禹琦謨) 목사의 장남으로 1903년 2월 19일에 평남 강서군 강서리의 거부(巨富) 가정에서 태어났다"고 적고 있다. 그는 1920년에 그의 나이 17살 때에 미국 유학길에 올랐다. 당시 상황에서 그 나이에 혈혈단신 미국 유학을 떠났다는 것은 결코 예사로운 일이 아니었다.

우태호는 미국에서 고등학교를 마치고, 유학을 간 지 10년만인 1930년에 로스앤젤레스에 소재한 패서디나 대학(Pasadena College)에서 문학사(B.A.) 학위를 받았고, 1932년에는 애틀란타에 있는 오글쏘르프 대학교(Oglethorp University)에서 문학석사(M.A.) 학위를 받았다. 그 후 1932-33년에 테네시 주 내쉬빌에 소재한 밴더빌트 대학교의 종교학과 대학원(Graduate School of Religion, Vanderbilt University)에서 수학을 하였다. 그 후 우태호는 하나님의 부르심을 받고 남침례신학원(Southern Baptist Theological Seminary)에 입학을 하였다. 기록에 의하면 그는 1940년 5월 20일에 한국인으로서는 최초로 미국 남침례신학원을 졸업하면서 신학석사(M.Div., 당시 학위명으로는 B.D.) 학위를 받았다.

우태호는 내쉬빌에 있는 벨몬드 하이츠 침례교회(Belmond Hights Baptist Church)의 회원으로서 교회봉사를 하였고, 1939년 11월에 복음사역자(gospel minister)로 목사안수를 받았다. 1940년 5월에 남침례신학원을 졸업한 후, 그는 벨몬드 하이츠 침례교회의 후원을 받아 선교사로서 한국으로 파송되었다. 그가 미국 시민권을 가진 사람이 아니었기 때문에 해외선교부의 파송을 받은 것은 아니고, 자기가 몸담고 있던 지역교회로부터 개인 자격의 선교사로 파송을 받아 모국으로 귀국을 하였을 것이다.

한기춘 목사로부터 남침례교 해외선교부와의 협력체제를 구축할 것을 위임받은 우태호 목사는, 1949년 초에 리치몬드(Richmond, VA) 시에 소재한 해외선교부(FMB, Foreign Mission Board)를 찾아갔다. 그는 해외선교부의 동양총무(Secretary for the Orient)인 베이커 제임스 코덴(Baker James Cauthen)을 만나 남한에 140여 개의 "침례교회들"과 17,000여 명의 "침례교인들"이 있다고 보고하였다.

또 그는 해외선교부의 격월간지인 〈The Commission〉이라는 1949년 7월호 잡지에 "무궁화의 나라"(Land of Hibiscus, by Tai-Ho Woo)라는 제목으로 기고를 하였다. 기사의 상단에는 북부 중국과 한반도의 지도가, 하단에는 측은지심을 자아내는 4명의 불쌍한 고아들이 눈을 감고 기도하는 모습을 찍은 사진이 게재되어 있었다.

우태호 목사는 한국의 역사를 간단히 언급하면서, 약 35년 동안 일본 제국주의자들의 침략을 받아 한국인들이 식민통치 하에서 많은 고난을 당해 왔다고 썼다. 해방 후 미국 군인들이 들어와서 헐벗은 어린이들을 보살펴 주었으며, 특히 미군 군목들이 대민사업으로 한국인들에게 위생, 건강습관, 농사짓는 법 등을 가르치며 기독교적인 사랑을 실천하고 있다고 썼다. 해방 후 남과 북이 분단되어 있지만 남한지역에는 복음이 왕성하게 증거되고 있다고 하면서, 남침례교인들이 한국 선교에 적극적으로 동참해 줄 것을 호소하였다.

### 6) 코덴 동양총무의 방한

미남침례교 해외선교부로부터 지시를 받고 한국과 동아기독교의 상황을 살펴보기 위해 한국 땅에 들어온 사람은, 동양총무 베이커 제임스 코덴(Baker James Cauthen, 1909-1985)이었다. 코덴 선교사는 남침례교 해외선교부(FMB)의 파송을 받고 중국 선교사(1939-1945)로 사역하다가 홍콩 주재 동아시아 지역 선교책임자인 동양총무(Secretary for the Orient, 1945-1953)로 봉사하였다. 코덴은 일본에서 사역하던 에드윈 도지어(Edwin B. Dozier) 선교사를 대동하고 한국을 방문하였다. 코덴 일행은 동아기독교의 지도자들로부터 펜윅 선교사와 그의 사역, 엘라 씽 기념선교회의 활동, 일본 식민지 치하에서 동아기독교 지도자들이 겪었던 고난과 핍박, 원산사건을 통한 투옥과 순교, 해방 후 북한지역 교회들과의 단절과 재정적인 핍절, 해외선교단체와의 협력제휴 필요성에 대한 의견, 미국 남침례교에 몸담았던 한 분이 해외선교부를 찾아가서 도움을 요청했던 일 등에 관해 이야기를 들었다.

무엇보다도 코덴은 동아기독교 지도자들이 가지고 있는 신앙이 남침례교인들의 신앙과 얼마나 유사한지에 큰 관심을 가지고 있었다. 그들과의 만남과 교제 그리고 신앙적 대화 끝에 코덴은 그들과의 동역에 호의적인 입장을 취하게 되었다. 코덴은 한국방문의 소감을 "찾았습니다: 10,000명의 침례교인들을!"(Found: 10,000 Baptists!)이란 제목으로 해외선교부 격월간지인 〈The Commission〉에 기고를 하였다.

코덴 총무는 홍콩으로 돌아왔는데, 며칠이 지나지 않아 전보가 한 통 도착하였다: "대한기독교침례회가 조직되었습니다. 우리에게 선교사들을 보내주십시오"(Korean Baptist Convention organized. Send us missionaries). 1949년 충남 강경에서 개최된 제39차 총회에서는 교단을 "침례교"로 변경하기로 결의하여 교단명칭을 "대한기독교침례회"로 바꾸었던 것이다. 코덴 총무는 협력제휴 문제가 시간을 두고 매우 신중하게 지도자들 사이에서 충분한 토의를 거쳐 이루어지기를 기대했지만, 동아기독교 지도자들은 무척 성급하게 제39차 총회 석상에서 모든 것을 결정하였고 또 결정사항을 신속하게 통보하였다. 이러한 사실로부터 동아기독교 지도자들은 미남침례교와의 제휴를 통해 하루 빨리 재정적 물질적 후원을 받기를 간절히 기대하고 있었다는 것을 짐작할 수 있다.

## 6. 대한기독교침례회 시대(1949-1952)
### 1) 최초의 남침례교 선교사의 내한
1950년 2월 27일은 최초의 남침례교 직업선교사들(career missionaries)이 한국 땅을 밟은 날이다. 약 24년 동안 중국에서 선교활동을 했던 존 애버내티(John Abernathy, 1896-1973, 나요한, 那約翰)와 쥬얼 애버내티(Jewell Abernathy, 1895-1977) 선교사 부부가 내한한 것이다. 그러나 이들도 처음에는 한시적으로 (약1년 동안) 한국에 체류하면서 동아기독교 신자들의 교리와 신앙행습을 관찰하면서 미남침례교 신앙과 잘 부합할 수 있을지 여부를 탐색하기 위해 파송된 것이었다.

"침례교"로 교단명칭을 변경한 후 처음으로 대한기독교침례회는 1950년 4월 7일-13일에 경북 점촌에서 제40차 총회를 개최하였다. 애버내티 선교사 부부가 총회 석상에서 소개되었고 대의원들은 큰 박수로 환영하였다. 동시에 총회 대의원들은 남침례교 해외선교부(FMB)를 향해 다양한 사역 프로젝트들, 예를 들면 각종 학교들, 병원, 신학교, 교회건물의 보수 개축 등에 소요되는 경비를 지원해 줄 것을 요청하였다. 무엇보다도 교육과 의료 사역을 시작할 것을 결의하였고 가능한 한 많은 선교사들을 파송해 줄 것을 요청하였다.

### 2) 구호활동과 의료선교활동

한국전쟁(6·25 사변, 6·25 동란, Korean Civil War, 1950. 6.-1953. 7.)은 한반도 내에서 일어난 공산주의 대 자본주의 간의 이념전쟁이었으며 또 다른 세계대전이었다. 전쟁이 발발한 지 불과 40여 일이 지난 1950년 8월에는 낙동강 동남지역을 제외한 남한 전역이 인민군에 의해 장악되자, 대구와 부산 지역으로 피난을 온 약 200만 명의 사람들은 의료 시설 및 식량 등이 부족하여 많은 고초를 겪었다. 전쟁은 한국교회에도 큰 피해를 끼쳤다. 강제 남북된 남한의 수많은 기독교계 인사들은 행방불명이 되었으며 교회당들은 훼파되었다.

최초의 남침례교 선교사 부부가 한국 땅에 들어온 지 4개월 만에 발생한 엄청난 재앙이었다. 그들은 잠시 필리핀으로 피신했다가 한국선교의 방향과 전략을 숙고한 뒤, 나요한 선교사가 1951년 3월에, 그리고 쥬얼 선교사가

1952년 9월에 전투중인 한국 땅으로 다시 돌아 왔다. 나요한 선교사는 4월부터 본격적인 남침례교 한국선교사업을 시작하였다. 그는 부산 충무로에 충무로침례교회를 개척하고 그 교회당에 잠정적으로 선교회 사무실을 개설하여 구호선교 사업에 착수하였다.

중국에서 사역하면서 많은 경험을 쌓았던 렉스 레이(Rex Ray) 선교사와 넬슨 브라이언(Nelson A. Bryan), 요컴(A. W. Yocum) 의료선교사가 1951년 12월에 한국으로 들어와 나요한 선교사와 합류하였다. 의사인 브라이언과 요컴 선교사는 1951년 12월부터 부산 남포동에서 한국인 의사 한 명과 두 명의 간호사들과 함께 천막을 치고 진료소를 개설하였고 1955년부터는 영도 영선동에서 부상병들과 민간인 환자들을 치료하였다. 당시에는 영양실조로 인한 질병으로 인해서 많은 아이와 노인 환자들이 진료소를 찾았다. 의료선교사들은 고단위 종합비타민과 영양제와 우유 그리고 아스피린을 다량으로 제공하며 무료진료를 하였다.

나요한 선교사는 1951년 5월 15일에 7인으로 구성된 구호위원회를 조직하였다. 구호위원회는 한국의 총회와는 무관한 별도의 기관이었고, 위원장이 중심이 되어 초창기 남침례교의 모든 한국선교활동의 구심점 역할을 하였다. 구호위원회는 몇 년 동안 매월 정기적으로 절실하게 도움을 필요로 하는 교회들에 지급하는 구호금, 교역자들의 생활보조금, 훼파된 교회당의 수리비와 교회당 신축경비 보조금, 교역자 자녀들의 학자금 보조금 등 구호 및 교회들의 필요를 채워주는 일체의 사업을 관장하였다.

## 7. 대한기독교침례회연맹 총회 시대(1952-1959)

### 1) 제42차 칠산총회와 교단명칭의 변경

제42차 총회는 한국전쟁중인 1952년에 총회장 노재천 목사의 소집과 사회로 충남 칠산에서 개최되었다. 이 총회에서는 나요한 선교사와 함께 동양총무 코덴이 참석하여 남침례교 해외선교부(FMB)가 한국과 한국교회에 대해 가지고 있는 선교의 방침과 계획을 참석자들에게 설명해 주었다. 또한 코덴 동양총무는 총회 임원들과의 회담을 통하여 동아기독교의 전통을 남침례교적인 신앙으로 수정해 나갈 필요성에 대해 역설하였다. 이 총회에서는 새로운 규약을 제정하고 총회의 명칭을 "대한기독교침례회연맹 총회"로 변경하기로 결의하였다.

칠산 총회에서는 동아기독교의 조직과 관행을 대폭 수정하여 침례교 신앙이 강조하고 있는 지역교회(Local Church, 개교회)의 독립성과 자치권에 관한 조항들을 새로운 규약에 삽입하였다. "대한기독교침례회연맹 총회"는 지역교회들로 구성된 총회임을 명시하였고, 지역교회자치주의(Autonomy of the Local Church)에 기초한 민주적인 회중주의(democratic congregationalism)의 원리를 한국침례교회에 도입하게 되었는데, 이는 칠산 총회가 갖는 중요한 역사적 의의라고 말할 수 있다.

### 2) 한국침례교선교회(KBM)의 결성

1952년 1월 11일자로 동양총무 코덴은 애버내티 선교사에게 보낸 편지에서 한국에 남침례교 선교사들의 조직이 필요하다는 사실을 적시하였다. 1월 중에 세 사람의 남침례교의 한국 개척 선교사들인 렉스 레이, 존 애버내티, 브라이언(N. A. Bryan)이 최초의 선교사 모임에 참석하여 한국침례교선교회(KBM, Korea Baptist Mission)을 결성하였다. 레이 선교사가 회장으로, 애버내티 선교사가 회계로 선임되었다.

1954년 7월에 한국침례교선교회 연차총회가 열렸는데, 이때 선교회의 헌장과 규정을 처음으로 채택하였다. 선교회의 공식적인 명칭은 "남침례교 해외선교부의 한국선교회"(Korean Mission of the Foreign Mission Board of the Southern Baptist Convention)이었고, 선교부의 주목적은 "한국침례교총회와 협력하여 한국에서 복음을 전파하는 일에 관하여 토의하고 계획하고 기획하기 위하여, 그리고 선교회 회원들(한국 주재 미남침례교 선교사들–필자 주) 간에 상호 격려와 영감을 주입하기 위하여"라고 기술하고 있다.

### 3) 신학교의 설립

1953년 5월 1일에 제43차 총회가 경북 점촌침례교회에서 개최되었는데, 가장 중요한 결정들 가운데 하나는 목회자 양성을 위한 신학교육기관의 설립문제였다. 이미 1952년 칠산총회에서도 이 문제가 거론되어 성경학원을 설립하기로 하였고 11월 30일에 집행위원회에서 이사회를 조직하였다. 이사장은 당시 교육부장을 맡고 있던 장일수 목사가 선임되었다.

드디어 1953년 6월에 이사회에서는 한기춘의 주선으로 대전역 근처 중동에 있는 일제시대 당시 음식점(요정)으로 사용되던 적산가옥을 마련하여 침례교 성경학원을 개설하였다. 약 200여 명의 지원자들 가운데 50명을 선발하여 6월 15일에 개원하였다. 초대원장에 애버내티(나요한) 선교사, 교무주임에 한기춘 교수, 교수에 한기춘, 한태경, 최형근이 선임되었다.

이듬해에는 본격적인 신학교 설립을 서둘러서, 1954년 4월 8일에 예과 3년과 본과 3년의 6년 정규과정과 3년 과정의 별과와 특수과를 설치하였다. 예과 40명, 별과 48명, 특수과 43명이 입학함으로 본격적인 신학교가 개교하였다. 특히 예과 3년은 학부과정의 교육으로서 대전에 있는 타대학교에서 위탁교육형식으로 이수하는 인문학 학사과정(B.A.)이었고, 본과 3년은 오늘날 신학대학원 목회학 석사과정(B.D. 혹은 M.Div.)이었다. 학부과정을 1년 단축한 과정이긴 했지만, 침례신학교에서 시행했던 6년에 걸친 신학교육과정은 그 당시 한국에서는 최초로 시도된 학제였다. 이 신학교는 1954년 7월 7일(이 날이 오늘날 침례신학대학교의 개교기념일이 되었다-필자 주)에 당시 문교부로부터 정식 신학교로 인가를 받아 명실상부한 침례교단의 신학교(seminary)가 되었다.

### 4) 침례병원의 설립

한국에서의 남침례교 의료선교사역은 중국에서 오랫동안 선교사로 활동했던 넬슨 브라이언(Nelson A. Bryan) 박사가 1951년 12월에 내한함으로써 시작되었다. 그는 한국전쟁 중에 부산 남포동에서 천막진료소를 개설하여

병약한 피난민들의 돌보았다. 1953년 2월에는 두 간호사 선교사들인 아이린 브래넘(Irene Branum)과 루비 휘트(Ruby Wheat)가 한국으로 파견을 받고 들어와 브라이언 의사를 도왔다. 1953년 5월에 브라이언 박사가 안식년 휴가 차 귀국하자 알프레드 요쿰(Alfred W. Yocum) 의사가 의료선교 사역을 계속 이어갔다.

안식년을 마치고 돌아온 브라이언 박사는 1954년에 해외선교부(FMB)로부터 병원설립을 위한 허락을 받았고 동시에 병원건물의 건축을 위한 자금 공급을 약속받고 귀국하였다. 그는 부산 영도구 영선동에 "왈레스기념 침례병원"(Walles Memorial Baptist Hospital)을 건축하는데 전력하였다. 왈레스는 중국에서 남침례교 의료선교사로 사역을 하다가 순교를 당했던 의사였다. 1955년 11월 15일에 진료소가 새로 지어진 건물로 이전을 하였고, 1956년 4월에 사임을 한 브라이언 진료소장의 뒤를 이어, 로버트 라이트(Robert M. Wright) 박사가 초대원장으로 취임하였다.

### 5) 출판사역

남침례교 선교사들이 한국전쟁 중에 부산에 세운 충무로침례교회와 범일동침례교회를 비롯해서 침례교회들은 성도들을 교육하고 훈련시킬 공과들과 성경공부 자료들을 간절히 필요로 하였다. 특히 침례교인들이 무엇을 믿으며 어떻게 그 믿음을 삶 속에서 실천할 것인가 하는 문제를 속 시원하게 알려줄 교재가 필요하였다. 1954년에 브래넘 선교사와 휘트 선교사는 진료소 업무를 감당하면서도 교육자료들의 번역과 출판 업무까지를 겸하였다.

1958년에는 한국침례교선교회(KBM) 산하에 침례회출판부(Baptist Publication Department)를 두었으며 굳윈(J. G. Goodwin, Jr., 구명철) 선교사가 초대 출판부장으로 선임되었고, 1959년에 최초로 주일학교 분기별 공과들(quarterly lessons)이 출판되었다. 1960년에 침례회출판부는 대전에서 사역하고 있던 막스 윌락스(Max Willocks, 우락수) 선교사가 부장직을 맡으면서 대전으로 이전하여 "침례회서관"을 개설하였다.

### 6) 여성사역

오늘날의 전국여성선교연합회는 1953년에 부산에서 침례교 "부인전도회"가 발족함으로써 시작되었다. 의료선교사로 파송 받은 브래넘 선교사와 휘트 선교사 그리고 뒤이어 들어온 라이트 선교사는 충무로침례교회와 범일동 침례교회를 중심으로 교회 내에 부인전도회가 조직되도록 도왔다. 이들은 미국 남침례교의 여전도회(WMU) 훈련프로그램을 한국말로 번역하여 부인들을 교육하고 훈련시켰다.

1954년 4월에 제44차 총회가 대전 대흥침례교회에서 개최되었을 때, 각 지역교회의 부인전도회 대표들과 선교사들이 여전도회 설립을 위한 규약을 채택하였다. 규약에 따라 임원들을 선출하였고 초대회장에 안대벽 목사의 부인인 이순도 여사를 선임하였다. 1955년 10월에 입국한 루시 와그너(Lucy Wagner, 왕은신) 선교사가 여전도회 사역을 전담하여 지방강습회·전국강습회 등을 개최하며 교회 내의 여성 일꾼들을 활성화하는 일에 진력하였다.

## 8. 총회분열 시대(1959-1968): 포항총회와 대전총회

### 1) 세 부류의 목회자들

1951년에 남침례교 선교사의 수는 3명에 불과하였는데, 1959년에는 38명으로 증가하였다. 한국의 침례교회도 수적으로 급성장을 하였다. 1951년-1959년 어간에 교회수와 목회자수가 급증하였다. 1951년도에 약 51개에 불과하였던 침례교회들이 1959년에는 147개로 증가하였으며, 1951년에 안수 받은 목사가 겨우 10여 명에 불과했던 교단이 1959년에는 142명으로 급증하였다.

전쟁 후에 침례교회에는 세 부류의 목회자들이 공존하였다. 안수 받은 목사의 수가 급증하게 된 것은 다른 교단들로부터 넘어온 "전입목회자들"(proselyte bloc, pass-overs "유월절파")이 많았기 때문이었다. 선교회의 구호사업으로 목회자의 생활비와 교회당의 수리 및 건축 경비, 자녀 양육 및 교육비 등이 제공되었기 때문에 다른 교단으로부터 침례교로 전향한 목사들이 적지 않았다. 이들에게는 풍부한 목회 경험은 있었지만 침례교 신앙과 교리 및 침례교 목회에 대해서는 무지하였다.

펜윅의 영향을 크게 받은 동아기독교의 "연로한 후예 목사들"(stem bloc) 도 선교부가 제공하는 풍부한 물질적인 도움으로 인해서, 동아기독교 시절에 체질화되어 있었던 자급·자립·자족 정신을 망각하고 무척 물질적인 필요에 민감한 목회자들로 바뀌게 되었다. 한국침례교선교회가 제공하는 지원금에 의존하는 타성이 자신도 모르게 순진무구했던 목회자들의 마음속에 자리 잡게 되었다.

대전 침례신학교를 졸업했거나 재학하고 있던 목회자들과 신학교 교수들도 새롭게 부상하는 "신학교 출신 목회자들"(seminarian bloc)로 분류될 수 있다. 이들은 새로 파송된 젊은 선교사들의 가르침을 받아 남침례교의 교회론과 행정철학을 어렴풋이나마 알게 된 자들이었고, 한국침례교선교회에 밀착하여 남침례교 선교사들에게 협조적이거나 순종적인 부류였다.

젊은 선교사들은 미국의 남침례교 신학원들(Southern Baptist Seminaries)을 갓 졸업한 신참들로서 선교현장에서 하나님 나라를 확장시키고자 하는 의욕과 열정을 가지고는 있었으나 선교경험이나 동양인들을 대하는 관계 기술이 부족하였다. 그들은 자신들이 신학원에서 배운 남침례교 신앙과 행습을 한국인들의 심령에 하루 빨리 주입시켜 한국의 침례교회를 미국의 남침례교회와 닮은 교회로 변모시켜 나가기를 열망하였다. 이들에게는 동아기독교의 후예들인 "원줄기 목사들"(stems)과 다른 교단들로부터 넘어온 "전입목회자들"(proselytes)을 보다 효과적으로 다룰 지혜가 부족하였다.

### 2) 안대벽 목사에 대한 선교회(KBM)의 불신임

한국총회(Convention)와 한국침례교선교회(KBM) 간의 갈등의 핵심인물은 안대벽 목사였다. 한국침례교선교회에서는 안대벽 목사를 불신임하였고, 총회에서는 그를 불신임한 선교회를 향해서 비난을 쏟아내면서 총회와 선교회 간에는 갈등의 골이 더 깊어가게 되었다. 총회와 선교회가 반목하게 된 결정적인 계기는 1957년 7월에 홍콩에서 개최되는 아시아침례교선교대회(Asia Baptist Mission Conference)에 참가할 한국대표단의 선정 문제 때문이었다. 같은 해에 제47차 연차총회가 서울 충무로교회(오늘날 서울침례교회)에서 개최되었는데, 이미 총회장에 안대벽, 부회장에 노재천과 한기춘, 총무에 김용해가 선출되어 의장단이 구성되어 있었다. 그런데 선교회의 실행위원회는 증경총회장인 장일수 목사를 한국대표로 선정하였다. 총회에서는 새로 선출된 총회장인 안대벽 목사가 당연히 한국의 공식적인 대표가 되어야 한다면서, 선교회가 총회를 무시하고 독단적으로 선교대회 참석자대표를 지명하였다고 비난하였다.

### 3) 대전총회와 포항총회

결국 우여곡절 끝에 1959년도 제49차 총회는 포항과 대전 두 도시에서 개최되면서 총회는 분열되었다. 대전총회는 젊은 선교사들의 후원을 입고 있던 젊은 신학교파들이 중심이 되어 1959년 4월 29일에 대전 대흥침례교회당에서 장일수 목사의 사회로 개최되었다. 본 총회는 전국의 196개 교회 가운데 140개 교회로부터 228명이 대의원으로 등록했으며 당일 출석한 대의원의 수는 모두 198명이었다. 대전총회에 참여하고 임원으로 선출된 사람들은 그 동안은 총회에서 비주류로 분류된 사람들이었다. 이들은 총회의 진보적인 신진들과 전입교역자들로서 이념적으로 동아기독교의 전통과 관습을 깨뜨리고자 했고 한국침례교회의 개혁을 주창해 왔던 사람들이었다. 이들은 선교회의 선교사들을 적극적으로 지지하며 선교사들과 함께 협력하여 일할 사람들이었다.

포항총회는 동아기독교의 연로한 후예들에 의해 1959년 5월 26일에 포항침례교회당에서 개최되었다. 267명의 대의원들이 등록을 했고 264명의 대의원들이 출석을 하였다. 대전총회의 참석자 수인 226명보다 더 많은 수의 대의원들이 등록을 했다. 제49차 포항총회에 참석을 했던 사람들은 안대벽 목사를 비롯해서 교단의 주류라고 자처했던 목사들이었다. 그들은 동아기독교 전통을 이어 온 교단의 원로들이었고 60년의 신앙전통의 맥을 지켜온 산 증인들이었다. 또한 침례신학교 별과 3년 과정을 1-2회로 졸업한 목회자들이 포항총회에 속하였다. 이들은 혈연과 지연과 인연으로 엮어진 인간관계를 형성하고 있었고, 그들의 명분과 역사적 정통성은 펜윅 선교사와 대한기독교회(Church of Christ in Corea) 및 동아기독교의 역사를 이어가고 있다는 점이었다.

총회 분열 이후 교단의 재산분할 문제는 시급히 해결해야 할 난제들 가운데 하나였다. 대전총회 측과 포항총회 측의 대표들이 문교부의 중재를 받으며 1963년 9월 23일에 한 자리에서 만났다. 지역교회의 재산은 지역교회가 어느 쪽 총회에 가입하느냐에 따라 그 총회에 재산등기를 하기로 하였고, 무창포 수양관이 있던 부동산 토지재산은 포항총회에 양도하였다. 교단의 명칭도 서로를 구별할 수 있도록 다른 명칭을 사용할 필요가 있었다. 결국 포항총회는 "대한기독교침례회"로, 대전총회는 "기독교대한침례회"로 명칭변경을 하였다. 재산의 분할과 함께 교단의 분열상태는 현실로 고착되어 가고 있었다.

## 9. 한국침례회연맹 총회 시대(1968-1976)

### 1) 합동을 위한 모색과 추진

1961년도에 교단합동을 위한 2-3차례의 시도가 있었지만 일부 인사들이 아직은 시기상조라는 주장으로 인해 지지부진하다가, 1967년 8월에 이르러서야 합동을 위한 불씨가 점화되었다. 포항총회 총무 김갑수 목사와 전도부장 남용순 목사가 대전총회 총무 우성곤 목사와 법인사무장 정인도 목사와 회동하여 교단합동을 위한 진지한 대화를 하였다. 1968년 3월 1일에 부산 충무로침례교회가 속해 있던 경남지방회가 "무조건적 교단통합을 위한 성명서"를 전국 침례교회들에 발송하였다.

드디어 1968년 3월 25일에 대전총회 측의 구두서 부총회장, 우성곤 총무, 정인도 법인사무장과 포항총회 측의 이덕흥 총회장, 김갑수 총무, 김용해 재단이사장, 남용순 전도부장 등이 합동 실행위원회 모임을 위한 예비회담을 가졌다. 이튿날인 3월 26일에는 양 총회의 실행위원들 연석회의가 부산 충무로침례교회당에서 모여서 교단통합을 위하여 좋은 분위기 속에서 진지하게 토의하였다. 이 때 이미 포항총회 측 김용해 재단이사장이 제시했던 "7개의 전제조건들"을 중심으로 토의하면서 원만한 양해와 합의를 이루어 낼 수 있었다.

### 2) 제58차 교단합동 총회

역사적인 제58차 교단합동 총회가 1968년 4월 16일에 서울침례교회당에서 개최됨으로써 약 9-10년에 걸친 교단의 분열과 갈등을 청산하였다. 합동총회에는 대전총회 측 18개 구역의 139개 교회에서 281명의 대의원들이 참석했고, 포항총회 측 9개 구역의 85개 교회에서 130명의 대의원들이 참석했다. 도합 27개 구역의 224개 교회로부터 온 411명의 대의원들이 한 자리에 모인 것이다. 참석 대의원들 전원은 교단합동추진위원회가 성안한 "합동원칙"에 기립박수를 보냄으로 총회 회의장 분위기를 고조시켰다. 총회명칭을 "한국침례회연맹 총회"(League of Korean Baptist Churches)로 변경하였고, 재단의 명칭도 "한국침례회연맹 유지재단"으로 개칭하였다.

총회가 합동이 된 후, 한국침례교선교회(KBM)와 한국침례회연맹 총회 사이에 화해와 협력이 어느 정도 형성되었을 때 선교회에서는 루이지애나 남침례교 주 총회와 협력하여 미국인 자원봉사자들이 한국으로 나와서 한미연합전도대회(Korean-American Evangelistic Crusade)를 개최하도록 알선하였다. 루이지애나 주 배턴루지(Baton Rouge) 출신의 보즈만(O. K. Bozman Jr., 민봉수) 선교사가 열정을 가지고 앞장서서 한-루이지애나 연합전도대회의 개최를 위한 가교 역할을 하였다. 1970년 한-루이지애나 연합전도대회에서 루이지애나 침례교인들은 한국에서 수천 명의 결신자들을 얻었을 뿐 아니라 한국인들에게 침례교인들(Baptists)에 대한 좋은 인상을 심어주는데도 큰 기여를 하였다.

루이지애나 주 침례교 목사들과 평신도지도자들은 1970년부터 약 5년에 걸쳐서 매년 연속적으로 자비량하여 한국의 지역교회들을 방문하여 전도집회를 개최하였다. 한미연합전도대회는 참여했던 미국 루이지애나 주 남침례교회들에도 선교의식과 신앙의 역동성을 불러일으키는데 기여하였고, 특히 선교회와 총회가 서로 협력하고 유대를 강화하는 데에 큰 기여를 하였다. 또한 한-루이지애나 연합전도대회는 1970년대 말과 1980년대에 후속적으로 개최되었던 한미연합전도대회들을 위한 보람 있는 실험이었고 좋은 경험이었다.

## 10. 기독교한국침례회 시대(1976-현재)

### 1) "침례교의 계절": 대도시지역에서의 활발한 교회개척

1970년대에 있었던 한미연합전도대회(한-루이지애나 침례교 연합전도대회, 1970-1975)를 통해서, 그리고 1974년 한국대학생선교회(당시 대표 김준곤 목사)가 주최했던 초교파적인 부흥집회 "엑스폴로 '74"(Expolo '74, 1974. 8. 13.-8. 18.)가 여의도 광장에서 개최되었는데, 세계적인 침례교 부흥사인 빌리 그레이엄(Billy Graham) 목사가 설교를 하고 수원중앙침례교회 담임목사인 김장환(Billy Kim) 목사가 통역을 했던 일이 언론을 통해 보도되면서 침례교가 한국기독교계는 물론 일반 대중에게 어느 정도 알려지게 되었다.

1970년대는 우리나라에서 산업화, 도시화, 탈농촌화가 급격하게 이루어지던 시기였다. 농촌의 젊은이들은 도시에 있는 학교나 공장이나 직장으로 대거 몰려나왔다. 인구가 대도시에 집중하고 있었다. 이러한 추세를 눈치 챈 한국침례교선교회에서도 기존의 소도시와 농촌 중심의 사역을 도시중심의 사역으로 점차 전환해 나갔다. 선교사들은 이때로부터 소도시나 농촌지역을 중심으로 한 직접전도사역(Direct Evangelism Ministry)을 뒤로 하고 큰 도시에 세운 선교기관들을 중심으로 한국인 개척목사들을 후원하였다. 그런데 대도시에서 교회를 개척하기 위해서는 예배처소 임대비, 교회당 대지 구입비, 교회당 건축비 등 적지 않은 비용이 소요되었다. 그래서 선교회에서는 교회개척을 뒷받침하고 지원할 협동선교의 방안을 마련하였는데, 그것이 바로 한미대여보조정책위원회 사역이었다.

한미대여보조정책위원회는 1969년 9월에 발족하게 되었는데, 이 위원회 산하의 기금위원회에서는 일체보조, 대지 및 건축보조, 예배당 전세보조 등 세 가지 방식으로 도시 지역에 교회를 개척하고자 하는 지원자들에게 자금을 지원해 줌으로써 실제적인 도움을 주었다. 1975년-1985년, 약 10여 년 동안에 서울특별시에 침례교회의 교회개척은 무려 4배로 증가하였으며 도시개척 집중화 현상이 일어나고 있었다. 이러한 고무적인 현상이 일어날 수 있었던 것은 교회개척 지원자들의 헌신과 함께 선교회의 적극적인 재정적인 지원으로 말미암은 것이었다. 분열되었던 총회가 하나로 합동된 이후, 한국 침례교회는 영적으로뿐만 아니라 수적으로도 빠르게 성장하고 있었다. 한국의 개신교회들 가운데에서 가장 빠르게 급성장하는 교단들 가운데 하나가 침례교회였다: 1951년(42개), 1955년(146개), 1960년(123개), 1965년(160개), 1970년(403개), 1975년(454개), 1980년(708개), 1985년(1,018개), 1990년(1,654). 1980년대에는 한국 땅에 "침례교의 계절"이 성큼 다가오고 있었다.

### 2) 침례교선교 100주년 기념사업

1989년은 말콤 펜윅 선교사가 26세의 나이에 혈혈단신으로 한국 땅을 밟은 지 100년이 되는 해였다. 한국에서의 침례교선교 100주년 기념대회를 위한 준비가 이미 2년 전부터 시작되었다. 1987년 제77차 총회에서 총회장으로 선출된 우제창 목사는 임원들과 함께 기본계획안을 마련하였고, 이듬해인 1988년 제78차 총회 시에 유광석 총회장은 100주년 기념을 위한 12개항의 사업계획안을 확정하여 발표하였다. 총회는 1989년 한 해 동안 침례교선교 100주년을 기념하는 다양한 사업들을 연중행사로 진행하였다.

첫 사업으로서 교회진흥원 주관으로 1989년 2월 21일-25일에 "평신도전도학교 세미나"를 개최하여 침례교선교 100주년 기념대회 행사의 서막을 올렸다. 또한 선교회와 총회가 공동으로 개최한 "선교 100주년 기념음악회"가

1989년 4월 2일-9일에 전국의 11개 도시를 순회하면서 개최되었다. 1989년 5월 14일-25일에는 한미전도위원회 주관으로 "전국침례교 동시전도대회"를 실시하였다.

기독교한국침례회 총회는 선교 100주년을 기념하기 위한 사업으로 1989년에 대한성서공회와 협의하여 침례교성경을 발간하였다. 기존의 한글성경들은 거의 모두 뱁티즘(Baptism)이 "세례"로 표기되어 있는데, 그것을 "침례"로 표기한 성경을 약 10만 권 발행하여 침례교인들에게 보급하고 동시에 전국 기독교서점에서 판매될 수 있도록 배포하였다. 1989년 4월 14일-18일에는 총회 산하의 각 기관별로 "선교 100주년 기념 세미나"를 개최하였다.

선교 100주년 기념대회의 절정은 8월 14일-16일에 서울중앙침례교회당에서 총회 교육부 주관으로 실시된 "목회자 성장대회"였다. 남침례교 해외선교부 총재 키스 팍스(Keith Parks) 박사와 루이지애나 침례교 주 총회 교육부장 찰스 라우리(Charles Lowry) 박사가 강사로 나서서 설교하였는데, 한국의 침례교 역사 100년을 돌아보고 다음 세기를 향한 세계선교비전을 공유하는 의미 있는 목회자 성장대회였다.

### 3) 제16차 침례교세계대회 개최

1986년 아시아 올림픽경기대회와 1988년 세계 올림픽경기대회가 범국가적인 행사로 성공적으로 치러졌고, 기독교한국침례회 총회에서는 1989년에 침례교 선교 100주년 기념사업이 알차게 은혜롭게 치러졌다. 1990년에는 "침례교세계연맹"(BWA, Baptist World Alliance)의 제16차 "침례교세계대회"(BWC, Baptist World Congress)를 서울에서 개최함으로써 한국 침례교회의 국제적 위상을 더욱 크게 드높였다. 침례교세계연맹(BWA)은 영국침례교연맹(BUGB, Baptist Union of Great Britain)이 중심이 되어서 전 세계 침례교인들과 침례교단들과 침례교 단체들을 아우르는 국제적인 조직이다.

침례교세계연맹은 1905년에 21개국으로부터 온 침례교지도자들과 침례교인들이 참석하여 "한 주님, 한 믿음, 한 침례"(One Lord, One Faith, One

Baptism)라는 기치를 내걸고 런던에서 결성되었다. 이 국제조직의 사명진술(Mission Statement)에 의하면 "그리스도를 위해 세상에 영향을 끼치기 위하여 침례교 가족들을 연결하는 것"(networking the Baptist Family to impact the world for Christ)이다. 2014년 12월 31일 현재, 121개국에 속한 232개 교단들과 단체들이 회원으로 가입해 있으며, 회원침례교회들의 수는 164,352개이고 회원침례교인들의 수는 36,692,191명이다. 개신교 기독교(Protestant Christianity)에서는 세계 최대의 회원 수를 가진 국제적인 조직이다.

제16차 침례교세계대회(BWC)가 1990년 8월 14일-19일에 서울에서 개최되었다. 86개 국가로부터 파송 받은 10,687명의 침례교인들과 수만 명의 한국의 침례교인들이 "그리스도 안에서 함께"(Together in Christ)라는 주제로 한 마음이 되고 한 몸이 되었던 축제였다. 이것은 또 다른 "종교적인" 세계올림픽경기대회였다. 그 당시 종교자유의 물결이 동유럽 국가들과 구소련에 불고 있던 때이어서, 불가리아, 루마니아, 유고슬라비아, 체코슬로바키아, 소비에트 유니온, 구 동독 등으로부터 파송 받은 203명의 침례교 지도자들과 침례교인들이 서울의 자유스러운 공기를 만끽하였다. 특히 171명의 소비에트 유니온 참석자들은 50,000여 명의 한국 침례교인들의 환호 속에서 서울올림픽 주경기장(Seoul Olympic Stadium)을 행진하였다. 과거 어떤 침례교 세계대회에서도 소비에트 유니온 침례교인들이 6명 이상 참석했던 대회는 없었었다.

전 세계 언론들의 주목을 받았던 행사는 두 번에 걸친 대중 침례식(two mass baptisms)이었다. 1988년 세계올림픽경기대회 때 조정경기장(rowing venue)으로 사용되었던 한강 미사리(Misari at Han River)에서 10,000여 명의 새신자들이 각 지역교회의 담임목회자들에 의해 "신앙고백에 근거한 신자의 침례"(Believer's Baptism based on the confession of faith)를 받은 사건이었다. 참석자들은 수만 명의 한국 침례교인들이 외쳤던 "복음을 가지고 세상으로 가자"(Go to the world with the Gospel)라는 함성을 결코 잊을 수 없었을 것이다.

제16차 침례교세계대회에서는 마지막 날인 1990년 8월 19일에 "서울언약"(Seoul Covenant)이라는 역사적인 선언문을 채택함으로써 서울대회를 마감하였다. 7개 항목으로 구성된 서울언약은 복음전도의 최우선성을 강조하면서 이번 세기 동안 이 세상의 모든 사람들에게 복음을 제시하자고 도전하는 내용이었다. 서울언약 그 자체는 신앙고백도 아니요 신조도 아니지만, BWA 지도자들은 전 세계침례교인들을 향해서 그것을 복음전도를 촉진하기 위한 진술로 받아들이도록 요망하였다.

1990년 당시 기독교한국침례회에 속한 침례교회들의 수는 1,654개(자립을 한 교회 수는 1,345개), 침례교인들의 수는 145,525명에 불과한 작은 교단이었지만, 전 세계 침례교인들과 침례교 교단들과 단체들을 아우르는 국제적인 대회(침례교세계대회, BWC)를 성공적으로 치러냈다고 하는 것은, 이 땅 위에 확실히 "침례교의 계절"이 이미 임했다는 것을 스스로 입증한 것이었다. 전 세계뿐만 아니라 국내에서도, 기독교계는 물론 학계와 언론계와 타 종교인들에게도 침례교회가 성서적이고 복음적이고 건전한 신앙공동체임을 만방에 알리는 계기가 되었고, 기독교한국침례회 총회의 위상을 굳건하게 세우는데 기여하였다.

그 후 한국의 침례교회는 급성장을 이루어 2015년 9월 현재 침례교회 수가 3,234개, 지방회 수 126개, 목사 수 5,550명, 전도사 수 5,345명, 침례교인 수 약 850,000명이 되었고, 기독교한국침례회 해외선교회에서는 687명의 한국인 선교사들을 66개국에 파송하고 있다. 기독교한국침례회의 인터넷 홈페이지는 www.koreabaptist.or.kr이다.

## VII. 에필로그

2013년 7월초에 필자를 포함한 11명의 학생들과 목회자들이 종교개혁 현장 학술답사 여행을 했는데, 마지막 목적지가 네덜란드 암스테르담이었다.

그곳에 "숨겨진" 메노나이트교회("Hidden" Mennonite Church, Singel Kirche)를 견학하였는데, 그 교회당의 복도 게시판에 1608년도 교회봉사자들의 명단이 적혀 있었다. 영국인 교사들 명단에 존 스마이드(John Smyth)와 토마스 헬위스(Thomas Helwys)의 이름이 게시되어 있는 것을 목격할 수 있었다.

그곳에서 멀지 않은 곳에 화가 렘브란트의 동상이 세워져 있는 작은 공원이 있었는데 그 근처에 'Bakkerstraat'(Baker's Street, 빵공장 거리)라는 길이 있었다. 빵공장 주인 앤 문터(Jan Munter)의 집은 사라지고 그 흔적을 찾아볼 수 없었지만, 그의 집이 있었던 곳임을 암시하는 길 이름이 지금도 남아 있었다. 17세기 초 영국에서 피난 온 존 스마이드(John Smyth)와 그 일행이 그 길과 지역을 활보하고 다니며 복음을 증거하였을 것이고, 1609년에는 최초의 침례교회를 세웠을 것이라고 생각하니, 21세기의 한국 침례교인인 필자가 그들과 영적으로 연결되고 있음을 느낄 수 있었다. 영국과 미국의 침례교 역사가 한국의 침례교 역사와 맞닿아 있다는 생각이 들었다.

영국과 미국과 한국의 침례교회가 똑같을 수는 없다. 각 나라의 역사와 문화와 삶의 환경과 영적인 전통이 독특하기도 하고 서로 다르기 때문이다. 그러나 동시에 신약성서적인 교회인 자유교회(Free Church)를 지향하고 있다는 점에서 세 나라의 침례교회는 비슷한 영성을 공유하고 있다고 생각한다. 영국침례교회를 태동시킨 존 스마이드와 영국침례교인들의 영성과, 미국침례교회를 태동시킨 로저 윌리엄스와 미국침례교인들의 영성, 말콤 펜윅 선교사와 동아기독교 후예들의 영성 그리고 존 애버내티를 비롯한 남침례교 선교사들과 오늘날 한국 침례교인들의 영성이 마치 큰 강물을 형성하고 있다고 느껴진다.

"침례교 역사와 신앙에는 두 개의 황금줄(two golden threads)이 있다"는 말이 있다. 그것은 "선교를 향한 열정"(enthusiasm for the missions)과 "종교의 자유를 위한 열망"(aspiration for the religious freedom)이다. 침례교인들은 예수 그리스도의 복음으로 말미암은 영혼구원(soul-winning)을 가장 중요하고도 시급한 사명으로 알고 있다. 동시에 침례교인들은 하나님의 말씀인 성경 안에서 영혼의 자유를 누리기 위해 투쟁해 왔다. 국가 권력과는 무관한 순수한 신자들의 공동체인 교회를 이루기 위해 몸부림쳐 온 사람들이 침례교인들이다. 오늘날 한국의 침례교인들은 침례교회의 역사와 신앙을 배우고 익혀서 침례교인 됨의 정체성(Baptist Identity)을 분명히 알아야 하겠다. 그래서 한편에서는 예수 그리스도의 제자로서의 강한 책임감으로, 다른 한편에서는 침례교인으로서의 자부심과 긍지를 가지고 하나님의 나라를 확장해 나가는 데 더욱 헌신하여야 하겠다.

■ 참고문헌

[단행본]

기독교한국침례회. 「기독교한국침례회 제105차 정기총회 의사자료」. 2015. 9. 21.

김승진. 「침례교 신앙의 관점에서 본 요한 칼빈: 그의 교회론은 신약 성서적인가?」. 대전: 침례신학대학교출판부, 2007.

_____. 「침례교회와 역사: 침례교회사의 주요 논제들」. 대전: 침례신학대학교출판부, 2009.

_____. 「근원적 종교개혁: 16세기 성서적 아나뱁티스트들의 역사와 신앙과 삶」. 대전: 침례신학대학교출판부, 2011.

_____. 「종교개혁가들과 개혁의 현장들: 아직도 미완성인 종교개혁」. 서울: 나침반출판사, 2015.

_____. 「영·미·한 침례교회사」. 대전: 침례신학대학교출판부, 2016.

허긴. 「한국침례교회사」. 대전: 침례신학대학교출판부, 1999.

허긴 박사 은퇴기념논문집 발간위원회. 「한국침례교회와 역사: 회고와 성찰」. 해송 허긴 박사 은퇴기념논문집. 대전: 침례신학대학교출판부, 2010.

Baker, Robert A. *The Southern Baptist Convention and Its People 1607-1972*. Nashville: Broadman Press, 1974.

Cairns, Earle E. *Christianity through the Centuries*. Grand Rapids: Zondervan Publishing House, 1996.

Caroll, J. M. 「피흘린 발자취」(*The Trail of Blood*). 서울: 성서침례출판부, n.d.

Deweese, Charles W. Ed. 「21세기 속의 1세기 신앙」(*Defining Baptist Convictions*). 김승진 역. 대전: 침례신학대학교출판부, 2005.

Estep, William R. *The Anabaptist Story: An Introduction to Sixteenth-Century.*

Grand Rapids, MI: William B. Eerdmans Publishing Company, 1996.

_____. Ed. *The Lord's Free People in a Free Land*. Fort Worth, TX: Evans Press, 1976.

_____. 「재침례교도의 역사」(*The Anabaptist Story*). 정수영 역. 서울: 요단출판사, 1987.

_____. 「왜 침례교인인가?: 침례교인의 신앙과 역사적 유산」(*Why Baptists?: A Study of Baptist Faith and Heritage*). 김승진 역. 서울: 요단출판사, 2014.

George, Timothy. *Faithful Witness: The Life and Mission of William Carey*. Birmingham, AL: New Hope Publishers, 1991.

Leonard, Bill J. *Baptist Ways: A History*. Valley Forge, PA: Judson Press, 2003.

Lumpkin, William L. Ed. *Baptist Confessions of Faith*. Valley Forge: Judson Press, 1983.

McBeth, H. Leon. *The Baptist Heritage: Four Centuries of Baptist Witness*. Nashville: Broadman Press, 1987.

_____. *A Sourcebook for Baptist Heritage*. Nashville: Broadman Press, 1990.

_____. *English Baptist Literature on Religious Liberty to 1689*. New York: Arno Press, 1980.

Payne, Ernest A. *The Baptist Union: A Short History*. London: Carey Kingsgate Press Limited, 1959.

Shurden, Walter B. *Not A Silent People: Controversies That Have Shaped Southern Baptists*. Macon, GA: Smyth & Helwys Publishing, Inc., 1995.

Torbet, Robert G. *A History of the Baptists*. Valley Forge, PA: Judson Press, 1982.

Tull, James E. *Shapers of Baptist Thought*. Valley Forge, PA: Judson Press, 1972.

Underwood, A. C. *A History of the English Baptists*. London: Kingsgate Press,

1947.

Vestal, Daniel and Robert A. Baker. *Pulling Together: A Practical Guide to the Cooperative Program*. Nashville: Broadman Press, 1987.

White, B. R. *The English Baptists of the Seventeenth Century*. London: Baptist Historical Society, 1983.

Woodson, Hortense. *Giant in the Land: A Biography of William Bullein Johnson*. Nashville: Broadman Press, 1950.


[논문]

김승진. "제7장 미국의 대표적인 침례교 신앙고백들."「침례교회와 역사: 침례교회사의 주요 논제들」. 대전: 침례신학대학교출판부, 2009.

\_\_\_\_\_. "남침례교 신앙고백 '침례교인의 신앙과 메시지(2000년)': 1963년판으로부터의 수정 및 첨가내용과 그 신학적 의미."「복음과 실천」49집 (2012년 봄): 155-80.

\_\_\_\_\_. "침례교회의 기원과 관련한 아나뱁티스트 영혈설에 대한 비평적 고찰."「침례교회와 역사: 침례교회사의 주요 논제들」. 대전: 침례신학대학교출판부, 2005.

\_\_\_\_\_. "제5장 근대 선교운동의 아버지 윌리엄 캐리(William Carey)."「침례교회와 역사: 침례교회사의 주요 논제들」. 대전: 침례신학대학교출판부, 2009.

\_\_\_\_\_. "동아기독교와 미남침례교와의 교단 간 협력제휴의 배경과 과정." 허긴 박사 은퇴기념논문집 발간위원회.「한국침례교회와 역사: 회고와 성찰」. 해송 허긴 박사 은퇴기념논문집. 대전: 침례신학대학교출판부, 2010.

\_\_\_\_\_. "제9장 아직도 미완성인 종교개혁."「종교개혁가들과 개혁의 현장들: 아직도 미완성인 종교개혁」. 서울: 나침반출판사, 2015.

Diemer, Carl J., Jr. "Roger Williams: Testing the Fruits of Religious Freedom." *The Lord's Free People in a Free Land*. Ed. William R. Estep. Fort Worth, TX:

Evans Press, 1976.

George, Timothy. "The Southern Baptist Cooperative Program: Heritage and Challenge." *Baptist History and Heritage*, vol. xx, no. 2 (April 1985): 2-14.

Littell, Franklin Hamlin. "Introduction: A Working Definition of 'Anabaptist.'" *The Anabaptist View of the Church*. Boston: Starr King Press, 1958.

McBeth, H. Leon. "하나님은 영혼의 유능성과 모든 신자들의 제사장 직분의 원리를 주셨다." Charles W. Deweese. Ed. 「21세기 속의 1세기 신앙」(*Defining Baptist Convictions*). 김승진 역. 대전: 침례신학대학교출판부, 2005.

Morton, James M. Jr. "Leadership of W. B. Johnson in the Formation of the Southern Baptist Convention." *Baptist History and Heritage*, vol. v, no. 1. (January 1970): 3-12, 55.

Tull, James E. "Andrew Fuller: Theologian of Baptist Missionary Advance." *Shapers of Baptist Thought*. Macon, GA: Mercer University Press, 1984.

[온라인 자료]

"Baptist Together." Wikipedia. [온라인자료] http://en.wikipedia.org/wiki/Baptists_Together. 2015년 4월 29일 접속.

"Baptist Together." Wikipedia. [온라인자료] http://www.baptist.org.uk/Groups/220658/Colleges.aspx. 2015년 12월 29일 접속.

"Baptists Together." Wikipedia. [온라인자료] http://www.baptist.org.uk/Groups/220797/Council.aspx. 2015년 12월 29일 접속.

"Baptists Together." Wikipedia. [온라인자료] http://www.baptist.org.uk/Groups/263704/Other_Baptist_Groups.aspx. 2015년 12월 29일 접속.

"Baptist Together." Wikipedia. [온라인자료] http://en.wikipedia.org/wiki/Baptists_Together. 2015년 4월 29일 접속.

"Baptist Union of Great Britain." Wikipedia. [온라인 자료] http://en.wikipedia.org/wiki/Baptist_Union_of_Great_Britain. 2014년 3월 2일 접속.

"Southern Baptist Convention." [온라인 자료] http://www.sbc.net/aboutus/default.asp. 2007년 3월 22일 접속.

# 저자 소개 (학력 및 경력)

## 조동선 교수 (조직신학 방법론, 성령론, 구원론, 교회론, 침례교회의 신학적 정체성)

▶ 학력
- B.A. 숭실대학교
- M.Div. 한국침례신학대학교 신학대학원
- Th.M. Southwestern Baptist Theological Seminary
- Ph.D. Southwestern Baptist Theological Seminary

▶ 경력
- 한국침례신학대학교 조교수(2021-현재)
- Southwestern Baptist Theological Seminary 부교수(2008-2019)

## 조용수 교수 (계시론, 신론, 기독론)

▶ 학력
- B.A. 부산대학교
- M.Div. 한국침례신학대학교 신학대학원
- Ph.D. Southern Baptist Theological Seminary

▶ 경력
- Underwood University 조교수(2015-2024)
- Georgia Christian University 조교수(2011-2014)
- Washington Baptist University 조교수(2008-2009)
- 한국침례신학대학교 겸임교수(2004-2005)

- 둘루스 예함교회개척 및 담임목회(2013-2023)
- 애틀란타 지구촌교회 청년부목사(2011-2013)
- 버지니아 필그림교회 Youth/EM 목사(2009-2010)
- 대전 늘사랑교회 부목사(2006-2007)
- 대전 에벤에셀교회 협동목사(2004)
- Greenwood Korean Baptist Church 개척/담임목회(1996- 2003)

## 김인허 교수 (인간론, 종말론)

▶ 학력
- M.Div. Golden Gate Baptist Theological Seminary
- Th.M. Southwestern Baptist TheologicalSeminary
- Ph.D. Southwestern Baptist Theological Seminary

▶ 경력
- Southwestern Baptist Theological Seminary 부교수(2008-현재)
- Southwestern Baptist Theological Seminary K-D.Min 디렉터(2008-현재)
- Guatemala Baptist Theological Seminary 객원교수
- Central Asia Baptist Theological Seminary 객원교수
- Korea Baptist Theological Seminary 객원교수

## 김승진 교수 (침례교회의 기원과 영·미·한 침례교회 약사)

▶ 학력
- B.A. 서울대학교
- M.Div. 한국침례신학대학교 신학대학원
- Th.M. Southeastern Baptist Theological Seminary
- Ph.D. Southwestern Baptist Theological Seminary
- Oxford University, Regent's Park College, Research Fellow

▶ 경력
- 한국침례신학대학교 교수(1996-2017), 명예교수(2017-2022)
- (사)침례교역사신학회 초대회장 역임
- Southwestern Baptist Theological Seminary 목회학박사 과정 겸임교수
- 한국기독교학회, 한국복음주의신학회, 한국교회사학회, 한국복음주의역사신학회 회원(현재)
- 격월간지〈뱁티스트〉이사(현재)

- 대전 예사침례교회 협동목사(현재)
- 강남중앙침례교회 대학부, 청년부 전도사
- 대전중앙침례교회 청년부 전도사
- 노스캐롤라이나 캐리 한인침례교회 전도사
- 휴스턴 탈로우드한인(현, 새누리)침례교회 담임목사
- 달라스 어빙 한인중앙침례교회 담임목사
- 버지니아 안디옥침례교회 담임목사
- 대전대흥침례교회 협동목사